Schwerpunkte   Rauscher · Klausurenkurs im Internationalen Privatrecht

Klausurenkurs im Internationalen Privatrecht

Ein Fall- und Repetitionsbuch mit Internationalem und Europäischem Verfahrensrecht für Schwerpunktbereich und Masterprüfung

von

Thomas Rauscher

o. Professor an der Universität Leipzig

2., völlig neu bearbeitete Auflage

CFM

C. F. Müller Verlag
Heidelberg

Bibliografische Informationen der Deutschen Nationalbibliothek
Die Deutsche Nationalbibliothek verzeichnet diese Publikation in der Deutschen Nationalbibliografie; detaillierte bibliografische Daten sind im Internet über <http://dnb.d-nb.de> abrufbar.

Bei der Herstellung des Werkes haben wir uns zukunftsbewusst für umweltverträgliche und wiederverwertbare Materialien entschieden. Der Inhalt ist auf elementar chlorfreiem Papier gedruckt.

ISBN 978-3-8114-9735-1

E-Mail: kundenbetreuung@hjr-verlag.de
Telefon: +49 89/2183-7928
Telefax: +49 89/2183-7620

© 2009 C.F. Müller, eine Marke der Verlagsgruppe Hüthig Jehle Rehm GmbH
Heidelberg, München, Landsberg, Frechen, Hamburg

www.cfmueller-campus.de

Satz: Hölzer, Hagenbach
Druck: Gulde-Druck, Tübingen

Vorwort

Wer sich im Schwerpunktstudium oder einem Master-Studiengang dem zunehmend europäisierten IPR und IZPR widmet, muss neben neuen Themen auch neue Darstellungsweisen erlernen. Die vorliegende Fallsammlung will beiden Herausforderungen mit einer möglichst breit angelegten Wiederholung der gesamten prüfungsrelevanten Materie anhand von Fällen genügen. Diesem Zweck dienen auch die thematischen Hinweise auf mein Lehrbuch (Internationales Privatrecht, 3. Aufl., 2009).

Die Fälle haben das Niveau von Examens- bzw. Masterprüfungen. Die abgestuften Fallfragen erlauben jedoch auch dem weniger Geübten im Schwerpunktstudium eine abschnittsweise Lösung und ein Aufbautraining. Alle Fälle sind mit den in der universitären Schwerpunktprüfung üblicherweise zugelassenen Hilfsmitteln zu lösen.

Gegenüber der 1. Auflage wurden die Fälle – die aus dem Rechtsleben gegriffen sind – als solche nur wenig verändert. Die erheblichen Rechtsveränderungen, die nicht nur auf die Europäisierung der Materie zurückzuführen sind, werden umso mehr an den gebotenen Lösungen deutlich. Eingearbeitet sind neben den bei Erscheinen bereits geltenden neuen EG-Verordnungen zum EuZPR die Rom I- und Rom II-VO, die am 1.1.2009 in Kraft getretene Reform des Personenstandsrechts sowie das am 1.9.2009 in Kraft tretende FamFG.

Den Fällen vorangestellt ist eine kurze Einführung in die Besonderheiten der Bearbeitung von Fällen mit Auslandsbezug. Ich gehe davon aus, dass die Leser in einem vorgerückten Stadium ihres Jurastudiums die Technik der Fallbearbeitung im Übrigen kennen. Zudem haben theoretische Ausführungen zur Falllösung einen eher begrenzten Wert – dies haben sie mit theoretischen Ausführungen zum Schwimmen oder Skifahren gemeinsam. Nur die Praxis macht Meister.

Ich wünsche allen, die sich mit diesem Buch auf Modulprüfungen, Schwerpunktprüfungen und andere Examina vorbereiten, viel Erfolg und wachsende Freude an der grenzenlosen und faszinierenden Welt des internationalen und europäischen Privatrechtsverkehrs.

Meinen Mitarbeitern danke ich herzlich für fruchtbare Diskussionen, wertvolle Hinweise zur Rechtsentwicklung und motivierende Kritik, nicht zuletzt aber für unermüdliche sorgsame Korrekturen des Manuskripts.

Leipzig, im Mai 2009 *Thomas Rauscher*

Inhaltsverzeichnis

V. Außervertragliches Schuldrecht

VI. Sachenrecht

Literaturverzeichnis

I. Lehrbücher

von Bar	Internationales Privatrecht Band 2: Besonderer Teil (1. Aufl., 1991)
von Bar/Mankowski	Internationales Privatrecht Band 1: Allgemeine Lehren (2. Aufl., 2003)
Geimer	Internationales Zivilprozessrecht (5. Aufl., 2004)
von Hoffmann/Thorn	Internationales Privatrecht (9. Aufl., 2007; demnächst 10. Aufl., 2009)
Kegel/Schurig	Internationales Privatrecht (9. Aufl., 2004)
Koch/Magnus/Winkler von Mohrenfels	IPR und Rechtsvergleichung (3. Aufl., 2002)
Kropholler	Internationales Privatrecht (6. Aufl., 2006)
Linke	Internationales Zivilprozessrecht (4. Aufl., 2006)
Rauscher	Internationales Privatrecht (3. Aufl., 2009)
Schack	Internationales Zivilverfahrensrecht (4. Aufl., 2006)
Siehr	Internationales Privatrecht (2001)
Zweigert/Kötz	Einführung in die Rechtsvergleichung auf dem Gebiete des Privatrechts (3. Aufl., 1996)

II. Kommentare

Gebauer/Wiedmann	Zivilrecht unter europäischem Einfluss (2005)
Geimer/Schütze	Europäisches Zivilverfahrensrecht (3. Aufl., 2009)
Johannsen/Henrich	Eherecht, Trennung, Scheidung, Folgen (4. Aufl., 2003)
Kropholler	Europäisches Zivilprozessrecht (8. Aufl., 2005)
Palandt	Bürgerliches Gesetzbuch (67. Aufl., 2008 [Heldrich]; 68. Aufl., 2009 [Thorn])
Rebmann/Säcker/Rixecker (Hrsg)	Münchener Kommentar BGB (4. Aufl., 2000–2006), dort: Band 10, 11 (2006)
Rauscher (Hrsg)	Europäisches Zivilprozessrecht (2. Aufl., 2006; demnächst 3. Aufl., 2009)
Rauscher/Wax/Wenzel (Hrsg)	Münchener Kommentar ZPO (3. Aufl., 2007–2009), dort: Band 3 (2008)
Schlosser	Europäisches Zivilprozessrecht (2. Aufl., 2002)
von Staudinger	Kommentar zum BGB (13. Bearbeitung, 1993 ff)
Zöller	Zivilprozessordnung (27. Aufl., 2009), dort: Anh I, II

III. Quellensammlungen

von Bar	Ausländisches Privat- und Privatverfahrensrecht in deutscher Sprache (7. Aufl., 2008)
Bergmann/Ferid/Henrich	Internationales Ehe- und Kindschaftsrecht (Loseblatt)
Ferid/Firsching/Dörner/ Hausmann	Internationales Erbrecht (Loseblatt)
Geimer/Schütze (Hrsg)	Internationaler Rechtsverkehr in Zivil- und Handelssachen (Loseblatt)
Jayme/Hausmann	Internationales Privat- und Verfahrensrecht (14. Aufl., 2009)

IV. Fallsammlungen und Anleitungen zur Lösung von Fällen

Basedow/Coester-Waltjen/ Mansel [früher: *Drobnig/ Ferid/Kegel/Zweigert (Hrsg)*]	Gutachten zum internationalen und ausländischen Privatrecht (1965–)
Carl/Franke/Ghassabeh/Hanke	Examenskurs: IPR, IZVR, EuR (2005)
Coester-Waltjen/Mäsch	Übungen in Internationalem Privatrecht und Rechtsvergleichung (3. Aufl., 2008)
Elwan/von Menhofer/Otto	Gutachten zum ausländischen Familien- und Erbrecht (2005)
Fuchs/Hau/Thorn	Fälle zum Internationalen Privatrecht (3. Aufl., 2007)
Hay	Internationales Privat- und Zivilverfahrensrecht – Prüfe Dein Wissen (3. Aufl., 2007)
Max Planck Institut für ausländisches und internationales Privatrecht (Hrsg.)	Die deutsche Rechtsprechung auf dem Gebiete des Internationalen Privatrechts (1926 ff)
Schack	Höchstrichterliche Rechtsprechung zum Internationalen Privat- und Verfahrensrecht (2. Aufl., 2000)

Abkürzungsverzeichnis

(nur abgekürzt zitierte Rechtsquellen)

ABGB	Allgemeines Bürgerliches Gesetzbuch (Österreich)
ABl EU	Amtsblatt der Europäischen Union
AdoptÜbk 1993	Haager Übereinkommen über den Schutz von Kindern und die Zusammenarbeit auf dem Gebiet der internationalen Adoption vom 29. 5. 1993
AdÜbAG	Adoptionsübereinkommens-Ausführungsgesetz vom 5. 11. 2001
AdWirkG	Adoptionswirkungsgesetz vom 5. 11. 2001
AEntG	Arbeitnehmerentsendegesetz vom 26. 2. 1996
AK	Astikos Kodix (Griechisches Zivilgesetzbuch)
ArbN-EntsendeRiLi	Arbeitnehmerentsenderichtlinie vom 20. 12. 2006
AsylVerfG	Asylverfahrensgesetz vom 27. 7. 1993
AuslG	Ausländergesetz vom 1. 7. 1996
BeitrittsÜbk	Beitrittsübereinkommen zum EuGVÜ
BeurkG	Beurkundungsgesetz vom 28. 8. 1969
BGB	Bürgerliches Gesetzbuch vom 18. 8. 1896 idF vom 2. 1. 2002
BGBl.	Bundesgesetzblatt
BMJ	Bundesministerium der Justiz
Brüssel I-VO	Verordnung (EG) Nr. 44/2001 vom 22. 12. 2000 (Gerichtliche Zuständigkeit etc in Zivil- und Handelssachen)
Brüssel II-VO	Verordnung (EG) Nr. 1347/2000 vom 29. 5. 2000 (Zuständigkeit etc in Ehesachen und in Verfahren betreffend die elterliche Verantwortung)
Brüssel IIa-VO	Verordnung (EG) Nr. 2201/2003 vom 27. 11. 2003 (Zuständigkeit etc in Ehesachen und in Verfahren betreffend die elterliche Verantwortung und zur Aufhebung der VO (EG) Nr. 1347/2000)
DDR-RAG	Rechtsanwendungsgesetz der DDR
EGBGB	Einführungsgesetz zum Bürgerlichen Gesetzbuch vom 18. 8. 1896
EGV	Vertrag über die Europäische Gemeinschaft idF vom 2. 10. 1997 (Amsterdam)
EG-VollstrTitelVO	Verordnung (EG) Nr. 805/2004 vom 21. 4. 2004 (Europäischer Vollstreckungstitel für unbestrittene Forderungen)
EGVVG	Einführungsgesetz zu dem Gesetz über den Versicherungsvertrag vom 30. 5. 1908
EG-ZustDG	EG-Zustellungsdurchführungsgesetz vom 9. 7. 2001
EG-ZustellVO	Verordnung (EG) Nr. 1348/2000 vom 29. 5. 2000 (Zustellung gerichtlicher und außergerichtlicher Schriftstücke)
EheG	Ehegesetz vom 20. 2. 1946 aufgehoben mit Wirkung vom 1. 7. 1998
EPTL	Estates Powers and Trust Law (New York)
EuGVÜ	Brüsseler EWG-Übereinkommen über die gerichtliche Zuständigkeit und die Vollstreckung gerichtlicher Entscheidungen in Zivil- und Handelssachen vom 27. 9. 1968
EuKEntfÜbk	Luxemburger Europäisches Übereinkommen über die Anerkennung und Vollstreckung von Entscheidungen über das Sorgerecht für Kinder und die Wiederherstellung des Sorgeverhältnisses vom 20. 5. 1980
EV	Einigungsvertrag vom 31. 8. 1990
EVÜ	Römisches EWG-Übereinkommen über das auf vertragliche Schuldverhältnisse anzuwendende Recht vom 19. 6. 1980

EWGV	Vertrag zur Gründung der Europäischen Wirtschaftsgemeinschaft vom 25. 3. 1957
FamFG	Gesetz zur Reform des Verfahrens in Familiensachen und in den Angelegenheiten der freiwilligen Gerichtsbarkeit (FGG-Reformgesetz) vom 17. 12. 2008
FamRÄndG	Familienrechtsänderungsgesetz vom 11. 8. 1961
FGG	Gesetz über die Angelegenheiten der freiwilligen Gerichtsbarkeit vom 17. 5. 1898
GG	Grundgesetz für die Bundesrepublik Deutschland vom 23. 5. 1949
GmbHG	Gesetz betreffend die Gesellschaften mit beschränkter Haftung vom 20. 4. 1892
HausTWiG	Haustürwiderrufsgesetz vom 16. 1. 1986
HBÜ	Haager Übereinkommen über die Beweisaufnahme im Ausland in Zivil- und Handelssachen vom 18. 3. 1970 (BGBl. 1977 II 1472)
HGB	Handelsgesetzbuch vom 10.5.1897
HKiEntÜ	Haager Übereinkommen über die zivilrechtlichen Aspekte internationaler Kindesentführung vom 25. 10. 1980, BGBl. 1990 II 207
HUÜbk 1973	Übereinkommen über das auf Unterhaltspflichten anzuwendende Recht vom 2. 10. 1973
HZÜ	Haager Übereinkommen über die Zustellung gerichtlicher und außergerichtlicher Schriftstücke im Ausland in Zivil- und Handelssachen vom 15. 11. 1965 (BGBl. 1977 II 1452)
ILRG	Gesetz betreffend das Interlokale Kollisionsrecht (jeweils mit Länderangabe, soweit nicht aus dem Fallzusammenhang eindeutig)
IPRG	Gesetz betreffend das Internationale Privatrecht (jeweils mit Länderangabe, soweit nicht aus dem Fallzusammenhang eindeutig)
KindRG	Gesetz zur Reform des Kindschaftsrechts (Kindschaftsrechtsreformgesetz) vom 16. 12. 1997
KSÜ	Haager Kinderschutzübereinkommen
Luganer Übk	Luganer Übereinkommen über die gerichtliche Zuständigkeit und die Vollstreckung gerichtlicher Entscheidungen in Zivil- und Handelssachen vom 16. 9. 1988 (BGBl. 1994 II 2660)
MSA	Haager Übereinkommen über die Zuständigkeit der Behörden und das anzuwendende Recht auf dem Gebiet des Schutzes von Minderjährigen (Haager Minderjährigenschutzabkommen) vom 5. 10. 1961 (BGBl. 1971 II 219)
MuSchG	Mutterschutzgesetz vom 24. 1. 1952 idF vom 18. 4. 1968
ncpc	nouveau code de procedure civile (Frankreich)
PflichtVG	Gesetz über die Pflichtversicherung der Kraftfahrzeughalter (Pflichtversicherungsgesetz) idF vom 5. 4. 1965
RechtsAnwVO	Rechtsanwendungsverordnung idF vom 21. 2. 1936 aufgehoben mit Wirkung vom 1. 6. 1999
Rom I-VO	Verordnung (EG) Nr. 593/2008 des Europäischen Parlaments und des Rates über das auf vertragliche Schuldverhältnisse anzuwendende Recht vom 17. 6. 2008 (ABl EU 2008 L 177/6)

Rom II-VO	Verordnung (EG) Nr. 864/2007 des Europäischen Parlaments und des Rates über das auf außervertragliche Schuldverhältnisse anzuwendende Recht vom 11. 7. 2007 (ABl EU 2007 L 199/40)
RuStAG	Reichs- und Staatsangehörigkeitsgesetz vom 22. 7. 1913
StAG	Staatsangehörigkeitsgesetz idF des StAG-ReformG vom 15. 7. 1999
StVG	Straßenverkehrsgesetz vom 3. 5. 1909 idF vom 5. 3. 2003
TestFormÜbk	Haager Übereinkommen über das auf die Form letztwilliger Verfügungen anzuwendende Recht vom 5. 10. 1961, BGBl. 1965 II 1145
TVG	Tarifvertragsgesetz idF vom 25. 8. 1969
VAHRG	Gesetz zur Regelung von Härten im Versorgungsausgleich vom 21. 2. 1983
VVG	Versicherungsvertragsgesetz idF vom 23. 11. 2007
ZGB	Zivilgesetzbuch (mit Länderangabe)
ZPO	Zivilprozessordnung idF vom 12. 9. 1950

1. Kapitel

Hinweise zur Bearbeitung von Fällen mit Auslandsbezug

I. Zur Arbeit mit diesem Buch

1. Wiederholen

Wer mit diesem Buch arbeitet, möchte bereits vorhandenes Wissen vertiefen. **1**

Die in diesem Buch gesammelten Fälle decken thematisch die Anforderungen eines Curriculums im Schwerpunktstudium IPR/IZPR/EuIPR/EuZPR sowie zu Modulen dieser Fächer in Masterstudiengängen im Wesentlichen ab. Es versteht sich von selbst, dass nicht das gesamte Detailwissen zu diesen Themen hier vermittelt werden kann. Deshalb ist das Buch eng verknüpft mit dem vom selben Autor verfassten Lehrbuch „Internationales Privatrecht" (3. Aufl. 2009) in der Reihe *Schwerpunkte*. Am Ende jeder Falllösung wird auf die Behandlung der relevanten Themen dort hingewiesen. Das UN-Kaufrecht (CISG) gehört häufig zu solchen Curricula, ist aber im vorliegenden Buch nur punktuell erfasst.

2. Falllösung üben

Wer mit diesem Buch arbeitet, möchte lernen, in welcher Weise das Wissen in eine **2** *praktische Falllösung umzusetzen ist.*

Die Fälle haben durchweg den Schwierigkeitsgrad von Modulprüfungen in Masterstudiengängen, Abschlussklausuren im universitären Schwerpunktbereich oder Seminararbeiten zur Lösung auslandsrechtlicher Fälle, insoweit allerdings ohne größere auslandsrechtliche Herausforderungen, die im Seminar, für dessen Bearbeitung eine Bibliothek zur Verfügung steht, üblich sind.

Der Umfang einiger Fälle überschreitet eine übliche Bearbeitungszeit von etwa 5 Stunden, da mit Rücksicht auf die in 2009 in Kraft tretenden Rom I- und Rom II-Verordnungen Zusatzfragen zur neuen Rechtslage eingearbeitet wurden, die den Übergang zu den neuen Rechtsinstrumenten erleichtern sollen. Die zusätzliche Bearbeitungszeit ist jeweils vermerkt.

3. Prüfung simulieren

Wer mit diesem Buch arbeitet, möchte Sicherheit gewinnen, die Prüfung zu bestehen. **3**

Dazu gehört Ehrlichkeit sich selbst gegenüber, die das Buch ermöglicht, aber nicht überwachen kann. Alle Hinweise, auch diejenigen auf die behandelten Themen, finden sich nach der Überschrift „Strukturierung des Falles". Wer sich selbst einer Prüfungssituation aussetzen will, legt nur den Falltext und die anschließenden Materialien zugrunde.

Wie in jeder juristischen Falllösung bedeutet die Strukturierung des Falles, also eine gründliche Skizze, welche die Probleme abarbeitet und logisch aufbauend löst, eine unverzichtbare Grundlage. Hierauf sollten 50–60 % der verfügbaren Zeit verwendet werden. Je besser die Skizze ist, um so mehr wird der Rest zur bloßen Ausformulierung bereits gelöster Fragen. Wer keine Probleme hat, fließend zu formulieren, kann getrost die Fälle in je 3 Stunden (bei 5 Stunden regulärer Bearbeitungszeit) als vollständige Lösungsskizze bearbeiten und seine Lösung an der jeweils ausführlichen „Strukturierung des Falles" messen.

II. Besonderheiten des Falles mit Auslandsbezug

1. Generell zum Aufbau

a) Logik statt Schemata

4 Noch weniger als bei der Klausur zum BGB ist es beim Auslandsfall ratsam, auswendig gelernten Aufbauschemata zu folgen. Die Fallgestaltungen sind vielfältig und die logisch geordnete Darstellung lässt sich nicht universell tauglich schematisieren. Im Übrigen gilt wie in jedem juristischen Gutachten auch hier das Prinzip, Fragen dort zu erörtern, wo sie sich stellen, weil die systematisch nachfolgende Norm in einem Regelungskomplex oder das nächste Tatbestandsmerkmal einer Norm die Frage aufwirft. Gewisse Unterschiede ergeben sich bei der groben Gliederung von Themenkomplexen und der Feingliederung einzelner Probleme.

b) Grobgliederung

5 Wird man nicht ohnehin durch Fallfragen zu einer bestimmten Grobgliederung aufgefordert, so empfiehlt sich in den recht häufigen Fällen, in denen nach der Entscheidung des angerufenen Gerichts oder der Beurteilung einer inhaltlich bereits bezeichneten Klage gefragt wird, ein Aufbau, der nacheinander Zulässigkeit (überwiegend die internationale, teils auch die örtliche, sachliche und funktionale Zuständigkeit), Kollisionsnormen und materielle Rechtslage behandelt.

Ist hingegen in einer Beratungssituation nach den rechtlichen Möglichkeiten in einer Fallsituation gefragt, kann es zunächst erforderlich sein, das anwendbare Recht zu bestimmen, und erst danach die internationale Zuständigkeit für ein nach dem materiellen Recht aussichtsreiches Begehren.

Sind im selben Verfahren mehrere Gegenstände zu behandeln, die verschiedenen Regeln unterliegen (zB der Scheidungsverbund, in dem die Scheidung selbst und jede Folgesache bei Zuständigkeit und IPR eigenen Regeln folgen), so dient es meist der Verständlichkeit der Darstellung, zuerst für alle Gegenstände die Zulässigkeit/Zuständigkeit zu prüfen und dann zum IPR überzugehen.

c) Feingliederung

6 Die Feingliederung wird hingegen nicht von Grundregeln bestimmt, sondern von der Normlogik. In welcher Reihenfolge in einer Zuständigkeitsprüfung die internationale, örtliche und sachliche Zuständigkeit stehen, ob man zuerst das MSA oder zuerst die Brüssel IIa-VO prüft, ob man bei einem doppelstaatigen Erblasser mit Art. 25 Abs. 1 EGBGB oder mit Art. 5 Abs. 1 EGBGB beginnt, kann kein noch überschaubar gehaltenes Schema (das dann wenn es darauf ankommt nicht als zulässiges Hilfsmittel zur Hand ist) entscheiden. Logische Einordnung erklärt die Stellung des Problems im Fallaufbau zwanglos: Die internationale steht vor der örtlichen und der sachlichen Zuständigkeit – ehe wir nicht wissen, dass deutsche Gerichte zuständig sind, stellt sich die Frage nach dem örtlich zuständigen Gericht nicht. Die Brüssel IIa-VO ist vor dem MSA zu prüfen, denn sie regelt ihr Verhältnis zum Anwendungsbereich des MSA in Art. 60. Art. 5 Abs. 1 EGBGB interessiert so lange nicht, wie nicht eine Verweisungsnorm die Staatsangehörigkeit ins Spiel bringt, also erst Art. 25 Abs. 1 EGBGB, der die Frage impliziert, wie mit einem Doppelstaater als Anknüpfungssubjekt zu verfahren ist.

d) Checklisten

Hilfreich als Wegweiser in der Fülle gelernter Fragestellungen können Checklisten **7** sein, die für die großen Themen einer Grobgliederung die in Betracht zu ziehenden Aspekte und die sie regelnden Rechtsinstrumente auflisten. Nicht nach Art eines Aufbauschemas, sondern als Gedächtnisstütze, die der Bearbeiter wie ein Pilot vor oder nach einem bestimmten Abschnitt der Reise durch den Fall in Gedanken „abhakt", um zu prüfen, ob etwas womöglich Relevantes übersehen wurde. Eine Checkliste übt im Gegensatz zu einem Aufbauschema auf Prüfungskandidaten nicht den magischen Zwang aus, jeden Punkt zu erörtern. Sind Aspekte unproblematisch, so bedeutet die Erwähnung auf der Checkliste nicht, dass man darüber im Gutachten Worte verliert.

Auch Checklisten sind als Hilfsmittel nicht zugelassen – was bedauerlich ist, denn kein vernünftiger Praktiker wird der Selbstüberschätzung erliegen, alle in einem Fall in Betracht kommenden Aspekte und Regeln auswendig zu kennen. Nun sollen sich ja deutsche juristische Prüfungskandidaten in einem später nie mehr erreichten Zustand der Allwissenheit befinden, was aber die Verwendung der Checkliste nicht ausschließt; sie ist nämlich im Vergleich zu Schemata eher kurz. Und wenn sie im Laufe des Lernens mit diesem Buch selbst erstellt wird, dann prägt sie sich durchaus ein.

e) Beispiel: Checkliste Internationale Zuständigkeit

Europarecht **8**
– Brüssel I-VO
– Brüssel II-VO // Brüssel IIa-VO
– sachlich-zeitlich-räumlich/persönlich

Völkerverträge
– MSA
– KSÜ
– ESÜ
– Luganer Übk
– sachlich-zeitlich-räumlich/persönlich

Deutsches IZPR
- §§ 12 ff ZPO entsprechend
- §§ 606a, 640a, 661 Abs. 3 ZPO // §§ 98, 100, 102, 103 FamFG
- [§ 621a ZPO] §§ 35b, 43b, 47 FGG, Gleichlaufgrundsatz // §§ 99, 101, 104, 105 FamFG
- [§ 621a ZPO] §§ 12 ff ZPO entsprechend // § 105 FamFG
- sachlich-zeitlich

Wer mehr Details aufnehmen möchte, etwa verschiedene Zuständigkeitsgründe und -systeme (Verbraucher, Versicherte, Arbeitnehmer) der Brüssel I-VO sollte bedenken, dass eine schlanke und einprägbare Checkliste nur zu den Normen führen muss, die als zulässige Hilfsmittel beim Lösen des Falles verfügbar sind.

2. Prozessuale Fragen

a) Fragestellungen

9 Während in Klausuren des Ersten Staatsexamens das Zivilprozessrecht fast ausschließlich in kleinen Zusatzfragen vorkommt, spielt das Internationale Prozessrecht (IZPR), vor allem aber das Europäische Zivilprozessrecht (EuZPR), im Fall mit Auslandsbezug eine tragende Rolle. Sowohl aus Gerichts- als auch aus Anwaltsperspektive wird häufig danach gefragt sein, ob ein Gericht oder deutsche Gerichte, manchmal auch ausländische Gerichte, international zur Entscheidung zuständig sind. Hinzu kommen Fragen der Partei- und Prozessfähigkeit ausländischer Parteien, die Ausländersicherheit und Zustellungsprobleme.

Als Hauptfrage, oft aber auch als Vorfrage innerhalb einer Verfahrenssituation, kann sich die Anerkennung ausländischer Entscheidungen oder die Beachtung ausländischer Rechtshängigkeit stellen.

b) Aufbauhinweise

10 Zulässigkeitsfragen, insbesondere die internationale Zuständigkeit sind regelmäßig zuerst zu prüfen.

Gerichtsbarkeit, Partei- und Prozessfähigkeit, Klageerhebung (Zustellung!) und Ausländersicherheit werden (nach der Zuständigkeit) nur geprüft, wenn sich nach dem Sachverhalt Probleme ergeben. Auch eine anderweitige Rechtshängigkeit wird meist auf der Zulässigkeitsebene relevant.

Hingegen kann die Anerkennung ausländischer Entscheidungen die Zulässigkeit beeinflussen (jemand erhebt den Einwand der *res iudicata* oder fehlenden Rechtsschutzbedürfnisses); sie kann aber auch die materielle Ebene betreffen (Scheidungsantrag unbegründet, weil die Ehe bereits – in Deutschland anerkennungsfähig – im Ausland geschieden ist).

Auch wenn Bearbeitern im Kenntnisstand des Ersten Staatsexamens jede prozessrechtliche Erkenntnis eher hochwertig erscheinen mag: Trotz des oft prozessualen Bezuges sind gerade Fälle mit Auslandsbezug nicht der Ort, um banale Grundkenntnisse der ZPO auszubreiten. Ist in einem Fall mit Auslandsbezug nach der Zulässigkeit der Klage gefragt, so geht es um spezifisch auslandsrechtliche Probleme. Das Abarbeiten banal erfüllter Prozessvoraussetzungen („Der deutsche Kläger ist parteifähig, wenn er rechtsfähig ist; ja, er wurde geboren und ist noch nicht verstorben") ist zeitraubender Ballast.

3. IPR

a) Fragestellungen

Die Suche nach dem im Fall anwendbaren Recht ist Gegenstand vieler Fälle mit Auslandsbezug; rein prozessuale Fälle kommen freilich im Bereich der Anerkennung ausländischer Entscheidungen vor. Selbst wenn deutsche Gerichte nicht international zuständig sind, wird die Fallfrage oft deutlich machen, dass auch das anwendbare Recht [hilfsgutachtlich] zu ermitteln ist. Auch in diesem Bereich haben völkervertragliche und europarechtliche Instrumente einen zunehmend größeren Anwendungsbereich, aus dem sich Abgrenzungsprobleme (welche Fragen des Vertrages unterliegen dem CISG, welche dem Vertragsstatut?) ergeben.   **11**

Eine wichtige Aufgabe besteht hier zunächst darin, die Fragen des Falles zutreffend zu qualifizieren. Dabei muss immer in Betracht gezogen werden, dass ein einheitlicher Lebenssachverhalt mehreren Rechtsordnungen untersteht.

b) Aufbauhinweise

Die Anspruchsprüfung, in Fällen mit Auslandsbezug häufig als Begründetheitsprüfung in einem Klagefall enthalten, beginnt nicht mit einer Anspruchsgrundlage. Ehe nicht das anwendbare Recht ermittelt ist, hat es keinen Sinn, eine Anspruchsgrundlage voranzustellen und künstlich zu fragen, ob das dazugehörige Recht anwendbar ist. Es ist im Gutachten sachgerecht, vorab das – für jeden Teilbereich des Falles – anzuwendende Recht in einem dem Anspruchsaufbau nachgebildeten „Verweisungsnormaufbau" zu prüfen.   **12**

Am Anfang steht immer die letztlich das anwendbare Recht bestimmende Verweisungsnorm. Sonstige Kollisionsnormen, etwa zu Staatenlosigkeit oder Mehrstaatigkeit folgen in diesem Aufbau, wenn sich zeigt, dass es auf diese Normen ankommt, zB, weil an die Staatsangehörigkeit einer Person angeknüpft wird und diese (womöglich) zwei Staatsangehörigkeiten hat oder staatenlos ist.

Geht es im Fall um mehrere Statuten, so ist es eine Frage verständlicher Darstellung, ob man einheitlich die IPR-Ebene prüft und anschließend die materiellen Rechtsprobleme nach dem jeweils anwendbaren Recht, oder ob man nach Einzelfragen gliedert und dort jeweils IPR und materielles Recht abarbeitet. Geringere Schwierigkeiten ergeben sich meist, wenn man zunächst das IPR „abarbeitet". Damit ist dann der Fundus der materiellen Normen bestimmt, mit dem man den Fall lösen darf.

Vorfragenanknüpfungen bringen Bearbeiter leicht in Aufbaunöte. Hier lässt es sich oft nicht vermeiden, eine IPR-Prüfung (Anknüpfung der Vorfrage) in die materielle Prüfung einzuflechten. ZB lässt es sich aufbaulogisch nicht begründen, einen Ehescheidungsfall – vermeintlich historisch – mit der Prüfung der wirksamen Eheschließung zu beginnen. Ob die Parteien verheiratet sind, ist eine Vorfrage, die sich erst im materiellen Scheidungstatbestand stellt. Dort muss sie dann auch behandelt werden. Doch auch hier gilt: Es gibt Probleme und es gibt Selbstverständliches; wer in jedem Scheidungsfall prüft, ob der Standesbeamte bei der unverdächtigen Eheschließung („die Parteien haben am … in … geheiratet") ordnungsgemäß bestellt und mitwirkungsfähig war, schreibt nicht nur Überflüssiges in zu knapper Zeit, sondern langweilt auch den Leser.

4. Interpersonale, interlokale, intertemporale Fragen

a) Fragestellungen

13   Interpersonale und interlokale Fragestellungen ergeben sich, wenn in der vom deutschen IPR verwiesenen Rechtsordnung eine Rechtsspaltung im IPR und/oder im materiellen Recht besteht. Abhängig von den im jeweiligen Studium erwarteten rechtsvergleichenden Kenntnissen wird darauf durch die Mitteilung von Normen des betreffenden Staates hingewiesen oder die Kenntnis einiger Grundbegriffe vorausgesetzt.

Intertemporale Fragen können sich auf jeder Stufe der Prüfung ergeben; mit Ausnahme deutscher Normen, bei denen die Kenntnis der Standorte intertemporaler Regelungen erwartet wird (Art. 219 ff EGBGB, Schlussbestimmungen in Artikelgesetzen), werden dazu intertemporale Regeln der von eine Rechtsänderung betroffenen Rechtsordnung mitgeteilt.

b) Aufbauhinweise

14   Die Behandlung der Rechtsspaltung bei gespaltenem IPR erfolgt auf der Stufe der Rückverweisungsprüfung; also anlässlich der Suche nach dem anwendbaren fremden IPR. Ist das IPR einheitlich geregelt, das materielle Recht aber gespalten, so ist die Rechtsspaltung erst zu prüfen, wenn das ausländische Recht die Verweisung angenommen hat.

Intertemporale Kollisionen werden immer erst dort geprüft, wo es für die Falllösung darauf ankommt, ob die alte oder die neue Regelung Anwendung findet. Gelangt man erst im materiellen ausländischen Recht zu einer intertemporalen Frage, kann es dennoch der Übersichtlichkeit dienen, die intertemporale Frage vor der materiellen Lösung des Falles zu behandeln, wenn ein ganzes Rechtsgebiet (zB eine Reform des Kaufrechts, des Eherechts, des Erbrechts) betroffen ist.

5. Materielles ausländisches Recht

a) Anwendung und Auslegung

15   Materielles ausländisches Recht wird wohl in jeder universitären Schwerpunktprüfung mitgeteilt; bei Masterstudiengängen kommt es darauf an, ob ggf materiellrechtliche Kenntnisse einer bestimmten ausländischen Rechtsordnung zum Curriculum gehören. Selbst wenn man für seine bevorstehende Prüfung danach von der Mitteilung ausländischer Normen ausgehen darf, lohnt sich das rechtsvergleichende Studium. Durchaus erwartet werden kann nämlich ein vernünftiges Verständnis einer mitgeteilten ausländischen Regelung, das nicht selten systematische und dogmatische Grund-

kenntnisse voraussetzt. Wer eine *legítima* als Pflichtteil behandelt, im französischen Sachenrecht das Abstraktionsprinzip sucht, das *domicile* für den ins Englische übersetzten Wohnsitz hält und die *mailbox theory* noch nie gegen die Zugangstheorie abgegrenzt hat, hat es sicher schwerer, grundlegende auslandsrechtliche Zusammenhänge zu erfassen. Die oft gestellte Frage, „wie viel und welche Rechtsvergleichung zu lernen" sei, lässt sich schwer beantworten.

Sich hier ein Fundament von Kenntnissen zu schaffen, ist in systematischer Weise mit dem noch immer wegweisenden Werk von *Zweigert/Kötz*[1] möglich. Die zahlreichen kleinen Lehrbücher zur Einführung in dieses und jenes Recht kann man nach eigener Lust zu Rate zu ziehen und vieles, was sich beim Nachschlagen der dort gefundenen Rechtsbegriffe (Sprachkenntnisse vorausgesetzt) bei *Wikipedia* findet, ist jedenfalls in den größeren Rechtsordnungen (USA, UK, Frankreich, Spanien) von durchaus ordentlicher Qualität.

Schließlich sollten entsprechende Vorlesungen besucht werden, zumal, wenn sie von muttersprachlichen Juristen aus der behandelten Rechtsordnung angeboten werden, auch wenn kein unmittelbarer Zwang dazu besteht. Es macht aber bei aller Breite dieses Studiums einen ganz besonderen Reiz der hier behandelten Fächer aus, dass man, ob im Studium oder später als Praktiker immer wieder vor neuen Phänomenen steht.

b) Der deutsche ordre public

Art. 6 EGBGB ist eine Bestimmung, die in Praxis und Prüfung § 242 BGB ähnelt. In **16** der Praxis eine wichtige Generalklausel, mit der unerträgliche Ergebnisse, hier solche, die uns eine ausländische Rechtsordnung beschert, abgewehrt werden. In der Prüfung sind beide Normen nicht selten Anreiz, im Kandidaten die Sehnsucht nach individueller Gerechtigkeit zu wecken. Prüfungskandidaten sollten sich hier bremsen. Art. 6 EGBGB kann natürlich in einem Prüfungsfall vorkommen; dann liegt aber das Augenmerk darauf, ob sorgsam Inlandsbezug, Fallbezug und Verstoß gegen elementare Grundsätze deutschen Rechts geprüft werden. Wortreich lebenserfahrene Ausführungen zur Unerträglichkeit ausländischen Rechts sind nicht erwartet, kosten Zeit und schaden nicht selten der Arbeit in den Augen des Prüfers.

6. Völkervertragliche und europarechtliche Instrumente

a) Sachlicher Anwendungsbereich

Völkervertragliche und europarechtliche Instrumente des IPR und IZPR haben einen **17** definierten sachlichen Anwendungsbereich, den man behandeln muss, sobald man zu dem jeweiligen Instrument greift. Das Haager MSA gilt für Schutzmaßnahmen über Kinder, also sind zunächst beide Begriffe zu behandeln; die Brüssel IIa-VO erfasst Ehescheidungen, -trennungen etc, also wird man schon an dieser Stelle die Frage behandeln, ob die Scheidung der Ehe zweier niederländischen Frauen unter die Verordnung fällt. Greift das Instrument für die zu lösende Frage nicht ein, so kann man sich alle weiteren Überlegungen, auch hilfsweiser Natur, ersparen. Kein Prüfer möchte

---

1 Einführung in die Rechtsvergleichung, 3. Aufl. (1996).

Ausführungen zu den Vertragsstaaten eines Abkommens lesen, das schon in der Sache nicht anwendbar ist.

b) Zeitlicher Anwendungsbereich

18 Nicht ebenso eindeutig lässt sich der Standort der Behandlung des zeitlichen Anwendungsbereichs festlegen, da die zeitliche Geltung mit der Vertrags- oder Mitgliedstaatseigenschaft eines Staates zu tun haben kann. Ist ein Übereinkommen *loi uniforme*, gilt also unabhängig von Gegenseitigkeit, dann kommt es nur auf die intertemporale Geltung in Deutschland an. Andererseits kann die Anwendbarkeit von räumlich-persönlichen Voraussetzungen abhängen, die sich mit der intertemporalen Frage mischen: Wenn Art. 3 Abs. 1 Brüssel I-VO die Anwendung vom Wohnsitz des Beklagten in einem Mitgliedstaat abhängig macht, dann lässt sich bei Wohnsitz in einem Beitrittsstaat die zeitliche Anwendbarkeit erst beantworten, sobald man die Kriterien der räumlich-persönlichen Anwendbarkeit behandelt hat.

Geltung eines Rechtsinstruments, im Sinn der Anwendbarkeit im Fall, kann hierbei deutlich später eintreten als das Inkrafttreten. Vor allem EG-Verordnungen des EuZPR und EuIPR treten meist erst einige Zeit nach der Veröffentlichung im ABl EU in Geltung und verfügen in Schlussbestimmungen häufig über detaillierte intertemporale Regeln.

c) Räumlich-persönlicher Anwendungsbereich

19 Völker- und europarechtliche Rechtsinstrumente, die nicht *loi uniforme* sind, haben einen begrenzten räumlich-persönlichen Anwendungsbereich, der ebenfalls vor Anwendung des regelnden Teils des Instruments zu prüfen ist. Hier unterläuft nicht selten der Fehler, dass instinktive Ansichten zum Anwendungsbereich an die Stelle der entsprechenden Bestimmungen des Instruments gesetzt werden. Wenn im Fall ein deutscher und ein polnischer Staatsangehöriger vorkommen, dann bedeutet dies, auch wenn Polen Vertragsstaat ist, selbstverständlich nicht, dass der Fall den zB vom UN-Kaufrecht geforderten Bezug zu einem anderen Vertragsstaat hat.

d) Verhältnis zu anderen Instrumenten

20 Die völkervertraglichen, vor allem aber die sich ausbreitenden europarechtlichen Instrumente bringen es mit sich, dass in vielen Fällen mit Auslandsbezug mehrere materiell einschlägige Rechtsinstrumente existieren. Ob ein deutsches Gericht seine internationale Zuständigkeit für eine Sorgerechtsregelung nach Art. 1 MSA, 9 ff Brüssel IIa-VO, §§ 43, 35b FGG oder § 99 FamFG bestimmt, ist in der Prüfung nicht zuletzt ein Aufbauproblem. Hierbei empfiehlt es sich in der Reihenfolge Europarecht – Völkerrecht – Deutsches Recht vorzugehen. Europarechtliche Instrumente zur Zuständigkeit regeln in ihren Schlussartikeln nämlich ihr Verhältnis zu Völkerverträgen. Völkerverträge verdrängen in ihrem Anwendungsbereich das nationale IZPR. Und gelangt man im Beispiel tatsächlich zu deutschem Verfahrensrecht, dann stellt sich die Abgrenzung zwischen §§ 43, 35b FGG und § 99 FamFG als intertemporales Problem, das aus Sicht der jüngeren Norm zu beantworten ist.[2]

---

2 In diesem Fall Art. 111 FGG-Reformgesetz.

2. Kapitel
Klausuren

I. Namens- und Personenrecht

Fall 1
Der vietnamesische Name

(Bearbeitungszeit: 5 Stunden)

Die vietnamesische Staatsangehörige Hu Thi Ying und der vietnamesische Staatsangehörige Thieu Phan John haben sich 1980 in Ho-Chi-Minh-Stadt (Saigon) kennen-
gelernt. Da John in der ehemaligen Republik Vietnam (Süd-Vietnam) einer pro-ame-
rikanischen Partei angehört hatte und nach dem Sieg der Viet Kong in der Volksrepu-
blik Vietnam deshalb Verfolgungen ausgesetzt war, floh das Paar 1980 auf einem
Fischkutter in das Südchinesische Meer. Dort wurden sie mit anderen Flüchtlingen
von einem italienischen Handelsschiff aufgegriffen und gelangten nach Italien, wo sie
um Asyl nachsuchten.

Auf ihren Antrag wurde Ying am 10. 11. 1981 aus der vietnamesischen Staatsangehörigkeit entlassen. Am 20. 12. 1981 schlossen Ying und John vor dem Personen-
standsbeamten der Stadt Bologna die Ehe.

Aufgrund von Absprachen zwischen Italien und Deutschland über die Aufnahme von
Flüchtlingen wurde den Ehegatten eine Aufnahme in Deutschland angeboten; hier
leben sie seit Oktober 1982.

Da der Untergang der kommunistischen Herrschaften in Osteuropa auch einen
allmählichen Liberalisierungsprozess in Vietnam zur Folge hatte, bemühte sich John
seit 1990 um Kontakte zu in Deutschland lebenden Vietnamesen. Im Jahr 1993 ließ er
sich schließlich durch das vietnamesische Generalkonsulat in Bonn wieder einen vietnamesischen Pass ausstellen.

Am 25. 2. 1994 wurde in Frankfurt/Main der gemeinsame Sohn Frank geboren. Aus
diesem Anlass wurde beim Standesamt Frankfurt/Main ein Familienbuch angelegt.
Der notariell beglaubigte Antrag der Ehegatten vom 27. 2. 1994 enthielt die Erklärung: „Wir bestimmen als Ehenamen gemäß § 1355 Abs. 1 S. 1 BGB den Namen des
Ehemannes „Thieu". Die Eintragung im Familienbuch erfolgte entsprechend.

1996 erwarb Ying auf ihren Antrag die deutsche Staatsangehörigkeit.

Am 1. 12. 2007 wurde die Ehe von John und Ying durch das Amtsgericht – Familiengericht – Frankfurt/Main geschieden. Ying beantragt beim Standesamt Frankfurt/
Main am 2. 1. 2009, die ihrer Ansicht nach falsche Eintragung ihres Familiennamens
im Familienbuch zu ändern. Außerdem erklärt sie am selben Tag in notariell beglau-

bigter Urkunde gegenüber dem Standesamt: „Ich nehme meinen vor der Ehe geführten Namen Hu wieder an und erkläre gemäß Art. 47 EGBGB die Umwandelung meines Vornamens Ying in „Yvonne" und die Umwandelung meines Nachnamens Hu in „Huber".

1. Ist der Antrag der Ying beim Standesbeamten erfolgreich?
2. Trifft die im Familienbuch eingetragene Namensführung zu?
3. Welchen Familien- und Vornamen führt Ying nunmehr?
4. Nach welchem Recht beurteilt sich der Familienname von Frank?
Ist eine Rechtswahl zu deutschem Recht möglich?

Materialien

I. Intertemporale Hinweise zum deutschen Recht

22   **a) Vor Inkrafttreten des Gesetzes zur Neuregelung des IPR v. 25. 7. 1986 geltendes IPR:**
Für den Namen existierte keine gesetzliche Kollisionsnorm. Grundsätzlich wurde bereits angeknüpft wie nach Art. 10 Abs. 1 EGBGB geltender Fassung. Hinsichtlich des Erwerbs eines gemeinsamen Ehenamens war jedoch nach Wahl der Ehegatten das Ehewirkungsstatut anzuwenden.

Art. 14 Abs. 1 EGBGB in der bis 31. 8. 1986 geltenden Fassung
(1) Die persönlichen Rechtsbeziehungen deutscher Ehegatten zueinander werden nach den deutschen Gesetzen beurteilt, auch wenn die Ehegatten ihren Wohnsitz im Auslande haben.
(2) Die deutschen Gesetze finden auch Anwendung, wenn der Mann die Reichsangehörigkeit verloren, die Frau sie aber behalten hat.

b) Sonstige intertemporale Geltung von Kollisionsnormen
Art. 10 Abs. 2 S. 1 und 2 EGBGB gelten in der gegenwärtig geltenden Fassung seit Inkrafttreten des FamNamRG am 1. 1. 1994.
Art. 10 Abs. 3 EGBGB gilt in der gegenwärtigen Fassung erst seit Inkrafttreten des KindRG am 1. 7. 1998. Vorher konnte das Namensstatut eines „ehelichen" Kindes nur gewählt werden, wenn kein Elternteil Deutscher war und die Wahl vor der Beurkundung der Geburt erfolgte (Art. 10 Abs. 5 aF EGBGB).

c) Im Übrigen ist davon auszugehen, dass weitere relevante kollisionsrechtliche Fragen vor Inkrafttreten der neuen Art. 3 ff EGBGB inhaltlich ebenso geregelt waren wie im geltenden Recht.

II. Italienisches IPR[1]

d) Die **italienische** Rechtsprechung unterstellte bis zum Inkrafttreten der Kollisionsnormen im italienischen IPR-Gesetz von 1995 am 1. 9. 1995 den Namen einer Person – auch den Namenserwerb aufgrund familienrechtlicher Vorgänge – dem Recht des Staates, dem die Person angehört.

e) Art. 17 Abs. 1 disposizioni sulla legge in generale (disp.s.l.in gen.)
Der Personenstand, die Rechts- und Geschäftsfähigkeit der Personen und die Rechtsverhältnisse der Familie werden vom Recht des Staates geregelt, dem diese angehören.

f) Art. 26 disp.s.l.in gen.
(I) Die Form der Rechtsgeschäfte unter Lebenden und der letztwilligen Verfügungen wird vom Recht des Ortes geregelt, an dem das Rechtsgeschäft vorgenommen wurde, oder von dem Recht, das den Inhalt des Rechtsgeschäfts regelt, oder vom Heimatrecht des Verfügenden oder der Vertragschließenden, soweit es ihnen gemeinsam ist.

---

1 RabelsZ 15 (1949/50) 116 ff.

(II) Die Formen der Öffentlichkeit von Rechtsgeschäften, die auf Begründung, Übertragung oder Aufhebung von Rechten an Sachen gerichtet sind, werden vom Recht des Ortes geregelt, an dem sich die Sachen befinden.
[Hinweis: Art. 26 fand auch auf die Eheschließungsform Anwendung]

g) Art. 29 disp.s.l.in gen.
Besitzt eine Person keine Staatsangehörigkeit, so ist in allen Fällen, in denen nach den vorstehenden Bestimmungen das Heimatrecht maßgebend wäre, das Recht des Residenzortes anzuwenden.

III. Italienisches materielles Recht[2]

h) Art. 106 codice civile (cc)
Die Ehe ist öffentlich im Rathaus vor dem Standesbeamten, bei dem das Aufgebot bestellt wurde, zu schließen.

i) Art. 143-bis cc
Die Frau fügt ihrem eigenen Zunamen den des Mannes hinzu und behält ihn als Witwe bis zur Wiederverheiratung.
[Hinweis: Diese Bestimmung wird so verstanden, dass die Frau diese Namensführung wählen kann, aber nicht wählen muss.]

k) Im Übrigen ist davon auszugehen, dass weitere relevante Bestimmungen des italienischen Rechts inhaltlich deutschem Recht entsprechen.

IV. Vietnamesisches Staatsangehörigkeitsrecht[3]

l) Gesetz über die Staatsbürgerschaft der sozialistischen Republik Vietnam vom 28. 6. 1988

Art. 6
(1) Ein Kind, dessen Eltern beide vietnamesische Staatsbürger sind, erwirbt die vietnamesische Staatsbürgerschaft unabhängig davon, ob es innerhalb oder außerhalb des Hoheitsgebietes der Sozialistischen Republik Vietnam geboren ist.
(2) Ist ein Elternteil vietnamesischer Staatsbürger und der andere eine staatenlose Person oder unbekannt, erwirbt das Kind die vietnamesische Staatsbürgerschaft unabhängig davon, ob es innerhalb des Hoheitsgebietes der Sozialistischen Republik Vietnam geboren ist.

V. Vietnamesisches IPR

m) Das vietnamesische IPR enthält keine ausdrückliche namensrechtliche Kollisionsnorm. Es folgt jedoch für personenstands- und namensrechtliche Fragen dem Staatsangehörigkeitsprinzip. Besitzt ein Anknüpfungssubjekt neben der vietnamesischen Staatsangehörigkeit auch eine andere, so geht die vietnamesische Staatsangehörigkeit vor.

VI. Vietnamesisches materielles Recht

n) Der Name einer Person besteht regelmäßig aus drei Teilen: dem Familiennamen, gefolgt von einem Mittelnamen (für Männer phan [gesprochen „van"]; für Frauen thi), gefolgt von einem die Person individuell bezeichnenden Rufnamen. Der geschlechtsspezifische Mittelname wird in der Praxis auch gelegentlich weggelassen. Im Übrigen ist davon auszugehen, dass der Bearbeiter die namensrechtlichen Bestimmungen des vietnamesischen Rechts bisher nicht ermitteln konnte.

---

2 *Patti* Codice Civile Italiano (2007).
3 *Bergmann/Ferid/Henrich* Vietnam (Stand 1991).

Strukturierung des Falles

23 **Wesentliche Themen:** Intertemporales Recht, Personalstatut Staatenloser, Personalstatut Flüchtlinge, Namensstatut, Ehenamensstatut und dessen Wahl, Kindesnamensstatut und dessen Wahl, Vorfragen im Namensstatut, Namensbestimmung nach Art. 47 EGBGB.

Ausgangsfälle: KG IPRspr 1997 Nr 11; BayObLGZ 1999, 27.

Frage 1: Antrag der Ying

1. Zuständigkeit Standesamt
 – Führung des Personenstandsbuches
  (§ 3 PStG)
 – Fortführung Familienbuch nach 1. 1. 2009
  (§ 77 Abs. 2 PStG)
2. Änderung § 46 PStG (–)
3. Berichtigung § 47 PStG (–)
4. Berichtigungen durch Gericht (§ 48 PStG) (+)
 – Zuständigkeit § 50 PStG

Ergebnis: Ying muss Antrag nach § 48 PStG beim AG Frankfurt/Main stellen.

Frage 2: Namensführung in der Ehe Ying – John

I. Erwerb eines Ehenamens bei Eheschließung

1. Deutsches IPR
 a) Intertemporal (1. 9. 1986, IPR-Neuregelung): Art. 220 Abs. 1 EGBGB (+)
 b) Anknüpfung an individuelles Heimatrecht
  – Gemeinsame Namensführung: Kumulation
  – oder Ehewirkungsstatut
 c) Ehewirkungsstatut Art. 14 aF EGBGB, Verallseitigung: gemeinsames Personalstatut
 d) Staatsangehörigkeit/Personalstatut jedes Ehegatten
  – John Art. 12 Genfer Flüchtlingskonvention (+): ital. Recht
  – Ying Art. 12 Genfer Flüchtlingskonvention (–), kein abgeleiteter Flüchtlingsstatus
  – Ying staatenlos durch Entlassung: ital. Recht
 e) Ehewirkungsstatut: ital. Recht
 f) Gesamtverweisung (Art. 27 aF vgl Art. 4 Abs. 1 EGBGB)
2. Italienisches IPR
 a) Intertemporal (1. 9. 1995, IPRG von 1995): Art. 72 IPRG
 b) Namensstatut John: Personalstatut
  – Italien Mitglied Genfer Flüchtlingskonvention: ital. Recht

 c) Namensstatut Ying: Art. 29 *disp.s.l.in gen.*, Wohnsitz: ital. Recht
 d) Ehewirkungsstatut: Art. 17 *disp.s.l.in gen.*, gemeinsames Personalstatut: Italienisches Recht
3. Materielles italienisches Recht
 a) Art. 143-bis cc: Ehename (–), Begleitname (+)
 b) Deutscher ordre public (Art. 30 aF EGBGB): (–)
  – Benachteiligung Ehemann nicht in concreto
  – Kein Inlandsbezug bei Eheschließung
 c) Vorfrage der wirksamen Ehe
  – Ausnahmsweise unselbstständige Anknüpfung im Namensrecht
  – Ital. IPR: materielle Voraussetzungen der Eheschließung Art. 17 *disp.s.l.in gen.*(+)
  – Ital. IPR: formelle Voraussetzungen: Art. 26 *disp.s.l.in gen.*, Ortsform genügt (+)

Ergebnis: Name der Ying nach ital. Recht ist „Hu" oder „Hu in Thieu".

II. Ehename durch Namenswahl

1. Erklärung vom 27. 2. 1994
 a) Ehenamensstatut Art. 10 Abs. 1 EGBGB: Individuelles Personalstatut
  – Ying Staatenlose mit deutschem Personalstatut
  – John Verlust des Status nach Art. 12 Genfer Flüchtlingskonvention
   – Art. 1 C Nr. 1 Genfer Flüchtlingskonvention: Antrag auf Erteilung eines Reisepasses (+)
   Gesamtverweisung in vietnamesisches Recht (Art. 4 Abs. 1 EGBGB) vietnamesische Recht nimmt an
  – Namenswahl in Kumulation deutschen und vietnamesischen Rechts fraglich
 b) Deutsches Ehenamensstatut Art. 10 Abs. 2 EGBGB
  – Art. 10 Abs. 2 EGBGB, in Kraft seit 1. 1. 1994, intertemporal anwendbar
  – Tatbestand Art. 10 Abs. 2 Nr. 1 *oder* Nr. 2 EGBGB: beides (+)
  – Form des Art. 10 Abs. 2 S. 2 EGBGB: Standesbeamter (+)

– Wahl eines deutschen Ehenamensstatuts also wirksam

2. Materiellrechtlich § 1355 Abs. 1 S. 1, Abs. 2 BGB

a) Vorfrage der Ehe

    aa) Selbstständig oder unselbstständig bei deutschem Namensstatut einerlei

    bb) Materielle Wirksamkeit: Kumulativ beide Heimatrechte (Art. 13 Abs. 1)

    cc) Form: Bei Eheschließung im Ausland genügt Ortsform, Art. 11 EGBGB

b) Materielle Ehenamensbestimmung

– Geburtsname des Ehemannes „Thieu" wählbar (§ 1355 Abs. 2 BGB) (+)

– auch nach der Eheschließung (§ 1355 Abs. 3 S. 2 BGB, Art. 10 Abs. 2 S. 2 EGBGB) (+)

– Form des § 1355 Abs. 3 S. 2 BGB geht in der Form des Art. 10 Abs. 2 S. 2 EGBGB auf (+)

Ergebnis: Ehename „Thieu" ist also wirksam bestimmt, Familienbuch zutreffend.

Frage 3: Namensführung der Ying

1. Wiederannahme des Geburtsnamens

a) Aktuelles Namensstatut: Ying deutsche Staatsangehörige (Art. 10 Abs. 1 EGBGB)

b) Form nicht speziell in Art. 10 Abs. 1 EGBGB, also Art. 11 Abs. 1 EGBGB

c) also § 1355 Abs. 5 S. 2 BGB: Ying kann Geburtsnamen „Hu" wieder annehmen

d) Form: Deutsches Recht als Geschäftsstatut (§ 1355 Abs. 5 S. 2, Abs. 4 S. 5 BGB) (+)

2. Anpassung des Namens nach Erwerb eines deutschen Namensstatuts

Recht zur Namensanpassung Art. 47 EGBGB

– ausländisches Namensstatut, Erwerb deutschen Namensstatuts (+)

– Art. 47 Nr. 1, 2, 4 EGBGB: Keine Änderung der Namensbestandteile (–)

– Art. 47 Nr. 3 EGBGB: Ablegen Zwischenname „Thi"

– Art. 47 Nr. 5 Hs. 1 EGBGB: Keine deutschsprachigen Namensformen (–)

– Art. 47 Nr. 5 Hs. 2 EGBGB: Nur Annahme eines neuen Vornamens (insoweit (+))

Ergebnis: Ying heißt nunmehr Yvonne Hu.

Frage 4: Namensstatut des Frank

1. Namensstatut, also Staatsangehörigkeit (Art. 10 Abs. 1 EGBGB)

a) Deutsche Staatsangehörigkeit von Geburt § 4 Abs. 3 StAG: erst seit 1. 1. 2000 (–)

b) Abgeleiteter Flüchtlingsstatus: Vater John hatte Flüchtlingsstatus verloren (–)

c) Deutsches Personalstatut bei Staatenlosigkeit: nur originär, nicht abgeleitet (–)

d) Vietnamesische Staatsangehörigkeit Art. 6 Abs. 2 vietnamesisches Staatsbürgerschaftsgesetz (+)

2. Wahl des Ehenamensstatuts durch Eltern: keine Erstreckung auf Kind

3. Wahl deutschen Rechts nach Art. 10 Abs. 3 Nr. 1, Nr. 2 EGBGB

– Art. 10 Abs. 3 EGBGB intertemporal anwendbar

    – Art. 224 § 3 Abs. 1 S. 1 EGBGB (–)

    – Sinn und Zweck gemessen an Art. 10 Abs. 5 aF EGBGB (+)

– § 1617c BGB analog (+)

Ergebnis: Sorgeberechtigter kann für Frank deutsches Recht als Namensstatut wählen.

Lösung

Frage 1: Antrag der Ying

1. Zuständigkeit

24 Der Antrag beim Standesamt, die Namenseintragung in dem (nach § 15a Abs. 1 S. 1 Nr. 1 Hs. 2 PStG aF[4] angelegten) Familienbuch zu ändern, kann nur erfolgreich sein, wenn das Standesamt zur Änderung befugt ist. Die Frage der internationalen **Zuständigkeit** stellt sich nicht, es geht um die Führung eines deutschen Personenstandsbuches.

Funktionell zuständig ist seit dem 1. 1. 2009 nicht mehr der Standesbeamte, sondern das Standesamt (§ 3 PStG). Örtlich zuständig ist das Standesamt, bei dem das betreffende Personenstandsbuch geführt wird. Gemäß § 3 PStG ist zwar seit dem 1. 1. 2009 kein Familienbuch mehr vorgesehen. Vorher angelegte Familienbücher werden jedoch gemäß § 77 Abs. 2 PStG als Heiratseinträge fortgeführt. Da die in Italien geschlossene Ehe vorliegend nicht in einem deutschen Heiratsbuch beurkundet wurde, bleibt für die Fortführung das Standesamt zuständig, bei dem zuletzt das Familienbuch geführt wurde (§ 77 Abs. 2 S. 4 PStG).

2. Änderung des Eintrags

25 Eine **Änderung** nach § 46 PStG scheidet aus. Sie ist nur zulässig, wenn eine Eintragung auf Unrichtigkeiten in der Anzeige von Geburten und Sterbefällen zurückgeht.

3. Berichtigung des Eintrags

26 Eine **Berichtigung** ohne gerichtliche Mitwirkung käme nach § 47 PStG in Betracht. Die Fälle der Berichtigung wurden zwar gegenüber § 46a aF PStG erweitert, eine Namensberichtigung käme aber weiterhin nur in Betracht, wenn der richtige Name durch andere Personenstandsurkunden festgestellt wäre (§ 47 Abs. 1 S. 2 Nr. 3 PStG), was nicht der Fall ist.

4. Berichtigung auf Anordnung des Gerichts

27 Andere Berichtigungen kann das Standesamt nicht selbst vornehmen, sondern „nur" (§ 48 Abs. 1 PStG) das **Gericht**. Ying müsste also einen Antrag nach § 48 PStG stellen, wozu sie nach § 48 Abs. 2 PStG als Beteiligte berechtigt ist. Sachlich zuständig ist das Amtsgericht; örtlich zuständig ist das AG Frankfurt/Main, das gemäß § 50 Abs. 1 PStG für den gesamten Gerichtsbezirk des LG Frankfurt/Main zuständig ist, in dem das Standesamt, dessen Personenstandsregister berichtigt werden soll, seinen Sitz hat (§ 50 Abs. 2 PStG).

28 **Ergebnis:** Ying muss Antrag nach § 48 PStG beim AG Frankfurt/Main stellen.

---

4 Das PStG BGBl III, Gliederungsnummer 211-1 ist zum 1. 1. 2009 außer Kraft getreten: Art 5 Abs. 2 Personenstandsrechtsreformgesetz vom 19. 2. 2007, BGBl 2007 I 122; gleichzeitig ist das PStG neuer Fassung (Art. 1 Personenstandsrechtsreformgesetz) in Kraft getreten.

Frage 2: Namensführung in der Ehe Ying-John

I. Erwerb eines Ehenamens bei Eheschließung

1. Deutsches IPR

a) Am 1. 9. 1986 ist das Gesetz zur Neuregelung des IPR in Kraft getreten. Für den Namenserwerb durch die am 20. 12. 1981 erfolgte Eheschließung ist also **intertemporal** zu klären, ob altes oder neues Kollisionsrecht anzuwenden ist.   29

Art. 220 EGBGB ist die intertemporale Kollisionsnorm für diese Gesetzesänderung. Maßgeblich ist Art. 220 Abs. 1 EGBGB; der Erwerb eines Ehenamens durch eine vor dem 1. 9. 1986 erfolgte Eheschließung müsste ein abgeschlossener Vorgang sein. Unbeschadet der Streitfrage, ob auch eine abgeschlossene kollisionsrechtliche Anknüpfung genügt,[5] ist ein Vorgang jedenfalls abgeschlossen, wenn bereits materielle Rechtsfolgen kraft Gesetzes eingetreten sind. Das ist der Fall, wenn mit Eheschließung ein Name erworben oder gewählt wurde. Es ist das alte IPR anzuwenden.

b) Anzuknüpfen ist einerseits an das **Heimatrecht** jedes Ehegatten für jeweils dessen Namensführung (wie nach Art. 10 Abs. 1 EGBGB, MAT a). Eine gemeinsame Namensführung ist danach nur möglich, wenn *beide* individuellen Namensstatute die konkret angestrebte Namensführung, ggf nach einer Namenswahl, zulassen.   30

c) Nach früherem deutschem IPR war für eine gemeinsame Namensführung von Ehegatten aber zudem alternativ nach Wahl der Ehegatten auch an das **Ehewirkungsstatut** bei Eheschließung anzuknüpfen (MAT a).   31

Das Ehewirkungsstatut ist nach altem IPR zu bestimmen, weil es insoweit ein Element der Bestimmung des Namensstatuts ist und die Namensbestimmung bei Eheschließung ein abgeschlossener Vorgang ist (Art. 220 Abs. 1 EGBGB).

Art. 14 aF EGBGB (MAT a) enthält eine Kollisionsnorm nur für deutsche Ehegatten, ist also einseitige Kollisionsnorm. Nach dem zum früheren IPR entwickelten Prinzip der **Verallseitigung** folgt daraus die Anknüpfung des Ehewirkungsstatuts bei gemeinsamer Staatsangehörigkeit (Personalstatut) der Ehegatten an dieses Recht.

d) Festzustellen ist also die Staatsangehörigkeit (bzw das **Personalstatut**) jedes Ehegatten im Zeitpunkt ihrer Eheschließung.   32

aa) Bis zu ihrer Flucht waren Ying und John vietnamesische Staatsangehörige. Im Zeitpunkt der Eheschließung ist jedoch ein Personalstatut nach Art. 12 des UN-Übereinkommens über die Rechtsstellung der Flüchtlinge v. 28. 7. 1951[6] (Genfer Flüchtlingskonvention) zu prüfen.   33

Art. 12 Genfer Flüchtlingskonvention setzt die Eigenschaft als **Flüchtling** iSd Art. 1 Genfer Flüchtlingskonvention voraus, wobei gemäß Art. I Abs. 2 Genfer Protokoll v. 31. 1. 1967[7] die zeitliche Beschränkung als in Art. 1 A Nr. 2 Genfer Flüchtlingskon-

---

5 So der BGH in ständiger Rechtsprechung: BGH FamRZ 1997, 542, 543.
6 *Jayme/Hausmann*[14] Nr. 10.
7 *Jayme/Hausmann*[14] Nr. 11.

vention nicht mehr enthalten anzusehen ist. In Betracht kommt das Flüchtlingsmerk-
mal der begründeten Furcht vor Verfolgung wegen ihrer politischen Überzeugung.
Das trifft nach Sachverhalt für John zu. John befand sich bei Eheschließung außerhalb
seines Heimatstaates Vietnam und wollte offenkundig den Schutz Vietnams wegen
der Verfolgungsbefürchtung nicht in Anspruch nehmen. John war also Konventions-
Flüchtling. Im Zeitpunkt der Eheschließung bestimmt sich sein Personalstatut nach
dem Recht des Landes seines Wohnsitzes, hilfsweise des Landes seines (schlichten)
Aufenthalts; er hat also ein italienisches Personalstatut.

Für den Namen des John wird damit auf italienisches Recht verwiesen.

34   **bb)** Ying erfüllte selbst nicht die Voraussetzung der begründeten Furcht vor Verfolgung. Ob ein **abgeleiteter Flüchtlingsstatus** für Familienangehörige möglich ist, lassen Genfer Flüchtlingskonvention und Protokoll offen. Für Ying ist die strittige Frage
jedenfalls zu verneinen; eine solche Erstreckung wird nur für Familienangehörige
vertreten, welche die Staatsangehörigkeit des Flüchtlings aufgrund familienrechtlicher Vorgänge (Erwerb durch Geburt oder Eheschließung) teilen;[8] Ying war bis zur
Eheschließung keine Familienangehörige von John und leitet ihre vietnamesische
Staatsangehörigkeit nicht von John ab. Ying hatte also nach der Aufnahme in Italien
weiter ein vietnamesisches Personalstatut.

35   **cc)** Ying hat die vietnamesische Staatsangehörigkeit jedoch noch vor Eheschließung
durch **Entlassung** verloren und ist dadurch staatenlos geworden. Ihr Personalstatut
als Staatenlose bestimmt sich nach dem Recht ihres gewöhnlichen, hilfsweise schlichten Aufenthaltes (Art. 29 aF EGBGB entspricht Art. 5 Abs. 2 EGBGB, vgl MAT c).
Der **gewöhnliche Aufenthalt** bestimmt sich rein tatsächlich nach dem Daseinsmittel-
punkt. Vorliegend könnte ein italienischer gewöhnlicher Aufenthalt fraglich sein.
Zwar können auch Flüchtlinge oder Asylbewerber ohne bereits gesicherten Status
einen gewöhnlichen Aufenthalt im Aufnahmeland erwerben,[9] wenn ihr Verbleib nicht
offenkundig ausländerrechtlich unzulässig ist. Erforderlich ist jedoch eine gewisse
soziale Eingliederung, die zB bei von vornherein kurzfristigem Aufenthalt, besonders
bei Flüchtlingen in Durchgangslagern, fehlen kann. Hier ist angesichts eines nicht von
vornherein vorübergehenden (Asylantrag!) einjährigen Aufenthalts wohl von einem
italienischen gewöhnlichen Aufenthalt bei Eheschließung auszugehen.

Nähere Ermittlungen zum Sachverhalt sind jedoch nicht erforderlich, denn Ying hatte
bei Eheschließung in Italien wenigstens schlichten Aufenthalt.

Für den Namen der Ying wird damit auf italienisches Recht verwiesen.

36   **e)** Für die alternative Anknüpfung an das **Ehewirkungsstatut** ist auf das gemeinsame
italienische Personalstatut im Zeitpunkt der Eheschließung (für den untersuchten
Namenserwerb maßgeblicher Zeitpunkt) abzustellen, also auf italienisches Recht.

37   **f)** Beide alternativ zu prüfenden Anknüpfungen sprechen eine **Gesamtverweisung**
aus (aus Art. 27 aF EGBGB entwickeltes Prinzip, das Art. 4 Abs. 1 EGBGB ent-

---

8 So BayObLGZ 1999, 27, 30; hiergegen *Hohloch* JuS 2000, 296, 297.
9 OLG Hamm NJW 1990, 651; OLG Koblenz FamRZ 1990, 536.

spricht – vgl MAT c). Es sind also die Kollisionsnormen des jeweils verwiesenen Rechts zu prüfen.[10]

2. Italienisches IPR

a) Im italienischen IPR stellt sich ebenfalls eine **intertemporale Frage**, denn am 1. 9. 1995 ist der kollisionsrechtliche Teil des IPRG von 1995 in Kraft getreten. Die Lösung intertemporaler Fragen wird immer der betroffenen Rechtsordnung überlassen, in der eine Rechtsänderung stattgefunden hat. Gesucht wird also nicht, vom deutschen Übergangsrecht ausgehend, das italienische IPR des Jahres 1981. Es entscheidet vielmehr die italienische intertemporale Kollisionsnorm, ob altes oder neues IPR anzuwenden ist. **38**

Das italienische intertemporale Recht erklärt aber (wie Art. 220 Abs. 1 EGBGB, MAT k) das alte IPR für anwendbar: Gemäß Art. 72 des italienischen IPRG von 1995 gelten die neuen Bestimmungen auch in nach seinem Inkrafttreten eingeleiteten gerichtlichen Verfahren *nicht*, sofern es sich um abgeschlossene Sachverhalte handelt.

b) Für das **Namensstatut** des John ist nach früherem italienischen IPR dessen Personalstatut berufen (MAT d). Italien gehört der Genfer Flüchtlingskonvention an, John hatte also auch aus italienischer Sicht ein italienisches Personalstatut (Art. 12 Genfer Flüchtlingskonvention). Italienisches Recht nimmt die Verweisung an. **39**

c) Für die staatenlose Ying knüpft das (alte) italienische IPR an den Wohnsitz (Art. 29 *disp.s.l.in gen.*, MAT g) an. Der Wohnsitzbegriff des italienischen Rechts (Art. 43 Abs. 2 *codice civile* – cc) entspricht insoweit dem deutschen (MAT k), als auch ein kürzerer, freiwilliger Aufenthalt den Wohnsitz begründen kann.[11] **40**
Individuelles Namensstatut beider Ehegatten ist also italienisches Recht.

d) Für das **Ehewirkungsstatut** ist die bei gemeinsamem Personalstatut maßgebliche ehewirkungsrechtliche italienische Kollisionsnorm anzuwenden (vgl Fn 7), also Art. 17 *disp.s.l.in gen.* (MAT e). Das italienische IPR nimmt danach für das Ehewirkungsstatut bei Eheschließung die Verweisung an. **41**

3. Materielles italienisches Recht

a) Einen Ehenamen bei Eheschließung können die Ehegatten also nur nach italienischem Recht erworben haben. Auf die Frage, ob die Ehegatten sich (konkludent) für eine Namensführung nach dem Ehewirkungsstatut entschieden hatten, kommt es nicht an. **42**

---

10 Zum Aufbau: An dieser Stelle kann noch nicht auf die weitere Prüfung der alternativen Anknüpfung an das Ehewirkungsstatut verzichtet werden, obgleich für beide individuellen Namensstatute ebenfalls auf italienisches Recht verwiesen ist. Die alternative Anknüpfung an das *Ehewirkungsstatut* hat bei Prüfung der Gesamtverweisung ein eigenes Schicksal; es wird auch im fremden IPR die *ehewirkungsrechtliche*, nicht die namensrechtliche IPR-Norm angewendet. Anders wäre dies, wenn lediglich auf der Suche nach dem *Namensstatut* anknüpfungstechnisch die *Anknüpfungssystematik* der ehewirkungsrechtlichen Kollisionsnorm verwendet würde – wie dies nunmehr zB Art. 15 EGBGB oder Art. 17 EGBGB tun.

11 Das italienische Recht stellt – was hier nicht erheblich ist – anders als das deutsche Recht bei wechselnden Aufenthalten auf den *gewöhnlichen* Aufenthalt ab und kennt anders als das deutsche Recht (§ 7 Abs. 2 BGB) keinen mehrfachen Wohnsitz.

Art. 143-bis cc (MAT i) sieht keinen § 1355 Abs. 1 BGB vergleichbaren Ehenamen vor, sondern lediglich die Möglichkeit der Führung des Familiennamens des Mannes durch die Ehefrau als Begleitname, vergleichbar § 1355 Abs. 4 BGB. Die Namen werden nicht durch Bindestrich verbunden, sondern durch das Wort „in". Der Mann führt seinen Familiennamen weiter – und zwar als Geburtsnamen, nicht als Ehenamen.

43 **b)** Diese Regelung könnte gegen den deutschen **ordre public** verstoßen (Art. 30 aF EGBGB wie Art. 6 EGBGB – MAT c), weil sie sich einseitig an die Ehefrau richtet (Art. 3 Abs. 2 GG). Das scheidet jedoch aus mehreren Gründen aus: Art. 143-bis cc gibt der Ehefrau nur ein Recht zur Namensgestaltung; dass der Ehemann nicht dasselbe Recht hat, wirkt sich im konkreten Fall nicht aus, da John keine andere Namensführung will. Zudem fehlt es im Zeitpunkt der Eheschließung an jedem Inlandsbezug. Schließlich würde eine Korrektur immer nur zur Nichtanwendung von Art. 143-bis cc führen, nicht aber zu einer Ehenamensregelung nach dem Vorbild von § 1355 BGB.

44 **c)** Die italienische namensrechtliche Regelung (Art. 143-bis cc) stellt jedoch die **Vorfrage der wirksamen Ehe**. Nur bei wirksam geschlossener Ehe ist Ying „Ehefrau".

aa) **Vorfragen** werden im deutschen IPR grundsätzlich selbstständig angeknüpft, also dem deutschen IPR unterstellt. Eine Ausnahme ist jedoch bei statusrechtlichen Vorfragen (Ehe, Abstammung) im Namensrecht geboten.[12] Da der Name eng mit hoheitlichen Funktionen (Ausweispapiere, Personenstandspapiere) verbunden ist, wäre es nicht sinnvoll, eine zum Namenserwerb führende Vorfrage aus deutscher Sicht anders zu beurteilen als das maßgebliche Namensstatut. Diese heute herrschende Ansicht hatte sich schon zum früheren IPR durchgesetzt (MAT c). Die Vorfrage der wirksamen Eheschließung ist also unselbstständig – vom italienischen IPR als Namensstatut ausgehend – anzuknüpfen.

bb) Die materiellen **Voraussetzungen der Eheschließung** bestimmen sich gemäß Art. 17 *disp.s.l.in gen.* (MAT e) nach dem gemeinsamen italienischen Personalstatut der Ehegatten. Die formellen Voraussetzungen sind nach dem klaren Wortlaut des Art. 26 *disp.s.l.in gen.* (MAT f) alternativ an eines der dort genannten Kriterien anzuknüpfen, es genügt ua die Wirksamkeit nach der italienischen Ortsform.

cc) Hinweise auf materielle Mängel ergeben sich nach dem Sachverhalt nicht, so dass von der materiellen Wirksamkeit der Ehe auszugehen ist.

Die Formwirksamkeit ergibt sich, soweit der Sachverhalt Aussagen enthält, aus Art. 106 cc (MAT h).

45 **d)** Damit führte Ying nach Eheschließung den Familiennamen „Hu" oder „Hu in Thieu", nicht aber „Thieu". Ob sie den Vornamen weiterhin nach dem Nachnamen führte (Hu Thi Ying) oder die Namensreihenfolge europäisierte (Ying Hu) oder italienisierte (Ying Hu in Thieu), blieb ohnehin ihr überlassen, da das italienische Recht ebenso wie das deutsche Recht nur bestimmt, welcher Namensteil Vor- bzw Nach-

---

12 BGHZ 90, 129, 140.

name ist, nicht aber in welcher Reihenfolge diese Namen im Rechtsverkehr zu gebrauchen sind.[13]

II. Erwerb eines Ehenamens durch Namenswahl

1. Ehenamensstatut

Die Ehegatten könnten jedoch den Namen „Thieu" durch **Erklärung vom 27. 2. 1994** **46** zum Ehenamen bestimmt haben.

a) Dazu ist das **Ehenamensstatut** zu bestimmen, denn das Namensstatut ist wandel- **47** bar. Art. 10 Abs. 1 EGBGB stellt ohne Bezug auf einen Anknüpfungszeitpunkt für jeden Ehegatten auf sein Heimatrecht/Personalstatut ab.

Ying besaß zu diesem Zeitpunkt als Staatenlose ein deutsches Personal- und damit Namensstatut.

John könnte sein seit der Aufnahme als Flüchtling in Deutschland gemäß Art. 12 Genfer Flüchtlingskonvention bestehendes deutsches Personalstatut nach Art. 1 C Nr. 1 Genfer Flüchtlingskonvention verloren haben. Dazu müsste er sich freiwillig erneut dem Schutz Vietnams unterstellt haben, was in dem erfolgreichen Antrag auf Erteilung eines Reisepasses[14] zu sehen ist. Dadurch wurde die noch bestehende vietnamesische Staatsangehörigkeit von John auch kollisionsrechtlich wieder als Personalstatut und damit als Namensstatut maßgeblich.

Diese Gesamtverweisung in vietnamesisches Recht (Art. 4 Abs. 1 EGBGB) nimmt das vietnamesische Recht an (MAT m).

Damit haben die Ehegatten verschiedene Personalstatuten. Ein Ehename ist in diesem Fall nur wählbar, wenn beide Rechtsordnungen die gewünschte Namensführung kraft Gesetzes oder Wahl zulassen. Da das vietnamesische Namensrecht durch den Bearbeiter nicht weiter ermittelbar war (MAT n), ist vor weiteren Bemühungen vorrangig nach anderen Möglichkeiten zu suchen, die Wirksamkeit der Namenswahl mit Mitteln des deutschen Kollisionsrechts zu erreichen.

b) Ein deutsches Ehenamensstatut könnte sich aus Art. 10 Abs. 2 EGBGB ergeben. **48**

aa) Art. 10 Abs. 2 EGBGB enthält entgegen seinem Wortlaut „können ... ihren ... Namen wählen" kein materielles Namenswahlrecht, sondern eine kollisionsrechtliche **Rechtswahlbefugnis**;[15] die materielle Bestimmung des Ehenamens folgt nur aus dem gewählten Recht.

bb) Dazu müsste Art. 10 Abs. 2 EGBGB idF durch FamNamRG v. 16. 12. 1993, in Kraft seit 1. 1. 1994, **intertemporal anwendbar** sein. Da das Namensstatut wandelbar ist, unterliegt die Zulässigkeit einer Wahl des Namensstatuts dem im Zeitpunkt der Namenswahl geltenden Recht; Art. 10 Abs. 2 EGBGB ist also anzuwenden.

---

13 Wenn sich ein Deutscher bayerischer Abstammung vorstellt: „Ich bin der Huber Sepp", so bedeutet dies offenkundig keine Namensänderung.

14 OLG Hamm FamRZ 1993, 111, 113.

15 BayObLGZ 1999, 153, 158.

cc) Die **tatbestandlichen Voraussetzungen** liegen sogar für beide Alternativen Art. 10 Abs. 2 Nr. 1 *oder* Nr. 2 EGBGB vor. Ying hat ein deutsches Personalstatut; beide Ehegatten haben einen deutschen gewöhnlichen Aufenthalt.

dd) Die **Form** des Art. 10 Abs. 2 S. 2 EGBGB ist gewahrt; die Erklärungen sind in der Form des § 129 BGB gegenüber dem Standesbeamten abgegeben.
Die Wahl eines deutschen **Ehenamensstatuts** ist also wirksam.

2. Materiellrechtliche Ehenamenswahl

49 Materiellrechtlich unterliegt die **Bestimmung des Ehenamens** § 1355 Abs. 1 S. 1, Abs. 2 BGB.

a) Vorfrage der Ehe

50 **aa)** Eine Bestimmung des Ehenamens nach § 1355 BGB können jedoch nur **„Ehegatten"** treffen. Damit stellt sich wieder die Vorfrage der wirksamen Ehe. Unter – hier gewähltem – deutschem Namensstatut ist die Vorfrage ausgehend von deutschem IPR anzuknüpfen; bei deutschem Sachstatut sind selbstständige und unselbstständige Anknüpfung freilich nicht zu unterscheiden.[16]

51 **bb)** Die materielle Wirksamkeit der Eheschließung beurteilt sich (als abgeschlossener Vorgang, Art. 220 Abs. 1 EGBGB) kumulativ nach den beiden Heimatrechten im Zeitpunkt der Eheschließung. Art. 13 Abs. 1 aF EGBGB wurde im Wege der Verallseitigung die heute in Art. 13 Abs. 1 EGBGB ausdrücklich bestimmte Kollisionsnorm entnommen (vgl MAT c). Die Verweisung führt damit für beide Ehegatten als Gesamtverweisung in das jeweils italienische Personalstatut im Zeitpunkt der Eheschließung; das italienische Recht nimmt, wie gesehen (Rn 39), diese Verweisung an.

52 **cc)** Die **formelle Wirksamkeit** der Eheschließung bestimmt sich für eine im Ausland geschlossene Ehe nach Art. 11 EGBGB (alter wie neuer Fassung). Art. 13 Abs. 3 EGBGB (früher § 15a EheG) bezieht sich nur auf die Eheschließung im Inland. Es genügt also die Wahrung der Ortsform, alternativ der Geschäftsform (Kumulation der von Art. 13 Abs. 1 EGBGB berufenen Personalstatute). Die Form italienischen Rechts ist, wie gesehen, gewahrt.

b) Materielle Ehenamensbestimmung

53 **aa)** Es handelt sich also auch aus deutscher Sicht um Ehegatten. Der **Geburtsname** des Ehemannes „Thieu" konnte gewählt werden (§ 1355 Abs. 2 BGB). Die Wahl konnte auch nach der Eheschließung erfolgen (§ 1355 Abs. 3 S. 2 BGB, Art. 10 Abs. 2 S. 2 EGBGB). Die Form des § 1355 Abs. 3 S. 2 BGB geht in der Form des Art. 10 Abs. 2 S. 2 EGBGB auf.

---

16 Aufbau: Man könnte bereits die Vorfrage der wirksamen Ehe bei Art. 10 Abs. 2 EGBGB prüfen, denn nur „Ehegatten" können ein Ehenamensstatut bestimmen und zugleich einen Ehenamen wählen. Auch dann muss für die Vorfragenanknüpfung der wirksame Status nach dem zu wählenden Statut angeknüpft werden.

Die Ehegatten haben damit wirksam den Ehenamen „Thieu" bestimmt, die Eintragung im Familienbuch ist also zutreffend.

bb) Ob die **Zwischennamen** „Thi" und „Phan" während der Ehe weiter geführt wurden, muss für den vorliegenden Fall nicht geklärt werden; grundsätzlich wurde auch vor Inkrafttreten von Art. 47 EGBGB ein Wahlrecht vertreten, wobei mangels einer Wahl für den Zwischennamen umstritten war und bleibt, ob dieser bei Erwerb der deutschen Staatsangehörigkeit als Teil des Vornamens oder als Zwischenname weitergeführt wird oder erlischt, weil deutsches Recht keinen Zwischennamen kennt.[17] Nicht geklärt werden muss auch, wie das italienische Recht die Führung des Zwischennamens beurteilte. Denn Ying will ausweislich ihres Antrages nunmehr jedenfalls den Zwischennamen ablegen. **54**

Ergebnis: Die im Familienbuch eingetragene Namensführung „Thieu" trifft zu. **55**

Frage 3: Namensführung der Ying

1. Wiederannahme des Geburtsnamens

a) Kollisionsrechtlich beurteilt sich die Namensführung nach der Ehescheidung nach dem aktuellen Namensstatut jedes Ehegatten. Anzuknüpfen ist also an das gegenwärtige Personalstatut der Ying; diese ist deutsche Staatsangehörige, hat also ein deutsches Namensstatut. **56**

b) Die **Form** ehenamensrechtlicher Erklärungen ist in Art. 10 Abs. 1 EGBGB nicht – wie für die Erklärung nach Art. 10 Abs. 2 EGBGB – speziell geregelt. Es genügt deshalb nach Art. 11 Abs. 1 EGBGB wahlweise die Wahrung der Ortsform (relevant zB bei Ehenamenswahl anlässlich der Eheschließung deutscher Ehegatten im Ausland) oder der Geschäftsform. **57**

c) Ying kann durch **Erklärung** nach § 1355 Abs. 5 S. 2 BGB, wie gewünscht, ihren Geburtsnamen „Hu" wieder annehmen. **58**

Die Form deutschen Rechts als des Geschäftsstatuts (Art. 11 Abs. 1 iVm Art. 10 Abs. 1 EGBGB) ist gewahrt (§ 1355 Abs. 5 S. 2, Abs. 4 S. 5 BGB).

2. Anpassung des Namens nach Erwerb eines deutschen Namensstatuts

a) Ying könnte ein Recht zur Namensanpassung gemäß Art. 47 EGBGB[18] haben. An sich bleibt bei Erwerb eines deutschen Namensstatuts gemäß Art. 10 Abs. 1 EGBGB der bisher geführte Name – vorbehaltlich der Einordnung des Zwischennamens (Rn 54) – unverändert als unter vorherigem Namensstatut wohlerworbenes Recht bestehen. Art. 47 EGBGB ändert diese kollisionsrechtliche Lage nicht, erlaubt aber **59**

---

17 Dazu *Staudinger/Hepting* (2007) Art. 10 EGBGB Rn 166 ff.
18 Art. 47 EGBGB sollte gemäß Art. 5 Abs. 2 PStRG, BGBl. 2007 I 122 am 1. 1. 2009 in Kraft treten, gilt jedoch gemäß Art. 4 Abs. 1a des Siebten Gesetzes zur Änderung des Bundesvertriebenengesetzes (BGBl 2007 I 748) bereits seit dem 24. 5. 2007; im Fall ist dieser Umstand ohne Bedeutung, da der Antrag erst nach dem 1. 1. 2009 gestellt wird.

als, auch systematisch nicht in das IPR eingeordnete, materiellrechtliche Norm dem Namensträger nach Erwerb der deutschen Staatsangehörigkeit eine Anpassung an die Üblichkeiten der deutschen Namensführung.

60   **b)** Da Ying ein ausländisches Namensstatut hatte und durch Erwerb der deutschen Staatsangehörigkeit ein deutsches Namensstatut erworben hat, ist Art. 47 EGBGB anwendbar. Eine Befristung der Bestimmungsrechte sieht Art. 47 EGBGB nicht vor.

aa) Art. 47 Nr. 1, 2, 4 EGBGB führen vorliegend offenkundig nicht zu dem gewünschten Ergebnis, da diese Normen nur eine Auswahl aus dem phonetisch unveränderten bisherigen Namen erlauben.

bb) Art. 47 Nr. 3 EGBGB erlaubt jedenfalls die Ablegung des Zwischennamens „Thi", insoweit also wirksame Wahl.

Nach Art. 47 Nr. 5 Hs. 1 EGBGB kann Ying eine deutschsprachige Form des Vornamens und des Nachnamens annehmen. Nun gibt es freilich weder zu „Ying" noch zu „Hu" deutschsprachige Pendants.[19] In Betracht kommt daher nur Art. 47 Nr. 5 Hs. 2 EGBGB, der jedoch nur die Annahme eines neuen Vornamens, nicht aber eines Familiennamens erlaubt.

Im Ergebnis heißt Ying also nunmehr mit Vornamen Yvonne. Da sie den Zwischennamen abgelegt hat, die Namensbestimmung des Nachnamens zu „Huber" aber unwirksam ist, heißt sie mit Nachnamen weiter „Hu".

61   **Ergebnis:**   Ying heißt nunmehr „Yvonne Hu".

Frage 4: Namensstatut des Frank

1. Namensstatut

62   Der Familienname des Frank bestimmt sich nach seinem Namensstatut, also nach dem Recht des **Staates, dem Frank angehört** (Art. 10 Abs. 1 EGBGB).

a) Ein Erwerb der deutschen Staatsangehörigkeit von Geburt kommt nicht in Betracht. Das deutsche Staatsangehörigkeitsrecht sieht erst seit dem 1. 1. 2000 für nach dem 31. 12. 1999 in Deutschland geborene Kinder in § 4 Abs. 3 StAG einen Erwerbstatbestand *iure soli* vor.

63   **b)** Ein abgeleitetes Flüchtlingsstatut nach Art. 12 Genfer Flüchtlingskonvention ohne eigene Flüchtlingseigenschaft des Kindes, das bei Flüchtlingsstatus beider Eltern angenommen wird,[20] kommt hier nicht mehr in Betracht; der Vater John hatte seinen Flüchtlingsstatus verloren.

64   **c)** Ein abgeleiteter Erwerb eines deutschen Personalstatuts von einem sich in Deutschland aufhaltenden staatenlosen Elternteil kommt dagegen nicht in Betracht. Entweder ist das Kind selbst staatenlos, unterfällt also selbstständig Art. 5 Abs. 2 EGBGB oder

---

19 Zweifelsfrei betrifft Nr. 5 Fälle, in denen Namen identischer Bedeutung lediglich linguistisch angepasst werden, zB kann der arabische Name „Mariam" in das deutsche Äquivalent „Maria" geändert werden.
20 BayObLGZ 1999, 27.

es erwirbt eine Staatsangehörigkeit *iure soli* im Geburtsland oder *iure sanguinis* vom anderen Elternteil.

d) Frank hat auch bei Geburt außerhalb Vietnams die vietnamesische Staatsangehörigkeit seines Vaters nach Art. 6 Abs. 2 des vietnamesischen Staatsbürgerschaftsgesetzes erworben, weil seine Mutter in diesem Zeitpunkt staatenlos war (MAT l). Art. 10 Abs. 1 EGBGB verweist in vietnamesisches Recht, das die Verweisung annimmt (MAT m). **65**

Dieses Namensstatut ist seit Geburt von Frank unverändert.

2. Einfluss des Ehenamensstatuts

Die **Wahl des Ehenamensstatuts** durch die Ehegatten erstreckt sich nicht auf das gemeinsame Kind. Dies folgt aus der jeweils getrennten Regelung in Art. 10 Abs. 2 und Abs. 3 EGBGB. **66**

3. Wahl des Kindesnamensstatuts

a) Eine **Wahl deutschen Rechts** als Kindesnamensstatut nach Art. 10 Abs. 3 Nr. 1 EGBGB (deutsches Heimatrecht der Mutter) oder Nr. 2 (deutscher gewöhnlicher Aufenthalt beider Elternteile) setzt voraus, dass Art. 10 Abs. 3 EGBGB intertemporal anwendbar ist. Art. 10 Abs. 3 EGBGB ist am 1. 7. 1998 in Kraft getreten. Fraglich ist, ob die Bestimmung intertemporal auch für vorher geborene Kinder gilt. Hierfür könnte Art. 224 § 3 Abs. 1 S. 1 EGBGB, die intertemporale Kollisionsnorm zum Inkrafttreten der namensrechtlichen Bestimmungen des KindRG, sprechen. Danach behält das vor dem 1. 7. 1998 geborene Kind seinen Geburtsnamen. Diese Übergangsregelung bezieht sich jedoch nur auf die neuen Regelungen im materiellen deutschen Kindesnamensrecht und soll klarstellen, dass ein früher geborenes Kind nur in den von Art. 224 § 3 Abs. 2 bis 6 EGBGB geregelten Fällen einen neuen Geburtsnamen nach deutschem Recht erhalten kann. **67**

b) Hingegen eröffnet Art. 10 Abs. 3 EGBGB eine Namensstatutwahl, die so umfassend bis zum 30. 6. 1998 für „eheliche" Kinder nicht bestand (Art. 10 Abs. 5 aF EGBGB, vgl MAT b). Da zudem Art. 10 Abs. 3 EGBGB auf die Befristung in Art. 10 Abs. 5 aF EGBGB („vor der Beurkundung der Geburt") verzichtet, wird deutlich, dass eine Namensstatutwahl nun nicht mehr daran scheitert, dass das Kind bereits einen Geburtsnamen hat. Die Wahl deutschen Rechts als Namensstatut ist also auch für den vor dem 1. 7. 1998 geborenen Frank möglich. **68**

Problematisch ist dabei allerdings, dass Art. 10 Abs. 3 EGBGB nicht auf § 1617c BGB verweist. Durch die unbefristet zulässige Namensstatutwahl kann es zu einer Änderung des Geburtsnamens auch bei über fünfjährigen Kindern kommen. Wegen der erheblichen Betroffenheit des Persönlichkeitsrechts des Kindes bedarf es nach dem Rechtsgedanken aus § 1617c Abs. 1 BGB dessen Zustimmung auch bei Art. 10 Abs. 3 EGBGB, wenn das Kind im Zeitpunkt der Rechtswahl das 5. Lebensjahr vollendet hat.

Die Wahl kann der Inhaber der elterlichen Sorge treffen; wer dies ist, bestimmt sich als Vorfrage nach dem von Art. 21 EGBGB berufenen Recht (nach Fragestellung vorliegend nicht zu prüfen).

69   **Ergebnis:** Der Sorgeberechtigte kann für Frank deutsches Recht als Namensstatut wählen.

Literaturhinweise

Behandlung der fallrelevanten Themen in:
Rauscher Internationales Privatrecht (3. Aufl.)

Intertemporales Recht:	Rn 16, 410 ff
Personalstatut Staatenloser:	Rn 234 ff
Personalstatut Flüchtlinge:	Rn 248 ff
Namensstatut:	Rn 654 ff
Ehenamensstatut, Wahl:	Rn 664 ff
Kindesnamensstatut, Wahl:	Rn 671 ff
Vorfragen im Namensstatut:	Rn 506
Namensbestimmung Art. 47:	Rn 661 ff

Weitere Literatur:

1. Intertemporales Recht

Staudinger/Sturm/Sturm (2003), Einl IPR, Rn 674. *Coester-Waltjen* Ausgewählte zivilrechtliche Fragen im Einigungsvertrag – Interlokale und intertemporale Probleme, Jura 1991, 516.

2. Personalstatut Staatenloser und Flüchtlinge

Staudinger/Blumenwitz (2003), Art. 5 EBGBG, Rn 32 (Staatenlose) und Art. 5 EGBGB, Rn 40 ff und Rn 59.

3. Ehenamensstatut/Wahl

Staudinger/Hepting (2007), Art. 10 EGBGB, Rn 270 f (Ehenamensstatut) und Rn 308 f (Wahl des Ehenamensstatuts). *Krömer* Neubestimmung des Ehenamens und Übergang zu getrennter Namensführung nach Statutenwechsel, StAZ 2003, 229.

4. Kindesnamensstatut/Wahl

Staudinger/Hepting (2007), Art. 10 EGBGB, Rn 385 ff und Rn 421 ff (Wahl des Kindesnamensstatuts). *Fachausschuss-Nr 3743, verhandelt am 7. und 8. April 2005* Mehrmalige Rechtswahl nach Art. 10 Abs. 3 EGBGB für den Namen eines Kindes mit deutscher Mutter und spanischem Vater, StAZ 2006, 81.

5. Vorfragen im Namensstatut

Staudinger/Hepting (2007), Art. 10 EBGBG, Rn 110.

6. Namensbestimmung nach Art. 47

Staudinger/Hepting (2007), Art. 10 EGBGB, Rn 154. *Mäsch* Art. 47 EGBGB und die neue Freiheit im internationalen Namensrecht – oder Casanovas Heimfahrt, IPRax 2008, 17. *Henrich* Die Angleichung im internationalen Namensrecht – Namensführung nach Statutenwechsel, StAZ 2007, 197.

Fall 2

Gründen wir eine Limited!

(Bearbeitungszeit: 5 Stunden)

Der deutsche Staatsangehörige Walter Weise plant einen Internet-Versandhandel mit **70** Gebrauchselektronik. Zu diesem Zweck will er als einziger Gesellschafter eine GmbH mit Sitz in München, seinem Wohnort, gründen. Den Gesellschaftsvertrag lässt er durch einen Notar in Zürich, wo er für einige Wochen geschäftlich zu tun hat, beurkunden und meldet die Gesellschaft beim Amtsgericht München zur Eintragung in das Handelsregister an. Das Amtsgericht München hat Zweifel, ob die Gesellschaft eingetragen werden kann, nimmt aber schließlich am 1. 2. 2006 die Eintragung unter der Firma *Komm kaufen wir's!* GmbH vor.

Weise, der die Geschäfte alleine von seinem häuslichen Büro aus führt, beginnt den Geschäftsbetrieb der GmbH. Sie bietet über eine Website Produkte an; die Begrüßungsseite ermöglicht dem Kunden eine Wahl zwischen englischer, deutscher und französischer Textversion. In verschiedenen Staaten Europas, darunter in Deutschland kann der Kunde online bestellen. Die Ware ordert Weise aufgrund von Rahmenverträgen mit Großhändlern jeweils bei Eingang von Online-Bestellungen. Im August 2006 verlegt Weise seinen Wohnsitz nach London (England, UK). Seine Geschäfte führt er von seinem dortigen häuslichen Büro. Der Internet-Auftritt der *Komm kaufen wir's!* GmbH bleibt unverändert und lässt seinen persönlichen Umzug nicht erkennen.

Im Dezember 2007 wickelt die *Komm kaufen wir's!* GmbH online ua folgende Geschäfte ab:

Fritz Feistl bestellt als Geburtstagsgeschenk für seine Tochter ein Mobiltelefon, das ihm an seinen Wohnsitz nach Passau geliefert wird. Der Kaufpreis wird Feistls Kreditkarte belastet.

Die Firma *FlyHigh Ltd.* bestellt 10 Handfunkgeräte, die an ihre Firmenanschrift am Flughafen Augsburg geliefert werden.

Das an Feistl gelieferte Telefon ist defekt. Nachdem er mehrfach erfolglos per E-Mail um Austausch gebeten hat, erklärt er den Rücktritt und verlangt Rückzahlung des Kaufpreises (€ 299). Als auch dies erfolglos bleibt, erhebt er am 11. 3. 2008 beim Amtsgericht Passau Zahlungsklage. Weise trägt vor, deutsche Gerichte seien unzuständig, denn seine GmbH sei nach London gezogen.

Der Versuch, den Kaufpreis der 10 Handfunkgeräte (€ 4500) der Kreditkartenbank der *FlyHigh Ltd.* zu belasten, scheitert, weil die bei Bestellung angegebene Kreditkarte nur bis Juni 2006 gültig war. Die *Komm kaufen wir's!* GmbH, vertreten durch ihren Geschäftsführer Walter Weise, London, erhebt darauf am 13. 3. 2008 Zahlungsklage vor dem Amtsgericht Augsburg gegen Franz Flug persönlich und gegen die FlyHigh Ltd. In der Klageerwiderung bezeichnet sich die Beklagte zutreffend als „*FlyHigh Ltd.* London, England UK" und bestreitet die Zuständigkeit des Gerichts. Im Verfahren stellt sich heraus, dass die Gesellschaft durch den deutschen Fluglehrer Franz Flug als Alleingesellschafter nach englischem Recht wirksam in der Rechtsform einer *private limited company* gegründet wurde. Die Gründung erfolgte durch Vermittlung eines Londoner Rechtsanwalts. Das Geschäft führt Flug von Anfang an ausschließlich in Augsburg.

1. Hat das Amtsgericht München bei Eintragung der *Komm kaufen wir's!* GmbH einen Fehler gemacht? Firmenrechtliche Fragen sind nicht zu erörtern.
2. Ist die Klage in Passau zulässig? Hätte Feistl (auch) vor einem anderen deutschen Gericht klagen können?
3. Wie wäre – bei sonst unverändertem Sachverhalt – zu entscheiden, wenn Weise seinen Wohnsitz nach Kopenhagen (Dänemark) verlegt hätte?
4. Wie wäre – bei sonst unverändertem Sachverhalt – zu entscheiden, wenn Weise die Gesellschaft als *Limited Liability Company* des Rechts von Delaware (USA) errichtet hätte (*Come let's buy it* Inc.), die Geschäfte der Firma von seinem Wohnsitz in Nassau, Bahamas, führt, die Versendung der Ware für Europa jedoch durch eine Versandagentur in Amsterdam durchführen lässt und auf der deutschsprachigen Bestellseite im Internet als „*Come let's buy it* Inc., Delaware, Amsterdam Branch" firmiert.
5. Ist die Klage in Augsburg zulässig? Hinsichtlich der Verhältnisse der *Komm Kaufen wir's!* GmbH ist nur der Ausgangssachverhalt zugrunde zu legen.

Materialien

I. Schweizerisches Recht[1]

71 **a) Art. 276 Obligationenrecht (OR)**
Die Bestimmungen über die Pacht von Wohn- und Geschäftsräumen gelten auch für Sachen, die der Verpächter zusammen mit diesen Räumen dem Pächter zur Benutzung überlässt.

Art. 779 Obligationenrecht (OR)
(1) Die Gesellschaft erlangt das Recht der Persönlichkeit durch die Eintragung ins Handelsregister.
(2) Sie erlangt das Recht der Persönlichkeit auch dann, wenn die Voraussetzungen für die Eintragung tatsächlich nicht erfüllt sind.
(3) Waren bei der Gründung gesetzliche oder statutarische Voraussetzungen nicht erfüllt und sind dadurch die Interessen von Gläubigern oder Gesellschaftern in erheblichem Maße gefährdet oder verletzt worden, so kann das Gericht auf Begehren einer dieser Personen die Auflösung der Gesellschaft verfügen.
(4) Das Klagerecht erlischt drei Monate nach der Veröffentlichung der Gründung der Gesellschaft im Schweizerischen Handelsamtsblatt.

b) Für die übrigen im schweizerischen Recht auftretenden Fragen ist davon auszugehen, dass die Rechtslage der deutschen entspricht.

---

1 *Rehbinder/Zäch* Schweizerische Gesetze, Loseblatt (Stand Juli 2008).

II. Recht des UK/Englisches Recht

c) Das internationale Gesellschaftsrecht des UK ist auch nach Inkrafttreten des *Companies Act 2006* nicht gesetzlich geregelt. In England gilt die Regel, dass alle Fragen betreffend die Gründung und die Rechtsfähigkeit einer Gesellschaft dem Recht des Ortes der Inkorporierung unterstehen.

III. Dänisches Recht

d) Ausdrückliche Regeln zum Gesellschaftsstatut fehlen. Das dänische Recht unterstellt im Ausland gegründete Gesellschaften den dänischen Bestimmungen über die Mindestkapitalisierung, wenn sie in Dänemark durch eine Filiale oder eine Tochtergesellschaft tätig werden, erkennt aber ihre Fortexistenz an.

IV. Recht von Delaware

e) Zur Gründung einer rechts- und parteifähigen *Limited Liability Company* bedarf es der Errichtung eines *Certificate of Formation* durch einen oder mehrere Gesellschafter und dessen Hinterlegung beim *Secretary of State*. Erforderlich ist, dass die Gesellschaft ein *registered office* in Delaware hat; dieses muss nicht mit dem Sitz ihrer Verwaltung übereinstimmen.

Strukturierung des Falles

72 **Wesentliche Themen:** Partei- und Prozessfähigkeit, Verbraucherzuständigkeiten in der Brüssel I-VO, Wohnsitz in der Brüssel I-VO, Substitution, Gesellschaftsstatut und Art. 43, 48 EGV.

Ausgangsfälle: EuGH NJW 2002, 3614, EuGH NJW 2003, 3331, BGHZ 80, 76.

Frage 1: Eintragung der *Komm kaufen wir's!* GmbH

1. Ablehnung der Eintragung nach § 9c Abs. 1 S. 1 GmbHG wegen Formmangel?

2. Ortsformstatut des Gesellschaftsvertrages, Art. 11 EGBGB
- Ortsform nach Art. 11 Abs. 5 EGBGB ausgeschlossen (–)
- Analogie zu Art. 11 Abs. 5 EGBGB (–) (str.)
- Entsprechende Form für GmbH-Gründung in schweiz. Recht vorrätig (+)

3. Art. 276 OR notarielle Urkunde, Form gewahrt.

4. Hilfsgutachten: Geschäftsformstatut des Gesellschaftsvertrages
- Gesellschaftsstatut: Gründungs- oder Sitztheorie
- Niederlassungsfreiheit (Art. 43, 48 EGV)
- hier nicht relevant, da Sitz und Gründung in Deutschland

5. Form § 2 Abs. 1 S. 1 GmbHG: Substitution des schweizer Notars
- Substituierbar, § 17 BeurkG, aber verzichtbar (+)
- Gleichwertigkeit Beurkundungsperson und -vorgang (+)

6. Zulässigkeit einer Ein-Gesellschafter-GmbH – Gesellschaftsstatut (+)

Ergebnis: Das AG München hat bei der Eintragung keinen Fehler gemacht.

Frage 2: Zulässigkeit der Klage zum Amtsgericht Passau (Variante London)

1. Parteifähigkeit GmbH
a) Statut strittig:
- Lex fori, damit § 50 Abs. 1 ZPO, Rechtsfähigkeit
- Oder prozessuale Kollisionsnorm: Heimatrecht
- Oder alternative Anknüpfung an Partei- oder Rechtsfähigkeit im Heimatrecht
b) Gesellschaftsstatut:
- Identitätswahrender Sitzwechsel, wenn nach beiden Rechtsordnungen zulässig
- Wegzug aus Deutschland

- Verstoß gegen Art. 43, 48 EGV strittig: *Daily Mail*, modifiziert in *Cartesio*
- § 4a GmbHG n.F. im August 2006 noch nicht anzuwenden
- Nicht entscheidungserheblich: Falls Sitztheorie Rückverweisung möglich; UK-Recht, Unteranknüpfung Art. 4 Abs. 3 EGBGB englisches Recht, also Gründungstheorie, also Rückverweisung
c) Die Parteifähigkeit damit § 50 Abs. 1 ZPO iVm § 13 Abs. 1 GmbHG.

2. Internationale Zuständigkeit deutscher Gerichte
a) Anwendbarkeit der Brüssel I-VO
- Intertemporal: Alle Klagen seit dem 1. 3. 2002, Art. 66 Abs. 1, 76 Brüssel I-VO (+)
- Materiell: Art. 1 Abs. 1 Brüssel I-VO Zivil- oder Handelssache (+), Ausnahmen Art. 1 Abs. 2 Brüssel I-VO (–)
- Räumlich: Art. 3 Abs. 1 Brüssel I-VO: Beklagtenwohnsitz in Mitgliedstaat
  - Begriff Mitgliedstaat: Erwägungsgründe Nr. 20, 21 Brüssel I-VO
  - Begriff Wohnsitz bei Gesellschaft: Art. 60 Brüssel I-VO; Satzungssitz England (+)
- Verwaltungssitz in Deutschland (+)
b) Verbrauchersache Art. 15 ff Brüssel I-VO
- vertragliche Ansprüche, Kläger Verbraucher (+)
- Art. 15 Abs. 1 Brüssel I-VO Vertrags- und Abschlusssituationen
- Art. 15 Abs. 1 lit. c Brüssel I-VO „in irgendeiner Weise" ausgerichtet; bei Internet aktive Ausrichtung (+)
c) Internationale Zuständigkeit Klage des Verbrauchers Art. 16 Abs. 1 Brüssel I-VO,
- Deutschland Wohnsitzstaat des Verbrauchers (Art. 16 Abs. 1 Alt. 2 Brüssel I-VO), dabei Wohnsitz gemäß Art. 59 Abs. 1 Brüssel I-VO nach deutschem Recht (§ 7 BGB)
- Deutschland auch Wohnsitzstaat des Vertragspartners (Art. 16 Abs. 1 Alt. 1 Brüssel I-VO) nach Art. 60 Abs. 1 Brüssel I-VO

d) Örtliche Zuständigkeit:
- Mitgeregelt in Art. 16 Abs. 1 Alt. 2 Brüssel I-VO also AG Passau (+)
- Bei Art. 16 Abs. 1 Alt 1. Brüssel I-VO: § 29c ZPO, wenn § 312 Abs. 1 BGB (–)
- § 17 Abs. 1 S. 2 ZPO: nicht Verwaltungssitz, sondern Satzungssitz (+)

Ergebnis: Die Klage zum AG Passau ist zulässig. Die Klage hätte auch vor dem AG München erhoben werden können.

Frage 3: Zulässigkeit der Klage zum Amtsgericht Passau (Variante Kopenhagen)

1. Parteifähigkeit der Beklagten
- Keine Änderung, auch nach dänischem IPR Rückverweisung

2. Internationale Zuständigkeit
- Dänemark ursprünglich nicht Mitgliedstaat der Brüssel I-VO (Erwägungsgrund Nr. 22)
- Nach dem 1. 7. 2007 erhobene Klagen: Dänemark wie Mitgliedstaat gemäß Anwendungsübereinkommen
- IE keine Änderung

Ergebnis: Die Klage zum AG Passau ist zulässig.

Frage 4: Zulässigkeit der Klage zum Amtsgericht Passau (Variante Delaware)

1. Parteifähigkeit der *Beklagten*
- Gesellschaftsstatut Art. XXV Abs. 5 S. 2 des Freundschafts-, Handels- und Schifffahrtsvertrags v. 29. 10. 1954, also Gründungstheorie
- Unteranknüpfung direkte Verweisung auf Gründungsrecht, also Delaware

2. Zuständigkeit
- Internationale Zuständigkeit Brüssel I-VO: Beklagtenwohnsitz in Mitgliedstaat (Art. 3 Abs. 1, 60 Brüssel I-VO)
- In Verbrauchersachen aus Art. 15 Abs. 2 Brüssel I-VO
  - Zweigniederlassung in Amsterdam, fraglich

- Aber Anschein einer Zweigniederlassung *(Amsterdam Branch)* (+)
- Also internationale und örtliche Zuständigkeit Art. 16 Abs. 1 Brüssel I-VO: Passau

Ergebnis: Die Klage zum AG Passau ist zulässig.

Frage 5: Zulässigkeit der Klage zum Amtsgericht Augsburg

1. Parteifähigkeit der FlyHigh Ltd. nach Gesellschaftsstatut
- Sitztheorie führte zu deutschem Verwaltungssitz, damit nicht rechts-, nicht parteifähig
- Verstoß gegen Niederlassungsfreiheit Art. 43, 48 EGV
  - *Centros*-Entscheidung: Nur Zweigniederlassungsgründung (–)
  - *Überseering*-Entscheidung: Nur Sitzverlegung in das Inland (–)
  - *Inspire Art*-Entscheidung: Auch bei Nichtanerkennung von Schein-Auslandsgesellschaften (–)
- Rechtsmissbrauch nicht schon bei kostengünstiger Gründung

2. Zuständigkeit
- Internationale Zuständigkeit gegen Franz Flug bei deutschem Wohnsitz (Art. 3 Abs. 1 Brüssel I-VO) nach Brüssel I-VO; Art. 2 Brüssel I-VO (+)
- Örtliche Zuständigkeit des AG Augsburg aus §§ 12, 13 ZPO (+)
- Internationale Zuständigkeit gegen die *FlyHigh* Ltd. bei UK-Satzungssitz bzw. deutschem Verwaltungssitz, (Art. 60 Brüssel I-VO) nach Brüssel I-VO; Art. 2 Brüssel I-VO nach Wahl des Klägers (+)
- Örtliche Zuständigkeit §§ 17, 12 ZPO
  - Angemeldeter Satzungssitz (–)
  - Notzuständigkeit AG Schöneberg analog § 606 Abs. 3 ZPO (–)
  - „Verlängerung" Art. 60 Brüssel I-VO oder § 17 Abs. 1 S. 2 Hs. 2 ZPO analog (+)

Ergebnis: Die Klage zum AG Augsburg ist zulässig.

Lösung

Frage 1: Eintragung der *Komm kaufen wir's!* GmbH

1. Ablehnung der Eintragung

73 Womöglich hätte das AG München die Eintragung nach **§ 9c Abs. 1 S. 1 GmbHG** ablehnen müssen. Das würde voraussetzen, dass die Gesellschaft nicht ordnungsgemäß errichtet oder angemeldet wurde. Da die Zulässigkeit der Firma nach Bearbeitervermerk nicht zu prüfen ist, kommt allein ein **Formmangel** des Gesellschaftsvertrages in Betracht. Nicht abwegig wäre es auch, nach der Zulässigkeit der **Ein-Gesellschafter-GmbH** zu fragen.

2. Formstatut

74 Zu ermitteln ist das **Formstatut** des Gesellschaftsvertrages. Dieses könnte gemäß Art. 11 Abs. 1 EGBGB alternativ an das Recht des Vornahmeortes oder das Geschäftsrecht anzuknüpfen sein, so dass die Wahrung der schweizerischen Ortsform genügen würde.

75 **a)** Fraglich ist jedoch, ob eine ausländische **Ortsform bei Gründung** einer (deutschen) GmbH ausgeschlossen ist. Ausdrücklich wird die Ortsform in bestimmten Fällen durch Art. 11 Abs. 4, 5 EGBGB ausgeschlossen. Art. 11 Abs. 4 EGBGB ist offensichtlich nicht einschlägig, weil kein Grundstück im Spiel ist. Art. 11 Abs. 5 EGBGB ist seinem Wortlaut nach ebenfalls nicht betroffen.

76 **b)** Zu erwägen ist jedoch eine **analoge Anwendung von Art. 11 Abs. 5** EGBGB; in gleicher Richtung wird teilweise auch ohne Hinweis auf Art. 11 Abs. 5 EGBGB argumentiert:[2] Da das Internationale Gesellschaftsrecht bisher im EGBGB nicht geregelt ist (vgl Art. 37 S. 1 Nr. 2 EGBGB)[3] lässt sich aus der Enumeration der Fälle in Art. 11 Abs. 4, 5 EGBGB kein Argument gegen eine Analogie herleiten. Eine Beschränkung auf die Geschäftsform für gesellschaftsrechtliche Beurkundungen könnte gerade dem bisher unkodifizierten Internationalen Gesellschaftsrecht immanent sein. Art. 11 Abs. 5 EGBGB unterstellt dingliche Verfügungen nach tradiertem Verständnis deshalb ausschließlich der Geschäftsform, weil Formvorschriften in diesem Bereich häufig dem Interesse des Rechtsverkehrs an Klarheit der Zuordnung sowie öffentlichen Registerinteressen dienen. Für eine Analogie spricht, dass die gesellschaftsrechtlichen Formvorschriften des deutschen Rechts ebenfalls den genannten Zielen dienen.

Dagegen wird allerdings zunehmend eingewendet, dass Art. 11 Abs. 1 EGBGB eine Argumentation mit den Zwecken der Form des Geschäftsrechts prinzipiell nicht zulässt, da mit der Alternativität die Formwirksamkeit erleichtert werden soll und das

---

2 Vgl *Grossfeld/Berndt* RIW 1996, 630.

3 Der Referentenentwurf eines Gesetzes zum Internationalen Privatrecht der Gesellschaften, Vereine und juristischen Personen, der vom BMJ am 7. 1. 2008 zur Stellungnahme den Ländern und betroffenen Verbänden übersandt wurde, ist bisher nicht in das Gesetzgebungsverfahren gelangt.

Risiko, hierfür auf Zwecke der Form des Geschäftsrechts zu verzichten, bewusst eingegangen werde. Art. 11 Abs. 5 EGBGB ist eine eher systemwidrige, traditionell bedingte Ausnahmevorschrift.

Auch wenn man dieser auch im Schrifttum vordringenden Ansicht folgt, kann freilich die Wahrung der Ortsform nur genügen, wenn das Ortsrecht für das Rechtsgeschäft (Gründung einer GmbH) eine Form bereithält.[4] Unzweifelhaft ist das nur, wo der jeweiligen deutschen Gesellschaftsform, hier der GmbH, sehr ähnlich strukturierte Gesellschaftsformen vorgesehen sind.

3. Ortsform

Das schweizerische Recht als danach grundsätzlich zulässiges **Ortsformstatut** kennt die Rechtsform der GmbH. Sie ist nach Art. 276 OR in notarieller Urkunde zu gründen (MAT a). Diese Form ist gewahrt.   **77**

4. Geschäftsform

Folgt man der ersten Ansicht (sonst jedenfalls Hilfsgutachten, weil die Frage erheblich strittig ist), so wäre ausschließlich (sonst alternativ) auf die **Geschäftsform** abzustellen.   **78**

a) Unstrittig hat jede juristische Person wie eine natürliche Person ein Personalstatut, das **Gesellschaftsstatut**. Diesem Statut unterstehen ua die hier maßgebliche Gründung und der Erwerb der Rechtsfähigkeit. Dieses Statut ist im EGBGB bisher nicht bestimmt. Entweder könnte das Gesellschaftsstatut dem Recht des Staates unterstellt werden, nach dessen Recht sie gegründet wurde (Gründungstheorie), oder dem Recht des Staates, in dem sie ihren effektiven Verwaltungssitz hat (Sitztheorie). Für die Gründungstheorie spricht die Vorhersehbarkeit der Rechtslage durch die Gründungsgesellschafter und Mobilitätsinteressen (Fortbestand bei Verlegung der Verwaltung), für die Sitztheorie der Schutz mit der Gesellschaft kontrahierender Dritter und der Minderheitsgesellschafter gegen eine Manipulation des Gesellschaftsstatuts. Die Gründungstheorie führt leicht zu einem Wettlauf um ein den Gründern möglichst vorteilhaftes und Dritten möglichst nachteiliges Gesellschaftsrecht, wie das Beispiel der USA, wo sie gilt, zeigt *(race to the bottom)*.[5]   **79**

b) Die in Deutschland hM vertrat aus diesen Gründen umfassend die Sitztheorie, bis sich diese in der Rechtsprechung des EuGH im Verhältnis zu Gesellschaften aus Mitgliedstaaten der EU mit Rücksicht auf die **Niederlassungsfreiheit** (Art. 43, 48 EGV) als partiell europarechtswidrig erwies. Hierauf ist an dieser Stelle noch nicht einzugehen, denn Weise möchte eine GmbH deutschen Rechts mit Verwaltungssitz in München gründen; auch der Satzungssitz, auf den § 4a GmbHG n.F. abstellt, ist in Deutschland, so dass die Bedeutung des § 4a GmbHG für das Gesellschaftsstatut hier nicht zu erörtern ist. Geschäftsstatut ist also jedenfalls deutsches Recht als Gründungs- oder Sitzrecht.   **80**

---

4 OLG München IPRspr 1997 Nr. 25.
5 BGH EuZW 2000, 412.

5. Substitution

81 Nach § 2 Abs. 1 S. 1 GmbHG bedarf der Gesellschaftsvertrag der notariellen Form, womit notarielle Beurkundung gemeint ist. Fraglich ist, ob diese Form auch durch die Urkunde eines ausländischen Notars erfüllt werden kann. Dies ist eine Frage der Substitution der fremden Urkundsperson anstelle eines deutschen Notars. Die Substitution setzt zweierlei voraus:

82 **a)** Die Formvorschrift des (deutschen) Geschäftsstatuts muss **einer Substitution zugänglich** sein. Im Gegensatz zur Auflassung (§ 925 Abs. 1 S. 1 BGB, Sicherung der Grundbuchrichtigkeit) scheitert eine Substitution nicht schon an überragenden öffentlichen Interessen (Grundbuchsicherheit). Gleichwohl könnte die Beurkundung nicht substituierbar sein, weil sie nicht nur Beweissicherung und/oder Übereilungsschutz gewährleisten soll, sondern auch der rechtlichen Prüfung der Urkunde und der Belehrung der Beteiligten dient (§ 17 BeurkG). Eine Belehrung über *deutsches* Gesellschaftsrecht kann aber selbst ein juristisch gebildeter ausländischer Notar nicht bieten. Da jedoch die Belehrung nach deutschem Beurkundungsrecht eine zwar regelmäßig zu befolgende, bei Verletzung aber nicht zur Unwirksamkeit der Beurkundung führende Sollvorschrift ist, können die Beteiligten auf sie verzichten. Das tun sie stillschweigend, wenn sie einen ausländischen Notar aufsuchen, von dem sie Belehrung nicht erwarten können.[6] Damit ist Substituierbarkeit nicht rundweg ausgeschlossen.

83 **b)** Die **ausländische Beurkundung** müsste zudem der deutschen **gleichwertig** sein. Hierzu bedarf es der Gleichwertigkeit der Beurkundungsperson und des Beurkundungsvorgangs. Der Beurkundende muss juristisch vorgebildet sein und nach seiner Stellung im Rechtsleben, insbesondere seiner Vertrauenswürdigkeit, dem deutschen Notar entsprechen. Das Beurkundungsverfahren muss dem deutschen in wesentlichen Elementen (Prüfung, Belehrung, Identitätsfeststellung, Niederschrift, Verlesen, Genehmigung, Unterzeichnung) entsprechen. Dies ist hier gegeben (MAT b). Die schweizer Beurkundung erfüllt also die deutsche Geschäftsform.
Der Gesellschaftsvertrag war damit formwirksam geschlossen; insoweit bestand kein Eintragungshindernis.

6. Ein-Gesellschafter-GmbH

84 Die **Zulässigkeit einer Ein-Gesellschafter-GmbH** unterliegt als materielle Voraussetzung der Gründung der Gesellschaft dem Gesellschaftsstatut, also deutschem Recht. Danach ist eine Ein-Gesellschafter-GmbH zulässig.

85 **Ergebnis:** Das Amtsgericht München hat bei der Eintragung keinen Fehler gemacht.

---

6 BGHZ 80, 76.

Frage 2: Zulässigkeit der Klage zum Amtsgericht Passau (Variante London)

1. Parteifähigkeit der *Komm kaufen wir's!* GmbH

a) Die Klage könnte mangels **Parteifähigkeit** der Beklagten unzulässig sein. Das **86** für die Parteifähigkeit maßgebliche **Statut** ist umstritten. Manche stellen auf die lex fori ab, da es sich um eine prozessuale Frage handele, gelangen aber vor deutschen Gerichten wegen der Anbindung an die Rechtsfähigkeit in § 50 Abs. 1 ZPO zu einer Verweisung in das Personalstatut. Andere wenden ohne Umweg über § 50 Abs. 1 ZPO den Art. 7 Abs. 1 EGBGB analog an. Überwiegend wird eine prozessuale Kollisionsnorm angenommen, die in das prozessuale Heimatrecht des Betroffenen, also auf die dortigen Bestimmungen über die Parteifähigkeit verweist.[7] Schließlich wird auch die alternative Anknüpfung an die Parteifähigkeit oder die Rechtsfähigkeit nach dem Heimatrecht vertreten, was Klagen vor deutschen Gerichten vor allem gegen ausländische juristische Personen erleichtert. Nach allen Ansichten ist zunächst das Heimatrecht, also das Gesellschaftsstatut der Beklagten zu bestimmen.

b) Das Gesellschaftsstatut ist wie das Personalstatut einer natürlichen Person (Art. 7 **87** Abs. 1 EGBGB) **wandelbar**. Im Gegensatz zu natürlichen Personen gilt für juristische Personen jedoch nicht Art. 7 Abs. 2 EGBGB. Eine Gesellschaft behält bei einem Statutenwechsel ihre Rechtsfähigkeit und Parteifähigkeit, die sie nach dem abgebenden Statut hatte, nur dann, wenn sowohl das abgebende als auch das aufnehmende Statut diesen „identitätswahrenden" Statutenwechsel vorsehen. Das deutsche Recht ging vor der erwähnten (Rn 80) Rechtsprechung des EuGH davon aus, dass die Verlegung des Verwaltungssitzes einer deutschen Gesellschaft in das Ausland (Wegzug) zum Verlust eines deutschen Gesellschaftsstatuts und damit zwingend zur Auflösung und Abwicklung führt.[8]

c) Ob diese Haltung des deutschen Rechts gegen die europarechtliche **Niederlas-** **88** **sungsfreiheit** verstößt, ist fraglich. In der jüngeren Rechtsprechung war der EuGH bisher nie von der Entscheidung *Daily Mail*[9] abgerückt, wonach eine (steuerrechtliche) Wegzugsbeschränkung nicht gegen Art. 52, 58 EWGV aF verstieß. Die nachfolgenden Entscheidungen (dazu noch Rn 113 f) befassten sich alle mit Situationen, in denen einer in einem Mitgliedstaat wirksam gegründeten Gesellschaft von einem anderen Mitgliedstaat Beschränkungen hinsichtlich Zuzug, Niederlassungsgründung oder Rechtsfähigkeit nach Sitzverlegung auferlegt wurden. Die als Wegzugsverbot wirkende Versagung eines identitätswahrenden Statutenwechsels bedeutet nur eine Beschränkung der Freizügigkeit gegenüber inländischen Gesellschaften und damit allenfalls eine Inländerdiskriminierung. Der EuGH[10] hat dies entgegen der verbreiteten Gegenansicht bestätigt, so dass der die Rechtsform wahrende Wegzug einer inländischen Gesellschaft nicht gestattet werden muss. Allerdings verstößt es gegen

---

7 OLG Düsseldorf IPRax 1996, 423.
8 OLG Hamm IPRax 1998, 363.
9 EuGH Rs. 81/87 EuGHE 1988, 5483 (Daily Mail).
10 EuGH Rs. C-210/06 (Cartesio).

Art. 43, 48 EGV, wenn der Wegzug aus Sicht des bisherigen Heimatstaats zwingend die Gesellschaft auflöst. Nimmt der neue Sitzstaat die Gesellschaft auf, so ist also der identitätswahrende Wegzug, ggf unter Verlust der Rechtsform möglich.

88a **d)** Ein die Rechtsform als GmbH wahrender Wegzug könnte sich jedoch aus § 4a GmbHG nF ergeben. § 4a GmbHG gestattet nun zwar einer deutschen GmbH die Verlegung des Verwaltungssitzes in das Ausland.[11] Die Bestimmung ist jedoch auf den Wegzug im August 2006 nicht rückwirkend anwendbar.

89 **e)** Die Verlegung des Verwaltungssitzes könnte dann aber ohne Bedeutung sein, wenn es auch nach der bisher in Deutschland hM auf Grund Rückverweisung nicht zu einem **Statutenwechsel** käme. Nach bisherigem deutschem IPR wäre dazu an den *jeweiligen* effektiven Verwaltungssitz anzuknüpfen (vgl Rn 79). Nach dem Umzug des Geschäftsführers Weise nach London führt sie in das Recht des UK. Die Verweisung ist jedoch Gesamtverweisung (Art. 4 Abs. 1 EGBGB). Das UK ist ein Mehrrechtsstaat (England, Wales, Schottland, Nordirland). Das IPR ist nur teilweise vereinheitlicht; das Internationale Gesellschaftsrecht ist unkodifiziert. Es ist daher eine Unteranknüpfung nach Art. 4 Abs. 3 EGBGB zu ermitteln. Mangels eines einheitlichen interlokalen Rechts des UK ist an die engste Verbindung, hier (London) englisches Recht anzuknüpfen. Das englische IPR folgt der Gründungstheorie (MAT c); es verweist deshalb zurück auf deutsches Recht. Damit kommt es auch bei Anwendung der Sitztheorie auf die wegziehende Gesellschaft nicht zum Statutenwechsel; die GmbH besteht mit einem deutschen Gesellschaftsstatut fort.

90 **f)** Die Parteifähigkeit ergibt sich damit nach allen vertretenen Ansichten aus § 50 Abs. 1 ZPO iVm § 13 Abs. 1 GmbHG.

2. Internationale Zuständigkeit deutscher Gerichte

91 **a)** Anwendbar könnte die Zuständigkeitsordnung der **Brüssel I-VO** sein.

92 **aa) Intertemporal** gilt die VO für alle Klagen, die seit dem 1. 3. 2002 erhoben werden (Art. 66 Abs. 1, 76 Brüssel I-VO).

93 **bb)** Der **materielle** Anwendungsbereich (Zivil- oder Handelssache, Art. 1 Abs. 1 Brüssel I-VO) ist eröffnet, Ausnahmen nach Art. 1 Abs. 2 Brüssel I-VO liegen offensichtlich nicht vor.

94 **cc) Räumlich** müsste die beklagte *Komm kaufen wir's!* GmbH Sitz in einem Mitgliedstaat haben (Art. 3 Abs. 1 Brüssel I-VO). Für die Bestimmung des „Wohnsitzes" einer Gesellschaft enthält die Brüssel I-VO – anders als vormals das EuGVÜ – keine Verweisung auf nationales Recht, sondern in Art. 60 Brüssel I-VO eine autonome Definition, die *alternativ* den satzungsmäßigen Sitz, die Hauptverwaltung und die Hauptniederlassung genügen lässt. Art. 60 Abs. 2 Brüssel I-VO definiert „im Falle des UK" den satzungsmäßigen Sitz mit englischen Rechtsbegriffen. Nach dem Zweck des Art. 60 Abs. 1 Brüssel I-VO, den Streit um das Gesellschaftsstatut aus der Anwendung der VO herauszuhalten, bedeutet das jedoch nicht eine Beschränkung auf

---

11 Strittig ist, ob dies die Rechtsform wahrt, so *Knof/Mock* GmbHR 2007, 852, 856; aA. *Kindler* NJW 2008, 3249, 3251.

die Art. 60 Abs. 2 Brüssel I-VO zugrundeliegende Gründungstheorie, wenn das Recht des UK berührt ist, sondern nur eine Ausfüllung des Begriffs „Satzungssitz" innerhalb der alternativen Definition des Art. 60 Abs. 1 Brüssel I-VO.

Da die *Komm kaufen wir's!* GmbH ihre Hauptverwaltung in London hat und das UK Mitgliedstaat iSd Brüssel I-VO ist (Erwägungsgründe Nr. 20, 21 Brüssel I-VO: Alle EG-Staaten, für die Titel IV EGV, auf dessen Art. 61 lit. c, 65 die VO beruht, gilt; für das UK gilt die Brüssel I-VO aufgrund Beteiligungserklärung), hat die GmbH ihren Sitz in einem Mitgliedstaat. Zudem hat sie ihren Satzungssitz in München; auch Deutschland ist Mitgliedstaat.

b) Anzuwenden sein könnten Art. 15 ff Brüssel I-VO, die für **Verbrauchersachen** gegenüber Art. 2 ff Brüssel I-VO mit den in Art. 15 Abs. 1 Brüssel I-VO genannten Ausnahmen vorrangig sind. **95**

aa) Es handelt sich um **vertragliche** Ansprüche; Feistl ist **Verbraucher**, denn er hat das Telefon nicht für seine berufliche oder gewerbliche Tätigkeit, sondern als Geschenk für seine Tochter gekauft. **96**

bb) Fraglich ist, ob eine der in Art. 15 Abs. 1 Brüssel I-VO enumerierten **Vertrags-** und **Abschlusssituationen** vorliegt. Zu erwägen ist nur Art. 15 Abs. 1 lit. c Brüssel I-VO, da kein Teilzahlungs- oder Kreditkauf vorliegt. Die *Komm kaufen wir's!* GmbH hat den Vertrag in Ausübung einer gewerblichen Tätigkeit geschlossen. Die Tätigkeit müsste im Wohnsitzstaat des Verbrauchers ausgeübt werden; das ist fraglich, da die GmbH vom Server ihrer Geschäftsführung in London aus tätig wird. Es genügt aber nach dem auf den E-commerce ausgerichteten Art. 15 Abs. 1 lit. c Brüssel I-VO, dass die Tätigkeit „in irgendeiner Weise" auf diesen Mitgliedstaat ausgerichtet ist. Angesichts der weltweiten Zugangsmöglichkeit zum Internet könnte man für jeden Internet-Anbieter eine solche Ausrichtung auf alle Staaten der Welt annehmen. Art. 15 Brüssel I-VO soll nach seiner Zielsetzung die unvollständige Werbungs-Kasuistik nach Art. 13 Abs. 1 EuGVÜ abrunden und verlangt daher nach richtiger Ansicht eine aktive Ausrichtung, die über den bloßen Zugriff auf eine passive Website hinausgeht. Strittig ist jedoch, ob eine solche aktive Ausrichtung nur anzunehmen ist, wenn über die Website des Anbieters im Wohnsitzstaat des Verbrauchers online bestellt werden kann. Das würde im Vergleich zur Fassung in Art. 13 Nr. 3a EuGVÜ sogar eine Einschränkung bedeuten, weil dort schon die *Werbung* im Wohnsitzstaat genügt. Andererseits kann es nicht genügen, dass im Wohnsitzstaat eine Website nur zugänglich ist. Richtig dürfte es sein, eine Website schon dann als „aktiv" anzusehen, wenn sie auf Werbung im Wohnsitzstaat des Verbrauchers abzielt, also nicht ausdrücklich oder konkludent ausschließt, an Kunden in diesem Staat gerichtet zu sein (sog. *disclaimer*) *und* wenn es aufgrund dieser Werbung zu einem Vertragsschluss gekommen ist, der aber nicht online erfolgt sein muss.[12] Art. 15 Abs. 1 lit. c Brüssel I-VO ist im vorliegenden Fall nach beiden Ansichten für Deutschland gegeben. **97**

c) Für die Klage des Verbrauchers Feistl bestimmt sich die **internationale** Zuständigkeit damit nach Art. 16 Abs. 1 Brüssel I-VO. **98**

---

12 Zum Streit: *Micklitz/Rott* EuZW 2001, 325, 331.

Zuständig sind die deutschen Gerichte als Gerichte des **Wohnsitzstaates des Verbrauchers** (Art. 16 Abs. 1 Alt. 2 Brüssel I-VO), wobei die Frage, ob Feistl in Deutschland Wohnsitz hat, gemäß Art. 59 Abs. 1 Brüssel I-VO nach deutschem Recht (§ 7 BGB) beurteilt wird.

Aber auch als Gerichte des **Wohnsitzstaates des Vertragspartners** sind (wahlweise) deutsche Gerichte zuständig, denn auch im Rahmen des Art. 16 Abs. 1 Alt. 1 Brüssel I-VO, der lediglich die allgemeine Zuständigkeit des Art. 2 Brüssel I-VO auf Verbrauchersachen erstreckt, gilt Art. 60 Abs. 1 Brüssel I-VO, so dass der Münchener Satzungssitz genügt.

99   **d)** Fraglich ist weiter die **örtliche Zuständigkeit**.

100   **aa)** Art. 16 Abs. 1 Alt. 2 Brüssel I-VO regelt nach dem eindeutigen Wortlaut zugleich die örtliche Zuständigkeit. Das AG Passau ist also auch örtlich zuständig.

101   **bb)** Die örtliche Zuständigkeit eines **anderen deutschen Gerichts** könnte sich nur ergeben, soweit sich die internationale Zuständigkeit deutscher Gerichte auf den **Satzungssitz** der Beklagten stützt. Die örtliche Zuständigkeit bestimmt sich dann nach deutschem Recht.

Zu erwägen ist eine ausschließliche Zuständigkeit nach § 29c ZPO (Haustürgeschäft). Dazu müsste der Vertragsschluss im Internet eine § 312 Abs. 1 BGB unterfallende Abschlusssituation darstellen. In Betracht käme nur § 312 Abs. 1 Nr. 1 BGB (mündliche Verhandlung in Privatwohnung); der „Dialog" über Internet kann jedoch der Verhandlungssituation nicht gleichgestellt werden, weil weder die zugrundegelegte Überrumpelungslage noch der Druck zum Vertragsschluss besteht. Deshalb ist auch eine Umgehungsgestaltung (§ 312f S. 2 BGB) nicht anzunehmen.

§ 17 Abs. 1 S. 2 ZPO folgt entgegen dem Anschein, der sich aus dem Wortlaut ergibt („wo die Verwaltung geführt wird"), nicht der im IPR geltenden Lehre vom effektiven Verwaltungssitz, sondern stellt nach hM auf den Satzungssitz ab. Örtlich zuständig ist damit auch das AG München, wo die GmbH ihren satzungsmäßigen Sitz hat.

102   **Ergebnis:** Die Klage in Passau ist zulässig; die Klage hätte auch vor dem AG München erhoben werden können.

Frage 3: Zulässigkeit der Klage zum Amtsgericht Passau (Variante Kopenhagen)

1. Parteifähigkeit der Beklagten

103   Es ergibt sich keine Änderung, denn auch nach dänischem IPR kommt es zur Rückverweisung. Dass ggf die Mindestkapitalisierungsvorschriften des dänischen Rechts Anwendung finden, wenn die Gesellschaft in Dänemark geschäftlich tätig werden will[13], ändert nichts daran, dass das dänische Recht die in Deutschland gegründete Gesellschaft als wirksam ansieht, also prinzipiell auf das Gründungsrecht abstellt (MAT

---

13 EuGH Rs. C-212/97 (*Centros Ltd.*) IPRax 1999, 360.

d). Im Fall wird Weise mit seiner GmbH nicht in Dänemark geschäftlich tätig, sondern er verwaltet die auf Deutschland gerichtete Tätigkeit aus Kopenhagen.

2. Internationale Zuständigkeit

a) Dänemark ist ursprünglich nicht **Mitgliedstaat** der Brüssel I-VO, da Dänemark am Titel IV des EGV nicht teilnimmt und sich im Gegensatz zum UK und Irland (Rn 94) auch nicht die Teilnahme an hierauf beruhenden Rechtsinstrumenten im Einzelfall vorbehalten hat. Daher kam für seit dem 1. 3. 2002 erhobene Klagen „im Verhältnis" (Erwägungsgrund Nr. 22 zur Brüssel I-VO) zwischen den Mitgliedstaaten iSd VO und Dänemark die Anwendung des EuGVÜ in Betracht, während im Verhältnis zwischen den Mitgliedstaaten die Brüssel I-VO das EuGVÜ ersetzt (Art. 68 Abs. 1 Brüssel I-VO).   **104**

b) Für nach dem 1. 7. 2007 erhobene Klagen ist Dänemark gleichwohl als Mitgliedstaat iSd Brüssel I-VO anzusehen, da zu diesem Stichtag das zwischen Dänemark und der EU geschlossene **Anwendungsübereinkommen**[14] in Kraft getreten ist. Die wenig klare Bestimmung des Verhältnisses zu Dänemark iSd Art. 68 Abs. 1 Brüssel I-VO ist für die nach dem Stichtag erhobene vorliegende Klage damit entbehrlich.   **105**

c) Die internationale und örtliche Zuständigkeit deutscher Gerichte bestimmt sich somit wie im Ausgangsfall (Rn 95 ff) nach Art. 15, 16 Abs. 1 Brüssel I-VO.   **106**

Ergebnis: Die Klage zum AG Passau ist zulässig.   **107**

Frage 4: Zulässigkeit der Klage zum Amtsgericht Passau (Variante Delaware)

1. Parteifähigkeit der *Come let's buy it* Inc.

Im Verhältnis zwischen Deutschland und den USA gilt für das Gesellschaftsstatut Art. XXV Abs. 5 S. 2 des Freundschafts-, Handels- und Schiffahrtsvertrags v. 29. 10. 1954.[15] Danach gelten Gesellschaften, die gemäß den Gesetzen des einen Vertragsteils in dessen Gebiet errichtet sind, als Gesellschaften dieses Vertragsteils, was die Gründungstheorie impliziert. Von wo aus die Gesellschaft verwaltet wird, ist hier also unerheblich. Nicht relevant ist also im Verhältnis zu den USA die strittige Frage, ob in Konsequenz der Rechtsprechung des EuGH zur Niederlassungsfreiheit, die nur für Gesellschaften aus EU-Mitgliedstaaten und mittelbar für solche aus EWR-Mitgliedstaaten gilt, gegenüber Gesellschaften aus Drittstaaten weiterhin die Sitztheorie gilt.[16]   **108**

---

14 ABl EU 2005 L 299/62.

15 *Jayme/Hausmann*[14] Nr. 134.

16 Der Referentenentwurf (Fn 3) schlägt einen umfassenden Übergang zur Gründungstheorie vor, was nicht unproblematisch ist, da einheitliche Mindeststandards zur Gesellschaftsgründung, welche die Freizügigkeit innerhalb von EU und EWR rechtfertigen können, im Verhältnis zu Drittstaaten (insbesondere den beliebten karibischen Gründungsparadiesen für Off-shore-Gesellschaften) nicht bestehen.

Heimatrecht der *Come let's buy it* Inc. ist also das US-Recht. Die Kollisionsnorm enthält zugleich selbst die im Mehrrechtsstaat USA zu suchende Unteranknüpfung, denn sie verweist auf die Gesetze, nach denen gegründet wurde, hier also das Recht von Delaware. Parteifähigkeit besteht danach (MAT e).

2. Zuständigkeit

109 **a)** Die internationale Zuständigkeit könnte sich nach der Brüssel I-VO bestimmen, wenn die Beklagte in einem Mitgliedstaat ihren **Wohnsitz** hat (Art. 3 Abs. 1, 60 Brüssel I-VO). Das ist hier offenbar nicht der Fall; der Satzungssitz liegt in Delaware, der Verwaltungssitz auf den Bahamas und das *registered office* (das dem Satzungssitz gleichstünde, läge es im UK oder Irland) ebenfalls in Delaware.

110 **b)** Eine internationale Zuständigkeit kann sich in **Verbrauchersachen** auch ohne Wohnsitz des Unternehmers in einem Mitgliedstaat aus Art. 15 Abs. 2 Brüssel I-VO ergeben. Erforderlich ist dazu eine Zweigniederlassung, Agentur oder sonstige **Niederlassung** in einem Mitgliedstaat. Fraglich ist, ob es sich bei der Versandagentur in Amsterdam (Niederlande ist Mitgliedstaat) um eine Zweigniederlassung etc handelt. Legt man den Begriff des Art. 5 Nr. 5 Brüssel I-VO zugrunde, so käme es darauf an, in welchem Maß die Versandagentur der *Leitung und Aufsicht* durch das Stammhaus unterliegt und zur *Führung eigener Geschäfte* ausgestattet[17] ist. Der zuständigkeitsrechtliche Schutz des Verbrauchers hinge also von Gesichtspunkten der (internen) Vertriebsorganisation des Unternehmens ab, die nach außen nicht erkennbar sind. Daher muss Art. 15 Abs. 2 Brüssel I-VO auch dann angewendet werden, wenn der Vertrieb über einen Vermittler oder Fremdvertrieb erfolgt, aber der Anschein erweckt wird, es handle sich um eine Niederlassung. Das ist hier der Fall: Es ist ein niederlassungsähnlicher Dritter eingeschaltet, der im Rechtsverkehr als Zweigniederlassung („Amsterdam Branch") dargestellt wird.

Damit liegen die Voraussetzungen des Art. 15 Abs. 2 Brüssel I-VO vor. Die internationale Zuständigkeit bestimmt sich wieder nach Art. 16 Abs. 1 Brüssel I-VO. Mangels Sitz der *Come let's buy it* Inc. selbst (Art. 16 Abs. 1, 60 Abs. 1 Brüssel I-VO) oder ihrer Niederlassung (Art. 15 Abs. 1, 5 Nr. 5 Brüssel I-VO) in Deutschland, vermittelt in dieser Variante aber nur der Wohnsitz des Feistl die internationale Zuständigkeit, so dass in Deutschland örtlich nur das AG Passau zuständig ist.

111 **Ergebnis:** Die Klage zum AG Passau ist zulässig.

Frage 5: Zulässigkeit der Klage zum Amtsgericht Augsburg

1. Parteifähigkeit der *FlyHigh* Ltd.

112 **a)** Die Parteifähigkeit der *Komm kaufen wir's* GmbH ergibt sich wie zu Frage 1. Es stellt sich aber auch für die Beklagte *FlyHigh* die Frage der Parteifähigkeit.

---

17 Vgl EuGH Rs. 33/78 (*Somafer/Saar-Ferngas*) RIW 1979, 56.

Zu ermitteln ist wieder das **Gesellschaftsstatut**. Die Sitztheorie hätte angesichts des schon bei Gründung effektiven deutschen Verwaltungssitzes am Wohnsitz des Flug in Augsburg zu einem deutschen Gesellschaftsstatut geführt. Da im deutschen Recht eine Rechtsform „private limited company" nicht vorgesehen ist und die für die Gründung einer GmbH geltenden Bestimmungen (insbesondere § 7 Abs. 1 GmbHG, Anmeldung beim AG Augsburg) nicht eingehalten wurden, wäre die Gesellschaft nicht rechtsfähig gegründet, somit (§ 50 Abs. 1 ZPO) nicht parteifähig. § 4a GmbHG ändert daran nichts, denn diese Bestimmung gilt nur für eine GmbH deutschen Rechts.

b) Dieses Ergebnis könnte jedoch wegen der Niederlassungsfreiheit aus **Art. 43, 48** **113** **EGV** gegen Europarecht verstoßen. Aus der **Centros**-Entscheidung des EuGH[18] ergab sich insoweit nur, dass einer aus Sicht des IPR des Zuzugsstaates wirksam in einem anderen Mitgliedstaat gegründeten Gesellschaft die Gründung einer Zweigniederlassung ungehindert gestattet werden muss. Die nachfolgende **Überseering**-Entscheidung[19] ergab, dass einer Gesellschaft, die nach dem Recht eines Mitgliedstaats wirksam gegründet worden war, die Parteifähigkeit nicht versagt werden kann, wenn sie ihren Sitz in das Inland verlegt. Streitig blieb die Frage, ob auch eine mit Sitz im Inland nach dem Recht eines anderen Mitgliedstaats gegründete Gesellschaft, die nie in jenem Gründungsstaat tätig geworden war, anzuerkennen ist. Obgleich gute Gründe des Verkehrsschutzes, insbesondere der Schutz des Vertrauens von Verbrauchern, als auch der Schutz von Gläubigern, dafür sprechen, solchen bloß zum Schein ausländischen Gesellschaften im Inland die Rechtsfähigkeit zu versagen, ist nach der **Inspire Art**-Entscheidung[20] davon auszugehen, dass die Nichtanerkennung solcher Gesellschaften, wenn sie denn wirksam in einem anderen Mitgliedstaat gegründet wurden, gegen Art. 43, 48 EGV verstieße, da der EuGH selbst die Kennzeichnung solcher Schein-Auslandsgesellschaften im inländischen Rechtsverkehr missbilligt hat. Auch wenn der EuGH sich hierzu nicht geäußert hat, bedeutet dies de facto die Notwendigkeit, für Gesellschaften, die nach dem Recht eines EU- oder EWR-Mitgliedstaats gegründet wurden, das Gesellschaftsstatut nach der Gründungstheorie zu bestimmen.[21]

c) Etwas anderes könnte sich nur ausnahmsweise ergeben, wenn die Beklagte mit **114** konkret **rechtsmissbräuchlicher Zielsetzung** gegründet worden wäre. Dies ist jedoch nicht ersichtlich; insbesondere ist das Gebrauchmachen von einer Gesellschaftsform eines anderen Mitgliedstaates mit dem Ziel, im Vergleich zur GmbH kostengünstig eine Haftungsbeschränkung herbeizuführen, nicht per se rechtsmissbräuchlich.

Damit ist die Beklagte parteifähig.

---

18 EuGH Rs. C-212/97, EuZW 1999, 216 (*Centros*).
19 EuGH Rs. C-208/00, NJW 2002, 3614 (*Überseering BV*).
20 EuGH Rs. C-167/01, NJW 2003, 3331 (*Inspire Art*).
21 Art. 10 Abs. 1 des Referentenentwurfs (Fn 3) schlägt diesen Übergang generell, also auch im Verhältnis zu Drittstaaten, vor; bisher geht der BGH (NJW-Spezial 2009, 79) jedoch von der Geltung der Sitztheorie bei Gesellschaften nach dem Recht von Nicht-EG/EWR-Staaten – im Fall Schweiz – aus.

2. Zuständigkeit

115 **a)** Die internationale Zuständigkeit deutscher Gerichte für die Klage **gegen Franz Flug** unterliegt wegen dessen deutschem Wohnsitz (Art. 3 Abs. 1 Brüssel I-VO) der Brüssel I-VO; sie folgt aus Art. 2 Brüssel I-VO, die örtliche Zuständigkeit des AG Augsburg folgt aus §§ 12, 13 ZPO.

116 **b)** Auch die internationale Zuständigkeit **gegen die** *FlyHigh* Ltd. bestimmt sich nach der Brüssel I-VO (UK-Satzungssitz, deutscher Verwaltungssitz, Art. 60 Brüssel I-VO). Bei mehreren Wohnsitzen des Beklagten (Art. 60 Brüssel I-VO) hat der Kläger die Wahl des Wohnsitzgerichtsstandes (Art. 2 Brüssel I-VO). Deutsche Gerichte sind also auch international zuständig (effektive Hauptverwaltung in Augsburg).

117 **c)** Die **örtliche Zuständigkeit** könnte sich aus §§ 17, 12 ZPO ergeben; jedoch stellt § 17 Abs. 1 S. 2 ZPO nach hM auf den zum Handelsregister angemeldeten Satzungssitz ab, der nicht in Deutschland liegt; nur wenn sich nach materiellem Gesellschaftsrecht kein Sitz ergibt, stellt § 17 Abs. 1 S. 2 ZPO auf den Verwaltungssitz ab. Dieses, durch die alternative Wohnsitzdefinition des Art. 60 Brüssel I-VO geschaffene Problem kann auf mehreren Wegen gelöst werden: Da die von der Brüssel I-VO bestimmte internationale Zuständigkeit jedenfalls nicht am Fehlen einer örtlichen scheitern darf, bietet sich einerseits die tradierte „Notlösung" der Zuständigkeit der Gerichte der Hauptstadt, hier des AG Schöneberg (analog § 606 Abs. 3 ZPO/§ 122 Nr. 6 FamFG). Dem Zweck des Art. 60 Brüssel I-VO dürfte es freilich eher entsprechen, die alternative Sitzbestimmung in die örtliche Zuständigkeit hinein zu verlängern. Dasselbe Ergebnis ist zu erzielen, wenn man § 17 Abs. 1 S. 2 Hs. 2 ZPO analog anwendet auf Fälle, in denen sich nach materiellem Recht kein Satzungssitz im Inland ergibt.

118 **Ergebnis:** Die in Augsburg erhobene Klage ist also zulässig.

Literaturhinweise

Behandlung der fallrelevanten Themen in:
Rauscher **Internationales Privatrecht (3. Aufl.)**

Substitution:	Rn 525 ff, insbesondere Rn 532
Verbraucherzuständigkeiten Brüssel I-VO:	Rn 1878 ff
Wohnsitz in Brüssel I-VO:	Rn 1635 ff, insbesondere Rn 1640
Gesellschaftsstatut und Art. 43, 48 EGV:	Rn 618 ff
Partei- und Prozessfähigkeit:	Rn 612

Weitere Literatur

1. Substitution
Staudinger/Sturm/Sturm (2003), Einl IPR, Rn 224. *Benecke* Auslandsbeurkundung im GmbH-Recht: Anknüpfung und Substitution, RIW 2002, 280.

2. Verbraucherzuständigkeiten Brüssel I-VO
Rauscher/Staudinger (2006), Art. 15 Brüssel I-VO, Rn 1. *Rösler/Siepmann* Der Beitrag des EuGH zur Präzisierung von Art. 15 I EuGVO, EuZW 2006, 76.

3. Wohnsitz in Brüssel I-VO
Rauscher/Mankowski (2004), Art. 2 Brüssel I-VO, Rn 2.

4. Gesellschaftsstatut und Art. 43, 48 EGV
Schneider Internationales Gesellschaftsrecht vor der Kodifizierung, BB 2008, 566. *Meilicke* Errichtung einer Zweigniederlassung einer ausländischen GmbH in einem anderen EU-Mitgliedsstaat, GmbHR 2003, 1271. *Zimmermann/Neandrup*, Das Cartesio-Urteil des EUGH: Rück- oder Fortschritt für das internationale Gesellschaftsrecht? NJW 2009, 545. *Teichmann*, Cartesio – Die Freiheit zum formwechselnden Wegzug, ZIP 2009, 23.

5. Partei- und Prozessfähigkeit
Binz/Mayer, Rechtsstellung von Kapitalgesellschaften aus Nicht-EU/EWR/USA-Staaten mit Verwaltungssitz in Deutschland, BB 2005, 2361.

II. Familienrecht

Fall 3
Eine dänische Bigamie

(Bearbeitungszeit: 5 Stunden)

119 Der italienische Staatsangehörige Marcello Mestre und die deutsche Staatsangehörige Frieda Frankfurt haben am 1. 6. 1970 in Tondern (Dänemark) in der Form des dänischen Rechts die Ehe geschlossen. Sie lebten zu dieser Zeit in Hamburg. Grund für die Eheschließung in Dänemark war, dass Marcello von Januar 1967 bis August 1968 mit der deutschen Staatsangehörigen Dörte Degen verheiratet gewesen war. Diese Ehe war durch das Amtsgericht Hamburg mit seit dem 17. 8. 1968 rechtskräftigem Urteil geschieden worden. Der Standesbeamte beim Standesamt Hamburg Mitte hatte deshalb Marcello und Frieda auf absehbare Schwierigkeiten bei der beabsichtigten Eheschließung hingewiesen und den Verlobten den „Tondern-Tipp" gegeben. Auf eine durch die Eheschließung möglicherweise erworbene italienische Staatsangehörigkeit hat Frieda wirksam verzichtet.

Seit 1995 leben die Ehegatten in Venedig (Italien), wo Marcello ein Hotel betreibt. Der jahrelangen Untreue ihres Gatten müde, beschließt Frieda, sich scheiden zu lassen. Sie verlässt am 28. 6. 2005 die eheliche Wohnung. Da ihr der italienische Rechtsanwalt, den sie im Dezember 2005 aufsucht, die Langwierigkeit eines Scheidungsverfahrens in Italien darstellt, zieht Frieda am 1. 2. 2007 auf Dauer nach Berlin zu ihrer verwitweten Mutter. Sie will schnell geschieden werden, weil sie einen Freund gefunden hat, von dessen Treue sie überzeugt ist.

Der Rechtsanwalt, den sie in Berlin konsultiert, meint, ihre Ehe sei eigentlich nicht wirksam und deshalb kein Fall für eine Scheidung. Er stellt am 28. 8. 2008 bei dem für den Wohnort der Frieda örtlich zuständigen Amtsgericht Berlin Mitte (Familiengericht) folgende Anträge:
– Die am 1. 6. 1970 geschlossene Ehe von Frieda Frankfurt und Marcello Mestre wegen Verstoßes gegen das Ehehindernis der anderweit bestehenden Ehe aufzuheben.
– Hilfsweise die vorbezeichnete Ehe zu scheiden.

1. Wie wird das Gericht entscheiden, wenn Marcello mit beiden Anträgen einverstanden ist?

2. Bei sonst unverändertem Sachverhalt haben die Ehegatten während ihrer gesamten Ehe in Locarno (Kanton Tessin, Schweiz) gelebt und leben dort (getrennt) auch weiterhin. Ist ein deutsches Gericht für einen Scheidungsantrag der Frieda zuständig? Wie kann das Familiengericht Zweifel an der Auslegung der maßgeblichen Zuständigkeitsbestimmungen klären, wenn der Antragsgegner vorträgt, kein Gericht in der EU sei für diesen Scheidungsantrag zuständig?

3. Welchen Antrag könnte Friedas Rechtsanwalt mit Aussicht auf Erfolg vor einem örtlich zuständigen deutschen Gericht stellen, wenn die Ehe für beide Ehegatten die erste Ehe ist, beide ausschließlich italienische Staatsangehörige sind und seit der Eheschließung immer in Deutschland gelebt haben?

Materialien

I. Intertemporale Hinweise zum deutschen Recht

a) Soweit vorliegend maßgeblich, darf davon ausgegangen werden, dass dem geltenden deutschen IPR und IZPR inhaltlich identische Normen zu allen fallrelevanten Zeitpunkten in Kraft waren. Intertemporale Fragen sind dennoch zu erörtern. **120**

II. Italienisches IPR

b) Mit Wirkung vom 1. 9. 1995 wurde das italienische IPR reformiert.
disposizioni sulla legge in generale[1] (*disp.s.l.in gen.*, „Bestimmungen über das Gesetz im Allgemeinen"), bis 31. 8. 1995 in Kraft.

Art. 17 Abs. 1 disp.s.l.in gen.
Der Personenstand, die Rechts- und Geschäftsfähigkeit der Personen und die Rechtsverhältnisse der Familie werden vom Recht des Staates geregelt, dem diese angehören.
[Hinweis: Art. 17 Abs. 1 wurde auf die Voraussetzungen und die Wirkungen der Ehe bei gleicher Staatsangehörigkeit angewendet]

c) Italienisches IPRG, seit 1. 9. 1995 in Kraft[2]

Art. 31 IPRG
(1) Die persönliche Trennung und die Auflösung der Ehe unterliegen dem gemeinsamen Heimatrecht der Ehegatten im Zeitpunkt des Trennungsantrags oder des Antrags auf Auflösung der Ehe. Fehlt ein solches, ist das Recht des Staates anwendbar, in dem das Eheleben überwiegend stattfindet.
(2) Die persönliche Trennung und die Auflösung der Ehe werden durch italienisches Recht geregelt, wenn sie von dem anwendbaren ausländischen Recht nicht vorgesehen sind.

d) Im Übrigen ist davon auszugehen, dass weitere relevante Bestimmungen des italienischen IPR inhaltlich deutschem Recht entsprechen.

III. Italienisches materielles Recht

e) Art. 86 cc[3]
Eine Ehe kann nicht eingehen, wer durch eine frühere Ehe gebunden ist.
[die Bestimmung steht im 1. Abschnitt des II. Kapitels des 6. Titels cc]

f) Art. 115 Abs. 1 cc
Ein Staatsbürger unterliegt den im ersten Abschnitt enthaltenen Vorschriften, auch wenn er die Ehe im Ausland in der dort geltenden Form schließt.
[die Bestimmung steht im 5. Abschnitt des III. Kapitels des 6. Titels cc]

g) Art. 117 Abs. 1 cc
Eine unter Verletzung der Art. 84, 86, 87 und 88 geschlossene Ehe kann von den Ehegatten, den nächsten Verwandten in ansteigender Linie, dem Staatsanwalt sowie von all denjenigen angefochten werden, die an der Anfechtung ein berechtigtes und gegenwärtiges Interesse haben.
[Die Bestimmung steht im 6. Abschnitt des III. Kapitels des 6. Titels cc.]

---

1 RabelsZ 15 (1949/50) 116 ff.
2 *Patti* Codice Civile Italiano (2007).
3 *Patti* Codice Civile Italiano (2007).

h) Die in Art. 117 Abs. 1 cc erwähnte Anfechtung erfolgt durch Klage; das stattgebende Urteil hebt die Ehe *ex tunc* auf. Die Scheidung der früheren Ehe beseitigt nicht die Aufhebbarkeit im Fall der Art. 117 Abs. 1, 86.

i) Art. 3 legge n. 898 v. 1. 12. 1970 (italienisches Scheidungsgesetz)[4]
Die Auflösung der Ehe oder die Beendigung ihrer zivilrechtlichen Wirkungen kann von einem der Ehegatten beantragt werden:
(...)
2. in den Fällen, in denen:
(...)
(b) eine gerichtliche Trennung zwischen den Ehegatten durch rechtskräftiges Urteil ausgesprochen oder eine einverständliche Trennung gerichtlich bestätigt worden ist oder wenn eine tatsächliche Trennung besteht, sofern diese tatsächliche Trennung wenigstens 2 Jahre vor dem 18. 12. 1970 begonnen hat.
In allen vorgenannten Fällen muss für die Einreichung des Antrags auf Auflösung der Ehe oder Beendigung ihrer zivilrechtlichen Wirkungen die Trennung zwischen den Ehegatten ununterbrochen mindestens 3 Jahre, gerechnet von dem Zeitpunkt an, gedauert haben, zu dem die Ehegatten im Ehetrennungsverfahren vor dem Gerichtspräsidenten erschienen sind; auch wenn das streitige Urteil in ein einvernehmliches ungewandelt worden ist. Eine *allfällige* Unterbrechung der Trennung muss von der beklagten Partei eingewendet werden.

k) Es ist davon auszugehen, dass andere Scheidungsgründe des italienischen Rechts für die Ehe der Ehegatten nicht vorliegen.
Vor Inkrafttreten dieser Regelung sah das italienische Recht eine Scheidung nicht vor. Ausländische Scheidungsurteile mit Beteiligung italienischer Staatsangehöriger waren wegen Verstoßes gegen den italienischen *ordre public* bis zum Inkrafttreten des Scheidungsgesetzes (oben i) nicht anerkennungsfähig. Später erfolgte eine Anerkenung bis zum 31. 12. 1996 nach Art. 797 *codice di procedura civile*, der ein formelles gerichtliches Anerkennungsverfahren vorschrieb. Erst seit 1. 1. 1997 gilt mit Art. 67 des italienischen IPRG das Prinzip der Inzidentanerkennung.

l) Art. 150 cc
(1) Die persönliche Trennung der Ehegatten ist zulässig.
(2) Die Trennung kann gerichtlich oder in beiderseitigem Einverständnis erfolgen.
(3) Das Recht, die gerichtliche Trennung oder die Bestätigung einer einverständlichen Trennung zu verlangen, steht ausschließlich den Ehegatten zu.

m) Art. 151 cc
(1) Die Trennung kann dann verlangt werden, wenn, sei es auch unabhängig vom Willen eines oder beider Ehegatten, Umstände eintreten, die die Fortführung des Zusammenlebens unzumutbar machen oder für die Erziehung der Kinder eine schwere Beeinträchtigung bedeuten.
(2) Wenn die Voraussetzungen vorliegen und ein entsprechender Antrag gestellt wird, spricht das Gericht in seinem Urteil aus, welchem Ehegatten die Trennung wegen dessen den ehelichen Pflichten widersprechenden Verhaltens anzulasten ist.

---

4 *Bergmann/Ferid/Henrich* Italien (Stand 2000) mit *sprachlichen Bereinigungen*.

Strukturierung des Falles

Wesentliche Themen: *Anwendungsbereich der Brüssel IIa-VO; Eheaufhebung, Ehehindernisse (Spanier-* **121** *beschluss); Regelwidriges Scheidungsstatut;Scheidungsstatut und Ehetrennung; Vorabentscheidungsverfahren (EuGH).*

Ausgangsfälle: BVerfGE 31, 58; BGH NJW 1997, 2114; BGH FamRZ 2007, 109.

Frage 1: Eheaufhebungsantrag, hilfsweise Scheidungsantrag der Frieda

I. Internationale Zuständigkeit deutscher Gerichte

1. Anwendbarkeit Brüssel IIa-VO, Regelungsgegenstand ua die gerichtliche Zuständigkeit

a) Intertemporal: Gerichtliche Verfahren seit dem 1. 3. 2005 eingeleitet (Art. 64 Abs. 1, 72 Brüssel IIa-VO) (+)

b) Sachlich: Ehescheidung, Ehetrennung ohne Auflösung des Ehebandes und Ungültigerklärung der Ehe (Art. 1 Abs. 1 lit. a Brüssel IIa-VO); Ungültigerklärung: Eheaufhebung (+) italienische *gerichtliche* (!) Anfechtung nach Art. 117 cc (+)

c) Räumlicher Anwendungsbereich: Ausschließlich, wenn Art. 6 Brüssel IIa-VO (+), Antragsgegner ist italienischer Staatsangehöriger (Mitgliedstaat Art. 2 Nr. 3 Brüssel IIa-VO); Antrag in Deutschland

2. Internationale Zuständigkeit
– Art. 3 Brüssel IIa-VO, Anknüpfungskriterien alternativ
– Wegen gewöhnlichem Aufenthalt Antragsgegner: Art. 3 Abs. 1 lit. a Str. 1–4 Brüssel IIa-VO (–)
– Art. 3 Abs. 1 lit. a Str. 6 Brüssel IIa-VO: Frieda Deutsche, 6 Monate gewöhnlicher Aufenthalt (+)
– Verstoß gegen Art. 12 EGV (–): Heimatrecht als Eingliederungsfaktor, für jeden EU-Bürger in seinem Heimatstaat
– Internationale Zuständigkeit (+)

3. Örtliche Zuständigkeit
– nicht Art. 3 Abs. 1 Brüssel IIa-VO
– § 606 Abs. 2 S. 1 ZPO/§ 122 Nr. 3 FamFG: Früherer gemeinsamer gewöhnlicher Aufenthalt in Hamburg: Nicht bei zwischenzeitlich gemeinsamem Aufenthalt im Ausland
– § 606 Abs. 2 S. 2 Alt. 2 ZPO/§ 122 Nr. 5 FamFG (gewöhnlicher Aufenthalt der Antragstellerin) (+)
– AG Berlin Mitte örtlich zuständig (+)

Ergebnis: Deutsche Gerichte sind international zuständig. Örtlich zuständig ist das AG Berlin Mitte.

II. Eheaufhebungsantrag

1. Formwirksamkeit der Ehe
– Vorfrage: Nicht nichtige Ehe, wenigstens formell wirksam geschlossen (Art. 13 Abs. 3 EGBGB iVm § 1310 Abs. 1 S. 1 BGB)
– Intertemporal zum 1. 9. 1986: Art. 220 Abs. 1 EGBGB, Form bei Eheschließung abgeschlossen
– Formanknüpfung: § 15a EheG aF bei Eheschließung im Inland; hier Art. 11 Abs. 1 aF
– Dänische Ortsform nach Sachverhalt (+)

2. Anwendbares Recht – materielle Ehemängel
– Qualifikation: Eheaufhebung wegen Eingehungsmangel: Eheschließungsstatut
– Intertemporal: Art. 220 Abs. 1 EGBGB, abgeschlossen, Theorienstreit nicht relevant
– Anknüpfung: Haager Eheschließungsabkommen: Anwendbar ggü Italien (+), nur bei Eheschließung in Vertragsstaat (Art. 8 Abs. 1), Dänemark (–)
– Art. 13 Abs. 1 S. 1 aF EGBGB; für jeden Verlobten dessen Heimatrecht
– Frieda deutsches Recht, kein Ehehindernis, da wirksame Ehescheidung
– Marcello italienisches Recht, Gesamtverweisung (Art. 27 aF EGBGB)
– Italienisches IPR: Intertemporal (Art. 72 IPRG 1995): Altes IPR
– Art. 17 *disp.s.l.in gen.* nimmt Verweisung an; Art. 115 cc Klarstellung, dass 1. Abschnitt des III. Kapitels im 6. Titel cc, also auch Art. 86 cc materiellrechtlich

3. Italienisches Eheaufhebungsrecht
– Aufhebbarkeit Art. 117 Abs. 1 cc durch Klage
– Verstoß gegen Art. 86 cc, *wenn* Marcello bei Zeitpunkt der Eheschließung anderweitig verheiratet
– Anwendbares Recht auf Wirksamkeit der Scheidung:

– BGH (vor Spanierbeschluss) maßgeblich italienisches Heimatrecht, dann Ehescheidung vom 17. 8. 1968 in Italien *ordre-public*-widrig und nicht anerkannt Folge: Verstoß gegen den deutschen *ordre public* (Art. 30 aF EGBGB), vgl Spanierbeschluss

– Richtig hingegen: Noch bestehenden Ehe ist Vorfrage im Tatbestand Art. 86 cc, Vorfrage selbstständig anzuknüpfen, also bei deutschem Scheidungsurteil Scheidung wirksam

Ergebnis: Der Eheaufhebungsantrag ist also unbegründet.

III. Ehescheidungsantrag

1. Anwendbares Recht – Scheidungsstatut

– IPR im Entwurf einer Reform der Brüssel IIa-VO noch nicht in Kraft, intertemporal keine Rückwirkung zu erwarten (–)

– Art. 17 Abs. 1 S. 1 EGBGB wandelbares Ehewirkungsstatut (Art. 14 EGBGB) bei Rechtshängigkeit (§ 261 Abs. 1, 2 Alt. 2 ZPO)

– Art. 14 Abs. 1 Nr. 1 Alt. 1 EGBGB (–) keine gemeinsame Staatsangehörigkeit

– Art. 14 Abs. 1 Nr. 1 Alt. 2 EGBGB (–) keine frühere gemeinsame Staatsangehörigkeit, da bei Frieda jedenfalls Art. 5 Abs. 1 S. 2 EGBGB, auch wenn Doppelstaatigkeit durch Eheschließung

– Art. 14 Abs. 1 Nr. 2 Alt. 1 EGBGB (–) kein aktueller gemeinsamer gewöhnlicher Aufenthalt

– Art. 14 Abs. 1 Nr. 2 Alt. 2 EGBGB (+) italienisches Recht: Letzter ehelich gemeinsamer gewöhnlicher Aufenthalt, von Marcello beibehalten

– Gesamtverweisung Art. 4 Abs. 1

– Italienischens IPR: Scheidungsstatut, nicht akzessorische Anknüpfung an das Ehewirkungsstatut; Art. 31 Abs. 1 italienisches IPRG nimmt die Verweisung an

2. Italienisches Ehescheidungsrecht

– Fraglich ob Scheidung nach italienischem Recht, da aus italienischer Sicht noch immer bigamisch, also aufhebbar

– Da Ehe aus italienischer Sicht nicht nichtig, jedoch kein Widerspruch: Scheidung möglich, solange Ehe besteht

– Ehescheidungsgrund Art. 3 Abs. 2b italienisches Scheidungsgesetz, Voraussetzung gerichtliche oder gerichtlich bestätigte Ehetrennung und nachfolgend dreijähriges Getrenntleben (–)

3. Deutsches Recht als „regelwidriges" Scheidungsstatut

– Scheidung nach deutschem Recht gemäß Art. 17 Abs. 1 S. 2 EGBGB

– Voraussetzung: Ehe kann nach italienischem Recht „nicht geschieden werden"; hier fraglich, ob auch derzeit nicht scheidbare Ehe eingeschlossen ist:

  – Bisher hM: Art. 17 Abs. 1 S. 2 EGBGB wenn keine Scheidung in näherer Zukunft

  – Argument: Art. 6 Abs. 1 GG, Art. 17 Abs. 1 S. 2 EGBGB typisierter *ordre public*

  – Gegenansicht: Nicht gegenüber Rechtsordnungen aus EU-Mitgliedstaaten

  – BGH: Längeres Warten auf Scheidung nicht unzumutbar

  – Gegenargumente: Scheidungsfreiheit/ Wiederverheiratungsfreiheit von Art. 6 Abs. 1 GG geschützt; Abtrennung wegen unzumutbarer Härte nach § 628 Nr. 4 ZPO/§ 140 Abs. 2 Nr. 5 FamFG schon bei zweijähriger Verzögerung; hier mindestens 5 Jahre

– Wenn deutsches Recht anwendbar: §§ 1564, 1565 Abs. 1, 1566 Abs. 1 BGB (+)

– Wenn BGH-Ansicht: Scheidungsantrag unbegründet, Antragsänderung (§ 263 ZPO) zu Antrag auf gerichtliche Ehetrennung nach italienischem Recht

Ergebnis: Die Ehe ist nach hier vertretener Ansicht gemäß §§ 1564, 1565 Abs. 1, 1566 Abs. 1 BGB zu scheiden. Nach Ansicht des BGH ist der Scheidungsantrag unbegründet; es kann lediglich ein Ehetrennungsantrag nach italienischem Recht gestellt werden.

Frage 2: Gewöhnlicher Aufenthalt beider Ehegatten in Locarno

1. Abwandlung nur hinsichtlich internationaler Zuständigkeit

– Wie Ausgangsfall: Internationale Zuständigkeit *ausschließlich* Brüssel IIa-VO, Antragsgegner ist Italiener (Art. 6 lit. b Brüssel IIa-VO)

– Art. 3 Abs. 1 lit. a Brüssel IIa-VO (–) keine Partei hat gewöhnlichen Aufenthalt in D

– Art. 3 Abs. 1 lit. b Brüssel IIa-VO (–) keine gemeinsame Staatsangehörigkeit

– Teleologische Einschränkung von Art. 6 Brüssel IIa-VO: Sinnvoll nur, wenn Zuständigkeit in irgendeinem Mitgliedstaat *oder* Anwendung von Art. 7 Brüssel IIa-VO auch gegen Art. 6 Brüssel IIa-VO

– Voraussetzung: Kein Mitgliedstaat nach Art. 3 Brüssel IIa-VGO zuständig (+)
– Folge: § 606a Abs. 1 Nr. 1 ZPO/§ 98 Abs. 1 Nr. 1 FamFG anwendbar, deutsche Gerichte zuständig (+)

2. Damit Scheidungsantrag bei einem örtlich zuständigen Familiengericht
– § 606 ZPO: Abs. 1 (–), Abs. 2 (–) Abs. 3 ZPO/§ 122 Nr. 6 FamFG: (+) AG Schöneberg in Berlin.

3. Klärung der Auslegungsfrage zu Art. 6, 7 Brüssel IIa-VO
– Eigene Entscheidung: Jedenfalls wenn Auslegung Art. 6 und 7 Brüssel IIa-VO zweifelsfrei
– Bei Zweifeln fakultatives Vorab-entscheidungsverfahren zum EuGH (Art. 234 Abs. 1 lit. b, Abs. 2 EGV)
  – Vorlagebefugnis Art. 68 EGV (–), da jedenfalls noch Berufung § 621a Abs. 1, 511 ZPO/künftig Beschwerde § 58 FamFG statthaft

Ergebnis: Das AG Schöneberg – Familiengericht – hat nur die Wahl, die Auslegung selbst vorzunehmen und die abschließende Klärung dem Instanzenzug zu überlassen.

Frage 3: Beide Italiener mit gewöhnlichem Aufenthalt in Deutschland

1. In dieser Variante keine Frage der Eheaufhebung, da beide Ehegatten erstmals verheiratet

2. Aussichtsreicher Antrag nach dem anwendbaren Recht
– Art. 17 Abs. 1 S. 1, 14 Abs. 1 Nr. 1 EGBGB (+) beide Ehegatten Italiener
– Italienisches Recht nimmt die Verweisung an (Art. 31 Abs. 1 S. 1 italienisches IPRG)

– Art. 17 Abs. 1 S. 2 EGBGB (–) kein Ehegatte ist oder war Deutscher

3. Scheidungsantrag (–) mangels gerichtlicher/gerichtlich bestätigter Trennung

4. Ehetrennung
– Internationale Zuständigkeit Art. 3 ff Brüssel IIa-VO
– Sachlich auch Ehetrennung Art. 1 Abs. 1 lit. a Brüssel IIa-VO
– Ausschließlich, da Antragsgegner Italiener und gewöhnlicher Aufenthalt in Deutschland (Art. 6 lit. a und b Brüssel IIa-VO)
– Internationale Zuständigkeit deutscher Gerichte (+) Art. 3 Abs. 1 lit. a Str. 1 Brüssel IIa-VO

5. Ehetrennung im deutschen Verfahren nicht vorgesehen
– Anpassung deutsches Verfahrensrecht, soweit ohne tiefgreifende Verwerfungen zwischen Verfahrensrecht und materiellem Recht möglich
– Ähnlichkeit Ehetrennung und Ehescheidung, §§ 606 ff ZPO/§§ 121 ff FamFG geeignet
– Argument Brüssel IIa-VO: Rechtsverweigerung durch nach Art. 3 Brüssel IIa-VO zuständigen Mitgliedstaat vermeiden

6. Anwendbares Recht
– Keine Kollisionsnorm zur Ehetrennung im EGBGB
– Qualifikation als scheidungsähnlich
– Damit Verweisung auf italienisches Recht, das die Verweisung annimmt

7. Materielles italienisches Recht
– Art. 151 cc (+) jahrelange Untreue von Marcello macht die Fortsetzung des Zusammenlebens unzumutbar

Ergebnis: Deutsche Gerichte sind für den Ehetrennungsantrag nach italienischem Recht international zuständig; der Antrag ist auch begründet.

Lösung

Frage 1: Eheaufhebungsantrag, hilfsweise Scheidungsantrag der Frieda

I. Internationale Zuständigkeit deutscher Gerichte

1. Brüssel IIa-VO: Anwendbarkeit

122 Anwendbar könnte die Brüssel IIa-VO (Verordnung (EG) Nr. 2201/2003) sein, deren **Regelungsgegenstand** ua die gerichtliche Zuständigkeit (Art. 2 ff Brüssel IIa-VO) umfasst.

123 **a) Intertemporal** gilt die Brüssel IIa-VO, welche die Brüssel II-VO (Verordnung (EG) Nr. 1347/2000) ersetzt, für gerichtliche Verfahren, die seit dem 1. 3. 2005 eingeleitet wurden (Art. 64 Abs. 1, 72 Brüssel IIa-VO); auf die Frage, ob auch für Zwecke der intertemporalen Anwendung die „Einleitung" des Verfahrens nach Art. 16 Brüssel IIa-VO oder nach der *lex fori* zu beurteilen ist, kommt es nicht an, da der Antrag erst nach dem Stichtag eingereicht wurde. Damit ist die Brüssel IIa-VO jedenfalls zeitlich anwendbar.

124 **b) Sachlich** ist sie anzuwenden auf zivilgerichtliche Verfahren zur Ehescheidung, Ehetrennung ohne Auflösung des Ehebandes und Ungültigerklärung der Ehe (Art. 1 Abs. 1 lit. a Brüssel IIa-VO). Der weite Begriff „Ungültigerklärung" soll die verschiedenen in den Mitgliedstaaten existierenden Verfahren umfassen, die sich mit der Beseitigung der Ehe aufgrund von Eheschließungsmängeln befassen. Dazu gehört sowohl die deutsche Eheaufhebung (§§ 1313 ff BGB) als auch die italienische *gerichtliche* (!) Anfechtung nach Art. 117 cc (MAT g, h). Sachlich gilt die VO also für Haupt- und Hilfsantrag.

125 **c)** Der **räumliche Anwendungsbereich** der Brüssel IIa-VO ist im Gegensatz zu Art. 3, 4 Brüssel I-VO nicht vollständig komplementär zur *lex fori* geregelt. Hat der Antragsgegner/Beklagte seinen gewöhnlichen Aufenthalt im Hoheitsgebiet eines Mitgliedstaats oder ist Staatsangehöriger eines Mitgliedstaats, so sind die Zuständigkeiten *ausschließlich* (Art. 6 letzter Hs. Brüssel IIa-VO). Ergibt sich aus Art. 3 bis 5 Brüssel IIa-VO keine Zuständigkeit in einem Mitgliedstaat, kann subsidiär auf das innerstaatliche IZPR zurückgegriffen werden (Art. 7 Abs. 1 Brüssel IIa-VO). Anders als unter der Brüssel I-VO kann sich aus der Brüssel IIa-VO also durchaus auch in Fällen, in denen der Beklagte keine Unionsbürgerschaft und einen außergemeinschaftlichen gewöhnlichen Aufenthalt hat, eine Zuständigkeit ergeben. Fraglich ist dann nur, ob in anderen Mitgliedstaaten auch auf die *lex fori* eine internationale Scheidungszuständigkeit gestützt werden darf, was umstritten ist und vom EuGH nunmehr verneint wird.[5]

Liegen die Voraussetzungen des Art. 6 Brüssel IIa-VO vor, ist die VO nach allen Ansichten anzuwenden und deren Zuständigkeitsregeln verdrängen das nationale IZPR.

---

5 EuGH Rs. C-68/07 (*Kerstin Sundelind Lopez/Miguel Enrique Lopez Lizazo*) IPRax 2008, 257; zum Streitstand: *Rauscher/Rauscher* EuZPR² (2006) Art. 6 Brüssel IIa-VO Rn 8 f; *Hau* FamRZ 2000, 1333, 1340.

Das ist hier der Fall: Der Antragsgegner ist italienischer Staatsangehöriger (Mitgliedstaat iSd Art. 2 Nr. 3 Brüssel IIa-VO – EG ohne Dänemark); der Antrag ist in Deutschland, also einem anderen Mitgliedstaat anhängig.

2. Brüssel IIa-VO: Zuständigkeiten

Die **internationale Zuständigkeit** deutscher Gerichte müsste sich aus Art. 3 Brüssel IIa-VO ergeben; die dort genannten Anknüpfungskriterien sind alternativ.   **126**

a) Da der Antragsgegner seinen gewöhnlichen Aufenthalt in Italien hat und auf den vorvorherigen gemeinsamen gewöhnlichen Aufenthalt in Deutschland nicht abgestellt werden kann, weil beide Ehegatten zwischenzeitlich dort nicht mehr gelebt haben, kommt nur eine deutsche Zuständigkeit als *forum actoris* in Betracht. Da Frieda die deutsche Staatsangehörigkeit besitzt, genügt ein 6–monatiger gewöhnlicher Aufenthalt unmittelbar vor Antragstellung im Gerichtsstaat Deutschland (Art. 3 Abs. 1 lit. a Str. 6 Brüssel IIa-VO). Das liegt vor, denn Frieda lebt seit 1. 2. 2007 „auf Dauer" in Berlin und kann als Erwachsene ihren gewöhnlichen Aufenthalt ohne zeitliche Verzögerung verlegen.   **127**

b) Zwar wird vertreten, diese Bestimmung verstoße gegen Art. 12 EGV; Staatsangehörige des Forumstaates als Kläger würden bevorzugt, da sie dort nur 6 Monate, andere Kläger hingegen 12 Monate (Art. 3 Abs. 1 lit. a Str. 5 Brüssel IIa-VO) gewöhnlichen Aufenthalt haben müssten, um eine internationale Zuständigkeit zu begründen. Dem ist entgegenzuhalten, dass dies kein vom nationalen Recht gewährter Vorteil für eigene Staatsangehörige ist, sondern die Bestimmung jedem Unionsbürger in seinem Heimatstaat zugute kommt und ihr die zutreffende Einschätzung zugrunde liegt, dass bei Rückkehr in den Heimatstaat eine Zuständigkeitserschleichung ferner liegt, als bei Zuzug in einen beliebig selbst gewählten anderen Mitgliedstaat.[6] Im vorliegenden Fall bleibt der Streit unerheblich, da Frieda bei Antragstellung bereits mehr als 12 Monate gewöhnlichen Aufenthalt in Deutschland hatte.   **128**

Deutsche Gerichte sind also international zuständig.

3. Örtliche Zuständigkeit

Die örtliche Zuständigkeit ergibt sich nach dem klaren Wortlaut („sind *die Gerichte* des Mitgliedstaats zuständig" Art. 3 Abs. 1 Brüssel IIa-VO) nicht aus der VO.   **129**

Das angerufene Gericht könnte nach § 606 Abs. 2 S. 2 Alt. 2 ZPO/§ 122 Nr. 5 FamFG (gewöhnlicher Aufenthalt der Antragstellerin) zuständig sein. Das ist wegen des früheren gemeinsamen gewöhnlichen Aufenthaltes in Hamburg fraglich (§ 606 Abs. 2 S. 1 ZPO/§ 122 Nr. 3 FamFG); die Regelung geht aber nur von der innerstaatlichen Situation aus, erfasst also nicht den Fall, dass zwischenzeitlich ein gemeinsamer Aufenthalt im Ausland bestanden hat. Damit greift mangels eines inländischen gewöhnlichen Aufenthalts des Antragsgegners § 606 Abs. 2 S. 2 Alt. 2 ZPO/§ 122 Nr. 5 FamFG ein.

---

6 Zum Streitstand: *Staudinger/Spellenberg* Internationales Verfahrensrecht in Ehesachen (2005) Art. 3 Brüssel IIa-VO Rn 29; *Rauscher/Rauscher* EuZPR[2] (2006) Art. 3 Brüssel IIa-VO Rn 30.

Das AG Berlin Mitte ist also als Wohnsitzgericht der Antragstellerin örtlich zuständig.

II. Eheaufhebungsantrag

1. Formwirksamkeit der Ehe

130 **a)** Bevor die Aufhebung einer **Ehe** geprüft werden kann, müsste eine wenigstens formell wirksam geschlossene Ehe vorliegen. Essentielle Formverstöße könnten zu einer nichtigen Ehe/Nichtehe führen (vgl Art. 13 Abs. 3 EGBGB iVm § 1310 Abs. 1 S. 1 BGB).

131 **b)** Für die am 1.6.1970 geschlossene Ehe könnte **intertemporal** auf das vor dem 1.9.1986 geltende IPR abzustellen sein. Dazu müsste ein abgeschlossener Vorgang vorliegen (Art. 220 Abs. 1 EGBGB). Die Wahrung der Form eines Rechtsgeschäfts ist mit Abschluss des Rechtsgeschäfts abgeschlossen. Es ist altes IPR anzuwenden, das jedoch dem derzeit geltenden insoweit entspricht (MAT a).

132 **c)** § 15a EheG aF (entspricht Art. 13 Abs. 3 EGBGB, MAT a) enthält eine Sonderregelung für die Eheschließungsform, jedoch nur bei Eheschließung im Inland. Damit hängt die Auswahl der Kollisionsnorm vom **Eheschließungsort** (im Inland oder im Ausland) ab. Eheschließungsort ist Tondern/Dänemark. Somit ist die Formwirksamkeit nicht nach § 15a EheG aF, sondern nach Art. 11 Abs. 1 EGBGB (aF wie neue Fassung, MAT a) zu beurteilen. Es genügt alternativ die Wahrung der Ortsform (Geschäftsform wäre die Kumulation der beiden Heimatrechte, Art. 13 Abs. 1, Rn 136 ff). Die Ortsformverweisung ist nach dem Zweck der Verweisung, der Begünstigung der Formwirksamkeit, eine Sachnormverweisung (insoweit altes IPR wie Art. 4 Abs. 1 S. 1 letzter Hs. EGBGB).

133 **d)** Die **dänische Ortsform** ist nach Sachverhalt („in der Form des dänischen Rechts") gewahrt.

2. Anwendbares Recht – materielle Ehemängel

134 **a)** Die beantragte Aufhebung einer Ehe ist zunächst zu **qualifizieren**. Sie unterfällt nicht etwa dem Scheidungsstatut, denn es handelt sich nicht um eine Frage der Auflösung aufgrund von *Durchführungsmängeln* (Scheitern, Eheverfehlungen etc), sondern um eine Reaktion auf *Eingehungsmängel*. Die Aufhebung ist daher eheschließungsrechtlich zu qualifizieren. Da mit der Bigamie ein materieller Ehemangel behauptet wird, ist das materielle Eheschließungsstatut zu bestimmen.

135 **b)** **Intertemporal** liegt nach beiden zu Art. 220 Abs. 1 EGBGB vertretenen Theorien (abschließende Anknüpfung bzw materielle Rechtsfolgen) wiederum ein abgeschlossener Vorgang vor, da die Begründung des familienrechtlichen Status der Ehe im Zeitpunkt der Eheschließung abschließend angeknüpft ist[7] und materiellrechtlich Rechtsfolgen erzeugt.

---

7 BGH IPRspr 1996 Nr. 65.

c) Das **anwendbare Recht** bestimmt sich nicht nach dem sachlich für Ehehindernisse   **136**
einschlägigen (im Verhältnis zu Italien noch immer geltenden[8]) **Haager Eheschlie-**
ßungsabkommen; nach seinem Art. 8 Abs. 1 ist der räumliche Anwendungsbereich
auf Eheschließungen im Gebiet von Vertragsstaaten beschränkt. Dänemark war nie
Vertragsstaat.

d) Anzuwenden ist also das bei Eheschließung geltende **deutsche IPR**. Art. 13 Abs. 1   **137**
S. 1 aF EGBGB entspricht dem geltenden Art. 13 Abs. 1 EGBGB (MAT a), verweist
also für jeden Verlobten in dessen **Heimatrecht**. Für Frieda ist deutsches Recht anzuwenden; insoweit bedarf es keiner weiteren Prüfung, da aus Sicht des deutschen
Rechts Frieda selbst ledig und Marcello durch ein *deutsches* Gericht geschieden war,
also das beidseitige Ehehindernis der bestehenden Ehe (§ 20 Abs. 1 EheG aF, inhaltlich wie § 1306 BGB) nicht vorliegt.

e) Für Marcello geht die Verweisung in italienisches Recht und ist **Gesamtverwei-**   **138**
sung (Art. 27 aF EGBGB entspricht insoweit geltendem Art. 4 Abs. 1 EGBGB).

f) Das **italienische IPR** entscheidet intertemporal (vgl Art. 72 IPRG 1995) insoweit   **139**
wie das deutsche (MAT d); vor dem 1. 9. 1995 abgeschlossene Sachverhalte unterstehen dem alten IPR. Art. 17 *disp.s.l.in gen.* (MAT b) nimmt die Verweisung an;
Art. 115 cc (MAT f) hat dabei die kollisionsrechtliche Funktion, klarzustellen, dass
die Vorschriften des 1. Abschnitts des III. Kapitels im 6. Titel cc, also auch Art. 86 cc,
materieller (nicht formeller) Natur sind und deshalb auch bei Eheschließung eines Ita-
lieners im Ausland gelten.

3. Italienisches Eheaufhebungsrecht

a) Die Ehe könnte nach Art. 117 Abs. 1 cc (MAT g) durch Klage (MAT h) aufhebbar   **140**
sein.

Dazu müsste ein **Verstoß** gegen eine der dort genannten Normen vorliegen; in Betracht kommt nur Art. 86 cc (MAT e). Marcello müsste im Zeitpunkt der Eheschließung anderweitig verheiratet gewesen sein. Das ist fraglich, weil die 1967 geschlossene Ehe des Marcello mit Dörte am 17. 8. 1968 rechtskräftig von einem deutschen Gericht geschieden wurde.

b) Nach welchem Recht die Wirksamkeit der Scheidung zu beurteilen ist, ist seit der   **141**
zum Spanier-Beschluss des BVerfG[9] (vgl Art. 13 Abs. 2 EGBGB) führenden Rechtsprechung unklar:

aa) Mit dem BGH[10] wäre zu argumentieren, nach seinem für die Eheschließungsvo-   **142**
raussetzungen maßgeblichen **italienischen Heimatrecht** sei Marcello am 1. 6. 1970
noch mit Dörte verheiratet gewesen; denn das an diesem Tag noch geltende (Datum in
MAT i) alte italienische Recht habe damals die in Deutschland ausgesprochene Ehescheidung vom 17. 8. 1968 als *ordre-public*-widrig (MAT k) angesehen und nicht
anerkannt.

---

8 *Jayme/Hausmann*[14] Nr. 30 Fn 1; zum Anwendungsbereich OLG Hamm FamRZ 2007, 656.
9 BVerfGE 31, 58.
10 BGH NJW 1997, 2114.

Diese Folgerung des italienischen Rechts könnte sodann gegen den deutschen *ordre public* (Art. 30 aF EGBGB entspricht Art. 6 EGBGB) verstoßen: Die Anwendung einer Rechtsordnung, welche die Unauflöslichkeit der Ehe postuliert und im konkreten Fall deshalb einem deutschen Scheidungsurteil die Anerkennung versagt, verstößt gegen Grundprinzipien des deutschen Rechts; der Inlandsbezug besteht, weil Frieda, der die Eheschließung mit Marcello versagt worden wäre, Deutsche ist.

143 **bb)** Diese Lösung übersieht jedoch, dass es sich bei der Frage der noch bestehenden Ehe um eine **Vorfrage** im Tatbestand eines Ehehindernisses (Art. 86 cc) handelt, die nicht ohne weiteres dem Hauptstatut (Eheschließungsvoraussetzungen der neuen Ehe) untersteht. Vorfragen sind nach deutschem Recht grundsätzlich **selbstständig anzuknüpfen**. Nur wenn man – zur Vermeidung hinkend mangelhafter Ehen – diese Vorfrage unselbstständig vom italienischen Eheschließungsstatut aus anknüpft, kommt man wieder zu der oben (Rn 142) geschilderten Lösung. Bei selbstständiger Vorfragenbeurteilung ist, da ein Scheidungs*urteil* vorliegt, nicht beim deutschen IPR anzusetzen (Art. 17 EGBGB); auch wenn die Scheidung Hauptfrage ist, beurteilt sich die Wirkung des Scheidungsurteils nicht nach Art. 17 EGBGB, sondern prozessual. Ein deutsches Scheidungsurteil wirkt, ein ausländisches ist ggf anerkennungsfähig.[11] Das deutsche Scheidungsurteil ist also schlicht wirksam. Die Ehe von Marcello und Dörte war damit aus deutscher Vorfragensicht am 17. 8. 1968 aufgelöst.

[Hinweise: Da *ordre-public*-Verstöße nicht nach einer späteren Rechtslage bewertet werden können, spielt die spätere Anerkennungsfähigkeit des Scheidungsurteils in Italien (MAT k) keine Rolle. Der BGH erwägt noch – und lehnt dies zu Recht ab – ob es angesichts der sich in Italien abzeichnenden Rechtsänderung den Verlobten zumutbar gewesen wäre, abzuwarten, statt den „Tondern-Trick"[12] anzuwenden.]

144 **cc)** Im Ergebnis ist nach beiden Ansichten die Ehe von Frieda und Marcello (aus Sicht deutscher Gerichte) nicht vom Mangel der Doppelehe behaftet, der Eheaufhebungsantrag also unbegründet.

III. Ehescheidungsantrag

1. Anwendbares Recht – Scheidungsstatut

145 **a)** Europarechtliche Kollisionsnormen bestehen (noch) nicht; selbst wenn während des laufenden Verfahrens die geplante Änderung der Brüssel IIa-VO einschließlich einer europarechtlichen Scheidungskollisionsnorm in Kraft treten sollte, wird diese,

---

11 Vgl BVerfGE 31, 58, 81.
12 Praktiziert wurde der „Tondern-Trick" deshalb, weil geschiedenen Ausländern aus Staaten, die keine Scheidung kannten (zB Italien, Spanien, Andorra) vom Heimatstaat kein Ehefähigkeitszeugnis – hier: Art. 4 Abs. 1 Haager Eheschließungsabkommen, sonst § 1309 BGB – für eine weitere Eheschließung ausgestellt wurde; vor dem Spanierbeschluss wurde diesen Ausländern aber in Deutschland die Befreiung vom Erfordernis des Ehefähigkeitszeugnisses verweigert, weil sie nicht nur aus formellen Gründen kein Zeugnis beibringen konnten, sondern nach dem relevanten Heimatrecht materiell nicht unverheiratet waren. Das dänische IPR knüpft die materiellen Eheschließungsvoraussetzungen – ohne Weiterverweisung – an das Domizil der Eheschließenden an, in der Praxis wird bei Eheschließungen häufig dänisches Recht als *lex fori* angewendet.

nach den bisher üblichen intertemporalen Bestimmungen von auf Art. 65 ff EGV ge-stützten EG-Verordnungen, nicht in bereits laufenden Verfahren anzuwenden sein.

b) Art. 17 Abs. 1 S. 1 EGBGB unterstellt die **Ehescheidung** (wandelbar) dem im **146** Zeitpunkt des Eintritts der Rechtshängigkeit (§ 261 Abs. 1, 2 Alt. 2 ZPO, Zustellung der Antragsschrift) auf die persönlichen Ehewirkungen anwendbaren Recht, also Art. 14 EGBGB (auch für eine vor dem 1. 9. 1986 geschlossene Ehe ist das Schei-dungsstatut neuem IPR zu entnehmen, strittig war lediglich die Anwendung von Art. 220 Abs. 1 EGBGB in den am 1. 9. 1986 anhängigen Verfahren).

c) Die Ehegatten haben keine gemeinsame Staatsangehörigkeit (Art. 14 Abs. 1 Nr. 1 **147** Alt. 1 EGBGB). Fraglich ist, ob sie eine frühere gemeinsame Staatsangehörigkeit während der Ehe hatten (Art. 14 Abs. 1 Nr. 1 Alt. 2 EGBGB). Ob Frieda, was nach Sachverhalt offen ist, die italienische Staatsangehörigkeit erworben und dann durch Verzicht verloren hat, kann dahinstehen, da jedenfalls nach Art. 5 Abs. 1 S. 2 EGBGB ihre deutsche Staatsangehörigkeit vorginge. Da auch kein gemeinsamer gewöhnlicher Aufenthalt im selben Staat mehr besteht (Art. 14 Abs. 1 Nr. 2 Alt. 1), ist italienisches Recht als Recht des letzten ehelichen gemeinsamen gewöhnlichen Aufenthalts, den Marcello beibehalten hat, berufen (Art. 14 Abs. 1 Nr. 2 Alt. 2 EGBGB).

Die Verweisung ist **Gesamtverweisung** (Art. 4 Abs. 1 EGBGB).

d) Im **italienischen IPR** ist die Bestimmung für das Scheidungsstatut aufzusuchen; **148** die Verweisung aus Art. 17 Abs. 1 EGBGB auf Art. 14 EGBGB bedeutet nicht eine akzessorische Anknüpfung an das Ehewirkungsstatut, sondern nur eine technische Verweisung auf die Anknüpfungs*systematik* des Ehewirkungsstatuts. Gesucht wird deshalb im verwiesenen Recht die Scheidungskollisionsnorm.

Art. 31 Abs. 1 italienisches IPRG (MAT c) nimmt die Verweisung an, denn in Italien wurde das eheliche Leben bis zu Friedas Umzug geführt.

2. Italienisches Ehescheidungsrecht

a) Fraglich ist schon, ob nach italienischem Recht die Ehe geschieden werden kann, **149** weil sie (Rn 142) aus italienischer Sicht noch immer als bigamisch und daher **aufheb-bar** anzusehen ist. Aus Art. 117 Abs. 1 cc (MAT g) ergibt sich aber, dass die Ehe des-halb nicht nichtig, sondern vorbehaltlich eines Aufhebungsurteils wirksam ist. Eine Aufhebung ist aber nicht erfolgt und dem beim AG Berlin Mitte anhängigen Aufhe-bungsantrag kann (soeben Rn 143 f) nicht stattgegeben werden.

Anders als im Fall der (oft auf Formmängel beruhenden) hinkenden Nichtehe lässt **150** sich auch nicht sagen, dass es **widersprüchlich** wäre, die Scheidung einem Recht zu unterstellen, welches die Ehe für mangelhaft hält. Das italienische Recht betrachtet die Ehe ja gleichwohl als wirksam; eine aufhebbare Ehe kann aber, solange sie nicht aufgehoben ist, durchaus geschieden werden. Würde einer der Ehegatten (in Italien) einen Antrag nach Art. 117 Abs. 1 cc (MAT h) stellen, müsste sich das Gericht sogar mit dem in jeder zivilisierten Rechtsordnung beachtlichen Einwand des *Rechtsmiss-brauchs* (Berufung auf einen bei Eheschließung beiden Ehegatten bekannten Mangel nach über 30 Jahren) auseinandersetzen.

151   **b)** Einzig in Betracht kommender **Ehescheidungsgrund** ist Art. 3 Abs. 2b des italienischen Scheidungsgesetzes (MAT i). Dieser Scheidungsgrund setzt nach dem klaren Wortlaut eine gerichtliche oder gerichtlich bestätigte Ehetrennung und nachfolgend dreijähriges Getrenntleben voraus. Das alles ist nicht gegeben. Danach wäre der Scheidungsantrag als unbegründet abzuweisen.

3. Deutsches Recht als „regelwidriges" Scheidungsstatut

152   **a)** Die Ehe könnte jedoch nach deutschem Recht gemäß **Art. 17 Abs. 1 S. 2 EGBGB** zu scheiden sein. Dabei handelt es sich nicht um eine alternative Anknüpfung, welche die ganze Prüfung zu 2. erspart hätte, sondern um eine subsidiäre Sonderanknüpfung zugunsten deutscher Antragsteller. Ohne Prüfung des „eigentlichen" Scheidungsstatuts (Art. 17 Abs. 1 S. 1 EGBGB) darf Art. 17 Abs. 1 S. 2 EGBGB schon deshalb nicht angewendet werden, weil das Scheidungsstatut auch scheidungsrechtlich qualifizierte Scheidungsfolgen beherrscht.

153   **b)** Voraussetzung ist, dass die Ehe nach dem Statut des Art. 17 Abs. 1 S. 1 EGBGB **„nicht geschieden werden"** kann. Das ist fraglich, denn italienisches Recht verbietet die Scheidung nicht rundweg. Nach lange Zeit hM war deutsches Recht schon dann anzuwenden, wenn nach dem eigentlich maßgebenden Scheidungsstatut die Ehe derzeit und in näherer Zukunft nicht geschieden werden kann. Hierfür spricht, dass das von Art. 6 Abs. 1 GG geschützte Ziel[13] des Art. 17 Abs. 1 S. 2 EGBGB als typisierte Norm des *ordre public*, unter zumutbaren Voraussetzungen die Eheschließungsfreiheit des in einer gescheiterten Ehe lebenden Antragstellers wieder herzustellen, nicht erreichbar wäre, wenn die Ehescheidung, wie vorliegend, trotz bereits mehrjähriger tatsächlicher Trennung noch auf weitere Jahre formalisierter Trennung und nachfolgender Verfahrensdauer im Scheidungsverfahren verzögert würde. Dies wäre hier gegeben: Zu einem Zeitpunkt, in dem nach deutschem Recht bereits eine unwiderlegbare Scheiternsvermutung (§ 1566 Abs. 1, Marcello ist einverstanden) eingreift, müsste nach italienischem Recht erst ein Ehetrennungsverfahren eingeleitet und sodann eine weitere längere Wartezeit vor Scheidung absolviert werden. Hiergegen wurde eingewendet, gegenüber Mitgliedstaaten der EU bedeute eine solche bevorzugende Anwendung deutschen Rechts auf Deutsche eine europarechtswidrige Diskriminierung iSd Art. 12 Abs. 1 EGV[14]. Der BGH[15] hält nunmehr ebenfalls Art. 17 Abs. 1 S. 2 EGBGB nicht schon dann für anwendbar, wenn das regelmäßige Scheidungsstatut (insbesondere das Recht eines EU-Mitgliedstaats) die Ehescheidung erheblich verzögert.

Die Ansicht des BGH ist abzulehnen: Das Diskriminierungsargument geht schon deshalb fehl, weil nicht der nicht-deutsche EU-Bürger, sondern allenfalls die Rechtsnorm eines anderen Mitgliedstaats „diskriminiert" wird. Die Scheidungsstandards sind in den Mitgliedstaaten der EU nun einmal höchst unterschiedlich. Aus der EU-Mitgliedschaft kann aber nicht ein Zwang zur Anerkennung der Gleichwertigkeit von Normen gefolgert werden, die tatsächlich nicht gleichwertig sind, sonst dürfte auch eine Kon-

---

13 Vgl BGH FamRZ 2007, 109 im Fall völliger Unscheidbarkeit.
14 AG Hamburg FamRZ 1998, 1590; eingehend dazu *Wagner* IPRax 2000, 512.
15 BGH NJW 2007, 220.

trolle von Urteilen aus Mitgliedstaaten am deutschen *ordre public* (Art. 34 Nr. 1 Brüssel I-VO; Art. 22 lit. a Brüssel IIa-VO) nicht mehr stattfinden. Dem BGH ist insbesondere entgegenzuhalten, dass er die Zumutbarkeitsgrenze des Abwartens auf die Scheidung einer gescheiterten Ehe überdehnt. Wenn nach ständiger Rechtsprechung der Verbund des Scheidungsausspruchs mit den Folgesachen nach § 628 Nr. 4 ZPO/§ 140 Abs. 2 Nr. 5 FamFG schon bei zweijähriger Verzögerung wegen unzumutbarer Härte aufzuheben und die Ehe vorab zu scheiden ist, so kann es nicht regelmäßig zumutbar sein, in einer Konstellation wie der vorliegenden nach mehrjährigem Getrenntleben noch fünf Jahre und mehr (Trennungsverfahren, drei Jahre Zeitablauf, Scheidungsverfahren) verheiratet zu bleiben. Dies läuft auf eine Sanktion für die Eheschließung Deutscher mit Ausländern bzw des Lebens in anderen Mitgliedstaaten hinaus und ist deshalb auch gerade für eine europäische Integration kontraproduktiv.

c) Damit ist deutsches Recht als regelwidriges Scheidungsstatut anzuwenden. Die Voraussetzungen der §§ 1564, 1565 Abs. 1, 1566 Abs. 1 BGB sind erfüllt. **154**

d) Folgt man hingegen dem BGH, so ist der Scheidungsantrag unbegründet. In Betracht kommt dann eine Antragsänderung (§ 263 ZPO) zu einem Antrag auf gerichtliche Ehetrennung nach italienischem Recht, über den dann ebenso zu entscheiden wäre wie nachfolgend Rn 172 ff. **155**

Ergebnis: Die Ehe ist nach hier vertretener Ansicht gemäß §§ 1564, 1565 Abs. 1, 1566 Abs. 1 BGB zu scheiden. Nach Ansicht des BGH ist der Scheidungsantrag unbegründet; es kann lediglich ein Ehetrennungsantrag nach italienischem Recht gestellt werden.[16] **156**

Frage 2: Gewöhnlicher Aufenthalt beider Ehegatten in Locarno

1. Brüssel IIa-VO: Vorrang gegenüber *lex fori*

Die Abwandlung in Frage 2 betrifft nur die **internationale Zuständigkeit** deutscher Gerichte. **157**

a) Wie im Ausgangsfall beurteilt sich die internationale Zuständigkeit *ausschließlich* nach der **Brüssel IIa-VO**, denn der Antragsgegner ist Italiener (Art. 6 lit. b Brüssel IIa-VO). Eine internationale Zuständigkeit deutscher Gerichte kann sich damit nur aus Art. 3 Brüssel IIa-VO ergeben. **158**

Art. 3 Brüssel IIa-VO kennt jedoch keine Zuständigkeit, die alleine an die Staatsangehörigkeit des Antragstellers anknüpft. Weder haben die Ehegatten beide eine deutsche

---

16 Leser der 1. Auflage werden sich fragen, ob sich das an selber Stelle dort erörterte Problem des Konflikts mit Art. 6 Abs. 1 GG und der europarechtlichen Freizügigkeit im Fall eines berufsbedingten *Verbleibs von Frieda in Venedig* erledigt hat. Dies ist zwar nach Einschätzung des *Verfassers* nicht der Fall; durch die Entscheidung des BGH gegen die Anwendung von Art. 17 Abs. 1 S. 2 EGBGB vor deutschen Gerichten hat sich allerdings das Problem verlagert: Ursache dafür, dass Frieda bei weiterem Aufenthalt in Venedig noch Jahre lang nicht geschieden werden kann, ist nicht mehr allein der Vorrang des Art. 3 Brüssel IIa-VO gegenüber deutschem Zuständigkeitsrecht. Denn auch in Deutschland würde sie, nach hier abgelehnter Ansicht des BGH derzeit nicht geschieden.

Staatsangehörigkeit (Art. 3 Abs. 1 lit. b Brüssel IIa-VO), noch ist die deutsche Staatsangehörigkeit der Frieda durch einen 6–monatigen gewöhnlichen Aufenthalt in Deutschland verstärkt (Art. 3 Abs. 1 lit. a Str. 6 Brüssel IIa-VO).

159 **b)** Fraglich ist jedoch vorliegend, ob die Ausschließlichkeit nach Art. 6 Brüssel IIa-VO einer **Einschränkung** bedarf. Die Bestimmung steht vor dem Hintergrund, dass in einem einheitlichen europäischen Zuständigkeitssystem grundsätzlich alle Gerichte in Mitgliedstaaten als gleichwertig anzusehen sind und deshalb jedem Unionsbürger und in der EU sich aufhaltenden Nicht-Unionsbürger die Inanspruchnahme der Gerichte anderer Mitgliedstaaten zumutbar ist, soweit Art. 3 Brüssel IIa-VO keine Zuständigkeit der Gerichte seines Heimatstaates vorsieht. Diese Rechtfertigung könnte freilich entfallen, wenn Art. 3 Brüssel IIa-VO keinem Mitgliedstaat die internationale Zuständigkeit zumisst. In diesem Fall ist in der Tat nach verbreiteter Ansicht Art. 6 Brüssel IIa-VO teleologisch zu beschränken oder der Rechtsgedanke des Art. 7 Brüssel IIa-VO greift auch gegen die Ausschließlichkeit nach Art. 6 Brüssel IIa-VO durch.[17]

160 **c)** Die **Voraussetzungen** für diese Ausnahme von Art. 6 Brüssel IIa-VO liegen vor: Mangels gemeinsamer Staatsangehörigkeit (Art. 3 Abs. 1 lit. b Brüssel IIa-VO) führen alle Zuständigkeitsanknüpfungen des Art. 3 Abs. 1 lit. a Brüssel IIa-VO in einen Staat, in dem beide oder ein Ehegatte gewöhnlichen Aufenthalt haben oder während der Ehe hatten. Alle Varianten weisen damit in die Schweiz, die kein Mitgliedstaat ist.

161 **d)** Folgt man der hM im Schrifttum, so ist damit vorliegend Art. 6 Brüssel IIa-VO verdrängt und der Rückgriff auf § 606a Abs. 1 Nr. 1 ZPO/§ 98 Abs. 1 Nr. 1 FamFG möglich. Deutsche Gerichte sind zuständig, weil Frieda Deutsche ist.

2. Örtliche Zuständigkeit

162 Friedas Anwalt wird also Scheidungsantrag bei einem **örtlich zuständigen** deutschen Familiengericht stellen. Die örtliche Zuständigkeit ergibt sich aus § 606 Abs. 3 ZPO/§ 122 Nr. 6 FamFG, da kein Ehegatte im Inland gewöhnlichen Aufenthalt hat. Zuständig ist das AG Schöneberg in Berlin.

3. Vorabentscheidungs-Vorlage zum EuGH

163 Fraglich ist, ob das AG Schöneberg die Auslegungsfrage zu Art. 6, 7 Brüssel IIa-VO nachhaltig klären kann.

164 **a)** Das Gericht kann sich auf den Standpunkt stellen, die Auslegung des Art. 7 Brüssel IIa-VO sei zweifelsfrei, die Bestimmung verdränge auch Art. 6 Brüssel IIa-VO und kann dann im Sinn der hM entscheiden.

165 **b)** Da der herrschend vertretenen Auslegung freilich partiell widersprechende Wortlaute von Art. 6 und Art. 7 Brüssel IIa-VO zugrunde liegen, ist ein fakultatives **Vorabentscheidungsverfahren zum EuGH** (Art. 234 Abs. 1 lit. b, Abs. 2 EGV) zu erwä-

---

17 Hierzu *Rauscher/Rauscher* EuZPR[2] (2006) Art. 6 Brüssel IIa-VO Rn 6; auch die Ansicht, die Art. 7 Brüssel IIa-VO nicht als Ausnahme zu Art. 6 Brüssel IIa-VO, sondern zu einem umfassenden ungeschriebenen ausschließlichen Anwendungsbereich der Art. 3 ff Brüssel IIa-VO versteht, kommt zu diesem Ergebnis.

gen. Erst recht wäre ein solches Verfahren zu erwägen, wenn das Gericht sich gegen die hM stellen will, weil das Argument, die Auslegungsfrage sei klar, dann kaum verfängt.

c) Hierzu müsste das Gericht **vorlagebefugt** sein. Grundsätzlich gelten für die Brüssel I-VO und die Brüssel IIa-VO, anders als für das frühere EuGVÜ, die Rechtsbehelfe des Europarechts (erste Säule). Art. 234 EGV ist also grundsätzlich anwendbar. **166**

In Ansehung der auf Art. 65 lit. c EGV gestützten Rechtsakte der Gemeinschaft, gilt jedoch (noch)[18] Art. 68 EGV. Vorlageberechtigt sind nach Art. 68 Abs. 1 EGV nur Gerichte, deren Entscheidung nicht mehr mit ordentlichen Rechtsbehelfen angefochten werden kann. Da gegen den Ausspruch in der Scheidungssache bisher die Berufung (§§ 621a Abs. 1, 511 ZPO; nach § 58 FamFG künftig die Beschwerde) zum KG (Familiensenat, § 119 Abs. 1 Nr. 1 GVG) stattfindet und die Revision zum BGH (§ 133 GVG) durch diesen bei grundsätzlicher Bedeutung zugelassen werden kann (§ 543 Abs. 1 Nr. 1, Abs. 2 Nr. 1 ZPO; nach § 70 Abs. 1, Abs. 2 Nr. 1 FamFG künftig die Rechtsbeschwerde), kann nur das letztinstanzliche Gericht die Frage dem EuGH vorlegen. Dies ist das KG, sofern es die Revision bzw Rechtsbeschwerde nicht zulässt, sonst der BGH. Eine Nichtzulassungsbeschwerde (§ 544 ZPO) findet schon bisher in Ehesachen nicht statt (§ 26 Nr. 9 EGZPO) und ist im FamFG ebenfalls nicht vorgesehen, so dass das Problem der Nichtzulassungsbeschwerde wegen Erfordernis einer Vorabentscheidung des EuGH sich hier nicht stellt.

Ergebnis: Das AG Schöneberg – Familiengericht – hat nur die Wahl, die Auslegung selbst vorzunehmen und die abschließende Klärung dem Instanzenzug zu überlassen. **167**

Frage 3: Beide Italiener mit gewöhnlichem Aufenthalt in Deutschland

1. Keine Eheaufhebung

Da beide Ehegatten in dieser Variante in erster Ehe verheiratet sind, geht es nicht um Fragen der Eheaufhebung. **168**

2. Ehescheidungsstatut

Bevor Überlegungen zur internationalen Zuständigkeit angestellt werden können, ist (Anwaltsfrage) zunächst zu erwägen, welcher Antrag nach dem **anwendbaren Recht** aussichtsreich wäre. **169**

Da vorliegend beide Ehegatten während der gesamten Ehezeit ausschließlich Italiener waren, verweist deutsches Recht aus Art. 17 Abs. 1 S. 1, 14 Abs. 1 Nr. 1 in italienisches Recht, das die Verweisung annimmt (Art. 31 Abs. 1 S. 1 italienisches IPRG, MAT c). Eine „regelwidrige" Anwendung deutschen Rechts nach Art. 17 Abs. 1 S. 2 kommt nicht in Betracht, da kein Beteiligter je Deutscher war.

---

18 Eine Art. 68 EGV entsprechende Norm ist wegen ihrer Impraktikabilität zu Art. 267 AEUV idF des Vertrages von Lissabon, dessen Inkrafttreten freilich zweifelhaft ist, nicht mehr vorgesehen.

3. Materiell aussichtsreicher Antrag

170 Damit ist aber ein **Scheidungsantrag** nicht aussichtsreich, weil (Rn 151) ohne gerichtliche Ehetrennung kein Scheidungsgrund nach materiellem italienischem Recht vorliegt. Der Rechtsanwalt kann also nur ein Ehetrennungsverfahren (*separazione personale*) erwägen, um nach Fristablauf in einem neuen Verfahren eine Scheidung nach italienischem Recht (MAT i) zu beantragen.

4. Internationale Zuständigkeit für Ehetrennung

171 Die internationale Zuständigkeit deutscher Gerichte für ein Ehetrennungsverfahren ist wiederum nach **Art. 3 ff Brüssel IIa-VO** zu beurteilen. Sachlich erfasst die VO (Art. 1 Abs. 1 lit. a Brüssel IIa-VO) auch Ehetrennungsverfahren ohne Auflösung des Ehebandes. Die Zuständigkeiten sind wiederum ausschließlich, denn Marcello ist Italiener und hat gewöhnlichen Aufenthalt in Deutschland (Art. 6 lit. a und b Brüssel IIa-VO). Die internationale Zuständigkeit deutscher Gerichte ergibt sich aus Art. 3 Abs. 1 lit. a Str. 1 Brüssel IIa-VO im gemeinsamen gewöhnlichen Aufenthaltsstaat. Nach der **örtlichen** Zuständigkeit ist nicht gefragt.

5. Ehetrennung vor deutschen Gerichten

172 Fraglich ist, ob einem Verfahren vor deutschen (Familien-)Gerichten der Umstand entgegensteht, dass das deutsche Recht eine **Ehetrennung** ohne Auflösung des Ehebandes nicht (mehr) kennt. Eine solche ablehnende Haltung konnte die deutsche Rechtsprechung zu einer Zeit einnehmen, in der selten Ausländer in Deutschland lebten und die Heimatzuständigkeit in Statussachen ohnehin das überragende Zuständigkeitsprinzip war. Angesichts großer Zahlen von in Deutschland lebenden Ausländern muss das deutsche Verfahrensrecht, soweit dies ohne tiefgreifende Verwerfungen zwischen Verfahrensrecht und materiellem Recht möglich ist, Statusverfahren fremden Rechts durchführen. Eine Ehetrennung ist, abgesehen von der schwächeren Rechtsfolge, einer Ehescheidung nicht unähnlich. Sie lässt sich im Verfahren der §§ 606 ff ZPO/§§ 121 ff FamFG ohne weiteres bewältigen.[19] Erst recht muss das nach Inkrafttreten der Brüssel II-VO, der die Brüssel IIa-VO nachfolgt, gelten; es erschwert in einem vereinheitlichten Zuständigkeitssystem den Rechtsverkehr erheblich und könnte sogar zu Rechtsverweigerung führen, wenn im Aufenthaltsstaat eine nach Heimatrecht erforderliche Ehetrennung nicht durchgeführt würde. Die Ehegatten auf die Rechtssuche im Heimatstaat zu verweisen, wäre einigermaßen hinderlich für die Wahrnehmung der Niederlassungsfreiheit.

6. Ehetrennungsstatut

173 Festzustellen ist damit das **anwendbare Recht**. Da das EGBGB keine Kollisionsnorm zur Ehetrennung enthält, bedarf es der Qualifikation dieses fremden Rechtsinstituts. In Betracht kommt nur eine scheidungsähnliche Qualifikation analog Art. 17 EGBGB; die Ehetrennung löst zwar nicht das Eheband, ist aber Reaktion auf Durch-

---

19 Zum Wandel der Rechtsprechung in dieser Frage BGHZ 47, 324; zum Verbund: OLG Saarbrücken IPRspr 1997 Nr. 93.

führungsmängel der Ehe. Sie steht damit strukturell nicht der Eheaufhebung nahe, sondern der Ehescheidung.[20]

Damit verweist Art. 17 Abs. 1 S. 1 EGBGB, wie für die Ehescheidung (Rn 169), auch für die Ehetrennung auf italienisches Recht, das die Verweisung annimmt.

7. Ehetrennung im italienischen Recht

Auch nach **materiellem italienischem Recht** ist der Antrag aussichtsreich; für die **174** Antragstellerin Frieda ist die jahrelange Untreue von Marcello ein Umstand, der iSd Art. 151 cc (MAT m) die Fortsetzung des Zusammenlebens unzumutbar macht.

Ergebnis: Deutsche Gerichte sind für einen Ehetrennungsantrag nach italienischem **175** Recht international zuständig; der Antrag ist auch begründet.

Literaturhinweise

Behandlung der fallrelevanten Themen in:
Rauscher Internationales Privatrecht (3. Aufl.)

Anwendungsbereich der Brüssel IIa-VO:	Rn 1522, 1949 ff
Eheaufhebung, Spanierbeschluss:	Rn 693
Regelwidriges Scheidungsstatut:	Rn 800 ff
Scheidungsstatut und Ehetrennung:	Rn 788 ff
Vorabentscheidungsverfahren:	Rn 1529 ff

Weitere Literatur

1. Anwendungsbereich der Brüssel IIa-VO
Staudinger/Spellenberg (2005), Art. 1 EheGVO Rn 1. *Rauscher/Rauscher* (2006), Art. 1 Brüssel IIa-VO Rn 1. *Kohler* Einheitliche Kollisionsnormen für Ehesachen in der Europäischen Union: Vorschläge und Vorbehalte, FPR 2008, 193.

2. Eheaufhebung/Spanierbeschluss
Staudinger/Mankowski (2003), Art. 17 EGBGB Rn 242, Art. 13 EGBGB Rn 435. BVerfGE 31, 58 = NJW 1971, 1509.

3. Regelwidriges Scheidungsstatut
Staudinger/Mankowski (2003), Art. 17 EGBGB, Rn 87. *Kroll* Scheidung auf europäisch? – Die (derzeit) nicht scheidbare Ehe im IPR, StAZ 2007, 330.

4. Scheidungsstatut und Ehetrennung
Staudinger/Mankowski (2003), Art. 17 EGBGB, Rn 214. *Rieck* Ehescheidung bei ausländischen Ehepartnern, FPR 2007, 251.

5. Vorabentscheidungsverfahren
Rauscher/Staudinger (2006), Einl Brüssel I-VO, Rn 43. *Sarcevic* Vorabentscheidungsverfahren: Eine besondere Art des Rechtstransfers?, DÖV 2007, 593. *Wernsmann/Behrmann* Das Vorabentscheidungsverfahren nach Art. 234 EG, Jura 2006, 181.

---

20 BGHZ 47, 324.

Fall 4

Morgen- und andere Gaben

(Bearbeitungszeit: 5 Stunden)

176 Die iranischen Staatsangehörigen shi'itischen Bekenntnisses Ali Akbar Arami und Laila Lubarian haben 1985 nach Verbüßung einiger Haftstrafen wegen offener Meinungsäußerungen über den Wächterrat und Verbot der von ihnen herausgegebenen Zeitung gemeinsam ihr Heimatland verlassen. Im Februar 1986 wurden beide in Deutschland als Asylberechtigte anerkannt. Am 1. 3. 1986 haben sie vor dem Standesamt München III die Ehe geschlossen. In einem privatschriftlichen Vertrag vom selben Tag verpflichtete sich der aus vermögendem Elternhaus stammende Ali Akbar der Laila eine zu 10 % sofort fällige und zu 90 % im Fall der Scheidung ihrer Ehe fällige Morgengabe (Arab.: *mahr*; Farsi: *mehriye*) von 100 000 USD zu bezahlen. Aus dem Vertrag ergibt sich, dass die Ehegatten hofften, die Verhältnisse im Iran würden ihnen bald eine Rückkehr ermöglichen und wollten deshalb ihre ehelichen Verhältnisse den islamischen Rechtsvorstellungen entsprechend regeln.

Ali Akbar führte zunächst sein im Iran abgebrochenes Studium der Informatik an der TU München fort und war vom 1. 1. 1991 an bei einem Softwareunternehmen in Mannheim als Angestellter rentenversicherungspflichtig beschäftigt.

Laila erwarb 1993 nach Verzicht auf die iranische Staatsangehörigkeit auf ihren Antrag die deutsche Staatsangehörigkeit.

Ali Akbar plante schon seit längerem, sich in den USA niederzulassen, wo er sich bessere Berufschancen erwartete. Im Herbst 1994 gewann er in der jährlichen Verlosung der US-Einwanderungsbehörde eine „Green-Card", die den Inhaber und seinen Ehegatten zum dauernden Aufenthalt und zur Arbeitsaufnahme in den USA berechtigt. Schon im Februar 1995 brachen die Ehegatten in Deutschland ihre Zelte ab und zogen nach Tallahassee (Florida, USA). Ali Akbar erwarb dort auf Kredit ein Einfamilienhaus, der Kredit wurde aus seinem reichlichen Einkommen bedient. Zudem zahlte er Beiträge in einen der Altersvorsorge dienenden *pension plan* ein. Im Dezember 1995 gab er im deutschen Generalkonsulat in Miami seinen deutschen Reiseausweis unter Verzicht auf seine Rechtsstellung als Asylberechtigter zurück.

Laila war zunehmend mit dem gemeinsamen Leben unzufrieden. Im Dezember 2000 verließ sie ihren Ehemann und kehrte nach Deutschland zurück, wo sie wieder in München Wohnsitz nahm und eine ihren Lebensunterhalt sichernde Stelle als Redakteurin bei einer Zeitung für in Deutschland lebende Iraner fand.

Ali Akbar beantragte am 3. 1. 2007 bei dem *Family Court* für den County of Tallahassee die Scheidung der Ehe. Der Scheidungsantrag wurde Laila auf Ersuchen des Bayerischen Staatsministeriums der Justiz persönlich durch die Post zugestellt. Laila, die selbst die Scheidung wollte, sah keinen Grund, sich an dem Verfahren zu beteiligen und teilte dies dem Gericht auch brieflich mit. Am 15. 5. 2007 wurde die Ehe durch das Gericht in Florida nach dem Recht von Florida geschieden; weitere Entscheidungen enthält das Urteil nicht.

Nachdem ihr das Urteil zugestellt ist, beginnt Laila über finanzielle Ansprüche nachzudenken, die ihr gegen Ali Akbar aus dem Morgengabeversprechen zustehen könnten. Eine durch ein deutsches Gericht geschiedene Freundin erzählt ihr außerdem von den deutschen Rechtsinstituten des Versorgungsausgleichs, des Zugewinnausgleichs und des Aufstockungsunterhalts, die ihr viel Geld gebracht hätten.

Laila beauftragt einen Rechtsanwalt, der beim AG München – Familiengericht – Klage gegen Ali Akbar Arami erhebt mit folgenden Anträgen:
– Zahlung von Zugewinnausgleich nach § 1378 BGB; bei der Berechnung geht er zutreffend davon aus, dass das Haus in Tallahassee das einzige relevante Vermögen eines der Ehegatten darstellt
– Verurteilung zu einem – nach § 1573 Abs. 2 BGB berechneten – monatlichen Aufstockungsunterhalt von € 750
– Durchführung des Versorgungsausgleichs unter Hinweis auf den *pension plan*
– Zahlung von 90 000 USD *mahr*

1. Welches Recht ist auf die von Laila erwogenen Ansprüche anzuwenden?
2. Ist das angerufene Gericht zuständig?

Materialien

I. Iranisches Recht[1]

Iranisches ZGB, für shi'itische Muslime uneingeschränkt anwendbar: **177**

a) Art. 1062 iran. ZGB
Eine Ehe entsteht als Folge eines Angebots und einer Annahme mit Wörtern, die eindeutig auf die Absicht, eine Ehe eingehen zu wollen, schließen lassen.

b) Art. 1078 iran. ZGB
Jede Sache, die einen Wert hat und sich auch in Besitz nehmen lässt, kann man als Mahr einsetzen.

Art. 1080 iran. ZGB
Die Festlegung der Menge des Mahr hängt von dem beiderseitigen Einvernehmen der Parteien ab.

Art. 1082 iran. ZGB
Sofort nach der Eheschließung wird die Frau Eigentümerin des Mahr und kann darüber jede Art der Verfügung, die sie möchte, tätigen.
[Anmerkung: In der Praxis wird dennoch ein großer Teil des Mahr aufschiebend auf Anforderung vereinbart, so dass die Leistung meist erst bei Scheidung gefordert wird].

Art. 1087 iran. ZGB
Falls in einer dauernden Ehe kein Mahr erwähnt oder das Fehlen eines Mahr festgelegt sein sollte, ist die Ehe gültig, wobei die Ehegatten das Mahr nach der Eheschließung einverständlich festlegen können; falls vor der Einigung über ein bestimmtes Mahr zwischen ihnen Geschlechtsverkehr stattfinden sollte, wird die Ehefrau das Recht auf ein übliches Mahr haben.

---

1 Text aus *Bergmann/Ferid/Henrich* Iran (Stand 2005).

c) Art. 1109 iran. ZGB

Der Unterhalt einer widerruflich geschiedenen Frau obliegt während des Ede [Farsi *Ede* = Arab. *Idat* = Wartezeit = 3 Perioden] dem Ehemann, es sei denn die Scheidung hat wegen Ungehorsams stattgefunden, obgleich in dem Fall, dass das Ede auf Grund einer Eheauflösung oder einer unwiderruflichen Scheidung besteht, die Frau keinen Unterhaltsanspruch hat, außer bei Schwangerschaft durch ihren Ehemann, so dass sie in diesem Fall bis zur Niederkunft einen Anspruch auf Unterhalt haben wird. [Hinweis: Weitere Bestimmungen über nacheheliche Unterhalt enthält das iranisch shi'itische Recht nicht.]

d) Ehegüterrechtliche Bestimmungen enthält das iranisch-shi'itische Recht nicht; es gilt Gütertrennung.

II. Recht von Florida

e) Ehegüterrechtliche Beteiligungen eines Ehegatten an Immobilien beurteilen sich nach dem Recht des Belegenheitsstaates (*lex situs*-Regel). Wird während der Ehe Grundbesitz mit Mitteln erworben, die einem anderen Recht unterstehen, so setzen sich die an den Mitteln bestehenden Rechte am Grundbesitz fort (*tracing*-Regel).

f) Es ist zu unterstellen, dass der geltend gemachte Aufstockungs-Unterhaltsanspruch nach dem Recht von Florida im konkreten Fall nicht bestünde.

g) Es ist davon auszugehen, dass im Recht von Florida dem deutschen Recht vergleichbare Regeln zur Auslegung von Verträgen gelten.

Strukturierung des Falles

Wesentliche Themen: Anknüpfung Ehegüterstatut; Gesamtstatut und Einzelstatut; Anknüpfung nachehe- **178** licher Unterhalt; Anknüpfung Versorgungsausgleich; Qualifikation (Natur des Mahr); Internationale Zustän- digkeit Scheidungsfolgesachen;Nachholung des Versorgungsausgleichs bei Auslandsscheidung; Anerken- nung ausländischer (nicht-EU) Ehescheidung.

Ausgangsfälle: BGH NJW 1987, 2161; BGH NJW 1993, 2047; BGH DEuFamR 1999, 133.

Frage 1: Anwendbares Recht

I. Zugewinnausgleich

1. Qualifikation güterrechtlich, Anspruch aus § 1378 BGB bei deutschem Ehegüter- statut

a) Völkervertragliche Kollisionsnormen (Art. 3 Nr. 2 EGBGB):
  – Art. 8 des Deutsch-iranischen Nieder- lassungsabkommens
  – Sachlich auf Ehegüterrecht anwendbar (+)
  – räumlich-persönlich: nur Angehörige eines Vertragsstaates in dem anderen Vertragsstaat (–)
    – Laila derzeit Deutsche
    – Bei Eheschließung beide Ehegatten deutsches Personalstatut (§ 2 Abs. 1 AsylVerfG, Art. 12 Genfer Flücht- lingskonvention)

b) Deutsches IPR
  – Intertemporal: am 1. 3. 1986 geschlos- sene Ehe, also Art. 15 EGBGB gelten- der Fassung (Art. 220 Abs. 3 S. 2 EGBGB)
  – Rechtswahl Art. 15 Abs. 2 EGBGB (Auslegung aus der Vereinbarung)
  – Form Art. 15 Abs. 3, 14 Abs. 4 S. 1 EGBGB, im Inland notarielle Beur- kundung (–)
  – Art. 15 Abs. 1, 14 Abs. 1 Nr. 1 EGBGB: bei Eheschließung deutsches Personalstatut, also deutsches Recht Ehegüterstatut

2. Einzelstatut (Art. 3a Abs. 2 EGBGB) für Grundstück in Florida
  – Art. 3a Abs. 2 auf kollisionsrechtliche Spaltung des Ehegüterstatuts (+)
  – Problem bei Surrogationserwerben (*tracing*-Rule) hier (–)
  – Also Recht von Florida Güterstatut für dortiges Grundstück

II. Unterhalt

1. Haager HUÜbk 1973
  a) Art. 18 EGBGB nur Hinweisfunktion
  b) Anwendungsbereich: Sachlich auch Un- terhaltpflichten aus Ehe (Art. 1 HUÜbk

1973); Räumlich *loi uniforme* (Art. 3 HUÜbk 1973)
  c) Vorbehalt nach Art. 15 HUÜbk 1973 für Unterhalt zwischen zwei Deutschen
    – Anwendung auf Asylberechtigte, Flüchtlinge und Staatenlose fraglich
    – Ali Akbar hat jedenfalls keinen ge- wöhnlichen Aufenthalt in Deutschland (–)

2. Art. 4 bis 6 durch Art. 8 HUÜbk 1973 wegen Scheidung der Ehe verdrängt
  a) Voraussetzung: Scheidung aus Florida in Deutschland anerkannt
    – Anerkennung nach § 328 ZPO/ §§ 107 ff FamFG, nicht Brüssel IIa-VO
    – Spiegelbildlich zuständig (Nr. 1): Frag- lich, ob Maßstab nur § 606a ZPO/§ 98 FamFG oder Art. 3 Brüssel IIa-VO
      – Anerkennung im Verhältnis zu USA nicht Art. 21 ff Brüssel IIa-VO
      – Aber: Anwendbarkeit von Art. 3 Brüssel IIa-VO auch bei Ehegatten aus Drittstaaten, ggf sogar aus- schließlich
      – Irrelevant, dass Art. 3 Brüssel IIa-VO auf Mitgliedstaaten bezo- gen, da nur „spiegelbildliche" Zuständigkeit zu prüfen
      – Also: USA-Gerichte nach Art. 3 Abs. 1 lit. a Str. 2 Brüssel IIa-VO spiegelbildlich zuständig
    – Nr. 2 (Zustellung/Einlassung):
      – Einlassung fraglich da bloßer Brief
      – Ordnungsgemäße und rechtzeitige Zustellung: HZÜ, nicht EG-Zustell- VO
      – Art. 3 Abs. 1, 5 Abs. 1 HZÜ iVm §§ 166, 176 ZPO (+)
      – Rechtzeitigkeit, kein gegenteiliger Hinweis, Brief spricht dafür
    – Nr. 3, 4 (konkurrierende Entscheidun- gen): (–)
  b) Anerkennungsverfahren:
    – Im Allgemeinen bei § 328 ZPO Inzi- dentanerkennung

– Scheidungsurteile aus Nicht-EG-Staaten aber: Art. 7 § 1 FamRÄndG/ § 107 Abs. 1 FamFG; keine Entbehrlichkeit, da nicht beide US-Bürger: Art. 7 § 1 Abs. 1 S. 3 FamRÄndG/ § 107 Abs. 1 S. 2 FamFG

– Anerkennungsverfahren noch nicht durchgeführt, also Aussetzung § 148 ZPO

c) Anknüpfung Art. 8 HUÜbk 1973: tatsächlich angewendetes, nicht aus deutscher Sicht anzuwendendes Scheidungsstatut, also Recht von Florida

d) Art. 6 HUÜbk 1973, *lex fori* wenn kein Anspruch nach floridanischem Recht: (–) Art. 8 verdrängt auch Art. 6 HUÜbk 1973

e) Deutscher *ordre public*:
   – Grundsätzlich nicht ausgeschlossen: Art. 11 Abs. 1 HUÜbk 1973: „offensichtlich"
   – Aufstockungsunterhaltsanspruch (–); Argument Unterhaltsrechtsreform zum 1. 1. 2008

III. Versorgungsausgleich

1. **Versorgungsausgleich** (amtswegige Folgesache: § 623 Abs. 1 S. 3 ZPO/ § 137 Abs. 2 S. 2 FamFG), nach Scheidung möglich?
   a) Nachholung bei Auslandsscheidung geboten, weil Nichtdurchführung die Regel
   b) Rechtskraft (–) da im Verfahren in Florida nicht Gegenstand

2. **Auf nachgeholten VA anwendbares Recht**
   a) Art. 8 deutsch-iranisches Niederlassungsabkommen:
      – sachlich (+), persönlich (–) da Leila Deutsche
   b) Art. 17 Abs. 3 S. 1 EGBGB: VA nach Scheidungsstatut gemäß Art. 17 Abs. 1 S. 1 EGBGB
      – Keine Entsprechung zu Art. 8 HUÜbk 1973, also nicht das angewendete, sondern das anzuwendende Scheidungsstatut
   c) Scheidungsstatut Art. 17 Abs. 1 S. 1 EGBGB: Art. 14 EGBGB bei Rechtshängigkeit
      aa) Fraglich, ob gemeinsames Personalstatut (Art. 14 Abs. 1 Nr. 1 Alt. 1 EGBGB).
         – Leila: § 2 AsylVerfG, deutsches Personalstatut
         – Ali Akbar: § 72 Abs. 1 Nr. 4 AsylVerfG Verlust durch Verzicht auf Asylberechtigtenstatus
      bb) Art. 14 Abs. 1 Nr. 1 Alt. 2 EGBGB: Bei Eheschließung beide Ehegatten

deutsches Personalstatut, das Leila beibehalten hat; Versorgungsausgleichsstatut also deutsches Recht

3. **Art. 17 Abs. 3 S. 1 Hs. 2 EGBGB „Kennen":** Leila Deutsche (+)

4. **Antrag:** nicht Art. 17 Abs. 3 S. 2 EGBGB, da VA an sich durchzuführen, aber VA von Amts wegen nur bei Verbund; keine isolierte Durchführung ohne Antrag

5. **Einbeziehung *pension plan*-Rechte:** Kann nach Fragestellung offen bleiben, da keine IPR-Frage, sondern *materiellrechtliche* Reichweite und Methode des VA

IV. Morgengabe (*mahr*)

1. **Qualifikation**
   a) Funktionelle Qualifikation an Funktionsähnlichkeit zu deutschen Rechtsinstituten
   b) Hier bei Scheidung der Ehe zu zahlenden Anteil strittig:
      – Deutsche Ausgleichssysteme Zugewinnausgleich, Unterhalt, Versorgungsausgleich, Hausratverteilung
      – Islamisches Recht: Zweck des *mahr* Selbstständigkeit und Schutz vor Willkür bei *talaq*
      – Qualifikation: Scheidungsrechtlich (nur wenn *talaq*-Risiko besteht) oder (hM) Mischqualifikation unterhaltsrechtlich und ehegüterrechtlich
   c) Im vorliegenden Fall: Güter-, Unterhalts- und Ehescheidungsstatut nicht islamisch, *mahr*-Vereinbarung geht ins Leere
   d) Auslegung unter „richtigem Statut":
      – Abstraktes Schuldversprechen: (–) da Bezug zu islamischem Familienrecht gewollt
      – Ehevereinbarung zur Abänderung/ Pauschalierung vermögensrechtlicher Folgen
         – Nur Erfüllung vermeintlich gesetzlicher Verpflichtung, kein Regelungswille (–)
         – Form § 1410 BGB, falls ehegüterrechtlich, § 1408 Abs. 2 BGB falls versorgungsausgleichsrechtlich, also formunwirksam (–)
         – Unterhaltsrechtlich: zwar formfrei (§ 1585c BGB erst ab 1. 1. 2008), aber nicht abtrennbar (–)

Ergebnis: Güterrechtsstatut ist deutsches Recht, für das Grundstück in Florida jedoch floridanisches Recht, so dass ein Zugewinnausgleich nicht stattfindet.

Unterhaltsstatut ist floridanisches Recht als das auf die (noch der Anerkennung bedürftige) Ehescheidung angewendete Recht.
Versorgungsausgleichsstatut ist deutsches Recht; der VA kann nachgeholt werden.
Nach allen in Betracht kommenden Qualifikationen ist das auf den *mahr* anwendbare Recht keine islamische Rechtsordnung. Die Vereinbarung geht daher ins Leere und kann auch nicht als Verzicht bzw Abfindung anderer Scheidungsfolgenansprüche ausgelegt werden.

Frage 2: Zuständigkeit

I. Zugewinnausgleich

1. Internationale Zuständigkeit
- a) Brüssel I-VO sachlicher Anwendungsbereich (–) Art. 1 Abs. 2 lit. a Brüssel I-VO
- b) Familiensache (§ 621 Abs. 1 Nr. 8 ZPO), also §§ 621 ff ZPO/§§ 98 Abs. 2, 105, 261 FamFG
  - Internationale Verbundzuständigkeit §§ 623 Abs. 1 S. 1, 621 Abs. 2 ZPO analog/§ 98 Abs. 2 FamFG: (–) keine Ehesache (§ 606 ZPO/§ 121 FamFG) anhängig
  - Isolierte Verbundzuständigkeit *analog* §§ 606a, 621 Abs. 2 S. 1 ZPO: (–) nicht erforderlich, da Regelungen für selbstständige Güterrechtssache vorhanden
- c) Selbstständige Familiensache
  - Internationale Zuständigkeit nach allgemeinen Vorschriften (§ 621 Abs. 2 S. 2 ZPO) der ZPO (Umkehrschluss § 621a Abs. 1 ZPO)
  - §§ 12, 13 ZPO (–) da Wohnsitz des Beklagten in USA
  - Künftig: internationale Zuständigkeit in Güterrechtssachen (§§ 261 FamFG) folgt örtlicher (§ 105 FamFG), § 262 Abs. 2 FamFG allgemeine Bestimmungen der ZPO
  - §§ 12, 13 ZPO, gewöhnlicher Aufenthalt statt Wohnsitz (§ 262 Abs. 2 FamFG)

II. Unterhalt

1. Internationale Zuständigkeit
- a) Brüssel I-VO sachlich (+), Argument Art. 5 Nr. 2 Brüssel I-VO, räumlich (–), Art. 4 Abs. 1 Brüssel I-VO
- b) Verbund (–), allgemeiner Beklagtengerichtsstand in Deutschland (–)
  - § 23a ZPO (+): Beklagter ohne allgemeinen Gerichtsstand in Deutschland, Klägerin hat allgemeinen Gerichtsstand (§§ 12, 13 ZPO)

- Künftig: internationale Zuständigkeit folgt örtlicher (§ 105 FamFG). § 232 Abs. 3 Nr. 3 FamFG wie bisher § 23a ZPO

2. Örtliche/sachliche Zuständigkeit
- Örtlich: § 23a ZPO/§ 232 Abs. 3 Nr. 3 FamFG;
- Sachlich: ausschließlich das Familiengericht (§ 621 Abs. 1 letzter Hs. ZPO/§ 111 Nr. 8 FamFG)

III. Versorgungsausgleich

1. Internationale Zuständigkeit
- a) Brüssel I-VO räumlich (–) sachlich (–) „Güterstand" Art. 1 Abs. 2 lit. a Brüssel I-VO
- b) Deutsches Zuständigkeitsrecht bisher: keine ausdrückliche Regelung
  - § 621 Abs. 2 S. 2 ZPO: allgemeine Vorschriften des FGG (§ 621a Abs. 1 ZPO)
  - Aber: Vorschriften für isolierten VA fehlen, da im deutschen Verfahren zwingende Verbundsache (§ 623 Abs. 1 S. 3 ZPO)
  - Bei Nachholung: isolierte Verbundzuständigkeit nach §§ 606a, 621 Abs. 2 S. 1 ZPO, notwendig, da Regelungslücke und Nachholung materiell geboten; Analogie zu § 23a ZPO passt nicht
  - Vorliegend: § 621 Abs. 2 S. 1 ZPO, fiktive Ehescheidungszuständigkeit
  - Fraglich, ob § 606a ZPO oder Art. 3 Brüssel IIa-VO:
    - Art. 3 Brüssel IIa-VO auf Scheidung anwendbar, trotz Beklagtenwohnsitz in USA
    - Aber: für isolierte Verbundzuständigkeit (–), da Verbund nicht in Brüssel IIa-VO erfasst
  - Deutsche Gerichte analog §§ 606a Abs. 1 Nr. 1, 621 Abs. 2 S. 1 ZPO international zuständig
- c) Künftig § 102 FamFG:
  - § 102 Nr. 1 FamFG (+): Antragstellerin hat deutschen gewöhnlichen Aufenthalt
  - § 102 Nr. 2 FamFG (+) jedoch nur inländische Anwartschaften

2. Örtliche/sachliche Zuständigkeit
- Örtlich analog §§ 606 Abs. 2 S. 2 Hs. 2 ZPO (Aufenthaltsort der Antragstellerin), 621 Abs. 2 S. 1 ZPO
- Künftig ebenso nach § 218 Nr. 4 FamFG
- Sachlich zuständig: Familiengericht

65

IV. Morgengabe

1. Internationale Zuständigkeit

a) Brüssel I-VO räumlich (–) Art. 4 Abs. 1 Brüssel I-VO; sachlich fraglich wegen strittiger Qualifikation

b) §§ 621 ff ZPO/§§ 98 ff FamFG:
   – Familiensache: § 621 Abs. 1 ZPO/ § 111 FamFG nicht ausdrücklich, aber funktionell § 621 Abs. 1 Nr. 5 und 8 ZPO/§ 111 Nr. 8, 9 FamFG bzw analog § 621 Abs. 1 Nr. 6, 7 ZPO/ § 111 Nr. 5, 7 FamFG

c) Verbund (–) allgemeiner Beklagtengerichtsstand (–)
   – § 23a ZPO/§ 232 Abs. 3 Nr. 3 FamFG: Unterhaltssache:
      – Prozessuale Qualifikation der Morgengabe, keine Doppelqualifikation
      – HM prozessual unterhaltsrechtlich, dann (+)
   [– falls güterrechtlich (–)]

[– falls als besondere Scheidungsfolge analog nachgeholtem VA (+)]

2. Örtliche/sachliche Zuständigkeit
   – Örtlich § 23a ZPO/§ 232 Abs. 3 Nr. 3 FamFG
   – Sachlich Familiengericht

Ergebnis: Eine internationale Zuständigkeit deutscher Gerichte für ehegüterrechtliche Ansprüche fehlt.

Für Unterhaltsansprüche und Ansprüche aus dem prozessual unterhaltsrechtlich zu qualifizierenden *mahr* folgt die internationale und örtliche Zuständigkeit des Familiengerichts am gewöhnlichen Aufenthalt der Klägerin aus § 23a ZPO/ § 232 Abs. 3 Nr. 3 FamFG.

Für den nachzuholenden Versorgungsausgleich besteht eine internationale und örtliche isolierte Verbundzuständigkeit am gewöhnlichen Aufenthalt der Antragstellerin analog §§ 606a Abs. 1 Nr. 1, 621 Abs. 2 S. 1 ZPO; künftig folgt die internationale Zuständigkeit aus § 102 Nr. 1 FamFG, die örtliche aus § 218 Nr. 4 FamFG.

Lösung

Frage 1: Anwendbares Recht[2]

I. Zugewinnausgleich

1. Ehegüterstatut

Der Anspruch auf Zugewinnausgleich ist güterrechtlich zu qualifizieren; ein An- **179**
spruch aus § 1378 BGB setzt voraus, dass deutsches Recht **Ehegüterstatut** ist.

a) Unmittelbar geltende **völkervertragliche Kollisionsnormen** sind vorrangig **180**
(Art. 3 Nr. 2 EGBGB; bis 11. 1. 2009: Art. 3 Abs. 2 S. 1 EGBGB).

aa) Zu prüfen ist Art. 8 des Deutsch-iranischen **Niederlassungsabkommens**, dessen
Fortgeltung nach dem 2. Weltkrieg gegenüber der BRep. Deutschland auch durch die
Islamische Republik Iran bestätigt wurde.[3] Sachlich ist Art. 8 des Abk. auf das Ehegü-
terrecht anwendbar.

bb) Der **räumlich-persönliche Anwendungsbereich** betrifft jedoch nur die Behandlung Angehöriger eines Vertragsstaates in dem anderen Vertragsstaat, also die Behandlung von Iranern in Deutschland und umgekehrt. Dies ist vorliegend fraglich,
denn Laila ist *derzeit* Deutsche, nur Ali Akbar besitzt noch die iranische Staatsangehörigkeit. Es könnte jedoch auf den Zeitpunkt der Eheschließung abzustellen sein,
weil in diesem Zeitpunkt das Ehegüterstatut unwandelbar angeknüpft wird (vgl
Art. 15 Abs. 1 EGBGB). In diesem Zeitpunkt waren die Ehegatten jedoch als Asylberechtigte anerkannt und besaßen deshalb nach § 2 Abs. 1 AsylVerfG die Rechtsstellung nach Art. 12 Genfer Flüchtlingskonvention und damit bei deutschem Wohnsitz
ein deutsches Personalstatut. Diese Rechtsstellung ist trotz fortbestehender iranischer
Staatsangehörigkeit auch gegenüber dem Niederlassungsabkommen maßgeblich.
Dessen Anwendungsvoraussetzungen liegen also nicht vor.

b) Anzuwenden ist damit das **deutsche IPR**. **181**

aa) Auf die am 1. 3. 1986 geschlossene Ehe ist **intertemporal** Art. 15 EGBGB geltender Fassung anzuwenden (Art. 220 Abs. 3 S. 2 EGBGB). Eine bei Eheschließung
vor dem 9. 4. 1983 durchaus erwägenswerte stillschweigende Unterstellung unter iranisches Güterrecht durch Vereinbarung einer Morgengabe (Art. 220 Abs. 3 S. 1 Nr. 2
EGBGB) war nicht möglich.

bb) Eine **Rechtswahl** zu iranisch-islamischem Recht nach Art. 15 Abs. 2 EGBGB,
die im Wege der Auslegung aus der Vereinbarung gefolgert werden könnte, scheitert
jedenfalls an dem Formerfordernis in Art. 15 Abs. 3, 14 Abs. 4 S. 1 EGBGB; bei
Wahl im Inland wäre notarielle Beurkundung erforderlich gewesen.

---

2 Aufbau: Die Zuständigkeit kann hier kaum vorab geprüft werden, weil sie von vorher zu klärenden Fragen
   kollisionsrechtlicher Natur abhängt (Morgengabe, Nachholung des Versorgungsausgleichs).
3 *Jayme/Hausmann*[14] Nr. 24 Fn 1.

cc) Damit bestimmt sich das Ehegüterstatut nach **Art. 15 Abs. 1 EGBGB**, der auf das allgemeine Ehewirkungsstatut bei Eheschließung (Art. 14 EGBGB) verweist. Bei Eheschließung hatten beide Ehegatten ein deutsches Personalstatut (Rn 180); maßgebliches Güterstatut ist damit deutsches Recht (Art. 15 Abs. 1, 14 Abs. 1 Nr. 1 EGBGB).

2. Vorrang des Einzelstatuts

182   Fraglich ist jedoch, ob das in Florida belegene Grundstück in den Zugewinnausgleich einzubeziehen ist. Insoweit könnte ein nach Art. 3a Nr. 2 EGBGB (bis 11. 1. 2009 Art. 3 Abs. 3 EGBGB) gegenüber deutschem Recht als Gesamtstatut vorrangiges **Einzelstatut** bestehen.

183   **a)** Dazu müsste die im **Kollisionsrecht** von Florida (MAT e) geltende Spaltung des Ehegüterstatuts mit Anwendung der *lex rei sitae* auf die güterrechtlichen Verhältnisse an Grundstücken eine „besondere Vorschrift" iSd Art. 3a Nr. 2 EGBGB sein. Ursprünglich war an materielle Sonderregelungen (zB HöfeO) gedacht. Auch die durch kollisionsrechtliche Spaltung bewirkte Behandlung nach der *lex rei sitae* könnte nach Art. 3a Nr. 2 EGBGB beachtlich sein, weil sie einen besonderen Geltungsanspruch des Belegenheitsrechts dokumentiert.[4] Dagegen spricht auch nicht, dass die universell geltende Belegenheitsanknüpfung des Common Law nicht (wie einst § 25 S. 2 DDR-RAG) nur einseitig, sondern allseitig gilt. Das ändert nichts daran, dass Grundstücke in Florida in allen Beziehungen dortigem Recht unterstehen, also eine Sonderbehandlung erfahren.

184   **b)** Bedenken könnten sich allerdings ergeben, wenn mit Mitteln, die unter Geltung eines deutschen Güterstatuts erworben wurden, während der Ehe in Florida Grundbesitz erworben wird. Dann beansprucht das Recht von Florida gerade keine Geltung, weil die **tracing**-Rule (MAT e) zur Beachtlichkeit der vorher bestehenden Rechte führen könnte. Diese, wegen des nicht dinglichen Charakters der Zugewinngemeinschaft schwierige Problematik ist hier nicht entscheidungserheblich, da das Grundstück in Florida aus gegenwärtigem Arbeitsverdienst erworben wurde.

Damit untersteht das Grundstück güterrechtlich dem Recht von Florida, ist also in den Zugewinnausgleich nicht einzubeziehen; da es sich um den einzigen relevanten Vermögenswert handelt, scheidet ein Anspruch aus § 1378 BGB aus.[5]

---

4 BGH NJW 1993, 1921.
5 Rechtsvergleichende Erörterungen zum US-amerikanischen Güterrechtssystem sind für die Falllösung nicht veranlasst. Einige US-Bundesstaaten im Osten und Südosten folgen – in spanischrechtlicher Tradition – dem System der Errungenschaftsgemeinschaft (*community property*), das drei Vermögensmassen (*separate property* jedes Ehegatten und ein gesamthänderisches *community property*) vorsieht. Florida folgt güterrechtlich wie die meisten Bundesstaaten dem *Common Law*-Prinzip der Gütertrennung (*separate property*). Bei Scheidung wird gleichwohl eine Vermögensverteilung im zweiten Zweig des angelsächsischen Rechtssystems, der *equity*, vorgenommen (*equitable distribution*), die regelmäßig ebenfalls zu einer hälftigen Teilung des ehelichen Vermögens (*matrimonial property*) führt.

II. Unterhalt

1. HUÜbk 1973: Anwendbarkeit

Das Unterhaltsstatut wird bestimmt vom **Haager Übereinkommen über das auf Unterhaltspflichten anzuwendende Recht von 1973** (HUÜbk 1973).[6]   **185**

a) Die inhaltliche Übernahme des HUÜbk 1973 in Art. 18 beruht nicht auf einem völkervertraglichen Inkorporierungsvorbehalt. Das HUÜbk 1973 gilt vielmehr unmittelbar innerstaatlich, ist also nach Art. 3 Nr. 2 EGBGB vorrangig; Art. 18 EGBGB hat im Anwendungsbereich des HUÜbk 1973 nur Hinweisfunktion.[7]   **186**

b) Der **Anwendungsbereich** müsste eröffnet sein. **Sachlich** bezieht sich das HUÜbk 1973 auch auf Unterhaltspflichten aus Ehe (Art. 1 HUÜbk 1973). **Räumlich** ist es *loi uniforme*, seine Anwendung ist unabhängig von Gegenseitigkeit (Art. 3 HUÜbk 1973), es gilt also vor deutschen Gerichten immer, weil Deutschland es ratifiziert hat.   **187**

c) Der Unterhaltsanspruch **zwischen zwei Deutschen** könnte vor deutschen Gerichten nach Art. 15 HUÜbk 1973 ausschließlich deutschem Recht unterliegen, da die BRep. Deutschland einen solchen Vorbehalt zulässigerweise erklärt hat. Unabhängig von der Frage, ob auch Ali Akbar Deutscher ist, hat er jedenfalls keinen gewöhnlichen Aufenthalt in Deutschland, so dass Art. 15 HUÜbk 1973 nicht eingreift. Ob Asylberechtigte, Flüchtlinge und Staatenlose unter den Vorbehalt fallen, ist im Übrigen fraglich. Zwar wird zu Art. 18 Abs. 5 EGBGB, der Hinweisnorm auf Art. 17 HUÜbk 1973, die Gleichstellung Asylberechtigter vertreten.[8] Der allein maßgebliche völkerrechtliche Vorbehalt wurde allerdings nur für Deutsche iSd Art. 116 GG erklärt. Ob Ali Akbar noch Asylberechtigter ist, wird an anderer Stelle (Rn 207) erörtert.   **188**

2. HUÜbk 1973: Nachehelicher Unterhalt

Für Unterhaltsansprüche zwischen geschiedenen Ehegatten könnte die allgemeine Anknüpfungssystematik der Art. 4 bis 6 HUÜbk 1973 verdrängt sein, denn Art. 8 Abs. 1 HUÜbk knüpft solche Unterhaltsansprüche **akzessorisch an das Scheidungsstatut**.   **189**

a) Dazu müsste die Scheidung aus Florida in Deutschland **anerkannt** sein.   **190**

Die Anerkennung beurteilt sich nach § 328 ZPO/§§ 107 ff FamFG, da für die USA Art. 14 ff Brüssel II-VO/Art. 21 ff Brüssel IIa-VO (zur Überleitung hinsichtlich der Anerkennung Art. 64 Brüssel IIa-VO) nicht gelten. Die Anerkennung nach der VO erfasst nur „in einem Mitgliedstaat ergangene Entscheidungen" (Art. 14 Abs. 1 Brüssel II-VO/Art. 21 Abs. 1 Brüssel IIa-VO).

aa) Die Gerichte des Urteilsstaates müssten **spiegelbildlich zuständig** gewesen sein (**§ 328 Abs. 1 Nr. 1 ZPO/§ 109 Abs. 1 Nr. 1 FamFG**). Dabei genügt es für Entscheidungen aus einem Staat mit verschiedenen Jurisdiktionen, wenn der Gesamtstaat (hier   **191**

---

6 *Jayme/Hausmann*[14] Nr. 41; das am 23. 11. 2007 aufgelegte Haager Protokoll bezüglich des auf Unterhaltspflichten anzuwendenden Rechts ist noch nicht in Kraft.

7 BGH FamRZ 2001, 412; BGH NJW-RR 2005, 1593.

8 OLG Hamm FamRZ 1994, 575.

USA) bei gespiegelter Anwendung deutschen Zuständigkeitsrechts zuständig wäre. Die innerstaatliche Zuständigkeitsverteilung fremder Staaten ist deren Sache und entzieht sich der Bewertung im Anerkennungsstadium.

Fraglich ist, ob im Rahmen des § 328 Abs. 1 Nr. 1 ZPO/§ 109 Abs. 1 Nr. 1 FamFG nur auf Zuständigkeiten nach § 606a ZPO/§ 98 FamFG abzustellen ist, oder, wie für die eigene Zuständigkeitsbestimmung, vorrangig auf **Art. 3 Brüssel IIa-VO**. Für ersteres spräche prima facie, dass gegenüber Drittländern die *Anerkennung* nicht nach Art. 21 ff Brüssel IIa-VO erfolgt. Gleichwohl erfordert es die ratio des § 328 Abs. 1 Nr. 1 ZPO/§ 109 Abs. 1 Nr. 1 FamFG, fremde Urteile anzuerkennen, solange sie sich im Rahmen der vor deutschen Gerichten geltenden Zuständigkeitsmaßstäbe halten; ein Anerkennungshindernis kann nur bestehen, wenn in einem gespiegelten Fall deutsche Gerichte sich nicht für zuständig hielten, das ausländische Verfahrensrecht also nach deutschem Maßstab sich eine zu weite Zuständigkeit anmaßt. Zum Arsenal der aus deutscher Sicht anwendbaren Zuständigkeiten gehört nunmehr aber auch Art. 3 Brüssel IIa-VO, der bei gewöhnlichem Aufenthalt beider Ehegatten im Gerichtsstaat unbeschadet der Beteiligung von Nicht-EG-Bürgern sogar Ausschließlichkeit beansprucht. Gegen eine Spiegelung des Art. 3 Brüssel II-VO spricht auch nicht, dass dort von „Gerichte des *Mitgliedstaats*" die Rede ist. § 606a ZPO/§ 98 FamFG spricht sogar von „deutschen Gerichten"; der Austausch solcher Begriffe bedeutet gerade das Prinzip der Spiegelung. Lediglich die Ausschließlichkeit der Brüssel IIa-VO ließe sich nicht spiegeln, sodass jedenfalls subsidiär immer auch § 606a ZPO eine spiegelbildliche Zuständigkeit vermitteln kann. Im Fall folgt die spiegelbildliche Zuständigkeit von US-Gerichten jedoch bereits aus Art. 3 Abs. 1 lit. a Str. 2 Brüssel II-VO (letzter gemeinsamer, von einem Ehegatten beibehaltener gewöhnlicher Aufenthalt).

192 **bb) § 328 Abs. 1 Nr. 2 ZPO/§ 109 Abs. 1 Nr. 2 FamFG** müsste gewahrt sein. Fraglich ist, ob sich Laila im dortigen Verfahren **eingelassen** hat; davon kann bei einem schlichten Brief ohne anwaltliche Vertretung nicht ohne nähere Kenntnis des fremden Prozessrechts ausgegangen werden.

Die Einlassung kann aber dahinstehen, wenn eine **ordnungsgemäße und rechtzeitige Zustellung** des Scheidungsantrags erfolgt ist. Die Zustellung müsste nach dem Zustellungsrecht des Gerichtsstaates einschließlich der völkervertraglichen Übereinkommen wirksam sein.

Maßgeblich für die *Ordnungsgemäßheit* ist das **Haager Übereinkommen über die Zustellung gerichtlicher und außergerichtlicher Schriftstücke** vom 15. 11. 1965 (HZÜ), da die USA und Deutschland Vertragsstaaten sind.[9] Die EG-ZustellVO gilt dagegen nur für Zustellungen zwischen Mitgliedstaaten. Es müsste eine Zustellung nach Art. 3 Abs. 1, 5 Abs. 1 HZÜ erfolgt sein. Dies ist dem Sachverhalt zu entnehmen. Das Bayerische Staatsministerium der Justiz ist die für den Freistaat Bayern zuständige Zentrale Behörde.[10] Die Zustellung durch die Post an den Adressaten persönlich entspricht §§ 166, 176 ZPO, also dem Recht des ersuchten Staates (Art. 5 Abs. 1 lit. a HZÜ).

---

9 *Jayme/Hausmann*[14] Nr. 211 Fn 1.
10 Vgl Art. 18 Abs. 3 HZÜ und Bekanntmachung BGBl 1979 II 779.

Von der *Rechtzeitigkeit* kann ausgegangen werden, da Leila Zeit hatte, ihre Verteidigung zu erwägen und ihre Nichtbeteiligung brieflich anzuzeigen.

cc) Anerkennungshindernisse nach **§ 328 Abs. 1 Nr. 3, 4 ZPO**/§ 109 Abs. 1 Nr. 3, 4   **193**
FamFG sind nicht ersichtlich. Die Verbürgung der Gegenseitigkeit ist nicht Voraussetzung der Anerkennung von Ehescheidungen; § 328 Abs. 1 Nr. 5 ZPO ist insoweit nicht anzuwenden (Art. 7 § 1 Abs. 1 S. 2 FamRÄndG; ebenso künftig § 109 Abs. 4 FamFG).

b) Das Vorliegen der materiellen Anerkennungsvoraussetzungen bedeutet noch nicht,   **194**
dass die Anerkennung erfolgt ist, das fremde Urteil also in Deutschland wirkt.

aa) Im Allgemeinen gilt zwar für § 328 ZPO das Prinzip der **Inzidentanerkennung**,   **195**
ebenso wie für die Anerkennung von Ehescheidungen aus Mitgliedstaaten nach Art. 21 Abs. 1 Hs. 2 Brüssel IIa-VO. Jedes Gericht oder jede Behörde, denen sich die Urteilsanerkennung vorgreiflich stellt, prüft selbst die Anerkennungsfähigkeit.

Für Scheidungsurteile aus Nicht-EG-Staaten gilt jedoch weiter das **förmliche Anerkennungsverfahren**, das bis zum Inkrafttreten des FamFG in Art. 7 § 1 FamRÄndG geregelt ist. § 107 Abs. 1 FamFG übernimmt dieses Verfahren, das vorliegend auch nicht entbehrlich nach Art. 7 § 1 Abs. 1 S. 3 FamRÄndG/§ 107 Abs. 1 S. 2 FamFG ist, denn es hat nicht ein Gericht des Heimatstaates *beider* Ehegatten entschieden.

bb) Das vor der Landesjustizverwaltung des Bundeslandes, in dem ein Ehegatte sei-   **196**
nen gewöhnlichen Aufenthalt hat (Art. 7 § 1 Abs. 2 S. 1 FamRÄndG), durchzuführende Verfahren ist bisher nicht durchgeführt.

Das Gericht wird daher das Unterhaltsverfahren nach § 148 ZPO **aussetzen**, weil die Anerkennung der Scheidung aus Florida sowohl für das Unterhaltsstatut als auch für den materiellen Anspruch (*nachehelicher* Unterhalt) vorgreiflich ist.

c) Nach formeller Anerkennung, mit der zu rechnen ist, weil die Voraussetzungen des   **197**
§ 328 ZPO/§ 109 FamFG gegeben sind, ist sodann Unterhaltsstatut das **auf die Scheidung angewendete** Recht. Fraglich ist, ob wortlautentsprechend das tatsächlich *angewendete* oder das nach deutschem IPR *anzuwendende* Scheidungsstatut den Unterhaltsanspruch bestimmt. Dem Ziel der völkervertraglichen Kollisionsnorm, in allen Vertragsstaaten das nacheheliche Unterhaltsstatut einheitlich auf das Scheidungsstatut festzuschreiben, entspricht die wortlautgetreue Auslegung. Unabhängig vom deutschen IPR ist damit das Recht von Florida nacheheliches Unterhaltsstatut.

d) Da hier davon auszugehen ist, dass im konkreten Fall nach dem Recht von Florida   **198**
der Anspruch nicht besteht (MAT f) könnte an die Anwendung von Art. 6 HUÜbk 1973 gedacht werden; eine Anwendung der **deutschen lex fori** ist jedoch durch Art. 8 HUÜbk 1973 auch dann verdrängt, wenn das Scheidungsstatut keinen nachehelichen Unterhaltsanspruch gewährt.

e) Zu erwägen könnte ein Verstoß gegen den deutschen **ordre public** sein, der durch   **199**
das HUÜbk 1973 nicht verdrängt und nur tendenziell zurückgedrängt ist (Art. 11 Abs. 1 HUÜbk 1973: „offensichtlich"). Es liegt aber fern, den rechtspolitisch eher fragwürdigen Aufstockungsunterhaltsanspruch eines geschiedenen Ehegatten, der

nur einen „erheirateten" Status sichert und durch die Unterhaltsrechtsreform zum
1. 1. 2008 gezielt eingeschränkt wurde, zu den unveräußerlichen Grundprinzipien des
deutschen Rechts zu rechnen.[11]

III. Versorgungsausgleich

1. Nachgeholter VA

200   Fraglich ist, ob ein Versorgungsausgleich (VA), der im deutschen Scheidungsverfahren **von Amts wegen Verbundsache** ist, also regelmäßig im Scheidungsverfahren erfolgt (§ 623 Abs. 1 S. 3 ZPO/ § 137 Abs. 2 S. 2 FamFG), nach in Deutschland aner-
kannter Scheidung im Ausland überhaupt stattfinden kann.

201   **a)** Wenngleich ein solcher selbstständiger VA bisher in der ZPO nicht vorgesehen ist,
ist die Ermöglichung der **Nachholung** geboten. Zahlreiche Rechtsordnungen kennen
den VA nicht; insbesondere deutsche Ehegatten würden durch verfahrensrechtlichen
Zufall des VA verlustig gehen, wenn eine im Ausland ohne Durchführung des VA erfolgte Ehescheidung relativ großzügig anzuerkennen wäre und der VA damit ausgeschlossen wäre. §§ 102, 218 FamFG stellen künftig ohnehin auch für selbstständige
VA-Verfahren Zuständigkeiten bereit, die nicht nur für einen schuldrechtlichen VA
genutzt werden können.

202   **b)** Auch die **Rechtskraft** der ausländischen Scheidung steht nicht entgegen, da in
dem Verfahren in Florida über einen VA nicht zu befinden war und auch nicht befun-
den wurde, also der VA nicht Streitgegenstand war,[12] so dass, anders als dies im deutschen Scheidungsverfahren für den schuldrechtlichen VA der Fall ist, auch kein
Durchführungsvorbehalt tenoriert werden konnte.

2. Versorgungsausgleichsstatut

203   Zu bestimmen ist das auf den **nachgeholten VA anwendbare Recht**.

204   **a)** Art. 8 des deutsch-iranischen **Niederlassungsabkommens** wäre zwar sachlich anwendbar; der persönliche Anwendungsbereich ist jedoch nicht eröffnet, da Leila
Deutsche ist, also jedenfalls nicht beide Ehegatten bei Antragstellung Iraner waren.

205   **b)** Nach Art. 17 Abs. 3 S. 1 EGBGB unterliegt der **VA als kollisionsrechtliche Scheidungsfolge** dem nach Art. 17 Abs. 1 S. 1 EGBGB anzuwendenden Recht. Fraglich
ist, ob bei bereits erfolgter Scheidung im Ausland auf das dort angewendete Recht
(wie beim nachehelichen Unterhalt Rn 197) abzustellen ist. Das ist abzulehnen, denn
damit würde gerade der mit der Nachholung bezweckte Schutz deutscher Ehegatten
vereitelt. Art. 17 EGBGB hat, anders als Art. 8 HUÜbk 1973 keine völkervertragliche
Zielsetzung.

206   **c)** Zu bestimmen ist das **regelmäßige Scheidungsstatut** nach Art. 17 Abs. 1 S. 1
EGBGB, der auf das Ehewirkungsstatut im Zeitpunkt der Rechtshängigkeit verweist.

---

11 Vgl zu Unterhalt und *ordre public* OLG Bremen IPRax 1998, 350.
12 BGH NJW 1993, 2047.

Wann der Antrag vor dem Gericht in Tallahassee rechtshängig wurde, kann hier offen bleiben, weil sich die Verhältnisse zwischen Einreichung und Zustellung des dortigen Antrags nicht verändert haben.

aa) Fraglich ist, ob die Ehegatten im Zeitpunkt der Rechtshängigkeit ein **gemeinsames Personalstatut** hatten (Art. 14 Abs. 1 Nr. 1 Alt. 1 EGBGB). In Betracht kommt nur das nach § 2 AsylVerfG erworbene deutsche Personalstatut. Leila hat dieses nie verloren; der unmittelbare Übergang von einem deutschen Personalstatut als Flüchtling zur deutschen Staatsangehörigkeit ändert das Personalstatut nicht. **207**

Zu prüfen ist, ob Ali Akbar noch ein deutsches Personalstatut hat. Dieses könnte durch Verzicht auf den Status des Asylberechtigten erloschen sein. § 72 Abs. 1 Nr. 4 AsylVerfG sieht den Verzicht als Erlöschensgrund für die Anerkennung als Asylberechtigter vor. Damit erlischt auch der auf dieser Anerkennung beruhende Status. Die Rückgabe des Reiseausweises ist nur Folge des Erlöschens (§ 72 Abs. 2 AsylVerfG). Ali Akbar hatte also bei Stellung des Scheidungsantrags wieder ein iranisches Personalstatut.

bb) Abzustellen ist damit auf Art. 14 Abs. 1 Nr. 1 Alt. 2 EGBGB. Bei Eheschließung hatten beide Ehegatten ein gemeinsames deutsches Personalstatut; Leila hat dieses Personalstatut kontinuierlich beibehalten. Scheidungsstatut nach Art. 17 Abs. 1 S. 1 EGBGB und damit Versorgungsausgleichsstatut ist also deutsches Recht. **208**

3. „Kennen" des VA

Die Durchführung des **VA nach deutschem Recht** setzt auch bei Nachholung voraus, dass ihn eines der Personalstatute der Ehegatten bei Eintritt der Rechtshängigkeit des Scheidungsantrags kennt (Art. 17 Abs. 3 S. 1 Hs. 2 EGBGB). Da Leila Deutsche ist und deutsches Recht den VA nicht nur kennt, sondern sogar vorsieht, kommt es nicht darauf an, ob das Recht von Florida den VA kennt. **209**

4. Antrag

Es könnte ein **Antrag** erforderlich sein. Dies ergibt sich zwar nicht aus Art. 17 Abs. 3 S. 2 EGBGB. Art. 17 Abs. 3 S. 2 EGBGB gilt nur, wenn nach Art. 17 Abs. 3 S. 1 EGBGB kein VA durchzuführen ist, sei es, dass ihn das Scheidungsstatut nicht vorsieht, sei es, dass ihn kein Heimatrecht kennt. Auch die Gegenausnahme des Art. 17 Abs. 3 S. 2, letzter Hs. EGBGB (kollisionsrechtliche Härteklausel) ist nicht einschlägig. **210**

Jedoch kann auch ein VA nach Art. 17 Abs. 3 S. 1 EGBGB von Amts wegen nur im Verbundverfahren durchgeführt werden; ist die Ehe im Ausland geschieden worden, kann nicht ein deutsches Familiengericht von sich aus tätig werden und ein eigenständiges VA-Verfahren eröffnen, weshalb ein Antrag erforderlich ist, der hier vorliegt.

5. Ausländische Rentenanwartschaften

Fraglich ist schließlich, ob nur die Rentenanwartschaften aus der deutschen Rentenversicherung einzubeziehen sind, oder ob auch die in den USA erworbenen *pension* **211** *plan*-Rechte zum Ausgleich kommen. Dies ist keine Frage der *kollisionsrechtlichen* Einbeziehung, da der VA nach Art. 17 Abs. 3 S. 1 EGBGB umfassend nach deutschem Recht erfolgt sondern ein Problem der *materiellrechtlichen* Reichweite und Methode des VA im deutschen Familienrecht.[13]

IV. Morgengabe *(mahr)*

1. Qualifikation

212 **a)** Die Morgengabe ist ein dem deutschen Recht unbekanntes Rechtsinstitut. Zur Ermittlung der maßgeblichen Kollisionsnorm bedarf es daher der Qualifikation, die sich nach hM als **funktionelle Qualifikation** an der Funktionsähnlichkeit zu deutschen Rechtsinstituten orientiert. Ein fremdes Rechtsinstitut findet nur Anwendung, wenn das auf dieses Institut im konkreten Fall anwendbare Recht das Rechtsinstitut vorsieht.

213 **b)** Hier geht es um den Anspruch auf den **bei Scheidung der Ehe zu zahlenden Anteil** (MAT c). Eine einheitliche Qualifikation des gesamten Rechtsinstituts oder auch nur des bei Scheidung fälligen Teils erscheint aus Sicht des deutschen Rechts schwierig.

Das deutsche Recht regelt die Interessenbalance im Fall der Scheidung durch zahlreiche Institute (Zugewinnausgleich, Unterhalt, Versorgungsausgleich, Hausratverteilung), während im islamischen Recht die Morgengabe vor allem die Aufgabe hat, dem Recht des Mannes zum jederzeitigen *talaq* ein die Frau gegen Willkür schützendes Gegengewicht gegenüberzustellen, eine Funktion, die das deutsche Scheidungsrecht nicht vorsehen muss. Im Grunde erfüllt die Morgengabe ihren Sinn nur, wenn es eine einseitige rechtsgeschäftliche Scheidungsbefugnis nach Art einer „Schadenspauschale" zu kompensieren gilt. Gut vertretbar wäre deshalb eine rein scheidungsfolgenrechtliche Qualifikation dieses Teils der Morgengabe als Scheidungsfolge *sui generis* nach Art. 17 Abs. 1 EGBGB.

Herrschend ist dagegen eine Mischqualifikation aus unterhaltsrechtlichen und ehegüterrechtlichen Funktionselementen, was die kaum lösbare Frage aufwirft, in welchem Umfang im Einzelfall der Anspruch güter- oder unterhaltsrechtlicher Natur ist, sofern nur eines der Statuten die Morgengabe kennt.[14]

214 **c)** Im vorliegenden Fall ist weder Güter-, Unterhalts- noch Ehescheidungsstatut eine islamische Rechtsordnung, unter deutschem Recht und dem Recht von Florida ist die Vereinbarung einer „Morgengabe" nicht vorgesehen und entfaltet somit als solche keine Rechtswirkung.

---

13 Ausländische Anwartschaften, die sachlich dem VA unterliegen (§§ 1587, 1587a Abs. 2 Nr. 4 BGB), sind nicht in den öffentlich-rechtlichen VA (Splitting) nach § 1587b BGB einbezogen, weil ein deutsches Gericht nicht gestaltend in Anwartschaften bei ausländischen Versorgungsträgern eingreifen kann. Da regelmäßig auch die Voraussetzungen für eine Realteilung oder ein Quasi-Splitting (§ 1 Abs. 2, 3 VAHRG) nicht vorliegen, kommen nur der schuldrechtliche VA nach § 2 oder die Regelungen der §§ 3a ff VAHRG zur Anwendung.

14 Zum Streit *Rauscher* DEuFamR 1999, 194.

Daher kommt es auch nicht auf eine Unteranknüpfung (Art. 4 Abs. 3 EGBGB) ange-sichts der inter-religiösen Rechtsspaltung im Iran an, da nicht in iranisches Recht ver-wiesen ist.

2. Auslegung als sonstiger (Scheidungsfolgen-)vertrag

a) Im Gegensatz zu rein gesetzlich ausgefüllten Rechtsinstituten, die unter einem „fal-schen Statut" ohne jede rechtliche Wirkung sind (zB die Übergabe eines jüdisch-rechtlichen Scheidebriefs bei deutschem Scheidungsstatut) hat aber die Morgengabe auch ein konsensuales Element, das im Rahmen der vom „richtigen Statut" eröffneten Vertragsfreiheit einer **Auslegung** zugänglich ist.[15]   **215**

b) Eine rein schuldrechtliche Auslegung als **abstraktes Schuldversprechen** kommt nicht in Betracht, weil diese den gewollten familienrechtlichen Bezug ignoriert. Die Ehegatten haben durch die Bezeichnung als Morgengabe und den Vertrag im Übrigen die Orientierung an dem islamisch-familienrechtlichen Institut klargestellt, wollten also keine abstrakte Verbindlichkeit begründen.   **216**

c) In Betracht zu ziehen ist eine Auslegung als **Ehevereinbarung** zur Abänderung oder Pauschalierung **vermögensrechtlicher Folgen der Scheidung** nach den tat-sächlich anzuwendenden Statuten. Da die Ehegatten von den Grundsätzen des islami-schen Rechts ausgingen, könnte das Morgengabeversprechen als Vereinbarung der Rechtsfolgen islamischen Rechts verstanden werden. Der Vertrag wäre dann als Ver-zicht auf güterrechtliche und unterhaltsrechtliche Ansprüche sowie den Versorgungs-ausgleich gegen Zahlung einer als Morgengabe bezeichneten pauschalen Abfindung zu verstehen (MAT c, d).   **217**

Eine solche Auslegung würde jedoch einen **Regelungswillen** voraussetzen. Die Ehe-gatten sind aber nur von gesetzlich eintretenden Rechtsfolgen des islamischen Rechts *ausgegangen*. Es wäre eine bloße Unterstellung, wollte man ihnen einen Regelungs-willen hinsichtlich eines deutschen oder floridanischen Statuts unterstellen.

d) Eine solche Auslegung könnte zudem mangels Einhaltung der **Form** des § 1410 BGB scheitern, die sowohl für den *güterrechtlichen* als auch für den *versorgungsaus-gleichsrechtlichen* Teil (§ 1408 Abs. 2 BGB) eine notarielle Niederschrift verlangt. Der Ehevertrag unterliegt nach Art. 11 EGBGB wahlweise der Orts- oder Geschäfts-form. Beides ist für diese beiden Statute deutsches Recht; § 1410 BGB ist anzuwen-den, die Vereinbarung wäre insoweit formunwirksam.   **218**

Fraglich bliebe dann die Formwirksamkeit als *unterhaltsrechtliche* Vereinbarung, die nach deutschem Recht als Ortsform als vor dem 1. 1. 2008 (seither § 1585c S. 2 BGB idF des Unterhaltsrechtsreformgesetzes 2007) geschlossene Vereinbarung formfrei wirksam wäre. Aus Sicht des deutschen Rechts ist dies ein Problem des § 139 BGB. Betrachtet man § 139 BGB als Formvorschrift, so kommt neben der deutschen Orts-form das Recht von Florida als Geschäftsform (Unterhaltsstatut) in Betracht. Funktio-nell ist § 139 BGB jedoch keine Formvorschrift; es geht vielmehr um die *Auslegung* der Vereinbarung angesichts der Formunwirksamkeit eines Teils. Insoweit kann nur

---

15 BGH FamRZ 1987, 463; BGH FamRZ 1999, 217; *Wurmnest* FamRZ 2005, 1879.

das Unterhaltsstatut als Geschäftsstatut entscheiden. Eine Auslegung nach dem Grundsatz von Treu und Glauben (nach dem Recht von Florida, MAT g) lässt kaum eine andere Lösung als die Gesamtnichtigkeit zu. Die gewollte Pauschalierung aller Scheidungsfolgen scheitert; ein isolierbarer unterhaltsrechtlicher Teil (dem Betrag nach) ist nicht bestimmbar.

219 **Ergebnis:** Güterrechtsstatut ist deutsches Recht, für das Grundstück in Florida jedoch floridanisches Recht, so dass ein Zugewinnausgleich nicht stattfindet.

Unterhaltsstatut ist floridanisches Recht als das auf die (noch der Anerkennung bedürftige) Ehescheidung angewendete Recht.

Versorgungsausgleichsstatut ist deutsches Recht; der VA kann nachgeholt werden.

Nach allen in Betracht kommenden Qualifikationen ist das auf den *mahr* anwendbare Recht keine islamische Rechtsordnung. Die Vereinbarung geht daher ins Leere und kann auch nicht als Verzicht bzw Abfindung anderer Scheidungsfolgenansprüche ausgelegt werden.

Frage 2: Zuständigkeit

I. Zugewinnausgleich

1. Internationale Zuständigkeit

220 **a)** Die **Brüssel I-VO** ist sachlich nicht anzuwenden, da der Zugewinnausgleich unter den Ausschlusstatbestand des Art. 1 Abs. 2 lit. a fällt.[16] Auch der räumliche Anwendungsbereich wäre nicht eröffnet, da der Beklagte keinen Wohnsitz in einem Mitgliedstaat hat (Art. 4 Abs. 1, 59 Abs. 1 Brüssel I-VO).

221 **b)** Da eine **Familiensache** vorliegt (§ 621 Abs. 1 Nr. 8 ZPO/§ 111 Nr. 9 FamFG) bestimmt sich die internationale ebenso wie die örtliche Zuständigkeit nach den Grundsätzen in §§ 621 ff ZPO. Künftig gelten für Güterrechtssachen §§ 98 Abs. 2, 105, 261 FamFG.

Eine internationale **Verbundzuständigkeit** deutscher Gerichte (entsprechend §§ 623 Abs. 1 S. 1, 621 Abs. 2 ZPO/§ 98 Abs. 2 FamFG) setzt die Anhängigkeit einer Ehesache (§ 606 ZPO/§ 121 FamFG) voraus, was hier nicht der Fall ist. Die Figur der *isolierten Verbundzuständigkeit* in Analogie zu §§ 606a, 621 Abs. 2 S. 1 ZPO war bisher nur für den VA erforderlich (Rn 229), solange es dort an Bestimmungen für eine selbstständige Durchführung im deutschen Verfahrensrecht fehlte. Für die Nachholung von Folgesachenregelungen nach ausländischer Scheidung ist diese Figur nicht geboten, wenn die jeweilige Folgesache auch vor deutschen Gerichten nach Beendigung des Verbundes eigenständig vorgesehen ist und daher allgemeine Zuständigkeitsregeln, auf die bisher § 621 Abs. 2 S. 2 ZPO verweist und die künftig in §§ 98 ff FamFG geregelt sind, bereitstehen.

---

16 Vgl EuGH Rs. 143/78 (*de Cavel/de Cavel*) EuGHE 1979, 1055.

c) Es liegt also eine **selbstständige Familiensache** vor, die internationale Zuständig- **222** keit richtet sich nach den allgemeinen Vorschriften (entsprechend § 621 Abs. 2 S. 2 ZPO). Dabei sind auf Familiensachen, die ehegüterrechtliche Ansprüche zum Gegenstand haben, bisher die Bestimmungen der ZPO anzuwenden (Umkehrschluss aus § 621a Abs. 1 ZPO). Spezielle Regelungen der internationalen Zuständigkeit für güterrechtliche Ansprüche existieren nicht. Daher sind die Regeln der örtlichen Zuständigkeit entsprechend heranzuziehen. Aus der entsprechenden Anwendung von §§ 12, 13 ZPO ergibt sich keine internationale Zuständigkeit, da der Beklagte Wohnsitz in den USA hat. Andere Zuständigkeitsregeln sind nicht ersichtlich.

Künftig indiziert in Güterrechtssachen (**§§ 261 ff FamFG**) die örtliche Zuständigkeit **223** die internationale (§ 105 FamFG); ist keine Ehesache anhängig, so verweist § 262 Abs. 2 FamFG weiterhin auf die allgemeinen Bestimmungen der ZPO, also auf §§ 12, 13 ZPO, wobei an die Stelle des Wohnsitzes der gewöhnliche Aufenthalt tritt; dies ändert nichts am vorliegenden Ergebnis.

Es **fehlt** daher an der internationalen Zuständigkeit deutscher Gerichte.

2. Örtliche/sachliche Zuständigkeit

Eine örtliche/sachliche Zuständigkeit ist daher nicht zu bestimmen.

II. Unterhalt

1. Internationale Zuständigkeit

a) Zwar wäre die **Brüssel I-VO** sachlich anwendbar (vgl Art. 5 Nr. 2 Brüssel I-VO), **224** jedoch mangels Beklagtenwohnsitz in einem Mitgliedstaat nicht räumlich (Art. 4 Abs. 1 Brüssel I-VO).

b) Mangels Verbund und allgemeinem Gerichtsstand des Beklagten in Deutschland **225** (Rn 220 ff) ist nur eine internationale Zuständigkeit deutscher Gerichte nach § 23a ZPO möglich. Deutsche Gerichte sind international zuständig, weil der Beklagte keinen allgemeinen Gerichtsstand in Deutschland hat, aber die Klägerin hier ihren allgemeinen Gerichtsstand (Wohnsitz, §§ 12, 13 ZPO) hat.

Künftig indiziert in Unterhaltssachen die örtliche Zuständigkeit die internationale (**§ 105 FamFG**). Der dann gestrichene § 23a ZPO geht inhaltsgleich in § 232 Abs. 3 Nr. 3 FamFG über.

2. Örtliche/sachliche Zuständigkeit

Die örtliche Zuständigkeit folgt ebenfalls aus § 23a ZPO/§ 232 Abs. 3 Nr. 3 FamFG; **226** **sachlich** zuständig ist ausschließlich das Familiengericht (§ 621 Abs. 1 ZPO/§ 111 Nr. 8 FamFG).

III. Versorgungsausgleich

1. Internationale Zuständigkeit

227 **a)** Die **Brüssel I-VO** ist wiederum räumlich nicht anwendbar; auch sachlich ist die VO nicht anwendbar, denn der Versorgungsausgleich fällt als auf der Ehe beruhender vermögensrechtlicher Ausgleichsanspruch zwischen Ehegatten unter den Güterstandsbegriff des Art. 1 Abs. 2 lit. a Brüssel I-VO.[17]

228 **b)** Nach bisheriger Rechtslage ist die Bestimmung der internationalen Zuständigkeit mangels klarer gesetzlicher Regelungen problematisch:

229 **aa)** Grundsätzlich würde die zum Zugewinnausgleich (Rn 220 f) geschilderte Zuständigkeitssystematik auch für die Familiensache Versorgungsausgleich (§ 621 Abs. 1 Nr. 6 ZPO) gelten. Die Zuständigkeit für den hier isoliert (ohne Ehescheidung) durchzuführenden VA wäre daher nach den allgemeinen Vorschriften (§ 621 Abs. 2 S. 2 ZPO) zu bestimmen, da es sich um eine FG-Familiensache handelt (§ 621a Abs. 1 ZPO) nach den Bestimmungen des FGG. Dabei tritt jedoch das Problem auf, dass im internen deutschen Verfahrensrecht, abgesehen vom vorbehaltenen schuldrechtlichen VA, ein VA nicht vorgesehen ist, weshalb ausdrückliche Zuständigkeitsregeln fehlen. Der VA findet bei jeder Scheidung vor deutschen Gerichten (vorbehaltlich Art. 17 Abs. 3 EGBGB) von Amts wegen im Verbund statt (§ 623 Abs. 1 S. 3 ZPO).

230 **bb)** Der BGH[18] stützt daher die internationale Zuständigkeit für den nachgeholten VA als **isolierte Verbundzuständigkeit** auf §§ 606a, 621 Abs. 2 S. 1 ZPO. Diese Verbundzuständigkeit ohne Verbund ist gerechtfertigt, weil der VA bei Scheidung vor einem deutschen Gericht zwingend im Verbund stattgefunden hätte, diese Zuständigkeit also die einzige gesetzliche Versorgungsausgleichs-Zuständigkeit ist. Man könnte zwar die Lücke auch durch entsprechende Anwendung der Zuständigkeitsregeln für eine vergleichbare Folgesache schließen. Dagegen spricht aber, dass der VA eher dem Ehegüterrecht als dem Unterhalt ähnelt, für ehegüterrechtliche Ansprüche aber kein *forum actoris* (wie § 23a ZPO) besteht. Die zum Schutz deutscher Ehegatten entwickelte Nachholung des VA müsste bei ausländischem Wohnsitz des anderen Ehegatten also mangels Zuständigkeit scheitern oder der VA – eher ergebnisorientiert – als unterhaltsähnlich nach § 23a ZPO behandelt werden.

231 **cc)** Vorliegend kann also die internationale Zuständigkeit deutscher Gerichte auf § 621 Abs. 2 S. 1 ZPO gestützt werden. Dabei ist jedoch weiter fraglich, nach welcher Norm die dazu erforderliche **fiktive Ehescheidungszuständigkeit** zu bemessen ist, die der BGH bisher § 606a ZPO entnahm.

232 **dd)** In Betracht kommt vorrangig gegenüber § 606a ZPO der **Art. 3 Brüssel IIa-VO**. Dessen Anwendung scheitert, anders als bei Art. 4 Abs. 1 Brüssel I-VO, nicht schon am außergemeinschaftlichen Wohnsitz des Beklagten. Autonomes Zuständigkeitsrecht ist nur dann als Restzuständigkeit anzuwenden, wenn sich keine Zuständigkeit nach Art. 3 Brüssel IIa-VO ergibt (Art. 7 Abs. 1 Brüssel IIa-VO). Hier wären deut-

---

17 *Kropholler* Europäisches Zivilprozessrecht[8] Art. 1 Rn 27.
18 BGH NJW 1993, 2047.

sche Gerichte jedenfalls nunmehr für die Scheidung zuständig, weil die Antragstellerin Deutsche ist und mindestens sechs Monate ihren gewöhnlichen Aufenthalt in Deutschland hat (Art. 3 Abs. 1 lit. a Str. 6 Brüssel IIa-VO).

ee) Fraglich ist jedoch, ob diese Zuständigkeit auch Basis der vom BGH angenommenen **isolierten Verbundzuständigkeit** sein kann. Zwar wäre in einem Scheidungsverfahren vor deutschen Gerichten auch in einem Scheidungsgerichtsstand nach Art. 3 Brüssel IIa-VO der Verbund des VA auf § 621 ZPO zu stützen, weil die VO selbst eine Verbundzuständigkeit nur für die elterliche Verantwortung enthält (Art. 12 Brüssel IIa-VO). **233**

Die VO enthält nun aber bewusst keine eigene Verbundzuständigkeit und überlässt diese Frage dem jeweiligen nationalen Recht. Sie kann dann aber schwerlich Grundlage einer isolierten Verbundzuständigkeit sein, die in Wirklichkeit eine aus dem Verbundprinzip abgeleitete eigenständige VA-Zuständigkeit ist. Art. 3 Brüssel IIa-VO regelt nur den Fall einer tatsächlich anhängigen Scheidung. Daher ist die isolierte Verbundzuständigkeit weiter von § 606a ZPO ausgehend zu bestimmen, zumal der nachgeholte VA vorrangig den Zweck hat, den deutschen Ehegatten zu schützen und nur § 606a Abs. 1 Nr. 1 ZPO diesen Schutz lückenlos sicherstellt.

Deutsche Gerichte sind daher analog §§ 606a Abs. 1 Nr. 1, 621 Abs. 2 S. 1 ZPO für den VA international zuständig.

c) Künftig ergibt sich die internationale Zuständigkeit für Versorgungsausgleichssachen außerhalb des Scheidungsverbundes (dann § 98 Abs. 2 FamFG) aus § 102 FamFG, der in weitem Umfang Zuständigkeiten bereithält, die insbesondere den Bedürfnissen eines nachgeholten VA Rechnung tragen. Dies zeigt überdies, dass es zutreffend war (Rn 233), bisher nicht Art. 3 Brüssel IIa-VO in die Zuständigkeitsbestimmung einzubeziehen, da § 102 FamFG mangels Regelung des VA in der Brüssel IIa-VO zutreffend die internationale Zuständigkeit eigenständig regelt. **234**

Vorliegend sind deutsche Gerichte international zuständig, weil die Antragstellerin in Deutschland ihren gewöhnlichen Aufenthalt hat (§ 102 Nr. 1 FamFG); insoweit kann im materiell gebotenen Umfang auch über ausländische Anwartschaften entschieden werden, während § 102 Nr. 2 FamFG nur eine Entscheidung über inländische Anwartschaften erlaubt.

2. Örtliche/sachliche Zuständigkeit

Die **örtliche Zuständigkeit** ergibt sich bisher analog §§ 606 Abs. 2 S. 2 Hs. 2 ZPO (Aufenthaltsort der Antragstellerin), 621 Abs. 2 S. 1 ZPO. Dasselbe gilt künftig nach § 218 Nr. 4 FamFG. **Sachlich** zuständig ist das Familiengericht. **235**

IV. Morgengabe

1. Internationale Zuständigkeit

a) Die **Brüssel I-VO** ist räumlich nicht anwendbar (Art. 4 Abs. 1 Brüssel I-VO); deshalb kann hier noch offen bleiben, wie die Morgengabe prozessual zu qualifizieren ist. **236**

237 **b)** Die Zuständigkeit könnte sich wieder nach dem System der §§ 621 ff ZPO/§§ 98 ff FamFG beurteilen. Fraglich ist, ob der Anspruch auf Zahlung der Morgengabe **Familiensache** ist. § 621 Abs. 1 ZPO/§ 111 FamFG nennt die Morgengabe nicht. Da sie jedoch funktionell nach allen vertretenen Ansichten unter eine oder mehrere der dort genannten Kategorien fällt (nach hM § 621 Abs. 1 Nr. 5 und 8 ZPO/§ 111 Nr. 8, 9 FamFG; als Scheidungsfolge sui generis analog § 621 Abs. 1 Nr. 6, 7 ZPO/§ 111 Nr. 5, 7 FamFG) ist die Einordnung als Familiensache geboten.

238 **c)** Mangels Verbund und allgemeinem Gerichtsstand des Beklagten in Deutschland kommt nur eine internationale Zuständigkeit entsprechend § 23a ZPO/§ 232 Abs. 3 Nr. 3 FamFG in Betracht. Dazu müsste es sich um eine **Unterhaltssache** handeln. Es ist also eine prozessuale Qualifikation der Morgengabe erforderlich. Für die Zuständigkeit kann ein fremdes Rechtsinstitut nicht doppelqualifiziert werden; deutsche Gerichte können nicht partiell zuständig sein. Herrschend vertreten wird für prozessuale Zwecke eine unterhaltsrechtliche Einordnung; folgt man dem, sind, wie für den Unterhaltsanspruch, deutsche Gerichte zuständig. Bei güterrechtlicher Einordnung fehlt die internationale Zuständigkeit.

Bei der hier bevorzugten unmittelbar scheidungsfolgenrechtlichen Einordnung könnte die „nachgeholte" Morgengabe prozessual wie ein „nachgeholter" VA behandelt werden.

2. Örtliche/sachliche Zuständigkeit

239 Die **örtliche Zuständigkeit** beurteilt sich ebenfalls nach § 23a ZPO/§ 232 Abs. 3 Nr. 3 FamFG. **Sachlich** zuständig ist wiederum das Familiengericht.

240 **Ergebnis:** Eine internationale Zuständigkeit deutscher Gerichte für ehegüterrechtliche Ansprüche fehlt.

Für Unterhaltsansprüche und Ansprüche aus dem prozessual unterhaltsrechtlich zu qualifizierenden *mahr* folgt die internationale und örtliche Zuständigkeit des Familiengerichts am gewöhnlichen Aufenthalt der Klägerin aus § 23a ZPO/§ 232 Abs. 3 Nr. 3 FamFG.

Für den nachzuholenden Versorgungsausgleich besteht eine internationale und örtliche isolierte Verbundzuständigkeit am gewöhnlichen Aufenthalt der Antragstellerin analog §§ 606a Abs. 1 Nr. 1, 621 Abs. 2 S. 1 ZPO; künftig folgt die internationale Zuständigkeit aus § 102 Nr. 1 FamFG, die örtliche aus § 218 Nr. 4 FamFG.

Literaturhinweise

Behandlung der fallrelevanten Themen in:
Rauscher Internationales Privatrecht (3. Aufl.)

Anknüpfung Ehegüterstatut:	Rn 756 ff
Gesamtstatut und Einzelstatut:	Rn 540 ff
Anknüpfung nachehelicher Unterhalt:	Rn 885
Anerkennung ausländischer (nicht-EU) Ehescheidung:	Rn 2343 ff, insbesondere 2355
Anknüpfung Versorgungsausgleich:	Rn 815 ff
Qualifikation und Natur des mahr:	Rn 480
Internationale Zuständigkeit Scheidungsfolgesachen:	Rn 2052 ff
Nachholung des Versorgungsausgleichs:	Rn 826 ff

Weitere Literatur

1. Deutsch-iranisches Niederlassungsabkommen
Rauscher Iranrechtliche Scheidung auf Antrag der Ehefrau vor deutschen Gerichten, IPRax 2005, 313. *Schotten/Wittkowski* Das deutsch-iranische Niederlassungsabkommen im Familien- und Erbrecht, FamRZ 1995, 264.

2. Anknüpfung Ehegüterstatut
Staudinger/Mankowski (2003), Art. 15 EGBGB, Rn 1 und Rn 80 . *Martiny* Das Grünbuch zum Internationalen Ehegüterrecht-Erste Regelungsvorschläge, FPR 2008, 206. *Von Eichel* Internationales Ehegüterrecht, ZFE 2008, 328.

3. Gesamtstatut und Einzelstatut
Staudinger/Hausmann (2006), Art. 3 EGBGB, Rn 41.

4. Anknüpfung nachehelicher Unterhalt
Staudinger/Mankowski (2003), Art. 18 EGBGB, Rn 33. *Schwarz/Scherpe* Nachehelicher Unterhalt im internationalen Privatrecht, FamRZ 2004, 665.

5. Anerkennung ausländischer (nicht EU) Ehescheidung
Staudinger/Mankowski (2003), Art. 17, Rn 6. *Wagner* Anerkennung und Wirksamkeit ausländischer familienrechtlicher Rechtsakte nach autonomem deutschem Recht, FamRZ 2006, 744.

6. Anknüpfung Versorgungsausgleich
Staudinger/Mankowski (2003), Art. 17 EGBGB Rn 258 und Rn 281. *Finger* Versorgungsausgleich mit Auslandsbezug, Art. 17 III EGBGB, FF 2002, 154.

7. Qualifikation und Natur des Mahr
Staudinger/Mankowski (2003), Art. 13 EGBGB, Rn 380. *Yassari* Überblick über das iranische Scheidungsrecht, FamRZ 2002, 1088.

8. Internationale Zuständigkeit in Scheidungsfolgesachen
MünchKomm ZPO/*Rauscher*, Band 4 (2009) § 98 FamFG Rn 97–111.

9. Nachholung des Versorgungsausgleichs
Staudinger/Mankowski (2003), Art. 17 EGBGB, Rn 444.

Fall 5

Griechisch-deutsches Patchwork

(Bearbeitungszeit: 5 Stunden)

241 Die griechischen Staatsangehörigen Kostas Karamanlis und Elena Elefteriou haben am 15. 2. 1988 in der griechisch-orthodoxen Kirche in Stuttgart die Ehe geschlossen. Die Trauung nahm der vorübergehend dort zu Besuch befindliche Pope Athanasios Evangelistrias aus Athen vor, der seinen Gastgeber, den hauptamtlich in dieser Kirche tätigen Popen, entlasten wollte. Die Eheschließung wurde dem zuständigen Standesbeamten mitgeteilt, der für die Ehegatten ein Familienbuch anlegte. Am 15. 3. 1998 wurde in Stuttgart der gemeinsame Sohn Georgios geboren. Eine ausdrückliche Bestimmung seines Namens wurde nie getroffen; dem Georgios wurde jedoch auf Antrag seiner Eltern durch das Generalkonsulat der Griechischen Republik in Stuttgart ein Reisepass auf den Namen „Georgios Karamanlis" ausgestellt.

Bis zum Herbst 2005 lebte die Familie gemeinsam in Stuttgart. Zu diesem Zeitpunkt kam es zwischen den Ehegatten zu Disharmonie. Elena zog mit Georgios aus der ehelichen Wohnung aus und lebt getrennt in Stuttgart. Eine Rückfrage ihres Rechtsanwalts beim Auswärtigen Amt ergab, dass Athanasios Evangelistrias dort nie durch die Botschaft der Republik Griechenland notifiziert worden war; die daraus gezogene Schlussfolgerung, Georgios sei im Rechtssinne nicht das Kind von Kostas, findet Elena zwar sonderbar, gleichwohl nicht unwillkommen. Kostas ist hingegen von dem Gedanken, nicht der Vater seines Sohnes zu sein, schwer betroffen und erklärt zu Urkunde des Jugendamts Stuttgart vom 1. 12. 2005 die Anerkennung der Vaterschaft zu Georgios. Elena verweigert die Zustimmung.

Inzwischen hat Elena sich mit dem deutschen Staatsangehörigen Dieter Dritter angefreundet, lebt mit ihm zusammen und wird schwanger. Auf den Antrag von Kostas wird die am 15. 2. 1988 geschlossene Ehe vom Amtsgericht Stuttgart – Familiengericht – durch seit dem 5. 3. 2007 rechtskräftiges Urteil geschieden. Am 7. 3. 2007 bringt Elena in Stuttgart das Kind Iannis-Dieter zur Welt. Dieter Dritter erkennt die Vaterschaft am 8. 3. 2007 an. Alle Beteiligten sind sich einig, dass nur Dieter der Vater sein kann.

Kostas, dem die Rechtslage verworren scheint, sucht am 15. 5. 2008 anwaltlichen Rat. Er möchte, dass auch im Rechtssinn Georgios sein Sohn und Iannis-Dieter nicht sein Sohn ist. Auch die Familiennamen der beiden Knaben sollten dies nach seiner Ansicht ausdrücken. Außerdem möchte er nun, dass ihm ein deutsches Gericht die alleinige elterliche Sorge für Georgios überträgt, nachdem Elena und Dieter nach Mykonos umgezogen sind und auch Georgios mitgenommen haben, was Kostas, dem Elena jeden Kontakt mit Georgios unterbunden hat, am 1. 7. 2007 von seiner Schwiegermutter erfahren hat. Kostas hat sogleich erfolglos brieflich gegen diese „Entführung" protestiert und die Rückkehr von Georgios nach Deutschland gefordert. Er will ihn nun unbedingt mit gerichtlicher Hilfe nach Deutschland zurückholen, hat aber Zweifel, ob

eine deutsche Entscheidung in Griechenland durchsetzbar ist, zumal Elena bereits angekündigt hat, ein griechischer Richter werde schon einsehen, dass ein griechisches
Kind bei seiner Mutter in Griechenland gut aufgehoben sei.

Wie sind die von Kostas aufgeworfenen Fragen zu beantworten und was ist Kostas
(bezogen auf den 15. 5. 2008) von seinem Rechtsanwalt zu raten? Auf Details der
Vollstreckung einer deutschen Entscheidung in Griechenland ist nicht einzugehen.

Materialien

I. Intertemporaler Hinweis zum deutschen Recht

a) Art. 19 und 20 EGBGB idF des IPR-NeuregelungsG 1986: 242

Art. 19
Die eheliche Abstammung eines Kindes unterliegt dem Recht, das nach Artikel 14 Abs. 1 für die
allgemeinen Wirkungen der Ehe der Mutter bei der Geburt des Kindes maßgebend ist...

Art. 20
Die Abstammung eines nichtehelichen Kindes unterliegt dem Recht des Staates, dem die Mutter bei
der Geburt des Kindes angehört. Dies gilt auch für Verpflichtungen des Vaters gegenüber der Mutter
auf Grund der Schwangerschaft. Die Vaterschaft kann auch nach dem Recht des Staates, dem der
Vater im Zeitpunkt der Geburt des Kindes angehört, oder nach dem Recht des Staates festgestellt werden, in dem das Kind seinen gewöhnlichen Aufenthalt hat.

b) §§ 1591 ff BGB in der bis 30. 6. 1998 geltenden Fassung:

§ 1591 Abs. 1 BGB
Ein Kind, das nach der Eheschließung geboren wird, ist ehelich, wenn die Frau es vor oder während
der Ehe empfangen und der Mann innerhalb der Empfängniszeit der Frau beigewohnt hat...

§ 1593 Abs. 1 BGB
Als Empfängniszeit gilt die Zeit von dem einhunderteinundachtzigsten bis zu dem dreihundertundzweiten Tage vor der Geburt des Kindes, mit Einschluss sowohl des einhunderteinundachtzigsten als
des dreihundertundzweiten Tages...

§ 1600a BGB
Bei nichtehelichen Kindern wird die Vaterschaft durch Anerkennung oder gerichtliche Feststellung
mit Wirkung für und gegen alle festgestellt. Die Rechtswirkungen der Vaterschaft können, soweit sich
nicht aus dem Gesetz ein anderes ergibt, erst vom Zeitpunkt dieser Feststellung an geltend gemacht
werden.

§ 1600c Abs. 1 BGB
Zur Anerkennung ist die Zustimmung des Kindes erforderlich.

c) Im Übrigen ist davon auszugehen, dass maßgebliche Normen früher geltenden Rechts dem gegenwärtig geltenden Recht inhaltlich entsprachen.

II. Griechisches IPR[1]

d) Das griechische IPR ist im Zivilgesetzbuch (*Astikos Kodix*, AK) v. 15. 3. 1940 geregelt. Der AK
wurde, soweit hier maßgeblich, letztmals 1983 geändert. Die seit 18. 2. 1983 geltenden Vorschriften
lauten:

Art. 13 Abs. 1 AK
Die materiellen Voraussetzungen der Ehe richten sich für beide Eheschließenden nach dem Heimatrecht einer der Personen.

---

1 *Bergmann/Ferid/Henrich* Griechenland (Stand 2007).

Art. 13 Abs. 2 AK

Die Form der Eheschließung richtet sich entweder nach dem Recht des Ortes, an dem die Ehe geschlossen wird...

Art. 14 AK

Die persönlichen Beziehungen der Ehegatten richten sich der Reihenfolge nach:
1. nach dem Recht ihrer letzten während der Ehe gemeinsamen Staatsangehörigkeit, soweit einer der Ehegatten diese noch beibehält;
2. nach dem Recht ihres letzten während der Ehe gemeinsamen gewöhnlichen Aufenthalts;
3. nach dem Recht, mit dem die Ehegatten am engsten verbunden sind.

Art. 17 AK

Die Eigenschaft eines Kindes als in der Ehe geboren richtet sich nach dem Recht, das die persönlichen Beziehungen der Mutter und ihres Ehemannes zur Zeit der Geburt des Kindes oder, wenn ihre Ehe vor Geburt aufgelöst wurde, zur Zeit der Auflösung der Ehe regelt.

Art. 20 AK

Die Beziehungen zwischen Vater und Kind, das ohne Ehe seiner Eltern geboren wurde, richten sich der Reihenfolge nach:
1. nach dem Recht ihrer letzten gemeinsamen Staatsangehörigkeit;
2. nach dem Recht ihres letzten gemeinsamen gewöhnlichen Aufenthalts;
3. nach dem Recht der Staatsangehörigkeit des Vaters.

III. Griechisches Staatsangehörigkeitsrecht

e) Gesetzesdekret über die Staatsangehörigkeit idF v. 8. 5. 1984:

Art. 1 Abs. 1

Das Kind eines Griechen oder einer Griechin erlangt mit der Geburt die griechische Staatsangehörigkeit.

IV. Griechisches materielles Recht[2]

f) Eheschließung

Art. 1367 Abs. 1 AK

Die Ehe wird geschlossen entweder durch die gleichzeitige Erklärung der Trauleute, dass sie sich darüber einig sind (Zivilehe), oder durch kirchliche Trauung entweder durch einen Priester der östlich-orthodoxen Kirche oder einen Geistlichen einer anderen in Griechenland bekannten Konfession oder Religion.

Die Erklärung wird öffentlich und feierlich vor zwei Zeugen gegenüber dem Bürgermeister oder Gemeindevorsteher des Ortes, an dem die Ehe geschlossen wird, oder gegenüber deren gesetzlichem Stellvertreter abgegeben, die verpflichtet sind, die entsprechende Beurkundung sofort vorzunehmen...

g) Kindschaft

Art. 127 AK

Wer das 18. Lebensjahr vollendet hat, ist zu jedem Rechtsgeschäft fähig.

Art. 1465 Abs. 1 AK

Es wird vermutet, dass das Kind, das während der Ehe seiner Mutter oder binnen dreihundert Tagen nach deren Auflösung oder Nichtigerklärung geboren ist, als Vater den Ehemann der Mutter hat (in der Ehe geborenes Kind).

---

2 *Bergmann/Ferid/Henrich* Griechenland (Stand 2007).

Art. 1475 Abs. 1 AK

Der Vater kann das ohne Ehe geborene Kind als sein eigenes anerkennen, wenn auch die Mutter darin einwilligt. Ist die Mutter gestorben oder geschäftsunfähig, so erfolgt die Anerkennung lediglich durch die Erklärung des Vaters.

Art. 1479 AK

Die Mutter ist berechtigt, die Vaterschaftsanerkennung ihres Kindes, das geboren wurde, ohne dass sie mit seinem Vater verheiratet war, durch Klage zu verlangen. Dasselbe Recht steht auch dem Kind zu. Verweigert die Mutter ihre in Art. 1475 Abs. 1 vorgesehene Einwilligung, so haben auch der Vater und im Fall von Art. 1475 Abs. 3 der Großvater oder die Großmutter der väterlichen Seite ein Recht auf gerichtliche Anerkennung.

h) Elterliche Sorge bei Scheidung

Art. 1513 AK

Im Fall einer Scheidung oder Aufhebung der Ehe und zu Lebzeiten beider Eltern, regelt das Gericht die Ausübung der elterlichen Sorge. Die Ausübung der elterlichen Sorge kann auf einen der Elternteile übertragen werden, oder, wenn die Eltern übereinstimmen und dabei gleichzeitig den Aufenthaltsort des Kindes bestimmen, auf beide gemeinsam. . .

i) Kindesname

Art. 1505 AK

(1) Die Eltern sind verpflichtet, den Familiennamen ihrer Kinder durch ihre gemeinsame unwiderrufliche Erklärung zu bestimmen. Die Erklärung wird vor der Eheschließung entweder vor einem Notar oder vor dem Amtsträger, vor dem die Ehe geschlossen wird, abgegeben. Der Amtsträger hat die entsprechende Erklärung zu verlangen.

(2) Der gemeinsam für alle Kinder festgelegte Familienname kann entweder der Familienname eines Elternteils oder eine Kombination der Familiennamen der Eltern sein, darf aber auf keinen Fall mehr als zwei Familiennamen enthalten.

(3) Wenn die Eltern keine Erklärung über den Familiennamen ihrer Kinder nach den Bestimmungen der vorherigen Absätze abgeben, tragen die Kinder als Familiennamen den Familiennamen ihres Vaters.

Strukturierung des Falles

243 **Wesentliche Themen:** Internationale Zuständigkeit in Sorgerechtssachen; Sorgerechtsstatut; Verhältnis von MSA, KSÜ und Brüssel IIa-VO; Gewöhnlicher Aufenthalt; Erwerb der deutschen Staatsangehörigkeit; Vorfragenanknüpfung bei Name und Staatsangehörigkeit; Namensstatut; Abstammungsstatut; Haager Kindesentführungsübereinkommen; Anerkennung und Vollstreckung nach Brüssel IIa-VO.

Ausgangsfälle: BayObLG FamRZ 2000, 699; BayObLG IPRax 2000, 135.

I. Vaterschaft zu Georgios

1. Begründung der Vaterschaft vor dem 1. 7. 1998

  a) Anwendbares Recht, intertemporal Art. 224 § 1 EGBGB für Vaterschaftsbegründung vor 1. 7. 1998

  b) Erstfrage ehelich (Art. 19 aF EGBGB) oder nichtehelich (Art. 20 aF EGBGB): Art. 19 aF EGBGB, wenn Ehe der Mutter bei Geburt oder bis zu 302 Tage vor der Geburt

  c) Vorfrage der wirksamen Ehe der Mutter
- Selbstständige Anknüpfung zwingend mangels *lex causae*
- Materielles Eheschließungsstatut, Ehe nach 1. 9. 1986: Art. 13 Abs. 1 EGBGB, Gesamtverweisung in griechisches Heimatrecht (Art. 4 Abs. 1 S. 1 EGBGB), griechisches IPR nimmt an (Art. 13 Abs. 1 AK), Ehehindernisse oder Mängel (–)
- Formelles Eheschließungsstatut: Inland Art. 13 Abs. 3 EGBGB, zwingend deutsche Ortsform
- Intertemporal Eheschließung vor dem 1. 7. 1998: EheG aF, nicht Art. 226 Abs. 3 EGBGB
- § 13 Abs. 1 EheG aF wie § 1310 Abs. 1 BGB: zwingend Standesbeamter, sonst Nichtehe
- Ausnahme Art. 13 Abs. 3 EGBGB: beide Griechen (+); Ermächtigung (–) Art. 1367 Abs. 1 Hs. 2 AK genügt nicht

  d) Also Abstammung vom Vater nach Art. 20 aF EGBGB
- Alternativ griechisches Heimatrecht der Mutter bzw des potentiellen Vaters, deutsches Recht des gewöhnlichen Aufenthaltes
- Soweit Gesamtverweisung Annahme durch Art. 17, 14 AK

  e) Materielles deutsches/griechisches Recht:
- Deutsches Recht: vor dem 1. 7. 1998 Art. 224 § 1 Abs. 1 EGBGB: Vor 1. 7. 1998 keine Anerkennung/Feststellung; § 1591 aF BGB: Vorfrage Ehe der Mutter (–)
- Griechisches Recht: Art. 1475 Abs. 1 AK (–), Art. 1479 AK (–), Art. 1465 Abs. 1 AK: Vorfrage der Ehe, bei selbstständiger Anknüpfung wieder (–); bei unselbstständiger Anknüpfung an griechische *lex causae* (+) Art. 1367 Abs. 1 AK

2. Begründung der Vaterschaft seit dem 1. 7. 1998

  a) Art. 224 § 1 Abs. 1 EGBGB: Soweit vor 1. 7. 1998 keine Vaterschaft begründet: neues IPR

  b) Abstammungsstatut Art. 19 nF EGBGB
- Art. 19 EGBGB alternativ, jedenfalls wenn nur ein Mann als Vater in Betracht kommt
- Gewöhnlicher Aufenthalt des Georgios vor 2007: Deutsches Recht
- § 1592 Nr. 2 BGB: (–) Anerkennung nicht wirksam mangels Zustimmung der Mutter (§ 1595 Abs. 1 BGB)
- § 1592 Nr. 1 BGB: Vorfrage Ehe:
  - Bei Eheschließung Nichtehe
  - Heilung: § 1310 Abs. 3 Nr. 1 BGB: Eheerklärung vor Popen, Eintragung durch Standesbeamten, schon vor 1. 7. 1998 10 Jahre als Ehegatten gelebt (+)
- Kostas also Vater des Georgios

[– *Hilfsgutachten*: griechisches Recht:
  - Anerkennung (–) mangels Zustimmung der Mutter (Art. 1475 Abs. 1 AK)
  - Art. 1465 AK wie § 1592 Nr. 1 BGB, weil Vorfrage der Ehe nach deutschem Recht (+)]

Ergebnis: Kostas ist aufgrund § 1592 Nr. 1 BGB und Heilung seiner Ehe mit Elena rückwirkend auf den Geburtszeitpunkt Vater des Georgios.

II. Name des Georgios

1. Namensstatut Heimatrecht (Art. 10 Abs. 1 EGBGB)
- Deutsche Staatsangehörigkeit *iure soli* (§ 4 Abs. 3 StAG) (–) Geburt vor 1. 1. 2000
- Griechische Staatsangehörigkeit: Art. 1 Abs. 1 griech. StAG (+) jedenfalls Mut-

ter Griechin, Erwerb vom Vater ebenfalls (bereits vor 1. 7. 1998), da Vorfrage der Abstammung bei StA unselbstständig anzuknüpfen

2. Art. 1505 AK, wenn Georgios ein Kind verheirateter Eltern
- Vorfrage der wirksamen Ehe beim Namen unselbstständig anzuknüpfen, also griechisches Recht, also Ehe wirksam
- Art. 1505 Abs. 1 AK Wahl des Nachnamens für alle gemeinsamen Kinder (–)
- Art. 1505 Abs. 3 AK: Name des Vaters, also „Karamanlis"

3. Deutscher *ordre public* (Art. 6 EGBGB) wegen Art. 3 Abs. 2 GG
- Zweifelhaft, ob Grundsatz, da nicht Verhältnis der Ehegatten selbst betroffen
- Inlandsbezug: trotz gewöhnlichem Aufenthalt (–), Name eng mit Personalstatut verbunden

Ergebnis: Georgios heißt also „Karamanlis".

III. Elterliche Sorge für Georgios
1. Gegenwärtige Sorgerechtslage
  a) Art. 3 MSA (–) keine Kollisionsnorm
- [Art. 16 Abs. 1 KSÜ: Gewöhnlicher Aufenthalt des Kindes]
- Deutsches IPR Art. 21 EGBGB (seit 1. 7. 1998, wandelbar): Gewöhnlicher Aufenthalt des Kindes

  b) Gewöhnlicher Aufenthalt
- Lebensmittelpunkt, rein faktisch, nicht unmittelbar vom Sorgerechtsverhältnis abgeleitet
- Bei Kindesentführung: Integration, bisher 6 Monate ohne Rückgabebemühungen
- Argument aus Art. 10 lit. b sublit. i) Brüssel IIa-VO, Art. 7 Abs. 1 lit. b KSÜ: wohl auch für IPR eher 12 Monate, kann aber offen bleiben, da letztlich durch Art. 10 lit. b Brüssel IIa-VO überlagert

  c) Deutsches Recht jedenfalls Sorgerechtsstatut bis 2007, § 1626 Abs. 1 BGB: Gemeinsame elterliche Sorge

Ergebnis: Elena und Kostas sind gemeinsam Inhaber der elterlichen Sorge für Georgios.

2. Zuständigkeit für eine Sorgerechtsregelung
  a) Art. 8 ff Brüssel IIa-VO:
- Sachlich (+): Art. 1 Abs. 1 lit. b Brüssel IIa-VO, elterliche Verantwortung umfasst elterliche Sorge und Umgangsrecht (Art. 1 Abs. 2 lit. a

Brüssel IIa-VO); Ehesache nicht mehr erforderlich, anders Brüssel II-VO
- Intertemporal (+): Art. 64 Abs. 1 iVm Art. 72 Brüssel IIa-VO: Verfahren nach dem 1. 3. 2005 einzuleiten
- Räumlich-persönlich (+):
- Gewöhnlicher Aufenthalt in Mitgliedstaat (Art. 2 Nr. 3 Brüssel IIa-VO), einerlei ob Deutschland oder Griechenland
- Kind: Brüssel IIa-VO keine Definition; Analogie zu Art. 2 KSÜ: unter 18
- Verhältnis zum MSA Art. 60 lit. a Brüssel IIa-VO, zum KSÜ Art. 61 lit. a Brüssel IIa-VO

  b) Art. 8 Abs. 1 Brüssel IIa-VO, wenn Georgios gewöhnlichen Aufenthalt in Deutschland hat, was zweifelhaft ist, da womöglich sogar über 12 Monate schon in Griechenland

  c) Art. 9 Abs. 1 Brüssel IIa-VO (–): nur Abänderungszuständigkeit, nur bei rechtmäßigem Umzug des Kindes

  d) Art. 10 Brüssel IIa-VO
- Bisher gewöhnlicher Aufenthalt in Deutschland (+)
- Widerrechtlich (+) = ohne Zustimmung des mitsorgeberechtigten Kostas nach Griechenland verbracht bzw dort zurückbehalten
- Erwerb gewöhnlichen Aufenthalts in Griechenland kann dahinstehen, bei Fehlen erst recht deutsche Gerichte zuständig
- Art. 10 lit. a Brüssel IIa-VO: keine Zustimmung jedes Sorgeberechtigten (+)
- Art. 10 lit. b Hs. 1 Brüssel IIa-VO: Ein Jahr Aufenthalt in Griechenland, mit Kenntnis des verletzten Sorgeberechtigten (–): Kenntnis erst 1. 7. 2007
- Art. 10 lit. b sublit. i, ii, iii, iv Brüssel IIa-VO: am 15. 5. 2008 noch irrelevant, anders, wenn 1. 7. 2008 untätig verstreicht
- Also: vor 1. 7. 2008 Rückgabeantrag in Griechenland (verhindert Art. 10 lit. b sublit. i Brüssel IIa-VO) oder Sorgerechtsantrag in Deutschland (dann *perpetuatio fori*)

  e) Örtliche Zuständigkeit
- Brüssel IIa-VO (–): Art. 8 Abs. 1 Brüssel IIa-VO: „die Gerichte eines Mitgliedstaats"

– ZPO/FamFG: Familiensache (§ 621
Abs. 1 Nr. 1 ZPO/§ 111 Nr. 2 iVm
§ 151 Nr. 1 FamFG), keine Ehesache
anhängig (§ 621 Abs. 2 S. 1, 3 ZPO/
§ 152 Abs. 1 FamFG)

– Bisher: allgemeine Vorschriften
(§ 621 Abs. 2 S. 2 ZPO); FG-Familiensache (§ 621a Abs. 1 S. 1 ZPO); § 64
Abs. 1, 3 FGG, §§ 35 ff FGG; hier:
§ 36 FGG Wohnsitz des Georgios; § 11
S. 1 Hs. 2 BGB Wohnsitz *beider* sorgeberechtigter Eltern, also Wohnsitz bei
Kostas in Stuttgart, AG Stuttgart – Familiengericht zuständig

– § 152 Abs. 2 FamFG: gewöhnlicher
Aufenthalt des Kindes, problematisch,
ob noch in Deutschland; sonst § 152
Abs. 3 FamFG Bedürfnis der Fürsorge,
hier durch Art. 10 Brüssel IIa-VO vermittelt, also AG Stuttgart-Familiengericht

Ergebnis: Deutsche Gerichte sind international
zuständig zur Regelung der elterlichen Sorge; örtlich zuständig ist das AG Stuttgart – Familiengericht.

Kostas ist zu raten, noch vor dem 1. 7. 2008 einen
Sorgerechtsantrag in Deutschland oder einen
Rückführungsantrag in Griechenland anhängig
zu machen. Praktikabel erscheint es, beides
gleichzeitig zu veranlassen.

**3. Auf die Sorgerechtsregelung anwendbares
Recht**

a) Brüssel IIa-VO: Keine Kollisionsnorm

b) Art. 2 MSA: *lex fori* [ebenso Art. 15
Abs. 1 KSÜ]

– Problem: *lex fori* unter Brüssel
IIa-Zuständigkeit

– Lex fori-Prinzip bei allen Brüssel
IIa-Zuständigkeiten

– Oder nur, wenn fiktive Zuständigkeit
auch aus MSA/KSÜ

– Unter KSÜ unproblematisch, da Art. 7
KSÜ wie Art. 10 Brüssel IIa-VO

– Unter MSA: Art. 1 MSA nur bei Aus-
dehnung des gewöhnlichen Aufenthalts entsprechend Art. 10 Brüssel IIa-
VO

c) Art. 3 MSA gesetzliches Gewaltverhältnis nach Heimatrecht:

– Regelungsfähige Lücke aus Art. 1513
AK

d) [KSÜ: keine Art. 3 MSA vergleichbare
Regelung]

Ergebnis: Die Sorgerechtsregelung erfolgt nach
deutschem Recht.

**4. Anerkennung und Vollstreckung der
Sorgeentscheidung in Griechenland**

a) Art. 21 ff Brüssel IIa-VO: sachlich anwendbar (+), persönlich anwendbar (+)
intertemporal (+): Verfahren nach dem
1. 3. 2005 eingeleitet (Art. 64 Abs. 1, 72
Brüssel IIa-VO)

b) Entscheidung in Griechenland anzuerkennen (Art. 21 Abs. 1 Brüssel IIa-VO)

– Versagung der Anerkennung nur
Art. 23 Brüssel IIa-VO

– Denkbar *ordre public* (Art. 23 lit. a
Brüssel IIa-VO) wegen Kindeswohl

– Denkbar spätere gegenteilige Regelung in Griechenland (Art. 23 lit. e
Brüssel IIa-VO)

c) Soweit Vollstreckung erforderlich: Vollstreckbarerklärung (Art. 28 ff Brüssel IIa-
VO)

– Zuständiges Gericht Art. 29 Abs. 1
Brüssel IIa-VO

– Anerkennungshindernisse verhindern
Vollstreckbarerklärung

d) Art. 40 ff Brüssel IIa-VO: Unmittelbare
Vollstreckbarkeit, wenn Entscheidung
nach Art. 11 Abs. 8 Brüssel IIa-VO

Ergebnis: Eine Sorgerechtsentscheidung deutscher Gerichte ist grundsätzlich in Griechenland
anzuerkennen und für vollstreckbar zu erklären;
es besteht allerdings die Möglichkeit, dass die
Anerkennung versagt wird, insbesondere wenn
das zuständige griechische Gericht wegen Verletzung des Kindeswohls eine Verletzung des griechischen *ordre public* annimmt.

5. Rückgabeantrag

a) Art. 10 lit. b sublit. i Brüssel IIa-VO Rückgabeantrag in Griechenland erforderlich

b) Brüssel IIa-VO: Keine Regelung zum
Rückgabeantrag

c) Art. 4, 5 Abs. 1 lit. d EuKEntfÜbk:
Untunlich, setzt vollstreckbare deutsche
Sorgerechtsentscheidung voraus, nicht
sinnvoller als Art. 21 ff, 28 ff Brüssel IIa-
VO

d) Rückgabeantrag Art. 8 HKiEntÜ:

– Deutschland und Griechenland Vertragsstaaten (+)

– Persönlich anzuwenden, da Georgios
unter 16. Lebensjahr (Art. 4 HKi
EntÜ) (+)

– Widerrechtliches Verbringen, Verletzen des Sorgerechts (Art. 3 Abs. 1 lit. a
HKiEntÜ) (+)

– Vorheriger gewöhnlicher Aufenthalt in
Deutschland (Art. 4 HKiEntÜ) (+)

– Zuständig deutsche oder griechische Zentrale Behörde (Art. 8 Abs. 1 HKiEntÜ)
– Wegen Art. 10 lit. b sublit. i Brüssel IIa-VO: Antrag an griechische Behörde
– Art. 12 Abs. 1 HKiEntÜ: Sofortige Rückgabe
– Aber Art. 13 HKiEntÜ: Eingeschränkte Prüfung des Kindeswohls

e) Falls Abweisung nach Art. 13 HKiEntÜ
– Keine Durchsetzung deutscher Entscheidung nach HKiEntÜ in Griechenland
– Aber Art. 11 Abs. 6 Brüssel IIa-VO: Information der deutschen zentralen Behörde, wenn Entscheidung nach Art. 13 HKiEntÜ
– Art. 11 Abs. 7 Brüssel IIa-VO: „Einladung" nicht erforderlich, wenn Sorgerechtsantrag bei AG Stuttgart – Familiengericht – anhängig
– Art. 11 Abs. 8 Brüssel IIa-VO: Sorgerechtsregelung und Rückgabeanordnung durch AG Stuttgart überwindet Entscheidung nach Art. 13 HKiEntÜ
– Vollstreckung dieser Entscheidung Art. 40 Abs. 1 lit. b Brüssel IIa-VO, wenn Art. 42 Abs. 2 Brüssel IIa-VO erfüllt
– Unmittelbare Vollstreckbarkeit durch Bescheinigung auf Formblatt (Anhang IV zur Brüssel IIa-VO); keine Anerkennungshindernisse gegen Vollstreckung

Ergebnis: Ein Rückgabeantrag nach Art. 8 HKiEntÜ muss wegen Art. 10 Brüssel IIa-VO in Griechenland gestellt werden. Selbst wenn dieser Antrag gemäß Art. 13 HKiEntÜ abgelehnt wird, hat das AG Stuttgart-Familiengericht – gemäß Art. 10 Abs. 8 Brüssel IIa-VO das „letzte Wort". Überträgt es Kostas die elterliche Sorge und ordnet die Angabe des Georgios an, so ist eine Vollstreckung nach Art. 40 ff Brüssel IIa-VO möglich.

IV. Vaterschaft zu Iannis-Dieter

1. Abstammungsstatut
Art. 19 EGBGB gewöhnlicher Aufenthalt, Heimatrecht des Vaters oder Ehewirkungsstatut
– Natur der Begünstigung durch Alternativität strittig:
– Begünstigung wahrscheinlicher Vaterschaft (–) Abstammungsbeweis

– Günstigkeitsprinzip = Prioritätsprinzip (+)

2. Vaterschaft Kostas
a) Deutsches Recht (gewöhnlicher Aufenthalt)
– § 1592 Nr. 1 BGB (–): Argument § 1593 BGB, § 1592 Nr. 1 BGB nicht bei Geburt nach Rechtskraft der Scheidung
b) Griechisches Recht (Heimatrecht des Kostas): Art. 1465 Abs. 1 AK: 300 Tage nach Scheidung geboren (+) also Kostas Vater von Iannis-Dieter

3. Vaterschaft Dieter
a) Deutsches Recht (Heimatrecht Dieter) §§ 1592 Nr. 2, 1594 ff BGB: Anerkennung erst wirksam, wenn Vaterschaft des Kostas wirksam angefochten ist (§ 1594 Abs. 2 BGB)
b) Griechisches Recht (Gewöhnlicher Aufenthalt Kind) Art. 1475 Abs. 1 (–) solange Ehemann der Mutter der Vater ist

4. § 1599 Abs. 2 BGB Beseitigung Vaterschaft Kostas
a) Qualifikation § 1599 Abs. 2 BGB: Systematik und Zweck: Anfechtungsstatut
b) Anfechtungsstatut Art. 20 S. 1 EGBGB: Recht, nach dem die Vaterschaft besteht, also griechisches Recht; also § 1599 Abs. 2 BGB nicht anwendbar
c) [*Hilfsgutachten:* Tatbestand § 1599 Abs. 2 BGB Geburt *vor* Scheidung, während Scheidungsverfahrens; aber analoge Anwendung, wenn Vaterschaft des Ehemanns nach fremder Rechtsordnung entgegen §§ 1592, 1593 BGB auch nach Scheidung]

Ergebnis: Vater von Iannis-Dieter im Rechtssinn ist Kostas. Die Vaterschaft müsste angefochten werden; erst nach wirksamer Anfechtung kann die Vaterschaft des Dieter aufgrund Anerkennung wirksam werden.

V. Name von Iannis-Dieter

1. Art. 10 Abs. 1 EGBGB: Namensstatut Heimatrecht des Kindes
– Iannis-Dieter griechischer Staatsangehöriger, weil Elena Griechin
– Deutsche Staatsangehörigkeit
§ 4 Abs. 1 S. 2 StAG aufgrund Abstammung (–) solange Dieter nicht Vater
§ 4 Abs. 3 Nr. 1 StAG (+) Geburt in Deutschland, rechtliche Eltern Elena und Kostas seit mehr als acht Jahren legal in Deutschland

- Deutsche Staatsangehörigkeit geht vor
  Art. 5 Abs. 1 S. 2 EGBGB

2. Materiellrechtlich
- § 1617 BGB: Solange Kostas Vater ist,
  Einigung zwischen Elena und Kostas
- § 1617a BGB: Nach wirksamer Anfechtung wenn Elena allein sorgeberechtigt
  (§ 1626a Abs. 2 BGB)

- § 1617 BGB: Nach wirksamer Anfechtung bei gemeinsamer Sorge von Elena
  und Dieter (§ 1626a Abs. 1 BGB)

Ergebnis: Der Familienname von Iannis-Dieter
bestimmt sich nach deutschem Recht und hängt
davon ab, ob die Vaterschaft des Kostas wirksam
angefochten ist.

Lösung

I. Vaterschaft zu Georgios

1. Begründung der Vaterschaft vor dem 1.7.1998

a) Zu ermitteln ist das auf die Begründung der Vaterschaft **anwendbare Recht**. Da **244** am 1.7.1998 insoweit neues IPR (Art. 19 EGBGB) in Kraft getreten ist, stellt sich angesichts der Geburt vor diesem Datum eine intertemporale Frage. Grundsätzlich richtet sich gemäß Art. 224 § 1 EGBGB die Vaterschaft hinsichtlich eines vor dem 1.7.1998 geborenen Kindes nach früherem Recht. Jedenfalls gilt dies für Tatbestände, die vor dem Stichtag eine Vaterschaft begründet haben.

b) Früheres IPR (MAT a) unterschied schon hinsichtlich der Anwendung der Kollisi- **245** onsnormen zwischen ehelichen (Art. 19 aF EGBGB) und nichtehelichen (Art. 20 aF EGBGB) Kindern. Diese **Erstfrage** (ehelich/nichtehelich) konnte nicht – wie eine Vorfrage – *angeknüpft* werden, weil es gerade um die Auswahl der maßgeblichen Anknüpfungsnorm ging; sie konnte nur nach Kategorien deutschen Rechts (§§ 1591, 1592 aF BGB, MAT b) *beantwortet* werden: Art. 19 aF EGBGB war anzuwenden, wenn die Mutter bei Geburt oder bis zu 302 Tage vor der Geburt verheiratet war, sonst war Art. 20 aF EGBGB anzuwenden.

c) Zugleich aber wirft diese am Maßstab von §§ 1591, 1592 aF BGB orientierte **246** Beantwortung der Erstfrage die **Vorfrage der wirksamen Ehe der Mutter** auf.

aa) Diese Vorfrage kann hier nur **selbstständig** nach deutschem Recht **angeknüpft** **247** werden, weil ein Abstammungsstatut, also die *lex causae*, die Ausgangspunkt einer unselbstständigen Anknüpfung sein könnte, noch nicht ermittelt ist.

bb) Das **materielle Eheschließungsstatut** für die nach dem 1.9.1986 geschlossene **248** Ehe bestimmt Art. 13 Abs. 1 EGBGB. Die Verweisung für beide Verlobte in deren griechisches Heimatrecht ist Gesamtverweisung (Art. 4 Abs. 1 S. 1 EGBGB), die das griechische IPR in Art. 13 Abs. 1 AK annimmt (MAT d). Materielle Mängel sind nicht ersichtlich.

cc) Das **formelle Eheschließungsstatut** unterscheidet in der Anknüpfung nach dem **249** Eheschließungsort. Die Eheschließung im Inland untersteht Art. 13 Abs. 3 EGBGB; es muss daher die deutsche Ortsform gewahrt sein, die Geschäftsform (Kumulation der Formen nach den von Art. 13 Abs. 1 EGBGB berufenen Rechtsordnungen) genügt nicht.

Für die Eheschließung vor dem 1.7.1998 gilt die Form des am 1.7.1998 außer Kraft getretenen EheG; Art. 226 Abs. 3 EGBGB unterstellt nur die vor dem 1.7.1998 *geschlossene* Ehe neuem Recht, knüpft aber nicht rückwirkend auch den Vorgang der Eheschließung neu an – was intertemporaler Logik und dem verfassungsrechtlichen Verbot echter Rückwirkung widerspräche.

§ 13 Abs. 1 EheG aF sah, wie der geltende § 1310 Abs. 1 BGB, zwingend die Eheschließung vor dem Standesbeamten vor. Nach deutscher Ortsform ist die Ehe daher Nichtehe (nicht existent).

250 **dd)** Die **Ausnahme des Art. 13 Abs. 3 EheG** zugunsten der Geschäftsform könnte vorliegend eingreifen, weil keiner der Verlobten Deutscher ist. Sie scheitert gleichwohl, weil der Pope Athanasios Evangelistrias nicht *ordnungsgemäß ermächtigt* ist. Die allgemeine gesetzliche Ermächtigung aus Art. 1367 Abs. 1 Hs. 2 AK (MAT f) genügt nicht, weil sie auf der kirchenrechtlichen Befugnis beruht. Es bedarf bei Eheschließungspersonen, die nicht aufgrund konsularischer oder diplomatischer Regelungen befugt sind, einer, hier fehlenden, Ermächtigung des einzelnen zur Eheschließung Befugten durch Verbalnote der Regierung des Heimatstaates gegenüber der Bundesregierung.[3]

251 **d)** Anzuknüpfen ist damit die Abstammung vom Vater mangels Ehe der Mutter nach **Art. 20 aF EGBGB** (MAT a), also alternativ an das griechische Heimatrecht der Mutter oder das ebenfalls griechische Heimatrecht des potentiellen Vaters oder das deutsche Recht des gewöhnlichen Aufenthaltes des Kindes (jedenfalls von Geburt bis zum Umzug nach Griechenland in 2007). Die Verweisung in griechisches Recht ist aufgrund des Zweckes der alternativen Verweisung jedenfalls auch Sachnormverweisung (im früheren IPR hM, nun Art. 4 Abs. 1 Hs. 2 EGBGB, MAT c). Im Übrigen würde das griechische IPR die Verweisung annehmen (Art. 17, 14 AK, MAT d).

e) Die Abstammung könnte sich also nach deutschem oder griechischem Recht ergeben.

252 **aa)** Als **deutsches Recht** ist jedenfalls vor dem 1.7.1998 das alte Kindschaftsrecht anzuwenden (Art. 224 § 1 Abs. 1 EGBGB). Da vor dem 1.7.1998 keine Anerkennung oder Feststellung der Vaterschaft stattgefunden hat, kann Kostas nur nach § 1591 aF BGB der Vater sein. Ehelichkeit und damit Abstammung vom Ehemann setzte nach § 1591aF BGB eine Ehe der Mutter voraus. Die hier im Tatbestand des § 1591 aF BGB erneut auftretende **Vorfrage** kann nur nach deutschem IPR angeknüpft werden; die Frage selbstständiger (deutsches IPR) oder unselbstständiger Anknüpfung (IPR der *lex causae*) stellt sich nicht, wenn deutsches Recht *lex causae* ist. Aus deutscher Sicht aber wurde sie bereits negativ beantwortet (Rn 248 f); Georgios ist nach deutschem Recht nichtehelich geboren.

253 **bb)** Nach **griechischem Recht** könnte Kostas Vater des Georgios nur nach Art. 1465 Abs. 1 AK (MAT g) sein, da ohne Ehe der Mutter auch das griechische Recht eine „rechtsgeschäftliche Anerkennung" (Art. 1475 Abs. 1 AK, MAT g) oder eine „gerichtliche Anerkennung" (Art. 1479 AK, MAT g) erfordert, die vor dem 1.7.1998 nicht erfolgte. Für Art. 1465 Abs. 1 AK müsste Georgios „während der Ehe seiner Mutter" oder binnen 300 Tagen danach geboren sein.

Erneut stellt sich also die **Vorfrage der Ehe**. Bei griechischer *lex causae* ist nun aber einerseits eine selbstständige Anknüpfung (deutsches IPR), andererseits eine unselbstständige Anknüpfung (griechisches IPR) denkbar. Nach hM wird diese Vorfrage im Interesse des internen Entscheidungseinklangs selbstständig angeknüpft, was, wie bereits geklärt, dazu führt, dass die Ehe nicht wirksam ist.

---

3 BGHZ 43, 2131.

[Bei **unselbstständiger Anknüpfung** würde dagegen nach Art. 13 Abs. 1 S. 1 AK **254** die Form nach dem Heimatrecht eines Nupturienten, also die des griechischen Rechts genügt haben. Art. 1367 Abs. 1 AK (MAT f) lässt die kirchliche Trauung durch einen griechisch-orthodoxen Priester zu. Aus griechischer Sicht sind also Kostas und Elena seit 15. 2. 1988 verheiratet und Georgios ist seit Geburt der Sohn des Kostas.]

2. Begründung der Vaterschaft seit dem 1. 7. 1998

a) Fraglich ist, ob **Art. 224 § 1 Abs. 1 EGBGB** auch Anwendung findet, wenn das **255** Kind zwar vor dem 1. 7. 1998 geboren, jedoch vor diesem Stichtag eine Vaterschaft nicht verlautbart wurde, also das Kind nach vorher geltendem Recht weder den Ehemann der Mutter zum Vater hat noch eine Anerkennung oder Feststellung der Vaterschaft erfolgt ist. Das entspräche zwar dem Wortlaut der Regelung. Ihr Sinn besteht jedoch darin, für die Verlautbarung der Vaterschaft das intertemporale Prinzip der *Abgeschlossenheit* (vgl Art. 220 Abs. 1 EGBGB) auch hier zu verwirklichen. Obwohl der BGH zu Art. 220 Abs. 1 EGBGB den Begriff der *kollisionsrechtlichen* Abgeschlossenheit (abgeschlossene Anknüpfung) vertritt,[4] die hier vorläge, weil Art. 19, 20 aF EGBGB sich auf den Zeitpunkt der Geburt bezogen, geht die hM hier zutreffend vom *materiellen* Abgeschlossenheitsprinzip aus: Bestand am 30. 6. 1998 noch keine rechtlich verlautbarte Vaterschaft, so gilt ab 1. 7. 1998 neues IPR.[5]

b) Vorgänge, die seit dem 1. 7. 1998 die Vaterschaft rechtlich verlautbaren, sind also **256** gemäß dem **nach Art. 19 nF EGBGB bestimmten Statut** zu beurteilen.

aa) Der Streit um die Natur der **alternativen Anknüpfungen** in Art. 19 nF EGBGB **257** kann hier noch offen bleiben, da für Georgios nur ein Mann als Vater in Betracht kommt und in solchen Fällen unstreitig Art. 19 EGBGB alternativ zu verstehen ist.

Recht des gewöhnlichen Aufenthalts ist bis zu Georgios' Umzug nach Griechenland in 2007 deutsches Recht. Alternativ kann aber auch an griechisches Recht angeknüpft werden, da der als Vater in Betracht kommende Mann Grieche ist. Ob die Mutter nunmehr verheiratet ist, kann offen bleiben, da ein anderes Statut als deutsches und griechisches Recht hier nicht denkbar ist.

bb) Nach **deutschem Recht** könnte Kostas der Vater von Georgios sein, wenn ein **258** Verlautbarungstatbestand des § 1592 BGB vorliegt. Nach dem Sachverhalt liegt es nahe, wegen der am 1. 12. 2005 erklärten Anerkennung § 1592 Nr. 2 BGB zu erwägen; jedoch fehlt es an der gemäß § 1595 Abs. 1 BGB erforderlichen Zustimmung der Mutter.

Zudem könnte sich aus § 1592 Nr. 1 BGB schon früher eine Vaterschaft des Kostas ergeben. Dazu müsste Kostas im Zeitpunkt der Geburt mit der Mutter von Georgios **verheiratet** gewesen sein. Nun beurteilt sich zwar die Vorfrage der bestehenden Ehe seit dem 1. 7. 1998 kollisionsrechtlich nicht anders als vorher; die Ehe ist also mangels Einhaltung der Ortsform von Anfang an Nichtehe.

---

4 BGH NJW 1994, 2360.
5 BayObLG FamRZ 2000, 699.

Dieser aus § 13 Abs. 1 EheG, der Vorgängerbestimmung zu § 1310 Abs. 1 S. 1 BGB, stammende Mangel könnte jedoch gemäß § 1310 Abs. 3 BGB **geheilt** sein. Die Voraussetzungen des § 1310 Abs. 3 Nr. 1 BGB sind erfüllt: Die Ehegatten haben (vor dem Popen) erklärt, eine Ehe eingehen zu wollen; der Standesbeamte hat diese Ehe (irrtümlich) in das Familienbuch eingetragen, also den erforderlichen personenstandsrechtlichen Vertrauenstatbestand geschaffen. Die vermeintlichen Ehegatten hatten bereits bei Inkrafttreten der Heilungsregelung am 1.7.1998 mehr als zehn Jahre wie Ehegatten zusammengelebt. Da die damit eingetretene Heilung der Eheschließung auf den 15.2.1988 zurückwirkt, ist aus der Sicht des seit 1.7.1998 geltenden Rechts Georgios während der Ehe seiner Mutter geboren, so dass, seit 1.7.1998 betrachtet, Kostas im Rechtssinne seit Geburt sein Vater ist.[6]

[cc) *Hilfsgutachten*: Nach **griechischem Recht** würde ebenso die Anerkennung am 1.12.2005 nicht wirksam sein, weil Art. 1475 Abs. 1 AK die Zustimmung der Mutter verlangt. Die erneute Prüfung des Art. 1465 AK kommt zum selben Ergebnis wie die Prüfung des § 1592 Nr. 1 BGB, weil die selbstständig angeknüpfte Vorfrage der wirksamen Eheschließung ebenso wie bei § 1592 Nr. 1 BGB zu behandeln ist, also die Heilung auch hier relevant ist.]

259　**Ergebnis:** Kostas ist aufgrund § 1592 Nr. 1 BGB und Heilung seiner Ehe mit Elena rückwirkend auf den Geburtszeitpunkt Vater des Georgios.

II. Name des Georgios

1. Namensstatut

260　Namensstatut des Georgios ist sein Heimatrecht (Art. 10 Abs. 1 EGBGB). Da ein Erwerb der deutschen Staatsangehörigkeit *iure soli* vor dem 1.1.2000 (Inkrafttreten von § 4 Abs. 3 StAG) nicht vorgesehen war, ist nur ein Erwerb der griechischen Staatsangehörigkeit denkbar. Georgios hat die griechische Staatsangehörigkeit nach Art. 1 Abs. 1 griech. StAG (MAT e) erworben, weil seine Mutter Griechin ist. Auch von Kostas hat Georgios die griechische Staatsangehörigkeit erworben, denn in diesem Zusammenhang war schon vor dem 1.7.1998 die **Vorfrage der Vaterschaft** jedenfalls unselbstständig anzuknüpfen. Der Name hat eine auch in Ausweisen dokumentierte Identifikationsfunktion; seine Ausfüllung muss dem Heimatstaat überlassen bleiben, um hinkende Namensführung zu vermeiden. *Lex causae* ist das griechische Staatsangehörigkeitsrecht; nach griechischem Recht war aber, wie gesehen (Rn 254), die Ehe wirksam und Kostas auch bei Beurteilung im Zeitpunkt der Geburt Vater des Georgios.

2. Name im Griechischen Recht

261　Nach **materiellem griechischem Recht** könnte der Name nach Art. 1505 AK (MAT i) zu bestimmen sein. Dann müsste Georgios ein Kind verheirateter Eltern sein.

---

6 BayObLG FamRZ 2000, 699.

Die hier erneut aufgeworfene **Vorfrage** der wirksamen Ehe der Eltern ist hinsichtlich des Namens wieder **unselbstständig** anzuknüpfen.

Die nach Art. 1505 Abs. 1 AK vor Eheschließung erforderliche Wahl des Nachnamens für alle gemeinsamen Kinder wurde nach Sachverhalt offenbar versehentlich unterlassen. Damit bestimmt sich der Name nach Art. 1505 Abs. 3 AK. Georgios hieße danach „Karamanlis".

3. Deutscher *ordre public*

Diese Regelung könnte gegen den deutschen *ordre public* (Art. 6 EGBGB) verstoßen. **262** Als wesentlicher Grundsatz ist an Art. 3 Abs. 2 GG zu denken. Fraglich ist allerdings schon, ob eine solche Zweifelsregelung tatsächlich gegen Art. 3 Abs. 2 GG verstieße. Anders als § 1355 Abs. 1 S. 2 aF BGB, für den das BVerfG einen solchen Verstoß angenommen hat, betrifft der Name des Kindes nicht unmittelbar das Verhältnis von Vater und Mutter. Immerhin nimmt der BGH[7] an, § 1626a Abs. 2 BGB verstoße nicht gegen Art. 3 Abs. 2 GG, weil die unverheiratete Mutter von Geburt näher daran sei, für das Kind zu sorgen. Ebenso pseudo-naturrechtlich könnte man argumentieren, kraft Herkommens sei es in Europa üblich, dass Kinder den Namen des Vaters erhalten.

Fraglich ist aber auch der Inlandsbezug, da alle Beteiligten Griechen sind. Zwar haben sie in Deutschland gewöhnlichen Aufenthalt. Anders als die elterliche Sorge, für die schon der gewöhnliche Aufenthalt einer Familie einen hinreichenden Inlandsbezug bietet, wird der Name nicht als Element der täglichen Sorgebeziehung gelebt, sondern ist stark mit dem Heimatstaat verbunden. Daher muss die Anwendung des deutschen ordre public auf die Namensbildung im Personalstatut eine eng begrenzte Ausnahme (zB bei Verstößen einer Namensbestimmung gegen das Persönlichkeitsrecht) bleiben. Niemandem wäre mit einer durch den deutschen *ordre public* induzierten hinkenden Namensführung gedient.

Ergebnis: Georgios heißt also „Karamanlis". **263**

III. Elterliche Sorge für Georgios

1. Gegenwärtige Sorgerechtslage

a) Nach hM enthält Art. 3 Haager MSA keine Kollisionsnorm für die **Zuweisung** der **264** elterlichen Sorge; das Haager Kinderschutzübereinkommen (KSÜ) enthält zwar in Art. 16 eine solche Kollisionsnorm, ist aber für Deutschland noch nicht in Kraft.

[Da das **KSÜ** am 1. 4. 2003 von Deutschland gezeichnet wurde und nach längerem Streit der Rat der EU nun auch die Mitgliedstaaten zur Ratifikation ermächtigt hat,[8] wird im Folgenden das KSÜ jeweils mit behandelt, weil es wohl spätestens in 2010 in Kraft treten wird.] [Nach Art. 16 Abs. 1 KSÜ bestimmt sich die gesetzliche Zuwei-

---

7 BGH NJW 2001, 2472; das BVerfG NJW 2003, 955 stellt argumentativ vorsichtiger auf die besondere Lebenssituation ohne Ehe der Eltern geborener Kinder ab.
8 Entscheidung des Rates der EU vom 5. 6. 2008, ABl EU 2008 L 151/36.

sung oder das Erlöschen der elterlichen Verantwortung, wozu die elterliche Sorge gehört, nach dem Recht des gewöhnlichen Aufenthaltes des Kindes.]

Sorgerechtsstatut nach deutschem IPR ist das Recht des Staates, in dem Georgios seinen gewöhnlichen Aufenthalt hat (Art. 21 EGBGB); dass diese Bestimmung erst zum 1.7.1998 in Kraft getreten ist und die Anknüpfung maßgeblich geändert hat, spielt keine Rolle, denn das Sorgerechtsstatut ist wandelbar und es geht um die aktuelle Sorgerechtslage.

265 **b)** Der **gewöhnliche Aufenthalt** wird als der Lebensmittelpunkt einer Person[9] verstanden und hängt als rein faktisches Kriterium nicht von einer rechtsgeschäftlichen Willensbildung und damit nicht unmittelbar von den Sorgerechtsverhältnissen ab. Gleichwohl erfordert die Begründung eines neuen gewöhnlichen Aufenthaltes Freiwilligkeit, die Voraussetzung für die Bildung eines neuen Lebensmittelpunktes ist. Diese liegt bei einem Minderjährigen nicht sogleich vor, wenn sein Aufenthalt gegen den Willen des – oder eines – Sorgeberechtigten verlegt wird (vgl Art. 5 Abs. 3 MSA, der Ergebnis der Rechtsprechung zum Haager MSA ist). Erst wenn der Sorgeberechtigte, wenn auch widerstrebend, den neuen Aufenthalt ohne Rückführungsbemühungen duldet, kann eine faktische Integration des Minderjährigen zu einem relevanten neuen gewöhnlichen Aufenthalt führen.[10] In der Rechtsprechung zum MSA wurde für eine solche Integration ein mindestens 6–monatiger gewöhnlicher Aufenthalt ohne Rückführungsbemühungen durch einen Sorgeberechtigten angenommen. Inzwischen treffen jedoch Art. 10 lit. b sublit. i Brüssel IIa-VO und Art. 7 Abs. 1 lit. b KSÜ Vorkehrungen, die frühestens nach einjährigem Aufenthalt die auf dem gewöhnlichen Aufenthalt beruhende Zuständigkeit übergehen lassen (dazu noch Rn 279); zwar hindern diese Bestimmungen formal nicht den Erwerb eines neuen gewöhnlichen Aufenthalts, suspendieren diesen aber prozessual und über Art. 15 Abs. 1 KSÜ auch kollisionsrechtlich. Für Zwecke des IPR ist daraus zu folgern, dass bei Verbringen gegen den Willen eines Sorgeberechtigten die für den Wechsel des gewöhnlichen Aufenthaltes erforderliche Integration erst nach einem Jahr störungsfreien Aufenthalts eintritt.

An dieser Stelle kann die abschließende Beurteilung eines Wechsels des gewöhnlichen Aufenthaltes noch offen bleiben; grundsätzlich kann wegen Art. 10 Brüssel IIa-VO der Widerstand des Kostas gegen die Aufenthaltsverlegung des Georgios noch aussichtsreich sein, wenn Kostas vor dem Umzug des Georgios nach Griechenland sorgeberechtigt war.

266 **c)** Während Georgios in Deutschland lebte, war zuletzt jedenfalls **deutsches Recht** Sorgerechtsstatut. § 1626 Abs. 1 BGB geht davon aus, dass miteinander verheiratete Eltern gemeinsam sorgeberechtigt sind. Die darin enthaltene Vorfrage der Ehe der Eltern ist auch insoweit durch die Heilung zum 1.7.1998 positiv beantwortet. Kostas und Elena hatten also jedenfalls seit dem 1.7.1998 gemeinsam die elterliche Sorge für Georgios.

267 **Ergebnis:** Elena und Kostas sind gemeinsam Inhaber der elterlichen Sorge für Georgios.

---

9 BGH NJW 1981, 520.
10 BGH NJW 1981, 520.

2. Zuständigkeit für eine Sorgerechtsregelung

a) Die internationale Zuständigkeit deutscher Gerichte könnte sich nach **Art. 8 ff** 268
Brüssel IIa-VO bestimmen.

aa) Sachlich ist die Verordnung gemäß Art. 1 Abs. 1 lit. b Brüssel IIa-VO auf die 269
Übertragung der elterlichen Verantwortung, welche insbesondere die elterliche Sorge
und das Umgangsrecht umfasst (Art. 1 Abs. 2 lit. a Brüssel IIa-VO), anwendbar.
Eines Zusammentreffens mit einer Ehesache bedarf es, anders als unter der Brüssel
II-VO, nicht mehr; die Brüssel IIa-VO gilt auch für isolierte Sorgerechtsverfahren.

bb) Intertemporal gilt die Brüssel IIa-VO gemäß ihrem Art. 64 Abs. 1 iVm Art. 72 270
für das vorliegend nach dem 1. 3. 2005 einzuleitende Verfahren.

cc) Räumlich-persönlich findet die Brüssel IIa-VO jedenfalls Anwendung auf Kin- 271
der mit gewöhnlichem Aufenthalt in einem **Mitgliedstaat**. Da sowohl Deutschland
als auch Griechenland Mitgliedstaaten sind (Art. 2 Nr. 3 Brüssel IIa-VO), kommt es
hier nicht darauf an, wo Georgios bei Verfahrenseinleitung gewöhnlichen Aufenthalt
hat.

Fraglich ist, wie das Tatbestandsmerkmal „**Kind**" auszufüllen ist, da die Brüssel IIa-
VO hierzu keine Definition enthält. Im Interesse einer einheitlichen Begriffsbildung
empfiehlt sich eine Anlehnung an Art. 2 KSÜ; da Georgios das 18. Lebensjahr noch
nicht vollendet hat, ist er Kind.

dd) Im Verhältnis zwischen den Mitgliedstaaten verdrängt die Brüssel IIa-VO zustän- 272
digkeitsrechtlich das **MSA** (Art. 60 lit. a Brüssel IIa-VO); [künftig geht die Brüssel
IIa-VO auch dem **KSÜ** zuständigkeitsrechtlich vor, wenn das Kind seinen gewöhnlichen Aufenthalt in einem Mitgliedstaat hat (Art. 61 lit. a Brüssel IIa-VO)].

Damit ist die Brüssel IIa-VO auf die Bestimmung der internationalen Zuständigkeit
anzuwenden.

b) Die internationale Zuständigkeit deutscher Gerichte könnte sich aus **Art. 8 Abs. 1** 273
Brüssel IIa-VO ergeben, wenn Georgios im Zeitpunkt der Antragstellung seinen gewöhnlichen Aufenthalt in Deutschland hat. Dies ist, da Georgios zu einem nicht näher
bekannten Zeitpunkt nach dem 8. 3. 2007 von seiner Mutter nach Griechenland verbracht wurde, im Beratungszeitpunkt fraglich, weil durchaus selbst mehr als 12 Monate seither verstrichen sein können.

c) Eine Aufrechterhaltung der Zuständigkeit nach **Art. 9 Abs. 1 Brüssel IIa-VO** 274
kommt nicht in Betracht, weil diese Bestimmung nur eine Abänderungszuständigkeit
bei rechtmäßigem Umzug des Kindes in einen anderen Mitgliedstaat vorsieht. Weder
war der Umzug rechtmäßig, da er gegen die Mitsorge des Kostas verstieß, noch geht
es um eine Abänderung einer Entscheidung deutscher Gerichte.

d) Deutsche Gerichte, die ursprünglich nach Art. 8 Brüssel IIa-VO zuständig waren, 275
könnten jedoch unbeschadet der Aufenthaltsfrage (Rn 273) gemäß **Art. 10 Brüssel**
IIa-VO zuständig geblieben sein.

aa) Die **grundsätzlichen Anwendungsvoraussetzungen** des Art. 10 Abs. 1 Brüssel 276
IIa-VO sind erfüllt: Georgios hatte in Deutschland, einem Mitgliedstaat, gewöhnli-

chen Aufenthalt. Er wurde widerrechtlich, nämlich ohne die Zustimmung des mitsorgeberechtigten Kostas nach Griechenland, einem anderen Mitgliedstaat, verbracht
und außerdem dort gegen den sogar ausdrücklich entgegenstehenden Willen des Kostas zurückbehalten.

277   **bb)** Auf den in Art. 10 Abs. 1 Brüssel IIa-VO ebenfalls genannten Erwerb eines **gewöhnlichen Aufenthalts** kommt es tatbestandlich nicht an; durch dessen Erwähnung
ist nur die Selbstverständlichkeit klargestellt, dass die Zuständigkeit nicht gemäß
Art. 8 Brüssel IIa-VO auf die Gerichte des neuen Aufenthaltsstaates übergehen kann,
solange dort noch nicht einmal ein gewöhnlicher Aufenthalt besteht; ob Georgios also
bereits gewöhnlichen Aufenthalt in Griechenland hat, kann weiter offen bleiben.

278   **cc)** Nach **Art. 10 lit. a** Brüssel IIa-VO dürfte nicht die **Zustimmung** jedes Sorgeberechtigten zu dem Verbringen bzw Zurückhalten vorliegen. Dies ist der Fall, denn
Kostas hat nicht zugestimmt.

279   **dd)** Nach **Art. 10 lit. b Hs. 1** Brüssel IIa-VO dürfte, vorbehaltlich der weiteren Bedingungen in Art. 10 lit. b sublit. i und sublit. ii Brüssel IIa-VO, das Kind sich noch
nicht **ein Jahr** in Griechenland aufgehalten und sich in seiner neuen Umgebung ein-
gelebt haben, wobei die Jahresfrist mit **Kenntnis** der in ihrem Sorgerecht verletzten
Person beginnt. Dies ist am 15. 5. 2008 noch nicht der Fall, denn Kostas hat erst am
1. 7. 2007 von der Verbringung des Kindes nach Griechenland erfahren und kann
jedenfalls nicht vorher dessen dortigen Aufenthaltsort gekannt haben.

280   **ee)** Damit sind für bis zum 30. 6. 2008 gestellte Anträge deutsche Gerichte jedenfalls
weiter zuständig, ohne dass die Voraussetzungen in Art. 10 lit. b sublit. i, ii, iii, iv
Brüssel IIa-VO zu prüfen wären. Jedoch ist für die Beratung des Kostas zu beachten,
dass mit Ablauf des Jahres seit Kenntnis nicht nur die Voraussetzung einjährigen Aufenthaltes nach Art. 10 lit. b Hs. 1 Brüssel IIa-VO (Rn 279) eintritt, sondern zugleich
auch die für einen Verlust der deutschen Zuständigkeit notwendige Zusatzbedingung
in Art.10 lit. b sublit. I Brüssel IIa-VO, sofern nicht vor dem 1. 7. 2008 ein Rückgabeantrag bei den zuständigen griechischen Behörden (Verbringungs-Mitgliedstaat) gestellt wird. Wird ein solcher Antrag rechtzeitig gestellt, so dauert die deutsche Zuständigkeit an, bis das Verfahren in einer der in Art. 10 lit. b sublit. ii, iii, iv Brüssel IIa-VO
genannten Weisen endet.

Kostas muss also, um unabhängig von der nach einem Aufenthaltsjahr drohenden Verlagerung des gewöhnlichen Aufenthaltes des Georgios nach Griechenland zu bleiben,
noch vor dem 1. 7. 2008 einen Rückgabeantrag bei den griechischen Behörden oder
seinen Sorgerechtsantrag bei den weiter zuständigen deutschen Gerichten stellen. Der
Rückgabeantrag blockiert sodann nach Art. 10 lit. b sublit. i Brüssel IIa-VO den Übergang der Sorgerechtszuständigkeit auf griechische Gerichte; für einen vor dem 1. 7.
2008 gestellten Sorgerechtsantrag blieben bei Antragstellung noch zuständige deutsche Gerichte wegen der *perpetuatio fori* weiter zuständig.

281   **e)** Die **örtliche Zuständigkeit** regelt die Brüssel IIa-VO nicht (Art. 8 Abs. 1 Brüssel
IIa-VO: „die Gerichte eines Mitgliedstaats"). Die Sorgerechtssache ist Familiensache

(§ 621 Abs. 1 Nr. 1 ZPO/§ 111 Nr. 2 iVm § 151 Nr. 1 FamFG[11]) und es ist keine Ehesache anhängig (§ 621 Abs. 2 S. 1, 3 ZPO/§ 152 Abs. 1 FamFG).

aa) Nach **bisherigem Recht** gelten die allgemeinen Vorschriften (§ 621 Abs. 2 S. 2   **282** ZPO); für die Sorgerechtssache als FG-Familiensache (§ 621a Abs. 1 S. 1 ZPO) sind das gemäß § 64 Abs. 1, 3 FGG die §§ 35 ff FGG. Die örtliche Zuständigkeit regelt § 36 FGG; zuständig ist das Gericht am Wohnsitz des Georgios. Da Georgios nach § 11 S. 1 Hs. 2 BGB den Wohnsitz *beider* sorgeberechtigter Eltern teilt, solange keine Sorgeentscheidung nach § 1671 BGB ergangen oder eine gemeinsame einverständliche Wohnsitzbestimmung durch die Eltern erfolgt ist, hat Georgios einen Wohnsitz bei Kostas in Stuttgart. Zuständig ist also das AG Stuttgart – Familiengericht.

bb) Nach § 152 Abs. 2 FamFG ist **künftig** das Gericht örtlich zuständig, in dessen Be-   **283** zirk das Kind seinen gewöhnlichen Aufenthalt hat. Ob Georgios (noch) in Deutschland gewöhnlichen Aufenthalt hat, ist wie gesagt fraglich. Ist dies nicht der Fall, so ist nach § 152 Abs. 3 FamFG das Gericht zuständig, in dessen Bezirk das Bedürfnis der Fürsorge bekannt wird; dies führt hier zu der Zuständigkeit des Gerichts des letzten gewöhnlichen Aufenthalts von Georgios in Deutschland, denn dort ist das von Art.10 Brüssel IIa-VO getragene Fürsorgebedürfnis zu lokalisieren. Zuständig ist damit ebenfalls das AG Stuttgart – Familiengericht.

Ergebnis: Deutsche Gerichte sind international zuständig zur Regelung der elterli-   **284** chen Sorge; örtlich zuständig ist das AG Stuttgart – Familiengericht.

Kostas ist zu raten, noch vor dem 1. 7. 2008 einen Sorgerechtsantrag in Deutschland oder einen Rückführungsantrag in Griechenland anhängig zu machen. Praktikabel erscheint es, beides gleichzeitig zu veranlassen.

3. Auf die Sorgerechtsregelung anwendbares Recht

a) Die **Brüssel IIa-VO** regelt nur die internationale Zuständigkeit, nicht aber das an-   **285** wendbare Recht; insoweit kann sie daher auch nicht das MSA, künftig das KSÜ, verdrängen.

b) Gemäß **Art. 2 MSA** wendet das zuständige Gericht die *lex fori* an. [Dasselbe gilt   **286** nach Art. 15 Abs. 1 KSÜ]. Es ergibt sich allerdings das Problem, dass diese Kollisionregeln an sich auf der Zuständigkeit aus dem jeweiligen Haager Übereinkommen aufbauen. Teils wird vertreten, auch ein nach der Brüssel IIa-VO zuständiges Gericht wende nach MSA oder KSÜ immer sein Recht an. Hiergegen spricht, dass die Anwendung der *lex fori* in MSA und KSÜ nicht blind verordnet wird, sondern an die Zuständigkeitsregeln anknüpft, so dass die lex fori nur Anwendung finde, wenn die sich aus der Brüssel IIa-VO ergebende Zuständigkeit auch im MSA bzw KSÜ eine Grundlage hätte. Folgt man vorliegend der ersten Ansicht, so wendet das AG Stuttgart deutsches Recht als *lex fori* an. Folgt man der zweiten Ansicht, so ist die Anwendung deutschen Rechts nur unter dem KSÜ problemlos, da Art. 7 KSÜ eine Art. 10 Brüssel IIa-VO entsprechende Zuständigkeit vorsieht. Unter dem MSA hingegen könnte es an der fik-

---

11 Der Begriff „Kindschaftssachen" wird in § 151 FamFG neu definiert; die bisherigen Kindschaftssachen nach § 640 ZPO heißen im FamFG „Abstammungssachen" (§ 169 FamFG).

tiv zu prüfenden MSA-Zuständigkeit fehlen, denn Georgios hätte nach Ablauf von sechs Monaten den gewöhnlichen Aufenthalt in Deutschland (Art. 1 MSA) verloren und aus Art. 4 MSA ergäbe sich keine Zuständigkeit deutscher Gerichte, da Georgios nicht die deutsche Staatsangehörigkeit besitzt. Jedoch dürfte es sich empfehlen, auch im Rahmen des Art. 1 MSA von der bisherigen 6–Monatsregel zu einer 1–Jahresregel überzugehen, um Harmonie mit der an Art. 7 KSÜ orientierten Regelung in Art. 10 Brüssel IIa-VO zu erreichen.

287 **c)** Jedoch ist nach **Art. 3 MSA** ein nach dem Heimatrecht bestehendes gesetzliches Gewaltverhältnis anzuerkennen. Maßgeblich ist das dortige innerstaatliche Recht, es liegt also keine Gesamtverweisung vor. Dass es sich bei dem Heimatstaat nicht um einen Vertragsstaat handelt, ist für Art. 3 MSA unerheblich.

Wie die Beachtung iSd Art. 3 MSA zu verwirklichen ist, war lange strittig. Nach nun ganz hM genügt es weder, das gesetzliche Gewaltverhältnis bloß zur Kenntnis zu nehmen, um es sodann frei nach der *lex fori* zu ändern. Noch bestimmt das Heimatrecht als Schranke darüber, wann eine Sorgerechtsregelung zulässig ist. Es ist vielmehr zu ermitteln, ob das Heimatrecht eine **regelungsfähige Lücke** für eine gerichtliche Regelung belässt, die nach der *lex fori* (Art. 2 MSA) ausgefüllt werden kann.[12]

Hier kommt ein Sorgerechtsantrag nach § 1671 BGB in Betracht. Zu prüfen ist nur, ob auch das griechische Familienrecht eine Übertragung der elterlichen Sorge nach Scheidung der Ehe der Eltern zulässt. Art. 1513 AK (MAT h) erlaubt eine Regelung der Ausübung der elterlichen Sorge durch Übertragung auf einen Elternteil. Damit besteht grundsätzlich die Lücke für die von Kostas begehrte Entscheidung. Dass § 1671 BGB schon bei Trennung gilt, § 1513 AK aber nur bei Scheidung, spielt keine Rolle, da die Lücke in der konkreten Entscheidungssituation bestehen muss. Zu beachten ist jedoch, dass Art. 1513 AK keine Übertragung „der elterlichen Sorge" (§ 1671 Abs. 1 BGB), sondern nur deren „Ausübung" erlaubt. Die weitergehende Übertragung der elterlichen Sorge dem Grunde nach (§ 1671 BGB) passt also nicht in die griechische Lücke, so dass nur „zur Ausübung" zu übertragen ist, was zunächst keinen Unterschied bedeutet, aber später bei Wiederaufleben bzw Rückübertragung bedeutsam werden kann.

288 **[d]** Das KSÜ sieht eine Art. 3 MSA entsprechende Regelung nicht vor, deutsches Recht ist nach Art. 15 KSÜ also uneingeschränkt auf die Sorgerechtsregelung anzuwenden.]

289 **Ergebnis:** Die Sorgerechtsregelung erfolgt nach deutschem Recht.

4. Anerkennung und Vollstreckung der Sorgeentscheidung in Griechenland

290 **a)** Die Anerkennung einer von deutschen Gerichten zu erlassenden Sorgerechtsregelung in Griechenland beurteilt sich nach **Art. 21 ff Brüssel IIa-VO**; der sachliche und persönliche Anwendungsbereich wurde bereits geprüft (Rn 269, 271); intertemporal gilt die Brüssel IIa-VO für die Anerkennung von Entscheidungen jedenfalls dann,

---

12 BGH FamRZ 1984, 686.

wenn das Verfahren nach dem 1. 4. 2004 eingeleitet wurde (Art. 64 Abs. 1, 72 Brüssel IIa-VO).

b) Damit ist die zu erlassende **Entscheidung in Griechenland anzuerkennen**, ohne dass es eines besonderen Verfahrens bedarf (Art. 21 Abs. 1 Brüssel IIa-VO). Die Anerkennung kann nur versagt werden, wenn ein Grund für die Nichtanerkennung nach Art. 23 Brüssel IIa-VO vorliegt. In Betracht kommt insbesondere, dass griechische Gerichte in einer Sorgerechtsregelung bzw in einer Herausgabeanordnung zugunsten des Kostas eine Verletzung des Kindeswohls und damit des griechischen *ordre public* (Art. 23 lit. a Brüssel IIa-VO) sehen. Auch besteht das Risiko, dass nach einer deutschen Sorgerechtsregelung Elena in Griechenland (zB gestützt auf Art. 12 Brüssel IIa-VO) eine gegenteilige Regelung erreicht, die dann ebenfalls der Anerkennung entgegenstünde (Art. 23 lit. e Brüssel IIa-VO). **291**

c) Soweit die zu erlassende deutsche Entscheidung der **Vollstreckung** bedarf, insbesondere, wenn die Herausgabe des Kindes an Kostas angeordnet wird, kommt zum einen ein Antrag auf Vollstreckbarerklärung (Art. 28 ff Brüssel IIa-VO) in Betracht, der an das in Art. 29 Abs. 1 Brüssel IIa-VO genannte griechische Gericht zu richten ist. In dem Vollstreckbarerklärungsverfahren würde die Anerkennungsfähigkeit geprüft, so dass ggf wieder der Einwand des griechischen *ordre public* und die Gefahr einer anderslautenden griechischen Entscheidung entgegenstünde. **292**

d) Dies lässt sich nur vermeiden, wenn Kostas eine Entscheidung herbeiführt, die nach Art. 40 ff Brüssel IIa-VO der unmittelbaren Vollstreckbarkeit in Griechenland unterliegt; hierzu müsste eine Entscheidung nach Art. 11 Abs. 8 Brüssel IIa-VO erreicht werden (Art. 40 Abs. 1 lit. b Brüssel IIa-VO; dazu Rn 305 ff) **293**

Ergebnis: Eine Sorgerechtsentscheidung deutscher Gerichte ist grundsätzlich in Griechenland anzuerkennen und für vollstreckbar zu erklären; es besteht allerdings die Möglichkeit, dass die Anerkennung versagt wird, insbesondere wenn das zuständige griechische Gericht wegen Verletzung des Kindeswohls eine Verletzung des griechischen *ordre public* annimmt. **294**

5. Rückgabeantrag

a) Im Hinblick auf Art. 10 lit. b sublit. i Brüssel IIa-VO ist es, wie bereits festgestellt (Rn 279), erforderlich, einen **Rückgabeantrag** bei zuständigen griechischen Gerichten zu stellen. **295**

b) Den Rückgabeantrag bei Kindesentführung regelt die **Brüssel IIa-VO** selbst nicht. **296**

c) Ein Vorgehen nach **Art. 4, 5 Abs. 1 lit. d EuKEntfÜbk**, das eine vollstreckbare deutsche Sorgerechtsentscheidung voraussetzt, ist nicht sinnvoll, denn zum einen ist eine solche deutsche Entscheidung ohnehin nach Art. 21 ff, 28 ff Brüssel IIa-VO in Griechenland anzuerkennen und zu vollstrecken. Zum anderen ist in der knappen Zeitspanne zwischen dem 15. 5. 2008 und dem 30. 6. 2008 dieser Weg nicht zu bewerkstelligen. **297**

298 **d)** Ein Rückgabeantrag ohne Sorgeentscheidung kann hingegen nach Art. 8 des **Haager Kindesentführungsübereinkommens** (HKiEntÜ) gestellt werden, dem sowohl Deutschland als auch Griechenland angehören.

299 **aa)** Das HKiEntÜ ist ebenfalls auf Georgios **anzuwenden**, weil er das 16. Lebensjahr noch nicht vollendet hat (Art. 4 HKiEntÜ). Es liegt auch ein widerrechtliches Verbringen durch Verletzen des Sorgerechts des Kostas vor (Art. 3 Abs. 1 lit. a HKiEntÜ); Georgios hatte vor diesem Verbringen gewöhnlichen Aufenthalt in Deutschland, einem Vertragsstaat (Art. 4 HKiEntÜ).

300 **bb)** Zuständig sind wahlweise die deutsche Zentrale Behörde oder die griechische (Art. 8 Abs. 1 HKiEntÜ). Für Zwecke des Art. 10 lit. b sublit. i Brüssel IIa-VO eignet sich jedoch ausdrücklich nur ein Antrag, der bei den „Behörden des Mitgliedstaats gestellt [wird], in den das Kind verbracht wurde", also ein Antrag bei der griechischen Zentralen Behörde.

301 **cc)** Ziel ist die sofortige Rückgabe (Art. 12 Abs. 1 HKiEntÜ). Diesem Verlangen können nur eingeschränkt nach **Art. 13 HKiEntÜ** Kriterien der Ausfüllung des Sorgerechts, insbesondere das Kindeswohl, entgegengesetzt werden. Dieser Charakter der Rückgaberegelung gibt der Rückgabe Vorrang vor der endgültigen Sorgeregelung, die nach Herstellung des *status quo ante* im Staat des ursprünglichen Aufenthalts erfolgen soll. Freilich ist nicht ausgeschlossen, dass ein griechisches Gericht im Sinne von Elena entscheidet, die in geeigneter Weise darstellen wird, dass das Kindeswohl des Georgios bei Trennung von Mutter und Heimatstaat gefährdet ist.

302 **e)** Kommt es zu einer das **Rückgabeverlangen abweisenden griechischen Entscheidung**, so kann Kostas hiergegen nach den Bestimmungen des HKiEntÜ eine deutsche Sorgerechtsentscheidung nicht durchsetzen.

303 **aa)** Vorliegend kann sich jedoch etwas anderes aus **Art. 11 Abs. 6 Brüssel IIa-VO** ergeben. Danach muss ein gemäß Art. 13 HKiEntÜ entscheidendes griechisches Gericht die Zentrale Behörde in Deutschland, hier in Baden-Württemberg, wo das Kind vor Verbringung seinen gewöhnlichen Aufenthalt hatte, informieren und die Unterlagen gemäß Art. 11 Abs. 6 Brüssel IIa-VO übermitteln.

304 **bb)** Einer „Einladung" an die Parteien gemäß **Art. 11 Abs. 7 Brüssel IIa-VO** bedarf es sodann nicht, weil hier vorausgesetzt werden darf, dass Kostas dem Rat entsprechend bereits beim AG Stuttgart – Familiengericht – einen Sorgerechtsantrag gestellt hat.

305 **cc)** Das AG Stuttgart – Familiengericht – kann nun nach **Art. 11 Abs. 8 Brüssel IIa-VO** ungeachtet der auf Art. 13 HKiEntÜ gestützten griechischen Entscheidung seine Sorgerechtsregelung treffen und die Rückgabe des Georgios aus Griechenland anordnen.

306 **dd)** Für die Vollstreckung dieser Entscheidung gilt sodann **Art. 40 Abs. 1 lit. b Brüssel IIa-VO**, wobei das AG Stuttgart – Familiengericht – darauf achten muss, bereits im Sorgerechtsverfahren die Bedingungen gemäß Art. 42 Abs. 2 Brüssel IIa-VO zu erfüllen.

ee) Ist die Entscheidung ergangen, so wird sie vom AG Stuttgart – Familiengericht – **307** auf Formblatt (Anhang IV zur Brüssel IIa-VO) bescheinigt. Die **Bescheinigung** macht die deutsche Rückgabeentscheidung zu einem **unmittelbar vollstreckbaren Titel**, der in Griechenland nicht mehr der Vollstreckbarerklärung bedarf und dem weder der *ordre public*-Einwand noch die griechische Entscheidung gemäß Art. 13 HKiEntÜ entgegengesetzt werden kann.

Ergebnis: Ein Rückgabeantrag nach Art. 8 HKiEntÜ muss wegen Art. 10 Brüssel **308** IIa-VO in Griechenland gestellt werden. Selbst wenn dieser Antrag gemäß Art. 13 HKiEntÜ abgelehnt wird, hat das AG Stuttgart – Familiengericht – gemäß Art. 10 Abs. 8 Brüssel IIa-VO das „letzte Wort". Überträgt es Kostas die elterliche Sorge und ordnet die Rückgabe des Georgios an, so ist eine Vollstreckung nach Art. 40 ff Brüssel IIa-VO möglich.

IV. Vaterschaft zu Iannis-Dieter

1. Abstammungsstatut

a) Art. 19 EGBGB knüpft an das Recht des gewöhnlichen Aufenthalts an, eröffnet **309** aber auch eine Vaterschaftsfeststellung nach dem Heimatrecht des Vaters oder dem Ehewirkungsstatut der Ehe der Mutter bei Geburt, wenn diese verheiratet ist. Diese Anknüpfungen sind nicht abgestuft, greifen also **alternativ** ein. Im Gegensatz zu der bis 30. 6. 1998 nur für „nichteheliche" Kinder geltenden alternativen Anknüpfung in Art. 20 Abs. 1 aF EGBGB ist strittig, welches Ziel die Alternativität des Art. 19 EGBGB begünstigen soll.[13] Das spielt eine Rolle, wenn für das Kind nach mehreren berufenen Rechtsordnungen verschiedene Männer als Väter in Betracht kommen und deshalb ein Vorrang der anwendbaren Rechtsordnungen bestimmt werden muss.

b) Teils wird angenommen, begünstigt werden solle die **wahre Abstammung**, so **310** dass, anknüpfend an die Wendung „kann", der Standesbeamte, Richter oder gesetzliche Vertreter des Kindes eine *Wahl* habe, das Statut auszusuchen, das dem Kind den *wahrscheinlicheren* Vater zuordne. Das ist abzulehnen; die Ermittlung des biologisch richtigen Vaters ist ein materielles Problem, das im Zusammenwirken von Anerkennung und Anfechtung bzw gerichtlicher Feststellung erreicht wird und als Grundlage den strengen Abstammungsbeweis, jedoch nicht ein freieres Ermessen von Gericht oder gar gesetzlichem Vertreter hat.

c) Art. 19 EGBGB begünstigt durch alternative Anknüpfung vielmehr weiterhin **311** lediglich die Begründung einer Vaterschaft überhaupt, was die hM als **„Günstigkeitsprinzip"** bezeichnet; damit ist bei Konkurrenz mehrerer Vaterschaften allerdings eher ein **Prioritätsprinzip** gemeint: Hat das Kind nach einer der genannten Rechtsordnungen einen Mann als Vater, so kann nicht nach einer anderen Rechtsordnung ein anderer Mann Vater werden, ehe die erste Vaterschaft wirksam angefochten ist.

---

13 Hierzu *Henrich* FamRZ 1998, 1401; *Hepting* StAZ 2000, 33.

2. Vaterschaft des Kostas

312 Im Fall könnte im Zeitpunkt der Geburt **Kostas als Vater** verlautbart sein.

a) Nach **deutschem Recht** (gewöhnlicher Aufenthalt) könnte sich dies aus § 1592 Nr. 1 BGB ergeben; wie jedoch § 1593 BGB zeigt, gilt § 1592 Nr. 1 BGB nicht mehr bei Geburt nach Rechtskraft der Scheidung.

b) Kostas könnte jedoch nach seinem **griechischen** Heimatrecht der Vater sein. Art. 1465 Abs. 1 AK ordnet auch das innerhalb von 300 Tagen nach Scheidung geborene Kind dem Ehemann der Mutter zu. Damit ist Kostas Vater von Iannis-Dieter.

3. Vaterschaft des Dieter

313 Eine **Vaterschaft des Dieter** könnte sich aus dessen deutschem Heimatrecht ergeben. Die Vaterschaft könnte aber auch nach griechischem Recht als Recht des gewöhnlichen Aufenthalts von Iannis-Dieter festgestellt werden; denn obgleich Kostas Vater im Rechtssinn und damit sorgeberechtigt ist, hat er offenkundig gegen die Aufenthaltsverlegung von Iannis-Dieter keine Einwände erhoben.

a) Nach **deutschem** Recht könnte eine Anerkennung der Vaterschaft durch Dieter jedoch (§§ 1592 Nr. 2, 1594 ff BGB) erst wirksam werden, wenn die bereits vorher bestehende Vaterschaft des Kostas wirksam angefochten ist (§ 1594 Abs. 2 BGB).

b) Nach **griechischem** Recht ist ebenfalls nur die Anerkennung eines Kindes zulässig, das außerhalb einer Ehe geboren wurde (Art. 1475 Abs. 1, MAT g).

4. Beseitigung der Vaterschaft des Kostas durch Ehescheidung

314 Die Vaterschaft des **Kostas** könnte jedoch wirksam durch die Ehescheidung gemäß § 1599 Abs. 2 BGB beseitigt sein, so dass eine Anfechtung nicht mehr erforderlich wäre.

315 **a)** Dazu ist zunächst § 1599 Abs. 2 BGB zu **qualifizieren**. Nur wenn nach dieser Qualifikation maßgebliches Statut deutsches Recht ist, ist § 1599 Abs. 2 BGB anwendbar. Zwar handelt es sich bei § 1599 Abs. 2 BGB nicht um eine Anfechtung der Vaterschaft im engeren Sinn. Systematisch (im Kontext des § 1599 Abs. 1 BGB) und funktionell entspricht § 1599 Abs. 2 BGB jedoch der Anfechtung; die Bestimmung verfolgt den Zweck, eine vereinfachte Beseitigung der Vaterschaft zu erlauben. Maßgeblich ist also das **Anfechtungsstatut**.

316 **b) Anfechtungsstatut** ist nach Art. 20 S. 1 EGBGB wahlweise jedes Recht, nach dem die Vaterschaft besteht, hier also nur griechisches Recht. Deutsches Recht käme nur nach Art. 20 S. 2 EGBGB alternativ zur Anwendung, der eine Anfechtung durch das Kind nach dem Recht seines gewöhnlichen Aufenthalts zulässt. Zwar ließe sich erwägen, für Zwecke des § 1599 Abs. 2 BGB den gewöhnlichen Aufenthalt des Ungeborenen am gewöhnlichen Aufenthalt der Mutter zu lokalisieren. Jedoch handelt es sich bei § 1599 Abs. 2 BGB schwerlich um eine Anfechtung *durch das Kind*, sondern um eine gemeinsame durch die Mutter und deren Ehemann. Damit ist § 1599 Abs. 2 BGB als Bestimmung des deutschen Rechts nicht anwendbar. Nur mit einer schwer

vertretbaren Einordnung als Akt pränataler elterlicher Sorge käme man zur Anwendung deutschen Rechts und damit zu § 1599 Abs. 2 BGB.

[c) *Hilfsgutachten:* Bei Anwendung von § 1599 Abs. 2 BGB würde sich das weitere   **317** Problem stellen, dass diese Bestimmung nach ihrem Wortlaut nur die Geburt vor Scheidung, jedoch nicht während des Scheidungsverfahrens erfasst. Das beruht aber auf der Wertung der §§ 1592, 1593 BGB die eine Zuordnung zum Ehemann bei Geburt nach Scheidung ohnehin verhindern. Bestimmt eine anwendbare Rechtsordnung eine solche Vermutung sogar noch nach Rechtskraft der Scheidung, so bestünde erst recht ein Bedürfnis nach – entsprechender – Anwendung von § 1599 Abs. 2 BGB. Die übrigen tatbestandlichen Voraussetzungen, Anerkennung durch Dritten binnen Jahresfrist nach Scheidung mit Zustimmung der Mutter und zusätzlich des Ehemannes der Mutter, wären erfüllbar].

Ergebnis: Vater von Iannis-Dieter im Rechtssinn ist Kostas. Die Vaterschaft müsste   **318** angefochten werden; erst nach wirksamer Anfechtung kann die Vaterschaft des Dieter aufgrund Anerkennung wirksam werden.

V. Name von Iannis-Dieter

1. Namensstatut

Namensstatut ist das **Heimatrecht** des Kindes (Art. 10 Abs. 1 EGBGB). Iannis-   **319** Dieter ist griechischer Staatsangehöriger, weil Elena Griechin ist. Die deutsche Staatsangehörigkeit besitzt Iannis-Dieter nicht als Sohn des Dieter Dritter, solange die Anerkennung durch Dieter nicht wirksam ist (§ 4 Abs. 1 S. 2 StAG). Jedoch ist Iannis-Dieter *iure soli* nach § 4 Abs. 3 Nr. 1 StAG Deutscher geworden, da seine (rechtlichen) Eltern Elena und Kostas seit mehr als acht Jahren legalen Aufenthalt in Deutschland haben. Iannis-Dieter hat also ein deutsches Namensstatut, denn seine deutsche Staatsangehörigkeit hat kollisionsrechtlich Vorrang (Art. 5 Abs. 1 S. 2 EGBGB).

2. Name im deutschen Recht

Materiellrechtlich gilt § 1617 BGB. Ehe die Vaterschaft des Kostas wirksam ange-   **320** fochten ist, müssen sich Elena und Kostas über die Namensführung einigen. Nach wirksamer Anfechtung erstarkt die Anerkennung durch Dieter Dritter. Es gilt § 1617a BGB, wenn Elena allein sorgeberechtigt ist (§ 1626a Abs. 2 BGB) bzw § 1617 BGB bei gemeinsamer Sorge von Elena und Dieter (§ 1626a Abs. 1 BGB).

Ergebnis: Der Familienname von Iannis-Dieter bestimmt sich nach deutschem Recht   **321** und hängt davon ab, ob die Vaterschaft des Kostas wirksam angefochten ist.

Literaturhinweise

Behandlung der fallrelevanten Themen in:
Rauscher Internationales Privatrecht (3. Aufl.)

Internationale Zuständigkeit in Sorgerechtssachen:	Rn 1990 ff
Sorgerechtsstatut:	Rn 907 ff, 945 ff
Verhältnis von MSA, KSÜ und Brüssel IIa-VO:	Rn 891 ff
Gewöhnlicher Aufenthalt:	Rn 270 ff
Vorfragenanknüpfung bei Name und Staatsangehörigkeit:	Rn 506 f
Namensstatut:	Rn 655 ff
Abstammungsstatut:	Rn 920 ff
Haager Kindesentführungsübereinkommen:	Rn 914 ff, 2011 f
Anerkennung und Vollstreckung nach Brüssel IIa-VO:	Rn 2232 ff, 2286 ff
Erwerb der deutschen Staatsangehörigkeit:	Rn 254 ff

Weitere Literatur:

1. Internationale Zuständigkeit in Sorgerechtssachen
Staudinger/Winkler von Mohrenfels (2003), Art. 17 EGBGB, Rn 4. *Rauscher/Rauscher* (2006), Brüssel IIa-VO, Rn 15. *Schulz* Internationale Regelungen zum Sorge- und Umgangsrecht, FPR 2004, 299.

2. Sorgerechtsstatut
Staudinger/Henrich (2002), Art. 21 EGBGB, Rn 15.

3. Verhältnis MSA, KSÜ, Brüssel IIa-VO
Staudinger/Spellenberg (2005), Vorb zu Art. 1 Brüssel IIa-VO, Rn 20. *Rauscher/Rauscher* (2006), Brüssel IIa-VO, Art. 8, Rn 1.

4. Gewöhnlicher Aufenthalt
Staudinger/Spellenberg (2005), Art. 8, Rn 3. *Rauscher/Rauscher* (2006), Brüssel IIa-VO, Art. 8, Rn 1. *Baetge* Zwischen Rom und Los Angeles – Zur Ermittlung des gewöhnlichen Aufenthaltes bei Kleinkindern bei Kindesentführungen, IPRax 2006, 313.

5. Vorfragenanknüpfung
Staudinger/Sturm/Sturm (2003), Einl IPR, Rn 246.

6. Namensstatut
Staudinger/Hepting (2007), Art. 10 EGBGB, Rn 62. *Hepting* Angleichung in Art. 47 EGBGB, StAZ 2008, 161.

7. Abstammungsstatut
Staudinger/Henrich (2002), Art. 19 EGBGB, Rn 11. *Sturm* Abstammungsstatut und seine alternative Anknüpfung, StAZ 2003, 353.

8. Haager Kindesentführungsübereinkommen
Wagner Haager Übereinkommen zum Schutz der Kinder, ZKJ 2008, 353. *Finger* Haager Kindesentführungsübereinkommen anhand neuerer Rechtsprechung, FamRBint 2007, 65.

9. Anerkennung und Vollstreckung Brüssel IIa-VO
Rauscher/Rauscher (2006), Art. 21 Brüssel IIa-VO, Rn 1 und Art. 28 Brüssel IIa-VO, Rn 1. *Solomon* Brüssel IIa-VO – die neuen europarechtlichen Regeln zum internationalen Verfahrensrecht in Fragen der elterlichen Verantwortung, FamRZ 2004, 1409.

10. Erwerb der deutschen Staatsangehörigkeit
Leopold Einführung in das Staatsangehörigkeitsrecht, JuS 2006, 126.

Opas Grundstück in Sachsen und das Kind aus Salvador

(Bearbeitungszeit: 5 Stunden)

Der 1955 in New York (USA) geborene US-amerikanische Staatsangehörige Mike **322** Michelob und die deutsche Staatsangehörige Franziska Froh sind seit 1. 12. 1986 miteinander verheiratet. Am 15. 5. 1988 haben die Ehegatten in San Salvador, der Hauptstadt des mittelamerikanischen Staates El Salvador, das einen Monat alte Findelkind José adoptiert. Die Adoption erfolgte nach dem Recht von El Salvador durch eine Vereinbarung zwischen den Adoptiveltern und der Jugendbehörde in San Salvador als gesetzlichem Vertreter des Kindes. Diese Vereinbarung wurde durch das Vormundschaftsgericht in San Salvador genehmigt.

Nach erfolgter Adoption nahmen sie José mit sich nach Basel (Schweiz), wo sie seit der Eheschließung ihren Wohnsitz hatten. Schon nach kurzer Zeit äußerten Schweizer Behörden Zweifel an der Reichweite der Wirkungen dieser Adoption. Um Schwierigkeiten zu vermeiden, entschlossen sie sich, die Adoption des José in der Schweiz zu wiederholen. Mit Beschluss vom 10. 9. 1989 wurde die Adoption durch die Kantonsbehörde Basel in Anwendung schweizerischen Rechts ausgesprochen. Mike und Franziska wurden in dem Verfahren aufgrund einer partiellen Anerkennung der Adoption in El Salvador als gesetzliche Vertreter des Kindes José behandelt. Auf eine Zustimmung der leiblichen Eltern wurde verzichtet, weil diese unbekannt sind.

Anfang 1990 verlegten die Ehegatten berufsbedingt ihren Wohnsitz auf Dauer nach Hannover; ihre Wohnung in Basel lösten sie auf. Am 10. 10. 1999 verstarb Mike bei einem Verkehrsunfall. Er hinterließ außer José keine weiteren Abkömmlinge. Als Franziska für José einen deutschen Reisepass beantragen will, äußert der Beamte im Ordnungsamt der Stadt Hannover Zweifel, ob José deutscher Staatsangehöriger ist. Da José bereits einen US-Reisepass besitzt, gerät die Angelegenheit zunächst in Vergessenheit.

Beim Blättern in alten Papieren und Urkunden ihres verstorbenen Ehemannes am Weihnachtsabend 2001 findet Franziska einen Grundbuchauszug aus dem Jahr 1929, in dem Mike's Vater Johannes Michelberger als Eigentümer eines mit einem Miethaus bebauten Grundstücks in der Innenstadt von Leipzig eingetragen war. Johannes Michelberger, der als deutscher Staatsangehöriger 1901 in Leipzig geboren war, musste 1934 emigrieren und ließ sich in Lima (Peru) nieder, wo er nach Verzicht auf seine deutsche Staatsangehörigkeit 1948 eingebürgert wurde. Von 1950 bis zu seinem Ruhestand lebte er zur Führung seiner Geschäfte überwiegend in New York und nannte sich der einfacheren Aussprache wegen fortan „John Michelob". John Michelob ist am 1. 10. 1986 in Iquitos (Peru) verstorben, wo er seit 1972 als Pensionist in seiner Villa am Amazonas gelebt hatte. Seine Ehefrau, Mike's Mutter, die US-Staatsangehörige Cecil Michelob war bereits 1970 verstorben. Mike war John's einziger Abkömmling.

Bei weiteren Nachforschungen Franziskas stellt sich heraus, dass das Grundstück in Leipzig zwar von wechselnden Günstlingen der jeweiligen Regime verwaltet und genutzt worden war, jedoch weder vor noch nach dem Tod des John Michelob eine Enteignung oder ein sonstiger heute noch relevanter Eingriff in das Eigentum stattgefunden hatte.

Franziska begibt sich mit ihren gesammelten Nachweisen zum Amtsgericht Leipzig, Grundbuchamt und fordert den Rechtspfleger auf, die richtige Rechtslage in das Grundbuch einzutragen. Dieser rät ihr, sich einen Rechtsanwalt zu nehmen, der von Franziska erfährt, dass Mike außer seiner möglichen Berechtigung an dem Leipziger Grundstück noch eine Eigentumswohnung in Manhattan und beweglichen Nachlass besessen hat.

1. Wer ist Eigentümer des Grundstücks?
2. Wie kann die Berichtigung des Grundbuchs erreicht werden?
3. Besitzt José die deutsche Staatsangehörigkeit?

Materialien

323 Gehen Sie, soweit Sie zur Bedeutung von Rechtsbegriffen einer fremden Rechtsordnung über keine einschlägigen rechtsvergleichenden Kenntnisse verfügen, davon aus, dass solche Rechtsbegriffe wie im deutschen Recht auszufüllen sind.

I. Recht von New York[1]

a) Estates Powers and Trust Law (EPTL)
§ 3.-5.1. ETPL
. . .

(b) Unbeschadet der anderen Vorschriften dieses Paragraphen:
(1) Sowohl testamentarische (im Einzelnen: Form, Substanz, Wirkung, Auslegung, Widerruf oder Änderung eines Testaments) wie gesetzliche Erbfolge in *real property* beurteilen sich nach der lex rei sitae.
(2) Sowohl testamentarische (im Einzelnen: Substanz, Wirkung, Widerruf oder Änderung eines Testaments) wie gesetzliche Erbfolge in *personal property* beurteilen sich nach dem Rechts des Domizils des Erblassers zur Zeit seines Todes.

II. Peruanisches Recht[2]

b) Art. 2100 código civil
Die Erbfolge richtet sich, unabhängig vom Lageort des Vermögens, nach dem Recht des letzten Wohnsitzes des Erblassers.

III. IPR der ehemaligen DDR

c) DDR-RAG (Rechtsanwendungsgesetz), in Kraft vom 1. 1. 1976 bis 2. 10. 1990
§ 25 DDR-RAG (Recht der Erbfolge)
. . .

---

1 *Ferid/Firsching/Dörner/Hausmann* USA, New York, Texte (Stand 1984); englischer Text www.onecle. com.
2 *Bergmann/Ferid/Henrich* Peru (Stand 2006); spanischer Text: www.abogadoperu.com.

(2) Die erbrechtlichen Verhältnisse in Bezug auf das Eigentum und andere Rechte an Grundstücken und Gebäuden, die sich in der Deutschen Demokratischen Republik befinden, bestimmen sich nach dem Recht der Deutschen Demokratischen Republik.

IV. Materielles Recht der ehemaligen DDR

d) DDR-ZGB, in Kraft vom 1. 1. 1976 bis 2. 10. 1990
§ 363 DDR-ZGB
(1) Der Erbfall tritt mit dem Tode ein. Der Nachlass geht kraft gesetzlicher oder testamentarischer Erbfolge auf einen oder mehrere Erben über.
. . .

§ 364 DDR-ZGB
. . .

(2) Verwandte der nachfolgenden Ordnung sind nicht zur Erbfolge berufen, solange ein Erbe einer vorhergehenden Ordnung vorhanden ist, soweit dieses Gesetz nichts anderes bestimmt.

§ 365 DDR-ZGB
(1) Gesetzliche Erben der 1. Ordnung sind der Ehegatte und die Kinder des Erblassers. Sie erben zu gleichen Teilen, der Ehegatte jedoch mindestens ein Viertel des Nachlasses. . .

V. Materielles Recht von El Salvador

e) Gesetz über die Adoption[3]

Art. 1
Das durch die Adoption entstehende gesetzliche Familienband umfasst nur den Adoptierenden, den Adoptierten und die blutsverwandten Abkömmlinge des letzteren in gerader Linie.

Art. 2
Der Adoptierte ist als ein Kind des Adoptierenden anzusehen.

Art. 6
Die Adoption wird vom Richter der ersten Instanz ausgesprochen. . .

Art. 7
Ist die gerichtliche Erlaubnis zur Adoption erteilt, so muss diese in öffentlicher Urkunde innerhalb von 60 darauffolgenden Tagen stattfinden, wobei aus dieser Urkunde die Zustimmung des Adoptierenden und des gesetzlichen Vertreters des adoptierten Minderjährigen hervorzugehen haben. . .

Art. 16
Das Adoptivkind bleibt weiter ein Teil seiner blutsmäßigen Familie und behält in ihr alle seine Rechte und Pflichten.
[. . . folgen einzelne familienrechtliche Verhältnisse, die zwischen dem Adoptierten und dem Adoptierenden entstehen. . .]

Art. 24
Bei der gesetzlichen Erbfolge nach dem Adoptierenden wird das Adoptivkind als eheliches Kind angesehen; hat derselbe aber keine eheliche Nachkommenschaft, so stehen ihm die natürlichen Kinder gleich.
Der Adoptierte beerbt den Adoptierten nur auf Grund eines Testaments.

---

3 *Bergmann/Ferid/Henrich* El Salvador (Stand 1991); spanischer Text www.csj.gob.sv/leyes.nsf.

VI. Staatsangehörigkeitsrecht von El Salvador

f) Verfassung der Republik El Salvador[4]

Art. 90

Salvadoraner durch Geburt sind:

1. die auf dem Gebiet von El Salvador Geborenen; ...

[Hinweis: Bei auf dem Gebiet von El Salvador gefundenen Neugeborenen wird vermutet, dass die Geburt in El Salvador erfolgte.]

VII. Schweizerisches IPR[5]

g) Bundesgesetz über das Internationale Privatrecht (IPRG)

Art. 52 IPRG

(1) Die güterrechtlichen Verhältnisse unterstehen dem von den Ehegatten gewählten Recht.

(2) Die Ehegatten können wählen zwischen dem Recht des Staates, in dem beide ihren Wohnsitz haben oder nach der Eheschließung haben werden, und dem Recht eines ihrer Heimatstaaten. ..

Art. 54 IPRG

(1) Haben die Ehegatten keine Rechtswahl getroffen, so unterstehen die güterrechtlichen Verhältnisse:

a) dem Recht des Staates, in dem beide gleichzeitig ihren Wohnsitz haben, oder, wenn dies nicht der Fall ist,

b) dem Recht des Staates, in dem beide Ehegatten zuletzt gleichzeitig ihren Wohnsitz hatten.

(2) Hatten die Ehegatten nie gleichzeitig Wohnsitz im gleichen Staat, so ist ihr gemeinsames Heimatrecht anwendbar.

(3) Hatten die Ehegatten nie gleichzeitig Wohnsitz im gleichen Staat und haben sie auch keine gemeinsame Staatsangehörigkeit, so gilt die Gütertrennung des schweizerischen Rechts.

VIII. Schweizerisches materielles Recht[6]

h) Zivilgesetzbuch (ZGB)

Art. 264 ZGB

Ein Kind darf adoptiert werden, wenn ihm die künftigen Adoptiveltern während wenigstens eines Jahres[7] Pflege und Erziehung erwiesen haben und nach den gesamten Umständen zu erwarten ist, die Begründung eines Kindesverhältnisses diene seinem Wohl, ohne andere Kinder der Adoptiveltern in unbilliger Weise zurückzusetzen.

Art. 267 ZGB

(1) Das Adoptivkind erhält die Rechtsstellung eines Kindes der Adoptiveltern.

(2) Das bisherige Kindesverhältnis erlischt; vorbehalten bleibt es zum Elternteil, der mit dem Adoptierenden verheiratet ist. ..

Art. 268 ZGB

(1) Die Adoption wird von der zuständigen kantonalen Behörde am Wohnsitz der Adoptiveltern ausgesprochen.

Art. 268a ZGB

(1) Die Adoption darf erst nach umfassender Untersuchung aller wesentlichen Umstände, nötigenfalls unter Beizug von Sachverständigen, ausgesprochen werden. ..

---

4 Deutscher Text wie vorige Fn; spanischer Text www.constitution.org/cons/elsalvad.htm.

5 *Rehbinder/Zäch* Schweizerische Gesetze (Stand 2008).

6 *Rehbinder/Zäch* Schweizerische Gesetze (Stand 2008).

7 Im Zeitpunkt der im Fall erfolgten Adoption „zwei Jahre"; Änderung mit Wirkung zum 1. 1. 2003.

Strukturierung des Falles

Wesentliche Themen: Erbstatut; Einzelstatut bricht Gesamtstatut; Nachlassspaltung; Substitution ausländischer Adoption; Anerkennung ausländischer Adoptionen; Haager AdoptÜbk 1993 und AdWirkG; Staatsangehörigkeit und Adoption; Ehegüterstatut; Qualifikation von § 1371 Abs. 1 BGB.

324

Ausgangsfälle: BGH IPRax 1990, 55; OLG Zweibrücken StAZ 1985, 132.

Frage 1: Eigentümer des Grundstücks

I. Beerbung des John Michelob

1. Erbstatut
   - Art. 25 Abs. 1, 4 Abs. 1 EGBGB Gesamtverweisung in peruanisches Heimatrecht des Erblassers
   - Annahme (Art. 2100 cc Peru), da Wohnsitz in Peru

2. Einzelstatut bricht Gesamtstatut
   - Art. 3 Abs. 3 EGBGB (ab 11. 1. 2009 Art. 3a Abs. 2 EGBGB auch auf Sonderanknüpfungen anzuwenden
   - § 25 Abs. 2 DDR-RAG intertemporal anwendbar (+), Erbfall vor 3. 10. 1990, nach 1. 1. 1976
   - Erbstatut betreffend Grundstück: DDR-Recht

3. DDR-Erbrecht
   - §§ 365 Abs. 1, 364 Abs. 2 DDR-ZGB: Mike Michelob Alleinerbe
   - § 363 Abs. 1 DDR-ZGB Universalsukzession und unmittelbarer Erbanfall

II. Beerbung des Mike Michelob

1. Verweisung, Unteranknüpfung
   - Art. 25 Abs. 1, Art. 4 Abs. 1 EGBGB Gesamtverweisung in Recht der USA
   - Unteranknüpfung: Bezeichnung Art. 4 Abs. 3 S. 1 Hs. 1 EGBGB (–), einheitliches interlokales Recht Art. 4 Abs. 3 S. 1 Hs. 2 EGBGB (–), engste Verbindung Art. 4 Abs. 3 S. 2 EGBGB (+): New York

2. IPR von New York
   - Gespaltene Anknüpfung
   a) Unbeweglicher Nachlass
      - Belegenheit (§ 3–5.1. EPTL), also Rückverweisung für unbewegliches Vermögen in Deutschland
      - Qualifikation „unbeweglich": deutsches Recht für Grundstück (+)
      - Keine Frage der Qualifikation von Restitutionsansprüchen
      - Wohnung in Manhattan: Annahme der Verweisung durch Recht von New York
   b) Beweglicher Nachlass
      - letztes *domicile* (§ 3–5.1. EPTL)
      - *physical presence* und *mental attitude*
      - *domicile of choice* in Deutschland (+)

3. Vorfragen
   - Beerbung, soweit die Frage reicht, deutsches Recht
   - José: § 1924 Abs. 1 BGB, Abkömmling des Mike? Vorfrage Annahmeverhältnis
   - Ehefrau: § 1931 Abs. 1, § 1371 Abs. 1 oder § 1931 Abs. 4 BGB: Vorfrage Güterstand

4. Erbberechtigung bei Adoption
   a) Abgrenzung
      - Erbstatut: (–) Natur der Adoption vom anwendbaren Adoptionsstatut geprägt
      - Adoptionsstatut: (–) Erbstatut bestimmt Beerbung
      - Also Vorfrage (Wirksamkeit) und Substitutionsfrage (Vergleichbarkeit)
   b) Adoption in El Salvador
      aa) Art. 23 Haager AdoptÜbk 1993:
         - El Salvador und Deutschland Vertragsstaaten (+)
         - Abkommen intertemporal anwendbar (–)
         [– Gleichstellung mit deutscher Volladoption (Art. 26 Abs. 2 Haager AdoptÜbk 1993 iVm § 2 Abs. 2 S. 1 Nr. 1 AdWirkG (–), kein Abschneiden der Rechtsbeziehungen zur Ursprungsfamilie]
      bb) Verfahrensrechtliche Anerkennung (§ 16a FGG/§§ 108, 109 FamFG)
         - Anerkennungsmaßstab nicht verdängt durch §§ 2 ff AdWirkG
         - Anerkennung von Entscheidung
         - FG, § 16a FGG (+)/Familiensachen §§ 108, 111 FamFG (+)
         - Entscheidung: (+): Art. 6 salvadorianisches Adoptionsgesetz, richterliche Prüfung
      cc) Anerkennungsvoraussetzungen
         - Spiegelbildliche Zuständigkeit § 16a Nr. 1 FGG/§ 109 Abs. 1 Nr. 1 FamFG: (+), da Adoption im Heimatstaat des Kindes
         - Kein Verstoß gegen rechtliches Gehör § 16a Nr. 2 FGG/§ 109 Abs. 1 Nr. 2 FamFG (+)
         - Keine entgegenstehende Entscheidung § 16a Nr. 3 FGG/§ 109 Nr. 3 FamFG (+)

111

- Deutscher *ordre public* § 16a Nr. 4 FGG/§ 109 Abs. 1 Nr. 4 FamFG
  - Keine Verletzung rechtsstaatlicher Grundsätze
  - Nicht verletzt bei Anerkennung von schwacher Adoption, Argument § 2 Abs. 2 Nr. 2 AdWirkG
- Folge: Anerkennung mit salvadorianischer Wirkung, keine Transformation; Argument: Umwandlung § 3 AdWirkG würde materielle Prüfung erfordern

dd) Substitutionsprüfung:
  - Bisher umfassender Vergleich der Wirkungen
  - Argument aus § 2 Abs. 2 S. 1 Nr. 1 AdWirkG: maßgebliches Kriterium Abschneiden der Beziehungen zur Ursprungsfamilie, hier (–)
  - José nicht „Abkömmling" iSd § 1924 Abs. 1 BGB

c) Adoption in der Schweiz
  aa) Haager AdoptÜbk 1993
  - Vertragsstaaten CH und D (+)
  - Intertemporale Anwendbarkeit (–)
  bb) § 16a FGG/§§ 108, 109 FamFG
  - Dekretadoption: (+) Art. 268 Abs. 1, 268a Abs. 1 ZGB
  - Spiegelbildliche Zuständigkeit (+) § 43b Abs. 1 Nr. 2 FGG/§ 101 Nr. 2 FamFG gewöhnlicher Aufenthalt
  - Keine Verletzung rechtlichen Gehörs: (+), insbesondere José durch die Adoptiveltern nach Erstadoption vertreten
  - Keine entgegenstehende Entscheidung: (+), insbesondere nicht die Erstadoption, da keine Volladoption
  - Keine Verletzung des *ordre public*: (+)
  cc) Substituierbarkeit (+) Art. 267 ZGB

5. Ehelicher Güterstand und erbrechtliche Ehegatten-Erbquote
- Ehegüterstatut Art. 15 Abs. 1, Art. 14 Abs. 1 Nr. 2 EGBGB gemeinsamer gewöhnlicher Aufenthalt bei Eheschließung berufen
- Gesamtverweisung Art. 4 Abs. 1 EGBGB auf schweizerisches Recht
- Rechtswahl Art. 52 IPRG (–)
- Wandelbar jeweiliger gemeinsamer Wohnsitz Art. 54 Abs. 1 lit. a IPRG

- Also Rückverweisung für Zeitpunkt des Erbfalls
- Also mangels Ehevertrag gesetzlicher Güterstand der Zugewinngemeinschaft (§ 1363 Abs. 1 BGB), also erbrechtlich § 1931 Abs. 1 BGB

6. Güterrechtliche Erhöhung der Ehegatten-Erbquote
- Qualifikation § 1371 Abs. 1 BGB strittig, hier unproblematisch, soweit Erbstatut und Güterstatut deutsches Recht
- Erbquote Franziska: § 1931 Abs. 1 BGB plus § 1371 Abs.1 BGB: ein Halb
- Franziska und José also Miteigentümer des Grundstücks in Erbengemeinschaft zu je ein Halb

Ergebnis: Damit sind Franziska und José, soweit deutsches Recht Erbstatut ist, Erben zu je ein Halb und gemäß §§ 1922, 2032 Abs. 1 BGB Miteigentümer des Grundstücks in Erbengemeinschaft.

Frage 2: Berichtigung des Grundbuchs

1. Grundbuchberichtigung
- Eigentumsübergang außerhalb Grundbuch
- Antrag § 13 GBO
- Nachweis nur durch Erbschein § 35 Abs. 1 S. 1 GBO
- Hier für beide Erbfälle jeweils Erbschein erforderlich

2. Erbschein nach John Michelob
  a) Alte Rechtslage (FGG, § 2369 aF BGB)
  aa) Internationale Zuständigkeit deutscher Gerichte strittig:
  - §§ 72 ff FGG analog (–), sonst umfassende Zuständigkeit schon bei schlichtem Aufenthalt und Wertung des § 2369 BGB
  - Gleichlaufprinzip: (+) Zuständigkeit nur soweit deutsches Recht anzuwenden oder § 2369 BGB
  bb) Grundstück:
  - Recht der ehemaligen DDR nach 3. 10. 1990 (früheres) deutsches Recht iSd Gleichlaufsprinzips
  cc) Gegenständliche Beschränkung, soweit § 25 Abs. 2 DDR-RAG reicht, also Grundstücke im Beitrittsgebiet (Art. 3 EV)
  dd) Örtliche Zuständigkeit § 73 Abs. 3 FGG, mangels Wohnsitz oder Aufenthalt in Deutschland AG Leipzig – Nachlassgericht – § 72 FGG

b) Rechtslage nach FamFG

  aa) Internationale Erbscheinszuständigkeit
- Folgt örtlicher, § 105 FamFG, bewusste Abkehr vom Gleichlaufprinzip
- Also Nachlass- und Teilungssachen (Erbscheinsverfahren: § 342 Abs. 1 Nr. 6 FamFG)
- § 343 Abs. 3 FamFG: AG Leipzig – Nachlassgericht

  bb) Gegenständliche Beschränkung:
- Soweit DDR-Recht angewendet wird jedenfalls auf Nachlass im Beitrittsgebiet, insoweit nicht § 2369 aF, sd Art. 3 Abs. 3 aF, § 25 Abs. 2 DDR-RAG
- Im Übrigen: Nicht mehr wegen Gleichlaufgrundsatz, § 2369 aF BGB
- Aber teleologische Auslegung von § 343 Abs. 3 FamFG: örtliche und damit internationale Zuständigkeit nur für inländische Nachlassgegenstände.

3. Erbschein nach Mike Michelob

  a) Alte Rechtslage (FGG, § 2369 aF BGB)

    aa) Internationale Zuständigkeit deutscher Gerichte:
- Gleichlaufprinzip, also soweit Rückverweisung: Immobilie in Deutschland und beweglicher Nachlass
- Keine internationale Zuständigkeit für Wohnung in Manhattan

    bb) Örtliche Zuständigkeit § 73 Abs. 1 FGG: AG Hannover – Nachlassgericht.

  b) Rechtslage nach FamFG

    aa) Internationale und örtliche Zuständigkeit aus §§ 105, 343 Abs. 1 Hs. 1 FamFG: deutscher Wohnsitz des Erblassers im Zeitpunkt des Erbfalls (+); AG Hannover – Nachlassgericht

    bb) Beschränkung:
- Nicht wegen Gleichlaufprinzip
- Aber: Anwendung deutschen Rechts zu beschränken, soweit gespaltene Rückverweisung
- Erbschein auch für Immobilie in New York, nach dortigem Recht?

- Von Amts wegen (+) bei unbeschränktem Antrag
- § 2369 nF BGB: Antragsbeschränkung auf inländische Nachlassgegenstände möglich

Ergebnis: Die Berichtigung des Grundbuchs kann nur auf Antrag unter Vorlage zweier Erbscheine nach beiden Erblassern erreicht werden. Den Erbschein nach John Michelob erteilt nach altem und neuem Verfahrensrecht das AG Leipzig – Nachlassgericht – gegenständlich beschränkt auf den im Beitrittsgebiet belegenen Immobiliarnachlass in Anwendung von DDR-ZGB. Den Erbschein nach Mike Michelob erteilt das AG Hannover – Nachlassgericht. Er ist nach altem Verfahrensrecht gegenständlich auf den inländischen Nachlass beschränkt nach deutschem Recht zu erteilen; nach FamFG bedarf es hierzu einer Beschränkung des Antrags.

Frage 3: Deutsche Staatsangehörigkeit von José?

Erwerb deutscher Staatsangehörigkeit nach § 6 RuStAG (seit 1. 1. 2000 § 6 StAG)

1. Annahme durch einen Deutschen (+) Franziska deutsche Staatsangehörige

2. Nach den deutschen Gesetzen wirksame Annahme
- Nicht nur bei Adoption nach BGB
- Auch Art. 22 EGBGB, § 16a FGG/ §§ 108, 109 FamFG, Art. 23 Haager AdoptÜbk 1993 „deutsches Recht" iSd § 6 RuStAG

3. Aber: Substitutionsfrage
- Maßstab wie bei Beerbung, also Kriterium § 2 Abs. 2 Nr. 1 AdWirkG, unmaßgeblich ob angewendetes Adoptionsrecht die fremde Staatsangehörigkeit vermitteln würde
- Salvadorianische Adoption nicht substituierbar
- Schweizerische Adoption substituierbar

Ergebnis: Damit ist die Adoption in El Salvador als schwache Adoption nicht geeignet, den Erwerb der deutschen Staatsangehörigkeit zu vermitteln, während die Volladoption nach schweizerischem Recht auch für den Staatsangehörigkeitserwerb nach § 6 StAG genügt.

Lösung

Frage 1: Eigentümer des Grundstücks

I. Beerbung des John Michelob

1. Erbstatut

325   Das **Erbstatut** bestimmt sich nach Art. 25 Abs. 1 EGBGB. Der Erblasser besaß bei seinem Tod die peruanische Staatsangehörigkeit. Die Gesamtverweisung (Art. 4 Abs. 1 EGBGB) auf peruanisches IPR nimmt dieses an, denn John Michelob hatte bei seinem Tod Wohnsitz in Peru (Art. 2100 cc, MAT b). [Wegen der eindeutigen Wohnsitzlage kommt es auf Unterschiede zwischen dem deutschen Wohnsitzbegriff und dem spanischrechtlichen *domicilio* – grundsätzlich der tatsächliche Lebensmittelpunkt, kein mehrfacher Wohnsitz, fiktives *domicilio legal* bestimmter Personengruppen – nicht an.].

2. Einzelstatut bricht Gesamtstatut

326   Da es vorliegend jedoch um die Rechtsnachfolge in das Grundstück in Leipzig geht, könnte das peruanische Recht als allgemeines Erbstatut (Gesamtstatut) verdrängt sein durch das Recht der DDR als **Einzelstatut** (Art. 3 Abs. 3 EGBGB, unverändert ab 11. 1. 2009: Art. 3a Abs. 2 EGBGB, so dass die intertemporale Geltung von Art. 3a Abs. 2 EGBGB dahinstehen kann), § 25 Abs. 2 DDR-RAG (MAT c).

327   **a) Art. 3 Abs. 3 EGBGB** ist zwar ursprünglich für materielle Sonderregelungen (zB Erbhöfe, Fideikommisse) konzipiert, wird aber nach (nie ganz unbestrittener) hM auch auf Sonderanknüpfungen für Einzelgegenstände in Kollisionsnormen des Belegenheitsstaates angewendet.[8]

328   **b) § 25 Abs. 2 DDR-RAG** müsste als Kollisionsnorm intertemporal anwendbar sein. John Michelob ist vor dem 3. 10. 1990 (Inkrafttreten des Einigungsvertrages) verstorben. Gemäß Art. 236 § 1 EGBGB bleibt auf abgeschlossene Vorgänge das frühere IPR anwendbar. Ein vor dem 3. 10. 1990 eingetretener Erbfall ist in diesem Sinn abgeschlossen, weil mit dem Tod des Erblassers sowohl kollisionsrechtliche als auch materiellrechtliche Rechtsfolgen eintreten. Anders als im Fall der primären Anknüpfung von innerdeutschen Altfällen muss eine interlokale Zuordnung nicht geprüft werden; da das betreffende Grundstück in der damals noch bestehenden DDR lag, war es von § 25 Abs. 2 DDR-RAG erfasst (eine weitere intertemporale Frage würde sich nur stellen, wenn der Erbfall *vor* Inkrafttreten des DDR-RAG am 1. 1. 1976 eingetreten wäre). Damit bestimmt sich die Erbfolge betreffend das Grundstück nach dem Recht der früheren DDR.

---

8 Zur Reichweite bei § 25 DDR-RAG: BGHZ 124, 270.

3. DDR-Erbrecht

Materiellrechtlich ist auf den nach dem 1.1.1976 eingetretenen Erbfall das DDR- **329**
ZGB anzuwenden. Gemäß §§ 365 Abs. 1, 364 Abs. 2 DDR-ZGB (MAT d) ist Mike
Michelob Alleinerbe seines Vaters hinsichtlich des in der damaligen DDR belegenen
Grundstücks- und Gebäudenachlasses, der ihm im Weg der Universalsukzession
(§ 363 Abs. 1 DDR-ZGB, MAT d) unmittelbar angefallen ist. Bis zu seinem Tod war
er somit Eigentümer des Grundstücks.

II. Beerbung des Mike Michelob

1. Verweisung, Unteranknüpfung

Art. 25 Abs. 1 EGBGB verweist als Gesamtverweisung (Art. 4 Abs. 1 EGBGB) in **330**
das Recht der USA. Das dortige materielle Erbrecht und Erbkollisionsrecht ist nicht
im *Bundesrecht* einheitlich geregelt, sondern fällt in die Gesetzgebungskompetenz
der *Einzelstaaten*. Das maßgebliche IPR ist daher nach Art. 4 Abs. 3 EGBGB zu
ermitteln. Da die Staatsangehörigkeitsanknüpfung keine maßgebende **Teilrechtsordnung** bezeichnet (Art. 4 Abs. 3 S. 1 Hs. 1 EGBGB) und es in den USA auch kein einheitliches interlokales Recht gibt (Art. 4 Abs. 3 S. 1 Hs. 2 EGBGB), ist die Teilrechtsordnung anzuwenden, mit der der Sachverhalt am engsten verbunden ist (Art. 4
Abs. 3 S. 2 EGBGB). Dabei ist im Stadium der Rückverweisungsprüfung auf die Anknüpfungssystematik des deutschen IPR abzustellen.[9] Zunächst ist bei interlokaler
Spaltung nach einer Zugehörigkeit zum Einzelstaat zu suchen, die die deutsche
Staatsangehörigkeitsanknüpfung fortsetzen könnte. Hilfsweise ist abzustellen auf die
Systematik der Hilfsanknüpfungen zur Staatsangehörigkeit, wie sie Art. 5 EGBGB,
aber auch Art. 14 EGBGB verwenden (gewöhnlicher Aufenthalt, letzter gewöhnlicher Aufenthalt, schlichter Aufenthalt). Im Fall besteht allerdings ohnehin nur ein Bezug zu New York, so dass eine nähere Prüfung entbehrlich ist.

2. IPR von New York

a) Das **Kollisionsrecht von New York** knüpft das Erbstatut gespalten an. **331**

Für **unbeweglichen Nachlass** verweist § 3–5.1. EPTL auf das Recht der Belegenheit,
für ein in Deutschland belegenes Grundstück also auf deutsches Recht (Erbfall nach
dem 3.10.1990). Was als unbeweglicher Nachlass einzuordnen ist, bestimmt dabei
das Belegenheitsrecht, hier also deutsches Recht. Für ein Grundstück ist die Einordnung als unbeweglich unproblematisch. [Auf die strittige Frage, wie ein Restitutions-
anspruch wegen Entziehung eines Grundstücks nach § 3 VermG einzuordnen wäre,
kommt es nicht an, da nach Sachverhalt alle Restitutionsfragen ausgeblendet sind.][10]

Hinsichtlich der Eigentumswohnung in Manhattan nimmt hingegen das Recht von
New York die Verweisung an.

---

9 Vgl zu Bedenken hiergegen *Hay* IPRax 1988, 266.
10 Dazu BGHZ 131, 22; BGH JR 2001, 234.

332 **b)** Für den **beweglichen Nachlass** verweist § 3–5.1. EPTL auf das letzte *domicile* des Erblassers. Das *domicile*[11] weicht vom deutschen Wohnsitz vor allem durch die größere Beständigkeit ab. Jeder Mensch kann nur ein *domicile* haben, das sich aus zwei Elementen zusammensetzt, der Anwesenheit an einem Ort (*physical presence*) und dem Willen, dort auf nicht absehbare Zeit seinen Lebensmittelpunkt zu haben (*mental attitude*); letzteres unterscheidet das *domicile* vom gewöhnlichen Aufenthalt, der rein faktischer Natur ist. In der Schweiz hatte Mike nach dem Sachverhalt offenbar ein *domicile*, er lebte dort ohne Wegzugswillen jahrelang (*domicile of choice* – Wahldomizil). Durch den als endgültig gewollten Umzug nach Deutschland (Wohnungsaufgabe) hat er jedoch kurz vor seinem Tod ein deutsches *domicile* begründet. Das Recht von New York verweist also auch insoweit zurück auf deutsches Recht als Erbstatut.

3. Vorfragen im deutschen Erbstatut

333 **a)** Die Beerbung hinsichtlich des Grundstücks in Leipzig bestimmt sich also nach §§ 1922 ff BGB. Die Beerbung hinsichtlich des beweglichen Nachlasses und der Wohnung in Manhattan ist nicht Gegenstand der Frage.

334 **b)** Hinsichtlich der Berufung von José zum Erben kommt § 1924 Abs. 1 BGB in Betracht. Dazu müsste José **Abkömmling** des Mike sein. Hierbei handelt es sich um eine Frage, die nicht allein nach § 1754 Abs. 1 BGB beantwortet werden kann, der bei einem rein deutschen Fall einem Adoptivkind (bei deutschem Adoptionsstatut) die für § 1924 Abs. 1 BGB erforderliche Rechtsstellung vermitteln würde (dazu Rn 336 ff).

335 **c)** Hinsichtlich der Berufung der **Ehefrau** Franziska kommen § 1931 Abs. 1, § 1371 Abs. 1 oder § 1931 Abs. 4 BGB in Betracht. Daraus ergibt sich zum einen die – nach Sachverhalt nicht zu erörternde, weil unproblematische – Vorfrage der wirksamen Ehe. Zum anderen ergibt sich die **Vorfrage** des **ehelichen Güterstandes**, denn das deutsche Erbrecht ist güterstandsabhängig (dazu Rn 350 ff). Außerdem ergibt sich die Frage der **Qualifikation** von § 1371 Abs. 1 BGB (dazu Rn 353).

4. Erbberechtigung bei Adoption

336 **a)** Wie hinsichtlich der Frage der **Erbberechtigung eines Adoptivkindes** Erbstatut und Adoptionsstatut abzugrenzen sind, ist strittig.

Man könnte diese Frage ganz dem Erbstatut überlassen, so dass sich bei deutschem Erbstatut nur die *Wirksamkeit* der Adoption als **Vorfrage** stellen würde. Dabei bliebe aber unberücksichtigt, dass § 1924 BGB nur in Verbindung mit § 1754 Abs. 1 BGB dem Adoptivkind ein Erbrecht als Abkömmling gibt. Behandelt man die Adoption nur als Vorfrage, so liest man stillschweigend §§ 1924 und 1754 Abs. 1 BGB zusammen und übergeht die besondere Natur der deutschen Adoption. Daher ist zwar vom Erbstatut auszugehen, jedoch zu berücksichtigen, dass § 1924 Abs. 1 BGB eine Adoption von der Qualität einer deutschen Volladoption voraussetzt.[12] Daher ergibt sich nicht nur die **Vorfrage der Wirksamkeit**, sondern zusätzlich ein **Substitutions-**

---

11 Vgl. Hay US-amerikanisches Recht[4] Rn 132.
12 BGH IPRax 1990, 54.

problem: Die wirksame ausländische Adoption muss eine so starke Rechtsbeziehung hervorgebracht haben, wie sie das (deutsche) Erbstatut voraussetzt.

b) Da Mike und Franziska das Kind José zweimal adoptiert haben, sind diese beiden 337 Fragen für beide ausländischen Adoptionen getrennt zu prüfen, zunächst also für die in **El Salvador** erfolgte.

aa) Eine Anerkennung nach Art. 23 des **Haager Übereinkommens** über den Schutz 338 von Kindern und die Zusammenarbeit auf dem Gebiet der internationalen Adoption (Haager AdoptÜbk 1993)[13] vom 29. 5. 1993 kommt grundsätzlich in Frage, wenn die Adoption in einem Vertragsstaat erfolgt ist; El Salvador ist seit dem 1. 3. 1999, Deutschland seit dem 1. 3. 2002 Vertragsstaat.[14] Nach Art. 23 AdoptÜbk 1993 wird eine in einem Vertragsstaat durchgeführte Adoption in anderen Vertragsstaaten kraft Gesetzes anerkannt. Dies setzt jedoch voraus, dass eine zuständige Behörde des Ursprungsstaates eine Bescheinigung über die Abkommenskonformität der Adoption (Art. 23 Abs. 1 S. 1 Hs. 2, S. 2 AdoptÜbk 1993) erteilt. Obgleich eine entsprechende Übergangsvorschrift fehlt, ist daraus zu schließen, dass eine Anerkennung nach Art. 23 Haager AdoptÜbk 1993 nur für Adoptionen in Betracht kommt, die nach dem Inkrafttreten des Übereinkommens im Ursprungsstaat erfolgt sind.

Im Übrigen würde eine Adoption nach dem Recht von El Salvador auch bei intertemporaler Anwendbarkeit und damit Anerkennung nach dem Haager AdoptÜbk 1993 nicht gemäß dessen Art. 26 Abs. 2 iVm § 2 Abs. 2 S. 1 Nr. 1 AdWirkG unmittelbar durch Anerkennung die **Wirkungen** einer Volladoption entfalten, da nach Art. 16 des salvadorianischen Adoptionsgesetzes (MAT e) die Adoption nicht die Rechtsbeziehungen zur Ursprungsfamilie abschneidet, was Voraussetzung der Transformation nach § 2 Abs. 2 Nr. 1 AdWirkG ist (vgl Rn 343).

bb) In Betracht kommt damit nur eine **verfahrensrechtliche Anerkennung** nach 339 § 16a FGG/§§ 108, 109 FamFG. §§ 2 ff AdWirkG sehen zwar ein besonderes Verfahren für die Feststellung der Anerkennungsfähigkeit einer Minderjährigenadoption mit Wirkung *inter omnes* vor, ersetzen jedoch nicht die Prüfung der Anerkennungsfähigkeit nach dem Haager AdoptÜbk 1993 oder nach deutschem Verfahrensrecht.

§ 16a FGG findet nur Anwendung auf die Anerkennung von Entscheidungen der Frei- 340 willigen Gerichtsbarkeit,[15] §§ 108, 109 FamFG betreffen nur Entscheidungen in Familiensachen außer Ehesachen. Zwar ist die Adoption aus Sicht des deutschen Verfahrensrechts eine Angelegenheit der FG (vgl §§ 1752 BGB, 35, 43b FGG: Vormundschaftsgericht) bzw eine Familiensache (§ 111 Nr. 4 FamFG). Fraglich ist aber, ob eine *Entscheidung* vorliegt (Dekretadoption). Eine rechtsgeschäftliche Adoption (Vertragsadoption) könnte nicht verfahrensrechtlich anerkannt werden, sondern müsste vollständig materiellrechtlich nach dem Adoptionsstatut (Art. 22 EGBGB) auf ihre Wirksamkeit überprüft werden. Die Qualität einer Adoption als Dekretadoption bestimmt sich danach, ob ein Gericht oder eine Behörde an einer konstitutiven, an

---

13 *Jayme/Hausmann*[14] Nr. 223.
14 BGBl. 2002 II 2872; einfacher als im BGBl. II lässt sich der Stand für alle Haager Übereinkommen auf www.hcch.net ermitteln.
15 BayObLGZ 2000, 182.

materiellen Kriterien (insbesondere am Kindeswohl) orientierten Entscheidung mitgewirkt hat. Nicht genügend wären bloß personenstandsrechtliche Registrierungsakte. Art. 6 des salvadorianischen Adoptionsgesetzes (MAT e) verlangt eine solche richterliche Entscheidung, auch wenn diese noch nicht die Adoption bewirkt, sondern eine vorherige Genehmigung zum Abschluss des Adoptionsvertrages (Art. 7 salvadorianisches Adoptionsgesetz, MAT e) bedeutet. § 16a FGG/§§ 108, 109 FamFG sind also anzuwenden.

341 cc) Die **verfahrensrechtliche Anerkennung setzt voraus,**
– Dass die Gerichte in El Salvador spiegelbildlich zuständig waren (§ 16a Nr. 1 FGG/§ 109 Abs. 1 Nr. 1 FamFG); dies ist der Fall, da das Kind salvadorianischer Staatsangehöriger war (Art. 90 Nr. 1 Verfassung El Salvador, MAT f) und die Spiegelung von § 43b Abs. 1 Nr. 1 FGG/§ 101 Nr. 1 FamFG Anerkennungszuständigkeit bei Adoption im Heimatstaat des Adoptivkindes begründet.

342 – Ein Verstoß gegen das rechtliche Gehör gegenüber einem materiell Beteiligten bei Verfahrenseinleitung (§ 16a Nr. 2 FGG/§ 109 Abs. 1 Nr. 2 FamFG) ist ausgeschlossen; das Kind war bei Einleitung des Verfahrens ordnungsgemäß durch die Jugendbehörde als gesetzlichen Vertreter vertreten; eine Anhörung des einmonatigen Kindes selbst kam nicht in Frage. Den Adoptierenden war nach Sachverhalt die Verfahrenseinleitung ebenfalls bekannt. Die ebenfalls materiell beteiligten leiblichen Eltern (Argument aus § 1747 BGB) konnten bei einem Findelkind nicht gehört werden.

343 – Eine entgegenstehende Entscheidung nach § 16a Nr. 3 FGG/§ 109 Nr. 3 FamFG liegt nicht vor.

344 – Der deutsche *ordre public* (§ 16a Nr. 4 FGG/§ 109 Abs. 1 Nr. 4 FamFG) kann durch Adoptionen verletzt sein, die rechtsstaatlichen Grundsätzen widersprechen[16], was hier nicht anzunehmen ist. Fraglich könnte sein, ob die Anerkennung einer ausländischen Adoption, die – bei überschlägiger Betrachtung – nicht Volladoption ist, seit dem Übergang deutschen Rechts zur Volladoption mit wesentlichen Grundsätzen des deutschen Rechts unvereinbar ist. Dies ist abzulehnen,[17] zumal inzwischen §§ 2 ff AdWirkG ausdrücklich die Anerkennung und Umwandlung von schwachen Adoptionen regeln.

345 Die Adoption wird jedoch nur mit den ihr eigenen Wirkungen anerkannt, also nicht kraft Anerkennung in eine deutsche Adoption transponiert.[18] Dies bestätigt die Neuregelung im AdWirkG: Eine schwache Adoption iSd § 2 Abs. 2 S. 1 Nr. 2 AdWirkG könnte nur durch Umwandlung gemäß § 3 AdWirkG,[19] die nur nach einer erneuten materiellen Prüfung (§ 3 Abs. 1 AdWirkG) erfolgen kann, zu einer Adoption mit den Wirkungen deutschen Rechts erstarken. Damit ist die in El Salvador vorgenommene

---

16 Vgl. BayObLGZ 2000, 184 zur fehlenden Einwilligung.
17 OLG Zweibrücken StAZ 1985, 132.
18 OLG Zweibrücken StAZ 1985, 132.
19 Die Umwandlung einer schwachen Adoption ersetzt die nach bisherigem Recht zur Vervollständigung oder Klärung der Wirkungen des Annahmeverhältnisses erforderliche „Nachadoption" vor deutschen Gerichten.

Adoption zwar anzuerkennen, entfaltet aber aus familienrechtlicher Sicht nur die Wirkungen nach dem salvadorianischen Adoptionsgesetz.

dd) Die für die erbrechtliche Wirkung notwendige **Substitutionsprüfung** stellte bisher einen umfassenden Vergleich der Wirkungen der ausländischen Adoption mit denen des deutschen Adoptionsrechts an. Insbesondere war nicht isoliert auf die erbrechtlichen Wirkungen zu sehen. Seitdem § 2 Abs. 2 S. 1 Nr. 1 AdWirkG, der nicht nur für Adoptionen gilt, die dem Haager AdoptÜbk 1993 unterfallen, für Adoptionen, welche das Eltern-Kind-Verhältnis zu den leiblichen Eltern erlöschen lassen, die Feststellung vorsieht, dass das Annahmeverhältnis einem nach den deutschen Sachvorschriften begründeten gleichsteht, ist zu folgern, dass damit auch das maßgebliche materielle Kriterium der Gleichstellung definiert ist. Vorliegend kommt es also nicht darauf an, dass nach salvadorianischem Adoptionsrecht (MAT e) das Adoptivkind die Adoptiveltern als gesetzlicher Erbe beerben würde (Art. 24 Abs. 1 salvadorianisches Adoptionsgesetz, MAT e). Da die Beziehungen des Kindes zur Ursprungsfamilie nicht abgeschnitten, sondern lediglich durch die Beziehung zu den Adoptiveltern – vorübergehend – überlagert werden (Art. 16 und Art. 2 salvadorianisches Adoptionsgesetz, MAT e), besteht für die salvadorianische Adoption keine Gleichwertigkeit zu einem Annahmeverhältnis nach deutschen Sachvorschriften.

José ist also durch die Adoption in El Salvador nicht „Abkömmling" iSd § 1924 Abs. 1 BGB geworden.

c) Zu prüfen ist damit die **Adoption in der Schweiz**.

aa) Im Verhältnis zur Schweiz ist ebenfalls das **Haager AdoptÜbk 1993** in Kraft, wiederum aber ist es intertemporal nicht auf die Anerkennung der vor dem Inkrafttreten des Übereinkommens für die Schweiz am 1. 1. 2003 erfolgte Adoption anwendbar.

bb) Damit beurteilt sich die Anerkennung wiederum nach **§ 16a FGG/§§ 108, 109 FamFG**, da eindeutig eine konstitutiv die Adoption herstellende Entscheidung vorliegt (Art. 268 Abs. 1, 268a Abs. 1 ZGB, MAT h); dass eine Behörde entschieden hat, ist ohne Bedeutung, auch wenn für eine entsprechende deutsche Entscheidung ein Gericht zuständig gewesen wäre.

– Die spiegelbildliche Zuständigkeit schweizerischer Gerichte oder Behörden folgt aus § 43b Abs. 1 Nr. 2 FGG/§ 101 Nr. 2 FamFG (gewöhnlicher Aufenthalt).

– § 16a Nr. 2 FGG/§ 109 Abs. 1 Nr. 2 FamFG (Kenntnis der Verfahrenseinleitung) ist nicht verletzt. Die Behandlung der Adoptiveltern nach der Adoption in El Salvador als gesetzliche Vertreter entspricht der Wirkung, die auch aus deutscher Sicht jener Adoption zukäme, das Kind war also ordnungsgemäß vertreten. Der Verzicht auf die Gewährung rechtlichen Gehörs an unbekannte leibliche Eltern eines Findelkindes ist unvermeidbar.

– § 16a Nr. 3 FGG/§ 109 Abs. 1 Nr. 3 FamFG könnte entgegenstehen, weil die frühere salvadorianische Adoption hier bereits anerkennungsfähig ist; jedoch ist eine neue Adoption, die zu einer Erweiterung der Wirkungen führt, mit der anerkannten schwächeren Adoption nicht „unvereinbar".

346

347

348

– § 16a Nr. 4 FGG/§ 109 Abs. 1 Nr. 4 FamFG (*ordre public*) ist offenkundig nicht berührt.

349 **cc)** Damit ist die Adoption mit den Wirkungen des schweizerischen Rechts anzuerkennen. Diese Adoption ist einer deutschen **substituierbar**, die familien- und erbrechtlichen Wirkungen entsprechen denen des deutschen Rechts (Art. 267 ZGB, MAT h), insbesondere beendet die Adoption die Rechtsbeziehungen zu den leiblichen Eltern (§ 2 Abs. 2 S. 1 Nr. 1 AdWirkG).

Damit ist *José* auch für Zwecke des § 1924 BGB Abkömmling des *Mike* und damit einziger gesetzlicher Erbe erster Ordnung.

5. Ehelicher Güterstand und erbrechtliche Ehegatten-Erbquote

350 **a)** Unabhängig von der Qualifikation des § 1371 Abs. 1 BGB ist das **Ehegüterstatut** zu bestimmen; denn § 1931 Abs. 1 und Abs. 4 BGB regeln schon die *erbrechtliche* Ehegattenerbquote güterstandsabhängig. Art. 15 Abs. 1 EGBGB verweist auf die Anknüpfungsleiter des **Art. 14 Abs. 1 EGBGB**. Da die Ehegatten nie ein gemeinsames Heimatrecht hatten, ist das Recht des gemeinsamen gewöhnlichen Aufenthaltes bei Eheschließung berufen. Verwiesen ist damit, als Gesamtverweisung (Art. 4 Abs. 1 EGBGB), auf schweizerisches Recht.

351 **b)** Da die Ehegatten kein Recht gewählt haben (Art. 52 IPRG, MAT g), unterstehen nach **schweizerischem IPR** die güterrechtlichen Verhältnisse dem Recht des Staates, in dem die Ehegatten gemeinsam ihren Wohnsitz haben (Art. 54 Abs. 1 lit. a IPRG, MAT g). Art. 54 IPRG knüpft jedoch nach seinem klaren Wortlaut das Güterstatut *wandelbar* an. Damit nimmt das schweizerische IPR die Verweisung nur bis zum Umzug nach Hannover an und verweist danach, insbesondere für den Zeitpunkt des Todes von Mike, zurück auf deutsches Recht.

352 **c)** Da die Ehegatten keinen Ehevertrag geschlossen hatten, lebten sie unter deutschem Güterstatut im gesetzlichen Güterstand der **Zugewinngemeinschaft** (§ 1363 Abs. 1 BGB). Es ist daher erbrechtlich auf § 1931 Abs. 1 BGB abzustellen, denn § 1931 Abs. 4 BGB setzt voraus, dass „beim Erbfall" Gütertrennung bestand.

6. Güterrechtliche Erhöhung der Ehegatten-Erbquote

353 Die Erbquote der Franziska aus § 1931 Abs. 1 BGB (ein Viertel) könnte sich nach § 1371 Abs. 1 BGB um ein Viertel erhöhen. Da § 1371 Abs. 1 BGB einerseits den Zugewinnausgleich im Todesfall verwirklicht, andererseits dazu erbrechtliche Methoden (Erbquote) einsetzt, ist die **Qualifikation** strittig. Ob § 1371 Abs. 1 BGB immer bei deutschem Güterstatut Anwendung findet (güterrechtliche Qualifikation)[20], oder ob zusätzlich deutsches Recht auch Erbstatut sein muss (Doppelqualifikation)[21] ist strittig. Im Fall ist, soweit die Fragestellung reicht, deutsches Recht Güterstatut und Erbstatut, also § 1371 Abs. 1 BGB nach beiden Ansichten anzuwenden.

---

20 ZB OLG Hamm IPRspr 1995 Nr. 119.
21 ZB OLG Düsseldorf IPRspr 1987 Nr. 105.

Ergebnis: Damit sind Franziska und José, soweit deutsches Recht Erbstatut ist, Erben 354
nach Mike zu je ein Halb und gemäß §§ 1922, 2032 Abs. 1 BGB Miteigentümer des
Grundstücks in Erbengemeinschaft.

Frage 2: Berichtigung des Grundbuchs

1. Erbschein für Grundbuchberichtigung

Es könnte ein Antrag auf Berichtigung des Grundbuchs durch Eintragung des außer- 355
halb des Grundbuchs erfolgten Eigentumsübergangs auf die Erbengemeinschaft gestellt werden (§ 13 GBO). Der hierzu erforderliche Nachweis der Erbfolge kann nur
durch Erbschein (§ 35 Abs. 1 S. 1 GBO) erfolgen. Da im Grundbuch noch Johannes
Michelberger (alias John Michelob) als Eigentümer eingetragen ist, bedarf es also des
Nachweises beider eingetretener Erbfolgen durch Erbscheine.

2. Erbschein nach John Michelob

a) Rechtslage nach FGG und § 2369 aF BGB

aa) Fraglich ist die **internationale Zuständigkeit** deutscher Gerichte zur Erteilung 356
eines Erbscheins. Nach bisherigem Recht fehlt eine ausdrückliche Regelung in
§§ 72 ff FGG; man könnte somit an die in anderen Verfahrensarten für die internationale Zuständigkeit übliche entsprechende Anwendung der Bestimmungen über die
örtliche Zuständigkeit, also § 73 FGG denken. Hiergegen spricht jedoch, dass dann
schon bei schlichtem Aufenthalt (im Todeszeitpunkt) eines ausländischen Erblassers
in Deutschland aus § 73 Abs. 1 FGG eine umfassende deutsche Zuständigkeit folgen
würde, obgleich für einen nach fremdem Erbstatut erteilten Erbschein betreffend im
Ausland belegenen Nachlass kaum ein Bedürfnis besteht. Zudem orientiert § 73
Abs. 3 FGG bei Wohnsitz des nicht-deutschen Erblassers im Ausland die örtliche
Zuständigkeit an der Nachlassbelegenheit in Deutschland, ist also erkennbar auf die
Ausnahmeregelung des § 2369 Abs. 1 BGB ausgerichtet. Diese Bestimmung aber
geht offenbar davon aus, dass die internationale Zuständigkeit deutscher Gerichte bei
fremdem Erbstatut nur ausnahmsweise besteht, woraus die hM das sog. „Gleichlauf-
prinzip"[22] folgert: Deutsche Gerichte sind zur Erteilung von Erbscheinen nach deutschem Recht immer zuständig; für Fremdrechtserbscheine dagegen nur nach § 2369
BGB.

bb) Hinsichtlich des Grundstücks ist fraglich, ob die Voraussetzung des Gleichlaufs 357
vorliegt, denn der Erbschein ist nach dem **Recht der ehemaligen DDR** zu erteilen.
Für einen Fremdrechtserbschein könnte sprechen, dass angesichts der Abgeschlossenheit des Sachverhalts vor dem 3. 10. 1990 lediglich die damalige Situation nachge-
zeichnet wird. Damals aber war das Recht der DDR ein fremdes Recht iSd Gleichlauf-
prinzips. Entscheidend ist aber, dass sich die verfahrensrechtliche Situation nicht
nachzeichnen lässt, denn bis zum 2. 10. 1990 wären (bundes-)deutsche Gerichte zur

---

22 BayObLGZ 1986, 469; BayObLGZ 1999, 303.

Erteilung eines Erbscheins für ein in Leipzig belegenes Grundstück überhaupt nicht zuständig gewesen, nicht nach § 2353 BGB, weil fremdes Recht anzuwenden war, nicht nach § 2369 BGB, weil das Grundstück nicht im (kollisionsrechtlichen) Inland lag. Daher kann nur von der gegenwärtigen Situation ausgegangen werden: Da die DDR der Bundesrepublik beigetreten ist, ist das Recht der DDR nun als früher in einem Landesteil geltendes deutsches Recht anzuwenden. Es besteht also eine internationale Zuständigkeit nach dem Gleichlaufprinzip und der zu erteilende Erbschein ist ein Eigenrechtserbschein.

358 **cc)** Dieser Eigenrechtserbschein muss jedoch **gegenständlich beschränkt** werden auf Rechte an im Beitrittsgebiet (Art. 3 Einigungsvertrag) belegenen Grundstücken und Gebäuden, denn weiter reicht die durch § 25 Abs. 2 DDR-RAG bewirkte Anwendung des Rechts der ehemaligen DDR nicht; da nur diese die internationale Zuständigkeit deutscher Gerichte begründet, beschreibt sie zugleich auch die Begrenzung der Anwendung deutschen Rechts iSd Gleichlaufgrundsatzes.

359 **dd)** Die **örtliche Zuständigkeit** ergibt sich aus § 73 Abs. 3 FGG, da John Michelob Ausländer war und nie einen deutschen Wohnsitz oder Aufenthalt hatte; zuständig ist also das AG Leipzig – Nachlassgericht (§ 72 FGG).

b) Rechtslage nach Inkrafttreten des FamFG

360 **aa)** Nach Inkrafttreten des **FamFG** beurteilt sich die internationale Erbscheinszuständigkeit mangels ausdrücklicher Regelung in §§ 98 ff FamFG gemäß § 105 FamFG nach den Bestimmungen über die örtliche Zuständigkeit in Nachlass- und Teilungssachen, zu denen Erbscheinsverfahren gehören (§ 342 Abs. 1 Nr. 6 FamFG). Damit wurde das Gleichlaufprinzip bewusst[23] aufgegeben. Die internationale und örtliche Zuständigkeit deutscher Gerichte ergibt sich, da John Michelob Ausländer war und nie einen deutschen Wohnsitz oder Aufenthalt hatte, beim AG Leipzig – Nachlassgericht (§ 343 Abs. 3 FamFG).

361 **bb)** Nicht durch die Aufgabe des Gleichlaufgrundsatzes betroffen ist die Beschränkung der Erbfolge nach dem Recht der DDR auf den im Beitrittsgebiet belegenen Immobiliarnachlass. Diese Beschränkung ergibt sich schon bisher nicht aus dem Gleichlaufprinzip, sondern aus Art. 3 Abs. 3 EGBGB (Einzelstatut; ab 11. 1. 2009: Art. 3a Nr. 2 EGBGB) iVm § 25 Abs. 2 DDR-RAG.

362 **cc)** Fraglich ist jedoch, ob der Erbschein im Übrigen auf den im Inland belegenen Nachlass zu **beschränken** ist, oder ob ein umfassender Erbschein (insoweit nach peruanischem Recht) zu erteilen ist. Gegen eine Beschränkung könnte sprechen, dass mit der Aufgabe des Gleichlaufgrundsatzes durch das FamFG bewusst die Möglichkeit in Kauf genommen wurde, dass deutsche Gerichte gegenständlich unbeschränkte Fremdrechtserbscheine ausstellen, die im Ausland sodann in aller Regel wirkungslos sind. Vorliegend stützt sich jedoch die internationale Zuständigkeit deutscher Gerichte nur auf § 343 Abs. 3 FamFG, der bei sinngerechter Auslegung nur eine Zuständigkeit zur Erteilung von Erbscheinen für im Inland belegene Nachlassgegenstände be-

---

23 Regierungsentwurf BT-Drucks 16/6308 zu § 105 FamFG.

gründet; dass der Gesetzgeber § 2369 BGB, der Grundlage der Auslegung des § 73 Abs. 3 FGG war, geändert hat, zugleich aber § 73 Abs. 3 FGG in § 343 Abs. 3 FamFG überführt hat, begründet keine Erweiterung des Anwendungsbereichs: § 343 Abs. 3 FamFG schafft lediglich eine Zuständigkeit für inländischen Nachlass. Der Erbschein ist also auch nach neuem Recht gegenständlich zu beschränken.

3. Erbschein nach Mike Michelob

a) Rechtslage nach FGG und § 2369 BGB

aa) Die **internationale Zuständigkeit** deutscher Gerichte folgt aus dem Gleichlauf-   **363** prinzip, soweit deutsches Recht (BGB) kraft Rückverweisung aus dem Recht von New York anzuwenden ist. Dies gilt auf unterschiedlichen Wegen für Mobilien insgesamt und für die in Leipzig belegene Immobilie. Gleichwohl ist der Erbschein als Eigenrechtserbschein gegenständlich zu beschränken auf den Mobiliarnachlass, sowie auf den in Deutschland belegenen Immobiliarnachlass. Für die Wohnung in Manhattan und – möglicherweise unbekannt vorhandenen – weiteren Immobiliarnachlass im sonstigen Ausland fehlt es an einer internationalen Zuständigkeit deutscher Gerichte.

bb) Die **örtliche Zuständigkeit** folgt aus § 73 Abs. 1 FGG. Zuständig ist das AG   **364** Hannover – Nachlassgericht.

b) Rechtslage nach Inkrafttreten des FamFG

aa) Die **internationale und örtliche Zuständigkeit** ergibt sich aus §§ 105, 343   **365** Abs. 1 Hs. 1 FamFG wegen des deutschen Wohnsitzes des Erblassers im Zeitpunkt des Erbfalls. Zuständig ist also weiterhin das AG Hannover – Nachlassgericht.

bb) Der Erbschein ist zwar nicht mehr aufgrund einer eingeschränkten Zuständigkeit   **366** zu **beschränken**. Gleichwohl ist die Anwendung deutschen Rechts auf die Beerbung aufgrund der gespaltenen Rückverweisung aus dem Recht von New York weiterhin beschränkt, so dass ein Eigenrechtserbschein weiterhin nur für den Mobiliar- und den inländischen Immobiliarnachlass zu erteilen ist.

cc) Fraglich ist damit, wie hinsichtlich der **Wohnung in Manhattan im Erbscheins-   367 verfahren** zu verfahren ist. Die nun unbeschränkte Zuständigkeit deutscher Gerichte zur Erbscheinserteilung bei deutschem Erblasserwohnsitz erstreckt sich auch auf den nicht deutschem Recht unterliegenden im Ausland belegenen Nachlass des Erblassers. Das AG Hannover müsste also ggf das Erbrecht von New York ermitteln, um einen seiner Zuständigkeit entsprechenden umfassenden Erbschein zu erteilen, der sodann für die Nachlassabwicklung in New York absehbar bedeutungslos sein dürfte. Um dies zu verhindern, kann der Erbscheinsantrag nach § 2369 Abs. 1 nF BGB auf die im Inland befindlichen Gegenstände beschränkt werden. Dies ist vorliegend Franziska zu raten, so dass ohne weiteren Zeit- und Kostenaufwand letztlich derselbe gegenständlich beschränkte Erbschein zu erteilen ist, wie unter altem Recht.

Ergebnis: Die Berichtigung des Grundbuchs kann nur auf Antrag unter Vorlage zwei-   **368** er Erbscheine nach beiden Erblassern erreicht werden. Den Erbschein nach John Michelob erteilt nach altem und neuem Verfahrensrecht das AG Leipzig – Nachlassgericht – gegenständlich beschränkt auf den im Beitrittsgebiet belegenen Immobiliarnachlass in Anwendung von DDR-ZGB. Den Erbschein nach Mike Michelob erteilt das AG Hannover – Nachlassgericht. Er ist nach altem Verfahrensrecht gegenständlich auf den inländischen Nachlass beschränkt nach deutschem Recht zu erteilen; nach FamFG bedarf es hierzu einer Beschränkung des Antrags.

Frage 3: Deutsche Staatsangehörigkeit von José?

1. Annahme durch einen Deutschen

369   José könnte die deutsche Staatsangehörigkeit nur nach § 6 RuStAG (seit 1. 1. 2000 § 6 StAG) erworben haben. Eine Annahme durch einen Deutschen liegt in beiden Fällen vor, da die adoptierende Franziska im Zeitpunkt beider ausländischer Adoptionen deutsche Staatsangehörige war.

2. Annahme nach den deutschen Gesetzen wirksam

370   Fraglich ist jedoch das Tatbestandsmerkmal „nach den deutschen Gesetzen wirksame Annahme". Man könnte aus dieser Wendung schließen, dass eine nach **ausländischem Recht** erfolgte Adoption durch einen Deutschen nie zum Erwerb der deutschen Staatsangehörigkeit führt. Jedoch ist sowohl Art. 22 EGBGB als auch § 16a FGG/§§ 108, 109 FamFG sowie Art. 23 Haager AdoptÜbk 1993 deutsches Recht, wenn auch nicht materielles, so doch in Deutschland geltendes Kollisions- oder Verfahrensrecht. Eine verfahrensrechtlich oder völkerrechtlich anzuerkennende Adoption ist also ebenfalls eine „nach den deutschen Gesetzen" wirksame Annahme (§ 6 StAG).

3. Substitution

371   Dennoch kann für den Erwerb der deutschen Staatsangehörigkeit eine ausländische Adoption nicht genügen, wenn sie nicht einer deutschen Adoption auch materiell gleichwertig ist. Es handelt sich also auch hier um eine Frage der **Substitution**. Dabei ist für die Erlangung der Staatsangehörigkeit ein wenigstens ebenso strenger Maßstab anzulegen wie in der Frage der Substituierbarkeit für § 1924 BGB. Die ausländische Adoption muss nach dem angewendeten Recht Volladoption sein,[24] wobei nunmehr wiederum auf das Kriterium der Gleichstellung in § 2 Abs. 2 Nr. 1 AdWirkG abzustellen ist. Es genügt also nicht, wenn die Adoption nach dem ihr im Ausland zugrundegelegten Recht den Erwerb der *dortigen* Staatsangehörigkeit bewirken würde. Auf die Haltung des fremden Staatsangehörigkeitsrechts (MAT f) kommt es also nicht entscheidend an.

372   **Ergebnis:** Damit ist die Adoption in El Salvador als schwache Adoption nicht geeignet, den Erwerb der deutschen Staatsangehörigkeit zu vermitteln, während die Volladoption nach schweizerischem Recht auch für den Staatsangehörigkeitserwerb nach § 6 StAG genügt.

---

24 BayVGH StAZ 1989, 287.

Literaturhinweise

Behandlung der fallrelevanten Themen in:
Rauscher Internationales Privatrecht (3. Aufl.)

Erbstatut:	Rn 1002 ff
Einzelstatut bricht Gesamtstatut:	Rn 540 ff
Nachlassspaltung:	Rn 1028 ff
Substitution ausländischer Adoption:	Rn 968 ff
Anerkennung ausländischer Adoptionen:	Rn 974
Haager AdoptÜbk 1993 und AdWirkG:	Rn 973, 978 f
Ehegüterstatut:	Rn 756 ff
Qualifikation von § 1371 Abs. 1:	Rn 467
Staatsangehörigkeit und Adoption:	Rn 260, 536

Weitere Literatur:

1. Erbstatut
Staudinger/Dörner (2007), Art. 25 EGBGB, Rn 18 und 76.

2. Einzelstatut bricht Gesamtstatut
Staudinger/Mankowski (2003), Art. 15 EGBGB, Rn 18.

3. Nachlassspaltung
Staudinger/Dörner (2007), Art. 25 EGBGB, Rn 760. *Dörner* Zur Frage der kollisionsrechtlichen Nachlassspaltung, FamRZ 2003, 1880.

4. Adoptionsstatut und Erbstatut
Staudinger/Dörner (2007), Art. 25 EGBGB, Rn 174.

5. Anerkennung ausländischer Adoptionen
Staudinger/Henrich (2002), Art. 22 EGBGB, Rn 84. *Weitzel* Zur Anerkennung ausländischer Adoptionsentscheidungen, IPRax 2007, 308.

6. Haager AdoptÜbk von 1993 und AdoptWirkG
Staudinger/Henrich (2002), Vorb Art. 22 EGBGB, Rn 11. *Bush* Adoptionswirkungsgesetz und Haager Übereinkommen-von der Nachadoption zur Anerkennung und Wirkungsfeststellung, IPRax 2003, 13.

7. Ehegüterstatut
Staudinger/Mankowski (2003), Art. 15 EGBGB, Rn 22 und 231. *Von Eichel* Internationales Ehegüterrecht, ZFE 2008, 328.

8. Qualifikation von § 1371 I BGB
Staudinger/Dörner (2007), Art. 25 EGBGB, Rn 34. *Horn* Der deutsche Zugewinnausgleichsanspruch im internationalen Erbrecht, ZEV 2008, 417.

9. Staatsangehörigkeit und Adoption
Henrich Wirksamkeit einer Auslandsadoption und Rechtsfolgen für die Staatsangehörigkeit, IPRax 2008, 237.

III. Erbrecht

Fall 7
Alfonsos Vermächtnisse

(Bearbeitungszeit: 5 Stunden)

373 Der 65jährige spanische Staatsangehörige Alfonso Sanchez Velasquez und die 55jährige österreichische Staatsangehörige Adelheid Auersperg haben 1987 in Madrid die Ehe geschlossen, wo sie sodann auch ihren dauernden Wohnsitz hatten. Da beide erhebliches Vermögen und Abkömmlinge aus früheren Ehen haben, beabsichtigten sie, eine gemeinsame Regelung ihrer Nachlässe zu treffen. Nach Konsultation eines spanischen Notars, der diesen Plan für ausgeschlossen hielt, stellten sie eigene Nachforschungen zur Rechtslage an mit dem Ergebnis, dass sowohl das spanische als auch das österreichische Recht einigermaßen unverständliche Bestimmungen zu ihrem Problem bereithielten. Hingegen schien ihnen § 2267 BGB ein vorzügliches Rezept zur Eigenanfertigung gemeinsamer Ehegattentestamente zu sein. Dies führte zu der Idee, anlässlich einer Silvesterreise nach München, wo Adelheid Auersperg ein Grundstück und ein beträchtliches Wertpapierdepot bei einer bayerischen Bank besaß, ein gemeinschaftliches Testament zu errichten. Alfonso und Adelheid verfügten – bei bester Gesundheit und *vor* dem Öffnen einer Flasche Champagner – am 31. 12. 1989 in ihrer Suite des Hotels Bayerischer Hof in München unter Wahrung der Form des § 2267 BGB: „Wir setzen uns gegenseitig zu Alleinerben ein. Erbe des Längerlebenden werden unsere jeweils einseitigen Kinder Estrella Sanchez Vincente und Manfred Auersperg zu gleichen Teilen". Den Text schrieb Adelheid, Alfonso unterzeichnete lediglich eigenhändig.

Am 15. 2. 2006 verunglückten Alfonso und Adelheid mit ihrem PKW. Alfonso verstarb noch an der Unfallstelle. Adelheid verstarb, ohne das Bewusstsein wieder erlangt zu haben, am 20. 2. 2006. Der Nachlass des Alfonso besteht aus Landgütern in Spanien, sowie einem Aktiendepot im Wert von etwa 5 Mio. € bei einer deutschen Bank in Frankfurt/Main. Adelheid hinterlässt außer dem Grundbesitz das etwa 3 Mio. € schwere Depot in München.

Beim Begräbnis treffen Estrella Sanchez Vincente und Manfred Auersperg auf die Flamencotänzerin Carmen Almeida Castro, mit der Alfonso seit 1995 bis zu seinem Tod eine ihn offenbar beglückende und der Adelheid verborgen gebliebene Liebesbeziehung unterhalten hatte. Sie präsentiert tags darauf ein am 10. 1. 1999 vor einem Notar in Madrid nach spanischem Recht formwirksam errichtetes Testament des Alfonso, in dem es heißt: „Ich widerrufe alle meine bisherigen Testamente und Verfügungen und setze als meine Alleinerbin meine Tochter Estrella Sanchez Vincente ein. Meiner guten Freundin Carmen Almeida Castro vermache ich die Hälfte meines Aktiendepots in Frankfurt. Meiner Ehefrau Adelheid Auersperg vermache ich, was ihr kraft Gesetzes gebührt."

Welche Erbscheinsanträge können mit Aussicht auf Erfolg gestellt werden? Alle Beteiligten sind bereit, von den Erbschaften anzunehmen, was immer sie erhalten können. Auf ehegüterrechtliche Fragen ist nicht einzugehen. Es ist davon auszugehen, dass in Österreich kein Nachlass belegen ist und deshalb dort auch kein Nachlassverfahren ("Verlassenschaftsverfahren") durchgeführt werden kann.

Materialien

I. Österreichisches IPR

a) Bundesgesetz über das Internationale Privatrecht v. 15. 6. 1978 (IPRG)[1]   **374**

§ 9 IPRG
(1) Das Personalstatut einer natürlichen Person ist das Recht des Staates, dem die Person angehört...

§ 28 IPRG
(1) Die Rechtsnachfolge von Todes wegen ist nach dem Personalstatut des Erblassers im Zeitpunkt seines Todes zu beurteilen...

§ 30 IPRG
(1) Die Testierfähigkeit und die sonstigen Erfordernisse für die Gültigkeit einer letztwilligen Verfügung, eines Erbvertrages oder eines Erbverzichtsvertrages sind nach dem Personalstatut des Erblassers im Zeitpunkt der Rechtshandlung zu beurteilen. Wäre danach die Gültigkeit nicht gegeben, wohl aber nach dem Personalstatut des Erblassers im Zeitpunkt seines Todes, so gilt dieses.
(2) Für den Widerruf bzw die Aufhebung dieser Rechtshandlungen gilt der Abs. 1 sinngemäß.

§ 31 IPRG
(1) Der Erwerb und der Verlust dinglicher Rechte an körperlichen Sachen einschließlich des Besitzes sind nach dem Recht des Staates zu beurteilen, in dem sich die Sachen bei Vollendung des dem Erwerb oder Verlust zugrunde liegenden Sachverhalts befinden.

§ 32 IPRG
Für dingliche Rechte an einer unbeweglichen Sache ist der § 31 auch dann maßgebend, wenn diese Rechte in den Anwendungsbereich einer anderen inländischen Verweisungsnorm fallen.
[Hinweis: § 32 iVm § 31 wird von der Rechtsprechung eng nach dem Wortlaut ausgelegt.]

II. Österreichisches materielles Recht[2]

b) Allgemeines Bürgerliches Gesetzbuch (ABGB, in Klammern: Titelüberschriften)

§ 533 ABGB (Titel zu dem Erbrechte)
Das Erbrecht gründet sich auf den nach gesetzlicher Vorschrift erklärten Willen des Erblassers; auf einen nach dem Gesetze zulässigen Erbvertrag (§ 602), oder auf das Gesetz.

§ 547 ABGB (Wirkung der Annahme der Erbschaft)
Der Erbe stellt, sobald er die Erbschaft angenommen hat, in Rücksicht auf dieselbe den Erblasser vor. Beide werden in Beziehung auf einen Dritten für eine Person gehalten. Vor der Annahme des Erben wird die Verlassenschaft so betrachtet, als wenn sie noch von dem Verstorbenen besessen würde.

§ 727 ABGB (Fälle der gesetzlichen Erbfolge)
Wenn der Verstorbene keine gültige Erklärung des letzten Willens hinterlassen; wenn er in derselben nicht über sein ganzes Vermögen verfügt; wenn er die Personen, denen er kraft Gesetzes einen Erbteil zu hinterlassen schuldig war, nicht gehörig bedacht hat; oder, wenn die eingesetzten Erben die Erbschaft nicht annehmen können oder wollen; so findet die gesetzliche Erbfolge ganz oder zum Teile statt.

---

1 *Schauer* (ehemals *Bydlinski*) Österreichische Gesetze (Stand 2008).
2 *Schauer* (ehemals *Bydlinski*) Österreichische Gesetze (Stand 2008).

§ 732 ABGB (Gesetzliche Erben)
Wenn der Erblasser Kinder des ersten Grades hat, so fällt ihnen die ganze Erbschaft zu; sie mögen männlichen oder weiblichen Geschlechtes; sie mögen bei Lebzeiten des Erblassers oder nach seinem Tode geboren sein.

§ 1248 ABGB (Wechselseitige Testamente)
Den Ehegatten ist gestattet, in einem und dem nämlichen Testamente sich gegenseitig, oder auch andere Personen als Erben einzusetzen. Auch ein solches Testament ist widerruflich; es kann aber aus der Widerrufung des einen Teils auf die Widerrufung des andern Teils nicht geschlossen werden.
[Hinweis: Die Rechtsprechung legt den letzten Halbsatz dahingehend aus, dass eine Vermutung für Wechselbezüglichkeit (die begrifflich wie in § 2270 BGB verstanden wird) bei gemeinsamen Verfügungen nicht besteht, Wechselbezüglichkeit jedoch durch Auslegung festgestellt werden kann und dann mit dem Widerruf der einen auch die andere Verfügung als widerrufen anzusehen ist. Ob ein für einen Ehegatten unwirksames gemeinsames Testament für den anderen Ehegatten wirksam sein kann, ist ebenfalls eine Frage der Auslegung.]

III. Österreichisches Verfahrensrecht

c) Nach dem Gesetz über das Verfahren außer Streitsachen (AußStrG) findet eine Verlassenschaftsabhandlung statt, während derer der Erbe sich *„erbserklären"* (annehmen oder ausschlagen) muss. Nimmt er an, so erwirbt er das Eigentum an den Nachlassgegenständen durch den gerichtlichen *Einantwortungsbeschluss* (§ 174 AußStrG).

IV. Spanisches IPR[3]

d) Código Civil (cc)

Art. 9 cc
2. Die Wirkungen der Ehe richten sich nach dem gemeinsamen Personalstatut der Ehegatten im Moment der Eheschließung; bei dessen Fehlen nach dem Personalstatut oder dem Recht am gewöhnlichen Aufenthaltsort irgendeines von beiden, nach beider Wahl mittels öffentlicher Urkunde, die vor der Eheschließung zu bewilligen ist; in Ermangelung einer solchen Wahl [richten sie sich] nach dem Gesetz am gemeinsamen Wohnort unmittelbar vor der Eheschließung, und sofern dieser nicht bestand, nach dem Gesetz am Ort der Eheschließung.
(. . .)
8. Die Erbfolge von Todes wegen richtet sich nach dem Heimatrecht des Erblassers im Zeitpunkt seines Todes, unabhängig von der Beschaffenheit der Güter und des Landes, wo sie sich befinden. Die testamentarischen Verfügungen und Erbverträge, die im Zeitpunkt ihrer Abfassung im Einklang mit dem Heimatrecht des Erblassers oder Verfügenden getroffen wurden, behalten jedoch selbst dann ihre Gültigkeit, wenn das Recht, dass die Erbfolge regelt, ein anderes ist. Allerdings richten sich die Pflichtteile gegebenenfalls nach diesem letzten Recht. Die Rechte, die von Gesetz wegen dem überlebenden Ehegatten zustehen, bestimmen sich nach demselben Gesetz, dass die Wirkungen der Ehe reguliert, immer ausgenommen die Pflichtteile der Abkömmlinge.

V. Spanisches materielles Recht[4]

Es ist davon auszugehen, dass keine foralrechtlichen Bestimmungen anzuwenden sind, sondern das spanische Gemeinrecht:

e) Código Civil

Art. 440 cc
Der Besitz an Nachlassgütern gilt als ohne Unterbrechung und vom Augenblick des Todes des Erblassers an als auf den Erben übergegangen, vorausgesetzt es kommt zum Antritt der Erbschaft. Wer wirksam eine Erbschaft ausschlägt, wird so angesehen, als habe er sie nie besessen.

---

3 *Sohst* Código Civil Espanol (2005).
4 *Ferid/Firsching/Dörner/Hausmann* Spanien, Texte AI (Stand 2008).

Art. 658 cc

Die Erbschaft fällt nicht dem in einem Testament offenkundig gemachten Willen des Menschen an, und, wenn ein solches nicht vorhanden ist, nach der Vorschrift des Gesetzes. Im ersten Fall spricht man von testamentarischer, im zweiten von gesetzlicher Erbfolge. Der Anfall kann auch zum Teil gewillkürt und zum Teil nach gesetzlicher Vorschrift erfolgt.

Art. 660 cc

Erbe heißt derjenige, welcher im Wege der Gesamtrechtsnachfolge, und Vermächtnisnehmer derjenige, welcher im Wege der Einzelrechtsnachfolge von Todes wegen erwirbt.

Art. 669 cc

Es dürfen nicht zwei oder mehr Personen gemeinschaftlich oder in derselben Urkunde ein Testament errichten, gleich ob dies zum gegenseitigen Vorteil oder zugunsten eines Dritten geschieht.
[Hinweis: Die Bestimmung dient nach allgemeiner Ansicht der Sicherung der Testierfreiheit und der Verhinderung einer unerwünschten Beeinflussung des Testierenden.]

Art. 737 cc

Alle testamentarischen Bestimmungen sind ihrem Wesen nach widerruflich, auch wenn der Testator im Testament seinen Willen oder Entschluss zum Ausdruck bringt, sie nicht zu widerrufen.
Als nicht geschrieben gelten Klauseln, welche zukünftige Verfügungen aufheben, sowie solche, in denen der Testator anordnet, dass der Widerruf des Testaments nur dann wirksam sein soll, wenn er sich dabei gewisser Worte oder Zeichen bedient.

Art. 739 cc

Das frühere Testament wird von Rechts wegen durch das spätere rechtswirksam widerrufen, es sein denn, der Testator bringe in diesem seinen Willen zum Ausdruck, dass das frühere Testament ganz oder teilweise weiter bestehen soll.
Jedoch gewinnt das frühere Testament seine rechtliche Wirkung zurück, wenn der Testator nachträglich das spätere widerruft und ausdrücklich erklärt, dass es sein Wille ist, dass erstere wirksam sein soll.

Art. 806 cc

Noterbteil ist derjenige Teil des Vermögens, über welchen der Testator deswegen nicht verfügen kann, weil ihn das Gesetz bestimmten Erben vorbehalten hat, die deswegen zwingende Erben heißen.

Art. 834 cc

Der Ehegatte, welcher beim Tod seines Ehepartners nicht von diesem gerichtlich oder tatsächlich getrennt war, hat, wenn er bei der Erbschaft mit Kindern oder Abkömmlingen zusammentrifft, Anspruch auf den Nießbrauch an dem zur Aufbesserung bestimmten Drittel.

Art. 881 cc

Der Vermächtnisnehmer erwirbt Anspruch auf die reinen und einfachen Vermächtnisse mit dem Tod des Testators und überträgt ihn auf seine Erben.

Strukturierung des Falles

375 **Wesentliche Themen:** Erbstatut; Testamentsstatut; Testamentsformstatut; Anknüpfung gemeinschaftlichen Testaments; Erbscheinszuständigkeit; Noterbrecht und Vermächtnis im Erbschein; Erbrechtliche Verrichtungen ausländischen Rechts.

Ausgangsfälle: BGH NJW 1995, 58; OLG Frankfurt IPRax 1986, 111; BayObLG FamRZ 2000, 573.

I. Beerbung des Alfonso

1. Erbstatut

a) Art. 25 Abs. 1 EGBGB, Art. 4 Abs. 1 EGBGB Gesamtverweisung in spanisches Heimatrecht

b) Spanisches IPR:
- Art. 9 Nr. 8 S. 1 cc nimmt Verweisung an
- Aber akzessorische Anknüpfung Ehegattenerbrecht an Ehegüterstatut Art. 9 Nr. 8 S. 3 cc
- Dieses in unselbstständiger Anknüpfung nach Art. 9 Nr. 2 cc: gemeinsame Rechtswahl (–), *residencia habitual* sogleich nach Eheschließung (+) spanisches Recht

2. Materielles Testaments-Errichtungsstatut

a) Art. 26 Abs. 5 S. 1 EGBGB: materielle Wirksamkeit und Bindung: Erbstatut im Zeitpunkt der Testamentserrichtung, für beide Testamente spanisches Recht

b) Gesamtverweisung bzgl Art. 25 Abs. 1 EGBGB, nicht aber bzgl Art. 26 Abs. 5 EGBGB, also Art. 9 Nr. 8 S. 2 cc ohne Bedeutung

3. Testamentsformstatut

TestFormÜbk, *loi uniforme* Art. 6 TestFormÜbk
- Art. 4 TestFormÜbk: auch für Form gemeinschaftlicher Testamente
- Testament vom 31. 12. 1989: Art. 1 Abs. 1 lit. a TestFormÜbk, deutsche Ortsform, § 2267 BGB (+)
- Testament vom 10. 1. 1999 spanische Ortsform, nach Sachverhalt (+)

4. Erbfolge nach spanischem Recht

a) Nach dem 2. Testament vom 10. 1. 1999:
- materielle Zulässigkeit Art. 658 Abs. 1 cc (+)
- Persönliche Mängel (Testierfähigkeit etc.) nicht ersichtlich

b) Widerruf 1. Testament Art. 739 cc
- Wirksamkeit der Errichtung: für Alfonso jedenfalls auch nach spanischem Recht zu beurteilen
- Verbot gemeinsamen Testierens Art. 669 cc
  - Fraglich, ob materiell zu qualifizieren

- Maßstab Auslegung der Norm nach spanischem Recht
- Nach Sachverhalt: materielles Verbot
- Testament also unwirksam
- Umdeutung (–), Art. 669 cc verhindert gerade die Wirksamkeit für Alfonso
- Angleichung (–), Problem der Wirksamkeit für Adelheid kann nur das österreichische Recht lösen

c) Erbfolge nach 2. Testament
- Erbe iSd §§ 2353 ff BGB:
  - Art. 440 Abs. 1, 660 cc: Universalsukzession, Auslegung: Estrella Erbin, Carmen Legatarin
- Einsetzung der Adelheid: Auslegung als Zuwendung der *legítima* der Ehefrau, Art. 834 cc Nießbrauch an einem Drittel des Nachlasses
- Auslegung: Zuwendung der *legítima* als Vermächtnis

5. Erbschein

a) Internationale Zuständigkeit deutscher Gerichte
- § 2369 aF BGB Gleichlaufprinzip: nur, soweit deutsches Recht Erbstatut ist, hier nur § 2369 BGB gegenständlich beschränkter Fremdrechtserbschein
- § 105 FamFG, § 342 Abs. 1 Nr. 6 FamFG, § 343 FamFG: Internationale Zuständigkeit folgt örtlicher
  - Aber: Zuständigkeit aus § 343 Abs. 3 FamFG beschränkt auf in Deutschland belegene Nachlassgegenstände; keine Antragsbeschränkung nach § 2369 nF BGB erforderlich

b) Örtliche Zuständigkeit § 73 Abs. 3 FGG/ § 343 Abs. 3 FamFG: AG Frankfurt/Main
- Nachlassgericht

c) Erbe spanischen Rechts ist Universalrechtsnachfolger
- Also „Erbe" iSd §§ 2353 ff BGB, Estrella somit Alleinerbin

d) Legatar im Erbschein
- Art. 881 cc Vindikationslegat
- Aber Angleichung an deutsches Sachenrechtsstatut: kein *ex lege* Erwerb

– Also keine Aufnahme in Erbschein
e) Zuwendung der *legítima*: Auslegung als Legat, also nicht in Erbschein

Ergebnis: Ein bei dem AG Frankfurt/Main zu stellender Antrag der Estrella Sanchez Vincente auf Erteilung eines auf den in Deutschland belegenen Nachlass beschränkten Erbscheins, der die Antragstellerin als testamentarische Alleinerbin in Anwendung spanischen Rechts ausweist, ist somit zulässig und begründet.

II. Beerbung der Adelheid

1. Erbstatut
a) Art. 25 Abs. 1, Art. 4 Abs. 1 EGBGB Gesamtverweisung österreichisches Heimatrecht
   – § 28 Abs. 1 IPRG Personalstatut, also Heimatrecht § 9 Abs. 1 IPRG
b) §§ 32, 31 Abs. 1 IPRG gespaltene Rückverweisung?: (–) nur für Nachlasserwerb, nicht für Erwerbstitel

2. Materielles Testamentserrichtungsstatut
Art. 26 Abs. 5, 25 Abs. 1 Materielles Testaments-Errichtungsstatut österreichisches Recht

3. Testamentsformstatut
Testamentsformstatut für Testament vom 31. 12. 1989 deutsches Ortsformrecht.

4. Testamentarische Erbfolge?
a) Formelle Wirksamkeit des Testaments wie bei Alfonso
   – § 533 ABGB Zulässigkeit testamentarischer Erbfolge
   – Materielle persönliche Mängel (Testierfähigkeit) nicht ersichtlich
b) § 1248 S. 1 ABGB: gemeinsame letztwillige Verfügung, wechselseitig oder zugunsten Dritter zulässig
c) Unwirksamkeit wegen spanischem Recht: hM (–), Folgen der einseitigen Unwirksamkeit muss österreichisches Recht lösen
d) § 1248 S. 2 Hs. 2 ABGB: Nicht per se unwirksam, bei Wechselbezüglichkeit Unwirksamkeit vertretbar
e) § 1248 S. 2 Hs. 2 ABGB: Unwirksamkeit wechselbezüglicher Verfügung wegen Widerruf durch Alfonso (+)

f) Manfred also Alleinerbe entweder aufgrund des Testaments, wenn wirksam, oder aufgrund gesetzlicher Erbfolge § 732 ABGB

5. Erbenstellung
a) Grundstück in München: deutsches Recht Erberwerbsstatut, also § 1922 BGB
b) Beweglicher Nachlass: österreichisches Recht Erberwerbsstatut
   – Manfred durch Berufung Erbe iSd §§ 2353 ff BGB?
   – Österreichisches Recht: *hereditas iacens*, § 547 S. 2 ABGB: gerichtlicher Einantwortungsbeschluss erforderlich (§ 174 AußStrG)
   – Einantwortung durch deutsches Nachlassgericht
      – Einantwortung selbst nicht möglich, daher regelmäßig Verweisung auf Einantwortung durch österreichisches Gericht
      – Ersetzung durch bloße Annahme, wenn kein österreichisches Gericht zuständig ist (+)

6. Erbscheinserteilung
a) Internationale Zuständigkeit
   – § 2369 aF BGB gegenständlich beschränkter Erbschein für Nachlassgegenstände im Inland, Fremdrechtserbschein, auch soweit Erbschaftserwerb (Grundstück) nach deutschem Recht
   – Nach FamFG: §§ 105, 343 Abs. 3 FamFG
b) Örtliche Zuständigkeit § 73 Abs. 3 FGG/ § 343 Abs. 3 FamFG: AG München – Nachlassgericht

Ergebnis: Ein bei dem AG München – Nachlassgericht – zu stellender Antrag des Manfred Auersperg auf Erteilung eines auf den inländischen Nachlass beschränkten Erbscheins als Alleinerbe nach österreichischem Recht ist zulässig und begründet. Ob die Stellung als Alleinerbe sich aus gesetzlicher oder testamentarischer Erbfolge ergibt, hängt von der Beurteilung der einseitigen Wirksamkeit des Testaments ab.

Lösung

I. Beerbung des Alfonso

1. Erbstatut[5]

376 **a) Art. 25 Abs. 1 EGBGB** verweist im Wege der Gesamtverweisung (Art. 4 Abs. 1 EGBGB) in das spanische Heimatrecht des Erblassers bei seinem Tod.

377 **b)** Das **spanische IPR** (MAT d) nimmt die Verweisung grundsätzlich an (Art. 9 Nr. 8 S. 1 cc), knüpft aber die *erbrechtliche* Beteiligung des **Ehegatten** akzessorisch an das Ehewirkungsstatut an (Art. 9 Nr. 8 S. 3 cc), was Widersprüche zwischen Erb- und Ehegüterstatut – das ebenfalls dem Ehewirkungsstatut folgt – vermeiden soll. Das Ehewirkungsstatut ist für diesen Zweck, da die akzessorische Anknüpfung vom spanischen Erbkollisionsrecht angeordnet wird, nicht selbstständig anzuknüpfen, sondern als Teil der erbrechtlichen Anknüpfung unmittelbar nach Art. 9 Nr. 2 cc. Maßgeblich ist mangels eines gemeinsamen Heimatrechts bei Eheschließung und einer Rechtswahl das Recht des gemeinsamen gewöhnlichen Wohnsitzes (*residencia habitual*) sogleich nach Eheschließung, also das spanische Recht.[6]

2. Materielles Testaments-Errichtungsstatut

378 **a)** Die materielle Wirksamkeit sowie die Bindung an eine letztwillige Verfügung unterliegen jedoch nach Art. 26 Abs. 5 S. 1 EGBGB dem Erbstatut im **Zeitpunkt der Testamentserrichtung**. Sowohl 1989, als auch 1999 war Alfonso Spanier, so dass auch insoweit Art. 26 Abs. 5 iVm Art. 25 Abs. 1 EGBGB auf spanisches Recht verweist.

379 **b)** Diese Verweisung ist zwar hinsichtlich der Bestimmung des Erbstatuts (Art. 25 Abs. 1 EGBGB) **Gesamtverweisung**, nicht aber hinsichtlich der in Art. 26 Abs. 5 EGBGB zum Ausdruck kommenden intertemporalen Wertung; es kommt also nicht darauf an, ob das verwiesene Recht eine Art. 26 Abs. 5 EGBGB entsprechende Regelung enthält oder nicht. Vorliegend ist also Art. 9 Nr. 8 S. 2 cc (MAT d) ohne Bedeutung.

3. Testamentsformstatut

380 **a)** Die Formwirksamkeit des Testaments vom 31. 12. 1989 bestimmt sich nach dem Haager Testamentsformübereinkommen v. 5. 10. 1961 (TestFormÜbk).[7] Da das Ab-

---

5 Eine Erörterung der Zuständigkeit zur Erbscheinserteilung und dessen Art kommt nach der bisher herrschenden *Gleichlauftheorie* erst nach der Behandlung der kollisionsrechtlichen Fragen in Betracht. Nach Inkrafttreten des FamFG lässt sich die internationale Zuständigkeit zwar unabhängig vom IPR prüfen, allerdings hängt weiterhin die Stellung eines inhaltlich sachgerechten Erbscheinsantrags vom materiell anwendbaren Recht ab, weshalb weiterhin im Aufbau vorzuziehen ist, der die materiellen Rechtsfragen voranstellt.

6 Die bei Bezug zur spanischen Rechtsordnung ua im Erbrecht zu bedenkende Möglichkeit der Anwendbarkeit eines „Foralrechts" (*ley foral*) ist hier nach dem Bearbeitungshinweis ausgeblendet, was bei erkennbar ausschließlichem Bezug zu Madrid, wo – anders als in vielen beliebten spanischen Ruhestandsdomizilen – gemeinspanisches Recht gilt, auch sachlich berechtigt ist.

7 *Jayme/Hausmann*[14] Nr. 60.

kommen *loi uniforme* ist (Art. 6 TestFormÜbk), kommt es auf Bezüge zu anderen Vertragsstaaten nicht an. Nach Art. 4 TestFormÜbk gilt das Übereinkommen auch für die Form gemeinschaftlicher Testamente.

b) Die Formwirksamkeit des Testaments vom 31. 12. 1989 ergibt sich damit nach Art. 1 Abs. 1 lit. a TestFormÜbk, da nach Sachverhalt der deutschen Ortsform (§ 2267 BGB) genügt ist. **381**

c) Die Formwirksamkeit des Testaments vom 10. 1. 1999 ergibt sich ebenfalls aus den Vorschriften der Ortsform, da „nach spanischem Recht formwirksam" (Sachverhalt) testiert wurde. **382**

4. Erbfolge nach spanischem Recht

a) Zulässige testamentarische Erbfolge

Die Erbfolge könnte sich nach dem Testament vom 10. 1. 1999 („2. Testament") bestimmen. Die materielle Zulässigkeit einer letztwilligen Erbeinsetzung folgt aus Art. 658 Abs. 1 cc (MAT e). Persönliche Mängel (Testierfähigkeit etc) sind nicht ersichtlich. **383**

b) Entgegenstehendes 1. Testament

aa) Der Beurteilung der Erbfolge nach dem 2. Testament könnte das Testament vom 31. 12. 1989 („1. Testament") entgegenstehen. Das 1. Testament könnte wirksam widerrufen sein (Art. 739 cc [MAT e]), was nach Sachverhalt Alfonso auch beabsichtigte. Das setzt aber voraus, dass es überhaupt wirksam war. War es aber wirksam, so könnte Alfonso durch eine **Bindung** an das 1. Testament am Widerruf gehindert gewesen sein. **384**

bb) Es ist also zunächst zu prüfen, ob das 1. Testament **wirksam errichtet** wurde. Das beurteilt sich für Alfonso in *materieller* Hinsicht jedenfalls nach spanischem Recht als seinem Testaments-Errichtungsstatut; ob gemeinsame Testamente kumulativ an beide Errichtungsstatute anzuknüpfen sind, muss hier noch nicht geklärt werden, da sich die Wirksamkeitsprobleme ohnehin im spanischen Recht ergeben. **385**

In *formeller* Hinsicht genügt andererseits alternativ (Art. 1 TestFormÜbk) auch deutsches Recht.

cc) Der Wirksamkeit könnte das **Verbot gemeinsamen Testierens** Art. 669 cc (MAT e) entgegenstehen. Fraglich ist, ob das Verbot der gemeinsamen letztwilligen Verfügung materiellrechtlich zu qualifizieren ist; nur dann ist es als Norm des spanischen Rechts hier überhaupt anzuwenden. Wäre es nur formeller Natur, so würde es, da die deutsche Ortsform genügt, nicht eingreifen. **386**

Diese **Qualifikationsfrage** geht insoweit vom deutschen Recht aus, als das deutsche IPR die Kriterien angibt, nach denen das Testamentsformstatut und das materielle Testaments-Errichtungsstatut abzugrenzen sind. Außer Zweifel steht, dass ein solches Verbot nicht eindeutig materielle oder formelle Natur hat, sondern, je nach Ausgestaltung, der einen oder der anderen Kollisionsnorm zu unterstellen ist. Das aber ist eine Frage der Ausfüllung der dafür vom deutschen IPR aufgestellten Kriterien, die nicht das deutsche Recht beantworten kann, sondern die durch *Auslegung* nach dem Recht zu klären ist, dem die Norm angehört.[8]

387 **dd) Kriterien der Abgrenzung** sind die Ziele und Motive, die das fremde Recht mit seiner Anordnung verfolgt. Geht es vorrangig darum, typische Formziele (Authentizität, Beweisbarkeit, Übereilungsschutz) zu sichern, so ist das Verbot (nur) formeller Natur. Sollen primär die Willensbildungs- und -änderungsfreiheit geschützt werden, so ist die Norm materiell zu qualifizieren.[9]

Art. 669 cc wird (vgl den Hinweis zu Art. 669 cc [MAT e]) im spanischen Recht eindeutig im letztgenannten Sinn verstanden, ist also materiellrechtlich zu qualifizieren. Damit ist Art. 669 cc als Norm des materiellen Errichtungsstatuts anzuwenden, das 1. Testament als Testament des Alfonso unwirksam. Damit kann sich die Frage einer Bindung nicht stellen.

388 **ee)** Eine **Umdeutung in ein Einzeltestament**, an die man aus Sicht des deutschen Rechtsverständnisses denken könnte, kommt nicht in Betracht, weil das Verbot des Art. 669 cc ja gerade die materielle Wirksamkeit für den spanischem Recht unterstehenden Testierenden verhindern will, wenn eine andere Person mitgewirkt hat. Die durch ein als gemeinsam gewolltes Testieren bewirkte Beeinflussung ist aber faktischer Natur und wird nicht durch eine rechtliche Umdeutung beseitigt. Im Übrigen würde es auch an der Formwirksamkeit fehlen, denn Alfonso hat lediglich eine Unterschrift geleistet, was nur beim gemeinschaftlichen Testament nach § 2267 BGB genügt (zum spanischen Testamentsformrecht – vgl Art. 1 lit. b TestFormÜbk – fehlen insoweit im Sachverhalt weitere Angaben).

389 **ff)** Eine andere Behandlung kann auch nicht im Wege der **Angleichung** an das materielle Recht des Errichtungsortes aus Gründen des Vertrauensschutzes geboten sein. Zwar wird eine solche Angleichung vertreten, wenn ein gemeinsames Testament *wirksam errichtet* wurde, sich aber aus Sicht des Heimatrechts des später überlebenden Ehegatten als *widerruflich* erweist, während es nach dem Heimatrecht des Erstverstorbenen bindend war.[10] Dieser Fall liegt hier aber nicht vor, denn das Testament ist aus spanischer Sicht nicht bloß widerruflich, sondern es ist von Anfang an unwirksam. Auf diesen aus dem Erbstatut des einen Ehegatten bestehenden Mangel kann nur das Erbstatut des anderen Ehegatten reagieren. Im Übrigen ist Adelheid nach Alfonso verstorben, so dass auch hinsichtlich der zeitlichen Abfolge diese Angleichungssituation nicht vorliegt.

c) Verfügungen im 2. Testament

390 **aa)** Damit bestimmt sich die Erbfolge nach dem 2. Testament
Zu ermitteln ist aus Sicht des deutschen Erbscheinsverfahrens, wer als **Erbe** iSd §§ 2353 ff BGB anzusehen ist. Da sich die *Art der Beteiligung* am Nachlass und der

---

8 OLG Frankfurt IPRax 1986, 111.
9 OLG Frankfurt IPRax 1986, 111.
10 Vgl OLG Zweibrücken NJW-RR 1992, 587.

Erwerb dieser Beteiligung nach dem Erbstatut bestimmt, aber nicht jede Rechtsordnung dem Konzept des Erben im Sinn einer Universalsukzession (§ 1922 BGB: „auf einen oder mehrere Erben") folgt, bedarf es wiederum der Auslegung nach dem Erbstatut, welche Personen als Erben zu qualifizieren sind.

bb) Das spanische Recht folgt dem Konzept der **Universalsukzession** (Art. 440 Abs. 1, 660 cc [MAT e]) und unterscheidet auch zwischen **Erben** als Gesamtrechtsnachfolgern und **Legataren** (Art. 660 cc), die jedenfalls nicht Gesamtrechtsnachfolger sind. Nach dem eindeutigen Wortlaut, der sich in der Art der Zuwendung widerspiegelt und mit den Kategorien der Art. 440, 660 cc übereinstimmt, ist Estrella als Erbin eingesetzt und Carmen lediglich als Legatarin (der Hälfte des Aktiendepots). **391**

cc) Fraglich ist, wie die **Einsetzung der Adelheid** zu verstehen ist. Gewollt ist nach dem Testamentswortlaut offensichtlich, dass Adelheid dem *Umfang* nach dasjenige erhält, was ihr kraft Gesetzes gebührt. Damit ist auf den Umfang der zwingenden Nachlassbeteiligung der Ehefrau nach spanischem Recht verwiesen; gemeint ist also die *legítima* der Ehefrau. Gegenstand der Zuwendung ist damit der bei nicht getrennt lebenden Ehegatten von Art. 834 cc (MAT e) bestimmte Nießbrauch an einem Drittel des Nachlasses. **392**

Fraglich ist weiter, welche **Stellung** als Nachlassbeteiligte die Ehefrau durch Zuwendung der *legítima* erhält, was durch Auslegung der Natur der Zuwendung im spanischen Erbstatut zu ermitteln ist. Gemäß Art. 806 cc (MAT e) behält das Gesetz bestimmten Erben einen Teil der Nachlassgüter vor. Dies entspricht dem Konzept des romanischen Noterbrechts. Die *legítima* kann jedoch sowohl als Erbteil als auch als Legat hinterlassen werden; was gewollt ist, ist durch Testamentsauslegung zu ermitteln (Hinweis MAT e zu Art. 806 cc); wenn die *legítima* wie geschuldet zugewendet wurde, kommt es jedenfalls nicht auf die – theoretisch komplexe – Frage an, welche Natur der Anteil der von Art. 806 cc bestimmten „Noterben" (*herederos forzosos*) hat. Vorliegend ist wiederum nach dem klaren Wortlaut („vermache") ein Legat gewollt, zumal vorher eine *Allein*erbeneinsetzung der Tochter erfolgte.

5. Erbschein

a) Die **internationale Zuständigkeit** deutscher Gerichte beurteilt sich unterschiedlich, je nachdem, ob der Erbscheinsantrag noch unter Geltung des FGG oder nach Inkrafttreten des FamFG zu entscheiden ist (vgl auch Fall 6 Rn 355 ff) **393**

aa) Nach dem aus § 2369 aF BGB hergeleiteten **Gleichlaufprinzip** (Rn 355) besteht bislang eine internationale Zuständigkeit deutscher Gerichte nur, soweit deutsches Recht Erbstatut ist oder § 2369 aF BGB die Erteilung eines Fremdrechtserbscheins vorsieht. Bei spanischem Erbstatut folgt also die internationale Zuständigkeit aus § 2369 aF BGB. Zu erteilen ist ein gegenständlich „auf den im Inland belegenen Nachlass" beschränkter Fremdrechtserbschein. Es erfolgt keine Nennung von Nachlassgegenständen. Der Erbschein erfasst im Ergebnis aber nur das Aktiendepot und nicht den spanischen Grundbesitz. **394**

bb) Nach § 105 FamFG folgt hingegen die internationale Zuständigkeit zur Erbscheinserteilung der örtlichen, es gilt also, da Erbscheinssachen zu den Nachlass- und **395**

Teilungssachen gehören (§ 342 Abs. 1 Nr. 6 FamFG), § 343 FamFG entsprechend. Da der Erblasser im Zeitpunkt des Erbfalls weder Wohnsitz noch schlichten Aufenthalt in Deutschland hatte (§ 343 Abs. 1 FamFG) und auch nicht Deutscher war (§ 343 Abs. 2 FamFG), ergibt sich eine örtliche Zuständigkeit bei jedem Nachlassgericht, in dessen Bezirk sich Nachlassgegenstände befinden, für alle Nachlassgegenstände. Übertragen auf die internationale Zuständigkeit bedeutet dies, dass eine internationale Zuständigkeit deutscher Gerichte nur besteht, wenn sich Nachlassgegenstände in Deutschland befinden. Diese Zuständigkeit ist sodann bei sinnentsprechender Auslegung nicht umfassend, sondern weiterhin auf alle *in Deutschland belegenen* Nachlassgegenstände beschränkt, so dass trotz Neufassung des § 2369 BGB auch ohne eine Beschränkung des Erbscheinsantrags nach § 2369 nF BGB nur ein gegenständlich beschränkter Erbschein zu erteilen ist.

396 **b) Örtlich zuständig** ist nach bisheriger Rechtslage mangels deutschem Wohnsitz, Aufenthalt oder Staatsangehörigkeit des Erblassers nach § 73 Abs. 3 FGG jedes Gericht, in dessen Bezirk sich Nachlassgegenstände im Inland befinden, also das AG Frankfurt/Main – Nachlassgericht. Daran ändert sich, wie erörtert (Rn 395), unter § 343 Abs. 3 FamFG nichts.

397 **c)** Der Erbe spanischen Rechts ist als Universalrechtsnachfolger ohne weiteres „Erbe" iSd §§ 2353 ff BGB und daher in einen Erbschein aufzunehmen; Estrella Sanchez Vincente ist also auf entsprechenden Antrag ein Erbschein als **Alleinerbin** zu erteilen.

398 **d)** Fraglich ist, ob ggf auch der **Legatar in den Erbschein** aufzunehmen ist. Dies kann nicht schon aufgrund einer rein sprachlich ausgerichteten Gleichsetzung von Legatar und Vermächtnisnehmer verneint werden, denn die Bezeichnung sagt nichts über die Qualität der Rechtsstellung. Für eine Aufnahme könnte sprechen, dass nach Art. 881 cc (MAT e) der Legatar Singularrechtsnachfolger wird, also gegen den Erben nicht nur einen obligatorischen Anspruch hat (deutsches Damnationslegat), sondern das Legat mit dem Erbfall erwirbt und es damit vindizieren kann (Vindikationslegat). Dagegen spricht aber, dass die unmittelbar dingliche Wirkung eines ausländischen Vindikationslegats an in Deutschland belegenen Sachen und Forderungen dem enumerativen Katalog der Erwerbstatbestände nach deutschem *Sachenrecht* als *lex rei sitae* widerspricht. Dieser Konflikt ist im Weg der **Angleichung** zu lösen: Ein Vindikationslegat nach ausländischem Erbstatut an einem in Deutschland belegenen Vermögenswert ist hinsichtlich des Erwerbsvorgangs als *Damnationslegat* zu behandeln, insbesondere also nicht in den Erbschein aufzunehmen.[11]

399 **e)** Die Zuwendung des **gesetzlichen Nießbrauchs** an die Ehefrau ist damit ebenfalls nicht in den Erbschein aufzunehmen,[12] weil sie als Vermächtnis auszulegen war. Ohne Bedeutung ist auch, welcher Nachlassteil mit dem Nießbrauch belastet ist.

400 **Ergebnis:** Ein bei dem AG Frankfurt/Main zu stellender Antrag der Estrella Sanchez Vincente auf Erteilung eines auf den in Deutschland belegenen Nachlass beschränkten Erbscheins, der die Antragstellerin als testamentarische Alleinerbin in Anwendung spanischen Rechts ausweist, ist somit zulässig und begründet.

---

11 BGH NJW 1995, 58.
12 Vgl auch BayObLGZ 1995, 366 zum gesetzlichen Nießbrauch.

II. Beerbung der Adelheid

1. Erbstatut

a) Art. 25 Abs. 1 EGBGB verweist in das Heimatrecht, also das **österreichische IPR**.   401

§ 28 Abs. 1 IPRG (MAT a) unterstellt die Rechtsnachfolge von Todes wegen dem Personalstatut und damit ebenfalls dem Heimatrecht (§ 9 Abs. 1 IPRG), nimmt also grundsätzlich die Verweisung an.

b) Fraglich ist aber, ob sich eine **gespaltene Rückverweisung** auf deutsches Recht für   402
hier belegenen unbeweglichen Nachlass ergibt, weil § 32 IPRG dingliche Rechte an Immobilien auch im Rahmen einer anderen Verweisungsnorm (also im Rahmen des Erbstatuts) dem Sachenrechtsstatut zu unterstellen scheint. Die Verweisung aus § 32 IPRG auf § 31 Abs. 1 IPRG ist jedoch eng auszulegen (Hinweis MAT a); sie gilt nur für „Erwerb und Verlust dinglicher Rechte", nicht aber für den Erwerbs*titel*, der nach österreichischem Recht die Grundlage des Erwerbs ist. Damit verweist das österreichische Recht nur hinsichtlich des Erwerbs der Erbschaft (Universalsukzession, Annahme, Ausschlagung, Erbengemeinschaft) zurück auf deutsches Recht. Im Übrigen (Berufung zum Erben, Vermächtnisnehmer, Pflichtteil) bleibt es bei § 28 Abs. 1 IPRG.

2. Materielles Testaments-Errichtungsstatut

Materielles Testaments-Errichtungsstatut ist nach Art. 26 Abs. 5, 25 Abs. 1 EGBGB   403
österreichisches Recht; auch hier kommt es auf § 30 Abs. 1 IPRG nicht an.

3. Testamentsformstatut

Testamentsformstatut ist für das Testament vom 31. 12. 1989 (wie Rn 381) alterna-   404
tiv auch deutsches Recht.

4. Testamentarische Erbfolge

a) Die formelle Wirksamkeit des Testaments ergibt sich wie zu Rn 380.   405

Die Zulässigkeit testamentarischer Erbfolge folgt aus § 533 ABGB (MAT b). Materielle persönliche Mängel (Testierfähigkeit) liegen nicht vor.

b) Fraglich ist, ob das **gemeinsame Testament** als solches auch materiell wirksam   406
ist. Das österreichische Erbstatut der Adelheid steht hier nicht entgegen, denn § 1248 S. 1 ABGB erlaubt ausdrücklich eine gemeinsame letztwillige Verfügung, wechselseitig oder zugunsten Dritter.

c) Das Testament könnte jedoch **unwirksam** sein, weil dieses Testament aus Sicht   407
des Heimatrechts von Alfonso nicht als gemeinsames Testament wirksam war. Ob ein als gemeinsam gewolltes Testament, das nach dem Heimatrecht eines Ehegatten materiell unzulässig ist, damit als Ganzes unwirksam ist, erscheint fraglich. Dies wäre nur dann der Fall, wenn man die Errichtung eines gemeinsamen Testaments *kumulativ* an die Testaments-Errichtungsstatute beider Ehegatten anknüpft, hier also auch aus Sicht der Adelheid das spanische Recht anzuwenden ist. Knüpft man hingegen mit der

hM[13] die Errichtung des gemeinsamen Testaments für jeden Ehegatten *gesondert* an, so schlägt die Unwirksamkeit nach dem Heimatrecht des anderen Ehegatten nicht unmittelbar durch. Ob das Testament für den Ehegatten, dessen Erbstatut es nicht verbietet, wirksam bleibt, entscheidet dann sein Erbstatut. Dadurch widerfährt diesem Ehegatten auch kein kollisionsrechtlich indizierter Nachteil. Ein gemeinsames Testament kann auch ohne das Zusammentreffen zweier Erbstatute an einem einseitigen Mangel leiden (zB unerkannt fehlende Testierfähigkeit eines Ehegatten, einseitige Formunwirksamkeit mangels einer § 2267 BGB entsprechenden Form). Wenn ein solches Defizit durch ein fremdes Erbstatut des anderen Ehegatten verursacht wird, wirft das kein strukturell anderes Problem auf.

408   **d)** Folgt man dieser Ansicht, so entscheidet das österreichische Recht als Erbstatut der Adelheid, ob das Testament gleichwohl **für Adelheid wirksam** bleibt.

Dies ist eine Frage der Auslegung (Hinweis MAT b zu § 1248 ABGB). Zwar regelt § 1248 S. 2 Hs. 2 ABGB dieses Problem nicht unmittelbar. Es lässt sich aus dieser Norm jedoch folgern, dass die Unwirksamkeit eines gemeinsamen Testaments für den einen Teil nicht ohne Weiteres die Unwirksamkeit für den anderen Teil zur Folge hat. Gemeinsamkeit kann sich in der lediglich formell gemeinsamen Errichtung erschöpfen. Angesichts der offenbaren *Wechselbezüglichkeit* der Einsetzung des jeweiligen Gatten und dessen Abkömmlings ist aber eine Auslegung vertretbar, dass die Unwirksamkeit des Testaments seitens des Alfonso schon *ex ante* zur Unwirksamkeit seitens der Adelheid führt, soweit das Testament wechselbezüglich war (so zB § 2270 Abs. 1 BGB).

409   **e)** Das Testament dürfte aber, sofern es von Adelheid wirksam *errichtet* war, jedenfalls als Folge des von Alfonso gewollten Widerrufs auch als von Adelheid **widerrufen** anzusehen sein. § 1248 S. 2 Hs. 2 ABGB wird so verstanden, dass im Fall des zulässigen (§ 1248 S. 2 Hs. 1 ABGB) Widerrufs einer (ursprünglich wirksamen) *wechselbezüglichen* Verfügung durch einen Ehegatten auch die Verfügung des anderen Ehegatten hinfällig wird (was der in § 2270 Abs. 1 BGB positiv formulierten Vermutung entspricht, die auch nur bei Wechselbezüglichkeit und nicht schon bei bloß gemeinsamer Errichtung gilt). Nun ging zwar Alfonsos Widerruf ins Leere, weil das Testament für ihn nie wirksam war. Für den zu unterstellenden Widerruf durch Adelheid macht dies aber keinen Unterschied: Maßgebliche Grundlage des Hinfälligwerdens der Verfügung ist, dass der andere Ehegatte eine wechselbezügliche Verfügung für sich nicht mehr gelten lassen will.

Damit ist das gemeinsame Testament als Testament der Adelheid jedenfalls insoweit hinfällig, als es wechselbezüglich war, also hinsichtlich der Erbeinsetzung von Alfonsos Tochter Estrella.

410   **f)** Ob im Übrigen Adelheids Sohn Manfred aufgrund des Testaments Alleinerbe wird oder aufgrund gesetzlicher Erbfolge (§ 732 ABGB, MAT b), hängt davon ab, ob man das Testament der Adelheid als insgesamt von Anfang an unwirksam (Rn 407 f) oder als in seinem wechselbezüglichern Teil unwirksam bzw widerrufen ansieht (Rn 408 f).

---

13 OLG Zweibrücken NJW-RR 1992, 588.

5. Erbenstellung

a) Hinsichtlich des **Grundstücks** in München ist deutsches Recht aufgrund partieller   **411**
Rückverweisung aus §§ 31 Abs. 1, 32 IPRG (MAT a) Erb*erwerbs*statut. Insoweit ist
der nach österreichischem Recht zum Erben *berufene* Manfred gemäß § 1922 BGB
im Wege der Universalsukzession Erbe geworden.

b) Hinsichtlich des **beweglichen Nachlasses**, auch soweit er in Deutschland belegen   **412**
ist (Depot in München), kommt es nicht zu dieser partiellen Rückverweisung, dh das
österreichische Recht als Erbstatut entscheidet auch über den Nachlasserwerb.

aa) Damit ist fraglich, ob Manfred bereits **Erbe iSd §§ 2353 ff BGB** ist, ob ihm also   **413**
ein Erbschein erteilt werden kann. Dagegen spricht, dass nach österreichischem
Recht mit dem Tod des Erblassers nicht der Erbe als Universalrechtsnachfolger eintritt, sondern die Erbschaft als *hereditas iacens* vor der Annahme formal dem verstorbenen Erblasser zugeordnet bleibt (§ 547 S. 2 ABGB, MAT b). Der Erbe erwirbt sie
noch nicht einmal mit der Annahme, wie man aus § 547 S. 2 ABGB schließen könnte;
vielmehr ist sie ihm nach Annahme durch das (österreichische) Verlassenschaftsge-
richt nach dem AußStrG „einzuantworten" und geht erst mit dem gerichtlichen Einantwortungsbeschluss auf ihn über (§ 174 AußStrG [MAT c]).

bb) Ob das deutsche Nachlassgericht, das ein **Erbscheinsverfahren** durchführt, sol-   **414**
che für den Erwerb des Nachlasses konstitutiven Akte fremden Rechts durchführen
kann, wie sie das österreichische Verlassenschaftsverfahren erfordert, ist fraglich.
Einerseits muss das deutsche Verfahrensrecht so weit als möglich angepasst werden,
um materiellrechtlichen Erfordernissen genügen zu können, die eine vom deutschen
IPR berufene Rechtsordnung stellt. Gerade wenn in Österreich kein Verlassenschaftsverfahren durchführbar ist (vgl Sachverhalt), käme es einer Rechtsverweigerung
gleich, bei österreichischem Erbstatut mangels Einantwortung keinen Erbschein zu
erteilen, aber auch die Durchführung der Einantwortung vor deutschen Gerichten abzulehnen. Andererseits ist das Verfahrensrecht des FGG für das Erbscheinsverfahren
nicht darauf zugeschnitten, konstitutive Erwerbsakte auszusprechen. Der Erbschein
bezeugt ein Erbrecht, er *begründet* nicht die Erbenstellung.

Kann der Erbe nicht auf eine Einantwortung durch ein österreichisches Gericht
verwiesen werden, so bleibt daher nur eine *Angleichung* zwischen deutschem Ver-
fahrens- und österreichischem Erb(erwerbs)recht: Aus diesem werden nur die im
deutschen Verfahren verwirklichbaren Elemente übernommen, also die vom Erben
abzugebende unbedingte Erbserklärung (§ 547 S. 1 ABGB), nicht aber die daran
anknüpfende (MAT c) gerichtliche Einantwortung. Die Einantwortung wird also im
deutschen Erbscheinsverfahren dadurch ersetzt, dass der Erbe die Erbschaft durch
schlichte Annahmeerklärung annimmt und das Nachlassgericht daraufhin den Erbschein erteilt.[14]

---

14 BayObLGZ 1995, 47.

6. Erbscheinserteilung

415 **a)** Deutsche Gerichte sind **nach bisherigem Recht** international nur zuständig nach § 2369 aF BGB zur Erteilung eines gegenständlich beschränkten Erbscheins, soweit sich Nachlassgegenstände im Inland befinden. Auch hinsichtlich des deutschen Grundstücks handelt es sich um einen **Fremdrechtserbschein**; maßgeblich abzustellen ist nicht auf das deutsche Erwerbsstatut, sondern das österreichische Erbstatut, denn der Erbschein weist die *Erbfolge* aus und setzt den Erwerb (nach § 1922 BGB) ohnehin voraus.

416 Auch nach **Inkrafttreten des FamFG** besteht eine internationale Zuständigkeit deutscher Gerichte wiederum nur für den im Inland belegenen Nachlass gemäß §§ 105, 343 Abs. 3 FamFG (wie Rn 395).

417 **b) Örtlich zuständig** ist nach § 73 Abs. 3 FGG/§ 343 Abs. 3 FamFG das Amtsgericht München – Nachlassgericht.

418 **Ergebnis:** Ein bei dem AG München – Nachlassgericht – zu stellender Antrag des Manfred Auersperg auf Erteilung eines auf den inländischen Nachlass beschränkten Erbscheins als Alleinerbe nach österreichischem Recht ist zulässig und begründet. Ob die Stellung als Alleinerbe sich aus gesetzlicher oder testamentarischer Erbfolge ergibt, hängt von der Beurteilung der einseitigen Wirksamkeit des Testaments ab.

Literaturhinweise

Behandlung der fallrelevanten Themen in:
Rauscher Internationales Privatrecht (3. Aufl.)

Erbstatut:	Rn 1002 ff
Testamentsstatut:	Rn 1009 ff
Testamentsformstatut:	Rn 1019 ff
Anknüpfung gemeinschaftlichen Testaments:	Rn 1015 ff
Erbscheinszuständigkeit:	Rn 2084 ff
Noterbrecht und Vermächtnis im Erbschein:	Rn 991
Verrichtungen ausländischen Rechts:	Rn 2096 ff

Weitere Literatur:

1. Erbstatut
Staudinger/Dörner (2007), Art. 25 EGBGB, Rn 18 und 76.

2. Testamentsstatut
Staudinger/Dörner (2007), Art. 25 EGBGB, Rn 56 und Art. 26 EGBGB, Rn 60. *Fetsch* Auslandsvermögen im Internationalen Erbrecht – Testament und Erbverträge, Erbschein und Ausschlagung bei Auslandsvermögen, RNotZ 2006, 1.

3. Testamentsformstatut
Staudinger/Dörner (2007), Vorb zu Art. 25 EGBGB, Rn 31 (Testamentsformübereinkommen). *Staudinger/Dörner* (2007), Art. 26 EGBGB, Rn 34 und 40. *Osterloh-Konrad* Zur Formwirksamkeit letztwilliger Verfügungen, ErbR 2008, 78.

4. Gemeinschaftliche Testamente-Anknüpfung

Staudinger/Dörner (2007), Art. 25 EGBGB, Rn 317. *Lehmann* Die Zukunft des deutschen gemeinschaftlichen Testaments in Europa, ZEV 2007, 193.

5. Erbscheinszuständigkeit

Staudinger/Dörner (2007), Art. 25 EGBGB, Rn 833. *Schaal* Internationale Zuständigkeit deutscher Nachlassgerichte nach der geplanten FGG Reform, BWNotZ 2007, 154. *Dörner/Hertel/Lagarde/ Riering* Auf dem Weg zu einem europäischen Internationalem Erbrecht und Erbverfahrensrecht, IPRax 2005, 1.

6. Noterbrecht und Vermächtnis im Erbschein

Staudinger/Dörner (2007), Art. 25 EGBGB, Rn 885 (Noterbrecht) und Rn 887 (Vermächtnis).

7. Verrichtungen ausländischen Rechts

Staudinger/Dörner (2007), Art. 25 EGBGB, Rn 838.

Fall 8

Kroatisch-slowenisches Gelato

(Bearbeitungszeit: 5 Stunden)

419 Die in Pula (heute Kroatien) geborene Franka Faric und der in Llubljana (heute Slowenien) geborene Marko Masenik haben am 15. 12. 1983 in München die Ehe geschlossen. Die Ehegatten besaßen damals die Staatsangehörigkeit der Sozialistischen Föderativen Republik Jugoslawien (SFRJ). Franka war Republikzugehörige der damaligen FR Kroatien, Marko der FR Slowenien.

Sie lebten beide zur Zeit ihrer Eheschließung schon länger in München. 1985 verlegten die Ehegatten ihren Wohnsitz nach Gorizia (Italien), woher Markos Vorfahren mütterlicherseits stammten. 1988 erwarb Marko auf Antrag und mit Rücksicht auf seine italienische Abstammung die italienische Staatsangehörigkeit. Ein Verzicht auf seine bisherige Staatsangehörigkeit erfolgte nicht, da die Behörden der SFRJ ihm die Entlassung aus der Staatsangehörigkeit versagten. Nach der Dismembration Kroatiens und Sloweniens von der SFRJ wurden Franka und Marko unter Verlust der jugoslawischen Staatsangehörigkeit Staatsangehörige der Staaten, deren Republikangehörige sie vorher gewesen waren.

1995 kehrten die Ehegatten nach Deutschland zurück und ließen sich in Dresden nieder, wo Marko zusammen mit seinem Halbbruder, dem italienischen Staatsangehörigen Giovanni Gelatieri, eine Eisdiele eröffnete. Pächter der Eisdiele war Marko, der auch die Einrichtungsgegenstände von dem früheren Pächter erworben hatte. Um Giovanni den Betrieb der Eisdiele zu sichern, beauftragte Marko im September 1998 den Rechtsanwalt Ronald Recht, im Fall seines Todes dem Giovanni die Erklärung zu überbringen, er, Marko übereigne dem Giovanni schenkweise das Inventar der Eisdiele.

Am 10. 1. 2005 verstarb Marko Masenik in Dresden. Der Verpächter kündigte, da die Erbenermittlung noch nicht abgeschlossen war, durch Erklärung vom 31. 1. 2005 gegenüber einem hierzu durch das Amtsgericht Dresden – Nachlassgericht – bestellten Nachlasspfleger den Pachtvertrag über die Eisdiele. Ronald Recht überbrachte Giovanni am 5. 2. 2005 die ihm aufgetragene Erklärung. Giovanni schloss daraufhin mit dem Verpächter einen Pachtvertrag über die Eisdiele.

Nach längeren Ermittlungen stellt das Amtsgericht Dresden – Nachlassgericht – fest, dass Giovanni der einzige lebende Verwandte von Marko war.

Franka möchte einen Erbschein beantragen, in dem, soweit möglich, auch ihre güterrechtlichen Ansprüche vermerkt sind. Sie ist außerdem der Ansicht, dass das Inventar der Eisdiele zum Nachlass des Marko gehört.

1. Welche Erbfolge ist eingetreten?

2. Werden die Erbquoten durch die güterrechtlichen Verhältnisse beeinflusst?

3. Können die Erben des Marko von Giovanni Herausgabe der Eisdieleneinrichtung verlangen? Fragen der Art der gemeinsamen Berechtigung von Erben (zB Erbengemeinschaft) sind nicht zu erörtern.

Materialien

I. Recht der ehemaligen SFRJ

a) Gesetz über die Lösung von Gesetzes- und Zuständigkeitskonflikten in den Status-, Familien-, und Erbschaftsangelegenheiten (SFRJ-ILRG) v. 27. 2. 1979 (in Kraft seit 2. 6. 1979)[1]   **420**

Art. 1 ILRG

Dieses Gesetz regelt Lösungen von Kollisionen eines Republikgesetzes bzw des Gesetzes einer autonomen Provinz mit Gesetzen anderer Republiken bzw autonomer Provinzen auf den Gebieten des Statusrechts natürlicher und juristischer Personen, der Ehebeziehungen,...

Art. 16 ILRG

...

(3) Für die persönlichen Rechtsbeziehungen der Ehegatten zueinander und ihre Vermögensverhältnisse ist, wenn keiner oder nur einer von ihnen Wohnsitz in der SFRJ hat, das Recht der Republik maßgebend, der sie angehören. Besitzen sie auch keine gemeinsame Republikangehörigkeit, so ist das Recht der Republik bzw der autonomen Provinz maßgebend, für das sich die Eheleute einvernehmlich entscheiden; erzielen sie darüber keine Einigung, das Recht der Republik bzw der autonomen Provinz, in der oder nach deren Vorschriften die Ehe geschlossen wurde.

b) IPR-Gesetz (SFRJ-IPRG), in Kraft seit 1. 1. 1983[2]

Art. 1 (1) IPRG

Dieses Gesetz enthält Bestimmungen über das auf Status-, Familien- und Vermögenssachen mit internationalem Bezug (mit ausländischen Elementen) anzuwendende Recht.

Art. 30 (1) IPRG

Für die Erbschaft ist das Recht des Staates maßgebend, dessen Staatsangehörigkeit der Erblasser zur Zeit seines Todes besaß.

Art. 36 IPRG

(1) Für die persönlichen und vermögensrechtlichen Beziehungen ist das Recht des Staates maßgebend, dessen Staatsangehörigkeit die Ehegatten besitzen.
(2) Sind die Ehegatten verschiedener Staatsangehörigkeit, so ist das Recht ihres Wohnsitzes maßgebend.
(3) Haben die Ehegatten keine gemeinsame Staatsangehörigkeit und keinen Wohnsitz im gleichen Staat, so ist das Recht des Ortes maßgebend, an dem ihr letzter gemeinsamer Wohnsitz war.

...

II. Slowenisches Recht

c) Das SFRJ-**ILRG** (oben I a) und das SFRJ-**IPRG** (oben I b) gelten mit hier nicht relevanten Änderungen als slowenisches Recht weiter.
Das slowenische Erbrecht kennt drei inländische ordentliche Testamentsformen, das holografische Testament, das Zweizeugentestament und gerichtlich protokollierte Testamente.

---

1 *Pouch* StAZ 1979, 161; zur aktuellen Geltung *Henrich* IPRax 2001, 113.
2 *Pak/Erlac* IPRax 1983, 6.

III. Kroatisches Recht

d) Das SFRJ-**ILRG** (oben I a) und das SFRJ-**IPRG** (oben I b) gelten mit hier nicht relevanten Änderungen als kroatisches Recht weiter.

IV. Italienisches IPR[3]

e) Italienisches IPR-Gesetz v. 1. 9. 1995 (ital. IPRG):
Art. 19 ital. IPRG
. . .

(2) Hat die Person mehrere Staatsangehörigkeiten, ist das Recht des Staates anzuwenden, zu dem die engste Beziehung besteht. Ist eine der Staatsangehörigkeiten die italienische, geht diese den anderen vor.

Art. 46 ital. IPRG
(1) Die Nachfolge von Todes wegen wird durch das im Zeitpunkt des Todes anwendbare Heimatrecht desjenigen bestimmt, um dessen Erbe es sich handelt.
(2) Derjenige, um dessen Erbe es sich handelt, kann die gesamte Erbfolge durch ausdrückliche testamentarische Erklärung dem Recht des Staates unterstellen, in dem er seinen Wohnsitz hat. Die Wahl entfaltet keine Wirkung, wenn der Erklärende im Zeitpunkt seines Todes seinen Wohnsitz nicht mehr in jenem Staat hatte. Handelt es sich um die Erbfolge nach einem italienischen Staatsbürger, berührt die Wahl nicht die Rechte, die das italienische Gesetz den Pflichtteilsberechtigten mit Wohnsitz in Italien im Zeitpunkt des Todes der Person zuerkennt, um deren Erbfolge es sich handelt.

f) Nach hM im italienischen IPR ist eine Schenkung auf den Todesfall erbrechtlich zu qualifizieren.

V. Italienisches materielles Recht[4]

g) Codice Civile (cc)

Art. 570 cc
(1) Wer ohne Hinterlassung von Abkömmlingen, Eltern oder anderen Vorfahren stirbt, wird von seinen Geschwistern zu gleichen Teilen beerbt.
(2) Die halbbürtigen Geschwister erhalten jedoch nur die Hälfte dessen, was den vollbürtigen Geschwistern zukommt.

Art. 582 cc
Dem Ehegatten fallen zwei Drittel der Erbschaft zu, wenn er mit ehelichen Vorfahren oder mit – auch nur halbbürtigen – Geschwistern oder sowohl mit den einen wie den anderen zusammentrifft. In letzterem Fall wird der nach Abzug des Ehegattenanteils verbleibende Teil an die Vorfahren sowie an die Geschwister gemäß der Bestimmung des Art. 571 verteilt; unbeschadet bleibt in jedem Fall das Recht der Vorfahren auf ein Viertel des Nachlasses.

Art. 601 cc
(1) Ordentliche Testamentsformen sind das eigenhändige und das notarielle Testament.
(2) Das notarielle Testament ist entweder öffentlich oder geheim.

Art. 2037 cc
(1) Wer eine bestimmte Sache erhalten hat, ohne dass sie ihm geschuldet war, ist zu deren Rückgabe verpflichtet.
(2) Ist die Sache, wenn auch durch Zufall, untergegangen, muss der bösgläubige Empfänger ihren Wert erstatten. Ist die Sache nur verschlechtert, kann derjenige, der die Sache weggegeben hat, entweder den Gegenwert oder die Rückgabe und eine Entschädigung für die Wertminderung verlangen.
(3) Der gutgläubige Empfänger haftet wegen des Untergangs oder der Verschlechterung der Sache, auch wenn dies die Folge seines eigenen Verhaltens ist, nur im Rahmen seiner Bereicherung.

---

3 *Patti* Codice Civile Italiano (2007).
4 *Patti* Codice Civile Italiano (2007).

[Hinweis: Nach hM ist eine *donatio mortis causa* – eine bis dahin widerrufliche Schenkung unter der Bedingung des Vorversterbens des Schenkers – kein Rechtsgeschäft, das als Schenkung unter Lebenden wirksam sein kann. Eine *donatio si praemoriar* – eine unwiderrufliche Schenkung unter Lebenden unter der auflösenden Bedingung des Vorversterbens – ist dagegen nach den Bestimmungen über die Schenkung unter Lebenden zu behandeln.]

IV. Materielles Ehegüterrecht

h) [Hinweis: Das italienische, das slowenische und das kroatische Recht sehen als gesetzlichen Güterstand eine Errungenschaftsgemeinschaft vor. Keine dieser Rechtsordnungen kennt einen die Erbquoten beeinflussenden Ausgleich des Güterstandes bei Beendigung der Ehe durch Tod. Das beiden Ehegatten gemeinsam gehörende Gesamtgut der Errungenschaft wird vielmehr rechnerisch wie unter Lebenden zwischen dem überlebenden Ehegatten und den Erben hälftig geteilt.]

Strukturierung des Falles

421 **Wesentliche Themen:** Anknüpfung bei Doppelstaatern; Unteranknüpfung; Ehegüterstatut, Unwandelbarkeit, Anknüpfung; Qualifikation von § 1371 Abs. 1 BGB; Anpassung; Anwendungsbereich der Rom II-VO; Sachenrechtsstatut; Bereicherungsstatut, Leistungskondiktion; Vollmachtsstatut; Qualifikation der Schenkung auf den Todesfall.

Ausgangsfälle: OLG Düsseldorf IPRspr 1996 Nr. 118.

Frage 1: Erbfolge

1. Deutsches IPR
– Art. 25 Abs. 1, 4 Abs. 1 EGBGB Gesamtverweisung letztes Heimatrecht des Erblassers
– Italienisch/slowenischer Doppelstaater: Art. 5 Abs. 1 S. 1 EGBGB: effektive Staatsangehörigkeit:
– Gewöhnlicher Aufenthalt in einem der Heimatstaaten (–)
– Slowenien als Geburtsstaat (–)
– Italien wegen enger persönlicher Bindungen, Verwandte (+)

2. Italienisches IPR
– Art. 46 Nr. 1 ital. IPRG: letzte Staatsangehörigkeit
– Art. 19 Nr. 2 ital. IPRG: italienische Staatsangehörigkeit geht vor
– Also Annahme der Verweisung

3. Erbquoten
– Art. 582 cc: Ehefrau Franka: zwei Drittel
– Art. 570 Abs. 1 cc mangels Deszendenten und Aszendenten: Brüder und Schwestern
– Reduzierung für Halbgeschwister Art. 570 Abs. 2 cc irrelevant, da nur ein Halbbruder vorhanden
– Erbquote Halbbruder Giovanni: ein Drittel

Ergebnis: In Anwendung italienischen Rechts ergeben sich in gesetzlicher Erbfolge nach Marko Erbquoten für seine Ehefrau Franka zu zwei Drittel und seinen Halbbruder Giovanni zu einem Drittel.

Frage 2: Einfluss güterrechtlicher Verhältnisse

1. Qualifikation
a) Auseinandersetzung Güterstand grundsätzlich ehegüterrechtlich zu qualifizieren, auch bei Tod
b) Aber strittig bei güterrechtlichem Ausgleich durch erbrechtliche Methoden (§ 1371 Abs. 1 BGB)
– Rein erbrechtliche Qualifikation (–), da Zusammenhang zu Güterstand vernachlässigt wird
– Also jedenfalls *auch* ehegüterrechtlich
– Erb- und ehegüterrechtliche Doppelqualifikation (–):

– Dafür zwar: Abstimmung der güterrechtlichen Quote auf die erbrechtliche
– Dagegen aber: Nutzung der Pauschalierung immer bei deutschem Güterstatut
– Also: § 1371 Abs. 1 BGB anwendbar, wenn deutsches Recht (nur) Ehegüterstatut

2. Ehegüterstatut – deutsches IPR
a) Intertemporal Art. 220 Abs. 3 S. 2 EGBGB, Ehe nach dem 8. 4. 1983 geschlossen: Art. 15 EGBGB
b) Art. 15 Abs. 1, Art. 14 Abs. 1 Nr. 1 Alt. 1 EGBGB: gemeinsame Staatsangehörigkeit
– Bei Eheschließung beide Ehegatten SFRJ-Angehörige
– Gesamtverweisung aber in heutiges IPR (keine Versteinerung), Problem: SFRJ dismembriert
– Scheitern der Heimatrechtsverweisung (–): im maßgeblichen Anknüpfungszeitpunkt bestand gemeinsame Staatsangehörigkeit

3. Maßgebliches „jugoslawisches" IPR, Lösungsansätze
a) BRep. Jugoslawien bzw Serbien und Montenegro als Rechtsnachfolger bei Erbfall (–)
– Beide Ehegatten nicht Angehörige von zugehörigen Republiken
b) Verschiebung des Unwandelbarkeitszeitpunktes auf Dismembration (–)
– Eingriff in unwandelbare Anknüpfungskriterien des deutschen IPR
– Mögliche Verweisung in einen dritten Staat
– Eignung für zufällige Dismembration, nicht für Dismembration an vorherigen Teilstaatengrenzen
– Dismembration der SFRJ zeitlich nicht eindeutig
c) Anwendung IPR des untergegangenen Staates (–)
– Übereinstimmendes IPR der Nachfolgestaaten ist nicht gleiches IPR

– Übereinstimmung bei SFRJ-Nachfolge-
staaten nur zufällig
– Faktisch Versteinerungslösung

d) Anwendung ILR des untergegangenen
Staates (–)
– Auch übereinstimmende ILRGe sind
nicht gleiches ILR
– Verhältnis der Nachfolgestaaten inter-
national, nicht interlokal
– Also wiederum faktisch Versteinerungs-
lösung
– Es müsste dann auch SFRJ-IPRG ange-
wendet werden

e) Art. 4 Abs. 3 EGBGB analog (+)
– Situation vergleichbar, derzeit kein ein-
heitliches IPR mehr im dismembrierten
Jugoslawien, Verweisung daher in Men-
ge aller Nachfolgestaaten
– Engste Verbindung: SFRJ-ILRG als
Kriterium

**4. Ehegüterstatut: Unteranknüpfung
und Rückverweisungsprüfung**

a) Analog Art. 4 Abs. 3 S. 2 EGBGB
– Mangels Wohnsitz in damaliger SFRJ:
Art. 16 SFRJ-ILRG: Slowenien oder
Kroatien, nach Sachverhalt nicht ent-
scheidbar, kann insoweit offen bleiben,
da IPRGe übereinstimmend

b) Art. 36 Abs. 1 IPRG (Slowenien oder
Kroatien):
– Wandelbar
– Gemeinsame Staatsangehö-
rigkeit (–)
– Gemeinsamer Wohnsitz (+)
Deutschland
– Also Rückverweisung, deutsches Recht
Ehegüterstatut

5. Erbquoten, Angleichung/Anpassung?

a) Anwendung von § 1371 Abs. 1 BGB: Erbteil von Franka erhöht von 2/3 auf 11/12

b) Anpassungsbedarf?
– Wenn Kombination italienisches Erb-
statut/deutsches Ehegüterstatut Ehegatten überbegünstigt
– Deutsches Recht alleine: Ehegattenerb-
teil §§ 1931 Abs. 1 S. 1, 1371 Abs. 1
BGB: Drei Viertel
– Italienisches Recht alleine: Ehegatten-
erbquote zwei Drittel und ergebnisoffe-
ner güterrechtlicher Ausgleich
– Also bedeutet 11/12 eine Überbegünstigung

c) Durchführung der Anpassung:
– Kollisionsrechtliche Anpassung (–)
– Keine rückwirkende Änderung Ehe-
güterstatut

– Keine Beerbung insgesamt nach Ehe-
güterstatut
– Materiellrechtliche Anpassung (+)
– Rahmen: Zwei Drittel (italienisches
Recht) bis drei Viertel (deutsches
Recht)
– Zwei Drittel würde güterrechtlichen
Anspruch ignorieren, nach deut-
schem Recht kein Zugewinnaus-
gleich ohne Ausschlagung erreichbar
(–)
– Drei Viertel berücksicht im gege-
benen Rahmen maximal den Pau-
schalierungsgedanken (+)

Ergebnis: Im Ergebnis wird Marko also in Anwendung italienischen Erbrechts und deutschen
Ehegüterrechts beerbt von seiner Ehefrau Franka
zu drei Vierteln und von seinem Halbbruder Giovanni zu einem Viertel.

Frage 3: Herausgabe der Eisdielen-
einrichtung

1. Vindikation

a) Herausgabeansprüche aus Eigentum
– Art. 43 Abs. 1 EGBGB, Belegenheit
der Sache, deutsches Recht

b) Anspruch aus § 985 BGB
– Eigentum der Erben durch Erbfolge
erlangt (+)
– Eigentum auf Giovanni übergegangen,
§ 929 S. 1, S. 2 BGB
– Einigung: Vorfrage: Recht als postmortaler Bote oder Bevollmächtigter,
konkludente Annahme

c) Anknüpfung Stellvertretung
– Nach Vollmachtsstatut
– Art. 27 ff EGBGB/Art. 1 ff Rom I-VO
(–): Art. 37 Nr. 3 EGBGB/Art. 1 Abs. 2
lit. g Rom I-VO
– Wirkungsland (+), also deutsches Recht

d) Anknüpfung Botenschaft
– Nach Statut des zu schließenden
Geschäfts
– Hier § 929 S. 1, S. 2 BGB, also deut-
sches Recht

e) § 130 Abs. 2 BGB: postmortale Willenserklärung vor Widerruf durch Erben wirksam

2. Bereicherungsansprüche: Anknüpfung

a) Rom II-VO
– Sachlicher Anwendungsbereich Art. 1
Abs. 1 Rom II-VO (+)
– Verbindung zu verschiedenen Staaten
Art. 1 Abs. 1 Rom II-VO (+)

147

– Keine Anwendungsausnahme Art. 1
Abs. 2 Rom II-VO (+)
– Intertemporale Anwendung (–)
  – Art. 31, 32 Rom II-VO, auch für
  Bereicherungsansprüche
  (nicht „Schadensersatz")
  – Entstehung vor dem 11. 1. 2009
b) Deutsches IPR
  – Leistungskondiktion, Art. 38 Abs. 1
  EGBGB, Rechtsverhältnis, auf das die
  Leistung bezogen ist
c) Bezogenes Rechtsverhältnis: Schenkung
auf den Todesfall?
  – Qualifikation:
    – entsprechend § 2301 Abs. 1 S. 1
    BGB (–): § 2301 Abs. 1 S. 1 BGB
    rechtsvergleichend zufälliges Kriteri-
    um
    – Abgrenzung aus Sicht Erbstatut (+)
  – Im Ergebnis unerheblich:
    – Schenkung nach § 2301 Abs. 1 BGB
    bedingt (1. Ansicht)
    – Schenkung ist *donatio mortis causa*
    iSd italienischen Rechts (2. Ansicht)
d) Bezogenes Rechtsverhältnis: Vermächtnis
  – dann Anknüpfung an Erbstatut
e) Bereicherungsstatut also jedenfalls italienisches Recht.

**3. Bereicherungsansprüche im italienischen
Recht**
  – Art. 2037 Abs. 1 cc
    – Vorfrage: Fehlen einer Verbindlich-
    keit
4. Bereicherungsansprüche: Rechtsgrund
  a) Schenkung auf den Todesfall
    – Unwirksam als *donatio mortis causa*
  b) Vermächtnis
    – Nur wirksam in Form letztwilliger
    Verfügung
    – Formwirksamkeit nach Testaments-
    formstatut
      – Art. 1 Abs. 1 TestFormÜbk
      – alternativ deutsches Recht (Errich-
      tungsort), italienisches
      Recht (eine Staatsangehörigkeit),
      slowenisches Recht (eine Staatsange-
      hörigkeit)
    – Mündliches Testament in keiner dieser
    Rechtsordnungen, also unwirksam

Ergebnis: Die Erben haben keine sachenrechtlichen Herausgabeansprüche aus § 985; jedoch
besteht ein auf Herausgabe gerichteter Bereicherungsanspruch aus Art. 2037 Abs. 1 cc (Leistungskondiktion).

Lösung

Frage 1: Erbfolge

1. Deutsches IPR

Art. 25 Abs. 1 EGBGB beruft das letzte Heimatrecht des Erblassers. Bei seinem **422** Tod besaß Marko die italienische und die slowenische Staatsangehörigkeit. Für Doppelstaater mit mehreren ausländischen Staatsangehörigkeiten ist unter diesen die effektive Staatsangehörigkeit maßgeblich (Art. 5 Abs. 1 S. 1 EGBGB). Da im Anknüpfungszeitpunkt Marko seinen gewöhnlichen Aufenthalt nicht in einem der Heimatstaaten hatte, was regelmäßig die Effektivität bestimmen würde, muss auf die Gesamtheit der privaten, beruflichen und staatsbürgerlichen Verbindungen abgestellt werden. Slowenien ist zwar der Geburtsstaat von Marko; für Italien als effektiven Heimatstaat spricht aber, dass dort der letzte langfristige gewöhnliche Aufenthalt in einem Heimatstaat war, enge Verbindungen zu dem einzigen – italienischen – Verwandten bestehen und Marko ein durch den Heimatstaat Italien geprägtes Gewerbe betrieben hat. Art. 25 Abs. 1 EGBGB verweist also als Gesamtverweisung (Art. 4 Abs. 1 EGBGB) in italienisches IPR.

2. Italienisches IPR

Art. 46 Nr. 1 ital. IPRG (MAT e) stellt ebenfalls auf die Staatsangehörigkeit im Zeit- **423** punkt des Todes ab. Art. 19 Nr. 2 ital. IPRG (MAT e) gibt für den italienisch-slowenischen Doppelstaater seinem italienischen Heimatrecht den Vorrang. Das italienische Recht nimmt die Verweisung also an.

3. Erbquoten im italienischen Recht

Die überlebende Ehefrau Franka erbt zwei Drittel (Art. 582 cc [MAT g]). Das restli- **424** che Drittel wird als Verwandtenerbquote vererbt, wobei es insoweit auch bei Zusammentreffen nur mit Halbgeschwistern nicht zu einer Reduzierung kommt („oder auch mit den einen oder den anderen…"). Nach Art. 570 Abs. 1 cc (MAT g) erben mangels Deszendenten und Aszendenten die Brüder und Schwestern; dass Halbgeschwister nur ein halbes Geschwisterteil erhalten (Art. 570 Abs. 2 cc), wirkt sich nicht aus, da Giovanni der einzige Bruder von Marko ist. Giovanni erbt also ein Drittel.

[Erörterungen zu der Schenkung an Giovanni wären an dieser Stelle verfehlt, da diese allenfalls den Bestand des Nachlasses, ggf Ausgleichsansprüche zurückgesetzter Noterben oder Pflichtteilsberechtigter, nicht aber die Höhe der Erbquoten berühren.]

Ergebnis: In Anwendung italienischen Rechts ergeben sich in gesetzlicher Erbfolge **425** nach Marko Erbquoten für seine Ehefrau Franka zu zwei Drittel und seinen Halbbruder Giovanni zu einem Drittel.

Frage 2: Einfluss güterrechtlicher Verhältnisse

1. Qualifikation des güterrechtlichen Ausgleichs

426 **a)** Die Auseinandersetzung des Güterstandes ist, auch wenn die Ehe durch den Tod eines Ehegatten endet, grundsätzlich **ehegüterrechtlich** zu qualifizieren.

427 **b)** Etwas anderes könnte sich ergeben, wenn der güterrechtliche Ausgleich durch **erbrechtliche Methoden** erfolgt, wie dies § 1371 Abs. 1 BGB für den Zugewinnausgleich von Todes wegen vorsieht. Wie solche Ausgleichsmechanismen zu qualifizieren sind, ist strittig. Kaum noch vertreten wird eine rein erbrechtliche Qualifikation[5] (Folge: § 1371 Abs. 1 BGB immer bei deutschem Erbstatut), da diese den Sachzusammenhang zu dem auszugleichenden Güterstand vernachlässigen würde. Damit sind solche Mechanismen jedenfalls *auch* ehegüterrechtlich zu qualifizieren (Folge: § 1371 Abs. 1 BGB nur dann, wenn deutsches Recht Ehegüterstatut). Fraglich bleibt, ob rein ehegüterrechtlich zu qualifizieren ist[6] (Folge: § 1371 Abs. 1 BGB, einerlei welches Recht Erbstatut), oder ob eine erb- und ehegüterrechtliche Doppelqualifikation erfolgt[7] (Folge: § 1371 Abs. 1 BGB nur, wenn deutsches Recht Güter- *und* Erbstatut). Für eine Doppelqualifikation spricht, dass ehegüterrechtliche Erbquotenerhöhungen von bestimmten erbrechtlichen Quoten des eigenen Rechts ausgehen, man also bei fremdem Erbstatut womöglich zusammenfügt, was nicht zusammenpasst.[8] Für die nun wohl herrschende rein güterrechtliche Qualifikation spricht aber, dass der Vorteil einer Pauschalierung des güterrechtlichen Ausgleichs gegenüber einem rechnerischen Ausgleich möglichst in allen Fällen genutzt werden sollte, in denen ihn das (deutsche) Ehegüterstatut vorsieht. Spannungen zu einem fremden Erbstatut, vor allem Überbegünstigungen des Ehegatten durch eine güterrechtliche Erhöhung ohnehin schon hoher – erbrechtlicher – Erbquoten lassen sich durch *Anpassung* bereinigen.

Folgt man dem, so kann sich vorliegend auch bei italienischem Erbstatut ein ehegüterrechtlicher Einfluss auf die Erbquoten ergeben, sofern das Ehegüterstatut einen solchen güterrechtlichen Ausgleich mit erbrechtlicher Methode kennt. Das wäre nur der Fall, wenn deutsches Recht Ehegüterstatut ist (vgl MAT h).

2. Ehegüterstatut – deutsches IPR

428 **a) Intertemporal** bestimmt sich das Ehegüterstatut in der nach dem 8. 4. 1983 geschlossenen Ehe (Art. 220 Abs. 3 S. 2 EGBGB) nach Art. 15 EGBGB in der am 1. 9. 1986 in Kraft getretenen – geltenden – Fassung.

429 **b)** Art. 15 Abs. 1 EGBGB verweist auf das allgemeine **Ehewirkungsstatut im Zeitpunkt der Eheschließung**. Art. 14 Abs. 1 Nr. 1 Alt. 1 EGBGB bestimmt hierzu das Recht des Staates, dem beide Ehegatten angehören.

---

5 So wohl OLG Stuttgart NJW-RR 2005, 740.
6 OLG Hamm IPRspr 1995 Nr. 119.
7 OLG Düsseldorf IPRspr 1987 Nr. 105.
8 *Ferid* IPR[3] Rn 8–130.

aa) Fraglich ist, ob von einem **gemeinsamen Heimatrecht** der Ehegatten ausgegangen werden kann. Im Zeitpunkt der Eheschließung waren beide Ehegatten Angehörige der SFRJ. Auch die unwandelbare Anknüpfung des Art. 15 EGBGB führt aber nicht etwa in das fremde IPR (Gesamtverweisung, Art. 4 Abs. 1 EGBGB) wie es im damaligen Zeitpunkt gegolten hat. Eine solche *Versteinerung* des Güterstatuts ist nicht mit der *Unwandelbarkeit* verbunden. Die Verweisung ist vielmehr auf das heutige Recht des fremden Staates gerichtet, das dann über die intertemporale Rechtsanwendung entscheidet. Dies führt zu einem Problem, da es diesen Staat, die SFRJ, nicht mehr gibt. Art. 15 Abs. 1 iVm 14 Abs. 1 Nr. 1 EGBGB verweist also paradox auf die gegenwärtige Rechtslage in einer heute nicht mehr existierenden Rechtsordnung. **430**

bb) Man könnte daran denken, die Verweisung in das gemeinsame Heimatrecht deshalb für **gescheitert** zu halten. Dies hätte zur Folge, die nächste Ebene der Anknüpfungsleiter in Art. 14 EGBGB zu betreten, also auf den gemeinsamen gewöhnlichen Aufenthalt bei Eheschließung abzustellen. Dies ist abzulehnen, denn im maßgeblichen Anknüpfungszeitpunkt bestand eine gemeinsame Staatsangehörigkeit, so dass die Verweisung als solche nicht versagt. **431**

Das Problem besteht darin, ein heute maßgebliches *„jugoslawisches"* IPR zu konkretisieren.

3. Ehegüterstatut: Maßgebliches „jugoslawisches" IPR

a) Zu Lösung des Problems eines heute maßgeblichen „jugoslawischen IPR" werden unterschiedliche Ansätze vertreten.[9] **432**

Abzulehnen ist der zwischenzeitlich durch weitere Dismembration ohnehin nicht mehr durchführbare, im Zeitpunkt des Erbfalls aber noch denkbare Ansatz, die vormalige BRep. Jugoslawien bzw den von 2003 bis 2006 bestehenden Staat „Serbien und Montenegro", die sich selbst als **Rechtsnachfolgerin** der SFRJ verstanden, als kollisionsrechtliche Rechtsnachfolgerin zu betrachten. Dies würde zwar nicht schon an der entgegenstehenden völkerrechtlich maßgeblichen Sicht der UN scheitern; völkerrechtliche Wertungen binden nicht zwingend das eher faktisch orientierte Kollisionsrecht (vgl die kollisionsrechtliche „Anerkennung" der ehemaligen DDR). Jedoch wäre es gerade kollisionsrechtlich verfehlt, auf Angehörige zweier ehemaliger föderativer Republiken, die nie, bzw im maßgeblichen Zeitpunkt nicht, zu der BRep. Jugoslawien gehörten, deren IPR anzuwenden.

b) Diskutiert wird die Möglichkeit, den für die **Unwandelbarkeit maßgebenden Zeitpunkt** zu verschieben auf den Zeitpunkt der Dismembration des vorher einheitlichen Staates. Dieses Modell ist aus mehreren Gründen abzulehnen: Es bedeutet eine Veränderung der vom deutschen IPR als unwandelbar gewollten Anknüpfungskriterien; das führt zu Widersprüchen, wenn im neuen Anknüpfungszeitpunkt die Anknüpfungskriterien in keine der Nachfolgerechtsordnungen, sondern in einen dritten Staat verweisen. Zudem ist eine Nichtbeachtung der Anknüpfungskriterien im eigentlich **433**

---

9 Umfassend dazu *Grosserichter/Bauer* RabelsZ 65 (2001) 202.

maßgeblichen Zeitpunkt auf Fälle zugeschnitten, in denen der frühere Staat kollisionsrechtlich zufällig an Demarkationslinien zerfallen ist (wie zB Nordkorea/Südkorea). Erfolgte die Teilung entlang von Grenzen, die schon im Gesamtstaat Teilrepubliken mit verschiedenen Rechtsordnungen markiert haben, so hatten bestimmte Anknüpfungskriterien (Wohnsitz, Republikzugehörigkeit) durchaus schon vor der Dismembration eine Bedeutung, die man durch die Verschiebung einfach ignorieren würde. Schließlich gibt es für den sukzessiven Zerfall der SFRJ, der sich im letzten Schritt im Zerfall Serbiens[10] (Abspaltung des Kosovo) fortsetzte, noch nicht einmal einen bestimmten Zeitpunkt der Dismembration, auf den die Anknüpfung zu verlagern wäre.

434 **c)** Man könnte vom **IPR des untergegangenen Staates** ausgehen, zumal das SFRJ-IPRG mit geringen Änderungen in den Nachfolgestaaten fortgilt (MAT c, d, und auch in den anderen ehemaligen Republiken). Dies kann allerdings nicht als Anwendung heute geltenden „jugoslawischen" IPR verstanden werden: Ein in mehreren Staaten *identisches* IPR kann keinesfalls als ein *gemeinsames* IPR behandelt werden, wie die Behandlung übereinstimmenden einzelstaatlichen IPR in den USA zeigt. Diese Lösung umgeht also eigentlich die Aufgabe, unter den heute geltenden Regelungen eine maßgebliche auszuwählen; sie würde zwar in der Nachfolge der SFRJ derzeit zufällig erfolgreich sein. Ihre dogmatische Unrichtigkeit tritt aber zutage, sobald die Nachfolgestaaten ihr IPR modifizieren. Keinesfalls dürfen aber bei dieser Lösung die alten Staatsangehörigkeitsverhältnisse versteinert werden; die Staatsangehörigkeit der SFRJ ist kein aktualisierbares Anknüpfungskriterium (dazu noch Rn 438).

435 **d)** Vor allem in der Rechtsprechung wird – eher intuitiv – entweder direkt oder nach Annahme durch das SFRJ-IPRG auf das **SFRJ-ILRG** (MAT a) abgestellt.[11] Auch dieses Gesetz gilt zwar in Slowenien (MAT c), Kroatien (MAT d) und anderen Nachfolgestaaten weiter, ist aber kein *gemeinsames* ILR, sondern allenfalls *identisches* (siehe Rn 434). Das ILRG hat in den Nachfolgestaaten, soweit diese Staaten keine Mehrrechtsstaaten sind, keine Funktion. Es wird keinesfalls auf das Verhältnis zu anderen Nachfolgestaaten angewendet, weil dieses Verhältnis ein *internationales* und kein *interlokales* ist.

Wendet man also unbesehen das SFRJ-ILRG an, so bedeutet das nur eine Fiktion eines fortbestehenden „jugoslawischen" ILR. Man muss dann aber in Konsequenz auch das SFRJ-IPRG anwenden, welches im gleichen Maß „totes Recht" ist (Rn 434). Dann aber ist zunächst das SFRJ-IPRG und nach Annahme der Verweisung das SFRJ-ILRG zu prüfen.

Eine solche Lösung teilt nicht nur die Probleme der Anwendung des SFRJ-IPRG (Rn 434), sondern führt (natürlich nur bei Annahme der Verweisung) zu weiteren Verwicklungen: Die Fiktion eines fortbestehenden einheitlichen „jugoslawischen" ILR ignoriert, dass das Verhältnis zwischen den Nachfolgestaaten heute kein interlokales, sondern ein internationales ist und im Fall wandelbarer Anknüpfungen die Zuweisung

---

10 Die SFR Serbien der SFRJ umfasste neben dem inneren Serbien die schon damals gesetzgebungstechnisch partiell autonomen Provinzen Kosovo und Wojwodina.

11 BayObLGZ 1992, 85; OLG München IPRspr 1993 Nr. 59; OLG Düsseldorf FamRZ 1995, 1203.

zwischen den Nachfolgestaaten in der *renvoi*-Prüfung nicht nach ILR-Grundsätzen erfolgen dürfte (vgl Art. 1 (1) SFRJ-IPRG (MAT b, c, d, ehemals SFRJ-IPRG).

e) Gleichwohl hat der Versuch, auf das SFRJ-ILRG zu rekurrieren, einen richtigen **436** Kern. Nur darf das ILRG nicht einfach als fortgeltendes „jugoslawisches" Recht interpretiert werden.

Die Suche nach dem für den *renvoi* maßgeblichen IPR innerhalb der Nachfolgestaaten Jugoslawiens ist vielmehr so zu entscheiden, wie man Verweisungen in Mehrrechtsstaaten entscheidet, die *derzeit* kein einheitliches IPR haben, also durch eine **Unteranknüpfung** entsprechend Art. 4 Abs. 3 EGBGB. Die 1983 auf die SFRJ gerichtete Verweisung aus Art. 15 Abs. 1, 14 Abs. 1 Nr. 1 EGBGB, die damals noch in einen IPR-einheitlichen Staat geführt hätte, ist selbst dismembriert und führt nun in die *Menge aller Nachfolgestaaten der SFRJ.* Daher kann Art. 4 Abs. 3 EGBGB, der einen aktuell einheitlich organisierten Staat voraussetzt, nur analog angewendet werden, trifft aber im Übrigen die Interessenlage der Verweisung in ein Gebilde ohne gemeinsames IPR. Hier stellt sich weiter die Frage, ob eine Analogie zu Art. 4 Abs. 3 S. 1 EGBGB möglich ist, also *jugoslawisches* ILR entscheidet, oder ob die engste Verbindung nach Art. 4 Abs. 3 S. 2 EGBGB nach *deutschen* Anknüpfungskriterien bestimmt wird. Da diese Lösung vom Fehlen eines gemeinsamen „jugoslawischen" IPR ausgeht, muss sie konsequent auch das Fehlen eines aktuellen „jugoslawischen" ILR akzeptieren, also auf Art. 4 Abs. 3 S. 2 EGBGB abstellen.

Das SFRJ-ILRG tritt daher nur als ein Maßstab für die Feststellung der engsten Verbindung aus *deutscher* Sicht auf, denn der Unwandelbarkeitsgrundsatz des Art. 15 EGBGB legt es aus deutscher Sicht nahe, das bei Eheschließung geltende fremde einheitliche ILR zu beachten.

Dadurch kommt es zu einem deutlichen Unterschied in der Prüfungsreihenfolge zur Lösung d): In Anwendung von Art. 4 Abs. 3 S. 2 EGBGB finden zuerst die Prinzipien des SFRJ-ILRG Anwendung (und zwar nicht als SFRJ-ILRG, sondern als Kriterien des Art. 4 Abs. 3 S. 2 EGBGB). Sodann entscheidet das *aktuelle* IPR des so berufenen Nachfolgestaates. Selbst wenn die IPRGe identisch sind, bedeutet dies, dass im entscheidenden *international*privatrechtlichen Schritt des *renvoi* so entschieden wird, wie aktuell ein Gericht des jeweiligen Nachfolgestaates entscheiden würde.

4. Ehegüterstatut: Unteranknüpfung und Rückverweisungsprüfung

a) Analog Art. 4 Abs. 3 S. 2 EGBGB ist durch Unteranknüpfung das maßgebliche **437** IPR zu bestimmen. Die Suche nach der engsten gemeinsamen Verbindung orientiert sich an den Kriterien des SFRJ-ILRG im Zeitpunkt der Eheschließung (Rn 435).

Da die Ehegatten bei Eheschließung keinen Wohnsitz in der SFRJ und keine gemeinsame Republikzugehörigkeit hatten, ist Art. 16 SFRJ-ILRG (MAT a) maßgeblich und es wären weitere Sachverhaltsermittlungen zu einer ggf erfolgten einvernehmlichen Regelung erforderlich. Diese können jedoch dahinstehen, da das derzeitige Ehekollisionsrecht von Slowenien und Kroatien identisch ist und andere Republiken nicht berührt sind.

438 **b)** Art. 36 Abs. 1 IPRG (MAT b, c, d) beruft das Recht des Staates, dessen **Staatsangehörigkeit** die Ehegatten besitzen. Diese Anknüpfung ist mangels Festlegung auf einen Anknüpfungszeitpunkt *wandelbar*. Maßgeblich sind also für die güterrechtliche Auseinandersetzung die Verhältnisse im Zeitpunkt des Todes von Marko. In diesem Zeitpunkt besaßen die Ehegatten, unbeschadet der Effektivitätsfrage, jedenfalls keine gemeinsame Staatsangehörigkeit. Damit ist abzustellen auf den gemeinsamen **Wohnsitz**, den die Ehegatten in Deutschland hatten.

Das slowenische oder kroatische IPR verweist also zurück auf deutsches Recht, das die Verweisung annimmt (Art. 4 Abs. 1 S. 2 EGBGB).

5. Erbquoten, Angleichung/Anpassung?

439 **a)** Die Anwendung von § 1371 Abs. 1 BGB – als Bestimmung des deutschen Ehegüterstatuts (Rn 426) – führt rechnerisch zu einer **Erhöhung der Erbquote** der Franka um ein Viertel auf 11/12, so dass für Giovanni nur noch 1/12 verbleibt.

440 **b)** Hieraus könnte sich **Anpassungsbedarf** ergeben, sofern durch die Kombination aus italienischem Erbstatut und deutschem Ehegüterstatut eine Beteiligung des überlebenden Ehegatten am Vermögen des Verstorbenen erreicht wird, die keine der beiden Rechtsordnungen, für sich genommen, vorsähe.

Wäre deutsches Recht Erb- und Ehegüterstatut, so erhielte Franka neben dem zur zweiten Ordnung gehörenden Giovanni eine Erbquote von drei Vierteln (§§ 1931 Abs. 1 S. 1, 1371 Abs. 1 BGB). Bei umfassender Anwendung italienischen Rechts wäre neben der Erbquote von zwei Dritteln die Errungenschaftsgemeinschaft (*comunione die beni*) rechnerisch auszugleichen, was zu Ansprüchen zwischen dem Überlebenden und dem Nachlass in beiden Richtungen führen kann.

441 **c)** Mit der Kumulation von § 1371 Abs. 1 BGB und italienischer Erbquote erhält Franka also mehr als nach deutschem oder italienischem Recht. Eine Lösung durch **kollisionsrechtliche Anpassung** kommt nicht in Betracht; weder kann das Ehegüterrecht in der beendeten Ehe rückwirkend italienischem Recht unterstellt werden, noch kommt eine Beerbung insgesamt nach deutschem Recht in Betracht, weil damit weit über die Ehegattenerbquote hinausgehende Fragen (Annahme, Ausschlagung, Erbengemeinschaft) einer eigentlich „falschen" Rechtsordnung unterstellt würden.

442 Schonender ist daher eine **materiellrechtliche Anpassung** in der den Anpassungsbedarf auslösenden Einzelfrage.[12] Sie muss von den Ideen ausgehen, die der italienischen Erbquote und dem Viertel des § 1371 Abs. 1 BGB zugrunde liegen. Die erbrechtliche Quote des italienischen Rechts beruht theoretisch darauf, dass der überlebende Ehegatte güterrechtlich gleichermaßen gewinnen oder verlieren kann. Sie ist also güterrechtsneutral und kann daher in der Angleichung nicht unterschritten werden. Das Viertel des § 1371 Abs. 1 BGB soll den Ehegatten zwar begünstigen, geht dabei aber von der Prämisse aus, der Nachlass bestehe zur Hälfte aus Zugewinn. Dieser Fiktion wird gleichsam die Geschäftsgrundlage entzogen, wenn ein fremdes Erbstatut dem Ehegatten schon erbrechtlich mehr zuweist als die Hälfte. Obere Grenze

---

12 Hierzu *Schurig* IPRax 1990, 391.

der Angleichung ist damit eine Quote von drei Vierteln. Für die Festlegung innerhalb dieser beiden Grenzen wird entscheidend, dass Franka mit der italienischen Erbquote nur erhielte, was ihr schon aus erbrechtlicher Motivation zusteht. Der güterrechtliche Pauschalierungsansatz des deutschen Rechts würde ignoriert, zugleich aber wäre ein rechnerischer Ausgleich ausgeschlossen, solange Franka die Erbschaft nicht ausschlägt. Dagegen wird in einer **Quote von drei Vierteln** die dem deutschen Ehegüterstatut zu entnehmende Pauschalierung realisiert, ohne dass es zu einer die Interessen der Verwandten völlig verdrängenden Überbegünstigung kommt.

Ergebnis: Im Ergebnis wird Marko also in Anwendung italienischen Erbrechts und deutschen Ehegüterrechts beerbt von seiner Ehefrau Franka zu drei Vierteln und von seinem Halbbruder Giovanni zu einem Viertel. **443**

Frage 3: Herausgabe der Eisdieleneinrichtung

1. Vindikation

a) Herausgabeansprüche aus **Eigentum** bestimmen sich nach dem Recht der Belegenheit der Sache (Art. 43 Abs. 1 EGBGB), hier also nach deutschem Recht. **444**

[Ein Herausgabeanspruch gegen den *Erbschaftsbesitzer* (vgl § 2018 BGB) wäre dagegen erbrechtlich zu qualifizieren; solche Ansprüche sind hier nicht zu erörtern, weil Giovanni nichts als *vermeintlicher Erbe* erlangt hat.]

b) Für einen Anspruch aus **§ 985 BGB** müssten die Erben Eigentümer sein. Das Eigentum könnten sie aufgrund der Erbfolge erlangt haben, wobei es vorliegend unerheblich ist, wie der Nachlass nach dem italienischen Erbstatut auf die Erben übergeht [nach Art. 459 cc durch auf den Anfall rückwirkende Annahme], sofern eine wirksame Übereignung an Giovanni erfolgte. **445**

Das Eigentum kann auf Giovanni nach § 929 S. 1, S. 2 BGB übergegangen sein. Dazu müsste Ronald Recht das von Giovanni konkludent angenommene *Einigungsangebot* als postmortaler Bevollmächtigter oder Bote des Marko erklärt haben. Da Marko dem Ronald Recht die Erklärung detailliert vorgegeben hatte, dürfte Botenschaft vorliegen. Für Vertretung könnte jedoch sprechen, dass Ronald Recht als Rechtsanwalt konkludent die Freiheit belassen werden sollte, die Erklärung so zu gestalten, dass das Gewollte erreicht werde. Die Frage kann offen bleiben, wenn die Erklärung in beiden Varianten wirksam ist.

c) Handelt es sich um einen Fall der Stellvertretung, so bestimmt das **Vollmachtsstatut** über die Wirksamkeit der postmortalen Vollmacht. Art. 27 ff/Art. 1 ff Rom I-VO regeln die Vollmacht nicht (Art. 37 Nr. 3/Art. 1 Abs. 2 lit. g Rom I-VO); nach hM[13] untersteht die Vollmacht dem Recht des Landes, in dem sie wirken soll, hier also deutschem Recht. **446**

Nach deutschem Recht ist die postmortale Vollmacht zulässig und wirkt nach dem Tod des Erblassers bis zum Widerruf für und gegen die Erben.

---

13 BGHZ 128, 47.

447 **d)** Handelt es sich um **Botenschaft**, so geht es um Wirksamwerden und Zugang einer Erklärung des Marko, über die das Vertragsstatut bestimmt. Maßgeblicher Vertrag ist insoweit das dingliche Geschäft nach § 929 S. 1, S. 2 BGB, das deutschem Recht als Sachenrechtsstatut unterliegt.

448 **e)** Nach § 130 Abs. 2 BGB hat der Tod des Marko auf die Wirksamkeit der Willenserklärung, die zuging, ehe sie von den Erben widerrufen werden konnte, keinen Einfluss. Da Giovanni an der Eisdieleneinrichtung als Mitbetreiber der Eisdiele Mitbesitz hatte, genügt zum Eigentumserwerb die Einigung (§ 929 S. 2 BGB). Giovanni ist Eigentümer geworden, ein Anspruch aus § 985 BGB besteht nicht.

2. Bereicherungsansprüche: Anknüpfung

449 **a)** Die Anknüpfung von Bereicherungsansprüchen fällt als außervertragliches Schuldverhältnis (Art. 1 Abs. 1 Rom II-VO) in den **sachlichen Anwendungsbereich** der Verordnung (EG) Nr. 864/2007 (**Rom II-VO**). Eine Verbindung zu verschiedenen Staaten, nicht notwendig Mitgliedstaaten (Art. 1 Abs. 1 Rom II-VO), liegt vor. Eine der in Art. 1 Abs. 2 Rom II-VO enumerierten Anwendungsausnahmen ist nicht gegeben.

Die Rom II-VO müsste jedoch **intertemporal** anzuwenden sein. Gemäß ihrem Art. 31 ist die Rom II-VO auf „schadensbegründende Ereignisse" anwendbar, die nach ihrem Inkrafttreten, also seit dem 11. 1. 2009 (Art. 32 Rom II-VO) eintreten. Da Art. 31 Rom II-VO trotz seines unpräzisen Wortlauts die intertemporale Anwendung für alle außervertraglichen Ansprüche im sachlichen Geltungsbereich regeln will, gilt diese Regelung auch für Bereicherungsansprüche, die keine Schadensersatzansprüche sind. Da ein eventueller Bereicherungsanspruch spätestens am 5. 2. 2005 entstanden ist, ist die Rom II-VO nicht anwendbar.

450 **b)** Anzuknüpfen ist daher an autonomes deutsches IPR. Eventuelle Ansprüche aus ungerechtfertigter Bereicherung wegen der wirksamen Übereignung wären eine **Leistungskondiktion**, unterliegen also dem von Art. 38 Abs. 1 EGBGB berufenen Recht. Anzuknüpfen ist daher an das Rechtsverhältnis, auf das die Leistung bezogen ist.

451 **c)** Dieses Rechtsverhältnis könnte eine **Schenkung auf den Todesfall** sein.

452 **aa)** Angesichts der Vielfalt der rechtsvergleichend zu beobachtenden Erscheinungsformen von Schenkungen, die am Schnittpunkt zwischen lebzeitiger Schenkung und Vermächtnis stehen, ist die **Qualifikation** solcher Rechtsinstitute fraglich. Ausgehend vom Prinzip der Qualifikation *lege fori* überträgt die hM das materiellrechtliche Abgrenzungskriterium des § 2301 BGB auf die Abgrenzung zwischen Schenkungsstatut und Erbstatut: Erfüllt eine Schenkung die Bedingung des § 2301 Abs. 1 S. 1 BGB, so unterfällt sie dem *Erbstatut*. Ist sie jedoch noch zu Lebzeiten des Schenkers vollzogen, beurteilt sie sich nach dem *Schenkungsstatut*.[14]

Diese Abgrenzung ist fragwürdig, denn sie berücksichtigt mit dem Kriterium des § 2301 BGB nicht die Phänomene postmortaler Schenkungen, die nicht iSd § 2301

---

14 OLG Düsseldorf IPRspr 1996 Nr. 118.

Abs. 1 BGB bedingt sein müssen. Vorzugswürdig ist daher die Gegenansicht, die zwischen Erbstatut und Schenkungsstatut (Vertragsstatut) aus Sicht des Erbstatuts abgrenzt.

bb) Im Fall kommen beide Ansichten zum selben Ergebnis. Aus deutscher Sicht liegt 453
eine iSd § 2301 Abs. 1 BGB bedingte Schenkung vor; diese wurde erst nach dem Tod durch Übereignung vollzogen, unterliegt also dem Erbstatut. Diese akzessorische Verweisung auf das Erbstatut ist nicht Gesamtverweisung, sondern folgt der Bestimmung des Erbstatuts nach Art. 25 Abs. 1 EGBGB (Rn 422 ff).

Aus italienischer Sicht handelt es sich um eine erbrechtlich zu qualifizierende *donatio mortis causa* (MAT f, g).

[Wäre die Schenkung als *donatio si praemoriar* auszulegen (MAT g), wogegen spricht, dass Marko den Giovanni von der Schenkung nicht in Kenntnis gesetzt hatte und sich durch Beauftragung seines eigenen Rechtsanwalts die jederzeitige Widerrufsmöglichkeit jedenfalls stillschweigend vorbehalten hatte, so wäre sie jedenfalls aus italienischer Sicht schuldrechtlich zu qualifizieren].

d) Denkbares Rechtsverhältnis könnte aber auch ein **Vermächtnis** sein. Da Vermächt- 454
nisse ohne weiteres dem Erbstatut unterliegen, ist auch insoweit Statut der Leistungskondiktion das Erbstatut.

e) Bereicherungsstatut ist also in beiden Fällen das italienische Recht. 455

3. Bereicherungsansprüche im italienischen Recht

Ein bereicherungsrechtlicher Anspruch auf Herausgabe könnte sich aus Art. 2037 456
Abs. 1 cc (MAT g) ergeben. Fraglich ist nur, ob es an einer Verbindlichkeit fehlte. Hierbei handelt es sich um eine Vorfrage, die selbstständig anzuknüpfen ist.

4. Bereicherungsansprüche: Rechtsgrund

a) Rechtsgrund könnte die **Schenkung auf den Todesfall** sein, die, wie schon erörtert 457
(Rn 452 ff) erbrechtlich zu qualifizieren ist, also ebenfalls italienischem Recht untersteht.

Nach materiellem italienischem Recht könnte sie als *donatio mortis causa* unwirksam sein. Das ist, wie bereits festgestellt, anzunehmen

b) Als **Vermächtnis** könnte die Zuwendung nur wirksam sein, wenn sie in der **Form** 458
einer letztwilligen Verfügung angeordnet wurde.

Die Formwirksamkeit bestimmt sich nicht nach dem Erbstatut, sondern nach dem Testamentsformstatut. Es genügt, wenn die mündlich gegenüber Ronald Recht erklärte Verfügung nach einer der in Art. 1 Abs. 1 **Haager TestFormÜbk**[15] berufenen Rechtsordnungen wirksam ist. In Betracht kommt das deutsche Recht (zB Errichtungsort, lit. a), das italienische Recht (eine Staatsangehörigkeit, lit. b) und das slowenische Recht (eine Staatsangehörigkeit), denn Art. 5 Abs. 1 EGBGB ist auf die völ-

---

15 *Jayme/Hausmann*[13] Nr. 60.

kervertraglichen Anknüpfungen des Art. 1 Abs. 1 TestFormÜbk nicht anwendbar). Nach keiner dieser Rechtsordnungen ist jedoch ein mündliches Testament als ordentliches Testament wirksam (Art. 601 cc [MAT g]).

459 **Ergebnis:** Die Erben haben keine sachenrechtlichen Herausgabeansprüche aus § 985 BGB; jedoch besteht ein auf Herausgabe gerichteter Bereicherungsanspruch aus Art. 2037 Abs. 1 cc (Leistungskondiktion).

Literaturhinweise

Behandlung der fallrelevanten Themen in:
Rauscher **Internationales Privatrecht (3. Aufl.)**

Anknüpfung bei Doppelstaatern:	Rn 216 ff
Unteranknüpfung	Rn 387 ff
Ehegüterstatut, Unwandelbarkeit, Anknüpfung:	Rn 758 ff, 764 ff
Qualifikation von § 1371 Abs. 1 BGB:	Rn 467
Anpassung:	Rn 475, 557
Anwendungsbereich der Rom II-VO:	Rn 1243 ff
Sachenrechtsstatut:	Rn 1401 ff
Bereicherungsstatut, Leistungskondiktion:	Rn 1334 ff
Vollmachtsstatut:	Rn 1044 ff
Qualifikation der Schenkung auf den Todesfall:	Rn 994

Weitere Literatur

1. Anknüpfung bei Doppelstaatern
Staudinger/Blumenwitz (2003) Art. 5 EGBGB Rn 7. *Dethloff* Doppelstaatsangehörigkeit im Internationalen Privatrecht, JZ 1995, 64.

2. Unteranknüpfung
Staudinger/Sturm/Sturm (2003) Einl IPR Rn 707. *Börner* Palästina und die Palästinenser im Internationalen Privatrecht, IPRax 1997, 47. *Otto* Die Bedeutung des Art. 4 Abs. 3 EGBGB bei der Verweisung auf das Recht eines Mehrrechtsstaates, IPRax 1994, 1.

3. Ehegüterstatut, Unwandelbarkeit, Anknüpfung
Staudiner/Mankowski (2003) Art. 15 EGBGB Rn 1, Rn 231 und Rn 324 (Statut); Art. 15 EGBGB Rn 22 (Anknüpfung); Art. 15 EGBGB Rn 47 (Unwandelbarkeit). *Wandel* Kuckuckseier nicht nur zur Osterzeit – zum Güterrecht der Spätaussiedler, BWNotZ 1994, 85. *Rauscher* Art. 220 Abs. 3 EGBGB verfassungswidrig?, NJW 1987, 531.

4. Qualifikation von § 1371 Abs. 1 BGB
Staudinger/Mankowski (2003) Art. 15 EGBGB Rn 341. *Horn* Das deutsche Zugewinnausgleichsviertel im internationalen Erbrecht, ZEV 2008, 417. *Mäsch/Gotsche* Friktionen zwischen Erb- und Güterrechtstatut, ZErb 2007, 43.

5. Anpassung
Staudinger/Mankowski (2003) Art. 15 EGBGB Rn 376.

6. Anwendungsbereich der Rom II-VO
Wagner Die neue Rom II-VO, IPRax 2008, 1. *Junker* Die Rom II-VO: Neues Internationales Deliktsrecht auf europäischer Grundlage, NJW 2007, 3675. *Huber/Bach* Die neue Rom II-VO, IPRax 2005, 73.

7. Sachenrechtsstatut
Staudinger/Stoll (1996) IntSachenR, Rn 122. *Stoll* Zur gesetzlichen Regelung des internationalen Sachenrechts in Art. 43–46 EGBGB, IPRax 2000, 259.

8. Bereicherungsstatut, Leistungskondiktion
Staudinger/V.Hoffmann/Fuchs (2001) Art. 38 EGBGB Rn 4 und Rn 6. *Ofner* Die Rom II-Verordnung – Neues Internationales Privatrecht für außervertragliche Schuldverhältnisse in der Europäischen Union, ZfRV 2008, 13. *Busse* Internationales Bereicherungsrecht zwischen EGBGB-Reform und Rom II-VO, RIW 2003, 406.

9. Vollmachtsstatut
Staudinger/Magnus (2002) Einl zu Art. 27–37 EGBGB Rn A 10. *Schwarz* Das deutsche internationale Stellvertretungsrecht im Spiegel nationaler und supranationaler Kodifikationen, RabelsZ 2007, 729. *Fischer* Anscheinsvollmacht, Vollmachtsstatut und Rechtswahl, IPRax 2005, 269.

10. Qualifikation der Schenkung auf den Todesfall
Staudinger/Dörner (2007) Art. 25 Rn 370. *Lorenz* Schenkung von Todes wegen, Sachstatut und internationales Bereicherungsrecht – der Bonifatiusfall im internationalen Privatrecht, ZEV 1996, 406.

IV. Vertragliches Schuldrecht

Fall 9
Sammelbestellung in Benz

(Bearbeitungszeit: 5 Stunden + 1 Stunde Frage 4)

460 Der in Reims (Frankreich) wohnende Gerard Granier fährt gerne deutsche PKW; er hat auch zwei Kollegen davon überzeugt, dass deutsche Nobelmarken die Champagnerklasse unter den Fahrzeugen sind. Um den Kauf von drei Mercedes der M-Klasse günstig zu gestalten, nimmt Granier telefonisch Kontakt zu der Mercedes-Vertretung Müller OHG in Saarbrücken auf, von der er aus dem Telefonbuch Kenntnis hat. Er gibt dabei nicht zu erkennen, dass es sich um eine Sammelbestellung von Privatkunden handelt, sondern tritt selbst als Besteller der drei Fahrzeuge auf. Nachdem Granier die gewünschte Ausstattung per Telefax an die Müller OHG übermittelt hat, teilt deren Geschäftsführer dem Granier am 18. 12. 2007 telefonisch einen günstigen Preis von € 60 000 je Fahrzeug, zahlbar bei Selbstabholung ab Werk Stuttgart mit; als festen Liefertermin bietet er Ende Februar 2008 an. Granier nimmt sofort an.

Am 18. 12. 2007 bestätigt die Müller OHG schriftlich unter Beifügung ihrer AGB den Neuwagenverkauf. Die AGB enthalten ua folgende Klausel: „7. Gerichtsstand und Erfüllungsort ist Saarbrücken; 8. Der Vertrag untersteht dem deutschen Bürgerlichen Gesetzbuch".

Am 15. 2. 2008 teilt die Müller OHG dem Granier mit, die bestellten Fahrzeuge stünden leider erst am 20. 3. 2008 bereit. Granier reagiert zunächst nicht, nimmt sich aber für die Zeit vom 2. 3. 2008 bis 19. 3. 2008 ein Mietfahrzeug für eine länger geplante Reise zu € 1500.

Als ihm am 15. 3. 2008 seine Hausbank wegen schlechter Zahlungsmoral seine Kreditlinie kündigt, wird ihm klar, dass er sich jedenfalls mit seiner PKW-Bestellung übernommen hat. Da auch seine beiden Kollegen inzwischen eher nachdenklich über den Sinn ihres Kaufes geworden sind, erklärt Granier der Müller OHG unter Berufung auf die verspätete Lieferung am 17. 3. 2008 den Rücktritt. Deren Geschäftsführer antwortet postwendend, davon könne keine Rede sein. Die Fahrzeuge stünden, wie angekündigt, am 20. 3. 2008 in Stuttgart bereit. Da Granier nicht mehr antwortet und auch auf nochmalige Aufforderung die Fahrzeuge nicht abholt, möchte die Müller OHG Klage auf Zahlung von € 180 000 zuzüglich Zinsen seit 21. 3. 2008 in Höhe von 8 Prozentpunkten über dem Basiszins der EZB Zug um Zug gegen Übergabe der drei bereitgestellten PKW Mercedes erheben.

1. Besteht ein deutscher Gerichtsstand?
2. Ist die Klage begründet?
3. Eine positive Antwort auf die beiden ersten Fragen unterstellt, kann Granier in diesem Verfahren die Mietwagenkosten geltend machen?

4. Welche Änderungen ergeben sich, wenn der Vertrag am 18. 12. 2009 geschlossen wird und die weiteren Vorgänge im Sachverhalt in 2010 (statt 2008) stattfinden?

Materialien

Sofern Bestimmungen einer ausländischen Rechtsordnung anzuwenden sind, ist zu unterstellen, dass diese dem deutschen Recht inhaltsgleich sind. **461**

Strukturierung des Falles

462 **Wesentliche Themen:** Anwendungsbereich der Brüssel I-VO; Verbrauchersache nach Brüssel I-VO; Zuständigkeitsvereinbarung; Erfüllungsortgerichtsstand und -vereinbarung; Aufrechnungszuständigkeit; Anwendungsbereich der Rom I-VO; Verbrauchervertragsstatut, Abschlusssituationen.

Ausgangsfälle: EuGH NJW 1997, 1431, BGH IPRax 1996, 264.

Frage 1: Deutscher Gerichtsstand

1. Internationale Zuständigkeit Brüssel I-VO:
a) Anwendungsbereich:
– Sachlich: Zivil- oder Handelssache, Art. 1 Abs. 1 Brüssel I-VO (+)
– Nicht durch Art. 1 Abs. 2 Brüssel I-VO ausgeschlossen (+)
– Räumlich: Art. 3 Abs. 1 Brüssel I-VO (+), Beklagtenwohnsitz nach französischem Recht (Art. 59 Abs. 2 Brüssel I-VO in Frankreich
– Zeitlich: (+) Klage nach dem 1. 3. 2002 erhoben (Art. 66 Abs. 1 Brüssel I-VO)
b) Zuständigkeitsvereinbarung Art. 23 Brüssel I-VO
aa) Einschränkung wegen Verbrauchersache, Art. 17 Brüssel I-VO?:
– Granier Verbraucher: objektiv (+), Erkennbarkeit fraglich, Zweifel aber zu Lasten des Vertragspartners
– Vertragsschlusssituationen Art. 15 Brüssel I-VO (–) (keine Teilzahlung, kein Kredit, keine Ausrichtung von Müller OHG auf Frankreich)
– Persönliche Beschränkungen (–) § 38 ZPO durch Art. 23 Brüssel I-VO verdrängt
bb) Bestimmung der Gerichte in einem Mitgliedstaat (+)
cc) Einbeziehung Gerichtsstandsabrede in AGB
– Art. 23 Brüssel I-VO, nicht nationales AGB-Recht, nicht Klauselrichtlinie
dd) Formalternativen Art. 23 Abs. 1 S. 3 lit. a bis c Brüssel I-VO
– Schriftliche Vereinbarung lit. a, Alt. 1 (–): keine Schriftlichkeit von Granier
– Halbschriftlichkeit lit. a, Alt. 2 (–), zwar einseitig schriftlich, aber keine Vereinbarung erkennbar
– Gepflogenheiten lit. b (–) keine vorherigen Geschäftskontakte
– Handelsbrauch lit. c (–) kein Geschäft des internationalen Handels

c) Allgemeiner Gerichtsstand Art. 2, 59 Abs. 1 Brüssel I-VO (–) Granier wohnt nicht in Deutschland
d) Erfüllungsortgerichtsstand Art. 5 Nr. 1 Brüssel I-VO:
aa) Räumliche Anwendungsvoraussetzungen Art. 5 Hs. 1 Brüssel I-VO (+) Beklagter hat Wohnsitz in einem Mitgliedstaat (Frankreich), Klage in anderem (Deutschland)
bb) Erfüllungsortvereinbarung:
– Erfüllungsortvereinbarung grundsätzlich beachtlich (+) Art. 5 Nr. 1 lit. a Brüssel I-VO wie Art. 5 Nr. 1 EuGVÜ, Art. 5 Nr. 1 lit. b Brüssel I-VO ausdrücklich
cc) Erfüllungsortvereinbarung in Ziff. 7 der AGB
– Art. 23 Brüssel I-VO grundsätzlich (–)
– Ausnahme abstrakte Erfüllungsortvereinbarung (–) Erfüllungsort auch materiell gewollt
dd) AGB wirksam einbezogen
– Nicht Brüssel I-VO, sondern Vertragsstatut
– Falls deutsches Recht: § 305 Abs. 2 BGB, § 310 Abs. 1 BGB, nicht § 14 BGB, also (–)
– Falls CISG: Art. 8 CISG: Auslegung als Zustimmung (–), keine Gepflogenheiten, kein Hinweis, keine Kenntnisnahmemöglichkeit vor Vertragsschluss
ee) Erfüllungsort telefonisch am 18. 12. 2007 vereinbart (+) sowohl nach §§ 269 Abs. 1, 270 Abs. 1 BGB als auch Art. 31, 57 Abs. 1 CISG, da Teil des mündlichen Angebots

2. Örtliche Zuständigkeit
– In Art. 5 Nr. 1 Brüssel I-VO mitgeregelt

Ergebnis: Die Gerichte in Stuttgart sind international und örtlich zuständig.

Frage 2: Begründetheit der Klage

1. Anwendbares Recht
a) Völkervertragliches Einheitsrecht: CISG
aa) Abbedungen durch Rechtswahl:

– Abbedingung möglich, Art. 6 CISG
– Grundsätzlich CISG von Rechtswahl zu deutschem Recht (Vertragsstaat) umfasst
– Hier aber ausdrücklich Wahl des BGB

bb) Wirksamkeit Rechtswahl
– Rom I-VO intertemporal nicht anwendbar, Stichtag 17. 12. 2009 (Art. 28 Rom I-VO).
– Art. 27 ff EGBGB:
– EVÜ nicht gemäß Art. 3 Abs. 2 EGBGB vorrangig, da Inkorporationsvorbehalt
– Zustandekommen von Rechtswahl (Art. 27 Abs. 1 EGBGB) nach gewähltem Recht (Art. 27 Abs. 4, Art. 31 Abs. 1 EGBGB)
– Einbeziehung § 305 Abs. 2 BGB, also (–)
– Konkludente Rechtswahl Art. 27 Abs. 1 S. 2 (–)

b) CISG nicht verdrängt, **Anwendungsvoraussetzungen:**

aa) **Sachlicher** Anwendungsbereich Art. 1 CISG Warenkauf (+)
– **Räumlicher** Anwendungsbereich Art. 1 Abs. 1 lit. a CISG: Niederlassung bzw gewöhnlicher Aufenthalt (Art. 10 lit. b CISG) in verschiedenen Vertragsstaaten (+) maßgeblich Zeitpunkt des Angebotes und Vertragsschlusses (Art. 100 CISG) vom 10. 10. 2001

bb) Ausschluss wegen Kauf für den persönlichen Gebrauch Art. 2 lit. a CISG
– Objektiv zweifelhaft, da Sammelbestellung, wohl noch (+)
– Wissen oder Wissenmüssen (Art. 2 lit. a 2. Hs. CISG).
– Positive Kenntnis (–)
– Erkennbarkeit nach Umständen (–) Zwar neutrale Waren, aber Menge legt Gewerblichkeit nahe

c) Vertragsstatut neben dem CISG:

aa) **Reichweite des CISG:** nur Abschluss, Rechte und Pflichten aus Kaufvertrag, nicht Gültigkeit (Art. 4 CISG), sowie Lücken im Anwendungsbereich Art. 7 Abs. 2 CISG

bb) Verbrauchervertragsstatut Art. 29 Abs. 2 EGBGB:
– Granier ist zwar objektiv Verbraucher § 13 BGB (+)
– Lieferung beweglicher Sachen (+)
– Abschlusssituation: Entgegennahme in Frankreich Art. 29 Abs. 2 Nr. 2 EGBGB (–), veranlasste Rei-

se Nr. 1 (–), Angebot oder Werbung Nr. 3 (–), da Vertragsangebot auf Aufforderung

cc) Vertragsstatut: engste Verbindung Art. 28 Abs. 1 EGBGB
– Art. 28 Abs. 2 Vermutung gewöhnlicher Aufenthalt vertragscharakteristisch leistender Partei, also des Verkäufers, also deutsches Recht
– Engere Verbindung Art. 28 Abs. 5 EGBGB (–)

2. Kaufpreisanspruch

a) Art. 53 CISG **entstanden**

b) Durch Vertragsaufhebung erloschen:

aa) Erklärung eines Rücktritts als Erklärung der Vertragsaufhebung Art. 49 CISG auszulegen

bb) Aufhebungsgrund: Art. 49 Abs. 1 lit. a CISG
– Vertragsverletzung (+) Lieferfristüberschreitung Art. 49 Abs. 1 lit. a CISG neben lit. b
– Wesentliche Vertragsverletzung Art. 25 CISG: wenn im Wesentlichen entgeht, was Partei nach dem Vertrag hätte erwarten dürfen (–) da nicht Fixgeschäft

cc) Aufhebungsgrund Art. 49 Abs. 1 lit. b CISG
– Nachfristsetzung Art. 47 Abs. 1 CISG (–)
– Selbstgesetzte Nachfrist 20. 3. 2008 eingehalten

c) Also Vertragsaufhebung unwirksam, Art. 53 CISG, aber nur Zug-um-Zug zu erfüllen (Art. 58 Abs. 1 CISG)

3. Zinsanspruch

a) Art. 78 CISG:
– Besteht unbeschadet Schadensersatzanspruch bei Nichtzahlung Art. 74 CISG (+)
– Fälligkeit des Kaufpreises bei zur Verfügung Stellung Art. 58 Abs. 1 CISG, hier bei Bereitstellung

b) Zinsanspruch Höhe
– Ausdrückliche Regelungen im CISG (–)
– Art. 7 Abs. 2 CISG iVm *general principles*
– Art. 4, 78 CISG: Anwendungsbereich (+)
– *general principles* ermittelbar (–)
– Deutsches Recht als Vertragsstatut neben CISG
– Zinssatz § 288 Abs. 1 S. 2 BGB (Verbrauchergeschäfte)
– Verbraucherbegriff des § 13 BGB, also Erkennbarkeit erforderlich

– Also § 288 Abs. 2 BGB 8 Prozentpunkte über dem Basiszins der EZB

Ergebnis: Die Klage hat hinsichtlich des Kaufpreisanspruchs – Zug um Zug gegen Lieferung – Aussicht auf Erfolg, denn es fehlt an einem Aufhebungsgrund. Der Zinsanspruch besteht ebenfalls in eingeklagter Höhe

Frage 3: Gegenanspruch des Granier

1. **Schadensersatzansprüche durch Aufrechnung, Widerklage wegen der Gleichartigkeit des Anspruchs unpraktisch**
2. **Anwendbares Recht auf Schadensersatzanspruch aus dem Vertrag: CISG, subsidiär deutsches Vertragsstatut**
3. **Art. 74 CISG Schadensersatz wegen Mietwagenkosten**
   – Vertragsverletzung der Müller OHG (+) Spätlieferung
   – Für Mietwagenkosten adäquat kausal (+)
   – Fristsetzung: nicht Art. 49 CISG, sondern Art. 47 Abs. 2 S. 2 CISG
   – Verschulden des Verkäufers nicht erforderlich, Art. 79 CISG Entlastungsbeweis (–)
   – Vorhersehbarkeit Art. 74 S. 2 CISG (+)
4. **Materielle Zulässigkeit der Aufrechnung**
   – Möglich nur bei gegenseitigen Ansprüchen aus CISG (+) Anspruch Art. 74 CISG gegen Art. 53, 78 CISG
   – Art. 7 Abs. 2 Alt. 2 CISG *general principles* feststellbar:
   – 1. Ansicht: nein, dann Vertragsstatut Art. 32 Abs. 1 Nr. 4 EGBGB (–)
   – 2. Ansicht: *General principles* im Zug-um-Zug-Prinzip (Art. 58 Abs. 1 CISG, Art. 81 Abs. 2 CISG) und in Art. 84 Abs. 2 CISG (+)
5. **Zuständigkeit für Aufrechnung**
   – Hauptsachezuständigkeit nicht erforderlich: Aufrechnung Verteidigungsmittel
   – Hilfsweise: Art. 6 Nr. 3 Brüssel I-VO wegen Konnexität gegeben

Ergebnis: Granier steht wegen den Mietwagenkosten ein Schadensersatzanspruch aus Art. 74 CISG gegen die Müller OHG zu. Mit diesem kann er in dem Verfahren zwischen ihm und der Müller OHG gegen deren Ansprüche aufrechnen.

Frage 4: Änderungen bei Vertragsschluss am 18.12.2009

1. **Änderungen, wenn Rom I-VO**
   a) Zeitlicher Anwendungsbereich Art. 28 Rom I-VO: Vertrag nach dem 17.12.2009

   – Fraglich, wenn am 17.12.2009 geschlossen, einerseits Art. 28, andererseits Art. 29 Rom I-VO
   – Vertragsschluss am 18.12.2009: Rom I-VO anwendbar
   b) Sachlicher Anwendungsbereich:
   – Gegenstand vertragliches Schuldverhältnis in einer Zivil- oder Handelssache Art. 1 Abs. 1 Rom I-VO (+)
   c) Räumlicher Anwendungsbereich: *loi uniforme* Art. 2 Rom I-VO
2. **Rechtswahl**
   – In AGB: Art. 3 Abs. 1, 5, Art. 10 Abs. 1 Rom I-VO: gewähltes Recht, keine Änderung
   – Im Übrigen Art. 3 Abs. 1 Rom I-VO enger als Art. 27 Abs. 1 S. 2 EGBGB (Art. 3 Abs. 1 S. 2 EVÜ): ausdrücklich oder eindeutig, hier (–)
3. **Verbrauchervertragsstatut Art. 6 Rom I-VO**
   a) Verbraucherdefinition Art. 6 Abs. 1 Hs. 1 Rom I-VO unverändert, ausdrücklich muss Vertragspartner des Verbrauchers Unternehmer sein (+)
   b) Abschlusssituationen Art. 6 Abs. 1 Hs. 2 Rom I-VO
   – Keine gewerbliche Tätigkeit der Müller OHG in Frankreich Art. 6 Abs. 1 Hs. 2 lit. a Rom I-VO
   – Ausrichten auf Frankreich Art. 6 Abs. 1 Hs. 2 lit. b Rom I-VO
   – Auslegung wie zu Art. 15 Abs. 1 Hs. 2 lit. c Alt. 2 Brüssel I-VO
   – Nicht durch bloßen Vertragsschluss
   – Werbende Ausrichtung (–)
4. **Vertragsstatut**
   – Art. 3, 4 Rom I-VO (Art. 6 Abs. 3 Rom I-VO)
   – Rechtswahl (–)
   – Art. 4 Abs. 1 lit. a Rom I-VO Kaufvertrag an gewöhnlichem Aufenthalt Verkäufer (+)
   – Art. 4 Abs. 3 Rom I-VO engere Verbindung (–)
5. **Zulässigkeit der Aufrechnung (wenn nicht nach CISG)**
   – Art. 12 Abs. 1 lit. d Rom I-VO: Vertragsstatut

Ergebnis: Wird der Vertrag am 18.12.2009 geschlossen, so unterliegen die Fragen des internationalen Schuldvertragsrechts der Rom I-VO. Änderungen im Ergebnis folgen daraus letztlich nicht.

Lösung

[handschriftlich: ! Brüssel Ia-VO seit 2012]

Frage 1: Deutscher Gerichtsstand

1. Internationale Zuständigkeit

Die internationale Zuständigkeit deutscher Gerichte könnte sich nach der **Brüssel I-VO** beurteilen. **463**

a) Der **sachliche** Anwendungsbereich ist eröffnet, es handelt sich um eine Zivil- oder Handelssache, die nicht durch Art. 1 Abs. 2 Brüssel I-VO ausgeschlossen ist. **Räumlich** ist die VO (ausschließlich) anzuwenden, da der Beklagte seinen, gemäß Art. 59 Abs. 2 Brüssel I-VO nach französischem Recht (gemäß Hinweis ist zu unterstellen, dass Inhaltsgleichheit besteht) zu beurteilenden Wohnsitz in Frankreich, einem Mitgliedstaat hat (Art. 3 Abs. 1 Brüssel I-VO). **Zeitlich** gilt die Brüssel I-VO, da die Klage nach dem 1. 3. 2002 erhoben wird (Art. 66 Abs. 1 Brüssel I-VO); die VO ersetzt von diesem Zeitpunkt an im Verhältnis zu Frankreich das EuGVÜ (Art. 68 Abs. 1 Brüssel I-VO). **464**

[handschriftlich: → Art. 25 Brüssel Ia-VO]

b) Vorrangig zu prüfen ist eine **Zuständigkeitsvereinbarung** (Art. 23 Brüssel I-VO), weil diese im Zweifel *ausschließlich* wäre (Art. 23 Abs. 1 S. 2 Brüssel I-VO). **465**

aa) Die Zulässigkeit einer solchen Vereinbarung könnte durch Art. 17 Brüssel I-VO eingeschränkt sein; dazu müsste es sich um eine **Verbrauchersache** nach Art. 15 Brüssel I-VO handeln. Fraglich ist schon, ob Granier *Verbraucher* ist. Zwar handelt Granier objektiv privat, denn er kauft seinen PKW nicht für berufliche oder gewerbliche Zwecke und die bloße Sammelbestellung für private Dritte begründet keinen gewerblichen KFZ-Handel. Maßgeblich ist allerdings die für den Vertragspartner *objektiv erkennbare* Situation; diese könnte sich als ein gewerblicher Vorgang darstellen, ist aber nicht zwingend so einzuordnen, da auch private Sammelbestellungen nicht unüblich sind. Da Art. 15 ff Brüssel I-VO als Verbraucherschutzbestimmungen zwar eng auszulegen sind, jedoch Zweifel der Erkennbarkeit einer objektiv vorhandenen Verbraucherstellung zu Lasten des Vertragspartners gehen, ist Verbrauchereigenschaft anzunehmen. **466**

Es fehlt jedoch an jeder der von Art. 15 Brüssel I-VO alternativ vorausgesetzten **Vertragsschlusssituationen** (keine Teilzahlung, kein Kredit, keine Ausrichtung von Müller OHG auf Frankreich). Damit ist Art. 23 Brüssel I-VO nicht durch Art. 17 Brüssel I-VO beschränkt.

Andere **persönliche Beschränkungen** der Prorogationsfreiheit sind nicht einschlägig; insbesondere § 38 ZPO ist vollständig durch Art. 23 Brüssel I-VO verdrängt.

bb) Eine Bestimmung der Gerichte in einem **Mitgliedstaat** (einschließlich einer örtlichen Vereinbarung nach Saarbrücken, Art. 23 Abs. 1 S. 1 Brüssel I-VO) liegt vor. **467**

cc) Auch wenn eine Gerichtsstandsabrede auf **AGB** beruht, ist nicht nationales AGB-Recht anzuwenden, da Art. 23 Brüssel I-VO abschließend auch gegenüber einer **468**

nationalen Einbeziehungs- und Inhaltskontrolle ist.[1] Daran ändert sich auch nichts durch die Entscheidung des EuGH in der Sache *Océano*.[2] Zwar hat der EuGH dort eine nach nationalem Recht zu beurteilende Gerichtsstandsvereinbarung mit einem Verbraucher der zusätzlichen Kontrolle nach den Bestimmungen der Richtlinie über missbräuchliche Klauseln in Verbraucherverträgen (93/13/EWG) unterworfen. Im Anwendungsbereich der Brüssel I-VO schränkt jedoch ausdrücklich Art. 17 Brüssel I-VO Gerichtsstandsvereinbarungen mit Verbrauchern ein; in diesem Rahmen sind aber auch Gerichtsstandsklauseln nicht mehr an der Richtlinie zu messen. Für Gerichtsstandsvereinbarungen mit Nichtverbrauchern (Art. 23 Brüssel I-VO) gilt die Richtlinie ohnehin nicht.

469 **dd)** Es müsste also eine der vier **Formalternativen** (lit. a bis c) einer Vereinbarung nach Art. 23 Abs. 1 S. 3 Brüssel I-VO vorliegen; dabei geht die Frage der wirksamen Einbeziehung einer in AGB enthaltenen Gerichtsstandsklausel in der Prüfung der Form des Art. 23 Abs. 1 Brüssel I-VO auf; es kann keine positive Einbeziehung der AGB-Gerichtsstandsklausel geben, wenn diese nicht eine der Formen des Art. 23 Abs. 1 Brüssel I-VO wahrt.[3]

- An einer *schriftlichen* Vereinbarung (lit. a Alt. 1) fehlt es offensichtlich, denn Granier hat sich im Hinblick auf die Gerichtsstandsvereinbarung nicht schriftlich geäußert.

- *Halbschriftlichkeit* (lit. a Alt. 2) könnte sich aus der Zusendung der schriftlichen, nicht notwendig unterschriftlichen AGB ergeben. Dass diese nur von der Müller OHG ausgeht, die sich nun auf die Gerichtsstandsvereinbarung berufen will, schadet nicht; die Alternative Halbschriftlichkeit wäre obsolet, wenn die Bestätigung immer vom späteren Beklagten herrühren müsste. Jedoch verlangt Art. 23 Abs. 1 S. 3 lit. a Alt. 2 Brüssel I-VO nicht nur eine formal einseitige Bestätigung; die Bestätigung muss, auch wenn sie in AGB erfolgt, Ausdruck einer vorherigen *mündlichen Vereinbarung* sein. Hier wurde bis zur Übersendung der Bestätigung in AGB über eine Gerichtsstandsvereinbarung nicht gesprochen, so dass es an einer Vereinbarung fehlt.[4]

- Für die Variante lit. b fehlt es an bisherigen *Geschäftskontakten*, aus denen sich Gepflogenheiten hätten entwickeln können. Für die Variante lit. c fehlt es an einem Geschäft des *internationalen Handels*. Granier gehört im Übrigen objektiv nicht dem Personenkreis der Kaufleute an, die nach deutschem Recht Adressaten eines kaufmännischen Bestätigungsschreibens, die einzige hier denkbare Form der Vereinbarung, sein können.

Damit ist die Gerichtsstandsklausel unwirksam.

470 **c)** Seinen **allgemeinen Gerichtsstand** (Art. 2, 59 Abs. 1 Brüssel I-VO) hat der Beklagte Granier nicht in Deutschland.

---

1 Dazu: EuGH Rs. 24/76 (*Colzani/Rüwa*) NJW 1977, 494; EuGH Rs. 25/76 (*Segoura/Bonakdarian*) NJW 1977, 495.
2 EuGH Rs. C-240/98 bis C-244/98 (*Océano Grupo/Quintero ua*) JZ 2001, 245.
3 Zumindest systematisch unzutreffend daher OLG Stuttgart OLGR 2008, 350 (II.1.a aa).
4 OLG Stuttgart OLGR 2008, 350.

→ Art. 7 Brüssel Ia-VO (Nr. 1a)

d) Deutsche Gerichte könnten nach ~~Art. 5 Nr. 1 Brüssel I-VO~~ als **Erfüllungsortge-**   **471**
richtsstand zuständig sein.

aa) Die zusätzlichen **räumlichen** Anwendungsvoraussetzungen (Art. 5 Hs. 1 Brüssel   **472**
I-VO) liegen vor; der Beklagte hat Wohnsitz in einem Mitgliedstaat (Frankreich) und
soll in einem anderen (Deutschland) verklagt werden.

bb) Fraglich ist, wie die maßgebliche Verpflichtung und ihr Erfüllungsort zu bestim-   **473**
men sind. Hier könnte eine **Erfüllungsortvereinbarung** beachtlich sein.

Nach Art. 5 Nr. 1 EuGVÜ waren – formfreie – Erfüllungsortvereinbarungen grundsätzlich beachtlich. Dies gilt weiterhin unter dem wortgleichen Art. 5 Nr. 1 lit. a Brüssel I-VO, aber auch in Anwendung des Art. 5 Nr. 1 lit. b Brüssel I-VO, der ausdrücklich eine abweichende Vereinbarung vorbehält.

cc) Zu prüfen ist daher die Wirksamkeit der **Erfüllungsortvereinbarung in Ziff. 7**   **474**
der AGB (Saarbrücken). In diesem Rahmen muss auch bei Kaufverträgen weiter auf
jede einzelne eingeklagte *Verbindlichkeit* abgestellt werden, was hier keine Rolle
spielt, da nach dem Sachverhalt nur einheitliche Erfüllungsortvereinbarungen getroffen wurden.

Grundsätzlich untersteht die gerichtsstandsbegründende Wirkung einer solchen Ver-   **475**
einbarung nicht den Formen des **Art. 23 Brüssel I-VO**. Eine Ausnahme erscheint jedoch geboten, wenn es sich um eine sog **abstrakte Erfüllungsortvereinbarung** handelt, die mit der Vertragswirklichkeit nichts zu tun hat, also nicht die Bestimmung des
materiellen Erfüllungsortes bezweckt, sondern nur einen Gerichtsstand schaffen soll.[5]
Vorliegend ist die Erfüllungsortklausel in den AGB der Müller OHG zwar abstrakt,
dürfte aber durchaus mit materieller Wirkung gewollt sein, da die Auslieferung und
Bezahlung von PKW am Firmensitz des Händlers dessen materiellen Interessen (Vermeidung von Lieferkosten, Zug-um-Zug-Erfüllung) entspricht. Die AGB-Erfüllungs-
ortvereinbarung unterliegt also nicht der Form des Art. 23 Brüssel I-VO.

dd) Die AGB müssten jedoch **wirksam einbezogen** sein. Insoweit ist die Einbezie-   **476**
hung nicht nach der Brüssel I-VO, sondern nach dem Vertragsstatut zu beurteilen. Ob
deutsches Recht mit oder ohne Einschluss des CISG Vertragsstatut ist (Rn 490 ff),
muss hier noch nicht entschieden werden.

Unterliegt die Einbeziehung deutschem Recht, so könnte § 305 Abs. 2 BGB anzuwenden sein. Dazu dürfte Granier kein Unternehmer (§ 14 BGB) sein, da § 305
Abs. 2 BGB gemäß § 310 Abs. 1 BGB auf gegenüber Unternehmern verwendete
AGB keine Anwendung findet. § 14 BGB bestimmt die Unternehmereigenschaft rein
objektiv; dass Granier womöglich den Anschein erweckte, Unternehmer zu sein, ist –
anders als für Art. 2 lit. a CISG – ohne Bedeutung. Die Einbeziehungsvoraussetzun-
gen des § 305 BGB sind nicht erfüllt, da Granier vor Vertragsschluss auf die AGB in
keiner Weise hingewiesen wurde.

Untersteht der Vertrag dem CISG, so bestimmt sich die Einbeziehung von Erklärun-   *CISG*
gen, auch solchen in AGB, nach Art. 8 CISG. Die Auslegung der Erklärungen und/

---

5 EuGH Rs. C 106/95 (*Mainschiffahrts-Genossenschaft EG (MSG)/Les Gravières Rhénanes SARL*) NJW
1997, 1431.

oder des Verhaltens des Granier müsste dann ergeben, dass die ihm übersandten AGB seine Zustimmung gefunden haben. Dies setzt, sofern nicht Gepflogenheiten aus längeren Geschäftsbeziehungen zwischen den Parteien bestehen,[6] einen Hinweis auf die AGB seitens des Verwenders vor Abschluss des Vertrages sowie eine zumutbare Möglichkeit der Kenntnisnahme[7] voraus. Da Granier bei Abgabe seiner auf Vertragsschluss gerichteten Willenserklärung von den AGB keine Kenntnis haben konnte, fehlt es auch nach CISG an einer Einbeziehung.

477 **ee)** Der Erfüllungsort könnte jedoch durch **telefonische Vereinbarung** vom 18. 12. 2007 bestimmt worden sein. Auf eine den wirklichen materiellrechtlichen Leistungsort regelnde Erfüllungsortvereinbarung ist Art. 23 Brüssel I-VO nicht anzuwenden.

Die materielle Wirksamkeit dieser Abrede beurteilt sich vielmehr nach dem auf den Vertrag anwendbaren Recht. Da nach allen in Betracht zu ziehenden Rechtsordnungen (§§ 269 Abs. 1, 270 Abs. 1 BGB, Art. 31, 57 Abs. 1 CISG) der Lieferungs- und Zahlungsort formfrei vereinbart werden kann, darf die Bestimmung des anwendbaren Rechts auch hier offen bleiben. Nach dem Sachverhalt wurde über das gesamte *mündliche* Angebot der Müller OHG Einigung erzielt, also auch über den Liefer- und Zahlungsort in Stuttgart. Die Vereinbarung begründet gerichtsstandswirksam den Erfüllungsort auch für die einzuklagende Verpflichtung. Damit sind deutsche Gerichte am vereinbarten Erfüllungsort **international** zuständig.

2. Örtliche Zuständigkeit

478 Art. 5 Nr. 1 Brüssel I-VO regelt auch die **örtliche** Zuständigkeit; somit sind die Gerichte in Stuttgart zuständig.

479 **Ergebnis:** Die Gerichte in Stuttgart sind international und örtlich zuständig.

Frage 2: Begründetheit der Klage

1. Anwendbares Recht

480 **a)** Völkervertragliches Einheitsrecht hat Vorrang vor nationalem Recht. Es ist also vorrangig zu prüfen, ob das **Wiener UN-Kaufrecht (CISG)** Anwendung findet.

481 **aa)** Dem könnte eine Rechtswahl zu deutschem Recht entgegenstehen. Art. 6 CISG erlaubt den Ausschluss des CISG durch Vereinbarung. Zwar bedeutet nicht jede Wahl des Rechts eines Vertragsstaates (wie Deutschland) einen Ausschluss des CISG, denn das CISG ist Bestandteil des deutschen Rechts und deshalb auch von einer Rechtswahl zugunsten deutschen Rechts umfasst, sofern sich nicht ein gegenteiliger Parteiwille ergibt.[8] Vorliegend ergibt sich jedoch ein solcher Wille eindeutig aufgrund des Hinweises auf das BGB.[9]

6 OGH IHR 2004, 148, 153.
7 BGHZ 149, 113.
8 BGH IPRspr 1997 Nr. 43.
9 OLG Stuttgart OLGR 2008, 514.

168

[handschriftliche Randnotiz:] CISG kann ausgeschlossen werden (Art. 6 CISG)

Wahl eines Rechts bedeutet nicht autom. Ausschluss des CISG, da dieses Bestandteil des dt. Rechts ist

es sei denn: Parteiwille steht entgegen

Damit ist vorrangig zu prüfen, ob diese Rechtswahl wirksam ist.

bb) Die Verordnung (EG) Nr. 593/2008 (**Rom I-VO**) ist unbeschadet des sachlichen **482** Anwendungsbereichs (dazu Rn 513) intertemporal nicht anwendbar. Sie gilt nur für Verträge, die nach dem 17. 12. 2009 geschlossen wurden (Art. 28 Rom I-VO).

cc) Auszugehen ist damit von ~~Art. 27 ff EGBGB~~. *Art. 3 ff. Rom I-VO* Das von der BRep. Deutschland ra- **483** tifizierte **Römische EWG-Übereinkommen** über das auf vertragliche Schuldverhält- nisse anwendbare Recht (EVÜ) ist nicht gemäß Art. 3 Abs. 2 EGBGB vorrangig, denn es ist nicht in Deutschland unmittelbar geltendes Recht; einen entsprechenden Vorbehalt hat Deutschland bei der Ratifikation erklärt.[10]

dd) Vorliegend könnte in Ziff. 8 der AGB der Müller OHG eine **Rechtswahl** erfolgt **484** sein, die nach Art. 27 Abs. 1 EGBGB vorrangiges Anknüpfungskriterium wäre.

Zustandekommen und Wirksamkeit der Rechtswahl sind nach dem Recht zu beur- teilen, welches bei Wirksamkeit der Rechtswahlklausel anwendbar wäre (Art. 27 Abs. 4, 31 Abs. 1 EGBGB), also nach dem gewählten, vorliegend nach deutschem Recht. Auf das CISG kann insoweit nicht abgestellt werden, weil die Klausel aus- drücklich nicht auf das deutsche Recht unter Einschluss des CISG gerichtet ist.

ee) Die **Einbeziehung** ist nach § 305 Abs. 2 BGB zu beurteilen, so dass, wie erörtert **485** (Rn 475), eine Einbeziehung nicht erfolgt ist. Damit ist schon aus Sicht des gewählten Rechts keine wirksame Rechtswahl in AGB erfolgt. Auf Art. 31 Abs. 2 EGBGB, der Granier eine Berufung auf französisches Recht als Recht seines gewöhnlichen Auf- enthalts erlauben würde, wenn die Rechtswahl nach deutschem Recht – zB, wäre er Unternehmer, schon aufgrund seines Schweigens – wirksam wäre, kommt es hier nicht an.

Anhaltspunkte für eine hinreichend deutliche (Art. 27 Abs. 1 S. 2 EGBGB) konklu- dente oder stillschweigende Rechtswahl sind nicht ersichtlich.

b) Da somit das **CISG** nicht durch Abwahl verdrängt ist, sind dessen weitere **Anwen-** **486** **dungsvoraussetzungen** zu prüfen.

aa) Der **sachliche** Anwendungsbereich des CISG ist gegeben; der Kaufvertrag be- **487** trifft bewegliche, körperliche Gegenstände, also fraglos Waren iSd Art. 1 CISG.

Zu prüfen sind die **räumlichen** Anwendungsvoraussetzungen des CISG. Nach Art. 1 Abs. 1 lit. a CISG ist das Übereinkommen anwendbar, wenn die Parteien ihre Nieder- lassung in verschiedenen Vertragsstaaten haben. Die Niederlassung der Müller OHG liegt in Deutschland. Granier hat keine Niederlassung, so dass stattdessen auf den ge- wöhnlichen Aufenthalt abzustellen ist (Art. 10 lit. b CISG), der in Frankreich liegt. Deutschland und Frankreich waren im Zeitpunkt des Angebotes und Vertragsschlus- ses (Art. 100 CISG) am 18. 12. 2007 Vertragsstaaten.[11]

bb) Die Anwendung des CISG ist jedoch ausgeschlossen, wenn Granier die Ware für **488** den **persönlichen Gebrauch** (Art. 2 lit. a CISG) gekauft hat.

---

10 BGBl 1986 II, 809.
11 *Jayme/Hausmann*[14] Nr. 77 Fn 1.

Das ist schon *objektiv* zweifelhaft, denn Granier bestellt die beiden anderen PKW für Kollegen, also nicht für seinen oder seiner Familie persönlichen Gebrauch. Zwar dient dieses Kriterium vorrangig der Abgrenzung gegen einen *geschäftlichen* Gebrauch, der hier nicht vorliegt. Der Kauf zum privaten Gebrauch Dritter unterfällt aber nur dann ohne Zweifel Art. 2 lit. a CISG, wenn die Ware vom Käufer verschenkt wird, da im Verschenken sein eigener privater Gebrauch zu sehen wäre. Es lässt sich jedoch durchaus bei der hier erfolgten Sammelbestellung in verdeckter Stellvertretung Dritter, die das Kriterium des Art. 2 lit. a CISG selbst erfüllen würden, noch Privatheit des Gebrauchs vertreten.

489   **cc)** Allerdings könnte gleichwohl der Ausschlusstatbestand daran scheitern, dass die Müller OHG von dem privaten Gebrauch nichts **wusste oder wissen musste** (Art. 2 lit. a Hs. 2 CISG). Positive Kenntnis liegt nicht vor. Maßgeblich für die Erkennbarkeit sind die Umstände des Kaufes, wobei die Gegenausnahme nur greift, wenn der Verkäufer ohne vorwerfbare Unkenntnis des privaten Gebrauchs war. Bei Waren, die typischerweise für geschäftliche und berufliche Zwecke gekauft werden (*typische* Waren), muss der Verkäufer den privaten Zweck nicht kennen.[12] Hingegen muss er bei Waren, die sowohl privat als auch geschäftlich genutzt werden können (*neutrale* Waren), mit privatem Gebrauch rechnen. PKW sind solche neutralen Waren, bei denen von privatem Gebrauch ausgegangen werden muss.

Dies kann anders sein, weil Granier *drei PKW* bestellt hat. Ein persönliches Bedürfnis nach drei PKW gleichen Typs liegt fern. In einem solchen Fall kann der Verkäufer, ohne dass ihm Erkennbarkeit des Kaufs zum privaten Gebrauch vorzuwerfen wäre, davon ausgehen, dass er es mit einem gewerbsmäßigen Käufer zu tun hat.

Das CISG ist also anzuwenden.

490   **c)** Neben dem CISG ist gleichwohl ein Vertragsstatut zu bestimmen.

aa) Ohne dass hier schon eine Abgrenzung einzelner Sachfragen erforderlich wäre, umfasst die **Reichweite des CISG** *ausschließlich* den Abschluss des Kaufvertrages und die daraus erwachsenden Rechte und Pflichten der Parteien, nicht aber die ebenfalls vertragsrechtlich zu qualifizierende Gültigkeit des Vertrages (Art. 4 CISG). Auch im Anwendungsbereich sind Lücken, die nicht nach den dem Übereinkommen zugrundeliegenden *general principles* geschlossen werden können, dem autonom bestimmten Vertragsstatut unterstellt (Art. 7 Abs. 2 CISG).

491   **bb)** Der Vertrag könnte mangels Rechtswahl dem **Verbrauchervertragsstatut** nach Art. 29 Abs. 2 EGBGB unterstehen. Dazu müssten die Voraussetzungen eines Verbrauchervertrages nach Art. 29 Abs. 1 EGBGB vorliegen. Granier ist zwar objektiv Verbraucher (§ 13 BGB). Es handelt sich auch um einen Vertrag zur Lieferung beweglicher Sachen. Es müsste jedoch auch eine der alternativ vorausgesetzten *Abschlusssituationen* vorliegen. Da die Müller OHG die Bestellung in Deutschland entgegengenommen hat (Nr. 2) und Granier nicht auf Veranlassung der Müller OHG nach Deutschland gereist ist (Nr. 3), käme nur eine *Angebot* iSd Nr. 1 in Betracht. Nun hat zwar die Müller OHG dem Granier ein telefonisches Angebot gemacht, das diesem in

(Randnotiz links: Art. 6 Rom I-VO*)*

---

12 *Staudinger/Magnus* (2005) Art. 2 CISG Rn 24 f.

Frankreich zugegangen ist. Nach dem Zweck der Regelung, die sich auf „Angebot oder ... Werbung" bezieht, soll jedoch der Verbraucher nur geschützt werden, wenn das Angebot der *Vertragsanbahnung* diente. Hat der Verbraucher selbst ein konkretes Angebot erbeten, so liegt keine die Schutzwürdigkeit auslösende Vertragsschlusssituation vor. Das besondere Verbrauchervertragsstaut ist damit nicht einschlägig.

cc) Vertragsstatut ist daher das Recht des Staates, mit dem der Vertrag die **engste Verbindung** aufweist (~~Art. 28 Abs. 1 EGBGB~~). Hierfür stellt Art. 28 Abs. 2 EGBGB eine **Vermutung** auf, wonach die engste Verbindung zu dem Staat besteht, in dem die vertragscharakteristisch leistende Partei ihren gewöhnlichen Aufenthalt hat. Beim Kaufvertrag ist die Lieferung der Kaufsache die charakteristische Leistung. Für die Müller OHG, die gewerblich handelt, ist auf deren Hauptniederlassung abzustellen (Art. 28 Abs. 2 S. 2 EGBGB). Diese Vermutung weist in deutsches Recht.   **492**

[handschriftlich: Art. 4 Nr. 1a Rom I-VO]

Eine engere Verbindung (Art. 28 Abs. 5 EGBGB) ist nicht ersichtlich; insbesondere liegt auch der Leistungsort/Abholungsort im Herstellerwerk in Deutschland.

Es gilt also das CISG sowie ergänzend deutsches Recht.

2. Kaufpreisanspruch

a) Die Müller OHG könnte einen Anspruch aus **Art. 53 CISG** auf Zahlung des Kaufpreises und Abnahme der Ware haben. Der Anspruch ist durch Vertragsschluss entstanden.   **493**

b) Der Anspruch könnte durch **Erklärung der Vertragsaufhebung** erloschen sein.   **494**

aa) Die **Erklärung** eines Rücktritts ist als Erklärung des in Art. 49 CISG als „Vertragsaufhebung" geregelten funktionsäquivalenten Rechtsinstituts auszulegen.   **495**

bb) Es müsste jedoch ein **Aufhebungsgrund** vorliegen. Dieser könnte sich aus Art. 49 Abs. 1 lit. a CISG ergeben. Dann müsste eine *Nichterfüllung* seitens des Verkäufers vorliegen, die eine **wesentliche Vertragsverletzung** iSd Art. 25 CISG bedeutet.   **496**

Eine *Vertragsverletzung* ist ohne Weiteres in der nicht völlig unerheblichen Überschreitung der vereinbarten Lieferfrist um 20 Tage zu sehen. Die Anwendung von Art. 49 Abs. 1 lit. a CISG auf eine Verzögerung der Leistung ist auch nicht durch lit. b ausgeschlossen; die Spezialregelung in lit. b tritt neben lit. a auch hinsichtlich von Verzögerungen.

Wesentlich ist eine Vertragsverletzung aber nur, wenn der Partei (hier dem Käufer) im Wesentlichen entgeht, was sie nach dem Vertrag hätte erwarten dürfen. Bei einer bloßen Verzögerung erhält der Käufer letztlich die Sache. Sofern nicht der Liefertermin eine besondere Bedeutung hat, wie beim absoluten, oder, nach Ablauf des Leistungszeitraums, auch beim relativen *Fixgeschäft*, so dass an einer späteren Lieferung kein Interesse besteht, begründet Spätlieferung keine *wesentliche* Vertragsverletzung. [13]

---

13 *Staudinger/Magnus* (2005) Art. 25 CISG Rn 24.

497 **cc)** Ein **Aufhebungsgrund** könnte sich jedoch aus Art. 49 Abs. 1 lit. b CISG ergeben. Diese Alternative setzt keine wesentliche Vertragsverletzung voraus; es genügt das Ausbleiben der rechtzeitigen Lieferung. Erforderlich ist jedoch in diesem Fall zusätzlich eine **Nachfristsetzung** nach Art. 47 Abs. 1 CISG; da diese nicht erfolgt ist, bedarf es keiner Erörterung, welche Frist hier angemessen wäre, da das bloße Überschreiten einer angemessenen Nachfrist, ohne dass sie gesetzt wurde, kein Aufhebungsrecht auslöst. Die „selbstgesetzte" Nachfrist zum 20. 3. 2008 wurde hingegen eingehalten.

Damit ist die erklärte Vertragsaufhebung unwirksam. Der Anspruch aus Art. 53 CISG besteht. Er ist jedoch nur Zug-um-Zug zu erfüllen. Dies folgt aus Art. 58 Abs. 1 CISG, entweder direkt oder durch Rückgriff auf die in Art. 58 Abs. 1 CISG ausgedrückten Prinzipien (Art. 7 Abs. 2 CISG). Die Zug-um-Zug-Regel ist, wie Art. 58 Abs. 1 CISG zeigt, zwar abdingbar, jedoch durch die vorliegend erfolgte Vereinbarung („zahlbar bei Selbstabholung") sogar ausdrücklich bestätigt.

3. Zinsanspruch

498 **a)** Der Zinsanspruch könnte sich aus **Art. 78 CISG** ergeben; danach besteht unbeschadet eines Schadensersatzanspruchs nach Art. 74 CISG ein Zinsanspruch. Voraussetzung ist lediglich die Nichtzahlung des fälligen Kaufpreises. Die Fälligkeit des Kaufpreises ergibt sich, vorbehaltlich einer hier nicht getroffenen Vereinbarung, sobald der Verkäufer die Ware vertragsgemäß zur Verfügung gestellt hat (Art. 58 Abs. 1 CISG). Dies ist hier durch die tatsächliche Bereitstellung am 20. 3. 2008, von der Granier durch die vorherige Mitteilung der Müller OHG Kenntnis hatte, erfolgt.

499 **b)** Fraglich ist, wie der dem Grunde nach bestehende **Zinsanspruch der Höhe nach** auszufüllen ist. Ausdrückliche Regelungen hierzu enthält das CISG nicht.

Einerseits ergibt sich aus Art. 4 CISG sowie aus der ausdrücklichen Erfassung in Art. 78 CISG, dass Zinsen wegen Spätleistung der Kaufpreiszahlung in den Regelungsbereich des CISG fallen. Daher ist gemäß Art. 7 Abs. 2 CISG nach einer Lösung entsprechend den *general principles* zu suchen, die dem Übereinkommen zugrunde liegen. Andererseits wäre es unmöglich, aus Prinzipien einen konkreten Zinssatz zu bestimmen. Gleichwohl wollen manche den gesetzlichen Zinssatz in dem am Sitz des Gläubigers,[14] andere in dem am Sitz des Schuldners[15] geltenden Recht anwenden. Dies ließe sich auf die zugrunde liegenden Prinzipien allenfalls insoweit stützen, als Zins entweder der Gewinnabschöpfung (dann Schuldnersitz) oder dem Ersatz von Schaden (dann Gläubigersitz) dient. Richtiger Ansicht nach sollte jedoch insoweit abgestellt werden auf das nach dem IPR des Gerichts ermittelte *Vertragsstatut* (Art. 7 Abs. 2 Hs. 2 CISG)[16], hier also auf deutsches Recht. Dieses gilt dann nur für den Zinssatz, nicht aber für den Zinsgrund.

---

14 LG Frankfurt/Main RIW 1991, 952.
15 Nur für einen Sonderfall: *von Caemmerer/Schlechtriem/Leser*² Art. 84 CISG Rn 13.
16 OLG Frankfurt/Main NJW 1991, 3102; LG Coburg IPRspr 2006 Nr. 18.

Fraglich ist, ob der Zinssatz des § 288 Abs. 1 S. 2 BGB (Verbrauchergeschäfte) oder der des § 288 Abs. 2 BGB (Geschäfte ohne Verbraucherbeteiligung) anzuwenden ist. Insoweit dürfte – trotz Anwendbarkeit des CISG – vom Verbraucherbegriff des § 13 BGB auszugehen sein. Da aber auch insoweit eine objektive und erkennbare Bestimmung für private Zwecke vorliegen muss, liegt kein Verbrauchervertrag vor; geschuldet ist der Zins nach § 288 Abs. 2 BGB in Höhe von 8 Prozentpunkten über dem Basiszins der EZB.

Ergebnis: Die Klage hat hinsichtlich des Kaufpreisanspruchs – Zug um Zug gegen **500** Lieferung – Aussicht auf Erfolg, denn es fehlt an einem Aufhebungsgrund. Der Zinsanspruch besteht ebenfalls in eingeklagter Höhe.

Frage 3: Gegenanspruch des Granier

1. Aufrechnung oder Widerklage

In Betracht kommt eine Geltendmachung von Schadensersatzansprüchen im Wege **501** der **Aufrechnung** gegen den eingeklagten Kaufpreiszahlungsanspruch. Eine Geltendmachung durch **Widerklage** wäre wegen der Gleichartigkeit des Anspruchs und der Betragsverhältnisse als die verfahrensrechtlich eindeutig unpraktischere Lösung nur zu erwägen, wenn eine Aufrechnung nicht möglich ist.

2. Auf Schadensersatzanspruch anwendbares Recht

Hinsichtlich des anwendbaren Rechts gilt für einen Schadensersatzanspruch, der sich **502** nur aus dem **Vertrag** ergeben könnte, dasselbe wie für den Kaufpreisanspruch. Es ist das CISG anzuwenden, subsidär gilt nach Art. 4, 7 Abs. 2 CISG das deutsche Vertragsstatut.

3. Schadensersatzanspruch nach CISG

Ein Anspruch des Granier auf Ersatz der Mietwagenkosten könnte sich als Schadens- **503** ersatzanspruch aus Art. 74 CISG ergeben.

a) Voraussetzung ist eine *Vertragsverletzung* der Müller OHG, die oben bereits ange- **504** nommen wurde (Spätlieferung). Diese führt zu einem Ersatz der *kausal* iSd *condicio sine qua non* hierauf beruhenden Schäden, was für die Kosten eines Mietwagens bei Spätlieferung eines Neufahrzeuges zu bejahen ist.

Dem Schadensersatzanspruch steht nicht entgegen, dass eine Vertragsaufhebung nur **505** unter den Voraussetzungen des Art. 49 CISG möglich gewesen wäre; Schadensersatzansprüche wegen Spätlieferung bestehen unabhängig von dem Erfordernis einer Fristsetzung, auch wenn später erfüllt wird (Art. 47 Abs. 2 S. 2 CISG).

b) Ein *Verschulden* des Verkäufers ist nicht erforderlich. Den nach Art. 79 CISG mög- **506** lichen *Entlastungsbeweis* kann die Müller OHG nicht führen, denn das Beschaffungsrisiko und die Disposition über Liefertermine hat der Verkäufer bei uneingeschränkter Zusage immer zu verantworten.

Jedoch begrenzt Art. 74 S. 2 CISG die Ersatzpflicht durch das Kriterium der *Vorhersehbarkeit*. Vorhersehbar muss für den Vertragsbrüchigen nicht die Vertragsverletzung sein, sondern der aus ihr entstehende Nachteil. Dies steht hier außer Frage; die Notwendigkeit von Aufwendungen für einen Mietwagen bei Spätlieferung ist als unmittelbarer Nichterfüllungsschaden eine übliche Folge der Spätlieferung und kein ungewöhnliches Risiko, also vorhersehbar.

4. Auf die Aufrechnung anwendbares Recht

507 Fraglich ist, ob auch die **materielle Zulässigkeit der Aufrechnung** nach dem CISG zu behandeln ist. Ausdrückliche Bestimmungen enthält das CISG nicht. Fraglich ist daher, ob man die Aufrechnung zum *Anwendungsbereich* nach Art. 4 CISG rechnet. Bejahendenfalls wäre zu prüfen, ob sich eine Lösung aus *general principles* iSd Art. 7 Abs. 2 CISG ermitteln lässt.

508 Grundsätzlich kann eine Einbeziehung in den *Anwendungsbereich* nur denkbar sein, soweit sich Geldansprüche gegenüberstehen, die auf dem CISG beruhen; Aussagen über Ansprüche aus anderem Rechtsgrund trifft das CISG nicht. Dies ist vorliegend zu bejahen (Anspruch Art. 74 CISG gegen Art. 53, 78 CISG). Insoweit ist der Anwendungsbereich aber auch eröffnet, denn Aufrechnung als ein Erfüllungssurrogat betrifft die aus dem Kaufvertrag erwachsenden Rechte und Pflichten (Art. 4 Abs. 1 CISG).

509 In der Rechtsprechung wird verbreitet angenommen, dass dennoch Art. 7 Abs. 2 Alt. 2 CISG mangels einschlägiger *general principles* für die Aufrechnung auf das Vertragsstatut verweise[17] (nach deutschem IPR wäre das Vertragsstatut, Art. 32 Abs. 1 Nr. 4, anzuwenden, bei verschiedenen Statuten dasjenige der Hauptforderung, gegen die aufgerechnet wird). *General principles*, aus denen iSd Art. 7 Abs. 2 CISG die Zulässigkeit der Aufrechnung gefolgert werden kann, finden sich jedoch im Zug-um-Zug-Prinzip (Art. 58 Abs. 1 CISG, speziell bei Rückabwicklung: Art. 81 Abs. 2 CISG), sowie in Art. 84 Abs. 2 CISG, der für den Fall der Rückabwicklung die Teilaufrechnung der Kaufpreiserstattung gegen zu ersetzende Gebrauchsvorteile bestimmt. Es ist daher davon auszugehen, dass die allgemeinen Grundsätze des CISG die Aufrechnung fälliger konventionsinterner Ansprüche ohne weitere Voraussetzungen zulassen.[18]

5. Aufrechnungszuständigkeit

510 Ob das Gericht, das über die Hauptforderung entscheidet, *gegen* die aufgerechnet wird, auch zur Entscheidung über die Aufrechnung **zuständig** ist, ist strittig. Man könnte annehmen, das Gericht sei zur Entscheidung über die Aufrechnung nur zuständig, wenn es auch für die selbstständige Geltendmachung *der zur Aufrechnung gestellten Forderung* zuständig wäre; denn die Entscheidung über die Aufrechnung erfordert eine sachliche Entscheidung über die zur Aufrechnung gestellte Forderung. Es

---

17 OLG Koblenz RIW 1993, 934; OLG Hamm IPRax 1996, 269; OLG Düsseldorf EuLF 2005 I-23.
18 OLG Düsseldorf NJW-RR 1994, 506; *Staudinger/Magnus* (2005) Art. 4 CISG Rn 47; *von Caemmerer/Schlechtriem/Leser*² Art. 81 CISG Rn 16.

müsste dann unter Geltung der Brüssel I-VO für diese Forderung eine eigenständige Zuständigkeit aus Art. 2 ff Brüssel I-VO, zumindest die Widerklagezuständigkeit, nach Art. 6 Nr. 3 Brüssel I-VO, bestehen.[19] Andererseits lässt sich anführen, dass die Aufrechnung – im Gegensatz zur Widerklage – kein Angriffs-, sondern ein bloßes Verteidigungsmittel ist. Zur Entscheidung über Verteidigungsmittel ist aber das mit der Ausgangsforderung befasste Gericht immer zuständig. Diese, vom EuGH vertretene[20] Ansicht überzeugt mehr: Mit der Aufrechnung versucht der Beklagte nicht, für seine Forderung einen Titel zu erlangen; die Forderung wird daher nicht rechtshängig, wie dies bei einer Widerklage der Fall ist. Damit ist auch die Prozessaufrechnung ohne weiteres zulässig. Sie unterliegt auch nicht, wie in missverständlicher Interpretation des EuGH vertreten wird,[21] zusätzlich der prozessualen *lex fori*. Lediglich die materielle Zulässigkeit der Aufrechnung beurteilt sich auch im Fall der Prozessaufrechnung in einem Gerichtsstand nach der Brüssel I-VO nach der *lex causae* (Rn 509).

Folgt man der Gegenansicht, so ist die Prozessaufrechnung hier ebenfalls zulässig, weil jedenfalls die für die Widerklagezuständigkeit stillschweigend von Art. 6 Nr. 3 Brüssel I-VO vorausgesetzte Konnexität mit der Hauptforderung aufgrund der Identität des zugrundeliegenden Vertrages besteht.

Ergebnis: Granier steht wegen den Mietwagenkosten ein Schadensersatzanspruch aus Art. 74 CISG gegen die Müller OHG zu. Mit diesem kann er in dem Verfahren zwischen ihm und der Müller OHG gegen deren Ansprüche aufrechnen.　　**511**

Frage 4: Änderungen bei Vertragsschluss am 18.12.2009

1. Rom I-VO: Anwendbarkeit

Zu prüfen ist bei Vertragsschluss am 18.12.2009 die Anwendbarkeit der Rom I-VO auf die international-schuldvertragsrechtlichen Fragen des Falles.　　**512**

a) Der **zeitliche Anwendungsbereich** erstreckt sich auf Verträge, die nach dem 17.12.2009 geschlossen wurden (Art. 28 Rom I-VO). Ob es sich bei der Formulierung „nach" um ein Redaktionsversehen handelt, da gemäß Art. 29 Rom I-VO die VO bereits *ab* 17.12.2009 gilt, kann dahinstehen. Für am 18.12.2009 geschlossene Verträge gilt die Rom I-VO.　　**513**

b) Der **sachliche** Anwendungsbereich ist eröffnet; Gegenstand des Falles ist ein vertragliches Schuldverhältnis in einer Zivil- und Handelssache (Art. 1 Abs. 1 Rom I-VO), wobei dieser Begriff, ebenso wie in Art. 1 Brüssel I-VO, nicht nach Zivilsachen und Handelssachen unterscheidet. Eine Bereichsausnahme nach Art. 1 Abs. 2 Rom I-VO liegt nicht vor.　　**514**

---

19 BGH NJW 1993, 1012.
20 EuGH Rs. C-341/93 (*Danvaern Production/Schuhfabriken Otterbeck*) NJW 1996, 42.
21 OLG Hamm IPRspr 1997 Nr. 160A.

515 **c)** Eine **räumliche** Einschränkung des Anwendungsbereichs besteht nicht; die Rom I-VO ist in allen Mitgliedstaaten anzuwenden, auch wenn das in den Kollisionsnormen bezeichnete Recht nicht das eines Mitgliedstaats ist (Art. 2 Rom I-VO).

2. Rom I-VO: Rechtswahl

516 Die Beurteilung der **Rechtswahl in AGB** (Rn 484) unterliegt gemäß Art. 3 Abs. 1, 5, Art. 10 Abs. 1 Rom I-VO weiterhin dem gewählten Recht; im Ergebnis scheitert die Einbeziehung der Rechtswahlklausel also weiterhin an § 305 Abs. 2 BGB.

Die Voraussetzungen einer Rechtswahl im Übrigen werden gegenüber Art. 27 Abs. 1 S. 2 EGBGB (Art. 3 Abs. 1 S. 2 EVÜ; Rn 484) noch verschärft, da sie sich nach Art. 3 Abs. 1 Rom I-VO nun, wenn nicht ausdrücklich, so doch eindeutig aus den Bestimmungen des Vertrages oder den Umständen des Falles ergeben muss. Eine konkludente Rechtswahl liegt also erst recht nicht vor.

3. Rom I-VO: Verbrauchervertragsstatut

517 Für die Bestimmung des ergänzend neben das CISG tretenden **Vertragsstatuts** (Rn 489 ff) ist das Verbrauchervertragsstatut nach Art. 6 Rom I-VO zu prüfen.

518 **a)** Keine Änderungen ergeben sich hinsichtlich der **Verbraucherdefinition** (Art. 6 Abs. 1 Hs. 1 Rom I-VO), wobei nun ausdrücklich klargestellt ist, dass es sich bei dem Vertragspartner des Verbrauchers um einen Unternehmer handeln muss.

519 **b)** Fraglich ist jedoch, ob eine der gegenüber Art. 29 EGBGB (Art. 5 Abs. 2 EVÜ) veränderten **Abschlusssituationen** des Art. 6 Abs. 1 Hs. 2 Rom I-VO vorliegt. Die Müller OHG übt jedenfalls ihre gewerbliche Tätigkeit nicht in Frankreich, dem Staat des gewöhnlichen Aufenthalts von Granier aus (Art. 6 Abs. 1 Hs. 2 lit. a Rom I-VO). Sie könnte diese Tätigkeit jedoch in irgendeiner Weise auf Frankreich ausgerichtet haben (Art. 6 Abs. 1 Hs. 2 lit. b Rom I-VO). Was unter „ausrichten" zu verstehen ist, kann in Anlehnung an Art. 15 Abs. 1 Hs. 2 lit. c Alt. 2 Brüssel I-VO bestimmt werden. Der bloße Vertragsschluss mit einem Verbraucher aus diesem Staat kann das Ausrichten nicht begründen; jedenfalls bedarf es einer vorvertraglichen Aktivität des Unternehmers, die sich auf diesen Staat richtet. Daran fehlt es insbesondere, wenn der Verbraucher ohne eine vorherige in seinem Aufenthaltsstaat zugängliche Werbung, Informationsverbreitung etc von sich aus den Vertrag anbahnt. Da vorliegend jeder Hinweis auf eine werbende Ausrichtung der Müller OHG auf Frankreich fehlt, liegt auch nach Art. 6 Rom I-VO kein Verbrauchervertrag vor.

4. Rom I-VO: Allgemeines Vertragsstatut

520 Damit bestimmt sich für einen Vertrag zwischen Verbraucher und Unternehmer das anwendbare Recht nach Art. 3, 4 Rom I-VO (Art. 6 Abs. 3 Rom I-VO). Mangels Rechtswahl ergeben sich aus Art. 4 Rom I-VO eine Reihe von Anknüpfungen für bestimmte Vertragstypen, die zwar nicht als bloße Vermutungen formuliert sind, aber weiterhin einer Abweichung bei offensichtlich engerer Verbindung zugänglich sind (Art. 4 Abs. 3 Rom I-VO). Vorliegend handelt es sich um einen Kaufvertrag über bewegliche Sachen, der nach Art. 4 Abs. 1 lit. a Rom I-VO an das Recht des Staates an-

zuknüpfen ist, in dem der Verkäufer seinen gewöhnlichen Aufenthalt hat. Da eine engere Verbindung nicht ersichtlich ist, bleibt auch unter Art. 4 Rom I-VO deutsches Recht ergänzendes Vertragsstatut.

5. Aufrechnung

Folgt man der Ansicht, welche die Zulässigkeit der **Aufrechnung** nicht nach dem CISG beurteilt (Rn 506 ff, 508), so bleibt es nach Art. 12 Abs. 1 lit. d Rom I-VO (wie Art. 10 Abs. 1 lit. d EVÜ bzw Art. 32 Abs. 1 Nr. 4 EGBGB, dazu Rn 509) bei der Anwendung des Vertragsstatuts.

521

Ergebnis: Wird der Vertrag am 18. 12. 2009 geschlossen, so unterliegen die Fragen des internationalen Schuldvertragsrechts der Rom I-VO. Änderungen im Ergebnis folgen daraus letztlich nicht.

522

Literaturhinweise

Behandlung der fallrelevanten Themen in:
Rauscher **Internationales Privatrecht (3. Aufl.)**

Anwendungsbereich der Brüssel I-VO:	Rn 1604 ff, 1629 ff
Verbrauchersache nach Brüssel I-VO:	Rn 1878 ff
Zuständigkeitsvereinbarung:	Rn 1774 ff
Erfüllungsortgerichtsstand und -vereinbarung:	Rn 1654 ff, 1674 ff
Anwendungsbereich der Rom I-VO:	Rn 1082
Verbrauchervertrag, Abschlusssituationen:	Rn 1126 ff, 1133 ff
Aufrechnungszuständigkeit:	Rn 1733 f

Weitere Literatur:

1. Anwendungsbereich der Brüssel I-VO
Rauscher/Mankowski (2005) Art. 1 Brüssel I-VO Rn 1. *Huber/Stieber* Zuständigkeitsordnung nach dem EuGVÜ, ZZPInt 2005, 285. *Piltz* Vom EuGVÜ zu Brüssel I-Verordnung, NJW 2002, 789. *Geimer* Salut für die Verordnung (EG) Nr. 44/2001 (Brüssel I-VO), IPRax 2002, 69.

2. Verbrauchersache nach Brüssel I-VO
Rauscher/Staudinger (2005) Art. 15 Brüssel I-VO Rn 1. *Heiderhoff* Nationaler Verbrauchergerichtsstand nach der Brüssel I-VO, IPRax 2006, 612. *Wagner* Internationale und örtliche Zuständigkeit in Verbrauchersachen im Rahmen der Brüsseler Übereinkommen und der Brüssel I-Verordnung, WM 2003, 116.

3. Zuständigkeitsvereinbarung
Mankowski/Rauscher (2005) Art. 23 Brüssel I-VO Rn 1. *Leible/Röder* Missbrauchskontrolle von Gerichtsstandsvereinbarungen im Europäischen Zivilprozess, RIW 2007, 481. *Horn* Einwand des Rechtsmissbrauches gegen eine Gerichtsstandsvereinbarung im Sinne des Art. 23 EuGVO, IPRax 2006, 2.

4. Erfüllungsortgerichtsstand und -vereinbarung
Rauscher/Leible (2005) Art. 5 Rn 43. *Gregor* Gerichtsstand des Erfüllungsortes beim Luftbeförderungsvertrag, IPRax 2008, 403. *Mankowski* Mehrere Lieferorte beim Erfüllungsortgerichtsstand unter Art. 5 Nr. 1 lit. b EuGVVO, IPRax 2007, 404. *Rauscher* Zur internationalen Zuständigkeit deutscher Gerichte, insbesondere zum Erfüllungsortgerichtsstand, WuB VII B Art. 5 EuGVVO 4.06.

5. Anwendungsbereich der Rom I-VO

Bitter Auslegungszusammenhang zwischen der Brüssel I-VO und der künftigen Rom I-VO, IPRax 2008, 96. *Leible/Lehmann* Die Verordnung über das auf vertragliche Schuldverhältnisse anzuwendende Recht (Rom I), RIW 2008, 528. *Mankowski* Die Rom-I Verordnung – Änderungen im europäischen IPR für Schuldverträge, IHR 2008, 133. *Martiny* Europäisches Internationales Vertragsrecht in Erwartung der Rom I-VO, ZEuP 2008, 79.

6. Verbrauchervertrag, Abschlusssituationen

Staudinger/Magnus (2002) Art. 29 EGBGB Rn 45. *Rauscher/Staudinger* (2005) Art. 15 Brüssel I-VO Rn 4. *Staudinger* Reichweite des Verbrauchergerichtsstandes nach Art. 15 II EuGVO, IPRax 2008, 107. *Rösler/Siepmann* Der Beitrag des EuGH zur Präzisierung von Art. 15 I EuGVO, EuZW 2006, 76.

7. Aufrechnungszuständigkeit

Rauscher/Leible (2005) Art. 6 Brüssel I-VO Rn 30. *Gruber* Ungeklärte Zuständigkeitsprobleme bei der Prozessaufrechnung, IPRax 2002, 285. *Rauscher* Internationale Zuständigkeit bei Prozessaufrechnung und Widerklage, WuB VII B Art. 6 EuGVVO 2.02.

Fall 10
Ein internationaler Lackschaden

01.07.

(Bearbeitungszeit: 5 Stunden + 1 Stunde Frage 3)

Die BAVV AG mit Satzungs- und Verwaltungssitz in Ludwigshafen produziert und **523**
vertreibt chemische Lacke. Sie belieferte seit dem Mai 2000 in monatlichen Tranchen
nach jeweiligem Bedarf den in Gdansk (Polen) ansässigen einzelkaufmännischen Betrieb des polnischen Staatsangehörigen Waczlav Woytilek, der Sportboote herstellt,
die er mit diesen Lacken beschichtet. Eine von der BAVV AG nach telefonischem Vertragsschluss zugesandte schriftliche Bestätigung vom 29. 4. 2000, die den Inhalt des
geschlossenen Vertrages zusammenfasst, enthält den Hinweis: „Es gelten unsere allgemeinen Geschäftsbedingungen. Gerichtsstand ist Ludwigshafen". AGB

Im Oktober 2003 trafen bei Woytilek zahlreiche Beschwerden von Kunden ein, die im
Herbst 2002 und im Frühjahr 2003 solche Boote gekauft hatten. Aufgrund von Rissen
in der Lackierung drang Feuchtigkeit ein, durch die der aus Holz und Kunststoffen ge-
fertigte Bootsaufbau beschädigt wurde. Woytilek versuchte zunächst, diese Kunden
durch Nachlackierungen zufrieden zu stellen. Als dies nichts half, weil die dauerhaften Beschädigungen der Bootsaufbauten dadurch nicht behoben werden konnten, rüg-
te Woytilek erstmals mit Schreiben vom 15. 5. 2004 an die BAVV AG unter Hinweis
auf die brüchig gewordene Lackierung die Qualität des in den Tranchen seit Juli 2002
gelieferten Lackes und kündigte Schadensersatzansprüche wegen der Schäden an den W → B
Booten an, die er seinen Kunden ersetzen muss. (SE)

Die BAVV AG weist die Ansprüche unter Hinweis auf Ziff. 5 ihrer AGB zurück, die
lautet: „5. Bei Mängeln der gelieferten Sache ist der Käufer auf Nachlieferungsan-
sprüche beschränkt. Schadensersatzansprüche sind ausgeschlossen. Dies gilt insbesondere für Schäden, die durch Verarbeitung der Kaufsache an anderen Rechtsgütern
des Käufers oder Dritter entstehen." Außerdem hätte Woytilek den Lack nach Lieferung untersuchen und die angeblichen Mängel sofort rügen müssen. Art. 38, 39 CISG

Woytilek besteht auf Schadensersatz, den er mit mindestens 2 Mio € beziffert, und
droht mit Klage in Polen. Hierauf erhebt die BAVV AG am 15. 2. 2006 Klage zum LG
Ludwigshafen mit dem Ziel der Feststellung, dass Woytilek die Ansprüche, deren er
sich berühmt, nicht zustehen. Für die internationale Zuständigkeit deutscher Gerichte Torpedoklage
beruft sie sich auf die Gerichtsstandsklausel in dem Bestätigungsschreiben.

Woytilek bestreitet die internationale Zuständigkeit deutscher Gerichte. Er schließe
zwar öfter mit deutschen Vertragspartnern Verträge, ihm sei aber die von der BAVV
AG gewählte einseitige Form der Gerichtsstandsbestimmung nicht bekannt und in
Polen auch nicht üblich.

Hilfsweise macht er geltend, ihm stünden noch nicht bezifferbare Schadensersatzansprüche zu, wofür er sich neben Vertragsrecht auch auf deutsches Produkthaftungs- W → B
und Deliktsrecht bezieht. Er trägt vor, eine Untersuchung des Lacks durch ihn hätte (SE)
nichts genützt, da der Mangel selbst bei der Verarbeitung nicht aufgefallen sei.

1. Ist die Zuständigkeit des angerufenen Gerichts für die Klage wirksam vereinbart?
2. Bestehen Schadensersatzansprüche? Anspruchsgrundlagen im nationalen Recht sind nicht zu subsumieren.
3. Welche Änderungen ergeben sich zu Frage 2, wenn der Vertrag erst am 1. 2. 2009 geschlossen wird?

Strukturierung des Falles

Wesentliche Themen: Gerichtsstandsvereinbarungen nach Brüssel I-VO; Räumlicher Anwendungsbereich **524**
Art. 23 Brüssel I-VO; Intertemporale Wirksamkeit von Gerichtsstandsvereinbarungen; Form des Handels-
brauchs nach Art. 23 Brüssel I-VO; Vorrang des CISG; Deliktsstatut; Deliktsstatut und Produkthaftung unter
Rom II-VO.

Ausgangsfälle: EuGH IPRax 2000, 119; EuGH NJW 1997, 1431; BGH IPRax 1996, 124; BGH EuLF
2002, 140.

Frage 1: Zuständigkeit

1. Internationale Zuständigkeit Brüssel I-VO

a) Sachlicher Anwendungsbereich Art. 1
Abs. 1 Brüssel I-VO (+), keine Bereichsausnahmen Art. 1 Abs. 2 Brüssel I-VO
(+)

b) Räumlich-persönlicher Anwendungsbe-
reich Art. 3 Abs. 1 Brüssel I-VO
– Beklagtenwohnsitz in Polen nach pol-
nischem Recht Art. 59 Abs. 2 Brüssel
I-VO (+)
– Polen Mitgliedstaat iSd Art. 1 Abs. 3
Brüssel I-VO bei Klageerhebung (+),
seit 1. 5. 2004

c) Anwendungsbereich Art. 23 Brüssel
I-VO
– Kläger Wohnsitz in Deutschland (+)
Satzungssitz und Verwaltungssitz
Art. 60 Abs. 1 lit. a und b Brüssel I-
VO
– Vereinbarung von Mitgliedstaatenge-
richt (+)
– Auslandsbezug (+)

2. Anders bei Abschluss der Vereinbarung

a) Luganer Übk vorrangig?
– Bei Klageerhebung vor dem 1. 5. 2004:
Art. 3 Abs. 1 Luganer Übk (+) falls
Beklagtenwohnsitz in Polen
– Bei Abschluss Gerichtsstandsvereinba-
rung Art. 17 Luganer Übk (+)
– Damals Vorrang Luganer Übk gegen-
über EuGVÜ (+) Art. 54b Abs. 2 S. 1
Luganer Übk
– Also auch gegenüber Brüssel I-VO:
Art. 68 Abs. 1 Brüssel I-VO

b) Maßgeblicher Zeitpunkt für Beurteilung
der Gerichtsstandsvereinbarung
– Für frühere Rechtslage:
Vertrauensschutz
– Aber: kein Vertrauen in Unwirksam-
keit, also Art. 23 Brüssel I-VO
– Wenn danach nicht wirksam: Art. 17
Luganer Übk

3. Wirksamkeit nach Art. 23 Brüssel I-VO

a) Schriftlichkeit, Halbschriftlichkeit Art. 23
Abs. 1 lit. a Brüssel I-VO (–) keine durch
Form indizierte Einigung

b) Gepflogenheiten Art. 23 Abs. 1 lit. b
Brüssel I-VO (–) keine vorherigen
Geschäftsbeziehungen

c) Handelsbrauch Art. 23 Abs. 1 lit. c Brüs-
sel I-VO
– Geschäft im internationalen Handel (+)
– Handelsbrauch (+) konstitutives kauf-
männisches Bestätigungsschreiben ist
abstrakt Handelsbrauch
– Beachtung im Geschäftszweig
– Bedeutsam, weil damit Kennen oder
Kennenmüssen indiziert ist
– Ungeeignet bei kaufmännischem
Bestätigungsschreiben, weil nicht
branchenspezifisch
– Auch keine generelle Geltung, Ar-
gument Art. 9 CISG
– Kenntnis bzw Kennenmüssen
– Individuell bei Parteien des Vertra-
ges
– Kennenmüssen aufgrund objektiv
konsolidierter Praxis bei Verträgen
einer bestimmten Art (–)
– Nationalität, Wohnsitz, Aufenthalt
nicht maßgeblich
– Kennenmüssen wegen häufigem
Kontrahieren mit deutschen Ver-
tragspartnern (+)

4. Art. 17 Luganer Übk nicht mehr zu prüfen

5. Örtliche Zuständigkeit
– Ludwigshafen unmittelbar aus Art. 23
Brüssel I-VO und Gerichtsstandsvereinba-
rung

6. Sachliche Zuständigkeit
– LG § 23 Nr. 1 GVG

Ergebnis: Das LG Ludwigshafen ist international und örtlich zuständig aufgrund einer nach
Art. 23 Abs. 1 lit. c Brüssel I-VO wirksamen Gerichtsstandsvereinbarung.

Frage 2: I. Vertragliche Ansprüche

1. Vorrang CISG vor Vertragsstatut

a) Räumlicher Anwendungsbereich
– Niederlassung in verschiedenen Vertragsstaaten bei Vertragsschluss Art. 1
Abs. 1 lit. a CISG (+) CISG für Polen
seit 1. 6. 1996 in Kraft

181

b) Hilfsgutachten
- CISG auch anzuwenden, wenn IPR Recht eines Vertragsstaats beruft Art. 1 Abs. 1 lit. b CISG
- Intertemporaler Anwendungsbereich Rom I-VO (–) Vertragsschluss vor Stichtag 17. 12. 2009, Art. 28 Rom I-VO
- Art. 27 ff EGBGB
- Rechtswahl Art. 27 Abs. 1 EGBGB (–)
- Engste Verbindung Art. 28 Abs. 1 S. 1, Art. 28 Abs. 2 EGBGB: gewöhnlicher Aufenthalt des vertragscharakteristisch Leistenden
- Engere Verbindung Art. 28 Abs. 5 EGBGB (–)
- Also deutsches Recht, Deutschland bei Vertragsschluss CISG-Vertragsstaat Ohne Vorbehalt Art. 92 CISG]

c) Sachlicher Anwendungsbereich: Werklieferungsvertrag Art. 3 Abs. 1 CISG (+) Besteller hat keine zur Verfügung gestellt
- kein Kauf zum persönlichen Gebrauch Art. 2 lit. a CISG (+)

2. Schadensersatzanspruch Art. 45 Abs. 1 lit. b, 74 ff CISG

a) Vertragsverletzung Art. 35 CISG: nach Vortrag des Bestellers (+), im Weiteren zu unterstellen

b) Ausschluss durch Ziff. 5 der AGB der BAVV AG
- Einbeziehung, Beurteilung nach Art. 7 Abs. 2 CISG und *general principles* strittig
  - Voraussetzung: Gegenstand des CISG nach Art. 4 CISG, dort S. 2 lit. a „Gültigkeit einzelner Vertragsbestimmungen" grundsätzlich ausgenommen
  - Aber: historisch AGB als Frage der Vertragsauslegung Art. 8 CISG behandelt, also Art. 14 CISG, also Art. 4 CISG (+), also Art. 7 Abs. 2 CISG (+)
- Kriterien der Einbeziehung aus Art. 8 Abs. 3 CISG
  - Wille zur Einbeziehung erkennbar, auch aus Handelsbrauch möglich, Kennenmüssen Art. 9 Abs. 2 CISG (+)
  - Art. 8 Abs. 2 CISG: vorherige Kenntnisnahmemöglichkeit (–) nicht durch kaufmännisches Bestätigungsschreiben zu überwinden, Argument Art. 7 Abs. 1 CISG
- Also keine Einbeziehung

c) Ausschluss wegen Verletzung der Rügeobliegenheit Art. 38 CISG, Art. 39 CISG
- Anzeige
  - Art. 39 CISG: Beanstandungswille (+) Schreiben vom 15. 5. 2004
  - Ausreichende Mangelbeschreibung (+) Ursache muss nicht erforscht werden
  - Angemessene Frist Art. 39 Abs. 1 CISG
- Untersuchungsfrist Art. 38 CISG: keine Untersuchung erfolgt
  - Aber: Kein Rechtsverlust bei fehlender Erkennbarkeit bei unterstellt ordnungsgemäßer Untersuchung
  - Beweis fehlender Erkennbarkeit durch Käufer (+) keine Erkennbarkeit selbst bei Verarbeitung
- Anzeigefrist Art. 39 Abs. 1 CISG
  - Auch ohne Untersuchung nach Kenntnis oder Kennenmüssen durch Kundenbeschwerden
  - Angemessenheit (–) weit mehr als ein Monat zwischen Mangelkenntnis und Anzeige

Frage 2: II. Ansprüche aus Delikt und Produkthaftung

1. **Vorrang des CISG (–)** CISG regelt nicht deliktische Ansprüche, Vertragshaftung bei Schäden durch Mängel nur eingeschränkt, Art. 5 CISG, Art. 74 CISG
2. **Intertemporaler Anwendungsbereich Rom II-VO (–)** Stichtag 11. 1. 2009, Art. 31, 32 Rom II-VO
3. **Deutsches IPR Delikt- und Produkthaftung deliktisch qualifiziert**
   a) Art. 40 Abs. 1 S. 1 EGBGB: Tatortprinzip, Handlungsort, deutsches Recht
      - Bestimmungsrecht Art. 40 Abs. 1 S. 2 EGBGB nicht fristgemäß, Art. 40 Abs. 1 S. 3 EGBGB, ausgeübt
   b) Wesentlich engere Verbindung Art. 41 Abs. 1 EGBGB (+) Anknüpfung an Vertragsstatut
      - CISG als Vertragsstatut regelt nicht Delikts- und Produkthaftung
      - Also deutsches Recht als subsidiäres Vertragsstatut

Ergebnis: Vertragliche Ansprüche nach dem CISG bestehen nicht, da der Mangel zu spät angezeigt wurde. Deliktische Ansprüche einschließlich Ansprüchen aus Produkthaftung unterstehen deutschem Recht.

Frage 3: Änderungen bei Vertragsschluss am 1. 2. 2009

1. Vertraglicher Anspruch
  - Intertemporaler Anwendungsbereich Rom I-VO (–) Stichtag 17. 12. 2009
2. Deliktischer Anspruch und Produkthaftung
  - Intertemporaler Anwendungsbereich Rom II-VO (+) Stichtag 11. 1. 2009
  - Sachlicher Anwendungsbereich (+) Art. 1 Abs. 1 Rom II-VO, keine Bereichsausnahme Art. 1 Abs. 2 Rom II-VO; Produkthaftung in Art. 5 Rom II-VO sogar ausdrücklich geregelt
  - Räumlicher Anwendungsbereich: *loi uniforme* Art. 3 Rom II-VO
3. Allgemeine deliktische Anknüpfung verdrängt durch Art. 5 Rom II-VO?
  - Zweck: Risikoverteilung in hochtechnisierter Wirtschaft
  - Konkurrenz Deliktshaftung und Produkthaftung aus europäischer Sicht zufällig
  - Wortlaut Art. 5 Rom II-VO erfasst alle außervertraglichen Ansprüche bei fehlerhaftem Produkt
  - Produkthaftung iSd Art. 5 Rom II-VO

liegt vor; „Produkt" wie Art. 2 Produkthaftungsrichtlinie (85/374/EWG)
4. Anwendbares Recht Art. 5 Rom II-VO
  a) Gemeinsamer gewöhnlicher Aufenthalt Art. 5 Abs. 1 S. 1 iVm Art. 4 Abs. 2 Rom II-VO (–)
  b) Gewöhnlicher Aufenthalt des Geschädigten Art. 5 Abs. 1 lit. a Rom II-VO
  - wenn Produkt dort in Verkehr gebracht Art. 5 Abs. 1 S. 2 Rom II-VO (+)
  c) Akzessorische Anknüpfung Art. 5 Abs. 2 Rom II-VO
  - Offensichtlich engere Verbindung mit Vertragsstatut Art. 5 Abs. 2 S. 2 Rom II-VO (+) bei Anspruch gegen Hersteller-Verkäufer
  - Anwendbar: deutsches Recht als hilfsweises Vertragsstatut neben CISG

Ergebnis: Wird der Vertrag am 1. 2. 2009 geschlossen, so ist zwar noch nicht die Rom I-VO, jedoch die Rom II-VO anzuwenden. Im Ergebnis ändert sich dadurch nichts, da die Ansprüche wegen außervertraglicher Schadenshaftung durch ein fehlerhaftes Produkt im Verhältnis von Käufer und Hersteller-Verkäufer akzessorisch an das Vertragsstatut anzuknüpfen sind.

Lösung

Frage 1: Zuständigkeit

1. Brüssel I-VO: Anwendbarkeit

525 Die **internationale Zuständigkeit** deutscher Gerichte könnte sich nach der **Brüssel I-VO** beurteilen.

526 a) Der **sachliche Anwendungsbereich** (Art. 1 Brüssel I-VO) ist eröffnet, es handelt sich um eine Zivil- und Handelssache, eine der Bereichsausnahmen in Art. 1 Abs. 2 Brüssel I-VO liegt nicht vor.

527 b) **Räumlich-persönlich** ist die Brüssel I-VO anwendbar, wenn der Beklagte im Zeitpunkt der Klageerhebung seinen Wohnsitz in einem Mitgliedstaat hat (Art. 3 Abs. 1 Brüssel I-VO). Der Beklagte Woytilek könnte nach Sachverhalt nur in Polen Wohnsitz haben, was sich freilich nach polnischem Recht beurteilt (Art. 59 Abs. 2 Brüssel I-VO); soweit die Frage letztlich entscheidungerheblich ist, würde man mangels jeglicher Aufenthaltsbeziehung zu einem anderen Staat Wohnsitz in Polen unterstellen können. Da Polen seit dem 1. 5. 2004 Mitgliedstaat der EU ist, ist es auch seit diesem Datum, also insbesondere bei Klageerhebung, Mitgliedstaat iSd Art. 1 Abs. 3 Brüssel I-VO.

528 c) Art. 3 Abs. 1 Brüssel I-VO ist jedoch insoweit verdrängt, als Art. 23 Brüssel I-VO einen anders definierten räumlich-persönlichen Anwendungsbereich für die Beurteilung einer **Gerichtsstandsvereinbarung** bestimmt. Art. 23 Brüssel I-VO setzt nur voraus, dass *eine* Partei Wohnsitz in einem Mitgliedstaat hat und die Gerichte eines Mitgliedstaates prorogiert sind. Zudem muss irgendein Auslandsbezug bestehen, da Art. 23 Brüssel I-VO nicht für reine Inlandsfälle gilt. Das wäre hier ohne Weiteres der Fall, da es um die Wirksamkeit einer Prorogation zugunsten eines deutschen Gerichts geht, die Klägerin nach deutschem Recht jedenfalls ihren Satzungs- und Verwaltungssitz, also Wohnsitz iSd Art. 60 Abs. 1 lit. a und b Brüssel I-VO in Deutschland hat und der Beklagte jedenfalls nicht in Deutschland wohnt. Die Wirksamkeit der Gerichtsstandsvereinbarung unterläge damit sogar unabhängig von der Wohnsitzfrage im polnischen Recht dem Art. 23 Brüssel I-VO

2. Luganer Übereinkommen: Anwendbarkeit

529 Der Beurteilung der Gerichtsstandsvereinbarung nach Art. 23 Brüssel I-VO könnte jedoch entgegenstehen, dass im Zeitpunkt des Abschlusses (29. 4. 2000) der behaupteten Gerichtsstandsvereinbarung ein Vorrang des Luganer Übereinkommens[1] bestanden haben könnte.

530 a) Für eine **Klageerhebung vor dem 1. 5. 2004** wäre das Luganer Übereinkommen gemäß seinem Art. 3 Abs. 1 anwendbar gewesen, wenn der Beklagte, wie angenommen, seinen, wiederum nach polnischem Recht zu beurteilenden, Wohnsitz in Polen

---

[1] *Jayme/Hausmann*[14] Nr. 152; Polen gehört dem Luganer Abkommen seit dem 1. 2. 2000 an.

hatte. Ebenso wären im Zeitpunkt des Abschlusses der Gerichtsstandsvereinbarung die Voraussetzungen des Art. 17 Luganer Übk, erfüllt gewesen; die Wirksamkeit der Gerichtsstandsvereinbarung wäre damals nach Art. 17 Luganer Übk zu beurteilen gewesen, weil das Luganer Übk im Verhältnis zu Vertragsstaaten, die nicht Mitgliedstaaten sind, die Brüssel I-VO ebenso wie vormals das EuGVÜ (Art. 68 Abs. 1 Brüssel I-VO) verdrängt (Art. 54b Abs. 2 S. 1 Luganer Übk)

b) Zu klären ist daher, ob es für die Beurteilung der **Wirksamkeit einer Gerichts-** **531** **standsvereinbarung** auf die bei Abschluss geltende Rechtslage oder auf den Zeitpunkt der Klageerhebung ankommt. Für die Geltung der früheren Rechtslage spricht grundsätzlich der Gesichtspunkt des Vertrauensschutzes. Dieser ist jedoch zu Recht nach hM zu relativieren: Genügt die Form der Gerichtsstandsvereinbarung dem im Zeitpunkt der Klageerhebung anwendbaren Art. 23 Brüssel I-VO, so ist sie als wirksam anzusehen; Vertrauen in die Unwirksamkeit wird also nicht geschützt. Entspricht sie hingegen nicht Art. 23 Brüssel I-VO, so kann sie gleichwohl nach dem bei Abschluss geltenden Recht, hier also nach Art. 17 Luganer Übk wirksam sein.[2] Hingegen beurteilen sich von Art. 23 Brüssel I-VO nicht erfasste Fragen der Rechtsgeschäftslehre (zB Geschäftsfähigkeit) immer nach der bei Abschluss geltenden Rechtslage.

3. Gerichtsstandsvereinbarung

Die internationale Zuständigkeit des LG Ludwigshafen könnte sich somit vorrangig **532** aus einer nach Art. 23 Brüssel I-VO wirksamen Gerichtsstandsvereinbarung ergeben.

a) Nach **Art. 23 Abs. 1 lit. a** Brüssel I-VO ist die Prorogation nicht wirksam: *Schrift-* **533** *lichkeit* liegt nicht vor, weil sich Woytilek nie schriftlich zu der Gerichtsstandsklausel geäußert hat. *Halbschriftlichkeit* würde voraussetzen, dass die einseitige schriftliche Bestätigung eine vorher geschlossene Vereinbarung erkennen lässt; daran fehlt es aber bei Zusendung nach mündlichem Vertragsschluss.[3]

b) Auch **Art. 23 Abs. 1 lit. b** Brüssel I-VO greift mangels vorheriger längerer Ge- **534** schäftsbeziehungen, die eine Gepflogenheit hätten begründen können, nicht ein.

c) Die Wirksamkeit könnte sich jedoch aus **Art. 23 Abs. 1 lit. c** Brüssel I-VO (Form **535** eines Handelsbrauchs) ergeben.

aa) Ein Geschäft im **internationalen Handel** setzt eine grenzüberschreitende Liefe- **536** rung oder Leistung bzw einen grenzüberschreitenden Vertragsschluss voraus. Ausgeschlossen sind damit vor allem Handelsbräuche, die nur nach bestimmten Messe- oder Marktordnungen herrschen. Nicht erforderlich ist, dass Kaufleute in einem förmlichen handelsrechtlichen Sinn kontrahieren; es genügt, dass das Geschäft für *beide* *Parteien* beruflichen oder gewerblichen Zwecken dient. Internationaler Handel liegt damit hier vor.

---

2 *Rauscher/Mankowski* EuZPR (2006) Art. 23 Brüssel I-VO Rn 76 mit Nachweisen; aA: BGE 124 III 436, 441.
3 Näher dazu Fall 13.

537 **bb)** Die von der BAVV AG gewählte Form müsste einem **Handelsbrauch** entsprechen. Ein Handelsbrauch besteht, wenn Kaufleute bei Abschluss von Verträgen einer bestimmten Art allgemein oder regelmäßig ein bestimmtes Verhalten befolgen.[4] Bei dem hier vorliegenden konstitutiven kaufmännischen Bestätigungsschreiben lässt sich die Natur als Handelsbrauch abstrakt bejahen, wobei unschädlich ist, dass dieser Handelsbrauch zB im deutschen Recht inzwischen sogar *gewohnheitsrechtlich* verfestigt ist.

538 **cc)** Art. 23 Abs. 1 lit. c Brüssel I-VO bezieht jedoch das Bestehen eines Handelsbrauchs entscheidend auf den **Geschäftszweig**, in dem die Vertragsparteien tätig sind. Dies ist vor allem deshalb bedeutsam, weil mit der Üblichkeit im Geschäftszweig zugleich auch das folgende Tatbestandsmerkmal des Kennenmüssens bejaht wird.[5] Das Bestehen ist für einen bestimmten Geschäftszweig unabhängig von der Rechtslage in bestimmten Ländern oder Vertragsstaaten zu ermitteln. Der Nachweis kann durch eine bestimmte Publizität (zB Empfehlungen von internationalen Zusammenschlüssen der Mitglieder bestimmter Branchen) erfolgen, eine solche Publizierung ist aber nicht erforderlich.[6] Für den vorliegenden Fall kann also nicht abstrakt darauf abgestellt werden, dass es sich nach deutschem Recht um ein konstitutives kaufmännisches Bestätigungsschreiben handeln würde und Waczlav Woytilek, der mit seinem Betrieb in erheblichem Umfang am Geschäftsverkehr teilnimmt, durchaus ein geeigneter Adressat eines solchen Schreibens wäre.[7]

Allerdings ist für Handelsbräuche, die, wie das kaufmännische Bestätigungsschreiben, ihrer Natur nach nicht branchenspezifisch sind, die am Geschäftszweig orientierte Prüfung kaum realisierbar. Die Frage, ob im internationalen Handel mit Lackfarben kaufmännische Bestätigungsschreiben üblich sind, führt in der Abgrenzung nicht weiter. Auch der EuGH hat insoweit Branchenüblichkeit nicht geprüft.[8] Insbesondere lässt sich keineswegs eine allgemeine oder überwiegende branchenübergreifende internationale Verbreitung dieses Handelsbrauchs feststellen. So ist insbesondere im Rahmen des CISG eine Beachtung der Regeln zum Schweigen auf ein kaufmännisches Bestätigungsschreiben *nicht* eigenständig verfestigt, sondern nur als ein fallweise unter den Voraussetzungen des Art. 9 CISG beachtlicher Handelsbrauch einzuordnen.[9] Objektiv lässt sich also nur feststellen, dass das kaufmännische Bestätigungsschreiben nicht weltweit in bestimmten Branchen, sondern branchenunabhängig in bestimmten Ländern (zB Deutschland, Österreich) als Handelsbrauch verbreitet ist.

539 **dd)** Damit kommt – wie zu Art. 9 CISG – dem **subjektiven Element** der Kenntnis bzw des Kennenmüssens die entscheidende Abgrenzungsfunktion zu. Die Kenntnis ist individuell bei den Parteien des Vertrages zu prüfen. Kennenmüssen aufgrund ob-

---

4 EuGH Rs. 106/95 (*MSG Mainschiffahrts-Genossenschaft/Les Gravières Rhénanes*) NJW 1997, 1431.
5 EuGH vorige Fn; BGHZ 171, 141 zum Konnossement im Seehandel.
6 EuGH Rs. 159/97 (*Trasporti Castelletti SpA/Hugo Trumpy SpA*) IPRax 2000, 119.
7 Zu den Voraussetzungen im deutschen Recht BGHZ 40, 42; BGHZ 61, 282.
8 EuGH Rs. 106/95 (*MSG Mainschiffahrtsgenossenschaft/Les Graviéres Rhénanes*) NJW 1997, 1431.
9 *Staudinger/Magnus* (2005) Art. 9 CISG Rn 27.

jektiv konsolidierter Praxis bei Verträgen einer bestimmten Art[10] ist nicht feststellbar. Maßgeblich für das individuelle Kennen oder Kennenmüssen ist aber nicht die Nationalität und auch nicht vorrangig der Wohnsitz oder Aufenthalt des Schweigenden. Anders als ein Verbraucher kann sich der am Handel Teilnehmende nicht auf Standards seines Sitzes zurückziehen. Entscheidend muss sein, ob von einer Partei erwartet werden kann, dass sie sich auf einen Handelsbrauch *einstellen* muss, was der Fall ist, wenn sie entweder in dessen Verbreitungsgebiet niedergelassen ist oder dort beständig Geschäfte führt.[11] Das ist hier zu bejahen, da Woytilek häufiger mit deutschen Vertragspartnern kontrahiert, selbst wenn ihm tatsächlich ein Bestätigungsschreiben noch nicht begegnet sein sollte. Damit ist die im Bestätigungsschreiben ausdrücklich enthaltene Prorogation wirksam.

d) Auf **Art. 17 Luganer Übk** kommt es damit nicht mehr an. Ebenso kommt es nicht   540 auf den Wohnsitz nach polnischem Recht an, da die internationale Zuständigkeit nicht auf Vorschriften zu stützen ist, auf die sich der Anwendungsbereich nach Art. 3 Abs. 1 Brüssel I-VO bezieht.

4. Örtliche/sachliche Zuständigkeit

a) Die **örtliche Zuständigkeit** der Gerichte in Ludwigshafen ergibt sich unmittelbar   541 aus der nach Art. 23 Brüssel I-VO wirksamen Gerichtsstandsvereinbarung.

b) Sachlich zuständig ist das LG (§ 23 Nr. 1, 71 Abs. 1 GVG).   542

Ergebnis: Das LG Ludwigshafen ist international und örtlich zuständig aufgrund   543 einer nach Art. 23 Abs. 1 lit. c Brüssel I-VO wirksamen Gerichtsstandsvereinbarung.

Frage 2: I. Vertragliche Ansprüche

1. Anwendbarkeit des CISG

Ein Schadensersatzanspruch des Waczlav Woytilek könnte sich aus Vertrag ergeben.   544 Da völkervertragliches Einheitsrecht Vorrang hat vor dem nach dem IPR bestimmten Vertragsstatut, ist die Anwendbarkeit des Wiener UN-Kaufrechts (CISG) zu prüfen.

a) Räumlich ist das CISG anzuwenden, wenn beide Parteien im Zeitpunkt des Ver-   545 tragsschlusses ihre Niederlassung in verschiedenen Staaten haben *und* diese Vertragsstaaten sind (Art. 1 Abs. 1 lit. a CISG). Das ist vorliegend der Fall, da Niederlassung in verschiedenen *Staaten* besteht und das CISG für Deutschland am 1. 1. 1991 und für Polen am 1. 6. 1996, also vor dem Vertragsschluss in Kraft getreten ist.[12]

b) Im Übrigen ist das CISG auch dann anzuwenden, wenn die Regeln des IPR zur   546 Anwendung des Rechts eines Vertragsstaats führen (Art. 1 Abs. 1 lit. b CISG).

Das anwendbare Recht bestimmt sich für den vor dem 17. 12. 2009 geschlossenen Vertrag nicht nach der Rom I-VO (Art. 28 Rom I-VO), sondern nach Art. 27 ff

---

10 EuGH Rs. C-159/97, IPRax 2000, 119; BGHZ 171, 141.
11 Ebenso für die parallele Frage zu Art. 9 CISG: *Staudinger/Magnus* (2005) Art. 9 CISG Rn 27.
12 Vgl *Jayme/Hausmann*[14] Nr. 77 Fn 1.

EGBGB. Mangels Rechtswahl (Art. 27 Abs. 1 EGBGB) ist das Recht des Staates anzuwenden, zu dem der Sachverhalt die engste Verbindung aufweist (Art. 28 Abs. 1 S. 1 EGBGB). Gesichtspunkte, die gegen die in Art. 28 Abs. 2 EGBGB ausgedrückte Vermutung der engsten Verbindung zu dem Staat des gewöhnlichen Aufenthalts der charakteristisch leistenden Partei sprechen (Art. 28 Abs. 5 EGBGB), sind nicht ersichtlich. Die Sachleistung als charakteristische Leistung erbringt hier die BAVV AG, anwendbar ist also deutsches Recht.

Da Deutschland seit dem 1. 1. 1991, also bereits im Zeitpunkt des Vertragsschlusses – ohne Vorbehalt nach Art. 92 ff CISG – Vertragsstaat war, gilt das CISG, selbst wenn der Vertrag vor dem Beitritt Polens zum CISG geschlossen worden wäre.

547   **c)** Der **sachliche Anwendungsbereich** des CISG kann fraglich sein, weil die BAVV AG die Lacke selbst herstellt, also kein Kauf-, sondern ein Werklieferungsvertrag vorliegen könnte. Solche Verträge stehen den Kaufverträgen jedoch nach Art. 3 Abs. 1 CISG gleich, sofern nicht der Besteller einen wesentlichen Teil der für die Herstellung oder Erzeugung notwendigen Stoffe selbst zur Verfügung zu stellen hat, was hier nicht der Fall ist.

Da offenkundig auch kein Kauf zum persönlichen Gebrauch (Art. 2 lit. a CISG) vorliegt, ist also das CISG anzuwenden.

2. Schadensersatzanspruch aus Art. 45 Abs. 1 CISG

548   Waczlaw Woytilek könnte einen **Schadensersatzanspruch aus Art. 45 Abs. 1 lit. b, 74 ff CISG** haben.

549   **a)** Das setzt eine **Vertragsverletzung** voraus (Art. 35 CISG), die mangels abschließender Angaben hierzu im Sachverhalt offen bleiben muss bzw für die weitere Prüfung zu unterstellen ist.

550   **b)** Ein Schadensersatzanspruch könnte jedoch durch **Ziff. 5 der AGB** der BAVV AG ausgeschlossen sein.

551   **aa)** Das setzt voraus, dass Ziff. 5 der AGB wirksam **einbezogen** ist. Fraglich ist, ob dies nach dem CISG zu beurteilen ist. Da ausdrückliche Regelungen über die Einbeziehung von AGB fehlen, ist zu entscheiden, ob die Einbeziehung von AGB grundsätzlich zu den vom CISG erfassten Materien gehört. Das würde bedeuten, dass die Frage, sofern dies möglich ist, gemäß Art. 7 Abs. 2 CISG nach den dem CISG zugrundeliegenden *general principles* zu lösen ist und nur ausnahmsweise dem nationalen Vertragsstatut untersteht. Hiergegen könnte sprechen, dass Art. 4 S. 2 lit. a CISG ausdrücklich die „Gültigkeit einzelner Vertragsbestimmungen" bei Fehlen ausdrücklicher abweichender Regelung dem Anwendungsbereich des CISG entzieht und nach deutschem Rechtsverständnis die Einbeziehung von AGB eine Frage der Gültigkeit der einzelnen Bestimmung ist.

552   **bb)** Bei Schaffung des CISG wurde jedoch der Standpunkt eingenommen, die Einbeziehung von AGB sei eine Frage der **Vertragsauslegung**. Die Normierung der AGB-Einbeziehung wurde erwogen, aber mit Rücksicht auf Art. 8 CISG nicht für erforder-

[Randnotiz handschriftlich: Einbeziehung der AGB nach welchem Recht?]

lich gehalten.[13] Damit ist die Einbeziehung von AGB als eine vom CISG erfasste Materie anzusehen. Es ist daher durch Auslegung nach Art. 8 CISG zu ermitteln, ob AGB Bestandteil eines Angebots geworden sind, das seinerseits zum Regelungsgegenstand des CISG gehört (Art. 14 ff CISG).

cc) Aus Art. 8 CISG lassen sich Hinweise auf **Kriterien der Einbeziehung** folgern. **553** Die in Art. 8 Abs. 3 CISG beschriebene Auslegungsgrundlage legt die Forderung nahe, dass dem Vertragspartner des Verwenders dessen **Wille zur Einbeziehung** erkennbar werden muss. Das kann sich aus den vorangehenden Verhandlungen der Parteien, aber auch aus zwischen ihnen entstandenen Gepflogenheiten und objektiven Gebräuchen, insbesondere Handelsbräuchen, ergeben.[14] Insoweit könnte im vorliegenden Fall der Handelsbrauch des *Schweigens auf ein kaufmännisches Bestätigungsschreiben* eingreifen. Welche Handelsbräuche sich die Parteien zurechnen lassen müssen, ist in Art. 9 Abs. 2 CISG in ähnlicher Weise geregelt, wie in Art. 23 Abs. 1 Brüssel I-VO. Entscheidend ist auch hier das Kennenmüssen, das dort (Rn 538) bejaht wurde.

dd) Jedoch lässt sich aus Art. 8 Abs. 2 CISG, der für die Auslegung auf eine vernünf- **554** tige Person der gleichen Art wie die andere Person, also einen Durchschnittsempfänger der beteiligten Verkehrskreise, abstellt, die weitere Folgerung ziehen, dass grundsätzlich AGB nur einbezogen sind, wenn der Empfänger des Angebots dieses vollständig und in zutreffender Weise verstehen konnte. Das aber setzt nach allgemeiner Ansicht voraus, dass der Verwender dem Vertragspartner eine zumutbare Möglichkeit der **Kenntnisnahme der AGB** verschafft hat.[15] Dafür genügt es nicht, wenn der Verwender lediglich auf die Existenz der AGB hingewiesen hat, jedoch deren Text nicht übersendet oder von sich aus zugänglich macht.

Wiederum könnte insoweit im **Handelsverkehr** etwas anderes gelten, insbesondere **555** vor dem Hintergrund, dass § 310 BGB durch die Suspendierung von § 305 Abs. 2 BGB Kaufleuten durchaus zumutet, sich nach AGB, deren Einbeziehung von der anderen Seite gefordert wird, zu erkundigen. Insoweit lässt sich jedoch nicht aus Art. 8 Abs. 3 iVm Art. 9 CISG folgern, der mit AGB konfrontierte Kaufmann müsse sich erkundigen. Zwar gäbe Art. 9 Abs. 3 CISG durchaus Raum für eine Differenzierung zwischen intensiv am Handel Beteiligten und sonstigen Vertragspartnern, so dass das Argument nicht verfängt, ein Verzicht auf die Kenntnisverschaffungsmöglichkeit ergriffe unter dem CISG auch Nicht-Kaufleute.[16] Aus dem Handelsbrauch des Schweigens auf ein kaufmännisches Bestätigungsschreiben ließe sich aber nur herleiten, dass der Vertragspartner auch solche AGB gegen sich gelten lassen muss, die ihm mit einem Bestätigungsschreiben *übersandt* werden, dieser Handelsbrauch überwindet also nur das Erfordernis der *Vorherigkeit* der Kenntnis. § 310 BGB ist dagegen nicht Ausdruck eines Handelsbrauchs, sondern eine bloße Rechtsregel des gegenüber dem CISG nachrangigen deutschen Rechts.

---

13 Dazu BGH EuLF 2002, 140.
14 *Von Cammerer/Schlechtriem* Art. 14 CISG Rn 16.
15 *Staudinger/Magnus* (2005) Art. 14 CISG Rn 41.
16 AA BGH EuLF 2002, 140 unter Hinweis auf Art. 1 Abs. 3 CISG.

556 Im internationalen Handel gilt die § 310 BGB zugrunde liegende ratio nicht in gleicher Weise: Aus dem Grundsatz des **guten Glaubens** ergibt sich dort (Art. 7 Abs. 1 CISG), dass die Ermöglichung der Kenntnisnahme auch gegenüber Kaufleuten unverzichtbar ist. Anders als im nationalen Handel sind auch innerhalb derselben Branche die *Inhalte* der AGB sehr unterschiedlich, so dass der Gegner des Klauselverwenders vielfach nicht absehen kann, worauf er sich mangels Erkundigung einlässt. Zudem besteht kein einheitlicher Maßstab der *Inhaltskontrolle*, der den Gegner des Klauselverwenders so weit schützt, dass dieser über die Notwendigkeit einer Erkundigung selbst entscheiden mag. Diesem erheblich erhöhten Risiko des Vertragspartners steht eine geringe Belastung des Verwenders gegenüber, dem es unschwer möglich ist, die Klauseln zusammen mit dem Geltungsverlangen zu übersenden.[17]

Damit ist vorliegend Ziff. 5 der AGB nicht einbezogen.

557 **c)** Schadensersatzansprüche könnten jedoch wegen Verletzung der **Rügeobliegenheit** (Art. 38 CISG) ausgeschlossen sein (Art. 39 CISG).

558 **aa)** Art. 39 CISG verlangt eine **Anzeige** mit Beanstandungswillen, die von einer Information bei Gelegenheit[18] abzugrenzen ist. Diese kann erstmals in dem Schreiben vom 15.5.2004 gesehen werden, das offensichtlich als Beanstandung zu werten ist. Weiter bedarf es jedoch auch der genauen Bezeichnung der Vertragswidrigkeit. Hierzu genügt nicht eine allgemeine Rüge der Mangelhaftigkeit, sondern es bedarf einer Beschreibung, die dem Verkäufer die Möglichkeit gibt, sich über seine Reaktion auf den Mangel klar zu werden. Hierzu ist der Hinweis, dass der Lack nach Verarbeitung splittert, durchaus noch geeignet, weil er Nachforschungen über die Ursachen ermöglicht.[19] Dem Käufer kann nicht angesonnen werden, die *Ursache* des Mangels zu ergründen.

559 **bb)** Diese Anzeige müsste **innerhalb angemessener Frist** iSd Art. 39 Abs. 1 CISG erfolgt sein.

Innerhalb welcher Frist Woytilek den Mangel hätte anzeigen müssen, hängt zunächst davon ab, innerhalb welcher Frist der Käufer die Ware hätte **untersuchen** müssen (Art. 38 CISG).[20] Insoweit ist eine kurze Frist gefordert, so dass hier unverzüglich nach Eintreffen der Lieferung Stichproben zu nehmen waren, was Woytilek anscheinend gänzlich unterlassen hat. Da die Untersuchungsobliegenheit jedoch nur dem Zweck dient, den Verkäufer gegen späte Geltendmachung von Ansprüchen aus erkennbarer Vertragswidrigkeit zu schützen, nicht aber Mängelansprüche an übertriebener Förmlichkeit scheitern lassen soll,[21] darf dies nicht dazu führen, dass der Käufer nach Art. 39 Abs. 1 CISG seine Rechte verliert, nur weil er die Ware nicht rechtzeitig untersucht hat, selbst wenn er die Vertragswidrigkeit auch bei Untersuchung nicht hätte erkennen können. Die *Beweislast* dafür, dass die Vertragswidrigkeit auch bei

---

17 BGH EuLF 2002, 140.
18 OLG Saarbrücken OLGR 2007, 862.
19 BGH NJW 1997, 3311.
20 BGH IPRax 1996, 124.
21 OLG Saarbrücken OLGR 2007, 862.

pflichtgemäßer Untersuchung nicht erkannt worden wäre, trägt jedoch der Käufer,[22] denn die Verletzung der Untersuchungsobliegenheit (Art. 38 Abs. 1 CISG) indiziert die Zurechenbarkeit des nicht rechtzeitigen Erkennens (Art. 39 Abs. 1 CISG: „hätte feststellen müssen") der Vertragswidrigkeit.

Man kann hier wohl unterstellen, dass Woytilek dieser Beweis gelingt, weil der Mangel nach Sachverhalt selbst bei der *Verarbeitung* durch den fachmännischen Betrieb des Woytilek nicht erkennbar war, jedoch schon eine Sichtprüfung von Stichproben der Untersuchungsobliegenheit genügt hätte und eine chemische Analyse von Einzelproben nach den Umständen (Art. 38 Abs. 1 CISG) sicher nicht gefordert war.

cc) Die Anzeige könnte dennoch nicht mehr in angemessener Frist erfolgt sein, weil Woytilek spätestens durch die **Kundenbeschwerden** auf die Vertragswidrigkeit des Lackes hingewiesen wurde. Auch wenn das Verstreichen der Untersuchungsfrist (Art. 38 Abs. 1 CISG) ausnahmsweise unschädlich bleibt, muss der Käufer zur Wahrung seiner Rechte nach Art. 39 Abs. 1 CISG in angemessener Frist nach in sonstiger Weise erlangter Kenntnis oder Kennenmüssen der Anzeigeobliegenheit nachkommen. Dies ist hier nicht geschehen; eine „angemessene" Frist (Art. 39 Abs. 1 CISG) ist zwar nicht notwendig eine „kurze" (Art. 38 Abs. 1 CISG), so dass Unverzüglichkeit nicht unbedingt gefordert ist. Jedoch ist regelmäßig eine Frist von mehr als einem Monat nicht mehr angemessen. Hier sind mehrere Monate verstrichen, denn aufgrund zahlreicher Kundenbeschwerden im Oktober 2003 musste sich Woytilek aufdrängen, dass eine Vertragswidrigkeit des Lackes die Ursache sein musste.

560

Vertragliche Schadensersatzansprüche sind damit ausgeschlossen.

Frage 2: II. Ansprüche aus Delikt und Produkthaftung

1. Deliktsstatut und CISG

Zweifelhaft ist, ob Schadensersatzansprüche wegen Vertragsverletzungen aus anderem Rechtsgrund als Vertrag unter Geltung des CISG überhaupt bestehen. Nationales Recht könnte, soweit es mit Vertragsansprüchen wegen Vertragsverletzungen *konkurrierende* deliktische Ansprüche oder Produkthaftungsansprüche vorsieht, **durch das CISG verdrängt** sein. Das wird teilweise angenommen, weil das CISG den Sachverhalt der vertragswidrigen Leistung abschließend regele und es nicht von dem zufällig daneben tretenden Deliktsrecht abhängen dürfe, ob dieses – wie das deutsche Recht[23] – Anspruchskonkurrenz vorsehe.[24]

561

Dem ist jedoch entgegenzuhalten, dass das CISG deliktische Ansprüche als solche nicht erfasst. Selbst die vertragliche Haftung für schädliche Waren ist nur hinsichtlich von Sachschäden, nicht aber Personenschäden, geregelt (Art. 5 CISG); und auch insoweit nur hinsichtlich der Schäden, die der Käufer selbst erleidet, nicht aber Dritte

---

22 BGH IPRax 1996, 124.
23 Anders zB das französische Recht.
24 *Von Caemmerer/Schlechtriem/Herber* Art. 45 Rn 88.

(Art. 74 CISG).[25] Von einer abschließenden Regelung kann also nicht die Rede sein. Daher sind konkurrierende deliktische und Produkthaftungsansprüche nach dem anwendbaren nationalen Recht zu beurteilen, das auch darüber entscheidet, ob solche Ansprüche in Konkurrenz zu (im Einzelfall ausgeschlossenen) Vertragsansprüchen bestehen oder nicht mit Vertragsansprüchen kumulierbar sind.

2. Rom II-VO: Intertemporale Anwendung

562 Das **anwendbare Recht** bestimmt sich vorliegend noch nicht nach der Rom II-VO, die intertemporal nur auf schadensbegründende Ereignisse anwendbar ist, die nach ihrem Inkrafttreten (Art. 31 Rom II-VO), also ab dem 11. 1. 2009 (Art. 32 Rom II-VO) eintreten.

3. Deliktsstatut

563 Im **deutschen IPR** besteht keine Sonderanknüpfung für die deliktisch zu qualifizierende Produkthaftung; daher ist sowohl für allgemein deliktische Ansprüche als auch für Ansprüche aus Produkthaftung das Deliktsstatut zu bestimmen.

564 **a)** Auszugehen ist von Art. 40 Abs. 1 S. 1 EGBGB, dem **Tatortprinzip**. Da die BAVV AG in Deutschland gehandelt hat, die Verletzung von Rechtsgütern des Woytilek aber in Polen eingetreten ist, wäre danach grundsätzlich auf deutsches Recht als Recht des Handlungsortes abzustellen. Das nach Art. 40 Abs. 1 S. 2 EGBGB vorgesehene **Bestimmungsrecht** zum Recht des Erfolgslandes hat Woytilek weder ausdrücklich noch konkludent in dem von Art. 40 Abs. 1 S. 3 EGBGB bestimmten Zeitraum ausgeübt, sondern mit seiner Bezugnahme auf deutsches Recht die Handlungsortanknüpfung bestätigt.

565 **b)** In Betracht kommt jedoch eine **wesentlich engere Verbindung** (Art. 41 Abs. 1 EGBGB), die die Tatortregel überwindet. Dies ist für deliktische Ansprüche und Produkthaftungsansprüche aus Warenkauf regelmäßig anzunehmen, soweit es um Ansprüche zwischen dem Hersteller als Verkäufer und dem Erstabnehmer geht. Der Kaufvertrag ist eine besondere rechtliche Verbindung iSd Art. 41 Abs. 2 Nr. 1 EGBGB.

Untersteht der Vertrag dem **CISG**, so kann diese akzessorische Anknüpfung selbstverständlich nicht auf das CISG gerichtet sein, das deliktische Ansprüche nicht regelt. Maßgeblich ist vielmehr das subsidiär bestimmte nationale Vertragsstatut, hier also deutsches Recht (Rn 546).

Die danach bestehenden Ansprüche sind nach der Aufgabenstellung nicht zu subsumieren.

566 **Ergebnis:** Vertragliche Ansprüche nach dem CISG bestehen nicht, da der Mangel zu spät angezeigt wurde. Deliktische Ansprüche einschließlich Ansprüchen aus Produkthaftung unterstehen deutschem Recht.

---

25 *Staudinger/Magnus* (2005) Art. 74 CISG Rn 14.

Frage 3: Änderungen bei Vertragsschluss am 1.2.2009

1. Rom I-VO: Intertemporale Anwendung

Die **Rom I-VO** ist auch bei Vertragsschluss am 1.2.2009 intertemporal noch nicht auf die Bestimmung des Vertragsstatuts anzuwenden. Stichtag ist hier der 17.12.2009. **567**

2. Rom II-VO: Intertemporale Anwendung

Auf deliktische Ansprüche und auf die Produkthaftung könnte jedoch die **Rom II-VO** anwendbar sein, die **intertemporal** für ab dem 11.1.2009 entstehende Ansprüche gilt (Rn 561). Der **sachliche** Anwendungsbereich ist eröffnet. Es handelt sich um außervertragliche Ansprüche. Eine der in Art. 1 Abs. 2 Rom II-VO enumerierten Bereichsausnahmen liegt nicht vor. Insbesondere gehört die Produkthaftung, die in Art. 5 Rom II-VO ausdrücklich geregelt ist, zum sachlichen Anwendungsbereich. **Räumlich** ist die Rom II-VO *loi uniforme* (Art. 3 Rom II-VO); sie gilt also auch, wenn das von ihren Kollisionsnormen bestimmte Recht nicht das eines Mitgliedstaats ist. **568**

3. Sonderanknüpfung Produkthaftung: Reichweite

Die Anknüpfung allgemeiner deliktischer Ansprüche könnte von der Sonderregel des Art. 5 Rom II-VO verdrängt sein. Art. 5 Rom II-VO dient einer angemessenen Risikoverteilung im Warenverkehr einer hochtechnisierten Wirtschaft[26] und kann daher nicht formal auf Produkthaftungsregelungen in Abgrenzung zu allgemeinen deliktischen Anspruchsgrundlagen begrenzt werden, zumal eine Konkurrenz von allgemeiner deliktischer und Produkthaftung, wie sie das deutsche Recht kennt, letztlich aus Sicht der Europäischen Kollisionsregeln nur zufällig erscheint. Für eine einheitliche Anknüpfung spricht auch der Wortlaut des Art. 5 Rom II-VO, der für ein „außervertragliches Schuldverhältnis im Falle eines Schadens durch ein Produkt" gilt, also alle außervertraglichen Anspruchsgrundlagen in dieser Haftungs*situation* erfasst. **569**

Ob eine Situation der Produkthaftung nach Art. 5 Rom II-VO vorliegt, ist nach dem Produktbegriff des Art. 2 der **Produkthaftungsrichtlinie** (85/374EWG) zu entscheiden; der im Fall verkaufte Lack ist als bewegliche Sache außerhalb der landwirtschaftlichen Urproduktion ein Produkt. **570**

4. Produkthaftung: Anwendbares Recht

Das auf **Produkthaftungsansprüche** in diesem weiten Sinn anwendbare Recht ergibt sich somit aus Art. 5 Rom II-VO. **571**
a) Das Recht des **gemeinsamen gewöhnlichen Aufenthalts** (Art. 5 Abs. 1 S. 1 iVm Art. 4 Abs. 2 Rom II-VO) kommt mangels eines solchen nicht in Betracht.

b) Anwendung findet damit grundsätzlich das Recht des Staates, in dem die **geschädigte Person** ihren gewöhnlichen Aufenthalt hat, sofern das Produkt dort in Verkehr

---

26 Erwägungsgrund Nr. 20 zur Rom II-VO.

gebracht wurde (Art. 5 Abs. 1 lit. a Rom II-VO). Da die BAVV AG den Lack nach Polen geliefert hat, hat sie ihn dort in den Verkehr gebracht. Die Ausnahme nach Art. 5
Abs. 1 S. 2 Rom II-VO liegt damit offensichtlich nicht vor, denn die Inanspruchge-
nommene konnte das von ihr selbst veranlasste Inverkehrbringen natürlich vorausse-
hen.

c) Ein **akzessorische Anknüpfung** kann sich jedoch aus Art. 5 Abs. 2 Rom II-VO ergeben, wenn der Sachverhalt eine offensichtlich engere Verbindung mit einem anderen Staat aufweist. Eine solche engere Verbindung kann sich insbesondere aus einem
bestehenden Vertrag ergeben, der in enger Verbindung zu der Produkthaftung steht
(Art. 5 Abs. 2 S. 2 Rom II-VO). Im Fall des Produkthaftungsanspruches des Käufers
gegen den Hersteller-Verkäufer stimmt das Anspruchsziel sogar mit dem der vertraglichen Schadenshaftung überein, so dass eine akzessorische Anknüpfung zwingend
erscheint. Anwendbar ist somit weiterhin deutsches Recht als das (subsidiäre) Vertragsstatut für vom CISG nicht erfasste Materien (Rn 563).

572 **Ergebnis:** Wird der Vertrag am 1. 2. 2009 geschlossen, so ist zwar noch nicht die Rom
I-VO, jedoch die Rom II-VO anzuwenden. Im Ergebnis ändert sich dadurch nichts, da
die Ansprüche wegen außervertraglicher Schadenshaftung durch ein fehlerhaftes Produkt im Verhältnis von Käufer und Hersteller-Verkäufer akzessorisch an das Vertragsstatut anzuknüpfen sind.

Literaturhinweise

Behandlung der fallrelevanten Themen in:
Rauscher **Internationales Privatrecht (3. Aufl.)**

Gerichtsstandsvereinbarungen nach Brüssel I-VO:	Rn 1774 ff
Räumlicher Anwendungsbereich Art. 23 Brüssel I-VO:	Rn 1780 ff
Intertemporale Wirksamkeit von Gerichtsstandsvereinbarungen:	Rn 1791 ff
Form des Handelsbrauchs nach Art. 23 Brüssel I-VO:	Rn 1810 ff
Vorrang des CISG:	Rn 1070
Deliktsstatut:	Rn 1250 ff
Deliktsstatut und Produkthaftung unter Rom II-VO:	Rn 1321 ff

Weitere Literatur

1. Gerichtsstandsvereinbarungen nach Brüssel I-VO
Rauscher/Mankowski (2006) Art. 23 Brüssel I-VO Rn 1. *Welter* EGV 44/2001 – Anforderungen an
die Gerichtsstandsvereinbarungen, insbesondere nach EGV 44/2001 Art. 23, WuB VII B Art. 23
EuGVO 1.06. *Schulte-Hillen/Friedl* Zur Wirksamkeit von Gerichtsstandsvereinbarungen nach EGV
44/2001 Art. 23, EWiR 2005, 825. *Gottschalk/Breßler* Missbrauchskontrolle von Gerichtsstandsvereinbarungen im europäischen Zivilprozessrecht, ZEuP 2007, 56.

2. Intertemporale Wirksamkeit von Gerichtsstandsvereinbarungen
Staudinger/Hausmann (2002) Anhang II zu Art. 27–37 EGBGB, Rn 171. *Rauscher/Mankowski*
(2006) Art. 23 Brüssel I-VO, Rn 9b. *Parenti* Internationale Gerichtsstandsvereinbarungen – Lex fori
oder Lex causae Anknüpfung, ZfRV 2003, 221.

3. Form des Handelsbrauchs nach Art. 23 Brüssel I-VO

Staudinger/Hausmann (2002) Anhang II zu Art. 27–37 EGBGB, Rn 201. *Rauscher/Mankowski* (2006) Art. 23 Brüssel I-VO Rn 28. *Saenger* VollstrZustÜbk (EuGVÜ) Art. 17 – Gerichtsstandvereinbarung – Handelsbrauch, ZEuP 2000, 666. *Adolphsen* Vermutung einer Gerichtsstandsklausel bei internationalem Handelsbrauch, ZZPInt 1999, 243.

4. Vorrang des CISG

Staudinger/Magnus (2005) Einl zum CISG Rn 42. *Herber* Das Verhältnis des CISG zu anderen Übereinkommen und Rechtsnormen, insbesondere zum Gemeinschaftsrecht der EU, IHR 2004, 89.

5A. Reichweite des CISG: AGB

Staudinger/Magnus (2005) Art. 4 CISG Rn 24. *Schmidt-Kessel* Zur Einbeziehung von allgemeinen Geschäftsbedingungen bei internationalen Kaufverträgen, ZEuP 2008, 607.

5B. Reichweite des CISG: Konkurrierende Deliktsansprüche

Staudinger/Magnus (2005) Art. 5 CISG Rn 11. *Herber* Mangelfolgeschäden nach dem CISG und nationales Deliktsrecht, IHR 2002, 187.

6. Deliktsstatut

Staudinger/von Hoffmann (2001) Vorbem zu Art. 40 EGBGB, Rn 1 und Rn 16.

7. Deliktsstatut und Produkthaftung unter ROM II-VO

Wagner Die neue ROM II-VO, IPRax 2008, 1. *Ofner* Die Rom II-Verordnung – Neues Internationales Privatrecht für außervertragliche Schuldverhältnisse in der Europäischen Union, ZfRV 2008, 13. *Leible/Lehmann* Die neue EG-Verordnung über das auf außervertragliche Schuldverhältnisse anzuwendende Recht („Rom II"), RIW 2007, 721. *Junker* Die Rom II-Verordnung: Neues Internationales Deliktsrecht auf europäischer Grundlage, NJW 2007, 3675.

Fall 11
Jobs im Tourismus

(Bearbeitungszeit: 5 Stunden + 1 Stunde Fragen 3, 4)

573 **1.** Der US-Staatsangehörige deutscher Abstammung Andy Altman ist seit dem 1. 1. 2000 bei dem Touristikunternehmen STU AG mit Sitz in Frankfurt/Main als Animateur beschäftigt. Er hat ein Apartment in Fort Lauderdale (Florida, USA), wo er jedoch nur seinen Urlaub verbringt. Das ganze Jahr über betreut er deutsche Reisegruppen, teils auf von der STU AG veranstalteten Kreuzfahrten auf unter US-Flagge in die Karibik fahrenden Schiffen, teils in Ferienhotels auf den Bahamas und den British Virgin Islands, die er überwiegend erst am Flughafen des Unterkunftsortes oder des Ablegehafens (meist Nassau, Bahamas oder Miami, Florida) in Empfang nimmt. Die STU AG beschäftigt für diese Aufgaben vorwiegend US-Staatsangehörige deutscher Herkunft, weil diese für ihre Tätigkeit auf US-amerikanischen Kreuzfahrtschiffen keine Arbeitserlaubnis benötigen. Der mit der Zentrale der STU AG in Frankfurt/Main per Telefax geschlossene Vertrag bezeichnet Andy Altman als „freien Mitarbeiter"; die Vergütung ist monatlich pauschal mit US-$ 3500 vereinbart.

Zunehmende Konzentration in der Tourismusbranche und aufgrund sinkender €-Kurse rückläufige Umsätze im US-Geschäft nötigen die STU AG dazu, sich von ihrem Amerika- und Karibikgeschäft zu trennen. Mit Vertrag vom 15. 2. 2005 verchartert die STU AG auf unbestimmte Zeit ihre durch längerfristige Vereinbarungen mit Reedereien und Hoteliers bestehenden Kapazitäten in Florida und der gesamten Karibik an die New World Travel Inc. mit Sitz in Tampa (Florida, USA). Diese wurde beim Vertragsschluss vertreten durch ihre 100%-ige Tochter, die New World Travel GmbH mit Sitz in Hamburg, die nach den Vorgaben der New World Travel Inc. in Europa für diese tätig ist. Dieser „Chartervertrag" wurde von den Parteien dem Recht von Florida unterstellt. Zur Übernahme von Personal enthält dieser Vertrag keine Vereinbarungen.

Das in dem betroffenen Gebiet eingesetzte Personal der STU AG, so auch Andy Altman, wird durch New World Travel Inc. weiterbeschäftigt. Da Andy in die wirtschaftliche Zukunft von STU AG wenig Vertrauen hat, ersucht er unter Hinweis auf § 613a BGB New World Travel Inc. um die Bestätigung, dass zwischen ihm und New World Travel Inc. ein Arbeitsverhältnis bestehe. New World Travel Inc. verweigert dies unter Hinweis auf das Arbeitsrecht von Florida, das eine § 613a BGB entsprechende Bestimmung nicht enthalte.

2. Die seit 1. 10. 2005 bei der ÖSURL AG mit Sitz in Wien (Österreich) als angestellte Urlaubs-Reiseleiterin beschäftigte deutsche Staatsangehörige Helga Hamadi wurde durch die Zentrale der ÖSURL AG in Wien eingestellt. Helga ist mit einem Tunesier verheiratet und begleitet Reisegruppen der ÖSURL AG in Italien, Spanien und Tunesien. Sie wohnt in Houmt Souk (Djerba, Tunesien). Zwischendurch arbeitet sie auch etwa vier Monate im Jahr in dem Büro, das die ÖSURL AG zur Koordination ihrer Reiseleiter im westlichen Mittelmeer in Houmt Souk unterhält. Als Ende 2006 die Nachfrage nach Flugreisen die Erwartungen deutlich unterschreitet, beschäftigt die ÖSURL AG sie ab Dezember 2006 als stationäre Reiseleiterin in einem Skihotel in Berchtesgaden (Bayern). Zu Beginn der Sommersaison im Mai 2007 ist die Fortsetzung der alten Tätigkeit vorgesehen. Wenige Tage nach Arbeitsantritt in Berchtesgaden teilt Helga der ÖSURL AG mit, dass sie im dritten Monat schwanger sei und nach § 4 Abs. 1 MuSchG nicht mehr als Reiseleiterin in einem Skihotel arbeiten könne, weil dabei regelmäßig, was zutrifft, schwere Lasten iSd § 4 Abs. 2 Nr. 1 MuSchG zu heben seien. Die ÖSURL AG meint, das MuSchG sei nicht anwendbar und im tunesischen Arbeitsrecht gebe es solche Regelungen nicht.

1. Kann Andy vor deutschen Gerichten auf Feststellung des Bestehens eines Arbeitsverhältnisses gegen New World Travel Inc. klagen? Ist § 613a BGB anzuwenden? Zum Tatbestand des § 613a BGB sind keine Ausführungen zu machen.
2. Kann Helga vor deutschen Gerichten gegen die ÖSURL AG auf Feststellung des Beschäftigungsverbots klagen? Findet das MuSchG Anwendung?
3. Welche Änderungen ergeben sich, wenn die Vercharterung in Teil 1 mit Vertrag vom 15. 2. 2010 erfolgt?
4. Welche Änderungen ergeben sich, wenn das Arbeitsverhältnis der Helga am 2. 1. 2010 begründet wird und der weitere Sachverhalt aus Teil 2 sich Ende 2010 bis Sommer 2011 ereignet?

Strukturierung des Falles

574　**Wesentliche Themen:** Gerichtsstand für Individualarbeitsverträge; Anknüpfung Individualarbeitsverträge; Einfach zwingende Normen; International zwingende Normen; Bestimmungen berührend die Durchführung des Vertrages.

Ausgangsfälle: EuGH EuZW 1997, 143; EuGH EuZW 2002, 220; BAG IPRax 1994, 123.

Frage 1: Klage des Andy

1. **Internationale Zuständigkeit deutscher Gerichte**
   a) Brüssel I-VO intertemporal (+): seit dem 1. 3. 2002 erhobene Klagen, Art. 66 Abs. 1, 76 Brüssel I-VO
   b) Sachlicher Anwendungsbereich (+):
      – individuelle Arbeitsverträge Zivil- oder Handelssache, Art. 1 Abs. 1 Brüssel I-VO, keine Gebietsausnahme, Art. 1 Abs. 2 Brüssel I-VO
      – Streitigkeiten aus Werk- oder Dienstverträgen ebenso
   c) Räumlicher Anwendungsbereich
      – Beklagtenwohnsitz in Mitgliedstaat, Art. 3 Abs. 1 Brüssel I-VO
      – Gesellschaften und juristische Personen Art. 60 Brüssel I-VO, Satzungs-, Verwaltungssitz und Hauptniederlassung in Florida, nicht Mitgliedstaat, Art. 1 Abs. 3 Brüssel I-VO
   d) Art. 18 Abs. 2 Brüssel I-VO:
      – Individueller Arbeitsvertrag: autonom zu bestimmen
      – Vereinbarungen über eine abhängige, weisungsgebundene Tätigkeit wirtschaftlich nicht selbstständiger Beschäftigter
        – Abgrenzung gegen freie Mitarbeiter: faktisch in arbeitnehmertypischer Weisungsgebundenheit und wirtschaftlicher Abhängigkeit (+)
        – Bestehen des Arbeitsverhältnisses (§ 613a BGB) als solches erfasst (+)
      – Zweigniederlassung, Agentur oder sonstige Niederlassung, Art. 18 Abs. 2, Art. 5 Nr. 5 Brüssel I-VO: dauernde Außenstelle, eigener geschäftlicher Betrieb, Beaufsichtigung (+)
      – Streitigkeit auf den Betrieb der Zweigniederlassung bezogen (+)
   e) Also Behandlung der Beklagten, als ob Wohnsitz in Deutschland (+)
   f) Art. 2, 5 Brüssel I-VO (–) durch Art. 18 Abs. 1 Brüssel I-VO verdrängt
      – Art. 5 Nr. 5 Brüssel I-VO (–) nur Zuständigkeiten außerhalb Wohnsitzstaat des Beklagten

   – Art. 19 Nr. 1 Brüssel I-VO (+) fingierter deutscher Wohnsitz, also internationale Zuständigkeit deutscher Gerichte

2. **Anwendbares Recht (Arbeitsvertragsstatut)**
   a) Qualifikation § 613a BGB
      – Betriebsbezogene Frage eigener Art (–) nicht Betriebsbezug, sondern individueller Schutz
      – Statut der Vertragsübernahme (–) durch Parteien der Vertragsübernahme manipulierbar
      – Unmittelbar Anspruch aus dem vorherigen individuellen Arbeitsvertrag (+)
      – Folge: § 613a BGB setzt sich durch, wenn deutsches Recht gesetzliches Arbeitsvertragsstatut
   b) Anknüpfung Arbeitsvertragsstatut Rom I-VO (–) intertemporal nur bei Vertragsschluss nach 17. 12. 2009
   c) Art. 30 EGBGB: Arbeitsvertrag/Arbeitsverhältnis EG-völkervertraglicher Begriff aus Art. 30 EGBGB (Art. 6 EVÜ) wie in Art. 18 Brüssel I-VO (+)
   d) Arbeitsvertragsstatut mangels Rechtswahl, Art. 30 Abs. 1 EGBGB, nach Art. 30 Abs. 2 EGBGB
      – Art. 30 Abs. 2 Nr. 1 EGBGB: wo Arbeitnehmer gewöhnlich seine Arbeit verrichtet
        – Wesentlicher Teil der arbeitsvertraglich geschuldeten Tätigkeit in Florida (–)
        – Arbeitsantrittsort?
          – Teilweise gegen Flaggenrechtsanknüpfung bei See-/Luftfahrtpersonal vertreten
          – Verstärkt Schutz des Arbeitnehmers
          – Aber Aufenthaltsrecht bewusst nicht gesetzliche Hilfsanknüpfung, sondern einstellende Niederlassung
      – Also Schutz nur durch Ausweichklausel
      – Also Fehlen einheitlichen Arbeitsortes, also Art. 30 Abs. 2 Nr. 2 EGBGB, Sitz der einstellenden Niederlassung, also deutsches Recht

– Engere Verbindung, Ausweichklausel, Art. 30 Abs. 2 Hs. 2 und Hs. 3 EGBGB
  – Für Florida: US-Staatsangehörigkeit nötig für US-Schiffe, Vergütung in US-Dollar vereinbart; dagegen: deutsche Sprachkenntnisse für deutsche Touristen,
  – IE Ausweichklausel zugunsten Recht von Florida, § 613a BGB (–)
  e) § 613a BGB zwingende Bestimmung, Art. 34 EGBGB (–): nicht vorrangig öffentliches Interesse, sondern Individualinteresse

Ergebnis: Deutsche Gerichte sind zur Entscheidung über die Klage des Andy international zuständig; § 613a BGB ist jedoch nicht anzuwenden.

Frage 2: Klage der Helga

1. **Internationale Zuständigkeit deutscher Gerichte**
   a) Räumlicher Anwendungsbereich Brüssel I-VO (+) Beklagtenwohnsitz, Art. 3 Abs. 1, 60 Abs. 1 Brüssel I-VO, Österreich
   b) Arbeitsverhältnis (+), also Art. 18 ff Brüssel I-VO maßgeblich
      – Zuständigkeit gegen Arbeitgeber Art. 19 Nr. 1 Brüssel I-VO (–) Wohnsitz nicht in Deutschland
      – Art. 19 Nr. 2 lit. a Brüssel I-VO:
        – Gewöhnlicher Arbeitsort: Erfüllung des wesentlichen Teils der Verpflichtungen
        – Wechselt bei endgültiger Verlegung des Schwerpunktes
        – Fraglich bei vorübergehender Entsendung, Argument Art. 6 EVÜ
        – Zunächst Schwerpunkt Djerba, Büro und Teil der Arbeit in Tunesien
        – Zuständigkeit geht damit ins Leere, aber nicht durch Art. 19 Nr. 2 lit. b Brüssel I-VO zugunsten Österreich verdrängt
        – Kein Wechsel bei kurzfristiger Entsendung, Interesse des Arbeitnehmers an Fortbestand der Zuständigkeit
        – Auch nicht bei Entsendung in einen Mitgliedstaat, wenn Hilfsanknüpfung Art. 19 Nr. 2 lit. b Brüssel I-VO ohnehin in Mitgliedstaat weist
        – Damit Zuständigkeit in Deutschland (–)
   c) Internationale Zuständigkeit der Gerichte am Arbeitsort nach Art. 6 RiLi 1996/71/EG (ArbN-EntsendeRiLi)
        – Bestimmungen über den Schutz Schwangerer in Art. 3 ArbN-Entsende-RiLi (+)
        – Art. 6 ArbN-EntsendeRiLi direkt anwendbar?
          – Durch Brüssel I-VO nicht verdrängt: Art. 67 Brüssel I-VO
          – Aber Umsetzungsbedarf entfällt allenfalls bei Null Umsetzungsspielraum
        – Vorrang deutscher Umsetzung: § 8 S. 1 AEntG
          – § 7 AEntG umfasst Schwangerenschutz (+)
          – Beschränkung auf Baugewerbe § 1 AEntG (–): nachträgliche Einfügung § 8 AEntG, Umsetzungswille, also branchenübergreifend hinsichtlich Zuständigkeitsregeln

2. **Anwendbares Recht (Arbeitsvertragsstatut)**
   a) Rechtswahl, Art. 30 Abs. 1 EGBGB (–)
      – Staat der gewöhnlichen Erbringung der Arbeitsleistung, Art. 30 Abs. 2 Nr. 1 EGBGB (+): Arbeit von Büro in Tunesien aus und teilweise zudem in Tunesien
   b) Engere Verbindung, Art. 30 Abs. 2 Hs. 2, 3 EGBGB (–) Tunesien durch Wohnsitz verstärkt, sonstige Beziehungen gleichgewichtig zu Österreich und Deutschland
   c) Fortdauer bei vorübergehender Entsendung, Art. 30 Abs. 2 Nr. 1 Hs. 2 EGBGB (+) jedenfalls wenn unter einem Jahr
   d) Sonderanknüpfungen:
      – Bestimmungen betreffend Durchführung des Vertrages, Art. 32 Abs. 1 Nr. 2 EGBGB (–) Mutterschutz nicht nur Durchführungsregelung
      – Sonderanknüpfung zwingender Bestimmungen, Art. 30 Abs. 1 EGBGB (–) nur gegen Rechtswahl
      – Ausschließlicher Bezug zu anderem Staat, Art. 27 Abs. 3 EGBGB (–) insbesondere kein ausschließlicher Bezug zu Deutschland
      – International zwingende Bestimmungen, Art. 34 EGBGB (+) MuSchG dient über Individualschutz hinaus sozialpolitischen Zwecken

Ergebnis: Deutsche Gerichte sind für die Klage der Helga aus Art. 6 ArbN-EntsendeRiLi oder aus § 8 iVm § 7 AEntG international zuständig. Das MuSchG findet nach Art. 34 EGBGB Anwendung.

Frage 3:

1. **Rom I-VO anwendbar:** Grundsatz Art. 28 Rom I-VO, Vertragsschluss nach 17. 12. 2009
2. **Ausnahme bei Dauerschuldverhältnissen**
   a) Keine Regelung trotz bekannter Problematik spricht gegen unbeabsichtigte Lücke, zB Art. 220 Abs. 1 EGBGB: strittig gerade für Arbeitsverhältnisse, Art. 229 § 5 S. 2 EGBGB: ausdrückliche Regelung
   b) Inkraftsetzung neuer EG-Verordnungen: erstmalige Verdrängung nationalen Rechts, also grundsätzlich Stichtagsprinzip
3. **Ausnahme:** Rom I-VO bei Modifikation des Dauerschuldverhältnisses durch die Parteien nach dem Stichtag, hier (–)

Ergebnis: Es ändert sich nichts gegenüber der Lösung zu Frage 1, da die Rom I-VO nicht dadurch anwendbar wird, dass der behauptete Betriebsübergang nach dem Stichtag des Art. 28 Rom I-VO erfolgte.

Frage 4:

1. **Zuständigkeitsrechtlich:** keine Änderungen
2. **Kollisionsrechtlich:** Rom I-VO

– Intertemporal anwendbar, 17. 12. 2009 (+)
– Sachlicher Anwendungsbereich (+) Art. 1 Abs. 1, Abs. 2 Rom I-VO), insbesondere Art. 8 Rom I-VO
– *loi uniforme*, Art. 2 Rom I-VO
   a) Art. 8 Abs. 2 Rom I-VO: Ergebnis wie Art. 30 Abs. 2 Nr. 1 EGBGB
      – Ausweichklausel Art. 8 Abs. 4 Rom I-VO (–) wie Art. 30 Abs. 2 Hs. 2 EGBGB
   b) Vorübergehende Entsendung Art. 8 Abs. 2 S. 2 Rom I-VO wie Art. 30 Abs. 2 Nr. 1 Hs. 2 EGBGB
   c) Vertragsdurchführungsregelungen Art. 12 Abs. 2 lit. b Rom I-VO (–) wie Art. 32 Abs. 1 Nr. 2 EGBGB
      – Zwingende Bestimmungen Art. 8 Abs. 1 S. 2 Rom I-VO (–) wie Art. 30 Abs. 1 EGBGB
      – Ausschließliche Verbindung Art. 3 Abs. 3 Rom I-VO (–) wie Art. 27 Abs. 3 EGBGB
   d) Eingriffsnormen Art. 9 Abs. 1, 2 Rom I-VO (+) wie Art. 34 EGBGB

Ergebnis: In dieser Variante ist die Rom I-VO für die Bestimmung des anwendbaren Rechts maßgeblich; Änderungen im Ergebnis folgen daraus nicht.

Lösung

Frage 1: Klage des Andy

1. Internationale Zuständigkeit deutscher Gerichte

a) Die Verordnung (EG) Nr. 44/2001 (Brüssel I-VO) gilt **intertemporal** für seit dem 1. 3. 2002 erhobene Klagen (Art. 66 Abs. 1, 76 Brüssel I-VO). **575**

b) Der **sachliche** Anwendungsbereich ist eröffnet: Hierzu kommt es noch nicht auf die Einordnung des Vertrages an. Sowohl <mark>Streitigkeiten um Rechte und Ansprüche aus individuellen Arbeitsverträgen</mark> sind zivil- oder handelsrechtlicher Natur (Art. 1 Abs. 1 Brüssel I-VO) und gehören nicht zu den ausgenommenen Materien (Art. 1 Abs. 2 Brüssel I-VO), als auch Streitigkeiten aus Werk- oder Dienstverträgen zwischen Personen des Privatrechts. **576**

c) Räumlich ist die Brüssel I-VO anwendbar, wenn der Beklagte seinen Wohnsitz im Hoheitsgebiet eines Mitgliedstaats hat (Art. 3 Abs. 1 Brüssel I-VO). **577**

Für Gesellschaften und juristische Personen bestimmt sich der Wohnsitz nach den Alternativen in Art. 60 Brüssel I-VO. Die New World Travel Inc. hat nach Sachverhalt ihren Satzungs- und Verwaltungssitz in Tampa, Florida. Auch ihre Hauptniederlassung liegt offenbar in Florida, also nicht in einem Mitgliedstaat iSd Art. 1 Abs. 3 Brüssel I-VO.

d) Jedoch könnte sich die Anwendbarkeit der Brüssel I-VO aus ihrem Art. 18 Abs. 2 ergeben, soweit Streitgegenstand ein **individueller Arbeitsvertrag** oder Ansprüche aus einem solchen sind, die Beklagte in einem Mitgliedstaat eine **Zweigniederlassung, Agentur oder sonstige Niederlassung** besitzt und sich der Rechtsstreit auf deren **Betrieb** bezieht. **578**

aa) Der autonom, ohne Rückgriff auf ein nationales Recht, zu bestimmende Begriff **„individueller Arbeitsvertrag"** umfasst in Anlehnung an Art. 6 EVÜ (Art. 30 EGBGB) Vereinbarungen über eine <mark>abhängige, weisungsgebundene Tätigkeit wirtschaftlich nicht</mark> selbstständiger Beschäftigter. Dies könnte zweifelhaft sein, da Andy im Vertrag als „freier Mitarbeiter" bezeichnet ist. In autonomer Qualifikation des Begriffes kommt es aber weder auf die Bezeichnung, noch auf die Wertung der *lex causae* an. Auch formal selbstständig Tätige können iSd Art. 18 Abs. 1 Brüssel I-VO „Arbeitnehmer" sein, wenn sie <mark>faktisch in arbeitnehmertypischer Weisungsgebundenheit und wirtschaftlicher Abhängigkeit stehen.</mark> Der EuGH[1] hat dies selbst für einen abhängig tätigen Architekten bejaht. Für mehrere Auftraggeber freiberuflich oder selbstständig Tätige sind dagegen keine Arbeitnehmer. Für nur einen Auftraggeber weisungsabhängig und mit ihrer gesamten Arbeitszeit tätige formal Selbstständige sind dagegen Arbeitnehmer iSd Art. 18 Brüssel I-VO. **579**

Zweifel könnten außerdem bestehen, weil Andy das Bestehen eines Arbeitsverhältnisses als solches kraft **Gesetzes** festgestellt haben will. § 613a BGB regelt jedoch nur

---

1 EuGH Rs. 266/85 (*Shenavai/Kreischer*) NJW 1987, 1131.

den Vertragsübergang gesetzlich und führt damit zu einer Vertragsbeziehung mit dem Übernehmer, dessen Bestehen festgestellt werden soll. Art. 18 ff Brüssel I-VO erfassen, wie Art. 5 Nr. 1 Brüssel I-VO, jedoch auch den Streit um das Bestehen des Vertrages selbst.

580 **bb)** Die New World Travel GmbH, Hamburg könnte **Zweigniederlassung, Agentur oder sonstige Niederlassung** iSd Art. 18 Abs. 2 Brüssel I-VO sein. Trotz der Enumeration, die nur die Weite des Begriffs und seine Unabhängigkeit von nationalen Begriffsbildungen signalisieren soll, ist der Begriff einheitlich zu bestimmen. Er lehnt sich an Art. 5 Nr. 5 Brüssel I-VO an. Nur die Funktion von Art. 18 Abs. 2 Brüssel I-VO ist eine andere als die von Art. 5 Nr. 5 Brüssel I-VO: Art. 5 Nr. 5 Brüssel I-VO schafft eine zusätzliche Niederlassungszuständigkeit gegen einen Beklagten *mit Wohnsitz* in der Gemeinschaft (vgl Art. 5 S. 1 Brüssel I-VO); Art. 18 Abs. 2 Brüssel I-VO dehnt den räumlichen Anwendungsbereich der VO auf Beklagte *ohne* Wohnsitz in einem Mitgliedstaat aus.

Erforderlich ist eine dauernde Außenstelle mit eigenem geschäftlichen Betrieb, die durch das Stammhaus jedoch beaufsichtigt wird.[2] Das Bestehen eines Geschäftsbetriebs folgt hier aus der Organisation als GmbH, die Abhängigkeit aus der 100%-igen Beherrschung durch die Beklagte und deren Einflussnahme auf die Tätigkeit. Die GmbH ist also eine Zweigniederlassung der Beklagten.

581 **cc)** Die Streitigkeit muss sich auf den **Betrieb der Zweigniederlassung** beziehen. Das ist der Fall, weil das behauptete Bestehen eines Arbeitsvertrages unmittelbar auf der durch die Zweigstelle namens der Beklagten vereinbarten Teilbetriebsübernahme beruhen würde.

582 **e)** Damit kann sich die internationale Zuständigkeit deutscher Gerichte **nur aus der Brüssel I-VO** ergeben. Die Beklagte ist zu behandeln, wie wenn sie ihren Wohnsitz in Deutschland hätte; das schließt sowohl den Rückgriff auf das EuGVÜ (Art. 68 Abs. 1 Brüssel I-VO) als auch den Rückgriff auf die deutsche *lex fori*, der nur nach Art. 4 Abs. 1 Brüssel I-VO zulässig wäre, aus; Art. 4 Brüssel I-VO ist zwar in Art. 18 Abs. 1 Brüssel I-VO vorbehalten, in der Situation des Art. 18 Abs. 2 Brüssel I-VO wird die Beklagte aber behandelt, als habe sie Wohnsitz in einem Mitgliedstaat.

583 **f)** Die allgemeinen und besonderen Zuständigkeiten (Art. 2, 5 Brüssel I-VO) sind, mit Ausnahme des Art. 5 Nr. 5 Brüssel I-VO, durch Art. 18 Abs. 1 Brüssel I-VO verdrängt. Aus **Art. 5 Nr. 5** Brüssel I-VO ergibt sich die internationale Zuständigkeit deutscher Gerichte nicht; Art. 5 Brüssel I-VO schafft nur Zuständigkeiten in einem *anderen* als dem Wohnsitzstaat des Beklagten (Art. 5 S. 1 Brüssel I-VO); die Beklagte wird aber hier behandelt (Art. 18 Abs. 2 Brüssel I-VO) als habe sie Wohnsitz in *Deutschland.*

584 Die internationale Zuständigkeit deutscher Gerichte folgt jedoch aus **Art. 19 Nr. 1 Brüssel I-VO**, weil auch insoweit die Fiktion eines deutschen Wohnsitzes der Beklagten gilt. Art. 19 Nr. 1 Brüssel I-VO regelt – anders als Nr. 2 – die **örtliche Zuständigkeit**, nach der vorliegend nicht gefragt ist, nicht.

---

2 EuGH Rs. 33/78 (*Somafer/Saar-Ferngas*) RIW 1979, 56.

2. Anwendbares Recht (Arbeitsvertragsstatut)

a) Um beantworten zu können, ob § 613a BGB Anwendung findet, ist diese Bestimmung zunächst zu **qualifizieren**, um das maßgebliche Statut zu bestimmen.   **585**

Man könnte die Regelung des Eintritts in den Arbeitsvertrag bei Betriebsübergang als eine betriebsbezogene Frage eigener Art verstehen, die mit dem Ort des Betriebes verbunden und deshalb an das dort geltende Recht anzuknüpfen wäre. Jedoch steht bei § 613a BGB nicht der Betriebsbezug im Vordergrund, sondern der individuelle Schutz des Arbeitnehmers. Nicht abschließend geklärt ist hierbei, ob § 613a BGB dem Statut der Vertragsübernahme untersteht,[3] oder ob § 613a BGB unmittelbar als Anspruch aus dem vorherigen individuellen Arbeitsvertrag zu qualifizieren ist.[4] Vorzugswürdig erscheint es, den Anspruch unmittelbar dem Arbeitsvertragsstatut zu unterstellen', um eine Beeinflussung durch das Statut des Betriebs-Übertragungsvertrages (hier des Chartervertrages) auszuschließen.

Folgt man dieser Ansicht nicht, so müsste sich gegen die im Chartervertrag getroffene Rechtswahl zum Recht von Florida bei Übernahme eines **Arbeitsvertrages** das zwingende Recht des Arbeitsvertragsstatuts analog Art. 30 Abs. 1 EGBGB gegen das Vertragsübernahmestatut durchsetzen. Andernfalls könnte durch eine solche Rechtswahl § 613a BGB immer (auch bei zweifelsfrei deutschem Arbeitsvertragsstatut in reinen Inlandsfällen) abbedungen werden.   **586**

§ 613a BGB ist also vorliegend anwendbar, wenn ein Arbeitsvertrag vorliegt, der deutschem Recht als Vertragsstatut unterliegt bzw mangels Rechtswahl unterläge.

b) Die Bestimmung des Arbeitsvertragsstatuts könnte der Verordnung (EG) Nr. 593/2008 (**Rom I-VO**) unterliegen; diese ist nach ihrem intertemporalen Anwendungsbereich jedoch nur auf Verträge anwendbar, die nach dem 17. 12. 2009 geschlossen werden. Wie dieser Grundsatz bei späteren vertraglichen Entwicklungen in Dauerschuldverhältnissen anzuwenden ist, kann dahinstehen, denn auch die behauptete Betriebsübernahme hat vor dem Stichtag stattgefunden.   **587**

c) Fraglich ist wiederum, ob ein **Arbeitsvertrag/Arbeitsverhältnis** iSd Art. 30 EGBGB vorliegt. Insoweit kann nicht auf den Arbeitnehmerbegriff des deutschen Rechts abgestellt werden, sondern es muss der EG-völkervertragliche Charakter des Art. 30 EGBGB (Art. 6 EVÜ) berücksichtigt werden. Der Begriff *Arbeitsvertrag* ist daher auch in Art. 30 EGBGB nicht nach deutschem Recht zu qualifizieren, sondern europäisch-autonom, und stimmt daher mit dem aus Art. 18 Brüssel I-VO überein.   **588**

[Eine andere, hier nach der Fallfrage nicht zu entscheidende Frage ist, ob Andy auch Arbeitnehmer iSd § 613a BGB ist; insoweit bestimmt der Arbeitnehmerbegriff des deutschen Rechts, der hier angesichts der arbeitnehmerähnlichen Stellung iSd § 12a TVG für Zwecke der §§ 611 ff BGB im Übrigen zu bejahen wäre.]

d) Das **Arbeitsvertragsstatut** bestimmt sich mangels einer in den Schranken des Art. 30 Abs. 1 EGBGB zulässigen Rechtswahl nach Art. 30 Abs. 2 EGBGB.   **589**

---

3 BAG IPRax 1994, 123.
4 LAG Mecklenburg-Vorpommern, 18. 3. 2008 (1 Sa 38/07).

590 **aa)** Anzuknüpfen ist an das Recht des *Staates*, in dem der Arbeitnehmer **gewöhnlich seine Arbeit verrichtet** (Art. 30 Abs. 2 Nr. 1 EGBGB), was eine überwiegende, aber nicht ausschließliche Tätigkeit in diesem Staat voraussetzt. Auch wenn eine vorübergehende Entsendung in einen anderen Staat den Ort der gewöhnlichen Arbeitsleistung nicht verändert (Art. 30 Abs. 2 Nr. 1 Hs. 2 EGBGB) ist bei Andys Arbeitsgestaltung fraglich, ob eine Entsendung aus Florida an wechselnde Einsatzorte vorliegt. Zweifelsfrei wäre Florida als Schwerpunkt des Arbeitsverhältnisses einzuordnen, wenn dort Andy nicht nur wohnte, sondern auch einen wesentlichen Teil der arbeitsvertraglich geschuldeten Tätigkeit ausübte. Die gelegentliche Abholung von Reisegruppen in Miami kann hierfür nicht genügen.

591 Ob im ähnlichen Fall von Personal, das auf Schiffen oder Flugzeugen tätig ist, ein gewöhnlicher Arbeitsort iSd Art. 30 Abs. 2 Nr. 1 EGBGB ermittelt werden kann, ist umstritten. Die noch hM knüpft den gewöhnlichen Arbeitsort an das Recht der Flagge des jeweiligen Fahrzeuges an, sofern nicht auf Fahrzeugen verschiedener Flagge gearbeitet wird.[5] Dagegen wird eingewendet, dass die Registrierung und damit das Flaggenrecht durch den Arbeitgeber manipulierbar sind. Teilweise wird daher vertreten, zum Schutz des Arbeitnehmers, der auf Schiffen oder Flugzeugen tätig sei, müsse an das Recht des Ortes angeknüpft werden, von dem aus er die Arbeit antrete.[6] Dem ist freilich entgegenzuhalten, dass der gewöhnliche Aufenthalt eines Arbeitnehmers gerade nicht als Grundlage der Anknüpfung des Arbeitsvertragsstatuts gewählt wurde; aus Art. 30 EGBGB lässt sich eine Wertung erkennen, wonach der Arbeitnehmer nicht durch sein Aufenthaltsrecht geschützt wird, wenn er sich auf einen dauernden Arbeitsort im Ausland einlässt. Soweit also der Registerstaat zufällig ist, dürfte die Anknüpfung an Art. 30 Abs. 2 Nr. 1 EGBGB versagen, so dass auf Art. 30 Abs. 2 Nr. 2 EGBGB abzustellen ist.[7] Lässt sich der Arbeitnehmer allerdings bei einer internationalen Tätigkeit auf Fahrzeugen ein- und derselben Flagge ein, die einen räumlichen Bezug zu dem Gebiet der Tätigkeit hat, so kann durchaus im Recht des Registerstaates der Schwerpunkt der Arbeitsleitung gesehen werden. Betrifft die Tätigkeit dagegen Fahrzeuge verschiedener Flagge, so bleibt nur die Anknüpfung an das Recht der einstellenden Niederlassung. Sowohl die Korrektur bei zufälligem Flaggenrecht als auch die Korrektur der Anknüpfung an die einstellende Niederlassung, wenn diese zufällig ist, kann systematisch korrekt über eine fallweise[8] oder fallgruppenspezifische[9] Anwendung der Ausweichklausel (Art. 30 Abs. 2 Hs. 2 und Hs. 3 EGBGB) erfolgen.

592 **bb)** Vorliegend fehlt es sowohl nach hM als auch nach der vom BAG vertretenen Ansicht an einem einheitlichen Arbeitsort; auch die Anknüpfung an das Registrierungsrecht gelangt hier nicht zu einem einheitlichen Schwerpunkt der Arbeitsleistung. Neben der Tätigkeit auf US-Schiffen ist Andy nach Sachverhalt auch in verschiedenen

---

5 *Rauscher/Mankowski* EuZPR (2006) Art. 19 Brüssel I-VO Rn 9 ff.
6 LAG Mecklenburg-Vorpommern, 18. 3. 2008 (1 Sa 38/07); dagegen bezieht sich EuGH Rs. C-37/00 (*Herbert Weber/Universal Ogden Services Ltd*) EuZW 2002, 220 („. . . oder von dem aus . . .") nicht auf Situationen, in denen der Arbeitnehmer keine relevante Tätigkeit an seinem Aufenthaltsort erbringt.
7 BAG NZA 2008, 761.
8 BAG IPRspr 1996 Nr. 50b.
9 BAG SAE 1997, 31: Registrierung im deutschen Zweitregister.

Staaten der Karibik tätig, wobei ein Übergewicht („teils…teils…") nicht ersichtlich ist. Andy ist Arbeitnehmer mit wechselnden Einsatzstellen ohne einen gewöhnlichen Arbeitsstaat. Damit ist nach Art. 30 Abs. 2 Nr. 2 EGBGB das Recht des Sitzes der **einstellenden Niederlassung** maßgeblich. Das wäre deutsches Recht.

cc) Der Arbeitsvertrag könnte jedoch nach der Gesamtheit der Umstände eine **engere** **593** **Verbindung** zu einem anderen Staat aufweisen, dessen Recht dann Arbeitsvertragsstatut wäre (**Ausweichklausel** Art. 30 Abs. 2 Hs. 2 und Hs. 3 EGBGB). Denkbar wäre eine solche engere Verbindung zu den USA bzw zu Florida als Teilrechtsordnung. Hierfür spricht, dass Andy gezielt wegen seiner US-Staatsangehörigkeit im Hinblick auf die zu seinen Aufgaben gehörende Tätigkeit auf US-Schiffen angeworben wurde und seine Vergütung in US-Dollar vereinbart ist.[10] In ihrer Gesamtheit dürften diese Kriterien nicht dadurch aufgewogen werden, dass gute deutsche Sprachkenntnisse aufgrund deutscher Abstammung den durch die einstellende Niederlassung vermittelten Bezug zu Deutschland nicht ganz und gar zufällig erscheinen lassen. Folgt man dem, kann sich Andy nicht auf § 613a BGB berufen.

e) Zu erwägen wäre, § 613a BGB als **zwingende Bestimmung** gemäß **Art. 34** **594** **EGBGB** anzuwenden. Art. 34 EGBGB ist beschränkt auf die Durchsetzung von Eingriffsnormen, die in erster Linie sozial- oder wirtschaftspolitischen *öffentlichen* Interessen dienen. Diese stehen bei § 613a BGB nicht im Vordergrund; auch wenn die Sicherung des Arbeitsfriedens und die Vermeidung von Arbeitslosigkeit als Ziele mitschwingen, geht es vorrangig um das individuelle Bestandsinteresse des Arbeitnehmers. Diese Wertung ist selbst dann zutreffend, wenn der Arbeitnehmer in Deutschland lebt.[11] Erst recht sind sozial- und wirtschaftspolitische deutsche Interessen nicht berührt, wenn nur der Sitz der einstellenden Niederlassung eine Verbindung zu Deutschland vermittelt.

Ergebnis: Deutsche Gerichte sind zur Entscheidung über die Klage des Andy international zuständig; § 613a BGB ist jedoch nicht anzuwenden. **595**

Frage 2: Klage der Helga

1. Internationale Zuständigkeit deutscher Gerichte

a) Der räumliche Anwendungsbereich der Brüssel I-VO ist hier problemlos, die Beklagte hat ihren Satzungs- und (offenbar) Verwaltungssitz (Art. 3 Abs. 1, 60 Abs. 1 Brüssel I-VO) in Wien; Österreich ist Mitgliedstaat. **596**

b) Da eindeutig ein **Arbeitsverhältnis** vorliegt, sind für die internationale Zuständigkeit ausschließlich die Art. 18 ff Brüssel I-VO maßgeblich. **597**

aa) Weil der beklagte Arbeitgeber seinen Wohnsitz *nicht* in Deutschland hat (Art. 19 Nr. 1 Brüssel I-VO), kommt eine Zuständigkeit deutscher Gerichte nur aus Art. 19 Nr. 2 lit. a Brüssel I-VO in Betracht, wenn hier der gewöhnliche Arbeitsort liegt. Frag- **598**

10 BAG IPRax 1994, 123.
11 BAG IPRax 1994, 123.

lich ist, ob die Tätigkeit in Deutschland von Dezember 2006 bis April 2007 einen **gewöhnlichen Arbeitsort** begründet.

599 **bb)** Diese Bestimmung entspricht zwar *systematisch* **Art. 6 Abs. 2 EVÜ** (Art. 30 Abs. 2 EGBGB), enthält aber keinen Vorbehalt bei **vorübergehender Entsendung**. Dass es sich um eine vorübergehende Entsendung handelt, steht außer Frage, da die Arbeit in Deutschland auf deutlich unter einem Jahr im Voraus begrenzt ist. Fraglich ist also, ob eine Parallele zu Art. 6 Abs. 2 EVÜ geboten ist, also eine vorübergehende Entsendung den gewöhnlichen Arbeitsort nicht verlagert, oder ob Art. 19 Nr. 2 lit. a Brüssel I-VO eigenen Auslegungskriterien unterliegt.

600 **cc) Gewöhnlicher Arbeitsort** ist zuständigkeitsrechtlich der Ort, an dem der Arbeitnehmer – trotz wechselnder Einsatzstellen – den *wesentlichen Teil* seiner Verpflichtungen gegenüber seinem Arbeitgeber erfüllt.[12] Wird der gewöhnliche Arbeitsort verlegt, ist auf den jeweils aktuellen gewöhnlichen Arbeitsort abzustellen, es fehlt also nicht etwa wegen der verschiedenen sukzessiven Arbeitsorte an einem gewöhnlichen.

An dieser Auslegung hat sich auch durch die in Art. 19 Nr. 2 lit. a Brüssel I-VO gegenüber Art. 5 Nr. 1 EuGVÜ eingefügte Alternative des *letzten gewöhnlichen Arbeitsortes* nichts geändert. Diese Alternative erfasst nur den Fall, dass ein gewöhnlicher Arbeitsort aufgegeben wurde und sich ein neuer Schwerpunkt nicht ermitteln lässt, nicht aber den Fall gleichzeitiger verschiedener Arbeitsorte, unter denen weiterhin einer aufgrund einer Schwerpunktbestimmung der „gewöhnliche" sein kann.

601 **dd)** Zunächst dürfte dieser **Schwerpunkt** in Djerba gelegen haben, weil Helga dort in dem Büro ihres Arbeitgebers eine nicht unerhebliche Zeit im Jahr tätig war und dorthin – auch wegen ihres Wohnsitzes – regelmäßig zurückkehrte. Zwar stellt Art. 19 Nr. 2 lit. a Brüssel I-VO auf den Arbeits*ort* ab und nicht, wie Art. 6 Abs. 2 EVÜ auf den Arbeits*staat*. Dennoch kann nicht unberücksichtigt bleiben, dass auch ein Teil der übrigen Arbeit *in Tunesien* erbracht wurde, denn Art. 19 Nr. 2 lit. b Brüssel I-VO begründet eine subsidiäre Zuständigkeit am Ort der einstellenden Niederlassung nur, wenn der Arbeitnehmer seine Arbeit nicht gewöhnlich im selben *Staat* verrichtet.

Für die Anbindung an die Tätigkeit in Djerba spricht auch, dass Art. 19 Nr. 2 lit. b Brüssel I-VO (einstellende Niederlassung) im Gegensatz zu Art. 6 EVÜ (vgl Art. 30 EGBGB) keine Korrektur zugunsten einer engeren Verbindung zuließe. Wollte man keinen gewöhnlichen Arbeitsort in Tunesien annehmen, so wäre zwar für das Arbeitsvertragsstatut im Rahmen der Ausweichklausel zu erwägen, ob die Beziehung zur Einsatzniederlassung (dem Büro in Djerba) nicht enger ist, als die formale Beziehung zur Einstellungsniederlassung Wien. Diese Wertung muss in Art. 19 Brüssel I-VO in die Ausfüllung des gewöhnlichen Arbeitsortes eingehen, weil es dort an einer Ausweichklausel fehlt.

Dass sich in Djerba aus Art. 19 Nr. 2 lit. a Brüssel I-VO keine Zuständigkeit ergab, weil Tunesien kein Vertragsstaat ist, spielt zunächst keine Rolle. Insoweit geht die Anknüpfung an Art. 19 Nr. 2 lit. a Brüssel I-VO ins Leere. Dass sich deshalb bis Novem-

---

12 EuGH Rs. C-383/95 (*Rutten/Cross Medical Ltd*) EuZW 1997, 143; EuGH Rs. C-37/00 (*Herbert Weber/ Universal Ogden Services Ltd*) EuZW 2002, 220.

ber aus Art. 19 Nr. 2 lit. b Brüssel I-VO eine Niederlassungszuständigkeit in Wien ergeben hätte, ist für die nunmehrige Beurteilung der deutschen Zuständigkeit nicht bedeutsam.

ee) Fraglich ist, ob das Interesse des Arbeitnehmers generell für einen schnellen **602** **Wechsel des gewöhnlichen Arbeitsortes** bei vorübergehender Entsendung spricht. Auf den ersten Blick könnte dafür das Interesse an der Durchsetzung örtlicher Arbeitsschutzbestimmungen sprechen. Doch führt eine solche Verlagerung nicht immer zu einer Verbesserung des Arbeitsschutzes und würde überdies *alle* aus dem Arbeitsverhältnis fließenden Streitigkeiten zuständigkeitsrechtlich verlagern, nicht nur solche, die um aktuelle Arbeitsschutzfragen geführt werden. Man wird aber durchaus ein grundsätzliches Interesse des Arbeitnehmers am Fortbestand eines auf Art. 19 Nr. 2 lit. a Brüssel I-VO gestützten (innergemeinschaftlichen!) Arbeitsortgerichtsstandes trotz vorübergehender Entsendung anzunehmen haben. Sonst hätte es der Arbeitgeber in der Hand, den Arbeitnehmer durch Entsendung um einen angestammten Gerichtsstand zu bringen. Diese grundsätzliche Wertung kann nicht umgestoßen werden, nur weil im Fall womöglich der deutsche Gerichtsstand vorteilhafter wäre.

ff) Der bisherige gewöhnliche Arbeitsort in Djerba könnte jedoch deshalb als durch **603** einen gewöhnlichen Arbeitsort in Deutschland abgelöst angesehen werden, weil Helga damit erstmals einen **innergemeinschaftlichen gewöhnlichen Arbeitsort** erlangte. Man könnte also für Zwecke des Art. 19 Nr. 2 lit. a Brüssel I-VO einen gewöhnlichen Arbeitsort in Drittstaaten ignorieren, da sich aus ihm ohnehin kein Gerichtsstand nach Art. 19 Nr. 2 lit. a Brüssel I-VO ergeben kann, weshalb auch bis November 2006 auf Art. 19 Nr. 2 lit. b Brüssel I-VO (einstellende Niederlassung Wien) abzustellen gewesen wäre. Dies ist womöglich vertretbar, wenn es neben dem außergemeinschaftlichen gewöhnlichen Arbeitsort einen dauerhaften innergemeinschaftlichen Schwerpunkt gibt (wenn also zB Helga von Tunesien aus ausschließlich Reisegruppen in Tunesien und Spanien – nicht auch noch in Italien – betreut hätte). Würde man hier aber Berchtesgaden mit dieser Begründung als gewöhnlichen Arbeitsort bezeichnen, so würde damit ein unbestreitbar nur *vorübergehender* Arbeitsort zu einem gewöhnlichen umdefiniert. Verdrängt würde dadurch im Übrigen aktuell nicht ein tunesischer, sondern ein *österreichischer*, also innergemeinschaftlicher Gerichtsstand aus Art. 19 Nr. 2 lit. b Brüssel I-VO. Es ergibt sich also kein deutscher Gerichtsstand aus Art. 19 Nr. 2 lit. a Brüssel I-VO.

c) Es könnte sich jedoch eine internationale Zuständigkeit der Gerichte am Arbeitsort **604** aufgrund **Art. 6 RiLi 1996/71/EG** (ArbN-EntsendeRiLi) ergeben.

aa) Danach kann „zur Durchsetzung der in Art. 3 ArbN-EntsendeRiLi gewährleisteten Arbeits- und Beschäftigungsbedingungen (...) eine Klage in dem Mitgliedstaat erhoben werden, in dessen Hoheitsgebiet der Arbeitnehmer entsandt ist". Diese Zuständigkeit soll die unter der Brüssel I-VO bestehende Zuständigkeitslücke bei vorübergehender, den gewöhnlichen Arbeitsort nicht verlagernder, Entsendung (Rn 602 f) schließen. Art. 3 ArbN-EntsendeRiLi verpflichtet die Mitgliedstaaten, bestimmte arbeitsrechtliche Mindeststandards auch auf ein Arbeitsverhältnis zwischen einem im Ausland ansässigen Arbeitgeber und seinem im Inland (auch vorübergehend) beschäftigten Arbeitnehmer anzuwenden, also *kollisionsrechtlich* durchzusetzen. Da Bestimmungen über den Schutz Schwangerer im Katalog des Art. 3 ArbN-EntsendeRiLi enthalten sind, könnte Art. 6 ArbN-EntsendeRiLi eine Zuständigkeit für die Durchsetzung der Beschäftigungsverbote des MuSchG bereitstellen.

605   **bb)** Teilweise wird im Schrifttum eine solche Zuständigkeit direkt auf Art. 6 ArbN-EntsendeRiLi gestützt. Die Ausschließlichkeit der Brüssel I-VO stünde dem nicht entgegen, da Art. 67 Brüssel I-VO Bestimmungen für bestimmte Rechtsgebiete aus bzw aufgrund von Gemeinschaftsakten vorbehält.[13] Angesichts der Umsetzungsbedürftigkeit von EG-Richtlinien ließe sich jedoch eine Direktwirkung allenfalls mit dem Argument vertreten, Art. 6 ArbN-EntsendeRiLi belasse inhaltlich keinen Umsetzungsspielraum. Vorrangig ist jedoch eine **Umsetzung** im deutschen Recht zu prüfen, die aufgrund der durch die Richtlinie entstandenen Verpflichtung bis zum 16. 12. 1999 erfolgen musste.

606   **cc)** Vor einer unmittelbaren Anwendung von Richtlinienrecht ist jedenfalls zu prüfen, ob die gebotene Umsetzung umfassend stattgefunden hat. Eine internationale Zuständigkeit deutscher Gerichte könnte sich aus **§ 8 S. 1 AEntG** ergeben. Danach kann ein nach Deutschland entsandter Arbeitnehmer eine *auf den Zeitraum der Entsendung* bezogene Klage auf Gewährung der Arbeitsbedingungen (ua) nach § 7 AEntG auch vor einem deutschen Gericht erheben. Dieser Katalog entspricht weitgehend Art. 3 ArbN-EntsendeRiLi. Zu den in § 7 AEntG genannten Bestimmungen gehören auch Schutzmaßnahmen für Schwangere (§ 7 Nr. 6 AEntG).

607   **dd)** *Systematisch* könnte der Eindruck entstehen, auch § 7 AEntG sei auf die in § 1 AEntG genannten Branchen (*Bausektor*) beschränkt. Der Katalog des Art. 3 ArbN-EntsendeRiLi wurde jedoch zum 1. 1. 1998[14] nachträglich in § 7 AEntG eingefügt.[15] Der Gesetzgeber war sich bewusst, dass eine Umsetzung der ArbN-EntsendeRiLi *für alle Branchen* notwendig sei, ging aber ausweislich der Materialien davon aus, dass die von *Art. 3* ArbN-EntsendeRiLi gebotene *kollisionsrechtliche Umsetzung* mit Rücksicht auf Art. 34 EGBGB nicht erforderlich sei, weil Art. 34 EGBGB nach allgemeiner Ansicht die in Art. 3 der ArbN-EntsendeRiLi genannten Mindeststandards ohnehin als zwingendes deutsches Recht durchsetzt (vgl Rn 614).[16]

Nicht gewollt ist aber, dass der gleichzeitig das Zuständigkeitsrecht betreffend an Art. 6 ArbN-EntsendeRiLi angepasste § 8 AEntG in Ansehung der Mindestarbeitsbedingungen aus § 7 AEntG auf das Baugewerbe beschränkt bleibt. Hierzu kann entweder in teleologischer Auslegung § 8 S. 1 iVm § 7 AEntG aus dem beschränkten Anwendungsbereich des § 1 AEntG ausgenommen werden oder die bei systematischer Auslegung naheliegende Lücke müsste als nicht gewollt durch analoge Anwendung von § 8 S. 1 iVm § 7 AEntG auf alle Arbeitsverhältnisse geschlossen werden. Dann aber füllt § 8 S. 1 AEntG die Vorgaben der Richtlinie aus, so dass es eines Rückgriffs auf Art. 6 ArbN-EntsendeRiLi nicht bedarf.

---

13 MünchKommZPO/*Gottwald*[3] Art. 19 Brüssel I-VO Rn 3.
14 BGBl. 1997 I 2970.
15 Dazu *Junker* JZ 2005, 481, 487.
16 *Krebber* IPRax 2001, 22, 26; *Junker* JZ 2005, 481, 486.

Nach beiden Ansichten (Rn 604 ff) sind deutsche Gerichte also zur Entscheidung über das Beschäftigungsverbot nach § 3 MuSchG für die Dauer der Entsendung nach Deutschland international zuständig.

2. Anwendbares Recht (Arbeitsvertragsstatut)

a) Mangels einer Rechtswahl (Art. 30 Abs. 1 EGBGB) ist anzuknüpfen an das Recht des **Staates** der gewöhnlichen Erbringung der Arbeitsleistung (Art. 30 Abs. 2 Nr. 1 EGBGB). Wegen der Reiseleitertätigkeit in mehreren Staaten könnte fraglich sein, ob ein solcher gewöhnlicher Arbeitsort bestanden hat. Auch für kollisionsrechtliche Zwecke ist jedoch ein gewöhnlicher Arbeitsort dann anzunehmen, wenn der Arbeitnehmer von einem Arbeitsort aus zu Einsätzen in anderen Staaten tätig wird, wobei Tätigkeiten an anderen Orten im selben Staat ohne weiteres diesen Schwerpunkt verstärken; Art. 30 Abs. 2 Nr. 1 EGBGB stellt ohnehin auf den *Staat*, nicht den *Arbeitsort* ab. Ein gewöhnlicher Arbeitsort in Tunesien ist hier, wie für Zwecke des Art. 19 Brüssel I-VO (Rn 600), zu bejahen, da Helga vom Büro ihres Arbeitgebers in Tunesien aus tätig war und insgesamt überwiegend in Tunesien arbeitete. **608**

b) Etwas anderes könnte sich aus einer **engeren Verbindung** iSd Art. 30 Abs. 2 Hs. 2 und 3 EGBGB ergeben. Anders als bei einem aus dem Sitzstaat des Arbeitgebers in ein solches Büro entsandten Arbeitnehmer erscheint aber die Anwendung tunesischen Rechts auf den Arbeitsvertrag nicht zufällig. Tunesien ist und war Helgas Wohnsitz. Da zudem Helga deutsche Staatsangehörige ist, ihr Arbeitgeber hingegen eine österreichische AG, bestehen weder zu Deutschland noch zu Österreich engere Beziehungen. **609**

c) Tunesisches Recht bleibt auch während der Tätigkeit in Deutschland Arbeitsvertragsstatut, wenn es sich um eine **vorübergehende Entsendung** handelt. Entsendung bedeutet Tätigwerden auf Veranlassung des Arbeitgebers in einem anderen Staat. Vorübergehend ist eine Entsendung, wenn sie befristet und eine Rückkehr an den gewöhnlichen Arbeitsort vorgesehen ist. Die Frage, ob eine *auf mehrere Jahre* befristete Entsendung gleichwohl nicht mehr als vorübergehend zu betrachten ist, muss hier nicht entschieden werden, da die Entsendung nach Deutschland weit unter einem Jahr dauert. **610**

d) Auch bei ausländischem Arbeitsvertragsstatut sind jedoch entsprechend **Art. 32 Abs. 1 Nr. 2 EGBGB** arbeitsrechtliche Bestimmungen anzuwenden, welche die Durchführung der Leistung betreffen. Hierzu rechnen insbesondere Feiertagsregelungen, Arbeitszeitbestimmungen, auch Arbeitschutzbestimmungen zur Unfallverhütung.[17] Hingegen dürften Bestimmungen über den Schutz bestimmter Arbeitnehmergruppen nicht mehr die Durchführung der Arbeitsleistung betreffen. Es geht insoweit nicht bloß um die Art und Weise der Leistungserbringung. Beschäftigungsverbote greifen als Schutzbestimmungen in den Bestand der Verpflichtung zur Arbeitsleistung ein. **611**

---

17 *Schlachter* NZA 2000, 57, 60.

612 **e)** Eine Anwendung des MuSchG ist daher nur im Rahmen der **Sonderanknüpfung zwingender Bestimmungen** zu prüfen. **Art. 30 Abs. 1 EGBGB** setzt zwingende Bestimmungen nur gegen eine *Rechtswahl* durch und nur insoweit, wie sie dem nach Art. 30 Abs. 2 EGBGB mangels Rechtswahl anwendbaren Recht angehören, erfasst hier also deutsche Bestimmungen nicht.

613 **Art. 27 Abs. 3 EGBGB** greift nicht ein, denn der Sachverhalt hat keine ausschließliche Beziehung zu Deutschland, sondern auch zu Österreich und Tunesien.

614 Nach **Art. 34 EGBGB** sind jedoch international zwingende Bestimmungen des deutschen Rechts jedenfalls anzuwenden. Anders als § 613a BGB (Rn 594) verfolgen die Beschäftigungsverbote des MuSchG einen über den Individualschutz hinausgehenden sozialpolitischen Zweck. Geschützt wird nicht primär ein arbeitsrechtliches Interesse der Mutter, sondern deren Gesundheit und die des ungeborenen Kindes. Dies rechtfertigt es, wie sich auch aus dem entsprechenden Auftrag in Art. 3 ArbN-EntsendeRiLi (Rn 604) ergibt, das MuSchG unabhängig vom Arbeitsvertragsstatut auf alle schwangeren Frauen anzuwenden, soweit und solange sie ihre Arbeitsleistung in Deutschland erbringen.

[Hingegen kommt eine Anwendung über eine Analogie zu § 7 AEntG nicht in Betracht, da es wegen Art. 34 EGBGB an einer Regelungslücke fehlt.]

615 **Ergebnis:** Deutsche Gerichte sind für die Klage der Helga aus Art. 6 ArbN-EntsendeRiLi oder aus § 8 iVm § 7 AEntG international zuständig. Das MuSchG findet nach Art. 34 EGBGB Anwendung.

Frage 3:

1. Rom I-VO: Intertemporale Grundregel

616 Fraglich ist, ob auf die Bestimmung des Arbeitsvertragsstatuts die **Rom I-VO** anwendbar ist. Gemäß Art. 28 Rom I-VO ist diese auf Verträge anzuwenden, die nach dem 17. 12. 2009 geschlossen werden. Nach dem Wortlaut dieser Regelung bleibt also auch in der Abwandlung zu Frage 3 das EGBGB anwendbar, denn der Arbeitsvertrag wurde vor dem Stichtag geschlossen.

2. Rom I-VO: Dauerschuldverhältnisse

617 Fraglich ist allerdings, ob durch Art. 28 Rom I-VO auch bei vor dem Stichtag eingegangenen **Dauerschuldverhältnissen** bis zu deren Beendigung die Anwendung der Rom I-VO ausgeschlossen bleibt, oder ob auf vertragsrechtlich zu qualifizierende Vorgänge, die nach dem Stichtag ausgelöst werden, wie dies hier für die vertragsrechtlich zu qualifizierende Behandlung eines Betriebsüberganges der Fall ist, ggf neuem Kollisionsrecht unterliegen.

618 **a)** Für die Fortgeltung alten Kollisionsrechts, also des EGBGB, spricht, dass die Problematik der intertemporalen Behandlung von Dauerschuldverhältnissen ein bekanntes Problem des IPR darstellt, das bereits zu Art. 220 Abs. 1 EGBGB gerade für Ar-

beitsverhältnisse streitig diskutiert wurde[18] und für die intertemporale Geltung der Schuldrechtsreform in Art. 229 § 5 S. 2 EGBGB ausdrücklich im Sinn einer Geltung neuen Rechts mit einjähriger Verzögerung geregelt wurde. Dass der Europäische Gesetzgeber keine Sonderbestimmungen für Dauerschuldverhältnisse getroffen hat, spricht also eher für die wortlautentsprechende Anwendung des Art. 28 Rom I-VO als für eine unbeabsichtigte Regelungslücke.

b) Hinzu kommt, dass es bei der Inkraftsetzung neuer EG-Verordnungen nicht nur um **619** eine intertemporale Überleitung geht, bei der der Gesetzgeber innerhalb vertrauensschützender Übergangsfristen auch eine unechte Rückwirkung neuen Rechts – wie zur Schuldrechtsreform geschehen – anordnen kann, sondern um die erstmalige Verdrängung nationalen Rechts durch Europarecht. Insoweit dürfte ein strenges Stichtagsprinzip gewollt sein.

c) Die Rom I-VO dürfte allerdings anwendbar werden, wenn die Parteien eines Dauer- **620** schuldverhältnisses nach dem Stichtag selbst modifizierend in ihre Vertragsbeziehung eingreifen; soweit ein **Änderungsvertrag** geschlossen wird, untersteht dieser nach Art. 28 Rom I-VO deren Kollisionsregeln. Diese Ausnahme greift jedoch nicht ein, wenn eine Vertragspartei mit einem Dritten kontrahiert und hierdurch der Arbeitsvertrag nur mittelbar, hier durch die Problematik des Betriebsübergangs betroffen ist. Ebenso, wie die Rechtswahl in Ansehung des vorliegenden Chartervertrags nicht arbeitsvertraglich zu qualifizierende Rechtsfragen beeinflussen konnte, kann dies auch nicht ein unter neuem Kollisionsrecht geschlossener Chartervertrag.

Ergebnis: Es ändert sich nichts gegenüber der Lösung zu Frage 1, da die Rom I-VO **621** nicht dadurch anwendbar wird, dass der behauptete Betriebsübergang nach dem Stichtag des Art. 28 Rom I-VO erfolgte.

Frage 4:

1. Zuständigkeit

Zuständigkeitsrechtlich ergeben sich keine Änderungen. **622**

2. Anwendbares Recht: Rom I-VO

Kollisionsrechtlich wäre auf den nach dem 17. 12. 2009 geschlossenen Arbeitsvertrag **623** intertemporal die Rom I-VO anzuwenden. Der sachliche Anwendungsbereich ist eröffnet, denn bei einer Streitigkeit aus einem Individualarbeitsvertrag handelt es sich um eine Zivil- und Handelssache (Art. 1 Abs. 1 Rom I-VO), die in keine der in Art. 1 Abs. 2 Rom I-VO genannten Bereichsausnahmen fällt und überdies in Art. 8 Rom I-VO eigens geregelt ist. Räumlich ist die Rom I-VO nicht begrenzt, sondern als *loi uniforme* anzuwenden (Art. 2 Rom I-VO).

---

18 Für Fortgeltung des alten IPR die hM, vgl *Hönsch* NZA 1988, 119; für Anwendung des neuen IPR: BAG NZA 2005, 1117.

624 **a)** Mangels einer Rechtswahl ist nach Art. 8 Abs. 2 Rom I-VO an das Recht des Staates anzuknüpfen, in dem oder von dem aus der Arbeitnehmer in Erfüllung seines Vertrages gewöhnlich seine Arbeit verrichtet; dies führt erst recht zu einer Anknüpfung an tunesisches Recht (vgl Rn 608), da die überwiegende Tätigkeit dort noch durch die Arbeit im Übrigen von dem tunesischen Büro aus verstärkt wird. Die Ausweichklausel in Art. 8 Abs. 4 Rom I-VO ist ebenso wie Art. 30 Abs. 2 Hs. 2 EGBGB (Rn 609) nicht gegeben.

625 **b)** Art. 8 Abs. 2 S. 2 Rom I-VO bestimmt wie Art. 30 Abs. 2 Nr. 1 Hs. 2 EGBGB ausdrücklich, dass auch künftig eine vorübergehende Entsendung in einen anderen Staat das Arbeitsvertragsstatut nicht berührt (vgl Rn 610).

626 **c)** Art. 32 Abs. 1 Nr. 2 EGBGB (Rn 611) entspricht unverändert Art. 12 Abs. 1 lit. b Rom I-VO, doch handelt es sich beim Mutterschutz weiterhin nicht um eine bloße Bestimmung zur Durchführung des Arbeitsvertrages. Auch Art. 8 Abs. 1 S. 2 Rom I-VO, der die Durchsetzung zwingender Bestimmungen nach Art. 30 Abs. 1 EGBGB (Rn 612) fortsetzt und Art. 3 Abs. 3 Rom I-VO, der Art. 27 Abs. 3 EGBGB entspricht, greifen nicht ein.

627 **d)** Eingriffsnormen (bisher Art. 34, Rn 614) definiert nun Art. 9 Abs. 1 Rom I-VO, ohne dass es hierdurch zu inhaltlichen Änderungen des Begriffes kommt. Eingriffsnormen der *lex fori*, hier also deutschen Rechts, setzen sich weiterhin nach Art. 9 Abs. 2 Rom I-VO durch. Mutterschutzbestimmungen bleiben also insoweit zwingend anwendbar auf alle schwangeren Arbeitnehmerinnen, soweit und solange sie ihre Arbeitsleistung in Deutschland erbringen.

628 **Ergebnis:** In dieser Variante ist die Rom I-VO für die Bestimmung des anwendbaren Rechts maßgeblich; Änderungen im Ergebnis folgen daraus nicht.

Literaturhinweise

Behandlung der fallrelevanten Themen in:
Rauscher **Internationales Privatrecht (3. Aufl.)**

Gerichtsstand für Individualarbeitsverträge:	Rn 1906 ff, 1916 ff
Anknüpfung Individualarbeitsverträge:	Rn 1171 ff
Einfach zwingende Normen:	Rn 1176 ff
International zwingende Normen:	Rn 1179 ff, 1203 ff
Bestimmungen berührend die Durchführung des Vertrages:	Rn 1180, 1221 f

Weitere Literatur:

1. Gerichtsstand für Individualarbeitsverträge
Rauscher/Mankowski (2006) Art. 18 Brüssel I-VO Rn 1. *Mankowski* Verdrängt das europäische Internationale Arbeitsprozessrecht (Art. 18–21 EuGVVO) auch den Gerichtsstand der Streitgenossenschaft aus Art. 6 Nr. 1 EuGVVO?, EuZA 2008, 104. *Sujecki* Zur Anwendbarkeit des Mehrparteiengerichtsstands nach EGV 44/2001 Art. 6 auf individuelle Arbeitsverträge, EuZW 2008, 371. *Mankowski* Europäisches Internationales Arbeitsprozessrecht, IPRax 2003, 21.

2. Anknüpfung Individualarbeitsverträge

Staudinger/Magnus (2002) Art. 30 EGBGB Rn 20 und Rn 92. *Maurer/Sadtler* Rom I und das internationale Arbeitsrecht, DB 2007, 1586. *Junker* Internationale Zuständigkeit und anwendbares Recht in Arbeitssachen, NZA 2005, 199.

3. Einfach zwingende Normen

Staudinger/Magnus (2002) Art. 30 EGBGB Rn 68. *Markovska* Zwingende Bestimmungen als Schranken der Rechtswahl im Arbeitskollisionsrecht, RdA 2007, 352.

4. International zwingende Normen

Staudinger/Magnus (2002) Art. 34 EGBGB Rn 51. *Schrader/Straube* Ist das AGG international zwingendes (Arbeits-)Recht?, NZA 2007, 184. *Spickhoff* Zwingendes Recht und Internationales Privatrecht, Jura 2007, 407.

5. Bestimmungen berührend die Durchführung des Vertrages

Staudinger/Magnus (2002) Art. 32 EGBGB Rn 33 und Rn 79.

Fall 12
Off-shore Geldgeschäfte

(Bearbeitungszeit: 5 Stunden + 1 Stunde Frage 4)

629 Der in Hannover wohnende Zahnarzt Bernd Bohrer möchte sein Privatvermögen gewinnbringend anlegen. Da er seine Absicht beiläufig gegenüber dem Kundenberater seiner Hausbank *B AG* (Sitz Düsseldorf) geäußert hatte, gab dieser Bohrers Anschrift ohne dessen Wissen an den freien Finanzmakler Gotthilf Goldberg mit dem Hinweis weiter, den Kunden, wie üblich, unter besonderer Berücksichtigung von Produkten aus dem B-Konzern zu beraten. Goldberg sucht Bohrer daraufhin unangemeldet am Ende von dessen Sprechstunde am 14. 8. 2007 in dessen Praxisräumen auf.

Nach Vorstellung einiger Finanzprodukte überzeugt Goldberg den Bohrer zur Zeichnung zweier Anlagen:

250 000 USD investiert Bohrer bei der Broker-Firma *Money Swing Inc.* mit Sitz im US-Bundesstaat Delaware. In der als „Auftrag zur Vermögensverwaltung" überschriebenen Urkunde, die Bohrer unterzeichnet, ist als Ziel der Anlage ein möglichst gewinnbringendes Investment des eingebrachten Kapitals nach Ermessen der *Money Swing Inc.* in Aktien, Rohstoffoptionen und sonstigen Finanzinstrumenten bezeichnet.

300 000 € investiert Bohrer in einen 1/50-Anteil an einem geschlossenen Fonds zur Errichtung eines Windparks zur Elektrizitätserzeugung in Tortula (British Virgin Islands). Der Fonds wird durch die *B Virgin Islands Inc.*, eine Tochter der *B AG* aufgelegt und verwaltet und wird auch in Deutschland über den B-Konzern vertrieben. Der Prospekt trägt das mit dem Logo der *B AG* identische Konzern-Logo der „B Gruppe", was bei Bohrer Vertrauen weckt. Der von Bohrer unterzeichnete, als „Treuhandauftrag" bezeichnete Auftrag zum Erwerb und zur Verwaltung der Anteile enthält eine formularmäßige Rechtswahl zum Recht der British Virgin Islands. Der Anlagebetrag beläuft sich auf 600 000 €. Diesen Vertragsantrag leitet Goldberg der *B AG* zu, welche ihn prüft und abzeichnet und sodann zur offiziellen Unterzeichnung an die als Vertragspartner auftretende Tochtergesellschaft auf den Virgin Islands weiterleitet.

Zum Zweck der Finanzierung der Differenz von 300 000 € aus dieser Anlage wendet sich Bohrer am 3. 9. 2007 telefonisch an die *B Lux SA*, eine Aktiengesellschaft luxemburgischen Rechts mit Sitz in Luxemburg und ebenfalls eine Tochter der *B AG*. Aus steuerlichem Anlass ist Bohrer bei *B Lux SA* schon länger Kunde und erhält von dort regelmäßig Werbeangebote in deutscher Sprache zur „vorteilhaften Finanzierung von Produkten unseres Konzerns". Wie von Bohrer erwartet, wird dort die Finanzierung der konzerneigenen Anlage bei der *B Virgin Islands Inc.* gerne übernommen. Der von Bohrer unterzeichnete „Darlehensantrag" enthält eine im Hinblick auf den Finanzierungszweck individuell eingefügte Rechtswahl zum Recht der *British Virgin Islands* sowie eine formularmäßige Regelung, wonach „für alle Rechtsstreitigkeiten aus diesem Darlehensvertrag ausschließlich die Gerichte des Großherzogtums Luxemburg zuständig" sind.

Schon nach wenigen Tagen treffen per Post für alle Verträge vom jeweiligen Vertragspartner unterzeichnete Annahmeerklärungen bei Bohrer ein. Bohrer überweist die 250 000 USD auf das in der Annahmeerklärung der *Money Swing Inc.* angegebene Konto. Bereits Anfang Januar 2008 ist der Depotwert trotz einer vorübergehenden Börsen-Hausse auf 130 000 USD geschrumpft. Bei näherem Studium der Kontoauszüge erkennt Bohrer, dass dies vor allem auf Unkosten aus täglich bis zu 40 An- und Verkaufsgeschäften zurückzuführen ist, die *Money Swing Inc.* für Rechnung seines Depots gegen Vereinnahmung von Provisionen zwischen je 20 und 50 USD durchgeführt hat. Ein Anruf bei der Redaktion der Finanzzeitung *Der Crasher* gibt ihm Gewissheit: Er ist einem Unternehmen aufgesessen, das in Finanzkreisen dafür bekannt ist, durch sog. „Churning" mit weitgehend unsinnigen Geschäften Provisionen zu erzeugen und damit die verwalteten Anlegerkonten nach und nach zu vereinnahmen. Auch Goldberg ist bei *Der Crasher* wohlbekannt; er sei seit Januar 2008 flüchtig, da er nachweislich in die Churning-Aktivitäten eingebunden, auf deutsche Anleger angesetzt und mit einem Anteil von 20% durch *Money Swing Inc.* belohnt worden sei.

Bohrer kündigt fristlos den Vertrag mit *Money Swing Inc.* und fordert Schadensersatz für die fehlenden 120 000 USD. Da *Money Swing Inc.* erwartungsgemäß nicht zahlt, möchte er, möglichst in Deutschland, seine Schadensersatzforderung einklagen.

Weil er außerdem jedes Vertrauen in die von Goldberg vertriebenen Produkte verloren hat und demnach auch keine Finanzierung mehr benötigt, widerruft er gegenüber *B Virgin Islands Inc.* und *B Lux SA* die mit ihnen geschlossenen Verträge; Zahlungen auf diese Anlage hat er bisher noch nicht geleistet. *B Lux SA* hat inzwischen das Darlehen iHv 300 000 € wie vereinbart an *B Virgin Islands Inc.* ausgezahlt und ihm angedroht, fällige Zins- und Tilgungsraten in Luxemburg einzuklagen. Bohrer möchte deshalb vor deutschen Gerichten eine Klärung der Wirksamkeit des Widerrufs beider Verträge herbeiführen und außerdem wissen, ob ihm *B Lux SA* durch eine Klage in Luxemburg zuvorkommen könnte.

1. Sind deutsche Gerichte für die Klage gegen *Money Swing Inc.* zuständig? → *intern. zuständ.*
2. Kann Bohrer sein Ziel gegenüber den beiden *B AG*-Töchtern vor deutschen Gerichten erreichen? Sind diese Klagen begründet?
3. Wie wäre zu entscheiden, wenn die *B Lux SA* bereits bei einem Gericht in Luxemburg eine Leistungsklage eingereicht hat und die Klage im weiteren Verlauf der dortigen Prozessordnung gemäß betrieben wird?
4. Welche Änderungen ergeben sich zu Frage 2, wenn die Verträge erst im Januar 2010 geschlossen werden?

Materialien

a) Soweit relevant, ist davon auszugehen, dass betroffene EG-Richtlinien in den Mitgliedstaaten der **630** EG in inhaltlich gleicher Weise umgesetzt sind wie in der BRep. Deutschland.

b) Nach dem Recht der British Virgin Islands ist die getroffene Rechtswahl wirksam, und es steht Bohrer kein Widerrufsrecht zu.

Strukturierung des Falles

631 **Wesentliche Themen:** Verbraucherzuständigkeiten in der Brüssel I-VO; Konkurrierende Anhängigkeit; Anknüpfung von Verbraucherverträgen (Art. 29 EGBGB); Sonderanknüpfung von EG-Verordnungen (Art. 29a EGBGB); International zwingende Bestimmungen (Art. 34 EGBGB).

Ausgangsfälle: EuGH IPRax 1995, 315; BGH IPRspr 1993, Nr 37; BGH NJW 1995, 1225.

Frage 1: Internationale Zuständigkeit Bohrer gegen *Money Swing Inc.*

1. Brüssel I-VO

a) Sachlicher Anwendungsbereich Art. 1 Abs. 1 Brüssel I-VO, keine Ausnahme Art. 1 Abs. 2 Brüssel I-VO (+)
  – Räumlicher Anwendungsbereich: Beklagtenwohnsitz in Mitgliedstaat Art. 3 Abs. 1, Art. 60 Brüssel I-VO (–)

b) Erweiterter Anwendungsbereich Art. 15 Abs. 2 Brüssel I-VO
  – Verbrauchersache Art. 15 Abs. 1 Brüssel I-VO:
    – Bohrer Verbraucher (+)
    – Anderer Vertragspartner Unternehmer, nicht ausdrücklich, aber Art. 15 Abs. 1 lit. c Brüssel I-VO, hier (+)
  – Vertragstypus Art. 15 Abs. 1 Brüssel I-VO
    – Abschlusssituation Art. 15 Abs. 1 lit. c Brüssel I-VO (+): Ausrichtung durch gezieltes werbliches Einschalten des Goldberg
  – Auf Deutschland als Wohnsitzstaat, Art. 59 Brüssel I-VO, des Bohrer
  – Zweigniederlassung in Mitgliedstaat:
    – Auslegung wie Art. 5 Nr. 5 Brüssel I-VO (–) mangels struktureller Eingliederung des Goldberg
    – AA: teleologisch geprägter Begriff der Zweigniederlassung als Parallele zur Ausrichtung (–)
    – Art. 16 Brüssel I-VO (–), da nur anwendbar, wenn Art. 15 Brüssel I-VO räumlich anwendbar
  – Somit Art. 4 Abs. 1 Brüssel I-VO internationale Zuständigkeit nach deutschem IZPR

2. Deutsches IZPR

a) § 23 ZPO:
  – Anwendbar (+): Art. 3 Abs. 2 iVm Anhang I, Art. 4 Abs. 2 Brüssel I-VO
  – Beklagtenvermögen in Deutschland (–)

b) § 29c Abs. 1 ZPO
  – Intertemporaler Anwendungsbereich. Nachfolgenorm von § 7 HausTWiG (+) seit dem 1. 1. 2002 erhobene Klage

– Klage aus Haustürgeschäft: Haustüransprüche, vertragliche und deliktische Ansprüche (+)
– Haustürgeschäft (+) Situation des § 312 BGB, hier Arbeitsplatz
– § 312 Abs. 3 BGB:
  – Nicht auf § 29c ZPO anwendbar, objektive Situation des § 312 BGB genügt
  – Außerdem nicht von Bohrer veranlasster Besuch

c) § 32 ZPO
  – Deutscher Handlungsort (–) Handlungen in Delaware
  – Deutscher Erfolgsort (–) Schädigungen und Schutzgesetzverletzungen in Delaware
  – Mittäterschaft mit Goldberg (+) Tatbeitrag in Deutschland der Beklagten zuzurechnen

Ergebnis: Das LG Hannover ist international und örtlich zuständig.

Frage 2, Teil 1: Bohrer gegen *B Virgin Islands Inc.*

1. Klagebegehren
  – Feststellungsklage auf Nicht-mehr-Bestehen des Vertrages, § 256 Abs. 1 ZPO

2. Internationale Zuständigkeit – Brüssel I-VO
  – Sachlicher Anwendungsbereich wie oben
  – Räumlicher Anwendungsbereich, wenn Zweigniederlassung
  – Goldberg (–) wie oben
  – *B AG*
  – Konzernstruktur (Mutter/Tochter) unerheblich, Einschaltung konkret zu bestimmen (+)
  – Geschäft aus dem Betrieb der Zweigniederlassung (+) gezielte Überlassung von Werbematerial an Goldberg, Prüfung und Weiterleitung des Vertrags
  – Verbrauchervertrag iSd Art. 15 Abs. 1 Brüssel I-VO
  – Ausrichtung der Tätigkeit auf Deutschland (+) gezielte Werbung

– Internationale Zuständigkeit für Klagen des Verbrauchers Art. 16 Brüssel I-VO: LG Hannover als Wohnsitzgericht

3. Anwendbares Recht
– Rom I-VO intertemporaler Anwendungsbereich (–) Stichtag 17. 12. 2009, Art. 28 Rom I-VO
a) Art. 27 Abs. 1 EGBGB: Rechtswahl
– Zustandekommen, AGB, Art. 31 Abs. 1 EGBGB nach gewähltem Recht der British Virgin Islands (+)
b) Nichtzustimmungseinwand Art. 27 Abs. 4 iVm 31 Abs. 2 EGBGB: deutsches Aufenthaltsrecht
– Vertragsabschluss: Einbeziehung nach § 305 Abs. 2 BGB (+)
– Inhaltskontrolle unter Art. 31 Abs. 2 EGBGB (–) zwar auch auf „Wirksamkeit", Zweck betrifft aber nur Auslegung des Verhaltens einer Partei als Willenserklärung (WE)
– Widerruflichkeit des Vertrages unter Art. 31 Abs. 2 EGBGB (–) Argument: § 355 Abs. 1 BGB ist Gestaltungsrecht; Zweck: Art. 31 Abs. 2 EGBGB betrifft nur Auslegung des Verhaltens als WE
c) Sonderanknüpfung zwingender Bestimmungen, Art. 29 Abs. 1 EGBGB
– Verbrauchervertrag, Art. 29 Abs. 1 S. 1 EGBGB
– Bohrer Verbraucher (+)
– Kapitalanlage Erbringung von Dienstleistung, Art. 29 Abs. 1 S. 1 Nr. 2 EGBGB (+): europäisch-autonome Auslegung
– Ausschluss Art. 29 Abs. 4 Nr. 2 EGBGB (+): Dienstleistung nicht (zumindest teilweise) in Deutschland zu erbringen
d) Sonderanknüpfung Art. 29a EGBGB
– Rechtswahl zu Recht eines Nicht-EG/EWR-Staates Art. 29a Abs. 1 EGBGB (+)
– Verbrauchergeschäft, nach Zweck der Richtlinienumsetzung (+)
– Enger Zusammenhang mit dem Gebiet eines Mitgliedstaates von EG oder EWR
– Öffentliches Angebot/ Werbung, Art. 29a Abs. 2 Nr. 1 EGBGB (+)
– Gewöhnlicher Aufenthalt des Verbrauchers bei Vertragsschluss und Abgabe der WE (+)

4. Materielles Widerrufsrecht
a) British Virgin Islands (–)
b) Art. 29a EGBGB, deutsche Umsetzung Art. 29a Abs. 1 letzter Hs. EGBGB der in

Art. 29a Abs. 4 EGBGB enumerierten Verbraucherschutzrichtlinien
– § 312b BGB, Art. 29a Abs. 4 Nr. 3 EGBGB, Fernabsatzrichtlinie (–)
– § 312 BGB, Richtlinie betreffend den Verbraucherschutz im Falle von *außerhalb von Geschäftsräumen geschlossenen Verträgen* (RiLi 85/577/EWG) nicht in Art. 29a Abs. 4 EGBGB genannt

5. Sonderanknüpfung von EG-Richtlinienrecht
a) Analoge Anwendung von Art. 27 Abs. 3 EGBGB wegen EU als einheitlichem Rechtsraum?
b) Richtlinie ohne kollisionsrechtlichen Durchsetzungsauftrag, aber historisch bedingt wegen Erlass 1985
c) Analoge Anwendung von Art. 29a EGBGB:
– EuGH: Durchsetzung schon bei „engem Zusammenhang zum Binnenmarkt", nicht nur bei ausschließlichem Zusammenhang
– Also eher ratio des Art. 29a EGBGB als des Art. 27 Abs. 3 EGBGB oder des Art. 34 EGBGB

Ergebnis: Das LG Hannover ist für die Klage international zuständig; die Klage ist begründet, da aufgrund Sonderanknüpfung analog Art. 29a Abs. 4 EGBGB die deutsche Umsetzung der EG-Haustürwiderrufsrichtlinie Anwendung findet, also ein Widerrufsrecht nach § 312 BGB besteht.

Frage 2, Teil 2: Bohrer gegen *B Lux SA*

1. Internationale Zuständigkeit – Brüssel I-VO
a) Sachlicher Anwendungsbereich Brüssel I-VO (+) Beklagtenwohnsitz, Art. 60 Abs. 1 Brüssel I-VO Luxemburg
b) Art. 23 Abs. 1 S. 2 Brüssel I-VO für luxemburgische gegen deutsche Gerichte
– Art. 23 Brüssel I-VO durch Art. 17 Brüssel I-VO verdrängt
– Verbrauchersache iSd Art. 15 Abs. 1 Brüssel I-VO (+) Verbrauchereigenschaft und Verbrauchergeschäft wie oben
– Zulässige Gerichtsstandsvereinbarung Art. 17 Brüssel I-VO (–)
– Art. 16 Abs. 1 Brüssel I-VO: LG Hannover international und örtlich zuständig

2. Anwendbares Recht
a) Wirksamkeit der Rechtswahl, Art. 27 Abs. 1 EGBGB wie oben

b) Sonderanknüpfung deutsches Recht,
Art. 29 Abs. 1 EGBGB
- Art. 29 Abs. 1 EGBGB auch auf Ver-
träge zur Finanzierung von Dienstleis-
tungen
- Ausschluss Art. 29 Abs. 4 EGBGB (–)
nur für Erbringung, nicht für Finanzie-
rung
- Abschlusssituationen, Art. 29 Abs. 1
EGBGB (+) ausdrückliche Werbung
und Abgabe WE des Verbrauchers in
Deutschland

3. Materielles Widerrufsrecht
  a) Widerrufsrecht aus zwingenden, unab-
dingbaren Bestimmungen iSd Art. 29
Abs. 1 EGBGB
  b) § 312 BGB (–) keine Haustürsituation
  c) § 312b BGB (–) nicht auf Finanzgeschäfte anzuwenden, § 312b Abs. 3 Nr. 3 BGB
  d) § 495 Abs. 1 BGB (+) Verbraucherdarle-
hensvertrag nach § 491 Abs. 1 BGB
    - nicht erloschen (+) mangels Beleh-
rung, § 355 Abs. 2, 3 BGB

Ergebnis: Das LG Hannover ist für die Klage international und örtlich zuständig. Die Klage ist
begründet, da über die Sonderanknüpfung nach
Art. 29 Abs. 1 EGBGB ein Widerrufsrecht aus
§ 495 BGB besteht.

Frage 3: Rechtslage bei Klageeinrei-
chung durch *B Lux SA* in Luxemburg

1. Problem: doppelte Anhängigkeit, Art. 27
Brüssel I-VO
  a) Klage wegen desselben Anspruchs vor
Gericht anderen Mitgliedstaats
    - Parteiidentität (+)
    - Anspruchsidentität (+) Leistungsklage
und negierende Feststellungsklage im
Kernpunkt identisch
  b) Deutsches Gericht später angerufen,
Art. 27 Abs. 1, Art. 30 Brüssel I-VO (+)
**2. Abweichung von Art. 27 Brüssel I-VO
wegen ausschließlicher Zuständigkeit
deutscher Gerichte**
    - Grundsatz, Art. 27 ff Brüssel I-VO: keine
Prüfung der Zuständigkeit des erstangerufenen Gerichts
    - Prüfungskompetenz mittelbar aus Art. 25
und 29 Brüssel I-VO:
    - Kein Ignorieren der eigenen ausschließli-
chen Zuständigkeit
    - Keine Klageabweisung trotz Sinnlosigkeit
des Erstverfahrens wegen Anerkennungs-
unfähigkeit, Art. 35 Abs. 1 Brüssel I-VO
    - Auch ausschließliche Zuständigkeit aus
Art. 16 Abs. 1 Brüssel I-VO, nicht nur bei
Art. 22 Brüssel I-VO (+)

Ergebnis: Das LG Hannover wird also ungeachtet des Luxemburger Verfahrens sein Verfahren
durchführen.

Frage 4: Änderungen zu Frage 2 bei
Vertragsabschluss im Januar 2010

1. Rom I-VO
    - Intertemporal anwendbar (+) Vertrags-
schluss 2010, nach Stichtag
    - Sachlicher Anwendungsbereich (+) Art. 1
Abs. 1 Rom I-VO, keine Bereichsausnahme Art. 1 Abs. 2 Rom I-VO
    - Räumlicher Anwendungsbereich *loi uni-
forme*, Art. 2 Rom I-VO
2. Vertrag Bohrer – *B Virgin Islands Inc.*
  a) Gewähltes Recht, Art. 3 Abs. 1 Rom
I-VO, AGB ist „ausdrücklich" iSd Art. 3
Abs. 1 S. 2 Rom I-VO
    - Art. 27 Abs. 4, 31 Abs. 1 und Abs. 2
EGBGB entsprechen Art. 3 Abs. 5, 10
Abs. 1 und Abs. 2 Rom I-VO
  b) Verbrauchervertragsstatut Art. 6 Rom
I-VO:
    - Verbrauchervertragsbegriff:
      - Verbraucher, Unternehmer (+)
      - Vertragstypus nicht erforderlich
      - Situative Voraussetzung berufliche
oder gewerbliche Tätigkeit im ge-
wöhnlichen Aufenthaltsstaat des
Verbrauchers (Art. 6 Abs. 1 lit. a
Rom I-VO) oder auf diesen Staat
ausgerichtet (Art. 6 Abs. 1 lit. b
Rom I-VO) (+)
      - Vertrag im Bereich dieser Tätigkeit
(+)
    - Folge: Rechtswahl wirksam, Art. 6
Abs. 2 S. 1 Rom I-VO; aber Sonder-
anknüpfung Art. 6 Abs. 2 S. 2 Rom
I-VO
    - Dienstleistungsausnahme: Art. 6
Abs. 4 lit. a Rom I-VO entspricht
Art. 29 Abs. 4 Nr. 2 EGBGB
    - Art. 29a EGBGB von Rom I-VO unbe-
rührt, da Richtlinienkollisionsrecht,
Art. 23 Rom I-VO
3. Vertrag Bohrer – *B Lux SA*
  a) Verbrauchervertragsbegriff Art. 6 Abs. 1
Rom I-VO
    - Nicht wegen Natur als Finanzierungs-
geschäft
    - Ausrichtung auf Deutschland, Art. 6
Abs. 1 lit. b Rom I-VO (+)
  b) Dienstleistungsausnahme, Art. 6 Abs. 4
lit. a Rom I-VO (–) wie Art. 29 Abs. 4
EGBGB
    - Sonderanknüpfung zwingenden
Rechts, Art. 6 Abs. 2 S. 2 Rom I-VO
wie Art. 29 Abs. 1 EGBGB

Ergebnis: Im Ergebnis führt wie im Ausgangsfall nicht die allgemeine verbraucherrechtliche Sonderanknüpfung nach Art. 6 Abs. 2 S. 2 Rom I-VO, sondern eine analoge Anwendung von Art. 29a EGBGB zur Anwendung deutschen Haustürwiderrufsrechts und damit zur Begründetheit der Klage gegen die *B Virgin Islands Inc.* Die Klage gegen die *B Lux SA* ist ebenfalls begründet aufgrund der Sonderanknüpfung des Art. 6 Abs. 2 S. 2 Rom I-VO an zwingendes deutsches Recht (§ 495 BGB) über Art. 56 Abs. 1 Rom I-VO.

Lösung

Frage 1: Internationale Zuständigkeit Bohrer gegen *Money Swing Inc.*

1. Brüssel I-VO *Fall 2007 , Brüssel Ia-VO seit 2015*

632 **a)** Der sachliche **Anwendungsbereich** der Brüssel I-VO (Art. 1 Abs. 1 Brüssel I-VO) ist eröffnet, eine Ausnahme nach Art. 1 Abs. 2 Brüssel I-VO liegt nicht vor.

Räumlich ist die VO grundsätzlich nur anzuwenden, wenn der Beklagte seinen Wohnsitz in einem Mitgliedstaat hat (Art. 3 Abs. 1 Brüssel I-VO); sonst gilt die *lex fori* (Art. 4 Abs. 1 Brüssel I-VO). Nach keinem der in Art. 60 Brüssel I-VO definierten Sitzbegriffe hat die *Money Swing Inc.* Wohnsitz in irgendeinem Mitgliedstaat.

633 **b)** Es könnte sich jedoch ein erweiterter Anwendungsbereich aus Art. 15 Abs. 2 *[handwritten: Art. 17 II Brüssel Ia-V]* Brüssel I-VO („**Zuständigkeitsdurchgriff" bei Zweigniederlassung**) ergeben.

634 **aa)** Das setzt eine **Verbrauchersache** voraus (Art. 15 Abs. 1 Brüssel I-VO), Bohrer müsste Verbraucher, der Vertrag also nicht seiner beruflichen oder gewerblichen Tätigkeit zuzurechnen sein. Das ist bei Geschäften zur privaten Anlage von Kapital der Fall; weder die Herkunft des Kapitals aus freiberuflicher Tätigkeit noch die mit der Anlage verbundene Gewinnerzielungsabsicht begründen eine berufliche oder gewerbliche Tätigkeit.[1]

635 **bb)** Ob für einen Verbrauchervertrag der andere Vertragspartner **Unternehmer** sein muss, beantwortet Art. 15 Abs. 1 Brüssel I-VO nicht ausdrücklich für alle Varianten, Art. 15 Abs. 1 lit. c Brüssel I-VO setzt dies jedoch voraus. Sowohl der Normzweck, den prozessualen Schutz der schwächeren Vertragspartei zu gewährleisten, als auch die Erwähnung des „Vertragspartners des Verbrauchers" (Art. 15 Abs. 2 Brüssel I-VO) zeigen, dass Art. 15 ff Brüssel I-VO nicht auf Verträge *zwischen Verbrauchern* zugeschnitten sind. *Money Swing Inc.* ist als gewerblich handelnde Kapitalanlagegesellschaft Unternehmer.

636 **cc)** Der Vertrag müsste einem der in Art. 15 Abs. 1 Brüssel I-VO genannten **Typen** zuzuordnen sein. Hier kommt nur lit. c in Betracht. Im Gegensatz zu Art. 13 Nr. 3 EuGVÜ grenzt Art. 15 Abs. 1 lit. c Brüssel I-VO andere Verträge als Teilzahlungsgeschäfte (Art. 15 Abs. 1 lit. a, b Brüssel I-VO) nicht mehr auf einen Vertragstypus, sondern nur noch durch die Abschlusssituation ein. Die Frage, ob bei Finanzdienstleistungen eine Dienstleistung iSd Art. 13 Abs. 1 Nr. 3 EuGVÜ vorliegt, stellt sich also unter der Brüssel I-VO nicht mehr.

637 **dd)** Die von Art. 15 Abs. 1 lit. c Brüssel I-VO geforderte **Abschlusssituation** liegt vor, denn *Money Swing Inc.* wurde zwar selbst nicht in Deutschland, dem Wohnsitzstaat des Bohrer (Art. 59 Abs. 1 Brüssel I-VO, § 7 BGB) gewerblich tätig, hat jedoch

---

1 OLG Celle OLGR 2007, 615.

ihre Tätigkeit, in deren Bereich der abgeschlossene Vertrag fällt, durch die gezielte Einschaltung von Goldberg auf Deutschland „ausgerichtet".[2]

ee) Die Einbeziehung des Vertrages durch Art. 15 Abs. 2 Brüssel I-VO in den Anwen- **638** dungsbereich der Art. 15 ff Brüssel I-VO setzt jedoch voraus, dass der Vertragspartner des Verbrauchers in einem Mitgliedstaat eine **Zweigniederlassung** etc. hat. Übernimmt man für Zwecke des Art. 15 Abs. 2 Brüssel I-VO mit der hM[3] den Niederlassungsbegriff des Art. 5 Nr. 5 der Brüssel I-VO, so ist Goldberg nicht als Niederlassung der *Money Swing Inc.* einzustufen, da dieser nicht als strukturell eingegliederte Außenstelle auftritt, sondern in seiner Tätigkeit als freier Finanzmakler wirtschaftlich und organisatorisch unabhängig von den Produktanbietern ist.[4] Auch der Anschein einer Zweigniederlassung wurde nicht erweckt.[5]

Mit Rücksicht auf die verbraucherschützende Zielsetzung des Art. 15 Abs. 2 Brüssel I-VO und die sonst auftretende Schutzlücke (Rn 635) ließe sich allerdings ein **teleologisch geprägter Begriff der Zweigniederlassung** vertreten, der sich am Gedanken der *Ausrichtung* (Art. 15 Abs. 1 lit. c Brüssel I-VO) orientiert: Maßgeblich wäre dann nicht, ob *Money Swing Inc.* den Goldberg *organisatorisch* bestimmen konnte, in Deutschland ihr Produkt zu vertreiben, sondern dass sie ihn *faktisch* bestimmt hat, Goldberg also Teil der *Ausrichtung* der Tätigkeit von *Money Swing Inc.* auf Deutschland war.

ff) Folgt man diesem Gedanken mit der hM[6] nicht, so kann eine internationale Zustän- **639** digkeit deutscher Gerichte auch nicht auf eine analoge Anwendung des **Art. 16 Brüssel I-VO** gestützt werden. Art. 16 Brüssel I-VO ist auf den räumlichen Anwendungsbereich des Art. 15 Brüssel I-VO beschränkt, wenngleich es teleologisch betrachtet merkwürdig ist, dass ein Verbraucher gegenüber einem außergemeinschaftlichen Unternehmer einen geringeren Schutz erfährt, obgleich das Risiko der Prozessführung in einem Drittstaat eher höher einzuschätzen ist. Dies beruht aber auf dem Charakter von Art. 15 Abs. 2 Brüssel I-VO als *Ausnahmevorschrift* und wird durch den ausdrücklichen Vorbehalt des Art. 4 in Art. 15 Abs. 1 Brüssel I-VO bestätigt.[7] Man kann das wohl nur in der Erkenntnis hinnehmen, dass es insoweit Sache jedes Mitgliedstaates wäre, inländische Verbraucher durch ein gleichwertiges Zuständigkeitssystem im eigenen IZPR zu schützen.

gg) Damit hat es bei Art. 4 Abs. 1 Brüssel I-VO sein Bewenden, die internationale **640** Zuständigkeit deutscher Gerichte beurteilt sich nach deutschem IZPR.

---

2 OLG Dresden IPRax 2006, 44, 46.
3 OLG Rostock NJW-RR 2006, 209; OLG Celle OLGR 2007, 615, 617.
4 Anders verhielt es sich im Fall OLG Dresden IPRax 2006, 44; dort hatte die Beklagte ihre Produkte über einen deutschen Vermittler vertrieben, zugleich aber eine Zweigniederlassung in London.
5 Vgl. OLG Celle OLGR 2007, 615, 617.
6 BGH IPRax 1995, 316.
7 EuGH Rs. C-318/93 (*Brenner und Noller/Dean Witter Reynolds Inc.*) IPRax 1995, 315.

2. Deutsches IZPR

641 **a)** Für eine internationale Zuständigkeit aus **§ 23 ZPO**, der zu den „exorbitanten" Zuständigkeitsvorschriften nach Art. 3 Abs. 2 iVm Anhang I Brüssel I-VO gehört, dessen Anwendung jedoch im Rahmen des Art. 4 Abs. 1 Brüssel I-VO durch Art. 4 Abs. 2 Brüssel I-VO gestattet ist, ergeben sich keine Hinweise im Sachverhalt. Da die Beklagte in Deutschland kein Vermögen hat, ist auf teleologische Einschränkungen des § 23 ZPO nicht einzugehen.

642 **b)** Deutsche Gerichte könnten jedoch entsprechend **§ 29c Abs. 1 ZPO** als Gerichte des Wohnsitzstaats des Verbrauchers international zuständig sein.

643 **aa)** Die Bestimmung ist zum 1. 1. 2002 an die Stelle des § 7 HausTWiG getreten und regelt, gleich der Vorgängernorm, außerhalb des Anwendungsbereichs des EuZPR nicht nur die örtliche, sondern auch die **internationale Zuständigkeit**. Der **intertemporale Anwendungsbereich** ist eröffnet, denn § 29c ZPO erfasst alle seit dem 1. 1. 2002 erhobenen Klagen.

644 **bb)** § 29c ZPO ist nicht als allgemeiner Verbrauchergerichtsstand gefasst, kann auch nicht analoge Anwendung finden und gilt daher nur für **Klagen aus Haustürgeschäften**. Daher ist schon fraglich, ob eine hier in Betracht kommende Klage auf Schadensersatz aus Vertragsverletzung und/oder Delikt von § 29c ZPO erfasst sein kann. Die Regelung ist zwar zunächst zur Durchsetzung der spezifischen „Haustüransprüche" (Herausgabeansprüche nach Widerruf) konzipiert. Nach ihrem Zweck, den Verbraucher in der Situation des Haustürgeschäfts prozessual zu schützen, erstreckt sie sich auch auf Ansprüche aus Verletzung (vor-)vertraglicher Pflichten (§§ 241 Abs. 2, 311 Abs. 2, 280 Abs. 1 BGB), sofern nur ein Haustürgeschäft zugrunde liegt. Auch für deliktische Ansprüche aus einem Haustürgeschäft ergibt sich aus § 29c ZPO eine Zuständigkeit.[8]

645 **cc)** Zu prüfen ist also, ob ein **Haustürgeschäft (§ 312 BGB)** vorliegt. Die Anknüpfung des § 29c ZPO an § 312 BGB setzt nicht die Anwendung deutschen Rechts als Vertragsstatut voraus, sondern ist eine reine Bezugnahme auf das dort definierte Tatbestandsmerkmal.

Da Bohrer Verbraucher (hier § 13 BGB) und *Money Swing Inc.* Unternehmer (§ 14 BGB) ist, ist nur die **Haustürsituation** bei Vertragsschluss zu prüfen. Da die Vertragsverhandlungen in den freiberuflichen Praxisräumen des Bohrer geführt wurden, könnte fraglich sein, ob diese vom Begriff „Arbeitsplatz" erfasst sind. Das ist zu bejahen: Die Abgrenzung des Verbraucherschutzes erfolgt über den jeweiligen *Vertragszweck*, nicht über die hiervon unabhängige berufliche Tätigkeit des Verbrauchers: Der Zahnarzt kann also ebenso in seinen Praxisräumen *als Verbraucher* kontrahieren wie ein Arbeitnehmer am Ort seiner – abhängigen – Arbeit. Eine Situation nach § 312 Abs. 1 S. 1 Nr. 1 BGB liegt also vor.

646 **dd)** Fraglich könnte weiter sein, ob § 29c ZPO auch auf die **Ausnahmen nach § 312 Abs. 3 BGB** verweist. Hierfür ließe sich anführen, dass der wesentliche *zivilrechtli-*

---

8 BGH NJW 2003, 1190.

che Schutz, den § 312 BGB gewährt, in dem Widerrufsrecht besteht, das in den Fällen des § 312 Abs. 3 BGB gerade nicht besteht. Nach dem eindeutigen Wortlaut des § 29c ZPO bezieht sich dieser jedoch nur auf die *Legaldefinition* des § 312 Abs. 1 S. 1 BGB, erfasst also zB auch vom Verbraucher *veranlasste* Haustürgeschäfte (vgl § 312 Abs. 3 S. 1 Nr. 1 BGB).[9] Im Übrigen ist die Frage hier nicht entscheidungserheblich, da Bohrer den Besuch des Goldberg nicht veranlasst hat.

Damit sind deutsche Gerichte international, das LG Hannover örtlich zuständig aus § 29c ZPO.

c) Eine internationale Zuständigkeit könnte sich auch aus **§ 32 ZPO** ergeben. Hierzu müsste *Money Swing Inc.* eine unerlaubte Handlung begangen haben. Das ist fraglich, weil *Money Swing Inc.* nicht in Deutschland, sondern nur in Delaware gehandelt hat. **647**

aa) Ein zuständigkeitsbegründender Deliktsort könnte sich aus einem deutschen Erfolgsort ergeben. Wie Art. 5 Nr. 3 Brüssel I-VO begründet auch § 32 ZPO bei Distanzdelikten einen Gerichtsstand sowohl am Handlungsort, als auch am Erfolgsort.[10] Hiergegen spricht aber, dass die tatbestandliche Schädigung am Vermögen (§ 826 BGB) des Bohrer ebenfalls in Delaware eingetreten ist, wo das Depot geführt wurde; dass dem Vermögen des Bohrer in Deutschland dadurch ein mittelbarer weiterer Schaden entstanden ist, begründet dagegen keinen Erfolgsort. Auch wenn man auf die bei systematischer Spesenreiterei gegebene Untreue (§ 266 StGB) abstellt, hat die Schutzgesetzverletzung (§ 823 Abs. 2 BGB) in Delaware stattgefunden. **648**

bb) Jedoch sind *Money Swing Inc.* und Goldberg **Mittäter** eines gemeinsam geplanten und begangenen Delikts, da Goldberg von Anfang an in das deliktische Handeln eingebunden war (Planung, Gewinnanteil). Der *Money Swing Inc.* ist daher das Handeln des Goldberg, der mit der Werbung von Bohrer *seinen Tatbeitrag* in Deutschland geleistet hat, nicht nur *materiell* nach § 830 Abs. 1 BGB, sondern auch *zuständigkeitsrechtlich* nach § 32 ZPO zuzurechnen.[11] **649**

cc) Der Gerichtsstand des § 32 ZPO erstreckt sich jedoch **nur auf deliktische**, nicht auf konkurrierende vertragliche Ansprüche. **650**

Ergebnis: Das LG Hannover ist international und örtlich zuständig. **651**

Frage 2, Teil 1: Bohrer gegen *B Virgin Islands Inc.*

1. Klagebegehren

Bohrer könnte sein Ziel, die Wirksamkeit des Widerrufs klären zu lassen, durch eine auf Feststellung des Nicht-mehr-Bestehens des Vertrages gerichtete Feststellungsklage (§ 256 Abs. 1 ZPO) verfolgen. **652**

---

9 BGH NJW 2006, 1340; *Zöller/Vollkommer*[26] § 29c ZPO Rn 4.
10 EuGH Rs. 21/76 (*Bier/Mines de Potasse d'Alsace*) NJW 1977, 493; BGHZ 167, 91.
11 BGH IPRax 1995, 316.

2. Internationale Zuständigkeit – Brüssel I-VO

653 **a)** Wie oben Rn 632 ff ist der sachliche Anwendungsbereich eröffnet, der räumliche Anwendungsbereich hängt aber davon ab, ob die Beklagte eine **Zweigniederlassung** in einem Mitgliedstaat hat.

654 **aa)** Goldberg ist wie oben keine Zweigniederlassung. Jedoch könnte die das Produkt in Deutschland vertreibende *B AG* **eine Zweigniederlassung** sein. Die Einordnung der *B AG* als Niederlassung erscheint prima facie fraglich, weil in der Konzernstruktur die *B AG* die *übergeordnete* Muttergesellschaft ist. Hierauf kann es aber für den Zuständigkeitsdurchgriff aus Art. 15 Abs. 2 Brüssel I-VO nicht ankommen; maßgeblich ist, dass sich die außergemeinschaftliche Gesellschaft einer innergemeinschaftlichen mit verbundener Führungsstruktur zum Abschluss von Geschäften dieser Art bedient, was nicht nur abwärts, sondern auch aufwärts im Konzern der Fall sein kann.[12] Die Verwendung eines einheitlichen Konzern-Logos bringt diese Einschaltung deutlich zum Ausdruck.

655 **bb)** Es müsste sich jedoch um ein Geschäft **aus dem Betrieb** der Zweigniederlassung handeln.[13] Die *B AG* hat aber das Produkt dem Bohrer nicht selbst verkauft. Im engeren, an Art. 5 Nr. 5 Brüssel I-VO angelehnten Sinn liegt die Betriebsbezogenheit bei Verbindlichkeiten vor, welche die Zweigniederlassung für den Beklagten (vertraglich) eingegangen ist oder die sich (außervertraglich) auf den Betrieb des Stammhauses beziehen. Dies könnte wegen der Einschaltung von Goldberg zweifelhaft sein.

Die Betriebsbezogenheit könnte sich bereits aus der **Überlassung von Werbematerial** an Goldberg ergeben. Hierfür kann es nicht genügen, dass eine innergemeinschaftliche Zweigstelle Werbematerial nur wie üblich *verbreitet*; das bezieht nicht jeden mittels dieser Werbung geschlossenen Vertrag auf die Zweigniederlassung.

Vorliegend kann sich jedoch die Betriebsbezogenheit aus der gezielten Einschaltung des Goldberg durch die *B AG* sowie durch ihre Funktion bei **Prüfung und Weiterleitung** des Vertrags ergeben. Die *B AG* hat faktisch die Entscheidung über die Annahme des Vertragsantrags getroffen. Dass durch eine Zweigstelle veranlasste und geprüfte Verträge sodann „offiziell" durch den wirklichen Vertragspartner im Ausland unterzeichnet werden, ist üblich, schon um für steuerliche und gesellschaftsrechtliche Zwecke die formale Unabhängigkeit nicht anzutasten.

Der Vertrag mit der *B Virgin Islands Inc.* ist also nach Art. 15 Abs. 2 Brüssel I-VO in das Zuständigkeitssystem der Art. 15 ff Brüssel I-VO einbezogen.

656 **b)** Es müsste zudem ein Verbrauchervertrag iSd Art. 15 Abs. 1 Brüssel I-VO vorliegen. Da *B Virgin Islands Inc.* in Deutschland keine berufliche oder gewerbliche Tätigkeit ausübt, kommt nur die **Ausrichtung** der Tätigkeit auf Deutschland in Betracht. Obgleich im Gegensatz zu Art. 13 Abs. 1 Nr. 3 lit. a EuGVÜ die Fassung durch die Brüssel I-VO nicht mehr von „Werbung" spricht, ist eine auf Vertragsabschlüsse abzielende Werbung ein wesentlicher Unterfall der „Ausrichtung". Eine solche ist hier

---

12 EuGH Rs. 218/86 (*S. GmbH/R S.a.r.l*), IPRax 1989, 96.
13 Nicht ausreichend beachtet in OLG Dresden IPRax 2006, 44.

zu bejahen; die *B Virgin Islands Inc.* bewirbt das Bohrer verkaufte Produkt über die Konzernmutter *B AG* gezielt auch in Deutschland.[14]

c) Die internationale Zuständigkeit für **Klagen des Verbrauchers** ergibt sich aus Art. 16 Brüssel I-VO. Bohrer kann vor seinem international und örtlich aus Art. 16 Abs. 1 Alt. 2 Brüssel I-VO zuständigen Wohnsitzgericht (LG Hannover) klagen.   657

Aus Art. 16 Abs. 1 Alt. 1 Brüssel I-VO sind deutsche Gerichte (nur) *international* zuständig. Der deutsche Wohnsitz der Zweigniederlassung wird auch im Rahmen des Art. 16 Abs. 1 Alt. 1 Brüssel I-VO der außergemeinschaftlichen Beklagten zugerechnet (Art. 15 Abs. 2 Brüssel I-VO).

3. Anwendbares Recht

a) Zu bestimmen ist das **Schuldvertragsstatut.** Die **Rom I-VO** ist intertemporal nicht anwendbar, da sie nur für nach dem 17. 12. 2009 geschlossene Verträge gilt (Art. 28 Rom I-VO).   658

b) Der Vertrag könnte gemäß Art. 27 Abs. 1 EGBGB dem von den Parteien **gewählten Recht** unterliegen. Das **Zustandekommen** der hier in AGB („formularmäßig") erfolgten Rechtswahl beurteilt sich gemäß Art. 31 Abs. 1 EGBGB nach dem gewählten Recht; nach dem Recht der British Virgin Islands ist sie wirksam (MAT b).   659

c) Bohrer könnte sich möglicherweise gemäß **Art. 27 Abs. 4 iVm 31 Abs. 2 EGBGB** für die Behauptung, er habe dem Vertrag nicht zugestimmt, auf sein deutsches Aufenthaltsrecht berufen.   660

aa) Was den **Vertragsabschluss** selbst angeht, sind jedoch Zweifel an der Einbeziehung der Rechtswahlklausel nicht ersichtlich; die Klausel hat Bohrer bei Unterschrift vorgelegen, die Einbeziehungskriterien des § 305 Abs. 2 BGB sind erfüllt.   661

bb) Nach seinem Wortlaut erfasst Art. 31 Abs. 2 EGBGB nur Bestimmungen zur Einbeziehungskontrolle, nicht aber solche zur **Inhaltskontrolle** von Rechtswahlklauseln. Man könnte zwar anderes daraus folgern, dass sich Art. 31 Abs. 1 EGBGB auch auf die „Wirksamkeit" der Rechtswahl bezieht. Dagegen spricht aber der Zweck der Regelung, nur die Auslegung des *Verhaltens* einer Partei durch das gewählte Recht am Maßstab des dieses Verhalten prägenden Umgebungsrechts zu kontrollieren. Für die Inhaltskontrolle von Rechtswahlklauseln ist nicht Art. 31 Abs. 2 EGBGB zuständig, sondern die in Art. 27 ff EGBGB enthaltenen diversen *Sonderanknüpfungen*.   662

cc) In einem weiten Verständnis könnte die Frage der **Widerruflichkeit** des Vertrages und damit auch der Rechtswahlklausel unter den Begriff des Zustandekommens (Art. 31 Abs. 2 EGBGB) subsumiert werden. Hiergegen spricht nicht unbedingt das Verständnis des Widerrufsrechts in § 355 Abs. 1 BGB als Gestaltungsrecht, das den Vertrag zunächst schwebend wirksam belässt; die kollisionsrechtliche Qualifikation sollte nicht von der – austauschbaren – materiellrechtlichen Konstruktion abhängen. Entscheidend ist aber auch insoweit der Zweck: Geschützt wird die richtige Ausle-   663

---

14 Vgl auch OLG Dresden IPRax 2006, 44: Ausrichten durch werbende Website auch bei Vertragsschluss über Vermittler.

gung rechtlich relevanten *Verhaltens*, nicht aber die *Überlegungsfreiheit*. Art. 31 Abs. 2 EGBGB erfasst also nicht das Bestehen von Widerrufsrechten.

664 **d)** Deutsches Recht könnte aber im Wege der **Sonderanknüpfung (Art. 29 Abs. 1 EGBGB)** Anwendung finden, soweit Bohrer der durch zwingende Bestimmungen seines deutschen Aufenthaltsrechts gewährte Schutz durch die Rechtswahl entzogen würde.

665 **aa)** Dies setzt einen **Verbrauchervertrag** iSd Art. 29 Abs. 1 S. 1 EGBGB voraus. Bohrer ist **Verbraucher** iSd Art. 29 Abs. 1 EGBGB.

666 **bb)** Der Verbrauchervertragsbegriff des Art. 29 EGBGB ist weiterhin sowohl typen-, als auch situationsbeschränkt (vgl dagegen zu Art. 15 Brüssel I-VO Rn 636). Bei der Zeichnung von Anteilen an einem geschlossenen Fonds kommt als von Art. 29 EGBGB erfasster Typus nur die **Erbringung von Dienstleistungen** (Art. 29 Abs. 1 S. 1 Alt. 2 EGBGB) in Betracht. Der Begriff der Dienstleistung ist *europäisch-autonom* zu bestimmen, um eine einheitliche Auslegung sicherzustellen, denn er beruht auf Art. 5 EVÜ (vgl Art. 36 EGBGB). Der Dienstleistungsbegriff umfasst in weiter Auslegung alle entgeltlichen tätigkeitsbezogenen Leistungen, neben Werk- und Dienstverträgen also auch Geschäftsbesorgungsverträge. Treuhandverträge über den Erwerb von Kapitalbeteiligungen fallen ebenfalls hierunter.[15]

667 **cc)** Die Anwendung von Art. 29 Abs. 1 bis 3 EGBGB auf diesen *Dienstleistungsvertrag* könnte jedoch durch **Art. 29 Abs. 4 Nr. 2 EGBGB** ausgeschlossen sein, wenn die Dienstleistungen ausschließlich in einem anderen als dem gewöhnlichen Aufenthaltsstaat des Verbrauchers zu erbringen sind. Die von der *B Virgin Islands Inc.* zu erbringenden Leistungen sind nicht, auch nicht teilweise, in Deutschland zu erbringen, sondern ausschließlich auf den British Virgin Islands. Unmaßgeblich ist insoweit, dass zB Abrechnungen an den Kunden nach Deutschland zu senden sind. Art. 29 Abs. 1 EGBGB greift also nicht ein.

668 **e)** Es könnte jedoch die Sonderanknüpfung des **Art. 29a EGBGB** eingreifen, der auf die Durchsetzung europäischer Verbraucherschutzstandards unter gegenüber Art. 29 EGBGB erleichterten Voraussetzungen gerichtet ist.

669 **aa)** Hierzu müsste ein Vertrag vorliegen, der aufgrund einer **Rechtswahl** nicht dem Recht eines EG/EWR-Staates unterliegt (**Art. 29a Abs. 1 EGBGB**), was hier der Fall ist.

670 **bb)** Eine Beschränkung auf bestimmte **Vertragstypen** ist im Wortlaut nicht vorgesehen. Art. 29a EGBGB ist jedoch nach seinem Zweck auf **Verbrauchergeschäfte** zu beschränken, denn Art. 29a EGBGB setzt den Auftrag der dort enumerierten EG-Richtlinien um, kollisionsrechtlich die Anwendung des Richtlinienrechts gegen eine Rechtswahl zu Drittstaatenrecht abzusichern; ein Verbrauchergeschäft liegt vor.

671 **cc)** Der Vertrag müsste einen **engen Zusammenhang** mit dem Gebiet eines Mitgliedstaates von EG oder EWR aufweisen. Hierfür nennt **Art. 29a Abs. 2 EGBGB** Regelbeispiele: Der Vertrag könnte einerseits aufgrund eines öffentlichen **Angebots**/einer

---

15 BGH IPRspr 1993 Nr. 37.

Werbung in einem Mitgliedstaat der EG/des EWR zustande gekommen sein (Art. 29a Abs. 2 Nr. 1 EGBGB). Dies liegt vor, denn das durch die *B Virgin Islands Inc.* vertriebene Produkt wurde durch Prospekte in Deutschland beworben und der Vertragsschluss ist hierauf zurückzuführen.

dd) Zudem hatte Bohrer bei Vertragsschluss seinen **gewöhnlichen Aufenthalt** in Deutschland und hat hier seine Willenserklärung abgegeben (Art. 29a Abs. 2 Nr. 2 EGBGB).   672

Damit besteht der geforderte enge Zusammenhang zu Deutschland.

4. Materielles Widerrufsrecht

a) Nach dem Recht der British Virgin Islands als eigentlichem Vertragsstatut besteht kein Widerrufsrecht (MAT b).   673

b) Ein Widerrufsrecht aufgrund der **Sonderanknüpfung** nach Art. 29a EGBGB kann sich nur aus der deutschen Umsetzung (Art. 29a Abs. 1 letzter Hs. EGBGB) einer der in Art. 29a Abs. 4 EGBGB enumerierten Verbraucherschutzrichtlinien ergeben.   674

aa) Ein Widerrufsrecht nach **§ 312b BGB**, der Umsetzung der in Art. 29a Abs. 4 Nr. 3 EGBGB genannten *Fernabsatzrichtlinie* besteht nicht, denn der Vertrag ist kein Fernabsatzvertrag, da er nicht unter ausschließlicher Verwendung von Fernkommunikationsmitteln geschlossen wurde.   675

bb) Fraglich ist, ob ein Widerrufsrecht nach **§ 312 BGB** besteht.   676

Zu den in **Art. 29a Abs. 4 EGBGB** genannten Umsetzungen von EG-Verbraucherschutzrichtlinien gehört nicht § 312 BGB, dessen Voraussetzungen, wie bereits geprüft (Rn 645) vorliegen würden. Die Richtlinie betreffend den Verbraucherschutz im Falle von *außerhalb von Geschäftsräumen geschlossenen Verträgen* (RiLi 85/577/EWG) ist in Art. 29a Abs. 4 EGBGB nicht genannt, da diese Richtlinie keine Verpflichtung zur kollisionsrechtlichen Absicherung enthält. Eine analoge Anwendung des Art. 29a EGBGB würde wegen des enumerativen Charakters ausscheiden.

5. Sonderanknüpfung von EG-Richtlinienrecht

a) Fraglich ist jedoch, ob dieses von Art. 29a Abs. 4 EGBGB vorgezeichnete Ergebnis der **Natur des § 312 BGB** als **Umsetzung sekundären Europarechts** gerecht wird. Die von Art. 29a EGBGB belassene Lücke könnte durch eine **analoge Anwendung von Art. 27 Abs. 3 EGBGB** geschlossen werden.[16] Das ließe sich damit begründen, dass die Mitgliedstaaten in Ansehung des Richtlinienrechts einen einheitlichen Rechtsraum darstellen, auf den der Gedanke des Art. 27 Abs. 3 EGBGB, der mit der Verwendung des Begriffes „Staat" noch von einer nationalen Sicht der Rechtsordnungen ausgeht, übertragen werden könnte: Hat der Fall ausschließlich Bezug zur EG, so könnte zwingendes EG-Recht nicht durch Rechtswahl abbedungen werden.   677

b) Hiergegen spricht nicht zwingend, dass die dem Haustürwiderrufsrecht zugrundeliegende Richtlinie gerade nicht ihre kollisionsrechtliche Durchsetzung gegen Dritt-   678

---

16 *Rauscher* EuZW 1996, 650, 653.

staatenrecht vorschreibt; das beruht primär darauf, dass die Flucht aus dem Richtlinienrecht durch gezielte Rechtswahl erst nach dem Erlass der Richtlinie zu einem bekannten Problem in der Praxis wurde.

679 **c)** Der **EuGH** hat sogar noch weitergehend angedeutet, dass schon bei einem „engen Zusammenhang zum Binnenmarkt", also nicht nur bei *ausschließlicher* Verbindung, Richtlinienrecht sich ggf gegen eine Rechtswahl durchsetzen müsse, auch wenn die Richtlinie keine Kollisionsnorm fordert, die eine Aufnahme in den Katalog des Art. 29a Abs. 4 EGBGB bedingt.[17] Eine solche Sonderanknüpfung von Richtlinienrecht sollte jedenfalls bei verbraucherrechtlichen Richtlinien nicht über Art. 34 EGBGB erfolgen, sondern durch eine entsprechende Anwendung von Art. 29a EGBGB erreicht werden, auch wenn dadurch die enumerative Begrenzung in Art. 29a EGBGB gelockert wird. Auch wenn aus der Entscheidung des EuGH nicht etwa folgt, dass *jede* Richtlinie in diesem Sinn zwingend wäre, ist kein Grund ersichtlich, warum die Umsetzung der Haustürwiderrufsrichtlinie nicht von der Sonderanknüpfung erfasst würde.[18]

Folgt man dem, so ergibt sich für Bohrer ein Widerrufsrecht aus § 312 BGB. Die **Klage gegen** *B Virgin Islands Inc.* ist dann zulässig und begründet.

680 **Ergebnis:** Das LG Hannover ist für die Klage international zuständig; die Klage ist begründet, da aufgrund Sonderanknüpfung analog Art. 29a Abs. 4 EGBGB die deutsche Umsetzung der EG-Haustürwiderrufsrichtlinie Anwendung findet, also ein Widerrufsrecht nach § 312 BGB besteht.

Frage 2, Teil 2: Bohrer gegen *B Lux SA*

1. Internationale Zuständigkeit – Brüssel I-VO

681 **a)** Wiederum ist der sachliche **Anwendungsbereich** der Brüssel I-VO eröffnet. Da die Beklagte *B Lux SA* ihren Wohnsitz (Art. 60 Abs. 1 Brüssel I-VO) in Luxemburg, einem Mitgliedstaat, hat, ist die Brüssel I-VO nach ihrem Art. 3 Abs. 1 auch **räumlich** anzuwenden. Auf Art. 15 Abs. 2 Brüssel I-VO kommt es nicht an.

682 **b)** Eine internationale Zuständigkeit deutscher Gerichte könnte jedenfalls ausgeschlossen sein, wenn nach **Art. 23 Abs. 1 S. 2 Brüssel I-VO** luxemburgische Gerichte aufgrund der – als ausschließlich formulierten – Gerichtsstandsvereinbarung ausschließlich zuständig wären.

683 **aa)** Art. 23 Brüssel I-VO könnte jedoch durch **Art. 17 Brüssel I-VO** verdrängt sein. Dies setzt wiederum voraus, dass der Rechtsstreit eine **Verbrauchersache** iSd Art. 15

---

17 EuGH Rs. C-381/98 (*Ingmar GB Ltd./Eaton Leonhard Technologies Inc.*) NJW 2001, 2007; vgl dazu auch Fall 16.

18 Ebenso *Staudinger* NJW 2001, 1974, 1978; die Problematik wird sich absehbar zum Nachteil von Verbrauchern erledigen, wenn die von der Kommission geplante Bündelung der bisherigen Verbraucherschutzrichtlinien in einer EG-VerbraucherschutzRiLi (Vorschlag vom 8. 10. 2008 COM (2008) 614) erfolgt, da dort ein unmittelbar geltender kollisionsrechtlicher Vorrang von EG-Verbraucherschutzrecht nicht mehr vorgesehen ist und EG-Recht sich damit nur noch über die Sonderanknüpfung nach Art. 6 Abs. 1 Rom I-VO durchsetzt.

Abs. 1 Brüssel I-VO betrifft. Die *Verbrauchereigenschaft* des Bohrer besteht auch für einen Vertrag zur Finanzierung einer privaten Kapitalanlage.

Ein Art. 15 Brüssel I-VO unterfallendes **Verbrauchergeschäft** ergibt sich wiederum (vgl Rn 656) aus der werblichen Ausrichtung auf Deutschland (Art. 15 Abs. 1 lit. c Brüssel I-VO).

bb) Eine Gerichtsstandsvereinbarung ist damit nur im Rahmen von **Art. 17 Brüssel I-VO** zulässig. Da es sich weder um eine nachherige Vereinbarung (Nr. 1) noch um eine den Verbraucher einseitig begünstigende (Nr. 2) handelt und die Parteien schon bei Vertragsschluss in verschiedenen Vertragsstaaten Wohnsitz und Aufenthalt hatten (Nr. 3), ist die Gerichtsstandsvereinbarung unzulässig.   684

c) Die internationale Zuständigkeit deutscher Gericht folgt daher aus **Art. 16 Abs. 1 Brüssel I-VO**. Wiederum ist das LG Hannover international und örtlich zuständig.   685

2. Anwendbares Recht

a) Die grundsätzliche **Wirksamkeit der Rechtswahl** folgt aus Art. 27 Abs. 1 EGBGB (wie Rn 659 ff). Ob die „individuelle" Einfügung der Klausel eine Individualvereinbarung darstellt oder ob die *B Lux SA* diese Rechtswahlklausel in eine unbestimmte Anzahl von Verträgen zur Finanzierung von Produkten der *B Virgin Islands Inc.* einfügt, kann dahinstehen, da sich aus Art. 31 Abs. 2 EGBGB auch im Fall von AGB keine Zweifel an der Wirksamkeit ergeben (vgl Rn 661 ff). Vertragsstatut ist also grundsätzlich das Recht der British Virgin Islands.   686

b) Jedoch könnte deutsches Recht im Wege der **Sonderanknüpfung** nach Art. 29 Abs. 1 EGBGB anwendbar sein.   687

aa) Art. 29 Abs. 1 EGBGB erfasst auch Verträge zur **Finanzierung** von Dienstleistungen gegenüber Verbrauchern. Fraglich ist jedoch auch hier, ob Art. 29 Abs. 1 bis 3 EGBGB durch Art. 29 Abs. 4 EGBGB ausgeschlossen sind, weil die *B Lux SA* die Finanzierungsleistung in Luxemburg und auf den Virgin Islands, nicht aber in Deutschland zu erbringen hat. Dagegen spricht jedoch der klare Wortlaut des Art. 29 Abs. 4 EGBGB, der nur die *Erbringung*, nicht aber die *Finanzierung* von Dienstleistungen nennt, weshalb die Ausnahme auf Finanzierungsgeschäfte nach hM keine Anwendung findet,[19] wenn auch gewisse Zweifel bleiben, weil auch bei Finanzierungen ohne Einwirkung auf den Aufenthaltsstaat der von Art. 29 Abs. 1 EGBGB vermittelte Schutz fragwürdig ist.   688

bb) Es muss jedoch eine der in **Art. 29 Abs. 1 EGBGB** genannten **Abschlusssituationen** gegeben sein. Dies ist für Art. 29 Abs. 1 Nr. 1 EGBGB zu bejahen, denn Bohrer hat in Deutschland von der *B Lux SA* eine ausdrückliche Werbung für Geschäfte dieses Typs erhalten und hier seine auf Vertragsabschluss gerichtete Willenserklärung abgegeben.   689

Damit liegen die Voraussetzungen der Sonderanknüpfung (Art. 29 Abs. 1 EGBGB) an deutsches Recht vor.

---

19 BGH IPRspr 1993 Nr. 37.

3. Materielles Widerrufsrecht

690 **a)** Ein **Widerrufsrecht** kann sich nur aus einer von Art. 29 Abs. 1 EGBGB erfassten **zwingenden Bestimmung** ergeben; damit sind jene Regelungen gemeint, die einerseits nicht abdingbar sind, andererseits dem Schutz des Verbrauchers dienen.

691 **b)** § 312 BGB greift nicht ein, denn der Vertrag wurde nicht in einer Haustürsituation geschlossen.

692 **c)** § 312b BGB greift nicht ein, denn §§ 312b ff BGB sind nicht auf *Finanzgeschäfte* anzuwenden (§ 312b Abs. 3 Nr. 3 BGB). Ein Darlehen rechnet zu den typischen, in § 312b Abs. 3 Nr. 3 BGB genannten Bankgeschäften.

693 **d)** Ein Widerrufsrecht kann sich jedoch aus **§ 495 Abs. 1 BGB** ergeben. Die Legaldefinition des Verbraucherdarlehensvertrages in § 491 Abs. 1 BGB ist erfüllt. Dass bei Abschluss des Verbraucherdarlehensvertrages die Bestimmungen der §§ 492 ff BGB nicht gewahrt wurden, wirkt sich auf die Wirksamkeit nicht mehr aus, da die Auszahlung bereits wie vereinbart für Rechnung des Bohrer an die *B Virgin Islands Inc.* erfolgt ist (§ 494 Abs. 2 S. 1 BGB). Das Widerrufsrecht war mangels Belehrung im Zeitpunkt der Ausübung auch nicht erloschen (§ 355 Abs. 2, 3 BGB).

694 **Ergebnis:** Das LG Hannover ist für die Klage international und örtlich zuständig. Die Klage ist begründet, da über die Sonderanknüpfung nach Art. 29 Abs. 1 EGBGB ein Widerrufsrecht aus § 495 BGB besteht.

Frage 3: Rechtslage bei Klageeinreichung durch *B Lux SA* in Luxemburg

1. Brüssel I-VO: Anderweitige Anhängigkeit

695 Die Frage berührt die **internationale Zuständigkeit** deutscher Gerichte bei doppelter Anhängigkeit: Das LG Hannover könnte mit der von Bohrer zu erhebenden Klage gemäß **Art. 27 Brüssel I-VO** zu verfahren haben.

696 **a)** Dazu müsste vor Gerichten eines anderen Mitgliedstaats eine Klage wegen desselben Anspruchs zwischen denselben Parteien anhängig sein. Die Parteiidentität liegt vor. Fraglich ist die **Anspruchsidentität**, weil sich eine Leistungsklage und eine den zugrundeliegenden Vertrag negierende Feststellungsklage gegenüberstehen. Die Anspruchsidentität ist jedoch nicht nach dem Streitgegenstandsbegriff der *lex fori* zu bewerten, sondern in autonomer Auslegung am Zweck einer einheitlichen Auslegung zu orientieren; es genügt, wenn die in beiden Verfahren zu entscheidenden Fragen im Kernpunkt übereinstimmen. Zur Vermeidung sachlich widersprüchlicher Entscheidungen liegt danach Anspruchsidentität auch in dieser Konstellation vor.[20]

697 **b)** Das deutsche Gericht müsste **später angerufen** sein. Auch dieses Tatbestandsmerkmal des Art. 27 Abs. 1 Brüssel I-VO ist, anders als in Art. 21 Abs. 1 EuGVÜ, nunmehr ausdrücklich (Art. 30 Brüssel I-VO) autonom auszulegen. Angerufen ist das

---

20 EuGH Rs. 144/86 (*Gubisch/Palumbo*) IPRax 1989, 157 (sog „Kernpunkttheorie").

luxemburgische Gericht im Zeitpunkt der Einreichung der das Verfahren einleitenden Klage, vorausgesetzt, der Kläger versäumt nicht eine ihm obliegende Mitwirkung bei der Zustellung (Art. 30 Nr. 1 Brüssel I-VO). Davon ist nach Sachverhalt auszugehen.

[Auch bei Unkenntnis, dass im romanischen Prozess die Klagezustellung *nach* der Einreichung erfolgt, wäre nach dem Sachverhalt das luxemburgische Gericht *spätestens* mit Klageeinreichung angerufen (vgl Art. 30 Nr. 2 Brüssel I-VO).]

2. Ausnahme wegen Verstoß gegen Verbraucherzuständigkeiten

a) Fraglich ist, ob eine **Abweichung von Art. 27 Brüssel I-VO** zulässig ist, weil das Luxemburger Gericht seine Zuständigkeit nur unter Verletzung der Bestimmungen der Art. 15 ff Brüssel I-VO annehmen könnte. Dies könnte wegen **ausschließlicher Zuständigkeit** deutscher Gerichte in Betracht kommen. **698**

b) Grundsätzlich gehen Art. 27 ff Brüssel I-VO davon aus, dass das zweitangerufene Gericht **keine Kompetenz** hat, die Zuständigkeit des erstangerufenen Gerichts zu prüfen, sondern dessen Prüfung abzuwarten hat. Das LG Hannover hätte also gemäß Art. 27 Abs. 1 Brüssel I-VO bis zur Zuständigkeitsfeststellung durch das Luxemburger Gericht das Verfahren auszusetzen und sich ggf danach gemäß Art. 27 Abs. 2 Brüssel I-VO für unzuständig zu erklären, also die Klage Bohrers als unzulässig abzuweisen. **699**

c) Ausnahmsweise könnte sich jedoch eine Prüfungskompetenz mittelbar aus **Art. 25** und **29 Brüssel I-VO** ergeben. Art. 25 Brüssel I-VO fordert immer die Prüfung der **ausschließlichen Zuständigkeit** anderer Gerichte. Art. 29 Brüssel I-VO betrifft zwar nur den seltenen Fall der ausschließlichen Zuständigkeit mehrerer Gerichte, impliziert aber, dass das zweitangerufene Gericht auch eine **eigene ausschließliche Zuständigkeit** prüfen muss. Kommt das Zweitgericht bei dieser Prüfung über den Fall des Art. 29 Brüssel I-VO hinaus sogar zu dem Ergebnis, dass es selbst ausschließlich zuständig ist, nicht aber das Erstgericht, so ist das Verfahren nach Art. 27 Abs. 1 Brüssel I-VO sinnlos: Entscheidet nämlich das Erstgericht unzutreffend, so wäre das darauf gestützte Urteil nach Art. 35 Abs. 1 Brüssel I-VO in keinem Vertragsstaat anerkennungsfähig, das Zweitgericht müsste also zur Vermeidung von Rechtsverweigerung sein Verfahren ohnehin fortsetzen. Entscheidet das Erstgericht richtig, so würde das Verfahren vor dem Zweitgericht durch die Aussetzung nur verzögert. **700**

d) Die Anwendung dieser vom EuGH nur erwogenen,[21] jedoch grundsätzlich erforderlichen Ausnahme könnte vorliegend fraglich sein, weil Art. 16 Abs. 1 Brüssel I-VO nicht eine typische **ausschließliche Zuständigkeit** beschreibt. Maßgeblich muss aber die ratio der Herleitung der Ausnahme sein: Das Anerkennungshindernis des Art. 35 Abs. 1 Brüssel I-VO greift nicht nur bei Verletzung des Katalogs der ausschließlichen Einzelzuständigkeiten in Art. 22 Brüssel I-VO, sondern auch bei Verletzung der als *System* ausschließlichen Versicherungs- und Verbraucherzuständigkeiten. Die Interessenlage ist also identisch, wenn das zweitangerufene Gericht *eines* der **701**

---

21 EuGH Rs. 351/89 (*Overseas Union/New Hampshire Insurance*) IPRax 1993, 34.

nach Art. 15 ff Brüssel I-VO *ausschließlich* zuständigen Gerichte ist, das erstange-
rufene Gericht hingegen unzuständig ist.

702 **Ergebnis:** Das LG Hannover wird also ungeachtet des Luxemburger Verfahrens sein
Verfahren durchführen.

Frage 4: Änderungen zu Frage 2 bei Vertragsabschluss im Januar 2010

1. Rom I-VO: Anwendbarkeit

703 Änderungen können sich (nur) hinsichtlich der Bestimmung des anwendbaren Rechts
ergeben, da bei Vertragsschluss im Januar 2010 die Rom I-VO intertemporal anwendbar wird (Rn 658).

Der **sachliche Anwendungsbereich** ist eröffnet; es handelt sich sowohl bei der Kapitalanlage als auch bei deren Finanzierung um Zivil- oder Handelssachen, für die keine
Bereichsausnahmen nach Art. 1 Abs. 2 Rom I-VO bestehen. **Räumlich** gilt die Rom
I-VO als *loi uniforme* (Art. 2 Rom I-VO), auch wenn das bezeichnete Recht nicht das
eines Mitgliedstaats ist.

2. Vertragsstatut Bohrer – B Virgin Islands Inc.

704 **a)** Dieser Vertrag unterliegt auch nach der Rom I-VO dem gewählten Recht (Art. 3
Abs. 1 Rom I-VO); die Vereinbarung in AGB ist, vorbehaltlich ihrer Wirksamkeit,
ausdrücklich iSd Art. 3 Abs. 1 S. 2 Rom I-VO, dessen etwas engerer Wortlaut („ausdrücklich... oder... eindeutig") im Fall ohne Bedeutung ist. Auch hinsichtlich der
Wirksamkeit der Rechtswahl ergeben sich keine Änderungen, da Art. 27 Abs. 4, 31
Abs. 1 und Abs. 2 EGBGB (Rn 660 ff) ihre Entsprechung in Art. 3 Abs. 5, 10 Abs. 1
und Abs. 2 Rom I-VO finden.

705 **b)** Die Regelung der **Verbraucherverträge** in Art. 6 Rom I-VO stimmt hingegen
nicht völlig mit Art. 29 EGBGB (Art. 5 EVÜ) überein.

706 **aa)** Der **Verbrauchervertragsbegriff** des Art. 6 Abs. 1 Rom I-VO setzt weiterhin voraus, dass eine Partei **Verbraucher** ist und, nunmehr ausdrücklich, die andere Partei
Unternehmer. Das ist hier gegeben (Rn 665 f). Art. 6 Abs.1 Rom I-VO setzt jedoch
keinen bestimmten **Vertragstypus** voraus, sondern entwickelt den Begriff des Art. 15
Abs. 1 lit. c Brüssel I-VO weiter. Erforderlich ist nur noch situativ, dass der Unternehmer seine berufliche oder gewerbliche Tätigkeit in dem gewöhnlichen Aufenthaltsstaat des Verbrauchers ausübt (lit. a) oder sie auf diesen Staat ausrichtet (lit. b) und der
Vertrag in den Bereich dieser Tätigkeit fällt. Da das „Ausrichten" schon zu Art. 15
Abs. 1 lit. c Brüssel I-VO zu bejahen war (Rn 656), ist Art. 6 Rom I-VO anzuwenden.

707 **bb)** Die Natur als Verbrauchervertrag schließt weiterhin nicht die Rechtswahl als solche aus (Art. 6 Abs. 2 S. 1 Rom I-VO), sondern sichert im selben Umfang wie bisher
Art. 29 Abs. 1 EGBGB im Wege der **Sonderanknüpfung** (Rn 664) die Anwendung
der zwingenden Bestimmungen im Recht des gewöhnlichen Aufenthaltsstaates, hier
also im deutschen Recht.

cc) Ebenfalls wie bisher (Rn 667) sind Art. 6 Abs. 1 und 2 Rom I-VO nicht anzuwen- **708** den auf Verträge über die Erbringung von **vollständig in einem anderen Staat zu er- bringende Dienstleistungen**; insoweit entspricht Art. 6 Abs. 4 lit. a Rom I-VO dem bisherigen Art. 29 Abs. 4 Nr. 2 EGBGB. Im Ergebnis ergibt sich damit weiterhin kei- ne Sonderanknüpfung an deutsches Recht, da der Vertrag unverändert als Vertrag über Dienstleistungen einzuordnen ist, die vollständig auf den British Virgin Islands zu er- bringen sind.

c) Art. 29a EGBGB (Rn 668 ff), der auf Kollisionsnormen in den dort genannten EG- **709** Verbraucherschutzrichtlinien beruht, bleibt von der Rom I-VO unberührt (Art. 23 Rom I-VO), so dass sich insoweit keine Änderungen ergeben, solange nicht auch das Verbraucherschutzrecht aus EG-Richtlinien in einer RiLi gebündelt wird und dabei, wie geplant, auf eine kollisionsrechtliche Absicherung verzichtet wird. Am Ergebnis ändert sich damit letztlich nichts.

3. Vertragsstatut Bohrer – *B Lux SA*

a) Der Vertrag ist in den Verbrauchervertragsbegriff des Art. 6 Abs. 1 Rom I-VO nicht **710** mehr wegen seiner Natur als Finanzierungsgeschäft (Rn 688) einbezogen, sondern wegen der Ausrichtung der Tätigkeit der Beklagten auf Deutschland (Art. 6 Abs. 1 lit. b Rom I-VO), die im Ausgangsfall bereits zu Art. 15 Abs. 1 lit. c Brüssel I-VO festge- stellt wurde (Rn 656).

b) Da wiederum die Ausnahme für vollständig in einem anderen Staat zu erbringende **711** Dienstleistungen nicht greift (Rn 688, Art. 6 Abs. 4 lit. a Rom I-VO wie Art. 29 Abs. 4 EGBGB), ist zwingendes deutsches Verbraucherschutzrecht im Wege der **Son- deranknüpfung** des Art. 6 Abs. 2 S. 2 Rom I-VO anzuwenden. Das Widerrufsrecht nach § 495 BGB besteht also auch in der Abwandlung.

Ergebnis: Im Ergebnis führt wie im Ausgangsfall nicht die allgemeine verbraucher- **712** rechtliche Sonderanknüpfung nach Art. 6 Abs. 2 S. 2 Rom I-VO, sondern eine analo- ge Anwendung von Art. 29a EGBGB zur Anwendung deutschen Haustürwiderrufs- rechts und damit zur Begründetheit der Klage gegen die *B Virgin Islands Inc.* Die Klage gegen die *B Lux SA* ist ebenfalls begründet aufgrund der Sonderanknüpfung des Art. 6 Abs. 2 S. 2 Rom I-VO an zwingendes deutsches Recht (§ 495 BGB) über Art. 56 Abs. 1 Rom I-VO.

Literaturhinweise

Behandlung der fallrelevanten Themen in:
Rauscher Internationales Arbeitsrecht (3. Aufl.)

Weitere Literatur:

1. Verbraucherzuständigkeiten in der Brüssel I-VO

Rauscher/Staudinger (2006) Vorbem Art. 15–17 Brüssel I-VO Rn 1; zur personellen, sachlichen Zuständigkeit: Art. 15 Brüssel I-VO Rn 1; zur örtlichen Zuständigkeit: Art. 16 Brüssel I-VO Rn 1; Abweichungen durch Vereinbarungen: Art. 17 Brüssel I-VO Rn 1. *Staudinger* Reichweite des Verbraucherschutzgerichtsstandes nach Art. 15 Abs. 2 EuGVVO, IPRax 2008, 107. *Rösler/Siepmann* Der Beitrag des EuGH zur Präzisierung von Art. 15 Abs. 1 EuGVO, EuZW 2006, 76.

2. Konkurrierende Anhängigkeit

Rauscher/Leible (2006) Art. 27 Brüssel I-VO Rn 1. *Thiele* Anderweitige Rechtshängigkeit im Europäischen Zivilprozessrecht – Rechtssicherheit vor Einzelfallgerechtigkeit, RIW 2004, 285. *Rauscher* Unzulässigkeit einer anti-suit-injunction unter Brüssel I, IPRax 2004, 405.

3. Anknüpfung von Verbraucherverträgen (Art. 29 EGBGB)

Staudinger/Magnus (2002) Art. 29 EGBGB Rn 66. *Althammer* Grundsatzfragen des Internationalen Schuldvertragsrechts: Art. 27 ff EGBGB, der Kommissionsvorschlag für eine Rom I-Verordnung und der abschließende Verordnungstext im Überblick, JA 2008, 772. *Paefgen* Kollisionsrechtlicher Verbraucherschutz im Internationalen Vertragsrecht und europäisches Gemeinschaftsrecht, ZEuP 2003, 266.

4. Sonderanknüpfung von EG-Verordnungen (Art. 29a EGBGB)

Staudinger/Magnus (2002) Art. 29a EGBGB Rn 55 (Richtlinien); Rn 57 (Sonderanknüpfung Timesharing). *Callies* Kollisionsrecht, Richtlinienrecht oder Einheitsrecht? Zur Modernisierung des Art. 5 EVÜ (Art. 29, 29a EGBGB) im System des europäischen Verbrauchervertragsrechts, ZEuP 2006, 742. *Wagner* Zusammenführung verbraucherschützender Kollisionsnormen aufgrund EG-Richtlinien in einem neuen Art. 29a EGBGB, IPRax 2000, 249.

5. International zwingende Bestimmungen (Art. 34 EGBGB)

Staudinger/Magnus (2002) Art. 34 EGBGB Rn 51 ff. *Straube* Das Bundesarbeitsgericht und Art. 34 EGBGB, IPRax 2007, 395. *Hohloch* VerbrKrG – kein zwingendes Recht iSd Art. 34 BGBEG, BGHReport 2006, 433.

Fall 13
Wer zahlt für das Flugzeug im Kraftwerk?

(Bearbeitungszeit: 5 Stunden + 1 Stunde Frage 2b)

Die RGE AG mit Sitz in Düsseldorf, ein Unternehmen der Energiewirtschaft mit mehreren Tausend Arbeitnehmern und fast 1 Milliarde € Nettoumsatz, errichtet und betreibt Fernwärmekraftwerke. Für den Betrieb eines solchen Kraftwerks, das im Gerichtsbezirk von Metz (Frankreich) steht, schließt die RGE AG eine Sachversicherung über Elementarrisiken und Unfallschäden mit einer Versicherungssumme von 50 Mio. € mit der Allianz AG („Allianz"), die ihren Sitz in München hat. Diese schließt über dasselbe Risiko, Rückversicherungsverträge mit der American Reinsurance Inc. („AmericanRe") mit Sitz in Princeton (New Jersey, USA) und der AXA SA mit Sitz in Paris. Der Vertrag mit AmericanRe wurde durch deren Muttergesellschaft, die Münchener Rückversicherungs-AG („Münchener Rück") mit Sitz in München, vermittelt und in deren Vertretung gezeichnet. In den Rückversicherungsverträgen ist vereinbart, dass die Rückversicherer je 40 % des 5 Mio. € übersteigenden Schadens aus jedem Schadensereignis übernehmen. Der Vertrag mit AXA SA enthält die Klausel „Erfüllungsort für alle Ansprüche aus diesem Vertrag ist Paris."

713

Am 15. 2. 2008 stürzt ein in Deutschland registriertes Privatflugzeug in das Kraftwerk. Es entsteht am Kraftwerk ein Sachschaden von 20 Mio. €. Der Halter des Flugzeugs, der in Dresden wohnende deutsche Staatsangehörige Emanuel Engler ist mit einer Versicherungssumme von 5 Mio. € bei der Generali Vienna AG („Generali") mit Sitz in Wien gegen Haftpflicht versichert. Der von beiden Parteien unterzeichnete Versicherungsvertrag bestimmt in den in der Vertragsurkunde ausgedruckten AGB: „Ausschließlicher Gerichtsstand ist Wien."

RGE AG nimmt die Allianz auf Deckung ihres Schadens iHv 20 Mio. € in Anspruch. Diese möchte im Fall ihrer Leistungspflicht Rückgriff bei AmericanRe und AXA SA in Höhe von je 6 Mio. € nehmen.

1. Sind deutsche Gerichte oder Gerichte anderer EG-Mitgliedstaaten für entsprechende Klagen international zuständig? Ausländisches nationales Prozessrecht ist nicht zu prüfen.
2. **a)** Welches Recht ist auf die Vertragsbeziehungen anzuwenden? Für welche der Verträge wäre eine Rechtswahl zulässig?
   b) Welche Änderungen ergeben sich zu (a), wenn die vorliegenden Versicherungs- und Rückversicherungsverträge nach dem 17. 12. 2009 geschlossen werden?

Abwandlung: Allianz hat RGE AG den Schaden ersetzt und möchte Rückgriff bei Engler aus abgetretenen Schadensersatzansprüchen der RGE AG nehmen. Am 15. 5. 2008 reicht die Allianz Leistungsklage gegen Engler bei dem Landgericht Dresden ein. Engler hat schon am 13. 5. 2008 Klage gegen RGE AG zum *Tribunal de Grande Instance Metz* (TGI Metz) mit dem Ziel der Feststellung eingereicht, dass ein Schadensersatzanspruch nicht besteht. Beide Klagen wurden später auch zugestellt.

Auf am 5. 6. 2008 erhobene *demande reconventionelle* (Widerklage) der RGE AG nach Art. 64 ncpc verurteilt ihn das Gericht zur Zahlung von 5 Mio. €. Auf *demande en intervention* (Interventionsklagen) des Engler nach Art. 66 ncpc verurteilt außerdem das Gericht die Generali zur Zahlung von 5 Mio. € aus Versicherungsvertrag.

3. War das französische Gericht international zuständig? Voraussetzungen im nationalen Verfahrensrecht sind nicht zu prüfen, sondern zu unterstellen.

4. Wie hat das LG Dresden zu entscheiden, wenn es von dem Verfahren in Frankreich Kenntnis erlangt?

5. Sind die Aussprüche im Urteil des *TGI Metz* in Deutschland anerkennungsfähig?

Materialien

I. Nouveaux Code de Procedure Civile (französische Zivilprozessordnung)

714 **a) Art. 64 ncpc**

Eine *demande reconventionelle* ist ein Angriffsmittel, durch das der ursprüngliche Beklagte einen Ausspruch beantragt, der über die bloße Abweisung des Antrags seines Gegners hinausgeht.

Art. 66 ncpc

Eine *intervention* ist die Klage, deren Ziel es ist, einen Dritten zur Partei des Prozesses zu machen, der zwischen den ursprünglichen Parteien anhängig ist. Wenn die *intervention* vom Dritten ausgeht, ist sie freiwillige Intervention (*intervention volontaire*). Die *intervention* ist erzwungen (*forcée*), wenn der Dritte von einer Partei verklagt wird.

II. (Deutsches) Gesetz über die Beaufsichtigung der Versicherungs-unternehmen (Versicherungsaufsichtsgesetz – VAG)

b) Anlage A Einteilung der Risiken nach Sparten

Rn 3 bis 7 betreffen Schäden an Fahrzeugen

Rn 8. Feuer- und Elementarschäden

Sämtliche Sachschäden (soweit sie nicht unter die Nummern 3 bis 7 fallen), die verursacht werden durch:

a) Feuer
b) Explosion
c) Sturm
d) andere Elementarschäden außer Sturm
e) Kernenergie
f) Bodensenkungen und Erdrutsch

Rn 9. Hagel-, Frost- und sonstige Sachschäden

Sämtliche Sachschäden (soweit sie nicht unter die Nummern 3 bis 7 fallen), die außer durch Hagel oder Frost durch Ursachen aller Art (wie beispielsweise Diebstahl) hervorgerufen werden, soweit diese Ursachen nicht unter Nummer 8 erfasst sind.

III. Zweite Schadensversicherungsrichtlinie v. 22. 6. 1988 (RiLi 88/357/EWG)

c) Art. 7 Abs. 1 lit. f

In Bezug auf die in Artikel 5 Buchstabe d) Ziffer i) der Ersten Richtlinie genannten Risiken können die Vertragsparteien jedes beliebige Recht wählen.

Hinweis: Art. 5 lit. d sublit. i der Ersten Schadensversicherungsrichtlinie v 24. 7. 1973 (RiLi 73/239/EWG) iVm der Dritten Schadensversicherungsrichtlinie v 22. 6. 1988 (RiLi 88/357/EWG) definiert Großrisiken – unabhängig von der Belegenheit – in der in Art. 10 Abs. 1 EGVVG umgesetzten Weise.

Strukturierung des Falles

Wesentliche Themen: Internationale Zuständigkeit in Versicherungssachen, Rückversicherung; Anknüpfung von Versicherungsverträgen, Rückversicherung; Versicherungsverträge unter der Rom I-VO; Konkurrierende Rechtshängigkeit bei Klagen im Zusammenhang.

715

Frage 1: Internationale Zuständigkeit deutscher Gerichte/anderer europäischer Gerichte

1. Klage RGE AG gegen Allianz
a) Deutsche Gerichte
  - Sachlicher Anwendungsbereich Brüssel I-VO, Art. 1 Abs. 1 Brüssel I-VO Zivilsache (+), Art. 1 Abs. 2 Brüssel I-VO keine ausgenommene Materie (+)
  - Räumlicher Anwendungsbereich Art. 3 Abs. 1 Brüssel I-VO (+) Allianz hat Sitz (Art. 60 Abs. 1 Brüssel I-VO) in Deutschland, also Mitgliedstaat
  - Kein ungeschriebenes Erfordernis eines Auslandsbezugs, also auch anwendbar, wenn Kläger und Beklagter Wohnsitz im selben Mitgliedstaat
  - Art. 8 ff Brüssel I-VO wenn Versicherungssache
    - Rechtsstreit Versicherer und Versicherungsnehmer arg Art. 13 Nr. 2 Brüssel I-VO
    - Keine Einschränkung auf Verbrauscherversicherungen, andere Situation als bei Rückversicherung
  - Gegen den Versicherer gerichtete Klage: Art. 9 Abs. 1 lit. a Brüssel I-VO, Wohnsitzgerichte (Art. 60 Brüssel I-VO), also deutsche Gerichte zuständig
  - Örtlich zuständig LG München I, Sitz der Beklagten §§ 12, 17 ZPO
  - Örtlich zuständig auch LG Düsseldorf, Sitz der Klägerin § 215 Abs. 1 VVG
b) Gerichte anderer Mitgliedstaaten der EG
  - Ebenfalls Brüssel I-VO anzuwenden
  - Französische Gerichte, Art. 10 Brüssel I-VO
    - Sachversicherung einer Immobilie, Art. 10 S. 1 Alt. 2 Brüssel I-VO
    - International und örtlich zuständig französische Gerichte der Belegenheit

2. Klage Allianz gegen AmericanRe
a) Deutsche Gerichte
  - Brüssel I-VO: räumlich-persönlicher Anwendungsbereich Art. 3 Abs. 1 Brüssel I-VO (–) kein Wohnsitz von AmericanRe in Mitgliedstaat, Art. 60 Brüssel I-VO

  - Art. 9 Abs. 2 Brüssel I-VO, wenn Münchener Rück Agentur der AmericanRe
    - Versicherungssache (–) Art. 8 ff Brüssel I-VO nicht auf Rückversicherungsverträge anwendbar mangels Schutzbedürftigkeit
  - Also deutsches IZPR
    - §§ 12, 17 ZPO entsprechend (–) kein Sitz der AmericanRe in Deutschland
    - § 21 ZPO: trotz engerem Wortlaut wie Art. 5 Nr. 5 Brüssel I-VO auszulegen, also Muttergesellschaft als „Niederlassung" der Tochter möglich, hier (+) Zeichnung des Vertrages in Vertretung
b) Gerichte anderer Mitgliedstaaten der EG
  - Nach Bearbeitervermerk nicht zu prüfen, da nationales IZPR einschlägig

3. Klage Allianz gegen AXA SA
a) Deutsche Gerichte
  - Brüssel I-VO anwendbar, Beklagtenwohnsitz, Art. 3 Abs. 1, Art. 60 Brüssel I-VO, in Frankreich
  - Art. 8 ff Brüssel I-VO (–) da Rückversicherungsvertrag
  - Art. 2 Brüssel I-VO (–) kein Beklagtenwohnsitz in Deutschland
  - Art. 5 Nr. 1 Brüssel I-VO
    - Art. 5 Hs. 1 Brüssel I-VO Beklagtenwohnsitz in einem Mitgliedstaat, Klage in anderem (+)
    - Erfüllungsort nach Art. 5 Nr. 1 lit. b Brüssel I-VO: wenn Dienstleistung, Art. 5 Nr. 1 lit. b Str. 2, weit auszulegen, Versicherung ist Dienstvertrag, bei Rückversicherung zweifelhaft wegen Schwerpunkt auf gemeinsamer Risikotragung
    - Kann offen bleiben, wenn Erfüllungsortvereinbarung, die unter Art. 5 Nr. 1 lit. a und lit. b. Brüssel I-VO beachtlich, hierbei Einschränkung auf materiell gewollte Erfüllungsortvereinbarungen (+) also Erfüllungsort Paris
  - Art. 5 Nr. 5 Brüssel I-VO (–), kein Vertragsschluss über eine Niederlassung etc.

b) Gerichte anderer Mitgliedstaaten der EG
- Französische Gerichte nach Art. 2 Brüssel I-VO (+)
- Art. 5 Nr. 1 Brüssel I-VO: französische Gerichte (–) da Klage nicht in anderem als Wohnsitzstaat

Ergebnis: Für die Klage gegen die Allianz sind deutsche Gerichte im Wohnsitzgerichtsstand und französische im Belegenheitsgerichtsstand zuständig. Für die Klage gegen AmericanRe sind deutsche Gerichte im Niederlassungsgerichtsstand zuständig. Für die Klage gegen AXA SA sind deutsche Gerichte unzuständig, in Frankreich ist der Wohnsitzgerichtsstand eröffnet.

Frage 2a: Anwendbares Recht und Rechtswahlmöglichkeit

1. Versicherungsvertrag RGE AG – Allianz

a) Rom I-VO intertemporal (–) Versicherungsvertrag vor dem 17. 12. 2009, Art. 28 Rom I-VO

b) Art. 27 ff EGBGB durch Art. 37 Nr. 4 **EGBGB** ausgeschlossen (+) Versicherungsverträge nicht generell ausgeschlossen, aber bei Risikobelegenheit in EG oder EWR, hier Frankreich

c) Versicherungsvertragsstatut nach Art. 7 ff EGVVG, vgl 2. Schadenversicherungsrichtlinie (RiLi 1988/357/EWG) idF der 3. Schadenversicherungsrichtlinie (RiLi 1992/49/EWG)
- Rechtswahl (–)
- Art. 8 EGVVG (–) gewöhnlicher Aufenthalt des Versicherungsnehmers RGE AG Deutschland, Risiko in Frankreich
- Art. 11 EGVVG, engste Verbindung, Vermutung zum Staat der Belegenheit des Risikos Art. 11 Abs. 2 EGVVG
- Abweichung anhand von Kriterien nach Art. 9, 10 EGVVG (–) gemeinsamer gewöhnlicher Aufenthalt nicht maßgeblich
- Verweisung ist Sachnormverweisung, Art. 15 EGVVG iVm Art. 35 Abs. 1 EGBGB

d) Zulässigkeit einer Rechtswahl, Art. 9 ff EGVVG
- Art. 9 EGVVG: Rechtswahl zulässig, da gewöhnlicher Aufenthalt des Versicherungsnehmers und Belegenheit des Risikos auseinanderfallen
  - Art. 9 Abs. 1 EGVVG: wählbar deutsches oder französisches Recht
  - Art. 9 Abs. 2 bis 4 EGVVG (–)
- Art. 10 Abs. 1 EGVVG unbegrenzte Rechtswahl bei Großrisiken

- Großrisiko Art. 10 Abs. 1 S. 2 Nr. 1 bis 3 EGVVG, vgl Art. 5 lit. d der 1. SchadensversicherungsRiLi (+) RGE AG beschäftigt über 250 Arbeitnehmer, bei Umsatz von „fast 1 Milliarde €" Nettoumsatzerlöse von über 12 800 000 €, Art. 10 Abs. 1 lit. b, c EGVVG
- Wortlaut: Versicherungsnehmer gewöhnlicher Aufenthalt oder Hauptverwaltung im Inland und Risiko in Deutschland belegen (–), aber teleologische Auslegung nach Art. 7 Abs. 1 lit. f der 2. Schadenversicherungs RiLi: erst recht freie Rechtswahl, wenn schwächerer Inlandsbezug
- Art. 10 Abs. 2 EGVVG (–) kein Drittstaatenrisiko
- Art. 10 Abs. 3 EGVVG (–) keine Rechtswahlverweisung, da Art. 8 EGVVG nicht gegeben

2. Rückversicherungsvertrag Allianz – AmericanRe

a) Art. 37 Nr. 4 EGBGB (–) da Rückversicherungsvertrag, also Art. 27 ff EGBGB auch bei Risikobelegenheit in der EG

b) Rechtswahl, Art. 27 EGBGB (–)
- Engste Verbindung, Art. 28 Abs. 1 EGBGB: charakteristische Leistung bei Rückversicherungsvertrag fraglich, einerseits Versicherung, hM betont aber gemeinsame Gefahrgemeinschaft, also Erstversicherer (Allianz) als charakteristisch Leistender

c) Rechtswahl Art. 27 Abs. 1 EGBGB unbeschränkt zulässig

3. Rückversicherungsvertrag Allianz – AXA SA
- Wie für den Vertrag Allianz – AmericanRe, Sitz inner- oder außerhalb EU unerheblich

Ergebnis: Der Vertrag RGE AG – Allianz untersteht französischem Recht, eine Rechtswahl ist frei zulässig, weil ein Großrisiko versichert ist. Die Rückversicherungsverträge mit AmericanRe und AXA SA unterstehen deutschem Recht und sind einer Rechtswahl zugänglich.

Frage 2b: Änderungen bei Vertragsschluss nach dem 17. 12. 2009

1. Versicherungsvertrag RGE AG – Allianz

a) Rom I-VO zeitlicher Anwendungsbereich (+) Vertragsschluss nach 17. 12. 2009, Art. 28 Rom I-VO

b) Sachlicher Anwendungsbereich
- Art. 1 Abs. 1 Rom I-VO (+) Versicherungsvertrag zivil- und handelsrechtlich

– Art. 1 Abs. 2 Rom I-VO keine Bereichsausnahme (+) insbesondere Art. 1 Abs. 2 lit. j Rom I-VO lediglich Zweige der Lebens-, Arbeitslosigkeits- und Rentenversicherung
– Keine Parallele zu Art. 37 Nr. 4 EGBGB bzw Art. 1 Abs. 3 EVÜ

c) Art. 7 Rom I-VO
– Anwendbar auf Großrisiken iSd Art. 7 Abs. 2 Rom I-VO iVm Art. 5 lit. d RiLi 1988/357/EWG (+)
– Anwendbar auf alle anderen Risiken im Gebiet der Mitgliedstaaten
– Nicht anwendbar auf Rückversicherungsverträge

d) Anknüpfung von Großrisiken Art. 7 Abs. 2 Rom I-VO (+), Art. 7 Abs. 3 Rom I-VO (–)
– Also freie Rechtswahl Art. 3 Rom I-VO

e) Mangels Rechtswahl Art. 7 Abs. 2 S. 2 Rom I-VO:
– Recht des gewöhnlichen Aufenthalts des Versicherers, hier deutsches Recht
– Offensichtlich engere Verbindung zu einem anderen Staat (–) Risikobelegenheit nicht relevant, da Grundsatzentscheidung für Vorrang der Aufenthaltsanknüpfung

2. Rückversicherungsverträge

a) Rom I-VO (+) keine Bereichsausnahme in Art. 1 Abs. 2 Rom I-VO
b) Art. 7 Rom I-VO (–) Rückversicherungsverträge ausgenommen, Art. 7 Abs. 1 S. 2 Rom I-VO, iE also wie Art. 1 Abs. 4 EVÜ, Vertragsstatut nach Art. 3 ff Rom I-VO
c) Art. 4 Rom I-VO: fraglich, ob Rückversicherungsvertrag Dienstleistung iSd Art. 4 Abs. 1 lit. b Rom I-VO (–) Schwerpunkt der Rückversicherung in gemeinsamer Risikoteilung

Ergebnis: Die Anknüpfung der Verträge unterliegt nun der Rom I-VO. Der Versicherungsvertrag RGE AG – Allianz untersteht deutschem Recht; eine Rechtswahl ist frei zulässig, weil ein Großrisiko versichert ist. Die beiden Rückversicherungsverträge unterstehen weiterhin, in Anwendung von Art. 4 Abs. 2 Rom I-VO, deutschem Recht.

Frage 3: Internationale Zuständigkeit des französischen Gerichts

1. **Internationale Zuständigkeit** des französischen Gerichts nach Brüssel I-VO (Art. 3 Abs. 1), Beklagtenwohnsitz iSd Art. 60 Brüssel I-VO in Mitgliedstaat Deutschland
– Art. 5 Nr. 3 Brüssel I-VO

– Art. 5 Hs. 1 Brüssel I-VO (+) Beklagte wohnt in einem „anderen" Mitgliedstaat
– Art. 5 Nr. 3 Brüssel I-VO (+) unerlaubte Handlung Gegenstand auch bei Abwehr von deliktischen Ansprüchen

2. **Widerklage gegen Engler Art. 6 Nr. 3 Brüssel I-VO**
– Widerbeklagtenwohnsitz in Mitgliedstaat Deutschland Art. 3 Abs. 1, Art. 6 Hs. 1 Brüssel I-VO (+)
– Art. 6 Nr. 3 Brüssel I-VO Zusammenhang („selber Sachverhalt") (+): Leistungsklage als Widerklage auf die negative Feststellungsklage
– Widerklage und beim LG Dresden anhängige Klage Art. 27 oder 28 Brüssel I-VO:
– Art. 27 Brüssel I-VO (–) fehlt formelle Parteiidentität oder materielle Untrennbarkeit
– Art. 28 Brüssel I-VO möglich, führt aber nicht zu Unzuständigkeit
– Art. 64 ncpc (–) von Art. 6 Nr. 3 Brüssel I-VO verdrängt

3. **Interventionsklage:** Brüssel I-VO (+) Interventionsbeklagtenwohnsitz in Mitgliedstaat Österreich
– Art. 8 ff Brüssel I-VO (+) Engler haftpflichtversichert bei Generali
– Art. 6 Nr. 3 Brüssel I-VO (–) Umkehrschluss aus Art. 65 Abs. 1 Brüssel I-VO
– Art. 11 Abs. 1 Brüssel I-VO (+) Interventionsklage gegen den Versicherer vor dem Gericht, bei dem die Klage des Geschädigten gegen den Versicherten anhängig ist, da nach Art. 66 ncpc zulässig
– Für Klage gegen den Haftpflichtversicherer Art. 10 Brüssel I-VO: TGI Metz international und örtlich zuständig

Ergebnis: Das TGI Metz ist international zuständig.

Frage 4: Entscheidung des LG Dresden

1. **Zuständigkeit** grundsätzlich Art. 2 Brüssel I-VO international, §§ 12, 13 ZPO örtlich
– Zuständigkeitskonflikte: Art. 25, 27 ff Brüssel I-VO
2. **Art. 25 Brüssel I-VO** (–) keine ausschließlichen Zuständigkeiten nach Art. 22 Brüssel I-VO
3. **Art. 27 Brüssel I-VO** (–) zwar selber Anspruch (weiter Anspruchsbegriff), aber nicht Identität der Parteien

4. Art. 28 Brüssel I-VO
- Klagen „im Zusammenhang" (+), Maßstab Art. 28 Abs. 3, 34 Nr. 4 Brüssel I-VO
- LG Dresden später angerufenes Gericht Art. 30 Brüssel I-VO (+) maßgeblich Klageeinreichung, wenn nachfolgend Kläger erforderliche Maßnahmen zur Zustellung trifft
- Rechtsfolge: Ermessen des LG Dresden ob Aussetzung oder Abweisung bei Möglichkeit der Verbindung vor dem TGI Metz

Ergebnis: Das LG Dresden entscheidet nach Art. 28 Brüssel I-VO, kann also aussetzen oder die Klage abweisen, wenn sie vor dem TGI Metz verbunden werden kann.

Frage 5: Anerkennungsfähigkeit des Urteils des TGI Metz

1. **Art. 33 Abs. 1 Brüssel I-VO** Anerkennungsfähigkeit von Urteilen aus Mitgliedstaaten Grundsatz
2. **Anerkennungshindernisse:** nur Zuständigkeit ersichtlich
   - Art. 35 Abs. 1 Brüssel I-VO, kein Rückgriff auf *ordre public*
3. **Urteil gegen Engler:** keine ausschließliche Zuständigkeiten oder Verbraucher-/Versicherungssache
4. **Urteil gegen Generali:** Verstöße gegen Abschnitt 3, Versicherungssachen, wären beachtlich

Ergebnis: Das Urteil ist anzuerkennen.

Lösung

Frage 1: Internationale Zuständigkeit deutscher Gerichte/ anderer europäischer Gerichte

1. Klage RGE AG gegen Allianz

a) Deutsche Gerichte

aa) Die internationale Zuständigkeit deutscher Gerichte bestimmt sich nach der **Brüssel I-VO**, sofern deren sachlicher (Art. 1 Brüssel I-VO) und räumlich-persönlicher (Art. 3 Abs. 1 Brüssel I-VO) Anwendungsbereich eröffnet sind. Eine Zivilsache liegt vor, da nur Privatpersonen in privatrechtlicher Funktion beteiligt sind; eine ausgenommene Materie ist nicht berührt (Art. 1 Abs. 2 Brüssel I-VO). Art. 3 Abs. 1 Brüssel I-VO ist erfüllt, da die Allianz ihren Sitz (alternativ nach Art. 60 Abs. 1 Brüssel I-VO) in München hat und Deutschland Mitgliedstaat ist.

716

Dem steht nicht entgegen, dass Kläger und Beklagter ihren Wohnsitz im selben Mitgliedstaat haben. Die Anwendbarkeit der Brüssel I-VO hängt nicht von einem „ungeschriebenen Erfordernis" eines Auslandsbezugs ab.[1]

bb) Es könnte das abschließende Zuständigkeitssystem der Art. 8 ff Brüssel I-VO anwendbar sein, was der Fall ist, wenn eine **Versicherungssache** vorliegt (Art. 8 Brüssel I-VO). Dies setzt einen Rechtsstreit zwischen einem Versicherer und einem Versicherungsnehmer, Versicherten oder Begünstigten voraus (arg aus Art. 13 Nr. 2 Brüssel I-VO). Zwar dienen Art. 8 ff Brüssel I-VO wie auch Art. 15 ff Brüssel I-VO *sozialpolitischen Erwägungen*, weshalb sie nicht eingreifen, wenn der Prozessgegner des Versicherers nicht *schutzbedürftig* ist, was insbesondere bei Rückversicherungsverträgen der Fall ist (Rn 721), weil sich dort zwei in der Versicherungsbranche unternehmerisch tätige Parteien gegenüberstehen. Daraus kann jedoch nicht eine Einschränkung auf Verbraucherversicherungen gefolgert werden. Damit kann auch ein von einem Großunternehmer geschlossener Versicherungsvertrag (*business insurance*) unter Art. 8 ff Brüssel I-VO fallen.

717

cc) Für die **gegen den Versicherer** gerichtete Klage sind deutsche Gerichte nach Art. 9 Abs. 1 lit. a Brüssel I-VO als Wohnsitzgerichte (Art. 60 Brüssel I-VO) zuständig. Örtlich zuständig ist das LG München I am Sitz der Beklagten (§§ 12, 17 ZPO). Örtlich zuständig ist außerdem das LG Düsseldorf am Sitz der Klägerin (§ 215 Abs. 1 VVG).

718

b) Gerichte anderer Mitgliedstaaten der EG

aa) Aus Sicht anderer Mitgliedstaaten ist ebenfalls die **Brüssel I-VO** anzuwenden.

719

bb) In Betracht kommt eine internationale Zuständigkeit **französischer Gerichte** aus Art. 10 Brüssel I-VO, der neben der internationalen auch die örtliche Zuständigkeit

720

---

1 *Kropholler* Europäisches Zivilprozessrecht[8] vor Art. 2 Rn 5 ff.

mitregelt. Bei dem Versicherungsvertrag handelt es sich um eine Sachversicherung einer Immobilie (Kraftwerk), so dass Art. 10 S. 1 Alt. 2 Brüssel I-VO vorliegt. International und örtlich zuständig sind die französischen Gerichte des Gerichtsbezirks der Belegenheit.

2. Klage Allianz gegen AmericanRe

a) Deutsche Gerichte

721   **aa)** Die Anwendbarkeit der **Brüssel I-VO** scheitert hier am räumlich-persönlichen Anwendungsbereich. AmericanRe hat keinen Wohnsitz in einem Mitgliedstaat (Art. 60 Brüssel I-VO). Jedoch könnte sich aus Art. 9 Abs. 2 Brüssel I-VO über Art. 3 Abs. 1 Brüssel I-VO hinaus die Anwendbarkeit der Art. 8 ff Brüssel I-VO ergeben (Münchener Rück als Agentur der AmericanRe). Dazu müsste aber eine *Versicherungssache* vorliegen, was bei Rückversicherungsverträgen mangels Schutzbedürftigkeit eines Teils abzulehnen ist.[2]

722   **bb)** Anwendbar ist daher das deutsche IZPR. Aus der entsprechenden Anwendung von **§§ 12, 17 ZPO** ergibt sich mangels Sitz der AmericanRe in Deutschland keine internationale Zuständigkeit.

723   **cc)** Ob sich aus **entsprechender Anwendung von § 21 ZPO** eine internationale Zuständigkeit der gewerblichen Niederlassung ergibt, könnte fraglich sein, weil § 21 ZPO enger formuliert ist als Art. 5 Nr. 5 Brüssel I-VO und insbesondere die „Agentur" nicht erwähnt. Es könnte also im internationalen Konzern auf die Beherrschungsrichtung ankommen, da jedenfalls nach dem Wortlaut die Muttergesellschaft schwerlich als „Niederlassung" der Tochter zu begreifen ist. Nach dem Zweck der Regelung ist jedoch § 21 ZPO auch auf die Muttergesellschaft anzuwenden, wenn sie als Filiale agiert. Dies liegt hier, bei Zeichnung des Rückversicherungsvertrages in Vertretung, vor.

b) Gerichte anderer Mitgliedstaaten der EG

724   Die Zuständigkeit der Gerichte anderer Mitgliedstaaten ist nach dem Bearbeitervermerk nicht zu prüfen, da mangels Anwendbarkeit der Brüssel I-VO auch in anderen Mitgliedstaaten das nationale IZPR anzuwenden ist.

3. Klage Allianz gegen AXA SA

a) Deutsche Gerichte

725   **aa)** Die **Brüssel I-VO** ist anwendbar, denn die Beklagte hat ihren Wohnsitz in Frankreich (Art. 3 Abs. 1, Art. 60 Brüssel I-VO). Es gelten jedoch nicht **Art. 8 ff Brüssel I-VO**, da es sich um einen Rückversicherungsvertrag handelt (Rn 721), so dass die allgemeinen Vorschriften anzuwenden sind.

---

2 EuGH Rs. C-412/98 (*Group Josi/Universal General Insurance*) NJW 2000, 3121; *Schlosser*-Bericht zum 1. BeitrittsÜbk EuGVÜ Nr. 151.

bb) Art. 2 Brüssel I-VO führt nicht zu einer internationalen Zuständigkeit in Deutschland, da die Beklagte hier keinen Wohnsitz hat. **726**

cc) Zu erwägen ist jedoch, da eine Vertragsstreitigkeit vorliegt, der Erfüllungsortgerichtsstand des **Art. 5 Nr. 1 Brüssel I-VO**. Die Grundvoraussetzung des Art. 5 Hs. 1 Brüssel I-VO, wonach der Beklagte seinen Wohnsitz in *einem* Mitgliedstaat hat und in einem *anderen* verklagt wird, liegt vor. **727**

(1) Fraglich ist, ob der **Erfüllungsort** einheitlich und autonom nach Art. 5 Nr. 1 lit. b Brüssel I-VO zu bestimmen ist (oder, wenn lit. b nicht greift, gemäß lit. a, also für die einzelne eingeklagte Verpflichtung und nach dem vom deutschen IPR bestimmten Vertragsstatut). Zu denken ist nur an die Variante der **Dienstleistung** (Art. 5 Nr. 1 lit. b Str. 2 Brüssel I-VO). Wie zu Art. 29 Abs. 1 EGBGB, der im EVÜ ebenfalls eine EG-rechtliche Wurzel hat, ist der Begriff der Dienstleistung europäisch-autonom weit auszulegen. Dies umfasst auch den Versicherungsvertrag. Problematisch ist jedoch die Qualifikation des Rückversicherungsvertrages als Dienstvertrag, da dieser stärker durch die gemeinsame Risikoübernahme als durch eine unidirektionale Leistung geprägt ist (Rn 758). **728**

(2) Die Einordnung kann aber dahinstehen, wenn sich der Erfüllungsort aus einer Erfüllungsortvereinbarung ergibt, die sowohl für Art. 5 Nr. 1 lit. a und lit. b Brüssel I-VO („und sofern nichts anderes vereinbart worden ist") anzuerkennen ist. **729**

Die zu Art. 5 Nr. 1 EuGVÜ entwickelte Ansicht des EuGH, dass nur materiell gewollte Erfüllungsortvereinbarungen formfrei den Erfüllungsort für Zwecke des Art. 5 Nr. 1 EuGVÜ beeinflussen, sollte auch für Art. 5 Nr. 1 Brüssel I-VO gelten. Im Fall ergeben sich keine Bedenken, denn es ist für wechselseitige Geldleistungspflichten, die einer freien Erfüllungsortgestaltung zugänglich sind, nicht ersichtlich, dass die Erfüllungsortklausel offenbar vom wirklich gewollten Erfüllungsort abwiche. Zudem wäre die sonst nötige Form entsprechend der Gerichtsstandsvereinbarung nach Art. 23 Abs. 1 lit. a Brüssel I-VO (schriftlich) gewahrt.

Deutsche Gerichte sind also nicht zuständig, da der Erfüllungsort Paris ist.

dd) Der Niederlassungsgerichtsstand (Art. 5 Nr. 5 Brüssel I-VO) scheidet aus, da AXA SA nicht über eine Niederlassung etc. kontrahiert hat. **730**

b) Gerichte anderer Mitgliedstaaten der EG

aa) Französische Gerichte sind nach **Art. 2 Brüssel I-VO** zuständig. **731**

bb) Hingegen sind die Gerichte in Paris nicht nach **Art. 5 Nr. 1 Brüssel I-VO** international und örtlich zuständig, da vor französischen Gerichten die AXA SA in ihrem Wohnsitzstaat verklagt wäre, also die Grundvoraussetzung des Art. 5 Hs. 1 Brüssel I-VO nicht erfüllt ist. **732**

Ergebnis: Für die Klage gegen die Allianz sind deutsche Gerichte im Wohnsitzgerichtsstand und französische im Belegenheitsgerichtsstand zuständig. Für die Klage gegen AmericanRe sind deutsche Gerichte im Niederlassungsgerichtsstand zuständig. Für die Klage gegen AXA SA sind deutsche Gerichte unzuständig, in Frankreich ist der Wohnsitzgerichtsstand eröffnet. **733**

Frage 2a: Anwendbares Recht und Rechtswahlmöglichkeit[3]

1. Versicherungsvertrag RGE AG – Allianz

734 **a)** Die **Rom I-VO** ist intertemporal nicht anwendbar, da der Versicherungsvertrag vor dem 17. 12. 2009 geschlossen wurde (Art. 28 Rom I-VO).

735 **b)** Art. 27 ff EGBGB könnten durch **Art. 37 Nr. 4 EGBGB** ausgeschlossen sein. Diese Bestimmung schließt jedoch nicht alle Versicherungsverträge aus, sondern nur solche, deren Gegenstand die Deckung eines Risikos ist, das *innerhalb von EG oder EWR belegen* ist. Wo ein Risiko belegen ist, bestimmt sich nach Art. 7 Abs. 2 EGVVG; bei der Immobiliarsachversicherung ist das Risiko im Staat der Belegenheit der Sache belegen (Art. 7 Abs. 2 Nr. 1 EGVVG), hier also in Frankreich.

736 **c)** Das Versicherungsvertragsstatut bestimmt sich daher nach **Art. 7 ff EGVVG**, die auf der 2. SchadenversicherungsRiLi (RiLi 1988/357/EWG) idF der 3. SchadenversicherungsRiLi (RiLi 1992/49/EWG) beruhen und in ihrem Anwendungsbereich komplementär zu der auf Art. 1 Abs. 3 EVÜ beruhenden Bereichsausnahme in Art. 37 Nr. 4 EGBGB sind.

737 **aa)** Mangels einer Rechtswahl ist vorrangig **Art. 8 EGVVG** anzuwenden, der vorliegend jedoch nicht erfüllt ist, weil der gewöhnliche Aufenthalt des Versicherungsnehmers RGE AG in Deutschland, das Risiko jedoch in Frankreich, also einem anderen Mitgliedstaat, belegen ist. Es kommt also nicht zu der von Art. 8 EGVVG vorausgesetzten *Konvergenz* der beiden für den Versicherungsvertrag am stärksten prägenden *Anknüpfungskriterien*.

738 **bb)** Abzustellen ist damit auf die engste Verbindung (**Art. 11 EGVVG**), wobei eine Vermutung für die engste Verbindung zum Staat der Belegenheit des Risikos spricht (Art. 11 Abs. 2 EGVVG). Zu welcher Rechtsordnung ein Versicherungsvertrag im Übrigen eine enge Verbindung haben kann, lässt sich der Rechtswahlbestimmung in Art. 9, 10 EGVVG entnehmen, die Indizien für anerkennenswerte enge Beziehungen liefern. Im Fall sollte es bei der Vermutung des Art. 11 Abs. 2 EGVVG, also der Anwendung **französischen Rechts** bleiben. Der Umstand, dass Versicherungsnehmer und Versicherer im selben Staat (Deutschland) ihren gewöhnlichen Aufenthalt haben, hat hiergegen geringes Gewicht, da der Aufenthalt des Versicherers in Art. 8 ff EGVVG als Anknüpfungskriterium noch nicht einmal erwähnt ist.

Die Verweisung ist, wie alle Verweisungen aus Art. 7 ff EGVVG Sachnormverweisung (Art. 15 EGVVG iVm Art. 35 Abs. 1 EGBGB).

739 **d)** Die **Zulässigkeit einer Rechtswahl** beurteilt sich nach Art. 9 ff EGVVG.

740 **aa)** Eine **Rechtswahl** wäre, da gewöhnlicher Aufenthalt des Versicherungsnehmers und Belegenheit des Risikos auseinanderfallen, jedenfalls nach **Art. 9 EGVVG** zulässig. Art. 9 Abs. 1 EGVVG erlaubt die Wahl deutschen oder französischen Rechts. Andere Alternativen des Art. 9 EGVVG (Abs. 2 bis 4) sind tatbestandlich nicht erfüllt.

---

3 Zum Ganzen: *Dörner* Internationales Versicherungsvertragsrecht (1997); *Mankowski*, VersR 1999, 923.

bb) Eine nicht nach Art. 9 EGVVG begrenzte Rechtswahl käme nach **Art. 10 Abs. 1**   **741**
EGVVG (Großrisiken) in Betracht.

(1) Art. 10 Abs. 1 EGVVG setzt einen Versicherungsvertrag über ein **Großrisiko** vo-   **742**
raus. Hierzu enthält Art. 10 Abs. 1 S. 2 Nr. 1 bis 3 EGVVG einen auf Art. 5 lit. d der
1. SchadensversicherungsRiLi (MAT c) beruhenden Legalkatalog. Für den Versicherungsvertrag der RGE AG, der als Sachversicherungsvertrag über Elementarrisiken
unter Anlage A Nr. 8 VAG (MAT b) und im Übrigen unter Anlage A Nr. 9 VAG (MAT
b) fällt, ist Art. 10 Abs. 1 Nr. 3 EGVVG gegeben, da die RGE AG im Durchschnitt
des Wirtschaftsjahres über 250 Arbeitnehmer beschäftigt und bei einem Umsatz von
„fast 1 Milliarde €" fraglos Nettoumsatzerlöse von über 12 800 000 € erzielt (Art. 10
Abs. 1 lit. b, c EGVVG).

(2) Art. 10 Abs. 1 EGVVG gilt nach seinem Wortlaut nur, wenn der Versicherungs-   **743**
nehmer **gewöhnlichen Aufenthalt** oder Hauptverwaltung im Inland hat *und* auch das
Risiko in Deutschland belegen ist. Das ist wenig sachgerecht: Eine freie Rechtswahl
müsste erst recht zulässig sein, wenn der Inlandsbezug schwach ist, weil sogar das
Risiko in einem anderen Mitgliedstaat belegen ist. Ein Vergleich mit Art. 7 Abs. 1
lit. f der 2. SchadenversicherungsRiLi (MAT c, s. Rn 736) zeigt, dass insoweit ein
Umsetzungsdefizit besteht, das nach hM[4] zu schließen ist: Eine Rechtswahl ist **analog
Art. 10 Abs. 1 EGVVG** zuzulassen, wenn der gewöhnliche Aufenthalt des Versicherungsnehmers und der Ort der Risikobelegenheit auseinanderfallen.

cc) Art. 10 Abs. 2 EGVVG (Drittstaatenrisiko) greift dagegen nicht ein, weil das   **744**
Risiko sich nicht neben einem Mitgliedstaat auch auf einen Drittstaat bezieht.

dd) Art. 10 Abs. 3 EGVVG (Rechtswahlverweisung) greift nicht ein, da Art. 8   **745**
EGVVG nicht gegeben ist (Rn 737).

2. Rückversicherungsvertrag Allianz – AmericanRe

a) Da es sich um einen Rückversicherungsvertrag handelt, greift die Bereichsausnah-   **746**
me des Art. 37 Nr. 4 EGBGB ausdrücklich nicht ein (Art. 37 Nr. 4 S. 1 letzter Hs.
EGBGB). Damit bestimmt sich das Rückversicherungsvertragsstatut nach Art. 27 ff
EGBGB, obgleich das Risiko in der EG belegen ist.

b) Mangels einer Rechtswahl (Art. 27 EGBGB) ist die **engste Verbindung (Art. 28**   **747**
Abs. 1 EGBGB) zu ermitteln. Die Bestimmung der Partei, welche iSd Art. 28 Abs. 1
EGBGB die charakteristische Leistung beim Rückversicherungsvertrag erbringt, ist
umstritten. Einerseits lässt sich – ausgehend vom Grundmodell der Versicherung als
Risikodeckung gegen Prämienzahlung – argumentieren, Inhalt des Rückversicherungsvertrages sei die *Rückdeckung* des Erstversicherers; dann würde der Rückversicherer charakteristisch leisten und der Erstversicherer nur eine Prämienzahlung erbringen.[5] Dagegen spricht aber, dass der Rückversicherungsvertrag anders als der Direktversicherungsvertrag vor allem durch eine *Gefahrengemeinschaft mehrerer Versicherer* geprägt ist. Die Schaffung dieser Gemeinschaft liegt aber in den Händen des

---

4 *Dörner* (Fn 3) Art. 10 EGVVG Rn 23.
5 So *Staudinger/Magnus* (2002) Art. 28 EGBGB Rn 487.

Erstversicherers, der gleich einem Konsortialführer Rückversicherer (oft in mehreren Staaten, wie im vorliegenden Fall) auswählt und an sie Prämienanteile weiterleitet. Das Verhältnis ist also nicht durch Prämienzahlung gegen Risikodeckung charakterisiert, sondern durch Risikoverflechtung. Daher ist der hM zu folgen, die den Erstversicherer als charakteristisch Leistenden ansieht und an dessen Hauptverwaltung anknüpft.[6]

Der Rückversicherungsvertrag untersteht also **deutschem Recht**, weil die Allianz ihre Hauptverwaltung in München hat.

748   **c)** Eine **Rechtswahl** ist nach Art. 27 Abs. 1 EGBGB unbeschränkt zulässig.

3. Rückversicherungsvertrag Allianz – AXA SA

749   Es gilt dasselbe wie Rn 746 ff für den Vertrag Allianz – AmericanRe erörtert. Für die Bestimmung des Vertragsstatuts ist es unerheblich, wo der Rückversicherer seinen Sitz oder seine Hauptverwaltung hat. Vertragsstatut ist also auch hier deutsches Recht.

750   **Ergebnis:** Der Vertrag RGE AG – Allianz untersteht französischem Recht, eine Rechtswahl ist frei zulässig, weil ein Großrisiko versichert ist. Die Rückversicherungsverträge mit AmericanRe und AXA SA unterstehen deutschem Recht und sind einer Rechtswahl zugänglich.

Frage 2b: Änderungen bei Vertragsschluss nach dem 17.12.2009

1. Versicherungsvertrag RGE AG – Allianz

751   **a)** Das anwendbare Recht könnte sich nach der Rom I-VO bestimmen.

Bei Vertragsschluss nach dem 17.12.2009 ist der **zeitliche Anwendungsbereich** der **Rom I-VO** eröffnet (Art. 28 Rom I-VO).

752   **b)** Der **sachliche Anwendungsbereich** ist grundsätzlich eröffnet, da es sich bei dem Versicherungsvertrag um ein zivil- und handelsrechtliches vertragliches Schuldverhältnis handelt (Art. 1 Abs. 1 Rom I-VO). Weiter dürfte keine der Bereichsausnahmen gemäß Art. 1 Abs. 2 Rom I-VO eingreifen. Art. 1 Abs. 2 lit. j Rom I-VO, der sich lediglich auf die dort genannten Zweige der Lebens-, Arbeitslosigkeits- und Rentenversicherung bezieht, greift nicht ein. Die in Art. 37 Nr. 4 EGBGB enthaltene, auf Art. 1 Abs. 3 EVÜ beruhende Beschränkung (Rn 735) der Art. 27 ff EGBGB (bzw des EVÜ) auf Risiken mit Belegenheit außerhalb von EG und EWR enthält Art. 1 Abs. 2 Rom I-VO nicht.

753   **c)** Es könnte der spezielle Anwendungsbereich des **Art. 7 Rom I-VO** eröffnet sein. Diese Bestimmung regelt nach ihrer Systematik nicht den Anwendungsbereich der Rom I-VO als solche, sondern schafft für bestimmte Typen von Versicherungsverträgen Sonderregeln innerhalb des Anwendungsbereichs der Rom I-VO. Art. 7 Abs. 1

---

6 *Dörner* (Fn 3) Anhang Art. 7–15 EGVVG Rn 21; MünchKommBGB[4]/*Martiny* Art. 37 EGBGB Rn 185.

Rom I-VO ist unbeschadet der Belegenheit des Risikos anwendbar auf **Großrisiken** iSd Art. 7 Abs. 2 Rom I-VO iVm Art. 5 lit. d RiLi 1988/357/EWG (MAT c, Hinweis) sowie auf alle anderen Risiken, die im Gebiet der Mitgliedstaaten belegen sind, nicht aber auf Rückversicherungsverträge. Vorliegend handelt es sich um einen Direktversicherungsvertrag über ein Großrisiko, so dass Art. 7 Rom I-VO unabhängig von der Belegenheit anzuwenden ist.

d) Die Anknüpfung von Großrisiken unterliegt Art. 7 Abs. 2 Rom I-VO, Art. 7 Abs. 3   **754** Rom I-VO ist nicht anzuwenden. Damit unterliegt der Vertrag dem von den Parteien nach Art. 3 Rom I-VO **gewählten Recht**, das auf einen Versicherungsvertrag über ein Großrisiko anwendbare Recht bleibt also auch unter Art. 7 Abs. 2 Rom I-VO frei wählbar.

e) Mangels einer Rechtswahl unterliegt der Vertrag gemäß Art. 7 Abs. 2 S. 2 Rom I-   **755** VO dem Recht des Staates, in dem der Versicherer seinen gewöhnlichen Aufenthalt hat, hier also deutschem Recht. Fraglich ist, ob sich aus der Gesamtheit der Umstände eine offensichtlich engere Verbindung zu einem anderen Staat ergibt. Dies ist zu verneinen; der Umstand, dass das versicherte Risiko in Frankreich belegen ist, führt nicht zu einer solchen abweichenden Wertung. Anders als Art. 11 EGVVG (Rn 738) entscheidet sich Art. 7 Abs. 2 Rom I-VO prinzipiell für den Vorrang der Anknüpfung an den gewöhnlichen Aufenthalt des Versicherers und gerade nicht für den Vorrang der Belegenheit. Würde man die Belegenheit regelmäßig als Grund für eine Abweichung sehen, so würde diese Grundsatzwertung in ihr Gegenteil verkehrt. Da vorliegend auch der gewöhnliche Aufenthalt des Versicherten in Deutschland liegt, also die Grundanknüpfung in Art. 7 Abs. 1 S. 2 Rom I-VO sogar noch verstärkt, bleibt es hierbei; anders könnte nur zu entscheiden sein, wenn der Versicherte seinen gewöhnlichen Aufenthalt im Belegenheitsstaat des Risikos hätte.

2. Rückversicherungsverträge

a) Der Anwendungsbereich der **Rom I-VO** ist wiederum eröffnet, da eine Bereichs-   **756** ausnahme in Art. 1 Abs. 2 Rom I-VO auch für Rückversicherungsverträge nicht besteht.

b) Art. 7 Rom I-VO ist jedoch auf Rückversicherungsverträge nicht anzuwenden   **757** (Art. 7 Abs. 1 S. 2 Rom I-VO). Damit wird *mutatis mutandis* dasselbe Ergebnis erzielt wie unter Art. 1 Abs. 4 EVÜ, der die Ausnahme des Art. 1 Abs. 3 EVÜ (= Art. 37 Nr. 4 EGBGB) für nicht anwendbar erklärte: Die Anknüpfung von Rückversicherungsverträgen beurteilt sich nach Art. 3 ff Rom I-VO, wie sie schon bisher Art. 27 ff EGBGB (Art. 3 ff EVÜ) unterlag.

c) Anzuknüpfen ist mangels einer Rechtswahl somit an Art. 4 Rom I-VO; fraglich   **758** könnte sein, ob es sich bei dem Rückversicherungsvertrag um eine **Dienstleistung** iSd Art. 4 Abs. 1 lit. b Rom I-VO handelt. Dies ist trotz des weiten europarechtlichen Dienstleistungsbegriffs abzulehnen, da der Schwerpunkt der Rückversicherung nicht in der unidirektionalen Erbringung einer Risikoübernahme durch den Rückversicherer an den Versicherer zu sehen ist, sondern in der gemeinsamen Risikoteilung (vgl Rn 747). Damit ist weiterhin, nun gemäß Art. 4 Abs. 2 Rom I-VO, für beide Rückversicherungsverträge anzuknüpfen an das Recht am Sitz des Erstversicherers Allianz als charakteristisch Leistenden (Rn 747).

759 **Ergebnis:** Die Anknüpfung der Verträge unterliegt nun der Rom I-VO. Der Versicherungsvertrag RGE AG – Allianz untersteht deutschem Recht; eine Rechtswahl ist frei zulässig, weil ein Großrisiko versichert ist. Die beiden Rückversicherungsverträge unterstehen weiterhin, in Anwendung von Art. 4 Abs. 2 Rom I-VO, deutschem Recht.

Frage 3: Internationale Zuständigkeit des französischen Gerichts

1. Art. 5 Nr. 3 Brüssel I-VO

760 Die internationale Zuständigkeit des französischen Gerichts für die Klage des **Engler gegen RGE AG** bestimmt sich nach der **Brüssel I-VO**, da die Beklagte ihren Wohnsitz iSd Art. 60 Brüssel I-VO in einem Mitgliedstaat (Deutschland) hat (Art. 3 Abs. 1 Brüssel I-VO). In Betracht kommt nur Art. 5 Nr. 3 Brüssel I-VO. Die Grundvoraussetzung des Art. 5 Hs. 1 Brüssel I-VO ist gegeben, denn die Beklagte wohnt in einem „anderen" Mitgliedstaat. Art. 5 Nr. 3 Brüssel I-VO ist auch gegeben, denn eine unerlaubte Handlung ist auch dann „Gegenstand des Verfahrens", wenn das Verfahren der Abwehr von deliktischen Ansprüchen gilt. Aus Art. 5 Nr. 3 Brüssel I-VO folgt damit auch die örtliche Zuständigkeit.

2. Widerklagezuständigkeit

761 Für die **Widerklage gegen Engler** kann sich die internationale und örtliche Zuständigkeit aus Art. 6 Nr. 3 Brüssel I-VO ergeben. Die Bestimmung ist anwendbar, da der Widerbeklagte ebenfalls in einem Mitgliedstaat wohnt (Deutschland), was nach Art. 3 Abs. 1 und Art. 6 Hs. 1 Brüssel I-VO erforderlich ist. Der von Art. 6 Nr. 3 Brüssel I-VO geforderte Zusammenhang („selber Sachverhalt") liegt vor, wenn Leistungsklage als Widerklage auf die negative Feststellungsklage zu einer Schadensersatzpflicht aus demselben deliktischen Sachverhalt erhoben wird.

Zu erwägen ist, ob die Widerklage (RGE AG gegen Engler) mit der beim LG Dresden anhängigen Klage (Allianz gegen Engler) in einem Art. 27 oder 28 Brüssel I-VO unterfallenden Verhältnis steht. Eine Situation des Art. 27 Brüssel I-VO liegt schon deshalb nicht vor, weil Art. 27 Brüssel I-VO formelle Parteiidentität verlangt; dass verschiedene Kläger gegen denselben Beklagten den gleichen materiellen Anspruch geltend machen, genügt nicht,[7] sofern nicht beide Klagen voneinander materiell untrennbar sind, insbesondere eine Rechtskrafterstreckung stattfindet.[8] Ob eine Situation des Art. 28 Brüssel I-VO vorliegt – was nach Art. 28 Abs. 3 Brüssel I-VO zu bejahen ist, weil materiell derselbe Anspruch geltend gemacht wird – kann dahinstehen, weil Art. 28 Brüssel I-VO jedenfalls nicht zur Unzuständigkeit führt.

---

7 BGH IPRax 1987, 314; LAG Rheinland-Pfalz 25. 1. 2008 (9 Sa 604/07).
8 EuGH Rs. C-351/96 (*Drouot/CMI*) EuZW 1998, 443.

Ebenso wie vor deutschen Gerichten Art. 6 Nr. 3 Brüssel I-VO die Anwendung von § 33 ZPO verdrängt, ist Art. 64 ncpc für die Zuständigkeitsfrage nicht heranzuziehen.

[Nicht gefragt ist, ob es sinnvoll wäre, dass das TGI Metz nach Art. 28 Abs. 1 Brüssel I-VO verfährt; das wäre abzulehnen, da, wie bei Rn 769 ff zu zeigen sein wird, das LG Dresden seinerseits bereits im Hinblick auf die Klage vor dem TGI Metz nach Art. 28 Brüssel I-VO vorgehen sollte, die Widerklage also nicht die erste Klage ist, die einen Konflikt iSd Art. 28 Abs. 1 Brüssel I-VO auslöst.]

3. Interventionsklagezuständigkeit

Für die **Interventionsklage** ist die Brüssel I-VO anwendbar, die Interventionsbeklagte hat wiederum ihren Wohnsitz in einem Mitgliedstaat (Österreich). **762**

a) Da es sich jedoch um eine Versicherungssache (Engler ist bei der Generali haftpflichtversichert) handelt, sind **Art. 8 ff Brüssel I-VO** ausschließlich, soweit dort nicht auf die allgemeinen Vorschriften verwiesen ist. Art. 6 Nr. 3 Brüssel I-VO, der im Allgemeinen vor französischen Gerichten Anwendung findet (Umkehrschluss aus Art. 65 Abs. 1 Brüssel I-VO), gilt hier nicht. Art. 11 Abs. 1 Brüssel I-VO erlaubt jedoch die Interventionsklage gegen den Versicherer vor dem Gericht, bei dem die Klage des Geschädigten gegen den Versicherten anhängig ist, sofern dies nach dem Recht des angerufenen Gerichts, hier nach französischem Recht, zulässig ist. Dies ist nach Art. 66 ncpc zulässig (was nach der Fragestellung zu unterstellen ist). **763**

b) Für die Klage gegen den Haftpflichtversicherer besteht außerdem aus Art. 10 Brüssel I-VO eine internationale und örtliche Zuständigkeit des TGI Metz. **764**

Ergebnis: Das TGI Metz ist international zuständig. **765**

Frage 4: Entscheidung des LG Dresden

1. Brüssel I-VO: Anderweitige Anhängigkeit

a) Da das LG Dresden grundsätzlich aus Art. 2 Brüssel I-VO international – und nach §§ 12,13 ZPO örtlich – zuständig ist, sind Zuständigkeitskonflikte nach Art. 25, 27 ff Brüssel I-VO zu thematisieren. **766**

b) **Art. 25 Brüssel I-VO** ist nicht gegeben, da es in dieser Sache keine ausschließlichen Zuständigkeiten nach Art. 22 Brüssel I-VO gibt, insbesondere die Zuständigkeit des TGI Metz nach Art. 5 Nr. 3 Brüssel I-VO nicht ausschließlich ist. **767**

c) Eine Entscheidung nach **Art. 27 Brüssel I-VO** wegen anderweitiger Anhängigkeit desselben Anspruchs bei dem TGI Metz setzt voraus, dass die dort anhängige negative Feststellungsklage im Verhältnis zur Leistungsklage vor dem LG Dresden *denselben Anspruch* zwischen *denselben Parteien* betrifft. Der autonom zu bestimmende Begriff des „selben Anspruchs" ist zwar weiter als der deutsche Streitgegenstandsbegriff und erfasst durchaus auch das Verhältnis von Leistungsklage und negativer Feststellungsklage.[9] Jedoch fehlt es an der Identität der Parteien (Rn 761). **768**

---

9 EuGH Rs. 144/86 (*Gubisch/Palumbo*) NJW 1989, 665.

2. Brüssel I-VO: Klagen im Zusammenhang

769 a) Zu erwägen ist jedoch eine Entscheidung nach **Art. 28 Brüssel I-VO**.

Dazu müssten die beiden anhängigen Klagen **„im Zusammenhang stehen"**. Das setzt keine Parteiidentität voraus und ist dann anzunehmen, wenn zwischen den Klagen ein so enger Zusammenhang besteht, dass eine gemeinsame Verhandlung geboten erscheint, um widersprechende Entscheidungen zu vermeiden (Art. 28 Abs. 3 Brüssel I-VO), die dann nach den Grundsätzen des Art. 34 Nr. 4 Brüssel I-VO zu wechselseitigen Anerkennungshindernissen würden. Das ist in dieser Konstellation typischerweise zu bejahen, weil die begehrte negative Feststellung mit einem Leistungsurteil im materiellen Ergebnis nicht zu vereinbaren wäre.

770 b) Das LG Dresden müsste das **später angerufene Gericht** sein. Wann in diesem Sinn Anhängigkeit eintritt, bestimmt Art. 30 Brüssel I-VO. Maßgeblich ist bei Prozessordnungen, die eine Zustellung nach Einreichung vorsehen, der Zeitpunkt der Einreichung des verfahrenseinleitenden Schriftstücks (Art. 30 Nr. 1 Brüssel I-VO), sofern, was hier nach Sachverhalt geschehen ist, der Kläger später erforderliche Maßnahmen zur Zustellung trifft. Damit ist das LG Dresden später (am 15. 5. 2008, das TGI Metz schon am 13. 5. 2008) angerufen, ohne dass es auf den Zustellungszeitpunkt ankommt.

771 c) Das LG Dresden hat **Ermessen** ob es nach Art. 28 Abs. 1 Brüssel I-VO das Verfahren aussetzt. Da beide Klagen in erster Instanz anhängig sind (was, anders als nach Art. 22 Abs. 1 EuGV, nicht mehr grundsätzliche Voraussetzung ist), ist auch eine Klageabweisung nach Art. 28 Abs. 2 Brüssel I-VO möglich, sofern die beiden Klagen nach französischem Prozessrecht vor dem TGI Metz verbunden werden können. Zumindest die Aussetzung dürfte hier geboten sein, um widersprechende Entscheidungen zu vermeiden.

772 **Ergebnis:** Das LG Dresden entscheidet nach Art. 28 Brüssel I-VO, kann also aussetzen oder die Klage abweisen, wenn sie vor dem TGI Metz verbunden werden kann.

Frage 5: Anerkennungsfähigkeit des Urteils des TGI Metz

1. Prüfungsumfang

773 Da Art. 33 Abs. 1 Brüssel I-VO die Anerkennungsfähigkeit von Urteilen aus Mitgliedstaaten (hier Frankreich) als Grundsatz formuliert, sind nur Anerkennungshindernisse zu erwägen. Im Fall ist mangels sonstiger Informationen über den Verfahrensablauf nur die Kontrolldichte hinsichtlich der **Zuständigkeit** zu untersuchen.

2. Urteile im Einzelnen

774 a) Für **beide Urteile** (gegen Engler und gegen Generali) gilt, dass Verstöße gegen Zuständigkeitsregeln die Anerkennung nur nach Art. 35 Abs. 1 Brüssel I-VO hindern können und im Übrigen die Zuständigkeit nicht, auch nicht unter dem Aspekt des *ordre public*, nachgeprüft werden darf (Art. 35 Abs. 3 Brüssel I-VO).

b) Hinsichtlich des Urteils gegen **Engler** scheidet damit jede Zuständigkeitsprüfung   **775**
aus, da offenkundig keine ausschließliche Zuständigkeiten und keine Verbraucher-
oder Versicherungssache gegeben sind.

c) Hinsichtlich des Urteils gegen **Generali** wären Verstöße gegen Bestimmungen des   **776**
Kapitel II Abschnitt 3 (Versicherungssachen) Brüssel I-VO beachtlich; solche Verstöße liegen jedoch nicht vor (Rn 761).

Ergebnis: Das Urteil ist anzuerkennen.   **777**

Literaturhinweise

Behandlung der fallrelevanten Themen in:
Rauscher **Internationales Privatrecht (3. Aufl.)**

Internationale Zuständigkeit in Versicherungssachen, Rückversicherung: Rn 1845 ff, 1848
Anknüpfung von Versicherungsverträgen, Rückversicherung: Rn 1194 ff
Versicherungsverträge unter der Rom I-VO: Rn 1196a
Konkurrierende Rechtshängigkeit bei Klagen im Zusammenhang: Rn 2133 ff

Weitere Literatur:

1. Internationale Zuständigkeit in Versicherungssachen, Rückversicherung
Staudinger/Hausmann (2002) Anhang II zu Art. 27–37 EGBGB Rn 83. *Rauscher/Staudinger* (2006)
Art. 8 Brüssel I-VO Rn 3, 6, 14.

2. Anknüpfung von Versicherungsverträgen, Rückversicherung
Staudinger/Magnus (2002) Art. 28 EGBGB Rn 483; Anh I zu Art. 37 EGBGB Rn 7; Rn 73. *Heiss*
Europäischer Versicherungsvertrag, VersR 2005, 1. *Dörner* Nachträgliche Wahl des Versicherungs-
vertragsstatuts und Anknüpfung vorvertraglicher Informationspflichten, IPRax 2005, 26. *Mankowski*
Internationales Rückversicherungsvertragsrecht, VersR 2002, 1177.

3. Versicherungsverträge unter der Rom I-VO
Fricke Das Internationale Privatrecht der Versicherungsverträge nach Inkrafttreten der Rom I-Verord-
nung, VersR 2008, 443. *Heiss* Das Kollisionsrecht der Versicherungsverträge nach Rom I und II,
VersR 2006, 185.

4. Konkurrierende Rechtshängigkeit bei Klagen im Zusammenhang
Rauscher/Leible (2006) Art. 28 Brüssel I-VO Rn 3.

V. Außervertragliches Schuldrecht

Fall 14

Tod auf der Heimreise

(Bearbeitungszeit: 5 Stunden + 1 Stunde Frage 2)

778 Der verwitwete türkische Staatsangehörige Kemal Cemler lebt seit 1997 in Köln; sein Sohn Demir Cemler ist im Alter von 18 Jahren 2002 ebenfalls nach Köln gezogen und ist seit 2005 mit der türkischen Staatsangehörigen Bülbül Cemler verheiratet. Wie jedes Jahr verbringen die Cemlers auch im Jahr 2008 ihren Sommerurlaub in ihrer Heimatstadt Izmir (Türkei). Auf der Rückfahrt nach Izmir von einem Verwandtenbesuch in Istanbul ereignet sich im asiatischen Teil der Türkei am 15. 8. 2008 ein folgenschwerer Unfall. Der von Kemal Cemler gelenkte, auf ihn zugelassene PKW mit dem amtlichen Kennzeichen K-KC . . . kommt, da Kemal Cemler, von der langen Familienfeier übermüdet, am Steuer eingeschlafen ist, von der Fahrbahn ab und überschlägt sich mehrfach. Kemal Cemler verstirbt am Unfallort. Der auf dem Beifahrersitz mitfahrende Demir Cemler, der den Sicherheitsgurt nicht angelegt hatte, wird schwer verletzt in ein Krankenhaus gebracht, wo er am 20. 9. 2008 an den Folgen des Unfalls verstirbt. Die auf dem Rücksitz mitfahrende Tochter Kemal Cemlers, die in Izmir lebende 17-jährige türkische Staatsangehörige Güzel Cemler, überlebt den Unfall, erleidet jedoch mehrfache Verletzungen und wird mit schweren Narben im Gesicht im April 2009 aus dem Krankenhaus entlassen. Bülbül Cemler, die zu dem Verwandtenbesuch nicht mitgefahren war, weil sie ein Kind erwartet, kehrt nach der Bestattung ihres Ehemannes nach Köln zurück, wo ihre Eltern leben. Am 20. 10. 2008 bringt sie den Sohn Hüsein Cemler zur Welt.

Güzel und Hüsein, letzterer vertreten durch seine Mutter Bülbül, erheben Klage zum LG Hamburg gegen die H AG mit Sitz in Hamburg, bei der Kemal Cemler das Unfallfahrzeug haftpflichtversichert hatte.

Hüsein begehrt Ersatz des ihm durch die Tötung seines Vaters Demir Cemler entstandenen Unterhaltsschadens in Form einer monatlichen Unterhaltsrente.

Güzel begehrt mit der Klage ein – nach deutschen Maßstäben angemessenes – Schmerzensgeld von 50 000 € sowie die Kosten für eine kosmetische Operation zur Verbesserung der entstellenden Narben iHv 20 000 €.

Die H AG bestreitet die Zuständigkeit des Gerichts und wendet ein, sie sei für die Klagen nicht passivlegitimiert. Hilfsweise beruft sie sich darauf, dass nach türkischem Recht Güzel nur ein Schmerzensgeld von höchstens 2000 € erhielte und der Unterhaltsanspruch des Hüsein gegen seinen Vater nur etwa die Hälfte dessen betragen hätte, was ihm nach deutschem Familienrecht zugestanden hätte. Außerdem trage der getötete Demir Cemler ein nach § 254 Abs. 1 BGB mit wenigstens 30% zu bewertendes grobes Mitverschulden, weil – was zutrifft – auch nach türkischem Straßenverkehrs-

252

recht der Sicherheitsgurt anzulegen sei, auch wenn sich kaum jemand in der Türkei daran halte, und Demir den Unfall bei angelegtem Gurt mit an Sicherheit grenzender Wahrscheinlichkeit überlebt hätte.

Außerdem sei die H AG nach § 2a Abs. 1 der AKB, die Kemal Cemler wie jeder Versicherungsnehmer bei Vertragsabschluss am 10. 1. 2007 erhalten habe, nur für Unfälle in Europa eintrittspflichtig. Der Unfallort liege aber im asiatischen Teil der Türkei. Zwar sei dem Versicherungsnehmer eine Internationale Versicherungskarte für Kraftverkehr („Grüne Karte") erteilt worden, in der unter dem Vermerk „Diese Versicherungskarte gilt nicht für Länder, die in der Länderliste gestrichen sind" das Kürzel „TR" für „Türkei" *nicht* gestrichen sei. Das erweitere aber nicht die Leistungspflicht im Rahmen der vertraglichen Versicherungssummen (im Unfallzeitpunkt 1 Mio. €), sondern verpflichte den Versicherer gegenüber Dritten nur zur Leistung bis zur Höhe der in der Türkei vorgeschriebenen gesetzlichen Mindestdeckungssumme von etwa 10 000 €.

1. Wie ist zu entscheiden?
   Hinweis: Die Höhe von Ansprüchen ist, soweit sie sich nicht aus dem Sachverhalt ergibt, nicht zu berechnen.

2. Welche Änderungen ergeben sich, wenn der Verkehrsunfall sich am 15. 8. 2009 ereignet.

[handschriftlich: ab 11. Januar 2009 gilt die Rom II-VO]

Materialien

I. Türkisches IPR

Türkisches IPR-Gesetz Nr. 2675/1982[1] (türk IPRG)   779

a) Art. 12 Abs. 2 türk IPRG
Die allgemeinen Wirkungen der Ehe unterliegen dem gemeinsamen Heimatrecht der Ehegatten. Sind die Beteiligten verschiedener Staatsangehörigkeit, findet das Recht am gemeinsamen Wohnsitzes, ist ein solcher nicht vorhanden, das Recht am Ort des gemeinsamen ständigen Aufenthalts, und ist auch ein solcher nicht vorhanden, das türkische Recht Anwendung.

b) Art. 15 türk IPRG
Die Beziehungen der ehelichen Abstammung unterliegen dem Recht, das im Zeitpunkt der Geburt für die allgemeinen Wirkungen der Ehe gilt.

c) Art. 21 türk IPRG
Der Beistandsunterhalt* unterliegt dem Heimatrecht des Pflichtigen.
*: Beistandsunterhalt = Unterhalt an bedürftige Familienmitglieder gemäß Art. 364 ff türk ZGB

d) Art. 25 türk IPRG
Schuldverhältnisse, die aus unerlaubter Handlung entstanden sind, unterliegen dem am Tatort anwendbaren Recht.
Befinden sich die Orte der Tat und des Schadenseintritts in verschiedenen Staaten, so ist das am Ort des Schadenseintritts geltende Recht anwendbar.
Steht das infolge einer unerlaubten Handlung entstandene Schuldverhältnis mit einem anderen Staat in der engeren Beziehung, so kann das Recht dieses Staates angewendet werden.

e) [Hinweis: Im Zweifel ist davon auszugehen, dass unbestimmte Rechtsbegriffe oder Generalklauseln im konkreten Fall ebenso ausgelegt werden wie entsprechende Klauseln im deutschen Recht.]

---

1 *Bergmann/Ferid/Henrich* Türkei (Stand 2003).

II. Allgemeine Bedingungen für die Kraftfahrversicherung (AKB), Stand 1. 1. 2007

f) Es ist davon auszugehen, dass der Versicherungsvertrag unverändert den bei Vertragsabschluss gelten AKB (Stand 1. 1. 2007) unterliegt.

§ 2a Abs. 1 AKB

Die Kraftfahrtversicherung gilt für Europa und für die außereuropäischen Gebiete, die zum Geltungsbereich des Vertrages über die Europäische Gemeinschaft gehören. In der Kraftfahrzeug-Haftpflichtversicherung gilt die Deckungssumme, die in dem jeweiligen Land gesetzlich vorgeschrieben ist, mindestens jedoch in Höhe der vertraglich vereinbarten Deckungssummen.

Strukturierung des Falles

Wesentliche Themen: Zuständigkeit für Versicherungssachen nach der Brüssel I-VO; Anknüpfung des Direktanspruchs; Deliktische Tatortregel; Deliktische Aufenthaltsanknüpfung; Rechtswahl des Deliktsstatuts; Ausweichklausel bei Straßenverkehrsunfällen.

780

Ausgangsfälle: BGHZ 119, 137; BGHZ 120, 87, BGH NJW 1993, 1009.

Frage 1

1. Internationale Zuständigkeit

a) Brüssel I-VO (+) Beklagtenwohnsitz, Art. 3 Abs. 1 Brüssel I-VO in Deutschland

b) Art. 8 ff Brüssel I-VO (+) Versicherungssache ist auch Direktklage, soweit zulässig

c) Direktklage zulässig: nicht Brüssel I-VO, 4. KFZ-HaftpflichtRiLi (2000/26/EG) begründet nur Verpflichtung aller Mitgliedsstaaten, also nach Deliktsstatut

d) Anknüpfung nach Art. 18 Rom II-VO (–) zeitlicher Anwendungsbereich nur für schadensbegründendes Ereignis nach Stichtag 11. 1. 2009, Art. 31, 32 Rom II-VO

e) Art. 40 Abs. 4 EGBGB Direktanspruch wahlweise nach Deliktsstatut oder Versicherungsvertragsstatut
  – Versicherungsvertragsstatut Art. 1 ff EGVVG (Art. 37 Nr. 4 EGBGB)
  – Art. 8 EGVVG gewöhnlicher Aufenthalt Versicherungsnehmer und Risikobelegenheit, hier Art. 7 Abs. 2 Nr. 2 EGVVG Risiko der KFZ-Haftpflichtversicherung in Deutschland belegen, also deutsches Recht

f) § 115 Abs. 1 VVG iVm § 1 PflVG: Direktanspruch (+)

g) Klage gegen Versicherer Art. 9 Brüssel I-VO: deutsche Gerichte als Wohnsitzgerichte international zuständig, Art. 9 Abs. 1 lit. a Brüssel I-VO

2. Örtliche Zuständigkeit
  – Allgemeiner Gerichtsstand der Beklagten, §§ 12, 17 ZPO

3. Passivlegitimation der beklagten H AG
  – § 115 Abs. 1 VVG, Art. 40 Abs. 4 EGBGB unbeschadet des Deliktsstatuts; Umfang nach Deliktsanspruch gegen Schädiger

4. Begrenzung der Eintrittspflicht der H AG?

a) Fraglich ob Eintrittspflicht bis zur Höhe der vertraglichen Versicherungssumme (1 Mio. €) oder bis zur Höhe der türkischen Mindestdeckungssumme

  – Grundsätzlich § 115 Abs. 1 S. 2 VVG: Direktanspruch nur im Rahmen des Versicherungsvertragsanspruchs

b) Vertraglicher Versicherungsschutz bestünde nur nach Maßgabe von § 2a Abs. 1 AKB

  aa) Verstoß des § 2a Abs. 1 AKB gegen § 307 Abs. 1 S. 2 BGB (Transparenzregelung): fraglich, einerseits geografische Lage der Türkei klar, andererseits versicherungsrechtliche Teilung überraschend

  bb) Falls § 2a Abs. 1 AKB wirksam, Erteilung der Grünen Karte als Erweiterung des Versicherungsschutzes: Auslegung (+) Erteilung für ganze Türkei als Angebot, Annahme durch Versicherungsnehmer

5. Deliktsstatut für Ansprüche des Hüsein

a) Völkerrechtliche Kollisionsregeln (–) Haager Übereinkommen über das auf Straßenverkehrsunfälle anzuwendende Recht v 4. 5. 1971 von Deutschland nicht gezeichnet
  – Rom II-VO (–) zeitlicher Anwendungsbereich nicht eröffnet

b) Art. 40 Abs. 1 S. 1 EGBGB: Tatortgrundsatz: Türkischer Tatort

c) Art. 40 Abs. 2 S. 2 EGBGB: gewöhnlicher Aufenthalt Ersatzpflichtiger und Verletzter in Deutschland (+)
  – Art. 41 wesentlich engere Verbindung (–) gemeinsame Staatsangehörigkeit kaum relevant, KFZ-Registrierung verstärkt gemeinsamen gewöhnlichen Aufenthalt, Familienbeziehung weist ebenfalls nach Deutschland; Tötung und damit keine Rückkehr nach Deutschland

6. Deliktsstatut für Ansprüche der Güzel

a) Art. 40 Abs. 2 EGBGB (–) kein gemeinsamer gewöhnlicher Aufenthalt

b) Art. 41 EGBGB (–) verschiedenes Deliktsstatut für mehrere Geschädigte nicht relevant, Familienbeziehung, Art. 41 Abs. 2 Nr. 1 EGBGB, nicht in Deutschland gelebt, keine Folgentragung in Deutschland, Zulassung des KFZ alleine nicht relevant

255

c) Art. 4 Abs. 1 EGBGB, Tatortregel ist grundsätzlich Gesamtverweisung, kein besonderer Sinn wie bei Art. 40 Abs. 2 und Art. 41 EGBGB

d) Türkisches IPR Art. 25 Abs. 1 türk. IPRG nimmt Verweisung an, Ausweichklausel Art. 25 Abs. 3 türk. IPRG (–)

7. Schadensersatzanspruch des Hüsein

a) Anspruchsgrundlage

§ 844 Abs. 2 BGB (+) schuldhafte Tötung des Demir durch Kemal

§ 10 Abs. 2 StVG (+) Deliktsstatut umfasst auch Gefährdungshaftung

– Anspruchsberechtigter zur Zeit der Verletzung noch nicht geboren, jedoch bereits gezeugt, § 844 Abs. 2 S. 2 BGB, § 10 Abs. 2 S. 2 StVG

– Aber Vorfrage der gesetzlichen Unterhaltspflicht

b) Statut der Vorfrage: Gesetzliche Unterhaltspflicht

– Grundsatz: selbstständig anzuknüpfen

– Unterhaltsstatut: HUÜbk 1973

– Art. 3 Hs. 1 Nr. 2 EGBGB (bis 11. 1. 2009 Art. 3 Abs. 2 EGBGB): Art. 18 EGBGB verdrängt,

– Art. 3 HUÜbk 1973 *loi uniforme*

– Art. 18 HUÜbk 1973: HUÜbk 1956 verdrängt, da Türkei Vertragsstaat des HUÜbk 1973

– Art. 4 Abs. 1 HUÜbk 1973: Unterhaltsstatut ist das am gewöhnlichen Aufenthalt des Unterhaltsberechtigten geltende innerstaatliche Recht, also deutsches Recht

c) Unterhaltsanspruch (deutsches Recht)

– §§ 1601, 1610 BGB: Anspruch auf Unterhalt Hüsein gegen Demir, wenn mit Demir in gerader Linie verwandt

– Vorfrage der Vaterschaft wieder selbstständig anzuknüpfen

d) Statut der Vorfrage: Abstammung Art. 19 Abs. 1 S. 1 EGBGB Abstammungsstatut (alternativ) Aufenthaltsrecht des Kindes, also deutsches Recht

e) Abstammung des Hüsein von Demir (deutsches Recht)

§§ 1592 Nr. 1, 1593 S. 1 BGB (+) Ehe wurde durch Demirs Tod aufgelöst, Kind innerhalb von 300 Tagen, geboren

f) Qualifikation des Mitverschuldens durch Verstoß gegen Verkehrsregeln

– Mitverschulden deliktsrechtlich zu qualifizieren, also § 254 Abs. 1 BGB, § 9 StVG

– Verhaltensnormen nach Tatortrecht, also türkisches Recht

– Gurtanlegepflicht im türkischen Recht objektiv verletzt, Kausalität für Tötung (+)

– Maß des Mitverschuldens nach dem Deliktsstatut

– Aber Berücksichtigung der Sorgfaltsmaßstäbe am Unfallort, also in Türkei geringer zu bewerten

– Aber Fahrer und Beifahrer in deutschem PKW, die in Deutschland leben, also Zurechnung nach deutschen Sorgfaltsmaßstäben

8. Schadensersatzanspruch der Güzel

– Schadensersatzansprüche nach türkischem Recht, nicht zu berechnen (Fallfrage)

Ergebnis: Das LG Hamburg ist international und örtlich zuständig.

Gegen die Beklagte besteht ein Direktanspruch im Umfang der gegen den Versicherungsnehmer bestehenden deliktischen Ansprüche.

Die Beklagte ist bis zur Höhe der vertraglich vereinbarten Versicherungssumme eintrittspflichtig. Deliktsstatut für Ansprüche des Hüsein ist deutsches Recht, für Ansprüche der Güzel türkisches Recht.

Hüsein hat einen Anspruch nach § 844 Abs. 1 BGB und § 10 Abs. 2 StVG; das Maß des entgangenen Unterhalts beurteilt sich nach deutschem Recht als Unterhaltsstatut. Die Ansprüche der Güzel nach türkischem Recht sind nicht zu berechnen.

Frage 2: Änderungen, wenn der Unfall sich am 15. 8. 2009 ereignet

1. Anwendbarkeit der Rom II-VO

a) Zeitlicher Anwendungsbereich (+) Unfall nach Stichtag 11. 1. 2009, Art. 32 Rom II-VO, Art. 31 Rom II-VO

b) Sachlicher Anwendungsbereich

– Art. 1 Abs. 1 Rom II-VO (+) Deliktsansprüche

– Art. 1 Abs. 2 Rom II-VO keine Bereichsausnahme (+) Straßenverkehrsunfälle nicht ausgeschlossen

c) Räumlicher Anwendungsbereich Art. 3 Rom II-VO (+) *loi uniforme*

2. Direktanspruch

Art. 18 Rom II-VO: alternativ Versicherungsvertragsstatut, bei Vertragsschluss vor 17. 12. 2009 nach Art. 1 ff EGVVG (nicht nach Rom I-VO) zu bestimmen, also wie Frage 1

3. Deliktsstatut für Ansprüche des Hüsein

a) Art. 14 Rom II-VO, Rechtswahl (–)

– Art. 4 Abs. 2 Rom II-VO: gemeinsamer gewöhnlicher Aufenthalt (+)

- Kein Rückgriff auf Tatortregel Art. 4 Abs. 1 Rom II-VO
b) Ausweichklausel, Art. 4 Abs. 3 Rom II-VO (–)
  - Engere Fassung als Art. 41 EGBGB, nicht bereits bei tatsächlicher Vorbeziehung
  - Familienbeziehung wohl irrelevant, jedenfalls nicht in die Türkei weisend

4. Deliktsstatut für Ansprüche der Güzel
a) Art. 4 Abs. 1 Rom II-VO Tatortregel (+) keine Rechtswahl, kein gemeinsamer gewöhnlicher Aufenthalt
b) Ausweichklausel Art. 4 Abs. 3 Rom II-VO (–) Argumente wie Art. 41 EGBGB

c) Art. 24 Rom II-VO: Sachnormverweisung, türkisches IPR nicht zu prüfen

5. Reichweite und Vorfragen im Rahmen des Schadensersatzanspruchs
a) Art. 15 lit. a Rom II-VO: Verschulden nicht erforderlich, also Verschuldens- und Gefährdungshaftung erfasst
b) Vorfragen nicht von Art. 15 Rom II-VO erfasst, weiterhin selbstständig anzuknüpfen

Ergebnis: In der Abwandlung zu Frage 2 sind deliktsrechtlich zu qualifizierende Fragen nach der Rom II-VO anzuknüpfen. Das Ergebnis ändert sich hierdurch nicht.

257

Lösung

Frage 1: Wie ist zu entscheiden?

1. Internationale Zuständigkeit

781 **a)** Die **internationale Zuständigkeit** ist nach der Brüssel I-VO zu beurteilen, weil die Beklagte ihren Wohnsitz (Art. 3 Abs. 1 Brüssel I-VO) in Deutschland, einem Mitgliedstaat hat. Auf den Wohnsitz des jeweiligen Klägers kommt es nicht an, auch wenn dieser in einem Nicht-Mitgliedstaat liegt.

782 **b)** Für beide Verfahren könnten Art. 8 ff Brüssel I-VO ausschließlich anzuwenden sein, wenn eine **Versicherungssache** vorliegt (Art. 8 Brüssel I-VO). Wie sich aus Art. 11 Abs. 2 Brüssel I-VO ergibt, sind auch auf eine Klage, die ein Geschädigter unmittelbar gegen den Versicherer erhebt *(Direktklage)*, Art. 8 bis 10 Brüssel I-VO anzuwenden, sofern eine solche unmittelbare Klage zulässig ist.

783 **c)** Ob eine solche **Direktklage zulässig** ist, entscheidet die Brüssel I-VO nicht. Zwar sieht die 4. KFZ-HaftpflichtRiLi (RiLi 2000/26/EG) eine Verpflichtung aller Mitgliedstaaten vor, einen *Direktanspruch* gegen den KFZ-Haftpflichtversicherer zu schaffen. Damit ist jedoch nicht die Frage entschieden, nach welchem Recht sich die Existenz eines solchen Anspruchs, der Voraussetzung einer Direktklage ist, beurteilt. Das bestimmt sich nach dem vom IPR des Gerichtsstaates berufenen materiellen Recht.

784 **d)** Eine Anknüpfung der Direktklage nach **Art. 18 Rom II-VO** setzt voraus, dass der zeitliche Anwendungsbereich der Rom II-VO eröffnet ist. Maßgeblich hierfür ist der Zeitpunkt des schadensbegründenden Ereignisses, der vorliegend am 15. 8. 2008, also vor dem Stichtag (11. 1. 2009) gemäß Art. 31, 32 Rom II-VO liegt. Die Rom II-VO ist also vorliegend nicht anzuwenden.

785 **e)** Gemäß Art. 40 Abs. 4 EGBGB besteht ein **Direktanspruch**, wenn ihn – alternativ – das Deliktsstatut oder das Versicherungsvertragsstatut vorsehen. Vorliegend kann an dieser Stelle die Prüfung des Deliktsstatuts also noch dahinstehen. Das Versicherungsvertragsstatut bestimmt sich nach Art. 7 ff EGVVG (vgl Art. 37 Nr. 4 EGBGB). Versicherungsvertragsstatut ist nach Art. 8 EGVVG das Recht des gewöhnlichen Aufenthalts des Versicherungsnehmers bei Vertragsschluss, sofern dort auch das Risiko belegen ist. Gemäß Art. 7 Abs. 2 Nr. 2 EGVVG ist das Risiko der KFZ-Haftpflichtversicherung für ein in Deutschland registriertes KFZ in Deutschland belegen, in Deutschland hatte Kemal Cemler bei Vertragsschluss auch seinen gewöhnlichen Aufenthalt, Versicherungsvertragsstatut ist also deutsches Recht.

786 **f)** Da nach **§ 115 Abs. 1 VVG iVm § 1 PflVG** ein Direktanspruch des Geschädigten gegen den Versicherer besteht, ist die Direktklage iSd Art. 11 Abs. 2 Brüssel I-VO zulässig.

787 **g)** Die internationale Zuständigkeit deutscher Gerichte bestimmt sich für die gegen den Versicherer gerichteten Klagen nach **Art. 9 Brüssel I-VO**; deutsche Gerichte sind als Gerichte des Wohnsitzstaates (Art. 60 Brüssel I-VO) international zuständig (Art. 9 Abs. 1 lit. a Brüssel I-VO).

2. Örtliche Zuständigkeit

Die **örtliche Zuständigkeit** des LG Hamburg ergibt sich am allgemeinen Gerichts-   **788**
stand der Beklagten (§§ 12, 17 ZPO).

3. Passivlegitimation der beklagten H AG

Die Passivlegitimation für alle deliktisch zu qualifizierenden, gegen Kemal Cemler   **789**
bzw dessen Erben bestehende Ansprüche aus dem Verkehrsunfall folgt aus § 115
Abs. 1 VVG, der gemäß Art. 40 Abs. 4 EGBGB (Rn 785) unbeschadet des noch zu
bestimmenden Deliktsstatuts jedenfalls anwendbar ist. Es sind also das Deliktsstatut
und die danach bestehenden Ansprüche gegen den Unfallverursacher Kemal Cemler
zu bestimmen.

4. Begrenzung der Eintrittspflicht der H AG?

a) Fraglich ist aber, ob die H AG bis zur Höhe der vertraglichen Versicherungssumme   **790**
(1 Mio. €) eintrittspflichtig ist oder nur bis zur Höhe der nach türkischem Pflichtversi-
cherungsrecht geltenden Mindestdeckungssumme, denn der Direktanspruch besteht –
abgesehen von den in § 117 VVG geregelten Fällen der Leistungsfreiheit gegenüber
dem Versicherten, zB wegen Obliegenheitsverletzungen – nur im Rahmen der versi-
cherungsvertraglichen Verpflichtung (§ 115 Abs. 1 S. 2 VVG).

Letzteres könnte anzunehmen sein, wenn die **Erteilung der Versicherungskarte** nur
eine Bescheinigung und damit eine Erklärung im Außenverhältnis gegenüber Dritten
über das Bestehen von Haftpflichtversicherungsschutz wäre. Dann nämlich müsste
diese Erklärung aus der Sicht eines am Straßenverkehr in der Türkei teilnehmenden
Dritten verstanden werden, der einer solchen Bescheinigung nur entnehmen könnte,
dass der Halter/Fahrer des in Deutschland zugelassenen KFZ wenigstens nach Maßgabe der *türkischen* Bestimmungen versichert ist.

b) Über die Mindestdeckung hinausgehender *vertraglicher* Versicherungsschutz be-   **791**
stünde dann nur nach Maßgabe von § 2a Abs. 1 AKB (MAT f).

aa) § 2a Abs. 1 AKB könnte – bei vorliegend deutschem Versicherungsvertragsstatut
– wegen Verstoßes gegen § 307 Abs. 1 S. 2 BGB (**Transparenzregelung**) unwirksam
sein. Hierfür spricht, dass diese Klausel wegen der Aufteilung des türkischen Staats-
gebietes auf Europa und Asien dazu führt, dass der Versicherungsschutz nur in einem
Teil der Türkei gilt, was für einen durchschnittlich verständigen Versicherungsnehmer nicht selbstverständlich sein mag.[2] Auch wenn der Umstand, dass die Türkei zu
ihrem größeren geografischen Teil in Asien liegt, allgemein bekannt ist, gibt die Auslegung von § 2a Abs. 1 AKB jedenfalls dann Anlass zu Zweifeln, wenn dem Versicherungsnehmer eine auf die Türkei gültig geschriebene Grüne Karte ausgehändigt wird.

---

2 Zweifelnd daher OLG Saarbrücken OLGR 2005, 336, dort überdies zu spezifisch auf die Fahrzeugversiche-
rung (Kasko) bezogenen Gesichtspunkten.

792   **bb)** Hält man § 2a Abs. 1 AKB hingegen an sich für wirksam einbezogen, so kommt in Betracht, die Erteilung der Grünen Karte als auf Erweiterung des Versicherungsschutzes gerichtete **Willenserklärung an den Versicherungsnehmer** zu verstehen. Hierzu bedarf es einer Auslegung nach deutschem Recht als Versicherungsvertragsstatut. Diese Auslegung ist nach Treu und Glauben aus der Sicht des Versicherungsnehmers als Empfänger der Karte vorzunehmen. Die Karte wird diesem zwar einerseits erteilt, weil er sie als Nachweis der bestehenden Versicherung zur Einreise in ausländische Staaten benötigt. Andererseits kommt der Erteilung nach der Verkehrsauffassung der darüber hinausgehende Erklärungswert zu, dass der Versicherer den vertraglichen Versicherungsschutz in allen Ländern gewährt, für die die Karte gültig geschrieben ist. Der Versicherungsnehmer, dem es erkennbar nicht nur darauf ankommt, formal die Einreisebestimmungen zu erfüllen, sondern auch im Schadensfall Deckung im Rahmen seines Versicherungsvertrages zu erlangen, muss also die Erteilung der für die Türkei gültig geschriebenen Grünen Karte als eine *Erweiterung* des nach § 2a Abs. 1 AKB nur für den europäischen Teil der Türkei bestehenden Versicherungsschutzes auf den asiatischen Teil der Türkei verstehen. Die H AG hat also über die gesetzlichen türkischen Mindestdeckungssummen hinaus bis zur vertraglich vereinbarten Versicherungssumme einzutreten.[3]

5. Deliktsstatut für Ansprüche des Hüsein

793   **a) Völkerrechtliche Kollisionsregeln** greifen aus deutscher Sicht nicht ein; die BRep. Deutschland hat das Haager Übereinkommen über das auf Straßenverkehrsunfälle anzuwendende Recht v 4. 5. 1971 nicht gezeichnet.[4]

Die **Rom II-VO** ist, wie gesehen (Rn 784) intertemporal auf das vorliegende schadensbegründende Ereignis nicht anwendbar.

794   **b)** Art. 40 Abs. 1 S. 1 EGBGB normiert den **Tatortgrundsatz**. Die Kodifikation übernimmt jedoch Ansätze der in der Rechtsprechung vor Inkrafttreten des Art. 40 EGBGB entwickelten „Auflockerung der Tatortregel". Zum Teil wird dabei das flexibel entwickelte System der Auflockerung in *bestimmten* Sachverhaltskonstellationen festgeschrieben. Die für alle außervertraglichen Schuldstatute in Art. 41 EGBGB bestimmte Generalklausel erlaubt jedoch darüber hinaus auch *fallweise* eine Abweichung von der Tatortregel.

795   **c)** Eine typisierte Auflockerung im erstgenannten Sinn regelt Art. 40 Abs. 2 S. 2 EGBGB.

796   **aa)** Bei **gewöhnlichem Aufenthalt** von Ersatzpflichtigem und Verletztem zur Zeit des Haftungsereignisses im selben Staat ist das Recht dieses Staates anzuwenden. Art. 40 Abs. 2 EGBGB führt hier zur Anknüpfung an deutsches Recht als gemeinsames Aufenthaltsrecht. Maßgeblich ist der Zeitpunkt des Haftungsereignisses, also des Verkehrsunfalls. Dass beide unmittelbar Beteiligten bei dem Unfall getötet wurden, also nicht mehr nach Deutschland zurückgekehrt sind, spielt im Rahmen des Art. 40 Abs. 2 EGBGB zunächst keine Rolle.

---

3 BGHZ 120, 87; obiter auch OLG Saarbrücken OLGR 2005, 336.
4 *Jayme/Hausmann*[14] Nr. 100; einführend *Staudinger/von Hoffmann* (2001) Art. 40 EGBGB Rn 178 ff.

bb) Damit ist die nach der Rechtsprechung noch vor Inkrafttreten des Art. 40 EGBGB **797** geforderte[5] *Verstärkung* des gemeinsamen gewöhnlichen Aufenthalts durch andere Kriterien (Familienbeziehung oä, KFZ-Registrierung) nicht mehr zu prüfen.[6] Auch die Anknüpfung nach Art. 40 Abs. 2 S. 1 EGBGB unterliegt jedoch ggf der **Auflockerung** nach der Generalklausel (Art. 41 EGBGB), wenn eine wesentlich engere Verbindung (zB auch zurück zum Tatortland) besteht. Über das Regelbeispiel des Art. 41 Abs. 2 Nr. 1 EGBGB kann insbesondere die früher vom BGH als *positive* Voraussetzung der Auflockerung geforderte besondere rechtliche oder tatsächliche Beziehung jetzt die typisierte Auflockerung des Art. 40 Abs. 2 S. 1 EGBGB *negativ* neutralisieren. Im vorliegenden Fall kommen als Gesichtspunkte einer engeren Verbindung die gemeinsame *Staatsangehörigkeit* sowie die *Familienbeziehung* in Betracht. Bedeutung könnte auch haben, dass weder der Schädiger noch der unmittelbar Geschädigte nach Deutschland zurückgekehrt sind.

cc) Der gemeinsamen **Staatsangehörigkeit** hat der BGH schon vor der Kodifikation **798** des internationalen Deliktsrecht zunehmend weniger Gewicht für die Bestimmung des Deliktsstatuts beigemessen. Da schon nach dieser Rechtsprechung die gemeinsame Staatsangehörigkeit zum Tatortstaat *nicht* einen durch die KFZ-Registrierung verstärkten gemeinsamen gewöhnlichen Aufenthalt überwog,[7] gilt dies nun erst recht: Art. 40 Abs. 2 S. 1 EGBGB misst dem gewöhnlichen Aufenthalt eine typisierte Bedeutung bei und die einzige an der Staatsangehörigkeit orientierte Deliktskollisionsnorm (§ 1 RechtsAnwVO) wurde aufgehoben.

dd) Die gemeinsame **Familienbeziehung** oder sonstige Sozialbeziehung hat dagegen **799** grundsätzlich erhebliches Gewicht für Art. 41 EGBGB. Jedoch weist dieses Kriterium vorliegend nach Deutschland, weil die bei dem Unfall Getöteten (Vater und Großvater des Klägers) in Köln den Schwerpunkt ihrer Familienbeziehung gelebt hatten, auch wenn sie jährlich zum Besuch der weiteren Familie in den gemeinsamen Heimatstaat Türkei fuhren. Eine an familienrechtlichen *Kollisionsnormen* orientierte formale Betrachtung, die wieder zur gemeinsamen Staatsangehörigkeit führen müsste, entspräche dagegen nicht dem Zweck der deliktskollisionsrechtlichen Auflockerung.

ee) Wo sich die Beteiligten, vor allem der **Geschädigte, nach dem Schadensereignis** **800** **aufhalten**, könnte deshalb Bedeutung erlangen, weil die Ersetzung der Tatortregel durch den gewöhnlichen Aufenthalt vor allem dadurch motiviert ist, den Geschädigten möglichst nach den Haftungsstandards des gemeinsamen Aufenthaltsstaates zu entschädigen, wo er die Folgen des schädigenden Ereignisses zu tragen hat, sofern dies dem Geschädigten, weil er ebenfalls dort lebt, zumutbar ist. Der BGH hat den Gesichtspunkt, wo der Geschädigte „mit den Folgen leben" muss, im Rahmen der Auflockerungsrechtsprechung herausgestellt,[8] es aber jedenfalls für unschädlich gehalten, wenn der *Schädiger* bei dem Unfall zu Tode kommt und nicht mehr an den Aufenthaltsort zurückkehrt. Anders könnte es sich verhalten, bliebe der *Geschädigte* im Heimatstaat, der zugleich Tatortland ist. Im vorliegenden Fall ergibt sich aber die Beson-

---

5 Vgl BGHZ 119, 137.
6 Vgl schon BGH NJW 1993, 1007.
7 BGHZ 119, 137.
8 BGHZ 119, 137; BGHZ 120, 87.

derheit, dass auch der unmittelbar Geschädigte (Demir) nur deshalb nicht zurück-kehrt, weil er getötet wurde, der mittelbar geschädigte Kläger hingegen mit den Folgen, nämlich den – hier unterstellt – unterhaltspflichtigen Vater verloren zu haben, in Deutschland leben muss. Daher ist auch unter diesem Gesichtspunkt keine Abweichung von Art. 40 Abs. 2 S. 1 EGBGB geboten.

Deliktsstatut ist also deutsches Recht.

6. Deliktsstatut für Ansprüche der Güzel

801 a) Hier ergibt sich aus Art. 40 Abs. 2 EGBGB keine Abweichung von der **Tatortre-gel**, weil der Unfallverursacher Kemal und die Geschädigte Güzel keinen gemeinsa-men gewöhnlichen Aufenthalt hatten.

802 b) Zu prüfen ist jedoch eine **Auflockerung** nach Art. 41 EGBGB. Grundsätzlich er-gibt sich nicht schon deshalb ein Bedürfnis für eine Abweichung von der Tatortregel, weil bei demselben Ereignis mehrere Personen geschädigt wurden. Es kann vielmehr durchaus für verschiedene Geschädigte zu verschiedenen Deliktsstatuten kommen, auch wenn dadurch das Schadensersatzniveau unterschiedlich ausfällt.[9]

803 aa) Die **Familienbeziehung** (Art. 41 Abs. 2 Nr. 1 EGBGB) spricht hier nicht für eine Abweichung von der Tatortregel: Güzel hat nie in Deutschland gelebt, ihre familiäre Beziehung zu ihrem Vater Kemal ist ausschließlich in der Türkei lokalisiert.[10]

804 bb) Auch die Motivation der Auflockerung, den Geschädigten nach den Haftungs-standards des Landes zu entschädigen, in dem er mit den **Folgen der Schädigung le-ben muss**, spricht nicht für eine Abweichung von der Tatortregel. Güzel lebte vor dem Unfall und lebt weiterhin in der Türkei.

805 cc) Ebenso führt die **Zulassung** und **Versicherung** des Unfallfahrzeugs in Deutsch-land nicht ohne andere Kriterien zu einer Abweichung von der Tatortregel. Beides ist eher eine Voraussetzung dafür, dass bei deutschem Aufenthalt des Geschädigten des-sen Bedürfnis nach einer den deutschen Haftungsstandards entsprechenden Scha-densabwicklung entsprochen werden kann, weil dem Schädiger und seinem deut-schen Versicherer eine Entschädigung nach deutschen Haftungsmaßstäben zumutbar ist. Hingegen kann es nicht Zweck der Auflockerung sein, die Schädigung durch einen in Deutschland zugelassenen PKW zu einem nicht gerechtfertigten „Glück im Unglück" werden zu lassen, mit dem der im Unfallland lebende Geschädigte nicht rechnen durfte. Selbst das stark am Registrierungsprinzip orientierte Haager Überein-kommen (Rn 793) lockert für Fahrzeuginsassen, die ihren gewöhnlichen Aufenthalt im Unfallland haben, die Tatortregel *nicht* auf (vgl Art. 4 lit. a Str. 2 Haager Verkehrs-unfallÜbk).

806 c) Die Verweisung aus Art. 40 Abs. 1 EGBGB – auf türkisches Recht – ist grundsätz-lich **Gesamtverweisung** (Art. 4 Abs. 1 EGBGB). Um eine Sachnormverweisung handelt es sich dagegen nach dem Sinn der Verweisung, wenn nach der Auflocke-

---

9 BGH NJW 1993, 1009.
10 Vgl BGH NJW 1993, 1009.

rungsklausel (Art. 41) ein Deliktsstatut in Bewertung aller Einzelfallumstände bestimmt wird, wohl auch bei Art. 40 Abs. 2 EGBGB, der die bisherige Auflockerung durch den BGH typisiert. Dagegen ist die Tatortregel des Art. 40 Abs. 1 EGBGB eine formale Anknüpfung, der kein *qualifizierter* Sinn zugrunde liegt. Es ist also das türkische IPR zu prüfen.

d) Die Gesamtverweisung auf das fremde IPR würde auch die im jeweiligen Staat als **807** *loi uniforme* geltenden völkervertraglichen Kollisionsnormen erfassen; in Betracht kommt, auch wenn Deutschland nicht Vertragsstaat ist, das Haager Übereinkommen über das auf Straßenverkehrsunfälle anzuwendende Recht. Jedoch ist auch die Türkei nicht Vertragsstaat.

Das autonome türkische IPR nimmt die Verweisung aufgrund der Tatortregel an (Art. 25 Abs. 1 türk. IPRG [MAT d]). Die Auflockerungsklausel des Art. 25 Abs. 3 türk. IPRG greift in dieser Fallgestaltung nicht ein (MAT e).[11]

Deliktsstatut ist also türkisches Recht.

7. Schadensersatzanspruch des Hüsein

a) Anspruchsgrundlage

aa) Hüsein könnte einen Anspruch aus **§ 844 Abs. 2 BGB** haben. Die dafür tatbe- **808** standlich vorausgesetzte *schuldhafte* Tötung des Demir durch Kemal ist gegeben, weil Kemal den Unfall wenigstens leicht fahrlässig verursacht hat.

Der Anspruch könnte aber auch auf **§ 10 Abs. 2 StVG** gestützt werden. Das Deliktsstatut umfasst nicht nur die Verschuldenshaftung, sondern auch die Gefährdungshaftung.

bb) Beide Anspruchsgrundlagen greifen auch dann ein, wenn der Anspruchsberech- **809** tigte zur Zeit der Verletzung noch nicht geboren, jedoch bereits gezeugt war (§ 844 Abs. 2 S. 2 BGB, § 10 Abs. 2 S. 2 StVG), kommen also zugunsten von Hüsein in Betracht.

cc) Beide Sachnormen des deutschen Deliktsstatuts werfen jedoch die **Vorfrage** auf, **810** ob der Getötete dem Hüsein gegenüber „kraft Gesetzes unterhaltspflichtig war oder . . . werden konnte".

b) Statut der Vorfrage: Gesetzliche Unterhaltspflicht

aa) Vorfragen sind im Allgemeinen zur Wahrung des inneren Entscheidungsein- **811** klangs **selbstständig anzuknüpfen**, dh dem nach deutschem IPR auf sie anwendbaren Statut zu unterstellen. Bei deutschem Statut der Hauptfrage (hier Deliktsstatut) stellt sich die Frage einer ausnahmsweisen unselbstständigen *Anknüpfung* mit dem IPR des Statuts der Hauptfrage ohnehin nicht; auch dies würde ein Ausgehen vom deutschen IPR bedeuten. Eine *Beantwortung* nach dem materiellen Deliktsstatut ohne Einschaltung von IPR kommt dagegen jedenfalls nicht in Betracht.

---

11 Vgl BGH NJW 1993, 1009.

812 **bb)** Das Unterhaltsstatut ist im Haager Übereinkommen über das auf Unterhaltspflichten anzuwendende Recht v. 2. 10. 1973[12] (HUÜbk 1973) geregelt; dessen Bestimmungen gehen Art. 18 EGBGB vor (Art. 3 Hs. 1 Nr. 2 EGBGB, bis 11. 1. 2009
Art. 3 Abs. 2 EGBGB). Das Übereinkommen ist grundsätzlich *loi uniforme*, also unabhängig von Gegenseitigkeit (Art. 3 HUÜbk 1973); es ersetzt jedoch das HUÜbk
1956[13] nur im Verhältnis zu Vertragsstaaten des HUÜbk 1973 (Art. 18 HUÜbk 1973);
da die Türkei Vertragsstaat des HUÜbk 1973 ist, gelten somit dessen Bestimmungen.[14] Maßgeblich ist das am gewöhnlichen Aufenthalt des Unterhaltsberechtigten
geltende innerstaatliche Recht (Art. 4 Abs. 1 HUÜbk 1973), da Hüsein seinen gewöhnlichen Aufenthalt in Deutschland hat also deutsches Recht. Das gemeinsame
Heimatrecht von Hüsein und Demir würde nur eine Rolle spielen, wenn deutsches
Recht *keinen* Anspruch vorsähe (Art. 5 HUÜbk 1973). Hingegen gilt die Begrenzung
aus Art. 7 HUÜbk 1973 nicht zwischen Verwandten in gerader Linie.

Unterhaltsstatut (als Vorfragenstatut) ist also deutsches Recht.

c) Unterhaltsanspruch (deutsches Recht)

813 **aa)** Gemäß §§ 1601, 1610 BGB hätte Hüsein einen Anspruch auf angemessenen Unterhalt gegen Demir, wenn er mit Demir in gerader Linie verwandt ist.

814 **bb)** Das wäre der Fall, wenn Demir der Vater Hüseins ist, wiederum eine **Vorfrage**,
die selbstständig anzuknüpfen ist.

d) Statut der Vorfrage: Abstammung

815 Abstammungsstatut ist das Recht des Staates, in dem das Kind seinen gewöhnlichen
Aufenthalt hat (Art. 19 Abs. 1 S. 1 EGBGB). Auf alternative Anknüpfungen nach
Art. 19 Abs. 1 S. 2 EGBGB muss nicht eingegangen werden, wenn sich bereits nach
dem von Art. 19 Abs. 1 S. 1 EGBGB berufenen Recht die behauptete Abstammung
ergibt. Ohne Bedeutung ist im vorliegenden Fall auch die Wandelbarkeit dieser Anknüpfung, da Hüsein bereits unmittelbar nach seiner Geburt in Deutschland gewöhnlichen Aufenthalt hatte und diesen beibehalten hat.

Hier ist also zunächst deutsches Recht als Abstammungsstatut zu prüfen.

e) Abstammung des Hüsein von Demir (deutsches Recht)

816 Demir ist gemäß §§ 1592 Nr. 1, 1593 S. 1 BGB Vater des Hüsein. Er war mit der Mutter des Kindes verheiratet[15], die Ehe wurde durch Demirs Tod aufgelöst und das Kind
wurde am 30. Tag nach der Auflösung der Ehe, also innerhalb von 300 Tagen, geboren.

---

12 *Jayme/Hausmann*[14] Nr. 41.
13 *Jayme/Hausmann*[14] Nr. 40.
14 *Jayme/Hausmann*[14] Nr. 41 Fn 1.
15 Auch hierbei handelt es sich um eine Vorfrage (im Tatbestand der abstammungsrechtlichen Norm), die jedoch angesichts des zweifelsfreien Sachverhalts nicht zu thematisieren ist.

Zusammenfassend stammt also Hüsein von Demir ab, dieser wäre ihm nach § 1601 **817**
BGB unterhaltspflichtig gewesen, so dass der Anspruch aus § 844 Abs. 2 BGB und
§ 10 Abs. 2 StVG gegen den Schädiger bzw den Halter des Unfallfahrzeugs dem
Grunde nach besteht.

f) Qualifikation des Mitverschuldens durch Verstoß gegen Verkehrsregeln

aa) Fraglich ist aber, ob und in welchem Umfang ein Mitverschulden zu berücksichti- **818**
gen ist. Die Berücksichtigung von Mitverschulden ist **deliktsrechtlich zu qualifizieren**; bei deutschem Deliktsstatut gilt § 254 Abs. 1 BGB (ggf iVm § 9 StVG), wobei
sich Hüsein ein Mitverschulden des Demir nach § 846 BGB zurechnen lassen muss.

bb) Nicht deliktsrechtlich zu qualifizieren sind dagegen die **Verhaltensnormen**, de- **819**
ren Verletzung ein Mitverschulden begründen soll. Insbesondere bei Teilnahme am
öffentlichen Straßenverkehr können die Verkehrsregeln nicht nach dem Deliktsstatut
bestimmt werden, sondern müssen einheitlich dem im Verkehrsland geltenden Stra-
ßenverkehrsrecht entnommen werden. Das gilt auch für solche Verkehrsregeln, die
sich nicht auf das Zusammenwirken im Verkehr beziehen, sondern die vorrangig dem
Schutz von Fahrzeuginsassen dienen, auch wenn man dagegen einwenden könnte,
dass die Wahrung gebotener Maßnahmen zum passiven Selbstschutz keinen Einfluss
auf den fließenden Verkehr hat und deshalb einer Beurteilung aus Sicht des Deliktsstatuts eher zugänglich wäre als zB die Frage, ob auf der rechten oder der linken Fahr-
bahnseite zu fahren ist.

cc) Da das türkische Recht nach Sachverhalt eine Gurtanlegepflicht vorsieht, hat De- **820**
mir objektiv eine ihn nach dem maßgeblichen Recht treffende **Verhaltenspflicht verletzt**, was auch für die Tötung kausal wurde, weil Demir mit an Sicherheit grenzender
Wahrscheinlichkeit angegurtet überlebt hätte.

dd) Fraglich ist jedoch, nach welcher Rechtsordnung das Maß des Mitverschuldens, **821**
also die **Mitverschuldensquote**, zu bestimmen ist. Grundsätzlich ist die Bestimmung
der Haftungsanteile von Unfallbeteiligten und damit auch die des Mitverschuldensan-
teils nach dem Deliktsstatut vorzunehmen.

Soweit es jedoch dabei wie für § 254 Abs. 1 BGB auf die Frage ankommt, in welchem
Maß ein Beteiligter die **im Verkehr erforderliche Sorgfalt** außer Acht gelassen hat,
müssen auch die am Unfallort geltenden Sorgfaltsmaßstäbe Berücksichtigung finden.
Es kann insbesondere nicht ein Verhalten, das ortsüblich ist und mit den formal bestehenden Verkehrsregeln nahezu unlösbar verbunden ist, dem Verletzten in Anwendung
von § 254 Abs. 1 BGB als grober Verstoß zugerechnet werden. Dies spräche dafür,
das Mitverschulden eines im türkischen Straßenverkehr nicht angegurteten Beifahrers
milder zu bewerten als im deutschen Straßenverkehr.

Hiervon kann jedoch wiederum eine Ausnahme geboten sein, wenn die deliktische **822**
Beziehung zwischen **Fahrer und Beifahrer** eines PKW zu beurteilen sind. Beteiligte, die in Deutschland leben und in einem deutschen PKW unterwegs sind, haben ihre
Rechtsbeziehungen zueinander, wie Art. 40 Abs. 2 EGBGB bestätigt, in dem Fahrzeug gewissermaßen mitgenommen. Lockerungen der Regeltreue im Tatortland greifen hiergegen nicht durch. Daher hat zwischen ihnen die Abwägung des Mitverschul-

dens – sofern eine entsprechende Verkehrsregel am Unfallort überhaupt besteht – ausschließlich nach § 254 Abs. 1 BGB zu erfolgen.[16]

Nach § 254 Abs. 1 BGB sind daher alle sonstigen Umstände des Einzelfalles abzuwägen, also insbesondere das – allenfalls mittlere – Maß des Verschuldens des übermüdeten Unfallverursachers, nicht aber die nachlässige türkische Gurtanlegepraxis, was einen Mitverschuldensanteil von 30% durchaus rechtfertigt.[17]

8. Schadensersatzanspruch der Güzel

823 Güzel hat Schadensersatzansprüche nach türkischem Recht, die nach der Fallfrage nicht zu berechnen sind.

824 **Ergebnis:** Das LG Hamburg ist international und örtlich zuständig.

Gegen die Beklagte besteht ein Direktanspruch im Umfang der gegen den Versicherungsnehmer bestehenden deliktischen Ansprüche.

Die Beklagte ist bis zur Höhe der vertraglich vereinbarten Versicherungssumme eintrittspflichtig.

Deliktsstatut für Ansprüche des Hüsein ist deutsches Recht, für Ansprüche der Güzel türkisches Recht.

Hüsein hat einen Anspruch nach § 844 Abs. 1 BGB und § 10 Abs. 2 StVG; das Maß des entgangenen Unterhalts beurteilt sich nach deutschem Recht als Unterhaltsstatut. Die Ansprüche der Güzel nach türkischem Recht sind nicht zu berechnen.

Frage 2: Änderungen, wenn der Unfall sich am 15. 8. 2009 ereignet

1. Anwendbarkeit der Rom II-VO

825 **a)** Ereignet sich der Verkehrsunfall am 15. 8. 2009, so ist der **zeitliche Anwendungsbereich** der Rom II-VO eröffnet, da die Rom II-VO auf schadensbegründende Ereignisse Anwendung findet, die nach ihrem Inkrafttreten am 11. 1. 2009 (Art. 32 Rom II-VO) eintreten (Art. 31 Rom II-VO).

826 **b)** Der **sachliche Anwendungsbereich** ist für Deliktsansprüche aus Straßenverkehrsunfällen eröffnet, denn es handelt sich um ein außervertragliches Schuldverhältnis in einer Zivil- oder Handelssache (Art. 1 Abs. 1 Rom II-VO) und die Haftung bei Straßenverkehrsunfällen fällt in keine der in Art. 1 Abs. 2 Rom II-VO genannten Bereichsausnahmen.

827 **c) Räumlich** gilt die Rom II-VO vor Gerichten eines Mitgliedstaats als *loi uniforme*, ohne dass eine Beziehung zu einem anderen Mitgliedstaat erforderlich ist; sie gilt auch dann, wenn das berufene Recht nicht das eines Mitgliedstaats ist (Art. 3 Rom II-VO).

---

16 BGH IPRspr 1997 Nr. 46.
17 Die Mitverschuldensquote liegt fallweise zwischen 25 % und 50 %, sofern nicht grobes Verschulden des Schädigers vorliegt.

2. Direktanspruch

Das Bestehen eines Direktanspruchs gegen die H AG (Rn 785 f) bestimmt sich damit **828** nach Art. 18 Rom II-VO. Da es auch nach Art. 18 Rom II-VO genügt, wenn das Versicherungsvertragsstatut einen Direktanspruch vorsieht, ändert sich insoweit nichts am Ergebnis: Das Versicherungsvertragsstatut ist bei Vertragsschluss am 10. 1. 2007 weiterhin nach Art. 7 ff EGVVG zu bestimmen (Rn 785). Art. 7 Rom I-VO käme nur bei Vertragsschluss nach dem 17. 12. 2009 in Betracht; deutsches Recht ist damit wie im Ausgangsfall Versicherungsvertragsstatut; § 115 VVG eröffnet den Direktanspruch gegen die H AG nach Maßgabe des deliktischen Anspruchs gegen den Schädiger.

3. Deliktsstatut für Ansprüche des Hüsein

a) Mangels einer Rechtswahl (Art. 14 Rom II-VO) bestimmt sich das Deliktsstatut **829** vorrangig nach dem Recht des **gemeinsamen gewöhnlichen Aufenthalts** von Schädiger und Geschädigtem (Art. 4 Abs. 2 Rom II-VO). Zwar knüpft Art. 4 Abs. 1 Rom II-VO, der formal Abs. 2 vorangeht) an die **Tatortregel** iSd Erfolgsortes an; jedoch ist die Aufenthaltsanknüpfung in Art. 4 Abs. 2 Rom II-VO – ebenso wie jene in Art. 40 Abs. 2 EGBGB (Rn 795ff) – nicht als bloß fakultative Auflockerung formuliert, sondern als vorrangige gesetzliche Ausnahme zur Tatortregel. Anwendbar ist damit grundsätzlich deutsches Recht.

b) Die **Ausweichklausel** in Art. 4 Abs. 3 Rom II-VO kann jedoch bei offensichtlich **830** engerer Verbindung zu einem anderen Recht nicht nur gegen die Tatortregel, sondern auch gegen die Aufenthaltsregel (Art. 4 Abs. 2 Rom II-VO) eingreifen. Insoweit dürften die Kriterien sich ähnlich wie zu Art. 41 EGBGB darstellen: Art. 4 Abs. 3 S. 2 Rom II-VO misst insbesondere einem Rechtsverhältnis zwischen den Parteien, das mit der unerlaubten Handlung in enger Verbindung steht, Bedeutung zu; anders als zu Art. 41 EGBGB genügt hingegen eine rein tatsächliche Beziehung nicht. Ob eine familienrechtliche Rechtsbeziehung (Rn 799) zu der unerlaubten Handlung in dem erforderlichen engen Zusammenhang stehen kann, ist jedenfalls bei einem Verkehrsunfall fraglich, bei dem regelmäßig nicht spezifisch familienrechtliche Pflichten verletzt werden.[18] Auch wenn man berücksichtigt, dass nur die familiäre Verbundenheit Grundlage dafür ist, dass vorliegend Schädiger und Geschädigter überhaupt im selben KfZ unterwegs waren, spricht dies wie unter Art. 41 EGBGB (Rn 799) jedenfalls nicht für ein Ausweichen zu türkischem Deliktsrecht.

4. Deliktsstatut für Ansprüche der Güzel

a) Ansprüche der Güzel unterliegen mangels gemeinsamem gewöhnlichem Aufent- **831** halt von Schädiger und Geschädigter gemäß Art. 4 Abs. 1 Rom II-VO der Tatortregel. Maßgeblich ist das türkische Recht am Ort des Schadenseintritts.

b) Die **Ausweichklausel** in Art. 4 Abs. 3 Rom II-VO führt ebenso wie Art. 41 **832** EGBGB nicht zur Anwendung deutschen Rechts. Deutschem Recht unterstehende familienrechtliche Rechtsbeziehungen zwischen Geschädigter und Schädiger sind

---

18 So *Junker* JZ 2008, 169, 176.

nicht ersichtlich; die Tatsache, dass andere Geschädigte (hier Hüsein) nach deutschem Recht entschädigt werden, begründet keine relevante Rechtsbeziehung. Es bleibt also bei der Anwendung türkischen Rechts.

833 **c)** Diese Verweisung ist jedoch keine Gesamt- sondern **Sachnormverweisung** (Art. 24 Rom II-VO). Das türkische IPR ist nicht zu prüfen.

5. Reichweite und Vorfragen im Rahmen des Schadensersatzanspruchs

834 **a)** Das durch die Rom II-VO berufene Deliktsstatut umfasst wie das von Art. 40 EGBGB berufene nicht nur die verschuldensabhängige Haftung, sondern auch die Gefährdungshaftung. Art. 15 lit. a Rom II-VO setzt kein Verschulden voraus. Erfasst sind also als Anspruchsgrundlagen sowohl § 844 Abs. 2 BGB als auch Art.10 Abs. 2 StVG (Rn 808).

835 **b) Vorfragen** im deliktischen Tatbestand sind hingegen von Art. 15 Rom II-VO nicht erfasst und sind daher weiterhin selbstständig anzuknüpfen. Da das auf Unterhaltspflichten anwendbare Recht (noch) nicht EG-einheitlich geregelt ist, bleibt es bei der Anknüpfung nach dem HUÜbk 1973 (Rn 811 f).

836 **Ergebnis:** In der Abwandlung zu Frage 2 sind deliktsrechtlich zu qualifizierende Fragen nach der Rom II-VO anzuknüpfen. Das Ergebnis ändert sich hierdurch nicht.

Literaturhinweise

Behandlung der fallrelevanten Themen in:
Rauscher **Internationales Privatrecht (3. Aufl.)**

Zuständigkeit für Versicherungssachen nach der Brüssel I-VO:	Rn 1845 ff
Anknüpfung des Direktanspruchs:	Rn 1306
Deliktische Tatortregel:	Rn 1250 ff, 1267 ff
Deliktische Aufenthaltsanknüpfung:	Rn 1274, 1286 ff
Rechtswahl des Deliktsstatuts:	Rn 1291 ff
Ausweichklausel bei Straßenverkehrsunfällen:	Rn 1273 ff

Weitere Literatur:

1. Zuständigkeit für Versicherungssachen nach der Brüssel I-VO
Rauscher/Staudinger (2006) Art. 8 Brüssel I-VO Rn 1; zur örtlichen Zuständigkeit: Art. 9 Brüssel I-VO Rn 1, Art. 10 Brüssel I-VO Rn 1 (Haftpflichtversicherung), Art. 11 Brüssel I-VO Rn 1 (Haftpflichtversicherung), Art. 12 Brüssel I-VO Rn 2; zur Abweichungen durch Vereinbarung: Art. 13 Brüssel I-VO Rn 1.

2. Anknüpfung des Direktanspruchs
Staudinger/Armbrüster (2002) Anh I zu Art. 37 EGBGB Rn 10. *Gruber* Der Direktanspruch gegen den Versicherer im neuen deutschen Kollisionsrecht, VersR 2001, 16.

3. Deliktische Tatortregel
Staudinger/von Hoffmann (2001) Art. 40 EGBGB Rn 29 (allgemein) und Rn 188 (Verkehrsunfälle). *Spickhoff* Die Tatortregel im neuen Deliktskollisionsrecht, IPRax 2000, 1.

4. Deliktische Aufenthaltsanknüpfung

Staudinger/von Hoffmann (2001) Art. 40 Rn 393. *Deinert* Das Herkunftslandprinzip und seine Bedeutung für das Internationale Deliktsrecht, EWS 2006, 445.

5. Rechtswahl des Deliktsstatuts

Staudinger/von Hoffmann (2001) Vorbem zu Art. 40 EGBGB Rn 18 und Art. 42 EGBGB Rn 1. *Rugullis* Die antizipierte Rechtswahl in außervertraglichen Schuldverhältnissen, IPRax 2008, 319. *Leible* Rechtswahl im IPR der außervertraglichen Schuldverhältnisse nach der Rom II-Verordnung, RIW 2008, 257.

6. Ausweichklausel bei Straßenverkehrsunfällen

Staudinger/von Hoffmann (2001) Art. 41 EGBGB Rn 3 und Rn 25. *Rehm* Grundfragen der internationalprivatrechtlichen Abwicklung von Straßenverkehrsunfällen, DAR 2001, 531.

7. Verkehrsunfälle unter der Rom II-VO

Junker Das Internationale Privatrecht der Straßenverkehrsunfälle nach der Rom II-VO, JZ 2008, 169.

269

Fall 15

Ein Möchtegern-„King of Torts[1]"

(Bearbeitungszeit: 5 Stunden)

837 Die Neverlost Inc. mit Sitz in New York vertreibt Satellitennavigationsgeräte, die unter anderem auch in gehoben ausgestattete Kfz als Navigationshilfe eingebaut werden. Sie vertreibt diese Geräte in Deutschland exklusiv über die WCW GmbH mit Sitz in Düsseldorf.

Die WCW GmbH, die namens der Neverlost Inc. auch das Inkasso durchführt und Mängelrügen abwickelt, hat nach dem Vertragshändlervertrag solche Fälle der Neverlost Inc. telefonisch oder durch Telefax anzuzeigen. Anschließend belastet sie das Abrechnungskonto mit einer entsprechenden Rückbuchung. Auf diese Weise kommt es im Rechnungsjahr 2006 zu Rückbelastungen über 350 000 USD. Die Neverlost Inc. mutmaßt, dass die WCW GmbH und ihr Alleingesellschafter und Geschäftsführer, der in Düsseldorf wohnende deutsche Staatsangehörige Günther Gutmann, im Zusammenwirken mit Kunden Geräte beiseite gebracht haben und die Rückbuchungen auf unzutreffenden Behauptungen beruhen.

Mit diesem Vortrag erhebt die Neverlost Inc. am 5. 1. 2008 Klage gegen die WCW GmbH und gegen Günther Gutmann zu dem für ihren Firmensitz örtlich zuständigen erstinstanzlichen US-Bundesgericht, dem US District Court for the Northern District of New York (N.D.N.Y.). Sie stützt – nach US-Recht zutreffend – die *subject matter jurisdiction* (Zuständigkeit der US-Bundesgerichte) auf das Vorliegen eines *federal case* (Anspruchsgrund nach Bundesrecht), die *personal jurisdiction* (Internationale Zuständigkeit) auf Rule 4 (k) FRCP und trägt als *cause of action* (Klageanspruch) 18 USC § 1962, § 1964 (RICO) vor.[2] Der durch die behaupteten Machenschaften entstandene Schaden wird mit 350 000 USD beziffert, die mit der Klage geforderte Summe beträgt 1 050 000 USD *treble damages*.

Am 15. 7. 2008 wird die über die nach Art. 2 HZÜ zuständigen Zentralen Behörden geleitete Klage und Terminsladung zusammen mit deutschen Übersetzungen durch den Postzusteller nach Eintrag des Datums der Zustellung auf dem Umschlag in den Geschäftsbriefkasten der WCW GmbH eingeworfen, wo auf Läuten niemand geöffnet hatte. Da die Rechtsanwälte der Neverlost Inc. nach Eintreffen des deutschen Zustellungszeugnisses drei Wochen vor dem anberaumten Termin erkennen, dass sie die Zustellung nur an die WCW GmbH veranlasst haben, senden sie die Klage in Originalfassung nochmals an Günther Gutmann mit eingeschriebenem Brief unter dessen Privatanschrift.

---

1 Der Roman „The King of Torts" des amerikanischen Rechtsanwalts und Romanciers John Grisham beschreibt eindrucksvoll die Methoden anwaltlicher Bereicherung am US-amerkanischen Delikts- und Prozessrecht.
2 Bestimmungen unten unter „Materialien".

270

Weder die WCW GmbH noch Günther Gutmann beteiligen sich an dem Termin am 15. 9. 2008 vor dem US District Court N.D.N.Y.. Dieser erlässt am 20. 9. 2008 ein *Default Judgment* (Versäumnisurteil) gegen die WCW GmbH und gegen Günther Gutmann als Gesamtschuldner über 1 050 000 USD zuzüglich 157 500 USD (15 %) *attorney's fees* (Anwaltskosten). Nach Zustellung dieses Urteils lassen beide Beklagte sämtliche Fristen zur Einlegung von Rechtsbehelfen gegen das Urteil in den USA verstreichen.

Nachdem die Vollstreckung aus dem Urteil in ein bei der Chase Manhattan Bank N.Y. geführtes Konto der WCW GmbH 85 000 USD erbracht hat, beantragt die Neverlost Inc. bei dem LG Düsseldorf die Vollstreckbarerklärung des Urteils gegen beide Beklagte. Die Beklagten wenden ein, das Gericht sei unzuständig, da es sich um ein US-Strafurteil handele. Die Klage hätte schon deshalb nicht nach dem HZÜ zugestellt werden dürfen, außerdem sei die Zustellung an beide Beklagte mangelhaft erfolgt, auch wenn man sie gleich zweimal im Briefkasten vorgefunden habe. Die Rechtsanwälte der Klägerin hätten außerdem, was die Klägerin einräumt, auf der Suche nach Beweisen für ihre unhaltbaren Behauptungen vor den Geschäftsräumen der WCW zwei Mitarbeiter der WCW GmbH zu den Abrechnungsvorgängen befragt, weil sie für die in solchen Fällen in den USA übliche *pre-trial discovery for documents* in Deutschland ohnehin keine Rechtshilfe erhalten hätten. Die daraus gewonnenen Erkenntnisse seien wesentliche Grundlage der Klageschrift in den USA gewesen. Jedenfalls aber in Höhe der bereits in den USA vollstreckten 85 000 USD komme eine Vollstreckbarerklärung in Deutschland nicht in Betracht.

Wie ist zu entscheiden?

Hinweis: Soweit für die begehrte Entscheidung die Verbürgung der Gegenseitigkeit im Verhältnis zu den USA erforderlich ist, ist diese zu unterstellen.

Materialien

I. *United States Code (USC)*[3]

Chapter 18 (RICO-Act; RICO=Racketeer Influenced and Corrupt Organizations)
838

a) 18 USC § 1962
(a) It shall be unlawful for any person who has received any income derived, directly or indirectly, from a pattern of racketeering activity or through collection of an unlawful debt in which such person has participated as a principal (. . .) to use or invest, directly or indirectly, any part of such income, or the proceeds of such income, in acquisition of any interest in, or the establishment or operation of, any enterprise which is engaged in, or the activities of which affect, interstate or foreign commerce . . .

b) 18 USC § 1964
(c) Any person injured in his business or property by reason of a violation of section 1962 of this chapter may sue therefor in any appropriate United States district court and shall recover threefold the damages he sustains and the cost of the suit, including reasonable attorney's fee . . .

c) Das US-Bundesrecht enthält keine Regelung, wonach die in 18 USC § 1964 (c) geregelten *RICO – treble damages* vom Kläger teilweise an die öffentliche Hand abzuführen wären.

---

3 http://uscode.house.gov/download/download.shtml.

II. Federal Rules of Civil Procedure (2007)(FRCP)[4]

d) Rule 4 (k)

(2) Federal Claim Outside State-Court Jurisdiction

For a claim that arises under federal law, serving a summons or filing a waiver of service establishes personal jurisdiction over a defendant if:

(A) the defendant is not subject to jurisdiction in any state's courts of general jurisdiction; and

(B) exercising jurisdiction is consistent with the United States Constitution and laws.

---

4 http://www.uscourts.gov/rules/civil2007.pdf.

Strukturierung des Falles

Wesentliche Themen: Urteilsanerkennung und -vollstreckung nach ZPO; Spiegelbildliche Zuständigkeit; **839**
Internationale Zuständigkeit nach ZPO; Anerkennungsrechtlicher ordre public; Zustellung nach HZÜ.

Ausgangsfälle: BGHZ 118, 312; BGHZ 120, 305.

I. Vollstreckbarerklärung

1. §§ 722 ff ZPO anwendbar

  a) Art. 32 ff Brüssel I-VO, EG-VollstrTitel-VO (–) keine Entscheidung aus Mitgliedstaat

    – Art. 25 ff Luganer Übk (–) keine Entscheidung aus Vertragsstaat

  b) Völkervertragliche Bestimmungen (–) Deutsch-amerikanischer Freundschafts-, Handels- und Schiffahrtsvertrag betrifft nicht Urteilsanerkennung und -vollstreckung

  c) §§ 722 ff ZPO (+)

    – Kein Urteil im Anwendungsbereich von § 1 FamFG

    – *treble damages*-Urteil Zivilurteil (+)

    – Straffunktion spräche dagegen, auch BGH-Argument zum Strafmonopol

    – Aber: Erlass in USA als Zivilurteil; Grundlage zivilrechtlicher Schadensersatzanspruch

2. Voraussetzungen der Vollstreckbarkeit

  a) Vollstreckungsurteil erforderlich, § 722 Abs. 1 ZPO

  b) Internationale Zuständigkeit deutscher Gerichte: § 722 Abs. 2 ZPO erfordert zuständiges deutsches Gericht, wenn Vollstreckung in Deutschland begehrt wird

    – Örtliche Zuständigkeit Düsseldorf gegen WCW GmbH (+) §§ 722 Abs. 2, 12, 17 ZPO, gegen Gutmann (+) §§ 722 Abs. 2, 12, 13 ZPO

    – Sachliche Zuständigkeit Landgericht (+) § 722 Abs. 2 ZPO iVm §§ 71, 23 Nr. 1 GVG

  c) Im Ursprungsstaat formelle Rechtskraft, § 723 Abs. 2 S. 1 ZPO (+) Ablauf aller Rechtsbehelfsfristen

  d) § 723 Abs. 2 S. 2 ZPO: Anerkennungsfähigkeit nach § 328 ZPO zur prüfen (unten II)

  e) Einwand der Erfüllung nach Erlass des Urteils, kein Ausschluss durch § 723 Abs. 1 ZPO

    – § 767 Abs. 2 ZPO nicht gegen ausländisches Urteil

    – Argument aus § 12 Abs. 1 AVAG

II. Anerkennungsfähigkeit

1. § 328 Abs. 1 Nr. 1 ZPO: Spiegelbildliche Zuständigkeit

  a) Prüfung nach gespiegelten deutschen Zuständigkeitsbestimmungen

  b) Zuständigkeiten nach Brüssel I-VO oder ZPO?

    – Anerkennung zwar nicht nach Brüssel I-VO, sondern nach ZPO

    – Aber Anwendung der Brüssel I-Zuständigkeiten auch bei Drittstaatenbezug

    – Hier aber: *mutatis mutandis* kein Beklagtenwohnsitz in Mitgliedstaat, also Art. 4 Abs. 1 Brüssel I-VO, also ZPO anwendbar

  c) §§ 12, 13 ZPO bzw §§ 12, 17 ZPO (–) kein Beklagtenwohnsitz in USA

    – § 29 ZPO gegen Gutmann (–) kein Vertrag

    – § 29 ZPO gegen WCW GmbH (–) RICO-Anspruch nach 18 USC § 1964 beruht nicht auf der Verletzung vertraglicher Verpflichtungen als solcher

  d) § 32 ZPO

    – Deliktisches Handeln in USA, §§ 823 Abs. 1 BGB, 263 StGB, 826 BGB (+), falls Klagebehauptung zutrifft

    – Klagebehauptung damit doppelrelevante Tatsache

    – Im deutschen Erkenntnisverfahren zu unterstellen

    – Im Anerkennungsverfahren fehlt jedoch Begründetheitsprüfung, also keine Unterstellung

    – Also Beweiserhebung für spiegelbildliche Zuständigkeit erforderlich

  e) § 23 ZPO

    – Vermögensrechtlicher Anspruch (+) Schadensersatz

    – Vermögen in New York (+) Konto bei der Chase Manhattan Bank

    – Erforderlicher zusätzlicher Inlandsbezug (+) Klägerin US-Gesellschaft mit Sitz in den USA

2. § 328 Abs. 1 Nr. 2 ZPO: Verfahrenseinleitendes Schriftstück

  a) Ordnungsmäßigkeit und Rechtzeitigkeit

    – Berufung der Beklagten auf fehlerhafte Zustellung (+)

    – Ordnungsgemäßheit und Rechtzeitigkeit kumulativ zu prüfen (anders Art. 34 Nr. 2 Brüssel I-VO)

  b) Zustellung an die WCW GmbH

– EG-ZustellVO (–) USA nicht Mit-
gliedstaat
– HZÜ (+) Deutschland und USA Ver-
tragsstaaten, Zivil- und Handelssache
(+) wie oben
– Art. 5 Abs. 1 lit. a HZÜ
– Ersuchen Art. 3 HZÜ (+)
– Zustellung durch die Post statthaft,
§ 4 ZustAusfG (+)
– Übersetzung, § 3 ZustAusfG (+)
– Ersatzzustellung § 180 ZPO, § 178
Abs. 1 Nr. 2 ZPO (+)
– Rechtzeitigkeit (+) 2 Monate Einlas-
sungszeit
– Verstoß gegen deutschen ordre public
wegen *treble damages*-Klageantrag (–)
– Kein offensichtlicher Verstoß gegen
Rechtsstaatlichkeit
– Zustellung nur Gefährdung der Hand-
lungsfreiheit des Beklagten
– Ermöglichung rechtlichen Gehörs im
Auslandsverfahren erst durch Zustel-
lung
c) Zustellung an Gutmann
– Zustellung nach HZÜ erforderlich (+)
– Art. 5 HZÜ (–) Zustellung nicht durch
den Präsidenten des OLG Düsseldorf
– Art. 10 lit. a HZÜ Übersendung un-
mittelbar durch die Post (–) deutscher
Widerspruch, § 6 S. 2 ZustAusfG, er-
sichtlich nicht zurückgenommen, im
Übrigen Mindestanforderung Ein-
schreiben/Rückschein
– § 3 ZustAusfG, Übersetzung (–)
– Heilung des Zustellungsmangels (–)
HZÜ verletzt und keine Heilungsvor-
schrift in HZÜ
– Keine Rechtsbehelfsobliegenheit im
HZÜ
– Rechtzeitigkeit (–) nur 2½ Wochen
zur Einlassung
3. **§ 328 Abs. 1 Nr. 4 ZPO: *ordre public***
a) Zeugenbefragung
– Schutzziel des Vorbehalts Art. 23
HBÜ: Keine Mitwirkung des Beklag-
ten an Beweisbeschaffung
– Zeugen nur durch Auskunfts- und
Zeugnisverweigerungsrechte geschützt
– Kein Schutz bei unförmlicher Zeugen-
befragung ohne hoheitlichen Druck
b) treble damages
– Für Verstoß:
– Überschreiten des Schadensausgleich-
sprinzips/Überkompensation
– Bestrafungs- und Abschreckungsfunk-
tion
– Strafmonopol des Staates

– einschränkend
– Genugtuungsfunktion (–) bei RICO
nicht Schmerzensgeld für Körper- und
Gesundheitsschäden, § 253 Abs. 2
BGB
– Pauschalierungsgedanke bei Beweis-
not (–) Schaden berechenbar, Schadensersatz aber dreifach
– Teilanerkennung, soweit kompensatorischer Schadensersatz (+) anders als
bei *punitive damages* bei *treble damages* ermittelbar.
– Also 350 000 USD abzüglich
85 000 USD
c) Anwaltshonorar
– Kostenentscheidungen zusammen mit
dem Urteil für vollstreckbar erklärbar
(+)
– Ordre public Verstoß bezogen auf
Kostenentscheidung wegen prozentua-
lem Anteil der Urteilssumme als Anwaltshonorar
– Kein Verstoß durch Abweichung von
der *American Rule*, da Kostentragung
durch Unterlegenen deutschem Recht
entspricht
– Verstoß durch *contingency fee* (–)
– Schon unter § 49b Abs. 2 aF BRAO
kein ausreichender Inlandsbezug,
wenn Honorar von US-Anwalt vor
US-Gericht
– Unter § 49b Abs. 2 BRAO kein ele-
mentares Prinzip des deutschen
Rechts mehr gegen *quota litis*
– Wegen Höhe des Prozesskostenaus-
spruchs (–) 15 % der Urteilssumme
nicht außer Verhältnis zu anfallenden
Kosten der Prozessführung
– Aber Beschränkung der Vollstreckbarerklärung des Kostenausspruchs wie
Hauptsacheausspruch auf ein Drittel
(52 500 USD)

Ergebnis: Das Urteil kann nur gegenüber der
WCW GmbH für vollstreckbar erklärt werden, da
die spiegelbildliche Zuständigkeit aus § 23 ZPO
besteht und Zustellungsmängel nicht bestehen.
Aufgrund des *ordre public* kann das Urteil jedoch
nur bis zur Höhe des kompensatorischen Schadensersatzes (350 000 USD) unter Abzug der bereits vollstreckten 85 000 USD für vollstreckbar
erklärt werden. Auch hinsichtlich der Anwaltskosten ist das Urteil in Höhe von einem Drittel
(15 % aus 350 000) für vollstreckbar zu erklären.
Gegen Gutmann scheitert die Vollstreckbarerklärung an fehlender Ordnungsgemäßheit und
Rechtzeitigkeit der Zustellung der Klage.

Lösung

I. Vollstreckbarerklärung

1. §§ 722 ff ZPO anwendbar

a) Europarechtliche Anerkennungs- und Vollstreckungsregeln sind nicht anzuwenden. Die Anerkennung und Vollstreckung nach Art. 32 ff Brüssel I-VO sowie nach der EG-VollstrTitelVO betrifft nur Entscheidungen von Gerichten in Mitgliedstaaten der EG; Art. 25 ff Luganer Übk gelten für Entscheidungen aus Nicht-EG-Staaten des EWR. **840**

b) Völkervertragliche Bestimmungen existieren nicht. Ein Haager Zuständigkeits- und Vollstreckungsübereinkommen ist im Planungsstadium gescheitert. Der Deutsch-amerikanische Freundschafts-, Handels- und Schifffahrtsvertrag vom 29. 10. 1954[5] enthält keine Regelungen über die Urteilsanerkennung und -vollstreckung. **841**

c) Damit bestimmt sich die Vollstreckung eines US-amerikanischen Zivilurteils, das offensichtlich nicht in den Anwendungsbereich von § 1 FamFG fällt,[6] nach **§§ 722 ff ZPO**. Fraglich ist angesichts der offenkundig ausgeurteilten *treble damages*, die den *punitive damages* verwandt, jedoch auf das Dreifache des wirklichen Schadens begrenzt sind, ob überhaupt ein Zivilurteil vorliegt.[7] Für eine strafrechtliche Einordnung könnte sprechen, dass mit der Verhängung von *punitive damages* im allgemeinen, auch mit den *treble damages* für RICO im besonderen, schwere, grob treuwidrige, in aller Regel auch strafrechtlich relevante Verhaltensweisen im Geschäftsverkehr sanktioniert werden sollen. Auch die noch im Zusammenhang mit dem deutschen *ordre public* zu behandelnde Ansicht des BGH[8], das staatliche *Strafmonopol* könne berührt sein, könnte dafür sprechen, solche Urteile funktionell als Strafurteile anzusehen. Gegen eine solche Einordnung spricht hingegen, dass derartige Urteile in den USA als Zivilurteile erlassen werden. Auch wenn bei *punitive damages* – nicht aber bei *treble damages* – der erlittene Schaden deutlich hinter dem Strafelement zurückbleiben kann, ist Grundlage immer ein zivilrechtlicher Schadensersatzanspruch, was vor allem der US Supreme Court[9] betont, wenn er angesichts exorbitanter von *Juries* zugesprochener *punitive damages* einen verhältnismäßigen Bezug zwischen kompensierendem Schadensersatz und Strafelement anmahnt. Das Problem kann aus deutscher Sicht also nicht in der zivilrechtlichen Einordnung solcher Urteile gesehen werden. Problematisch ist (lediglich) die funktionale Nutzung des *zivilrechtlichen* Schadensrechts für *Zwecke*, die über die des deutschen Schadensrechts hinausgehen; **842**

---

5 BGBl 1956 II 488; *Jayme/Hausmann*[14] Nr. 134.
6 Nach dem Inkrafttreten des FamFG am 1. 9. 2009 sind familienrechtliche (§ 1 FamFG) Zivilurteile nach §§ 107 ff, § 110 FamFG, nicht mehr nach § 328, §§ 722 ff ZPO anzuerkennen und zu vollstrecken.
7 Vgl *Merkt* Abwehr der Zustellung von „punitive damages"-Klagen (1995) 50 zur Qualifikation im Rahmen des HZÜ; *Nodoushani* VersR 2005, 1313, 1314.
8 BGHZ 118, 312, 340.
9 *BMW of North America Inc. v. Ira Gore Jr.* 116 S.Ct 1589 [1996]; zur Rezeption dieses *leading case*: *Nodoushani* VersR 2005, 1313, 1315 ff.

das aber ist (nur) eine Frage der Anerkennungsfähigkeit. Es handelt sich also um ein Zivilurteil, für das die §§ 722 ff ZPO gelten.

2. Voraussetzungen der Vollstreckbarkeit

843 **a)** Die Vollstreckbarkeit setzt als Hoheitsakt den Erlass eines **Vollstreckungsurteils** voraus (§ 722 Abs. 1 ZPO).

844 **b)** Die internationale Zuständigkeit deutscher Gerichte folgt aus dem § 722 Abs. 2 ZPO zugrundeliegenden Prinzip, dass ein deutsches Gericht zuständig sein muss, wenn die Vollstreckung in Deutschland begehrt wird. Die örtliche Zuständigkeit in Düsseldorf ergibt sich nach § 722 Abs. 2 ZPO am allgemeinen Gerichtsstand der beklagten WCW GmbH (§§ 12, 17 ZPO) und des beklagten Gutmann (§§ 12, 13 ZPO). Die sachliche Zuständigkeit des Landgerichts ergibt sich aus § 722 Abs. 2 ZPO iVm §§ 71, 23 Nr. 1 GVG.

845 **c)** Für vollstreckbar erklärt werden können nur Urteile, die im Ursprungsstaat **formelle Rechtskraft** erlangt haben (§ 723 Abs. 2 S. 1 ZPO). Dies schließt die Vollstreckbarerklärung von Entscheidungen aus, die im Ursprungsstaat zwar (vorläufig oder endgültig) vollstreckbar, aber nicht unanfechtbar sind. Maßgeblich hierfür ist, dass im Ursprungsstaat kein *ordentlicher* Rechtsbehelf mehr eingelegt werden kann. Außerordentliche Rechtsbehelfe, auch die Möglichkeit eines Wiederaufnahmeverfahrens, hindern die Vollstreckbarerklärung nicht, solange sie nicht mit Erfolg eingelegt sind.[10] In diesem Sinn ist das vorliegende Urteil wegen Ablauf aller Rechtsbehelfsfristen formell rechtskräftig.

846 **d)** Den Prüfungsumfang vor Erlass des Vollstreckungsurteils bestimmt die **Anerkennungsfähigkeit**. Das mit dem Antrag nach § 722 ZPO befasste Gericht prüft nicht die materielle und formelle Gesetzmäßigkeit der ausländischen Entscheidung (§ 723 Abs. 1 ZPO), sondern die Anerkennungsvoraussetzungen nach § 328 ZPO (§ 723 Abs. 2 S. 2 ZPO).

847 **e)** Fraglich ist jedoch, ob § 723 Abs. 1 ZPO auch die Berufung auf die Einwendung der **Erfüllung nach Erlass des Urteils** ausschließt, hier also den Einwand, dass die Klägerin bereits 85 000 USD aus der Vollstreckung in New York erlangt hat. Wäre dieser Einwand im Verfahren nach §§ 722 ff ZPO ausgeschlossen, so müsste der Vollstreckungsschuldner sogleich Vollstreckungsgegenklage nach § 767 Abs. 2 ZPO erheben. Grundlage der Vollstreckung in Deutschland ist aber nicht das ausländische Urteil, sondern das deutsche Vollstreckungsurteil, so dass dem Vollstreckungsschuldner womöglich entgegenzuhalten wäre, dass er diese, den Anspruch selbst betreffende Einwendung im ersten (deutschen) Rechtszug hätte geltend machen müssen (§ 767 Abs. 1, 3 ZPO). Überdies fordert die Prozessökonomie eine Behandlung der Einwendung im Vollstreckbarerklärungsverfahren.

848 § 12 Abs. 1 AVAG[11] ermöglicht aus diesem Grund für den Bereich der Vollstreckbarerklärung aufgrund europarechtlicher und völkervertraglicher Bestimmungen die

---

10 BGH VersR 1992, 1282; OLG Zweibrücken OLGR 2006, 86.
11 Neu gefasst durch Gesetz v. 19. 2. 2001, BGBl. 2001 I 288 und Gesetz v. 30. 1. 2002, BGBl 2002 I 564.

Geltendmachung solcher Einwendungen im Beschwerdeverfahren gegen die Erteilung der Vollstreckungsklausel, und § 14 AVAG schließt die Vollstreckungsgegenklage wegen Einwendungen aus, die im Beschwerdeverfahren hätten geltend gemacht werden können.

Im Verfahren nach §§ 723 ff ZPO ist aus demselben Grund anerkannt, dass Einwendungen gegen den materiellen Anspruch im Vollstreckbarerklärungsverfahren erhoben werden können, sofern sie erst nach dem Zeitpunkt entstanden sind, in dem sie im ausländischen Verfahren hätten geltend gemacht werden können.[12] Beide Beklagte, die als Gesamtschuldner verurteilt wurden, können also im Vollstreckbarerklärungsverfahren geltend machen, dass der titulierte Anspruch in Höhe von 85 000 USD jedenfalls erloschen ist.

II. Anerkennungsfähigkeit

Nach Sachverhalt sind Anerkennungshindernisse nach § 328 Abs. 1 Nr. 1, Nr. 2 und Nr. 4 ZPO zu prüfen. Hinweise auf konkurrierende Urteile (§ 328 Abs. 1 Nr. 3 ZPO) ergeben sich nicht, die Gegenseitigkeit (§ 328 Abs. 1 Nr. 5 ZPO) ist verbürgt (vgl den *Hinweis* zum Sachverhalt). 849

1. § 328 Abs. 1 Nr. 1 ZPO: Spiegelbildliche Zuständigkeit

a) § 328 Abs. 1 Nr. 1 ZPO verlangt eine Prüfung der Zuständigkeit des US District Court „nach den deutschen Gesetzen". Anerkennungsvoraussetzung ist also eine **spiegelbildliche Zuständigkeitsprüfung**, welche die Prinzipien der Beanspruchung internationaler Zuständigkeit durch deutsche Gerichte zum Maßstab für die Angemessenheit fremder Inanspruchnahme von Zuständigkeit macht. In diesem Rahmen ist auch nicht zu prüfen, ob ein nach deutschen Regeln örtlich zuständiges Gericht entschieden hat; die spiegelbildliche Zuständigkeit besteht schon dann, wenn nach deutschen Vorschriften die Gerichte im Urteilsstaat *international* zuständig gewesen wären. 850

Dagegen könnte ein Verstoß gegen die Zuständigkeitsregeln im Recht des Urteilsstaates nur bedeutsam werden, wenn er zur Nichtigkeit des Urteils (vgl § 722 Abs. 2 S.1 ZPO) führt. Ein solcher Verstoß ist nicht ersichtlich (vgl MAT b, d).

b) Das **Zuständigkeitssystem**, das der spiegelbildlichen Zuständigkeitsprüfung zugrunde zu legen ist, erscheint fraglich: Einerseits unterliegt die Anerkennung eines US-Urteils § 328 ZPO, also autonomem deutschem IZPR. Andererseits würde ein deutsches Gericht bei Wohnsitz des Beklagten in einem Mitgliedstaat der EG oder Vertragsstaat des EuGVÜ bzw Luganer Übk unabhängig vom Wohnsitz der anderen Partei die europäischen Zuständigkeitssysteme anwenden. Da die Prüfung der spiegelbildlichen Zuständigkeit den Zweck hat, die Anerkennung ausländischer Urteile auf Fälle zu begrenzen, in denen *mutatis mutandis* auch deutsche Gerichte eine Zuständigkeit beanspruchen, steht einer Anwendung von Brüssel I-Zuständigkeiten im 851

---

12 BGH NJW 1993, 1270, 1271.

Rahmen des § 328 Abs. 1 Nr. 1 ZPO nicht entgegen, dass es um die Anerkennung eines Drittstaaten-Urteils geht. Allerdings kann die spiegelbildliche Zuständigkeit nur dann nach der Brüssel I-VO geprüft werden, wenn in einem gespiegelten Fall deutsche Gerichte die Brüssel I-VO anwenden würden. Dies ist vorliegend nicht gegeben. Da im Fall keiner der Beklagten seinen Wohnsitz im Gerichtsstaat (USA) hatte, würden im spiegelbildlichen Fall deutsche Gerichte ihre internationale Zuständigkeit nach der ZPO beurteilen (Art. 4 Abs. 1 Brüssel I-VO). Somit kann auch die spiegelbildliche Zuständigkeit von US-Gerichten sich nur aus der Spiegelung von Bestimmungen der ZPO ergeben.

852 **c)** Da beide Beklagte im Gerichtsstaat (USA) keinen allgemeinen Gerichtsstand nach §§ 12, 13 ZPO bzw §§ 12, 17 ZPO haben, kann die spiegelbildliche Zuständigkeit nur auf besondere Gerichtsstände gestützt werden.

Eine spiegelbildliche Zuständigkeit nach **§ 29 ZPO (Erfüllungsortgerichtsstand)** kommt nur für die Klage gegen die WCW GmbH in Betracht, weil zwischen der Klägerin und Gutmann persönlich keine Vertragsbeziehungen bestehen. Zu prüfen ist jedoch vorab, ob eine Klage aus 18 USC §§ 1962, 1964 (MAT a, b) überhaupt in den Anwendungsbereich des Erfüllungsortgerichtsstandes fiele, unterstellt, dieser läge in den USA. Im Erfüllungsortgerichtsstand können nur Ansprüche aus schuldrechtlichem Vertrag geltend gemacht werden. Daran fehlt es, denn der RICO-Anspruch nach 18 USC § 1964 beruht nicht auf der Verletzung vertraglicher Verpflichtungen als solcher, sondern auf dem in 18 USC § 1962 als *„unlawful"* bezeichneten Verhalten und gibt Ansprüche unabhängig vom Bestehen vertraglicher Beziehungen, ist also funktionell ein deliktischer Anspruch.

853 **d)** Zu erwägen ist damit eine spiegelbildliche Zuständigkeit nach **§ 32 ZPO (unerlaubte Handlung)**.

854 **aa)** Das ausländische Gericht war danach spiegelbildlich zuständig, wenn den Beklagten ein (auch) **in den USA begangenes Delikt** zur Last liegt, wobei für § 32 ZPO vom Deliktsbegriff des deutschen Rechts auszugehen ist. Insoweit ergibt sich das Problem, dass der von der Klägerin in der Klage zu dem *US District Court* behauptete Sachverhalt gewiss den Tatbestand der § 823 Abs. 2 BGB iVm § 263 StGB sowie § 826 BGB erfüllen würde und dieser Tatbestand angesichts der nach N.Y. gehenden Telefonate und Telefaxe (auch) in den USA begangen wäre, dass aber die Beklagten gerade diesen Vortrag als „unhaltbar" bezeichnen, also bestreiten.

855 **bb)** Es stellt sich also die Frage, ob das Gericht im Vollstreckbarerklärungsverfahren sog **„doppelrelevante Tatsachen"**, die sowohl die Zuständigkeitsvoraussetzungen als auch die Begründetheit der Deliktsklage betreffen, zu prüfen hat. Dagegen spricht prima facie, dass in direkter Anwendung von § 32 ZPO auf eine Prüfung doppelrelevanter Tatsachen verzichtet und für Zwecke der Zuständigkeit die Schlüssigkeit des klägerischen Vortrags als ausreichend angesehen wird. Dies rechtfertigt sich andererseits im deutschen Erkenntnisverfahren nur deshalb, weil bei Bejahung der Deliktszuständigkeit sodann eine materielle Anspruchsprüfung stattfindet, in deren Rahmen über die doppelrelevanten Tatsachen Beweis zu erheben ist. Es kommt also durch die auf eine Schlüssigkeitsprüfung reduzierte Prüfungsdichte für Zwecke der Zuständigkeit zu einer prozessökonomischen endgültigen Streiterledigung anstatt zu einem bloßen Prozessurteil, das zu erlassen wäre, wenn schon auf Ebene der Zuständigkeitsprüfung das Delikt geprüft würde. Hingegen findet im Vollstreckbarerklärungsverfahren eine Sachprüfung nicht mehr statt (§ 723 Abs. 1 ZPO). Verzichtet der deutsche Richter im Vollstreckbarerklärungsverfahren also, wie bei direkter Anwendung von § 32 ZPO, auf eigene Feststellungen, so kann er die Berechtigung der bestrittenen Klagebehauptungen überhaupt nicht mehr nachprüfen. Dann aber fände die spiegelbildliche Zuständigkeitsprüfung nicht statt, sondern es würde bereits aufgrund der schlüssigen Tatsachenbehauptung des Klägers eine spiegelbildliche Zuständigkeit unterstellt.[13]

Das LG Düsseldorf muss also über die seitens der Klägerin behaupteten deliktischen Tatbestände Beweis erheben, wenn die spiegelbildliche Zuständigkeit des US District Court auf § 32 ZPO gestützt werden muss.

e) Zu erwägen ist im Verhältnis zur WCW GmbH als Beklagte auch eine auf **§ 23 ZPO (Vermögensgerichtsstand)** gestützte spiegelbildliche Zuständigkeit. Es handelt sich um einen vermögensrechtlichen Anspruch (Schadensersatz). Die WCW GmbH hatte nach Sachverhalt bei Klageerhebung ein Konto bei der Chase Manhattan Bank mit Sitz in NY, also im Gerichtsstaat, wobei es wiederum nur auf die Belegenheit in den USA, nicht im Gerichtsbezirk, ankommt. Fraglich ist, ob dieser reine Vermögensbezug genügt. § 23 ZPO wäre zwar in einer solchen reinen Wortlautauslegung weder verfassungs- noch völkerrechtswidrig. Diese Handhabung könnte jedoch in unzumutbarer Weise die Verteidigungsmöglichkeiten des ausländischen Beklagten beeinträchtigen, der nur wegen im Inland belegenem Vermögen gerichtspflichtig würde. Es bedarf daher einer Einschränkung, die auch für die spiegelbildliche Anwendung bedeutsam wird: Der Vermögensgerichtsstand kann die internationale Zuständigkeit nur begründen, wenn der Rechtsstreit einen über die Vermögensbelegenheit hinausgehenden *Inlandsbezug* aufweist. | 856

Für den vorliegenden Fall ist dieser spiegelbildlich neben dem Vermögen in den USA zu fordernde weitere Inlandsbezug zu den USA zu bejahen, denn die Klägerin ist eine US-Gesellschaft mit Sitz in den USA und hatte mit der beklagten WCW GmbH Vertragsbeziehungen, die eine über die Vermögensanlage hinausgehende Affinität dieser Beklagten zum Gerichtsstaat vermitteln.

2. § 328 Abs. 1 Nr. 2 ZPO: Verfahrenseinleitendes Schriftstück

a) Ordnungsmäßigkeit und Rechtzeitigkeit

aa) Die Anerkennung kann an § 328 Abs. 1 Nr. 2 ZPO – anders als nach hM bei Art. 34 Nr. 2 Brüssel I-VO[14] – nur dann scheitern, wenn der Beklagte sich auf Zustellungsmängel *beruft*. Das ist hier für beide Beklagte der Fall. | 857

bb) Die Klage müsste **nicht ordnungsgemäß oder nicht** so **rechtzeitig** zugestellt worden sein, dass sich der jeweilige Beklagte verteidigen konnte. Insoweit entspricht | 858

---

13 BGHZ 124, 237.
14 *Kropholler* Europäisches Zivilprozessrecht[8] Art. 34 Rn 45.

§ 328 Abs. 1 Nr. 2 ZPO noch dem Konzept des Art. 27 Nr. 2 EuGVÜ und ist auch entsprechend auszulegen.[15] Anerkennungsvoraussetzung ist also, anders als nach Art. 34 Nr. 2 Brüssel I-VO, eine vollständig ordnungsgemäße Zustellung, nicht genügend ist eine in den Grenzen des Art. 34 Nr. 2 Brüssel I-VO trotz Mängeln die Verteidigung nicht behindernde rechtzeitige Zustellung. Die *Ordnungsgemäßheit* ist nach den Bestimmungen des Rechts des Urteilsstaates unter Einschluss der für den Urteilsstaat geltenden völkervertraglichen Übereinkommen zu prüfen.

b) Zustellung an die WCW GmbH

859   **aa)** Weder die EG-ZustellVO[16] noch deren Neufassung (EG-ZustellVO-a[17]) sind anzuwenden, da die USA nicht Mitgliedstaat der EG sind. Die Ordnungsgemäßheit der Zustellung aus den USA nach Deutschland ist aber nach dem **HZÜ**[18] zu beurteilen, da beide Staaten dem HZÜ angehören (keine *loi uniforme*, da in beiden Staaten bestimmte nach dem HZÜ eingerichtete Behörden einzuschalten sind, Art. 2 ff HZÜ). Dass eine Zustellung in einer *Zivil- oder Handelssache* vorliegt, ist entgegen dem Einwand der Beklagten ebenso zu bejahen wie für Zwecke der §§ 772 ff ZPO (Rn 842).

860   **bb)** Nach dem Sachverhalt könnte die Zustellung **Art. 5 Abs. 1 lit. a HZÜ** entsprechen. Das nach Art. 3 HZÜ erforderliche Ersuchen an die Zentrale Behörde wurde gestellt. Fraglich ist also nur, ob eine nach deutschem Recht als Recht des ersuchten Staates wirksame Zustellung erfolgte. Es könnte eine wirksame Zustellung durch die Post vorliegen, die auch im Rahmen des HZÜ innerstaatlich zugelassen ist (§ 4 ZustAusfG[19]). Das Erfordernis der Übersetzung nach innerstaatlichem Recht (§ 3 ZustAusfG) ist gewahrt. Da nicht an den Geschäftsführer zugestellt wurde, könnte die Zustellung aber nur als Ersatzzustellung wirksam sein. Für die nach dem 1. 7. 2002 erfolgte Zustellung ist das nach § 180 ZPO zu bejahen, da der Geschäftsführer der WCM GmbH in den Geschäftsräumen nicht angetroffen wurde und eine Ersatzzustellung nach § 178 Abs. 1 Nr. 2 ZPO nicht möglich war, weil niemand öffnete. Bedenken an der Rechtzeitigkeit (2 Monate Einlassungszeit) ergeben sich aus dem Sachverhalt nicht.

861   **cc)** Fraglich ist jedoch, ob die Zustellung wegen Verstoß gegen den deutschen **ordre public** unwirksam ist, weil die Klage auf *treble damages* gerichtet war. Die Zustellung steht nicht ausdrücklich unter dem Vorbehalt des ordre public und der Anerkennungsvorbehalt aus § 328 Abs. 1 Nr. 4 ZPO greift nicht unmittelbar auf die Zustellung durch. Die Rechtshilfe anlässlich der Zustellung könnte aber als deutscher staatlicher Hoheitsakt die allgemeine Handlungsfreiheit (Art. 2 Abs. 1 GG) des Zustellungsempfängers verletzen, sofern die konkrete Zustellung schlechterdings nicht mit dem *Rechtsstaatsprinzip* zu vereinbaren wäre. Dass eine auf *treble damages* oder auch weitergehend auf *punitive damages* gerichtete Klage offensichtlich gegen Grundsätze eines freiheitlichen Rechtsstaats verstieße, lässt sich kaum behaupten:

---

15 BGHZ 120, 305; vgl EuGH Rs. C-123/91(*Minalmet/Brandeis*) IPRax 1993, 394.
16 Verordnung (EG) Nr. 1348/2000.
17 Verordnung (EG) Nr. 1393/2007.
18 *Jayme/Hausmann*[14] Nr. 211.
19 *Jayme/Hausmann*[14] Nr. 212a.

Zum einen haben Formen des Strafschadensersatzes im Gesamtsystem des US-Rechts eine durchaus rechtsstaatliche Funktion, da sie insbesondere einen schwächeren Verbraucherschutz und teilweise geringere Strafdrohungen bei Vermögensdelikten kompensieren. Zum anderen ist aus Sicht des Beklagten mit der Zustellung der Klage, anders als mit einer Vollstreckung, allenfalls eine *Gefährdung* seiner Handlungsfreiheit und seines Vermögens verbunden. Vor allem aber gewährleistet die Zustellung zunächst einmal, dass der Beklagte überhaupt von dem Verfahren Kenntnis erlangt und sich verteidigen kann. Die Versagung der Rechtshilfe würde hingegen regelmäßig das ausländische Verfahren nicht verhindern, sondern Formen der öffentlichen oder informellen Zustellung provozieren. Ein Verstoß der Zustellung als solcher gegen Grundrechte ist daher nicht gegeben.[20] Die Zustellung ist also wirksam.

c) Zustellung an Gutmann

aa) Auch an **Gutmann persönlich** war nach dem HZÜ zuzustellen. Die Zustellung an die WCW GmbH wirkt nicht gegen ihren Geschäftsführer-Gesellschafter persönlich.

    862

bb) Da die Zustellung nicht durch den Präsidenten des OLG Düsseldorf als zuständige Zentrale Behörde in Nordrhein-Westfalen veranlasst wurde, fehlt es offenkundig an der Einhaltung der Voraussetzungen des **Art. 5 HZÜ**.

    863

cc) Art. 10 lit. a HZÜ ließe zwar eine Zustellung durch **Übersendung unmittelbar durch die Post** zu. Hiergegen hat jedoch für Zustellungen nach Deutschland die BRep. Deutschland einen nach Art. 10 HZÜ zulässigen Widerspruch eingelegt (vgl § 6 S. 2 ZustAusfG).[21] Außerdem müsste für eine förmliche Zustellung nach dem HZÜ das zuzustellende Schriftstück in deutscher Sprache abgefasst sein (§ 3 ZustAusfG).[22]

    864

dd) Der Widerspruch gegen Art. 10 HZÜ ist zwar nach der Reform des deutschen Zustellungsrechts zum 1. 7. 2002 durch das **ZustRG** nur noch zum Teil plausibel, weil nun auch im innerstaatlichen Zustellungsrecht eine solche Zustellung nicht mehr völlig ausgeschlossen ist. Ob der Widerspruch partiell zurückgenommen werden könnte, ist angesichts der Fassung des Art. 10 HZÜ („sofern") fraglich. Bisher ist jedenfalls eine solche Rücknahme nicht erfolgt. Im Übrigen wäre selbst im Verkehr zwischen EG-Mitgliedstaaten die Zustellung nur durch Einschreiben *mit Rückschein* und in deutscher Übersetzung zulässig gewesen (bis zum 12. 11. 2008: Art. 14 Abs. 1 EG-ZustellVO, § 1068 Abs. 2 aF ZPO; seit dem 13. 11. 2008: Art. 14 EG-ZustellVO-a), so dass mit einer weitergehenden Regelung beim HZÜ nicht zu rechnen ist.

    865

ee) Eine **Heilung des Zustellungsmangels** ist nur möglich, soweit sie in der Rechtsordnung vorgesehen ist, nach deren Bestimmungen hätte zugestellt werden müssen. § 189 ZPO gilt insoweit nicht, wenn nicht lediglich Normen des deutschen Zustellungsrechts verletzt sind.[23] Da vorliegend die Bestimmungen des HZÜ verletzt wurden und das HZÜ keine Heilung vorsieht, ist die Zustellung unheilbar unwirksam.

    866

---

20 BVerfGE 91, 335, 343 ff; BVerfG NJW 2007, 3709.
21 BGHZ 120, 305, 309.
22 BGHZ 120, 305, 309.
23 BGHZ 120, 305, 310.

Auch der Umstand, dass Gutmann in Kenntnis des *Default Judgment* alle Rechtsbehelfsfristen in den USA hat verstreichen lassen, steht der Berufung auf § 328 Abs. 1 Nr. 2 ZPO nicht entgegen. Anders als Art. 34 Nr. 2 Brüssel I-VO setzt § 328 Abs. 1 Nr. 2 ZPO **keine Rechtsmittelobliegenheit**.

867 **ff)** Zudem wäre eine Zustellung im Zeitpunkt des Zugangs des Einschreibens auch nicht mehr **rechtzeitig** gewesen. Einlassungsfristen im Urteilsstaat und im Anerkennungsstaat sind für die Rechtzeitigkeit nur insofern ein Anhalt, als bei deren Unterschreitung Rechtzeitigkeit schwerlich gegeben ist. Regelmäßig bedarf es aber längerer Fristen, wenn der Beklagte sich auf seine Rechtsverteidigung im Ausland einstellen muss. Unterstellt man eine knappe Postlaufzeit von drei Tagen, so hätte der Beklagte nur noch etwa 2 Wochen zur Einlassung gehabt, da die klägerischen Rechtsanwälte die Klage erst drei Wochen vor dem Termin versandt haben. Auch wenn es hierfür keine starren Fristen gibt, reicht dies nicht aus; die unterste Grenze ist bei drei Wochen zu setzen.

3. § 328 Abs. 1 Nr. 4 ZPO: *ordre public*

a) Zeugenbefragung

868 **aa)** Der Umstand, dass die Klage sich wesentlich auf die private Befragung von Zeugen seitens der klägerischen Anwälte stützt, könnte gegen das zum verfahrensrechtlichen deutschen *ordre public* rechnende **Ausforschungsverbot** verstoßen, weil sie den deutschen Vorbehalts gegen eine Rechtshilfe zum Zweck der *pre-trial discovery of documents* (Vorbehalt zu Art. 23 HBÜ[24]) umgehen soll. Der Vorbehalt zu Art. 23 HBÜ dient der Verwirklichung des zum deutschen *ordre public* rechnenden Grundsatzes, dass der *Beklagte* dem Kläger nicht die Waffen zur Führung des Rechtsstreits zur Verfügung stellen muss.[25]

869 **bb) Zeugen** sind aber hierdurch nicht geschützt, weil sie, begrenzt durch Auskunfts- und Zeugnisverweigerungsrechte, auch im deutschen Zivilprozess zur Aussage verpflichtet sind. Auch der Beklagte ist nicht davor geschützt, dass Mitarbeiter als Zeugen auszusagen haben. Damit kann selbst ein formelles Rechtshilfeersuchen um Einvernahme von Zeugen im Rahmen einer *pre-trial discovery* nicht generell unter Hinweis auf das Ausforschungsverbot abgelehnt werden. Eine unförmliche Zeugenbefragung, bei der keinerlei hoheitlicher Druck auf den Zeugen besteht und der sich der Zeuge daher jederzeit entziehen kann, hindert daher erst recht nicht die Anerkennung. Anders wäre es, wenn sich die klägerischen Anwälte die begehrten Dokumente illegal durch Mitarbeiter der WCW GmbH besorgt hätten.

b) treble damages

870 **aa)** Für einen Verstoß gegen den materiellrechtlichen deutschen *ordre public* spricht, dass Verurteilungen zu *treble damages*, ebenso wie zu *punitive damages*, neben dem **Schadensausgleich** eine dem deutschen Deliktsrecht fremde Bestrafungs- und Ab-

---

24 *Jayme/Hausmann*[14] Nr. 212.
25 BGH NJW 1958, 1491; OLG Düsseldorf OLGR 2007, 393.

schreckungsfunktion haben. Hingegen ist das deutsche Deliktsrecht geprägt vom Prinzip des Schadensausgleichs und vom Verbot der Überkompensation. Das bei *punitive damages* ebenfalls berührte Verhältnismäßigkeitsprinzip ist zwar bei *treble damages* nicht in gleicher Weise betroffen; doch spricht gegen die Vollstreckbarerklärung auch bei begrenztem Strafschadensersatz das *Strafmonopol* des Staates, das jedenfalls dann berührt ist, wenn der Ersatz dem Kläger zusteht und nicht staatlicherseits abgeschöpft wird (wie hier, vgl MAT c), so dass die Strafe privatnützig erhoben wird. Auf Strafschadensersatz lautende Urteile sind also grundsätzlich nicht anzuerkennen.[26]

bb) Ggf kann jedoch die **Genugtuungsfunktion**, die im Rahmen von Schmerzensgeldansprüchen dem deutschen Recht bekannt ist, für eine teilweise Anerkennung herangezogen werden, soweit *punitive damages* abgrenzbar dem Zweck dienen, immaterielle Schäden zu kompensieren.[27] Für den Fall der RICO *treble damages* kann dieser Gedanke jedoch nicht nutzbar gemacht werden, weil der RICO Act nicht Körper- und Gesundheitsschäden (vgl § 253 Abs. 2 BGB) betrifft, sondern geschäftliches Fehlverhalten pönalisiert. **871**

cc) In Betracht käme auch, in bestimmten Fällen den **Pauschalierungsgedanken** heranzuziehen, der es auch im deutschen Recht erlaubt, schlecht nachweisbare Schäden zu schätzen, und der es womöglich rechtfertigen könnte, auch die vom Schädiger durch die deliktische Handlung erzielten Gewinne abzuschöpfen.[28] Auch dies verhilft vorliegend nicht zur Anerkennung, denn der behauptete wirkliche Schaden entspricht identisch dem durch das angebliche betrügerische Verhalten erzielten Gewinn und war nach dem Klageinhalt anscheinend eindeutig berechenbar. **872**

dd) In Betracht kommt aber die teilweise Anerkennung hinsichtlich des tatsächlichen **kompensatorischen Schadensersatzes**. Bei auf *punitive damages* lautenden Urteilen, aus denen häufig ein kompensatorischer Schadensanteil nicht isoliert werden kann oder die an verhältnismäßig geringfügige tatsächliche Schäden hohe Strafschadens-Aussprüche knüpfen, kann das mit der Vollstreckbarerklärung befasste deutsche Gerichte ohne eindeutige nachvollziehbare Hinweise im US-Urteil auf das Verhältnis von kompensatorischem zu sanktionierendem Schadensersatz eine solche Aufteilung nicht vornehmen; das Urteil wird also insgesamt nicht anerkannt.[29] **873**

Im Gegensatz dazu lässt sich bei *treble damages* ohne weiteres ein kompensatorischer Schadensanteil ermitteln. Da *treble damages* das Dreifache des nachgewiesenen, bei Versäumnisurteilen des schlüssig behaupteten, Schadens nicht übersteigen, ist ein Drittel der Urteilssumme den *ordre public*-Bedenken nicht ausgesetzt. Das Anerkennungshindernis ergreift das Urteil also nur, soweit es in der Hauptsache einen über 350 000 USD hinausgehenden Betrag zuspricht. Von den verbleibenden 350 000 USD ist der bereits in den USA vollstreckte Betrag (85 000 USD) in Abzug zu bringen. **874**

---

26 BGHZ 118, 312, 338.
27 BGHZ 118, 312, 340.
28 BGHZ 118, 312, 340.
29 BGHZ 118, 312, 343 ff.

c) Anwaltshonorar

875 **aa)** Kostenentscheidungen werden grundsätzlich zusammen mit dem Urteil für vollstreckbar erklärt. Es kann sich jedoch ein isoliert auf die Kostenentscheidung bezogener Verstoß gegen den deutschen *ordre public* ergeben.

876 **bb)** Dies könnte hier deshalb in Betracht kommen, weil dem Kläger ein **prozentualer Anteil** der Urteilssumme für Anwaltshonorar zugesprochen wurde.

Dass 18 USC § 1964 einen gesonderten Ausspruch von Rechtsanwaltskosten ermöglicht, bedeutet zum einen eine Ausnahme von der *American Rule*, wonach grundsätzlich eine Prozesskostenerstattung im amerikanischen Zivilprozess nicht stattfindet. Insoweit verstößt die im Urteil angewendete abweichende Regelung nicht gegen den deutschen *ordre public*, sondern kommt ihm sogar entgegen, weil im deutschen Zivilprozess Kostenerstattung die Regel ist.

877 **cc)** Fraglich ist aber, ob die Zuerkennung des Ersatzes einer bei Schadensersatzprozessen üblichen *contingency fee*, einer prozentual **am Prozesserfolg gemessenen Anwaltsvergütung**, gegen den deutschen *ordre public* verstößt. Schon unter Geltung des § 49b Abs. 2 aF BRAO wurde die Zubilligung eines Erfolgshonorars für einen vor US-Gerichten tätigen amerikanischen Anwalt für sich genommen nicht als Verstoß gegen den deutschen *ordre public* angesehen, obgleich § 49b Abs. 2 aF BRAO als wesentlicher Grundsatz des deutschen Prozessrechts verstanden wurde. Die *contingency fee* ist im System des US-Prozesskostenrechts durchaus systemgerecht und betrifft bei Auftreten des Rechtsanwalts vor US-Gerichten nicht die inländische Rechtspflege,[30] so dass ein hinreichender Inlandsbezug fehlte.

Nachdem sich jedenfalls das ausnahmslose Verbot einer *quota litis* in § 49b Abs. 2 aF BRAO wegen Verstoßes gegen Art. 12 GG als verfassungswidrig erwiesen hat[31] und nun in besonders gelagerten Ausnahmefällen auch deutsche Rechtsanwälte ein Erfolgshonorar vereinbaren können (§ 49b Abs. 2 BRAO idF. ab 1. 7. 2008), dürfte überdies die weiterhin eher ablehnende Haltung des deutschen Rechts gegenüber Erfolgshonoraren von Rechtsanwälten nicht mehr zu den Grundprinzipien des deutschen Rechts rechnen.

878 **dd)** Vorliegend scheitert die Anerkennung auch nicht an einer außergewöhnlichen **Höhe** des zuerkannten Betrages für Prozesskosten. 15 % der Urteilssumme übersteigen zwar bei einem Streitwert dieser Höhe deutlich das bei Anwendung des RVG anwendbare Honorar, stehen aber nicht außer Verhältnis zu den einem Kläger und seinem Rechtsanwalt in den USA anfallenden außergerichtlichen Kosten. Jedoch sollte sich die Anerkennungsversagung gegenüber den *treble damages* auch auf den hiervon prozentual berechneten Kostenersatz erstrecken, so dass auch von dem Kostenausspruch nur ein Drittel (52 500 USD) für vollstreckbar zu erklären ist.

879 **Ergebnis:** Das Urteil kann nur gegenüber der WCW GmbH für vollstreckbar erklärt werden, da die spiegelbildliche Zuständigkeit aus § 23 ZPO besteht und Zustellungs-

---

30 BGHZ 118, 312; anders nur bei Tätigkeit vor deutschen Gerichten: OLG Frankfurt NJW-RR 2000, 1367.
31 BVerfGE 117, 163, 181 ff; dazu auch BGH 9. 6. 2008 (AnwSt (R) 5/05).

mängel nicht bestehen. Aufgrund des *ordre public* kann das Urteil jedoch nur bis zur Höhe des kompensatorischen Schadensersatzes (350 000 USD) unter Abzug der bereits vollstreckten 85 000 USD für vollstreckbar erklärt werden. Auch hinsichtlich der Anwaltskosten ist das Urteil in Höhe von einem Drittel (15 % aus 350 000) für vollstreckbar zu erklären. Gegen Gutmann scheitert die Vollstreckbarerklärung an fehlender Ordnungsgemäßheit und Rechtzeitigkeit der Zustellung der Klage.

Literaturhinweise

Behandlung der fallrelevanten Themen in:
Rauscher Internationales Privatrecht (3. Aufl.)

Urteilsanerkennung und -vollstreckung ZPO:	Rn 2343 ff
Spiegelbildliche Zuständigkeit:	Rn 2354 ff
Internationale Zuständigkeit nach ZPO:	Rn 2023 ff
Anerkennungsrechtlicher ordre public:	Rn 2369 f
Zustellung nach HZÜ:	Rn 1564 ff

Weitere Literatur

1. Urteilsanerkennung und -vollstreckung ZPO
Staudinger/Spellenberg (2005) § 328 ZPO Rn 1. *Stürner* Inländischer Schutz gegen ausländische Urteile, RabelsZ 2007, 597.

2. Spiegelbildliche Zuständigkeit
Staudinger/Spellenberg (2005) § 328 ZPO Rn 296. *Kern* Anerkennungsrechtliches Spiegelbildprinzip und europäische Zuständigkeit, ZZP 2007 (120 Band), 31. *Schärtl* Bezieht sich das Spiegelbildprinzip des § 328 I Nr. 1 ZPO auch auf die Zuständigkeitsvorschriften der EuGVO?, IPRax 2006, 438.

3. Internationale Zuständigkeit nach ZPO
Coester-Waltjen Die gerichtlichen Zuständigkeiten in der ZPO, Jura 2007, 826.

4. Anerkennungsrechtlicher orde public
Sujecki Die Möglichkeiten und Grenzen der Abschaffung des ordre public-Vorbehalts im Europäischen Zivilprozessrecht, ZEuP 2008, 458. *Kohler* Das Prinzip der gegenseitigen Anerkennung in Zivilsachen in europäischem Justizraum, ZSchR 2005, 263. *Matscher* Der verfahrensrechtliche ordre public im Spannungsfeld von EMRK und Gemeinschaftsrecht, IPRax 2001, 428.

5. Zustellung nach HZÜ
Zekoll Neue Maßstäbe für Zustellung nach dem Haager Zustellungsübereinkommen, NJW 2003, 2885.

Fall 16

Eine Null zuviel überwiesen

(Bearbeitungszeit: 5 Stunden + 1 Stunde Frage 2)

880 Der deutsche Staatsangehörige Volker Voss ist selbstständiger Handelsvertreter mit Wohnsitz in Hannover. Er ist ua für die Firma California Jeans Inc., einen Hersteller von Konfektionsmode mit Sitz in San Jose (California, USA), als Alleinvertreter für Deutschland tätig und erhält als Vergütung eine Provision von 10 % der jeweiligen Auftragssumme. Der Handelsvertretervertrag enthält eine Rechtswahlklausel zum Recht von California.

Am 15. 1. 2008 erteilt die California Jeans Inc. ihrer Hausbank, der Wells Fargo Bank Inc. San Francisco („Wells Fargo"), einen Überweisungsauftrag auf das bei der Commerzbank AG, Filiale Hannover, geführte Konto von Volker Voss über 15 394,00 USD für Provisionen aus 2007. Wells Fargo überweist versehentlich 153 940,00 USD.

Am 22. 1. 2008 stellt sich bei einer Überprüfung der von Volker Voss eingereichten korrekten Abrechnungen heraus, dass der California Jeans Inc. bei der Berechnung der Provisionssumme ein Rechenfehler unterlaufen ist; die vertraglich geschuldete Provisionssumme beträgt nur 14 394,00 USD.

Unabhängig von diesem Vorgang kündigt die California Jeans Inc. wegen einer Umstrukturierung ihres Vertriebssystems in Europa das Vertragshändlerverhältnis fristgemäß zum 1. 8. 2008. Volker Voss verlangt einen angemessenen Ausgleich gemäß § 89b HGB, California Jeans Inc. wendet ein, ein solcher Ausgleich sei – was zutrifft – im Recht von California nicht vorgesehen.

Nachdem bei einer Innenrevision der Wells Fargo der Überweisungsfehler entdeckt wurde, fordert Wells Fargo den Volker Voss zur Erstattung der Differenz von 138 546,00 USD auf. Volker Voss meint, er schulde Wells Fargo nichts und habe gegenüber California Jeans Inc. aufrechenbare Gegenansprüche aus § 89b HGB. Daraufhin vereinbaren Wells Fargo und California Jeans Inc. formlos die Abtretung aller der Wells Fargo aus dem Überweisungsvorgang gegen Volker Voss zustehenden Ansprüche.

California Jeans Inc. verlangt nun von Voss Rückzahlung von 139 546,00 USD. Volker Voss bestreitet die Wirksamkeit der Abtretung. Außerdem wendet er ein, er habe 10 000,00 USD aus der unerwartet hohen Provisionszahlung seiner Freundin Nina Neumann geschenkt. Hilfsweise erklärt er die Aufrechnung mit Ansprüchen aus § 89b HGB. California Jeans Inc. bestreitet hilfsweise die Zulässigkeit der Aufrechnung.

1. Welche Rechtsordnungen sind auf Ansprüche zwischen California Jeans Inc. und Volker Voss bzw Nina Neumann anzuwenden?
2. Welche Änderungen ergeben sich, wenn der Überweisungsauftrag am 15. 1. 2009 erteilt und fehlerhaft durchgeführt wird?

Strukturierung des Falles

Wesentliche Themen: Anknüpfung der Leistungskondiktion; Bereicherungsrechtliche Dreipersonenver- **881** hältnisse; Anknüpfung der Nichtleistungskondiktion; Anknüpfung von Bereicherungsansprüchen unter der Rom II-VO.

Ausgangsfälle: BGH NJW 1987, 185; EuGH NJW 2001, 2007.

Frage 1

I. Auf Bereicherungsansprüche anwendbares Recht

1. Anwendungsbereich der Rom II-VO
Zeitlicher Anwendungsbereich (–) „schadensbegründendes Ereignis" (Art. 31 Rom II-VO)
= Bereicherungsanspruch auslösendes Ereignis vor 11. 1. 2009

2. Abgrenzung von Leistungskondiktion und Nichtleistungskondiktion
Art. 38 Abs. 1 EGBGB gegen Art. 38 Abs. 2
oder 3 EGBGB abzugrenzen
– Erstfrage, wie das Bereicherungsverhältnis
bei Anweisung einzuordnen ist
– Qualifikation des Bereicherungsanspruchs:
lege fori nach materiellen Wertungen des
deutschen Bereicherungsrechts

3. Anknüpfung der Rückforderung von 1000 USD wegen Rechenfehler
a) Mangel im Valutaverhältnis, also Über-
weisung als Leistung des Anweisenden
(*California Jeans Inc.*)
b) Also Leistungskondiktion
– Anknüpfung an Vertragsstatut des Han-
delsvertretervertrages
– Rom I-VO zeitlicher Anwendungsbe-
reich (–) Vertragsschluss vor dem
17. 12. 2009 (Art. 29 Rom I-VO)
– Art. 27 Abs. 1 EGBGB, Rechtswahl-
klausel wirksam (Art. 27 Abs. 4,
Art. 31 EGBGB), also Recht von
California
– Sonderanknüpfungen (Art. 30
EGBGB) hier noch nicht relevant
– Ausweichklausel (Art. 41 EGBGB) (–)
c) Gesamtverweisung
– Grundsätzlich bei Art. 38 ff EGBGB
(+)
– Aber akzessorische Anknüpfung an
Vertragsstatut = Sachnormverweisung
(Art. 35 Abs. 1 EGBGB)
d) Durchgriffskondiktion Bank gegen Voss:
nach *diesem* Bereicherungsstatut, keine
eigenständige Anknüpfung als Nichtleis-
tungskondiktion

4. Anknüpfung der Rückforderung von 138 546,00 USD Zuvielüberweisung

a) Statut als Leistungskondiktion
– Dafür spricht wirksame Anweisung
– Aber evidente Zuvielzahlung nach Treu
und Glauben nicht als Leistung des Anweisenden zu verstehen
– Also nach bereicherungsrechtlicher
Wertung Nichtleistungskondiktion
b) Art. 38 Abs. 2 EGBGB (–)
– Kein Eingriff bei Entgegennahme einer
überhöhten oder fehlgeleiteten Überweisung
c) Art. 38 Abs. 3 EGBGB, Ort des Bereiche-
rungseintritts
– Wohnsitz bzw gewöhnlicher Aufenthalt
des Voss oder Kontoführung in
Deutschland, jedenfalls deutsches
Recht
d) Ausweichklausel Art. 41 EGBGB (–)
keine engere Beziehung zum Valutaverhältnis, kein gewöhnlicher Aufenthalt im
selben Staat
e) Gläubiger des Bereicherungsanspruchs
– Kondiktion im Dreieck oder direkt nach
Wertungen des deutschen Bereiche-
rungsstatuts
– Also zusätzlich Abtretungsstatut relevant (siehe unten)
f) Umfang der Bereicherung, Entreiche-
rungseinwand: Bereicherungsstatut

5. Anknüpfung von Ansprüchen gegen Nina Neumann wegen 10 000 USD
a) Weitergabekondiktion: aus Art. 38, 41
EGBGB keine unmittelbare Lösung
b) Entreicherung durch wirksamen Eingriff:
akzessorische Anknüpfung an das Statut
der Wirksamkeit des Eingriffs (–) hier kein
Eingriff der Nina Neumann
c) Sonstige Nichtleistungskondiktion
– Anknüpfung an Statut der Erstbezie-
hung (–) berührt den bereicherten Dritten nicht
d) Anknüpfung an Schenkungsstatut im Verhältnis zum Dritten (+)
– Art. 28 Abs. 1, Abs. 2 EGBGB, gewöhnlicher Aufenthalt des Schenkers,
deutsches Recht
– Bereicherungsstatut in der Erstbezie-
hung irrelevant

287

II. Auf die Wirksamkeit der Abtretung anwendbares Recht

1. Art. 33 EGBGB, auch bei Abtretung von Anspruch aus gesetzlichem Schuldverhältnis (+)
   – Qualifikation: Abtretbarkeit, Wirksamkeit der Abtretung, Art und Weise der Abtretung
2. Abtretbarkeit Art. 33 Abs. 2 EGBGB: Statut der abgetretenen Forderung
3. Art und Weise der Abtretung
   – Qualifikation: Erforderlichkeit gesonderten Rechtsgeschäfts, Schuldnerschutz
   – Anknüpfung an Statut der abgetretenen Forderung, sonst durch Rechtswahl manipulierbar

III. Auf Ansprüche wegen Beendigung des Handelsvertretervertrages anwendbares Recht

1. Vertragsstatut, Sonderanknüpfungen
   a) § 89b HGB, falls deutsches Recht auf den Vertrag anzuwenden, jedoch (–): Vertragsstatut Recht von California (–)
   b) Sonderanknüpfung
      – Art. 27 Abs. 3 EGBGB (–) Beziehungen zum deutschen und kalifornischen Recht
      – Art 29, 29a EGBGB (–) Voss beruflich/gewerblich tätig, nicht Verbraucher
      – Art. 30 Abs. 1 EGBGB (–) Voss als selbstständiger Handelsvertreter nicht Arbeitnehmer im europarechtlichen Sinn
      – Art. 34 EGBGB, wenn § 89b HGB zwingende Bestimmung von öffentlichem Interesse, nicht rein privatnützig (–)

2. **Durchsetzung der HandelsvertreterRiLi 1986/653/EWG**
   a) EuGH: Art. 17, 18 Handelsvertreter RiLi zwingendes Recht
   b) Umsetzung fraglich:
      – Art. 29a EGBGB direkt (–): Handelsvertreterrichtlinie mangels kollisionsrechtlichem Durchsetzungsauftrag nicht genannt
   c) Art. 34 EGBGB (–)
      – An sich nicht auf rein privatrechtliche, zB verbraucherrechtliche Regelungen in Umsetzung von Richtlinien anwendbar
      – Führt immer unbeschadet Schwerpunkt der Vertragsbeziehung zur Anwendung deutscher Umsetzung

   – Müsste auch greifen, wenn Vertragsstatut das Recht eines Mitgliedstaates ist, soll aber nur gegen Recht eines Nicht-Mitgliedstaates eingreifen
   d) Art. 27 Abs. 3 **EGBGB** analog: EG als einheitlicher Rechtsraum (–)
      – Wirkt nicht bei zusätzlichem Bezug zu einem Nicht-Mitgliedstaat
   e) Art. 29a EGBGB analog (+)
      – Durchsetzung der Richtlinienumsetzung im Recht des bezugsnächsten Mitgliedstaats
      – wirkt nur bei Vertragsstatut von Nichtmitgliedstaat
   f) Also § 89b HGB trotz kalifornischem Vertragsstatut anwendbar bei Tätigkeit in Deutschland

IV. Auf die Wirksamkeit der Aufrechnung anwendbares Recht

1. **Art. 32 Abs. 1 Nr. 2 EGBGB**
   – Aufrechnung ist Erfüllungssurrogat
   – gilt auch für nichtvertragliche Ansprüche
2. **Für Aufrechnungsstatut maßgebliche Forderung**
   – Kumulation (–) unnötiger Schutz des Aufrechnung Erklärenden
   – Alternativität (–) fehlender Schutz des Aufrechnungsgegners
   – Statut der Forderung, gegen die aufgerechnet (+)
3. **Also:** Aufrechnung hinsichtlich 1000 USD nach kalifornischem, sonst nach deutschem Recht; Statut des Vergütungsanspruchs (kalifornisches Recht plus Sonderanknüpfung) irrelevant

Ergebnis: Bereicherungsansprüche wegen der Überzahlung von 1000 USD unterliegen kalifornischem Recht, das auch entscheidet, ob eine Durchgriffskondition stattfindet. Im Übrigen ist deutsches Recht auf die Bereicherungsansprüche einschließlich der Weitergabekondiktion (10 000 USD) anwendbar.

Abtretbarkeit und Wirksamkeit der Abtretung unterliegen deutschem Recht.

Ansprüche wegen Beendigung des Handelsvertretervertrages unterliegen grundsätzlich dem Recht von Kalifornien als Vertragsstatut. Jedoch sind Art. 17, 18 HandelsvertreterRiLi bzw § 89b HGB als zwingendes Recht anzuwenden.

Die Wirksamkeit der Aufrechnung beurteilt sich nach dem Statut der Forderungen, gegen die aufgerechnet wird, also in Höhe von 1000 USD nach kalifornischem, im Übrigen nach deutschem Recht.

Frage 2

Auf Bereicherungsansprüche anwendbares Recht

1. Rom II-VO

a) Zeitlicher Anwendungsbereich (+) Bereicherungsansprüche auslösende Überweisung nach Stichtag

b) Sachlicher Anwendungsbereich
   - Außervertragliches Schuldverhältnis (Art. 1 Abs. 1 Rom II-VO) (+)
   - Verbindung zum Recht verschiedener Staaten (+)
   - Nicht notwendig mehrere Mitgliedstaaten
   - Keine Bereichsausnahme (Art. 1 Abs. 2 Rom II-VO) (+)
   - Zweifelhaftes Bestehen des Anspruchs nicht relevant, Art. 2 Abs. 2 Rom II-VO

c) Räumlicher Anwendungsbereich (+)
   loi uniforme Art. 3 Rom II-VO

2. Anknüpfung der Rückforderung von 1000 USD wegen Rechenfehler

a) Art. 10 Abs. 1 Rom II-VO
   - Keine Differenzierung nach Leistungs- und Nichtleistungskondiktion
   - Zahlungen auf nicht bestehende Schuld: Anknüpfung an zwischen den Parteien bestehendes Rechtsverhältnis
   - Enge Verbindung bei Rückforderung von veranlasster Zuvielüberweisung (+)
   - Ausweichklausel Art. 10 Abs. 4 Rom II-VO (–)

b) Also: akzessorisch an Vertragsstatut des Handelsvertretervertrages
   - Rom I-VO (–) Stichtag für Vertragsschluss 17. 12. 2009
   - Also Art. 27 ff EGBGB wie Frage 1

c) Gesamtverweisung (–) Art. 24 Rom II-VO

3. Anknüpfung der Rückforderung von 138 546,00 USD Zuvielüberweisung

a) Art. 10 Abs. 1 Rom II-VO
   - Enge Verbindung vielfacher Zuvielüberweisung zu Handelsvertretervertrag (–)

b) Art. 10 Abs. 2 Rom II-VO (–) kein gewöhnlicher Aufenthalt im selben Staat

c) Art. 10 Abs. 3 Rom II-VO (+) Staat, in dem die Bereicherung eingetreten ist
   - Gewöhnlicher Aufenthalt des Empfängers fraglich
     - Eher Ort der Kontoführung, deutsches Recht

4. Anknüpfung der Weitergabekondiktion

a) Art. 10 Abs. 1 Rom II-VO enge Verbindung mit einem Rechtsverhältnis
   - Wirksamkeitsstatut (–) bei Weitergabe im Weg der Schenkung
   - Enge Verbindung zu dem Handelsvertretervertrag (–)
   - Enge Beziehung zu Schenkungsvertrag (+)
   - Aber nicht „zwischen den Parteien" des Bereicherungsanspruchs

b) Art. 10 Abs. 2 Rom II-VO (–) kein gemeinsamer gewöhnlicher Aufenthalt
   Art. 10 Abs. 3 Rom II-VO (+) Bereicherung eingetreten am Ort der Schenkung in Deutschland

5. Weitere Änderungen (–) vertragsrechtliche Fragestellungen weiter Art. 27 ff EGBGB

Ergebnis: Im Ergebnis ändert sich unter Geltung der Rom II-VO nichts an dem auf die Anknüpfung des Bereicherungsanspruchs anwendbaren Recht. Die vertraglichen Ansprüche bleiben nach Art. 27 ff EGBGB anzuknüpfen.

Lösung

Frage 1

I. Auf Bereicherungsansprüche anwendbares Recht

1. Anwendungsbereich der Rom II-VO

882 Der zeitliche Anwendungsbereich der Rom II-VO ist nicht eröffnet; die Verordnung ist gemäß Art. 31 Rom II-VO auf „schadensbegründende Ereignisse" anzuwenden, die nach ihrem Inkrafttreten am 11. 1. 2009 (Art. 32 Rom II-VO) eintreten. Soweit die Verordnung bereicherungsrechtliche Anknüpfungen vorsieht, handelt es sich zwar nicht um Schadensersatz; entsprechend Art. 31 Rom II-VO gilt die Verordnung jedoch nur, wenn das den Bereicherungsanspruch auslösende Ereignis nach dem Stichtag eintritt.

2. Abgrenzung von Leistungskondiktion und Nichtleistungskondiktion

883 **a)** Fraglich ist im somit anwendbaren deutschen IPR, ob und wie weit sich die Anknüpfung des Bereicherungsanspruchs nach Art. 38 Abs. 1 EGBGB (**Leistungskondiktion**) oder nach Art. 38 Abs. 2 oder 3 EGBGB (Eingriffs- und sonstige Nichtleistungskondiktion) bestimmt. Es ergibt sich das Problem, dass insoweit bereits die kollisionsrechtliche Anknüpfung mit der im materiellen Bereicherungsrecht angesiedelten Frage verwoben ist, in welcher Beziehung bei dem hier vorliegenden fehlerbehafteten Drei-Personen-Verhältnis (Anweisungsverhältnis) die Rückabwicklung stattfindet. Einerseits wird man aus Sicht des deutschen IPR ein Statut der Leistungskondiktion nur dort ermitteln, wo eine Leistungskondiktion zu erwarten ist. Andererseits bestimmt aber erst das so ermittelte auf den Anspruch anwendbare Bereicherungsstatut darüber, ob eine Direktkondiktion oder eine Kondiktion „über Eck", also über das Deckungs- und das Valutaverhältnis der Anweisung stattfindet, ob also die California Jeans Inc. einen Anspruch aus eigenem oder abgetretenem Recht hat.

884 **b)** Hierbei handelt es sich um eine Frage der **Qualifikation** des geltend gemachten Bereicherungsanspruchs.[1] Es ist also nach dem Prinzip der Qualifikation *lege fori* aus Sicht des deutschen Rechts zu bestimmen, ob es sich um einen Fall der Leistungskondiktion oder um eine Nichtleistungskondiktion (Eingriffskondiktion, Art. 38 Abs. 2 EGBGB, oder sonstige Nichtleistungskondiktion, Art. 38 Abs. 3 EGBGB) handelt. Hierzu sind die *Wertungen* des materiellen Bereicherungsrechts für Drei-Personen-Verhältnisse auf die kollisionsrechtliche Fragestellung zu übertragen.

3. Anknüpfung der Rückforderung von 1000 USD wegen Rechenfehler

885 **a)** Hinsichtlich der Rückforderung von 1000 USD handelt es sich um einen Mangel, der ausschließlich das **Valutaverhältnis** zwischen dem Anweisenden (*California Jeans Inc.*) und dem Dritten (Volker Voss) betrifft, denn *California Jeans Inc.* ist irrig

---

1 *W. Lorenz* NJW 1990, 607, 608; *Staudinger/von Hoffmann/Fuchs* (2001) Art. 38 EGBGB Rn 4.

von einem höheren Provisionsanspruch ausgegangen. Da in Höhe von
15 394,00 USD eine wirksame Anweisung auf der Grundlage einer fehlerhaften Berechnung der Anspruchshöhe vorliegt, ist die Überweisung durch die Bank als eine
Leistung der *California Jeans Inc.* einzuordnen. Damit bestimmt sich die Rückabwicklung nach dem Statut der Leistungskondiktion in diesem Verhältnis.

b) Die **Leistungskondiktion** der *California Jeans Inc.* ist nach Art. 38 Abs. 1   **886**
EGBGB anzuknüpfen, folgt also dem auf das Valutaverhältnis anzuwendenden
Recht. Valutaverhältnis ist der Handelsvertretervertrag. Dessen Statut ist nicht nach
der Rom I-VO zu bestimmen, da der Vertrag vor dem 17. 12. 2009 geschlossen wurde
(Art. 29 Rom I-VO); somit gilt deutsches IPR. Der Vertrag unterliegt dem von den
Parteien gewählten Recht (Art. 27 Abs. 1 EGBGB). Da Bedenken gegen die Wirk-
samkeit der Rechtswahlklausel (Art. 27 Abs. 4, Art. 31 EGBGB) nicht bestehen, ist
das Recht von Kalifornien anzuwenden. Auf eventuelle Sonderanknüpfungen
(Rn 903) kommt es hier noch nicht an.

Anlass zur Inanspruchnahme der **Ausweichklausel** (Art. 41 EGBGB) besteht nicht;
die Anknüpfung nach Art. 38 Abs. 1 EGBGB folgt gerade dem in Art. 41 Abs. 2 Nr. 1
EGBGB hervorgehobenen Gesichtspunkt der Harmonisierung mit einem zwischen
den Parteien bestehenden Schuldverhältnis. Eine andere, *noch engere* Verbindung ist
nicht gegeben.

c) Fraglich ist, ob eine **Gesamtverweisung** vorliegt. Da der zweite Unterabschnitt   **887**
(Art. 38 ff EGBGB) keine Art. 35 EGBGB entsprechende Bestimmung enthält, gilt
grundsätzlich Art. 4 Abs. 1 S. 1 EGBGB. Jedoch handelt es sich bei der Anknüpfung
nach Art. 38 Abs. 1 EGBGB um eine *akzessorische Anknüpfung*, die als solche den
Zweck hat, das Statut der Leistungskondiktion mit dem der Leistungsbeziehung zu
harmonisieren; das schließt eine isolierte Behandlung des Leistungskondiktions-Sta-
tuts als Gesamtverweisung aus. Für das nach Art. 27 ff EGBGB bestimmte Statut des
Handelsvertretervertrages hingegen greift Art. 35 EGBGB ein, so dass insgesamt Ak-
zessorietät zu einer Sachnormverweisung vorliegt.

d) Ob die Rückabwicklung letztlich zwischen dem Anweisenden und dem Dritten   **888**
oder der Bank und dem Dritten stattfindet, entscheidet damit das kalifornische Recht
als Statut der Leistungskondiktion. Dieses Recht bestimmt insoweit also auch, ob eine
Durchgriffskondiktion von Wells Fargo gegen Volker Voss – und damit ein Anspruch der *California Jeans Inc.* aus abgetretenem Recht – bestünde. Es ist also nicht
etwa für dieses Verhältnis ein Statut der Nichtleistungskondiktion zu bestimmen.[2]

4. Anknüpfung der Rückforderung von 138 546,00 USD Zuvielüberweisung

a) Hinsichtlich der bei Wells Fargo ausgelösten Zuvielüberweisung könnte ebenfalls   **889**
ein Statut der Leistungskondiktion zu ermitteln sein, weil die Überweisung insgesamt
durch eine **wirksame Anweisung** veranlasst war. Die fehlerhaft, nämlich in zehnfa-
cher Höhe ausgeführte Überweisung beseitigt nicht etwa die wirksame Anweisung

---

2 *Busse* RIW 1999, 20.

als solche; diese wurde lediglich durch die Bank missverstanden. Das würde dafür sprechen, dennoch insgesamt von einer Leistung der *California Jeans Inc.* auszugehen.

890 Dagegen spricht aber, dass aus objektivierter Sicht des Zahlungsempfängers, also des Dritten im Anweisungsverhältnis, eine solch evidente Zuvielzahlung nicht als interner Vorgang im **Deckungsverhältnis** zwischen Bank und Anweisendem verstanden werden kann. Da der Dritte materiellrechtlich nach Treu und Glauben (§ 242 BGB) in einem solchen Fall gehindert wäre, die Zuvielzahlung als Leistung seines Vertragspartners zu verstehen, und deshalb der Nichtleistungskondiktion (Direktkondiktion) durch die Bank ausgesetzt wäre, kommt eine Qualifikation als Leistungskondiktion nicht in Betracht. Die Rückabwicklung kann also ausnahmsweise nur als Nichtleistungskondiktion qualifiziert werden.[3]

891 **b)** Fraglich ist, ob nach Art. 38 Abs. 2 oder Abs. 3 EGBGB anzuknüpfen ist. Für Art. 38 Abs. 2 EGBGB müsste eine **Eingriffskondiktion** vorliegen. Dies setzt, wie insbesondere die parallel zum Deliktsstatut konstruierte Anknüpfung in Art. 38 Abs. 2 EGBGB zeigt, einen *Eingriff* des Schuldners in ein Recht oder ein geschütztes Interesse (Sachenrecht, Forderungszuständigkeit etc) voraus. Ein solcher Eingriff liegt bei bloßer Entgegennahme einer überhöhten oder fehlgeleiteten Überweisung nicht vor.

892 **c)** Damit ist wie im Fall einer fehlgeleiteten Leistung das Statut der **sonstigen Nichtleistungskondiktion** (Art. 38 Abs. 3 EGBGB) zu bestimmen. Maßgeblich ist das Recht des Staates, in dem die Bereicherung eingetreten ist. Das ist der Staat, in dem der Wert der Bereicherung empfangen wurde. Ob auf den Wohnsitz bzw gewöhnlichen Aufenthalt des Empfängers oder den aus Sicht des Überweisenden besser erkennbaren Ort der Kontoführung abzustellen ist, kann hier offen bleiben, da beides nach Deutschland weist. Statut der Nichtleistungskondiktion ist also deutsches Recht.

893 **d)** Für die **Ausweichklausel** (Art. 41 EGBGB) besteht kein Anlass. Insbesondere ist Art. 41 Abs. 2 Nr. 1 EGBGB nicht geeignet, die bereicherungsrechtliche Wertung, hier ausnahmsweise nicht an das Valutaverhältnis anzuknüpfen, wieder umzukehren.[4] Auch eine Anknüpfung an das Deckungsverhältnis, auf dessen Erfüllung die Bank bei der Überweisung leistet, scheidet aus, denn der Überweisungsempfänger ist an diesem Schuldverhältnis nicht beteiligt.[5] Art. 41 Abs. 2 Nr. 2 EGBGB greift nicht ein, da Bank und Zahlungsempfänger ihren gewöhnlichen Aufenthalt in verschiedenen Staaten haben.

894 **e)** Nach deutschem Recht beurteilt sich damit auch, wer **Gläubiger** eines Bereicherungsanspruchs sein kann. Da die zur Qualifikation des Anspruchs getroffenen Wertungen (Rn 889 f) dem materiellen deutschen Bereicherungsrecht entnommen sind, liegt hier ausnahmsweise der Fall der Direktkondiktion vor, so dass nur ein Anspruch

---

3 BGH NJW 1987, 185, 186.
4 Man muss also die seitens des BGH getroffenen Wertungen schon auf der ersten Stufe (Leistungskondiktion oder Eingriffskondiktion) verwerfen, will man an das Valutaverhältnis anknüpfen, so *Jayme* IPRax 1987, 186, 187.
5 *Fischer* IPRax 2002, 1, 7.

von Wells Fargo, nicht aber ein Anspruch von *California Jeans Inc.* aus eigenem Recht in Betracht kommt.[6] Insoweit ist also zusätzlich das Statut zu ermitteln, das einen Übergang des Anspruchs durch **Abtretung** beherrscht (Rn 901).

f) Das Bereicherungsstatut im Verhältnis zu Volker Voss entscheidet auch über den **895** **Umfang** der herauszugebenden Bereicherung, insbesondere über Wertersatz bei Unmöglichkeit, den Einwand der Entreicherung und Ausnahmen in Fällen der Bösgläubigkeit; es sind also auch die §§ 818, 819 BGB anzuwenden.

5. Anknüpfung von Ansprüchen gegen Nina Neumann wegen 10 000 USD

a) Fraglich ist dagegen, welchem Recht Bereichungsansprüche gegen **Zweiterwer-** **896** **ber** unterstehen, an die der Bereicherungsschuldner die Bereicherung weitergegeben hat. Für die Anknüpfung der **Weitergabekondiktion** ergibt sich aus Art. 38, 41 EGBGB keine unmittelbare Lösung.

b) Tritt die Entreicherung durch einen dem Berechtigten gegenüber wirksamen **Ein-** **897** **griff** ein, so bietet sich die Anknüpfung an das Statut an, das über die Wirksamkeit des Eingriffs (zB Erwerb vom Nichtberechtigten) entscheidet, denn der Zweiterwerber muss damit rechnen, nach der Rechtsordnung, die ihm den Rechtserwerb verschafft, auch Bereicherungsansprüchen ausgesetzt zu sein.[7]

c) Bei der **sonstigen Nichtleistungskondiktion** fehlt es an einem solchen „Wirksam- **898** keitsstatut". Hier spricht zwar für eine Anknüpfung an das ursprüngliche Bereicherungsstatut, dass der Vorgang der Weitergabe im Verhältnis zum ursprünglichen Bereicherungsschuldner als Problem der Entreicherung zu sehen und der Durchgriff auf den Zweiterwerber im materiellen Recht auf die Entreicherung des Ersterwerbers abgestimmt ist (vgl § 822 BGB). Dagegen spricht aber, dass dem Dritten nicht zuzumuten ist, Bereicherungsansprüchen aus einem Statut ausgesetzt zu sein, das ihn nichts angeht und aus dem er keine Rechte herleitet, die der bereicherungsrechtlichen Kompensation bedürfen. Abzustellen ist daher auf das Statut, welches die Beziehung zwischen dem Erstbereicherten und dem Zweiterwerber beherrscht. Auf Ansprüche nach dieser Rechtsordnung muss sich der Zweiterwerber auch dann einstellen, wenn das ursprüngliche Bereicherungsstatut sie nicht vorsieht.

d) Ansprüche gegen die beschenkte Nina Neumann bestimmen sich also nach deut- **899** schem Recht, das mangels Rechtswahl bei gewöhnlichem Aufenthalt des Schenkers in Deutschland Schenkungsstatut ist (Art. 28 Abs. 1, Abs. 2 EGBGB). Das gilt unabhängig vom ursprünglichen Bereicherungsstatut, so dass es hier nicht darauf ankommt, ob Voss durch die zehnfache Überzahlung (deutsches Bereicherungsstatut, Rn 889 ff) oder auch durch den vergleichsweise geringen Rechenfehler (kalifornisches Bereicherungsstatut, Rn 885 ff) zu seiner Freigebigkeit motiviert wurde.

---

6 BGH NJW 1987, 185, 186.
7 Wohl hM vgl *Staudinger/von Hoffmann/Fuchs* (2001) Art. 38 EGBGB Rn 28.

II. Auf die Wirksamkeit der Abtretung anwendbares Recht

1. Qualifikation im Dreipersonenverhältnis

900 Die Abtretung berührt als Drei-Personen-Verhältnis unterschiedliche Fragestellungen, die in Art. 33 EGBGB nur teilweise geregelt sind. Art. 33 EGBGB ist jedoch grundsätzlich auf die Übertragung aller Forderungen, also auch solcher aus gesetzlichen Schuldverhältnissen, anwendbar. Vertraglicher Natur ist in Art. 33 Abs. 1, 2 EGBGB die *Übertragung* der Forderung; es ist dagegen nicht erforderlich, dass die zu übertragende Forderung selbst in den Anwendungsbereich der Art. 27 ff EGBGB fällt.

Wenn, wie hier, die **Wirksamkeit** der Abtretung in Frage gestellt wird, ist sowohl die *Abtretbarkeit* angesprochen als auch die *Art und Weise* der Abtretung.

2. Abtretbarkeit

901 Die Abtretbarkeit beurteilt sich gemäß Art. 33 Abs. 2 EGBGB nach dem Statut der **abgetretenen Forderung**. Dies ist hinsichtlich des Bereicherungsanspruchs aus Nichtleistungskondiktion, den *California Jeans Inc.* nur aus abgetretenem Recht geltend machen kann, das deutsche Recht als Bereicherungsstatut (Rn 892 ff).

3. Art und Weise der Abtretung

902 Nicht geregelt ist in Art. 33 EGBGB hingegen die Art und Weise der Abtretung. Das betrifft sowohl die Erforderlichkeit eines gesonderten „dinglichen" Rechtsgeschäfts neben dem der Abtretung zugrunde liegenden Schuldvertrag (zB Forderungskauf) sowie die Frage, ob zwischen beiden Geschäften das Abstraktionsprinzip gilt,[8] als auch Wirksamkeitserfordernisse wie bestimmte Übertragungsformen oder die Anzeige an den Schuldner, die manche Rechtsordnungen als konstitutive Wirksamkeitsvoraussetzungen ausgestalten und nicht nur – wie § 407 BGB – als Schuldnerschutzbestimmung vorsehen (dann Art. 33 Abs. 2 EGBGB). Auch diese Fragen sind untrennbar mit der zu übertragenden Forderung verbunden und können daher nicht dem zwischen Zedent und Zessionar wählbaren Statut des Grundgeschäfts (Art. 33 Abs. 1 EGBGB) unterstellt werden. Maßgeblich ist vielmehr das Statut der abzutretenden Forderung, im Fall also deutsches Recht.[9]

III. Auf Ansprüche wegen Beendigung des Handelsvertretervertrages anwendbares Recht

1. Vertragsstatut, Sonderanknüpfungen

903 a) Ein Anspruch aus § 89b HGB besteht aus Anlass der Beendigung eines Handelsvertretervertrages nur, wenn deutsches Recht auf den Vertrag anzuwenden ist. **Vertragsstatut** ist jedoch, wie gesehen (Rn 886), das Recht von Kalifornien.

---

8 BGH NJW 1991, 1414.
9 BGH IPRax 2000, 128.

b) Einzelne einen Vertragspartner begünstigende Normen des deutschen Rechts **904** könnten jedoch im Wege einer **Sonderanknüpfung** anwendbar sein.

aa) Art. 27 Abs. 3 EGBGB kommt nicht zur Anwendung, denn der Sachverhalt hat **905** im Zeitpunkt der Rechtswahl Beziehungen zum deutschen Recht (gewöhnlicher Aufenthalt von Volker Voss) und zum Recht von Kalifornien (Sitz der *California Jeans Inc.*).

bb) Art 29, 29a EGBGB sind nicht anzuwenden, denn Volker Voss ist beruflich/ge- **906** werblich tätig, also kein Verbraucher.

cc) Art. 30 Abs. 1 EGBGB greift nicht ein, denn ein selbstständiger Handelsvertreter **907** ist jedenfalls dann, wenn er für mehrere Auftraggeber tätig wird, also typisch selbstständig handelt, nicht vom europarechtlich auszulegenden Arbeitnehmerbegriff[10] (Abhängigkeit, Weisungsgebundenheit, Betriebseingliederung) erfasst.

dd) Art. 34 EGBGB könnte zur Anwendung von § 89b HGB führen. Dazu müsste es **908** sich um eine zwingende Bestimmung von bedeutsamem öffentlichem Interesse, insbesondere sozial- oder wirtschaftspolitischem Interesse, handeln, denn Art. 34 EGBGB setzt ohne einen tatbestandlich engen Bezug zu Deutschland *international zwingende Normen* des deutschen Rechts gegen jedes Vertragsstatut durch und hat daher Ausnahmecharakter. Nicht genügend ist daher, wenn eine Bestimmung lediglich nicht dispositiv ist. Zwar schadet eine neben dem öffentlichen Durchsetzungsinteresse bestehende Privatnützigkeit zugunsten bestimmter Gruppen von Vertragspartnern nicht, jedoch darf sich die Bedeutung der Norm nicht im Ausgleich widerstreitender Interessen der Vertragsparteien erschöpfen, sondern muss auch auf öffentliche Interessen gerichtet sein.[11] Vor diesem Hintergrund sind selbst zwingende *arbeits*rechtliche Bestimmungen nicht generell über Art. 34 EGBGB durchzusetzen.[12]

2. Durchsetzung der HandelsvertreterRiLi (1986/653/EWG)

a) Fraglich ist jedoch, ob sich hieran etwas ändert, nachdem der EuGH[13] neue Unab- **909** dingbarkeitsmaßstäbe zu der § 89b HGB zugrunde liegenden Regelung in Art. 17, 18 HandelsvertreterRiLi (1986/653/EWG) entwickelt hat. Der EuGH hat Art. 17, 18 HandelsvertreterRiLi ungeachtet des Vertragsstatuts für **zwingendes Recht** erklärt, wenn der Handelsvertreter seine Tätigkeit in einem Mitgliedstaat ausübt.

b) Das Problem besteht nicht darin, dass EG-Richtlinien nach bisherigem Verständnis **910** nur die Mitgliedstaaten zur Umsetzung verpflichten und keine horizontale Drittwirkung entfalten, denn die Umsetzung der Richtlinie war in dem entschiedenen Fall im UK durchaus erfolgt. Problematisch ist vielmehr, dass die Richtlinie – wie zahlreiche andere – keine kollisionsrechtliche Durchsetzungsklausel nach dem Vorbild der in Art. 29a Abs. 4 EGBGB enumerierten Richtlinien enthält. Es stellt sich also die Frage, mit welcher **kollisionsrechtlichen Methode** die vom EuGH trotz Fehlen einer

---

10 Vgl dazu auch Fall 11.
11 BGHZ 165, 248; BAGE 71, 297, 316.
12 BAG RIW 2008, 644.
13 EuGH Rs. C-381/98 (*Ingmar GB Ltd./Eaton Leonhard Technologies Inc.*) NJW 2001, 2007.

ausdrücklichen Durchsetzungsklausel geforderte Geltung zu erreichen ist. Das dabei entstehende Problem macht die *Ingmar*-Entscheidung deutlich: Dort hatte der EuGH die Vorlagefrage des *High Court of Justice*, ob die *britische Umsetzung* der Richtlinie auf einen Vertrag eines kalifornischen Prinzipals mit einem im UK tätigen Handelsvertreter anzuwenden sei, mit der Geltung der Art. 17, 18 HandelsvertreterRiLi beantwortet. Will man nicht die mit entsprechendem Durchsetzungswillen ausgestatteten Bestimmungen der Richtlinie selbst anwenden, so muss jedoch entschieden werden, welchen Mitgliedstaates Umsetzung anzuwenden ist.

911   **c)** Verbreitet wird eine Umsetzung der Entscheidung durch Beachtung von § 89b HGB im Rahmen von **Art. 34 EGBGB** gefordert.[14] Art. 34 EGBGB erscheint zwar geeignet, um den vom EuGH für Art. 17, 18 HandelsvertreterRiLi, jedoch nicht generell für alle zivilrechtsbeeinflussenden Richtlinien, bejahten und fallweise zu prüfenden Geltungsanspruch durchzusetzen. Es ergibt sich jedoch eine Spannung zu jenen verbraucherrechtlichen Richtlinien, die ausdrücklich eine kollisionsrechtliche Sicherung verlangen und in Art. 29a Abs. 4 EGBGB enumeriert sind. Während Art. 34 EGBGB immer zur Durchsetzung der *deutschen* Umsetzung der Richtlinie führt, führt das in Art. 29a Abs. 1 EGBGB zugrundegelegte kollisionsrechtliche Modell ausdrücklich zur Anwendung der Umsetzung im Recht des Mitgliedstaates, zu dessen Gebiet ein enger Zusammenhang besteht. Dies dürfte auch der EuGH angestrebt haben, wenn er auf den räumlichen Tätigkeitsschwerpunkt des Handelsvertreters abstellt.

912   Die Art. 34 EGBGB favorisierende Ansicht kann zudem nicht systematisch einwandfrei erklären, warum eine Durchsetzung von § 89b HGB über Art. 34 EGBGB nur postuliert wird, wenn Vertragsstatut das Recht eines **Nicht-Mitgliedstaates** ist. Das entspricht zwar dem Ziel der EuGH-Entscheidung, verträgt sich aber nicht mit der Ausrichtung des Art. 34 EGBGB an *nationalen* öffentlichen Interessen. Konsequenter wäre es dann schon, Art. 34 EGBGB analog auf Europa als einen Raum einheitlicher öffentlicher Interessen anzuwenden, was dann aber die unmittelbare Anwendung der Richtlinie selbst provozieren müsste.

913   **d)** Dasselbe Problem ergäbe sich bei einer entsprechenden Anwendung von **Art. 27 Abs. 3 EGBGB** auf die EG als einheitlichen Rechtsraum,[15] die überdies eine Durchsetzung nur bei *ausschließlichem*, nicht aber bei *engem* Bezug zur EG ermöglichen würde.

914   **e)** Soweit sich *verbraucherrechtliche* Richtlinien in der vom EuGH beschriebenen Weise als durchsetzungswillig erweisen, wäre es überdies kaum verständlich, Art. 34 EGBGB anzuwenden, während für ausdrücklich durchsetzungswillige Richtlinien Art. 29a EGBGB gilt. Jedenfalls insoweit ist eine **analoge Anwendung von Art. 29a EGBGB** geboten, auch wenn dies die Erweiterung des enumerativ gefassten Art. 29a Abs. 4 EGBGB bedeutet.[16] Eine solche analoge Anwendung weist aber auch für nicht-verbraucherrechtliche Richtlinien, insbesondere für Art. 17, 18 Handelsvertre-

---

14 Ua *Martiny* ZEuP 2001, 331; *Staudinger* NJW 2001, 1976.
15 So vor Schaffung von Art. 29a: *Rauscher* EuZW 1996, 650, 653.
16 Ebenso Staudinger NJW 2001, 1974, 1977; dazu Fall 12.

terRiLi, den vorzugswürdigen Lösungsweg. Nur so wird das angestrebte Ziel erreicht, die Umsetzung des Mitgliedstaates zur Geltung zu bringen, zu dem tatsächlich ein enger Bezug besteht; und dies nur dann, wenn Vertragsstatut das Recht eines Nicht-Mitgliedstaates ist. Der Rechtsgedanke des Art. 29a EGBGB ist also über Verbraucherverträge hinaus anzuwenden, wenn sich aufgrund EG-Richtlinienrechts der nicht abdingbare Schutz einer Partei ergibt und dieser Schutz nach der Intention der Richtlinie auch gegenüber dem Recht eines Nicht-Mitgliedstaates durchgesetzt werden soll.

f) Damit ist vorliegend **§ 89b HGB** trotz kalifornischem Vertragsstatut anwendbar, **915** weil Volker Voss im Rahmen des Vertrages ausschließlich in Deutschland tätig zu werden hatte.

IV. Auf die Wirksamkeit der Aufrechnung anwendbares Recht

1. Anknüpfung als Erfüllungssurrogat

Die Aufrechnung ist für **vertragliche Verbindlichkeiten** als Erfüllungssurrogat von **916** Art. 32 Abs. 1 Nr. 2 EGBGB erfasst. Der Rechtsgedanke, dass Voraussetzungen und Wirkungen der Aufrechnung sich nach dem die Forderung beherrschenden Statut bestimmen, gilt jedoch über vertragliche Ansprüche hinaus für alle Forderungen.

2. Maßgebliche Forderung

a) Da sich bei der Aufrechnung zwei Forderungen gegenüberstehen, ist die für die Be- **917** stimmung des Aufrechnungsstatuts **maßgebliche Forderung** zu ermitteln, wenn die Forderungen verschiedenen Rechtsordnungen unterstehen. Teils wird vertreten, die Aufrechnung sei nur zulässig, wenn und soweit beide Rechtsordnungen sie zulassen. Eine solche Kumulation behindert jedoch die Aufrechnung zu stark, denn der die Aufrechnung Erklärende muss nicht kollisionsrechtlich geschützt werden. Die Gegenansicht, wonach die Aufrechnung zulässig ist, wenn nur ein beteiligtes Forderungsstatut sie zulässt, übersieht hingegen, dass der Gläubiger, der ohne eigenes Zutun seinen Anspruch durch Aufrechnung verliert, damit nur insoweit rechnen muss, als das Statut seiner Forderung die Aufrechnung zulässt.[17] Abzustellen ist daher auf das Statut der Forderung, *gegen* die aufgerechnet wird.[18]

b) Damit kann hier das weitere Problem dahinstehen, ob der im Wege der **Sonderan-** **918** **knüpfung** bestehende Anspruch aus § 89b HGB für Zwecke der Aufrechnung dem eigentlichen kalifornischen Vertragsstatut oder dem nur für § 89b HGB eingreifenden deutschen Recht untersteht. Da Volker Voss aufrechnet, ist das Recht anzuwenden, das auf die Hauptforderung(en), gegen die aufgerechnet wird, anwendbar ist. Das ist in Höhe von 1000 USD kalifornisches Recht und im Übrigen deutsches Recht als das Statut der Nichtleistungskondiktion.

---

17 Zum Streitstand MünchKomm[BGB]/*Spellenberg* Art. 32 EGBGB Rn 66.
18 HM: *Palandt/Heldrich*[67] Art. 32 EGBGB Rn 6; OLG München RIW 1998, 560.

919 **Ergebnis:** Bereicherungsansprüche wegen der Überzahlung von 1000 USD unterliegt kalifornischem Recht, das auch entscheidet, ob eine Durchgriffskondition stattfindet. Im Übrigen ist deutsches Recht auf die Bereicherungsansprüche einschließlich der Weitergabekondiktion (10 000 USD) anwendbar.

Abtretbarkeit und Wirksamkeit der Abtretung unterliegen deutschem Recht.

Ansprüche wegen Beendigung des Handelsvertretervertrages unterliegen grundsätzlich dem Recht von Kalifornien als Vertragsstatut. Jedoch sind Art. 17, 18 HandelsvertreterRiLi bzw § 89b HGB als zwingendes Recht anzuwenden.

Die Wirksamkeit der Aufrechnung beurteilt sich nach dem Statut der Forderungen, gegen die aufgerechnet wird, also in Höhe von 1000 USD nach kalifornischem, im Übrigen nach deutschem Recht.

Frage 2

Auf Bereicherungsansprüche anwendbares Recht

1. Rom II-VO

920 **a)** Der **zeitliche** Anwendungsbereich der Rom II-VO ist bei Vornahme der Bereicherungsansprüche auslösenden Überweisung nach dem Stichtag (Rn 882) eröffnet.

921 **b) Sachlich** ist die Rom II-VO anwendbar auf außervertragliche Schuldverhältnisse, die eine Verbindung zum Recht verschiedener Staaten aufweisen (Art. 1 Abs. 1 Rom II-VO); dies ist bei Auslösung von Bereicherungsansprüchen durch eine internationale Überweisung der Fall, ein Bezug zu mehreren Mitgliedstaaten ist nicht erforderlich. Bereichsausnahmen (Art. 1 Abs. 2 Rom II-VO) greifen nicht ein. Dass das Bestehen eines Bereicherungsanspruchs nicht feststeht, hindert, was Art. 2 Abs. 2 Rom II-VO ausdrücklich (und überflüssig) betont, selbstverständlich nicht die Anwendung einer Kollisionsnorm.

922 **c) Räumlich** ist die Rom II-VO als *loi uniforme* konzipiert, findet also vor Gerichten der Mitgliedstaaten auch Anwendung, wenn das berufene Recht nicht das eines Mitgliedstaats ist (Art. 3 Rom II-VO).

2. Anknüpfung der Rückforderung von 1000 USD wegen Rechenfehler

923 **a)** Bereicherungsansprüche könnten insoweit anzuknüpfen sein an Art. 10 Abs. 1 Rom II-VO; zwar unterscheidet Art. 10 Rom II-VO nicht nach den deutschrechtlichen Begriffen von Leistungs- und Nichtleistungskondiktion, doch knüpft Art. 10 Abs. 1 Rom II-VO insbesondere Zahlungen auf eine nicht bestehende Schuld an ein zwischen den Parteien bestehendes Rechtsverhältnis an, das eine enge Verbindung zum Bereicherungsanspruch aufweist. Dies ist bei Rückforderung einer Zuvielüberweisung, die darauf beruht, dass der Anweisende über die Höhe der Forderung irrt, zu bejahen.

298

Die **Ausweichklausel** des Art. 10 Abs. 4 Rom II-VO ist, ebenso wie zu Frage 1, nicht anzuwenden (Rn 886).

b) Ist somit akzessorisch an das **Vertragsstatut des Handelsvertretervertrages** an-   **924** zuknüpfen, so bestimmt sich dessen Statut weiterhin nach Art. 27 ff EGBGB; die Rom I-VO wäre nur anwendbar bei Vertragsschluss nach dem 17. 12. 2009.[19] Anwendbar ist also kalifornisches Recht.

c) Die Frage, ob es sich um eine **Gesamt- oder Sachnormverweisung** handelt, stellt   **925** sich hingegen unter der Rom II-VO grundsätzlich nicht; nach Art. 24 Rom II-VO sind Rück- und Weiterverweisung ausgeschlossen. Alle Verweisungen sind somit Sachnormverweisungen.

3. Anknüpfung der Rückforderung von 138 546,00 USD Zuvielüberweisung

a) Fraglich ist, ob die zehnfache Zuvielüberweisung iSd Art. 10 Abs. 1 Rom II-VO   **926** eine „enge Verbindung" zu dem Handelsvertretervertrag aufweist. Dies wird man auch bei Berücksichtigung der von Art. 38 EGBGB abweichenden Kategorien des Art. 10 Rom II-VO nicht annehmen können. Zwar gibt die Zahlung auf eine Verbindlichkeit aus Vertrag Anlass zu dem Überweisungsauftrag, doch kann eine so erhebliche Zuvielüberweisung seitens des Empfängers nicht als auf dem Vertrag beruhend angesehen werden.

b) Eine Anknüpfung nach Art. 10 Abs. 2 Rom II-VO scheidet aus, da es an einem ge-   **927** wöhnlichen Aufenthalt der Parteien im selben Staat fehlt.

c) Anzuknüpfen ist somit nach Art. 10 Abs. 3 Rom II-VO an das Recht des Staates, in   **928** dem die Bereicherung eingetreten ist; ob hierbei auf den gewöhnlichen Aufenthalt des Empfängers abzustellen ist oder, wofür die Vorhersehbarkeit eher spricht, auf den Ort der Kontoführung, kann offen bleiben, da Voss seinen gewöhnlichen Aufenthalt in Hannover hat und hier auch das Konto geführt wird. Anwendbar ist deutsches Recht.

4. Anknüpfung der Weitergabekondiktion

a) Fraglich ist wiederum, ob die Weitergabe an Nina Neumann die von Art. 10 Abs. 1   **929** Rom II-VO geforderte enge Verbindung mit einem anderweitigen Rechtsverhältnis aufweist.

aa) Insoweit käme insbesondere auch unter Art. 10 Abs. 1 Rom II-VO ein „Wirksam-   **930** keitsstatut" (Rn 897) in Betracht, an dem es jedoch bei der Weitergabe im Weg der Schenkung fehlt.

bb) Eine enge Verbindung zu dem Handelsvertretervertrag ist abzulehnen, denn der   **931** beschenkte Dritte hat zu dem Rechtsverhältnis, aus dem der Schenker die Leistung erlangt hat, keinerlei Bezug und ist insbesondere daran nicht beteiligt.

---

19 Unter der Rom I-VO würde sich am Ergebnis freilich nichts ändern; Art. 27 Abs. 1 EGBGB entspricht weitgehend Art. 3 Abs. 1 Rom I-VO, Art. 27 Abs. 4, Art. 31 EGBGB gehen in Art. 3 Abs. 5, Art. 10 Rom I-VO auf.

932 **cc)** Eine solche Verbindung besteht zwar zu dem **Schenkungsvertrag**, doch handelt es sich hierbei nicht um ein „zwischen den Parteien" des Bereicherungsanspruchs bestehendes Rechtsverhältnis.

933 **b)** Da wiederum ein gemeinsamer gewöhnlicher Aufenthalt der Parteien des Bereicherungsanspruchs fehlt (Art. 10 Abs. 2 Rom II-VO), ist an das Recht des Staates anzuknüpfen, in dem die Bereicherung eingetreten ist (Art. 10 Abs. 3 Rom II-VO). Dies ist deutsches Recht, weil hier die Schenkung an Nina Neumann bewirkt wurde.

5. Vertragsstatut

934 **Weitere Änderungen** ergeben sich nicht, da die vertragsrechtlichen Fragestellungen auch in Frage 2 weiterhin nach Art. 27 ff EGBGB anzuknüpfen sind.[20]

935 **Ergebnis:** Im Ergebnis ändert sich unter Geltung der Rom II-VO nichts an dem auf die Anknüpfung des Bereicherungsanspruchs anwendbaren Recht. Die vertraglichen Ansprüche bleiben nach Art. 27 ff EGBGB anzuknüpfen.

Literaturhinweise

Behandlung der fallrelevanten Themen in:
Rauscher **Internationales Privatrecht (3. Aufl.)**

Anknüpfung der Leistungskondiktion:	Rn 1334 ff
Bereicherungsrechtliche Dreipersonenverhältnisse:	Rn 1343 ff
Anknüpfung der Nichtleistungskondiktion:	Rn 1356 ff
Anknüpfung von Bereicherungsansprüchen unter der Rom II-VO:	Rn 1340 ff, 1368 ff

Weitere Literatur

1. Anknüpfung Leistungskondiktion
Staudinger/von Hoffmann/Fuchs (2001) Art. 38 EGBGB Rn 6.

2. Bereicherungsrechtliche Dreipersonenverhältnisse
Staudinger/von Hoffmann/Fuchs (2001) Art. 38 EGBGB Rn 18. *Schlechtriem* Internationales Bereicherungsrecht, JZ 1995, 65.

3. Anknüpfung der Nichtleistungskondiktion
Staudinger/von Hoffmann/Fuchs (2001) Art. 38 Rn 9.

4. Anknüpfung von Bereicherungsansprüchen unter der Rom II-VO
Ofner Die Rom II-Verordnung – Neues Internationales Privatrecht für außervertragliche Schuldverhältnisse in der Europäischen Union, ZfRV 2008, 13. *Busse* Internationales Bereicherungsrecht zwischen EGBGB-Reform und Rom II, RIW 2003, 406.

---

20 Auch unter der Rom I-VO würden sich insoweit keine Änderungen ergeben. Art. 14 Abs. 1, 2 Rom I-VO entspricht Art. 33 Abs. 1, 2 EGBGB; die Art. 27 Abs. 3 und 34 EGBGB finden sich wieder in Art. 3 Abs. 3 und 9 Abs. 2 Rom I-VO; Art. 6 Rom I-VO setzt wie Art. 29 EGBGB die Verbrauchereigenschaft voraus, Art. 8 Rom I-VO gilt wie Art. 30 EGBGB nur für Individualarbeitsverträge. Art. 29a EGBGB wird durch die Rom I-VO ohnehin nicht ersetzt, da er seinerseits auf EG-Richtlinienrecht beruht, das allenfalls künftig durch eine EG-VerbraucherschutzRiLi geändert werden wird.

Fall 17

Richards Wohnung in Torremolinos

(Bearbeitungszeit: 5 Stunden + 1 Stunde Fragen 4, 5 + 1 Stunde Frage 6)

Der niederländische Staatsangehörige Kees van Maarten lebt in Amsterdam und ist **936** Eigentümer einer Finca bei Torremolinos (Costa del Sol, Spanien), die zwei Wohnungen umfasst, welche sachenrechtlich nicht als Eigentumswohnungen ausgewiesen sind. Er verkauft mit am 15. 1. 2007 in Wilhelmshaven geschlossenem privatschriftlichem Vertrag einen Hälfteanteil an der Finca, verbunden mit dem Recht zur Nutzung der Wohnung im Obergeschoss, an den deutschen Staatsangehörigen Richard Rübenbauer, der seinen Wohnsitz in Wilhelmshaven hat. Der Vertrag enthält ua die Bestimmung: „Dieser Vertrag und die aufgrund dieses Vertrages entstehenden Rechtsbeziehungen unterliegen deutschem Recht."

Am 3. 8. 2007 sind beide Vertragsparteien in Torremolinos und errichten dort vor einem spanischen Notar die nach Information beider Parteien in Spanien übliche *„escritúra publica"* (öffentliche Urkunde) über den *contrato de compra y venta* (Kauf- und Verkaufvertrag) in spanischer Sprache, die nur die nach spanischem Recht erforderlichen Mindestangaben beinhaltet, jedoch nicht alle im Vertrag vom 15. 1. 2007 enthaltenen Nebenbestimmungen. Die *escritúra publica* wird dem Richard Rübenbauer übergeben. Eine Eintragung in das *Registro de la Propiedad* (Eigentumsregister) erfolgt nicht.

Am 20. 9. 2008 kommt es, als Kees van Maarten gerade in seiner Wohnung im Erdgeschoß der Finca in Torremolinos weilt, zu einem Erdrutsch. Ein von ihm sofort herbeigerufenes Unternehmen für Erdarbeiten stützt die Villa ab und nimmt anschließend erforderliche Wiederbefestigungsarbeiten vor, wofür es 6000 € in Rechnung stellt.

Richard Rübenbauer zeigt sich trotz mehrfacher Aufforderungen nicht bereit, die Hälfte der Kosten zu übernehmen. Kees van Maarten ärgert sich darüber so sehr, dass ihn der Vertrag reut. Nach seiner Einschätzung ist der Kaufvertrag ohnehin unwirksam. Um möglichst preisgünstig eine Klärung der Eigentumsfrage zu erreichen, erhebt er am 4. 12. 2008 Klage zum AG Wilhelmshaven, mit der er Zahlung einer Entschädigung wegen – aufgrund Unwirksamkeit des Vertrages und fehlenden Eigentumserwerbs – rechtsgrundlos gezogener Nutzungen der Wohnung im ersten Stock der Finca durch Richard Rübenbauer während der Monate September, Oktober 2007 und Juli, August 2008 verlangt. Sein Rechtsanwalt hält dies für einen geschickten Schachzug, da der Antrag nur bei Nichtigkeit des Kaufvertrages begründet sein werde, so dass man ggf durch einen späteren Zwischenfeststellungsantrag die ganze Angelegenheit billig geklärt bekäme.

Das AG Wilhelmshaven weist die Klage des Kees van Maarten im frühen ersten Termin wegen fehlender internationaler Zuständigkeit ab. Da der Richter auch Zweifel an der Begründetheit angedeutet hatte, wechselt Kees van Marten seinen Rechtsanwalt und erhebt am 16. 2. 2009 Klage auf Zahlung von 3000 € beim AG Wilhelmshaven.

1. War die Entscheidung des AG Wilhelmshaven zutreffend?
2. Ist Richard Rübenbauer Miteigentümer der Finca geworden?
3. Ist das AG Wilhelmshaven für die neue Klage zuständig?
4. Welche Rechtsordnung/en ist/sind auf den mit der Klage vom 16. 2. 2009 geltend gemachten Anspruch anzuwenden?
5. Welche Änderungen ergeben sich, wenn der Kaufvertrag am 15.1.2010 geschlossen wird und sich alle weiteren Vorgänge entsprechend später ereignen?
6. Die Klage vom 16. 2. 2009 wird am 27. 2. 2009 mit eingeschriebenem Brief gegen Rückschein dem Richard Rübenbauer samt den gemäß § 276 Abs. 1 und 2 ZPO erforderlichen Fristsetzungen und Belehrungen an seiner Privatanschrift zugestellt; der Rückschein ist von seiner ebenfalls dort lebenden Ehefrau unterzeichnet. Richard Rübenbauer reagiert nicht. Am 27. 3. 2009 erlässt das AG Wilhelmshaven auf Antrag ein Versäumnisurteil. Kees van Marten möchte wissen, ob er mit diesem Urteil ohne Einschaltung spanischer Gerichte einen in Spanien vollstreckbaren Titel erlangen kann, denn er vermutet, dass Richard Rübenbauer sich in Spanien niederlassen will.

Materialien

I. Spanisches IPR

937 **a) Art. 10 código civil (cc)**[1]
1. Der Besitz, das Eigentum und die übrigen Rechte an unbeweglichen Sachen sowie ihre [Register]publizität richten sich nach dem Recht des Ortes, an dem sie sich befinden.
...

9. Außervertragliche Verbindlichkeiten richten sich nach dem Recht des Ortes, an dem sich der Sachverhalt ereignete, durch den sie entstanden sind.
Die Geschäftsführung richtet sich nach dem Recht des Ortes, an dem der Geschäftsführer seine Haupttätigkeit entfaltet.
Im Falle ungerechtfertigter Bereicherung gilt dasjenige Recht, kraft dessen die Übertragung des Vermögenswertes zugunsten des Bereicherten bewirkt würde.

b) Art. 11 cc[2]
(1) Formen und Förmlichkeiten von Verträgen, Testamenten und sonstigen Rechtshandlungen richten sich nach dem Recht des Landes, in dem diese zustande kommen; jedoch sind sie ebenfalls wirksam, wenn sie gemäß den Formen und Förmlichkeiten des Rechts zustande gekommen sind, das auf ihren Inhalt anwendbar ist, desgleichen, wenn sie gemäß dem Personalstatut des Verfügenden oder dem gemeinsamen Personalstatut der Beteiligten vorgenommen sind. Gleichfalls sind die Handlungen oder Verträge über unbewegliche Sachen gültig, welche in Übereinstimmung mit den Formen und Förmlichkeiten des Orts der Belegenheit zustande gekommen sind.
Wenn solche Handlungen an Bord von Schiffen oder Flugzeugen auf der Reise vorgenommen worden sind, gelten sie als im Land der Flagge, Eintragung oder Registrierung vorgenommen. Kriegsschiffe und Militärflugzeuge werden als Teil des Gebiets des Staats angesehen, dem sie angehören.
(2) Wenn das für den Inhalt von Handlungen oder Verträgen maßgebliche Recht für ihre Gültigkeit eine bestimmte Form oder Förmlichkeit verlangt, wird es immer angewendet, auch für den Fall, dass sie im Ausland vorgenommen werden.

c) Spanien hat keinen Umsetzungsvorbehalt zum Römischen-EWG-Übereinkommen über das auf vertragliche Schuldverhältnisse anwendbare Recht erklärt.

---

1 *Sohst* Spanisches Bürgerliches Gesetzbuch (Código Civil)[3] (2005).
2 *Bergmann/Ferid/Henrich* Spanien (Stand 2005).

II. Spanisches materielles Recht[3]

d) Art. 605 cc

Das Grundbuch (*Registro de la Propiedad*) hat die Eintragung oder Registrierung der Rechtsgeschäfte und Verträge über das Eigentum und die übrigen dinglichen Rechte an Grundstücken zum Gegenstand.

[Hinweis: Die Eintragung hat Bedeutung im Zusammenhang mit dem gutgläubigen Erwerb durch Dritte, ist jedoch nicht konstitutiv für den Rechtserwerb.]

e) Art. 609 cc

Das Eigentum wird durch Aneignung erworben.

Das Eigentum und die übrigen Rechte an Sachen werden durch das Gesetz, durch Schenkung, durch testamentarische und gesetzliche Erbfolge und als Folge bestimmter Verträge mittels Übergabe erworben.

Diese Rechte können auch durch Ersitzung erworben werden.

[Anm.: Art. 609 cc ist auch auf Rechte an Grundstücken anzuwenden; die tatsächliche Übergabe bei bebauten Grundstücken erfolgt zB durch Übergabe der Schlüssel]

f) Art. 1278 cc

Verträge sind verbindlich, gleich in welcher Form sie geschlossen wurden, vorausgesetzt, sie erfüllen die für ihre Wirksamkeit wesentlichen Voraussetzungen.

Art. 1279 cc

Verlangt das Gesetz die Errichtung einer Urkunde (*escritura pública*) oder eine andere besondere Form zur Wirksamkeit der jeweiligen Verpflichtungen eines Vertrages, können sich die Vertragsschließenden gegenseitig zur Einhaltung jener Form zwingen, sobald die Einigung und die übrigen für seine Wirksamkeit erforderlichen Voraussetzungen vorliegen.

Art. 1280 cc

Der öffentlichen Beurkundung bedürfen:

1. Die Rechtsgeschäfte und Verträge, die das Entstehen, die Übertragung, die Änderung oder das Erlöschen von dinglichen Rechten an Grundstücken zum Gegenstand haben.

. . .

g) Art. 1461 cc

Der Verkäufer ist zur Übergabe und zur Mängelbeseitigung der Sache verpflichtet, die Gegenstand des Kaufvertrages ist.

Art. 1462 cc

Die verkaufte Sache gilt als übergeben, wenn sie unter die Sachherrschaft und in den Besitz des Käufersgestellt wird.

Erfolgt der Verkauf mittels öffentlicher Urkunde (*escritura pública*), so steht deren Errichtung der Übergabe der Sache, die Gegenstand des Vertrages ist, gleich, sofern sich aus dieser Urkunde nicht das Gegenteil ergibt oder deutlich ableiten lässt.

---

3 *Sohst*, aaO Fn 1.

Strukturierung des Falles

938 **Wesentliche Themen:** Ausschließliche Zuständigkeit nach Art. 22 Nr. 1 Brüssel I-VO; Entscheidung bei ausschließlicher Zuständigkeit in anderem Mitgliedstaat; Rechtswahl und partielle Rechtswahl; Formstatut; Sachenrechtsstatut; Statut der GoA; GoA in der Rom II-VO; EG-VollstreckungstitelVO.

Ausgangsfälle: EuGH IPRax 1995, 99; BGH NJW 1998, 1321; BGHZ 73, 391.

Frage 1: Internationale Zuständigkeit des AG Wilhelmshaven (Zutreffen der Entscheidung)

1. Brüssel I-VO
- Sachlicher Anwendungsbereich Art. 1 Abs. 1 Brüssel I-VO (+)
- Keine Ausnahme Art. 1 Abs. 2 Brüssel I-VO (+)
- Beklagtenwohnsitz in Mitgliedstaat Deutschland Art. 3 Abs. 1 Brüssel I-VO (+)

2. Abweisung mangels Zuständigkeit, wenn Gericht eines anderen Mitgliedstaates ausschließlich zuständig (Art. 25 Brüssel I-VO) und nicht Art. 29 Brüssel I-VO

3. Ausschließliche Zuständigkeit der spanischen Gerichte nach Art. 22 Nr. 1 Brüssel I-VO
- a) Miete oder Pacht (–) kein vertragliches Nutzungsverhältnis
- b) Dingliches Recht an einer unbeweglichen Sache
  - Autonom zu bestimmen: dingliche Rechte wirken gegen jedermann
  - Gegenstand der Klage, wenn Bestand und Reichweite als solche im Streit
  - Nutzungsansprüche, EBV-Ansprüche also an sich nicht dinglich (–)
- c) Aber: vorfraglicher Streit um Wirksamkeit der Übereignung
  - Bei inzidenter Betroffenheit des Eigentums (unstreitiges Tatbestandsmerkmal) (–)
  - Bei vorgreiflicher Betroffenheit des umstrittenen Eigentums (+)

Ergebnis: Das AG Wilhelmshaven war international unzuständig und hat die Klage zu Recht abgewiesen.

Frage 2: Eigentumserwerb durch Richard Rübenbauer

1. Sachenrechtsstatut
- Art. 43 Abs. 1 EGBGB, spanisches Belegenheitsrecht, Verweisung also auf spanisches Recht
- Gesamtverweisung Art. 4 Abs. 1 EGBGB
- Annahme durch spanisches IPR Art. 10 Abs. 1 cc

2. Materielles spanisches Recht
- a) Eigentumserwerb nach Art. 609 Abs. 2 cc: Titel und Modus
- b) Vertrag iSd Art. 609 Abs. 2 cc: Kaufvertrag, Wirksamkeit ist Vorfrage
- c) Übergabe (*tradición*, „Traditionsprinzip"), ersetzt durch *escritura pública* Art. 1462 Abs. 2 cc (+)
- d) Eintragung im *Registro de la Propiedad*: nicht konstitutiv
  Damit hängt ein wirksamer Miteigentumserwerb des Richard Rübenbauer nur von der Wirksamkeit des Kaufvertrages ab.

3. Vorfrage: Wirksamer Kaufvertrag
- a) Vorfragenanknüpfung selbstständig nach deutschem IPR
  - Ausnahme (–) trotz Abweichung der Beurteilung vom Belegenheitsrecht
- b) Fraglich nur Formwirksamkeit, also Formstatut
  - Art. 11 Abs. 5 EGBGB (–) nur für rein sachenrechtliche Rechtsgeschäfte
  - Art. 11 Abs. 1 Alt. 2 EGBGB, Ortsform deutsches Recht (–)
  - Art. 11 Abs. 1 Alt. 1 EGBGB Geschäftsform
    - Intertemporaler Anwendungsbereich Art. 28, 29 Rom I-VO (–), Art. 27 ff EGBGB anwendbar
    - Rechtswahl (Art. 27 Abs. 1 S. 1 EGBGB) zu deutschem Recht im Vertrag vom 15. 1. 2007 besteht kein Zweifel. Insbesondere greift Art. 28 Abs. 3 EGBGB lediglich bei Fehlen einer Rechtswahl in die Bestimmung des Statuts für Immobiliarkaufverträge ein und ist im Gegensatz zu Art. 43 Abs. 1, 11 Abs. 2 EGBGB nicht etwa unabdingbar.
    - Änderung der Rechtswahl durch *escritura pública* (–) nicht als originärer Vertrag gewollt, sondern als Erfordernis zum Schutz gegen Dritterwerb nach *lex rei sitae*
    - Partielle Rechtswahl Art. 27 Abs. 1 S. 3 EGBGB, spanisches Recht für Form (–) kein hinreichend sicheres Indiz

4. Wahrung der Form nach deutschem Recht
a) Intertemporal § 311b Abs. 1 BGB nF, Vertragsschluss nach 1. 1. 2002
b) § 311b Abs. 1 BGB auf Grundstückskaufverträge über ausländisches Grundstück (+)
c) Substitution für notarielle Beurkundung durch *escritura pública*
– Würde nur zu einem Neuabschluss am 3. 8. 2007 *ex nunc* führen
– Insoweit aber spanisches Recht als Ortsform genügend
– Substitution also irrelevant, im Übrigen fehlen Nebenabreden in der *escritura pública*
d) Heilung nach § 311b Abs. 1 S. 2 BGB
– Nach Wortlaut Heilung ausgeschlossen mangels erforderlicher Auflassung in Spanien
– Aber Zweck des § 311b Abs. 1 S. 2 BGB: Heilung durch Vollzug
– Registereintragung als Vollzug (–) nicht konstitutiv
– Vollzug des Kaufvertrages nach dem maßgeblichen Sachenrecht (+) Übergabesurrogat erfolgt

Ergebnis: Richard Rübenbauer ist durch Übergabe aufgrund wirksamem, hinsichtlich der Form geheiltem Kaufvertrag Miteigentümer geworden.

Frage 3: Internationale Zuständigkeit des AG Wilhelmshaven für die neue Klage

Ausschließliche internationale Zuständigkeit der spanischen Gerichte Art. 22 Nr. 1 Brüssel I-VO?
– GoA wegen Rettung einer Sache (–) Eigentum nicht Gegenstand
– Anspruch aus Miteigentümerverhältnis (–) da hier nicht Bestand des Miteigentums in Frage steht, sondern nur Ansprüche aus dem Miteigentum
– Zuständigkeit aus Art. 2 Brüssel I-VO (+)

Ergebnis: Das AG Wilhelmshaven ist international zuständig; insbesondere besteht keine ausschließliche Zuständigkeit spanischer Gerichte.

Frage 4: Anknüpfung

1. Ansprüche aus der Miteigentümergemeinschaft
a) Qualifikation: sachenrechtlich, soweit sachenrechtliches Gemeinschaftsverhältnis als solches betroffen
b) Anknüpfung des gesetzlichen Schuldverhältnisses zwischen Miteigentümern an Recht des Lageortes

c) Aber privatautonome Gestaltung
– Zwischen den Miteigentümern zulässig
– Rechtswahl entsprechend Art. 27 EGBGB, soweit nach *lex rei sitae* zulässig
– Im spanischen Belegenheitsrecht (+) Art. 3 EVÜ
– Im Vertrag vom 15. 1. 2007 ausdrücklich Rechtsbeziehungen deutschem Recht unterstellt

2. Ansprüche aus GoA
a) Rom II-VO: zeitlicher Anwendungsbereich (–) Maßnahme vor Stichtag Art. 31, 32 Rom II-VO
b) Deutsches IPR
– Art. 39 Abs. 1 EGBGB: Vornahmestaat
– Ausweichklausel Art. 41 EGBGB (+) Miteigentümergemeinschaft ist Rechtsverhältnis zwischen den Parteien der GoA, also GoA akzessorisch anzuknüpfen
c) Eigenständige GoA-Rechtswahl Art. 42 EGBGB (–) nur nach Entstehung des GoA-Verhältnisses

Ergebnis: Ansprüche aus Miteigentum unterstehen kraft Rechtswahl deutschem Recht. Die GoA innerhalb der Miteigentümergemeinschaft folgt dieser Anknüpfung.

Frage 5: Änderungen bei Vertragsschluss am 15.1.2010

1. Rom I-VO für schuldvertragliche Fragen
a) Zeitlicher Anwendungsbereich (+) nach dem 17. 12. 2009 geschlossener Vertrag, Art. 28 Rom I-VO
b) Sachlicher Anwendungsbereich
– Grundstückskaufvertrag vertragliches Schuldverhältnis Art. 1 Abs. 1 Rom I-VO (+)
– Keine Bereichsausnahme Art. 1 Abs. 2 Rom I-VO (+)
c) Räumlicher Anwendungsbereich (+) *loi uniforme*, Art. 2 Rom I-VO
2. Formstatut des Kaufvertrages
– Art. 11 Abs. 5 Rom I-VO (–) wie zu Art. 11 Abs. 5 EGBGB
– Art. 11 Abs. 1 Rom I-VO Orts- oder Geschäftsform
– Geschäftsstatut für Grundstückskaufverträge
  – Art. 4 Abs. 1 lit. c Rom I-VO nicht zwingend
  – Art. 3 Abs. 1 Rom I-VO Rechtswahl, keine Ausdrücklichkeit, muss sich aber eindeutig aus dem Vertrag ergeben, erst recht keine Änderung der zunächst ausdrücklich getroffenen Rechtswahl

– Partielle Rechtswahl Art. 3 Abs. 1 S. 2 Rom I-VO möglich, aber (–)

3. Schuldverhältnis aus Miteigentum: Rom II-VO

a) Zeitlicher Anwendungsbereich (+) Miteigentum nach dem 11. 1. 2009 (Art. 31, 32 Rom II-VO) begründet

b) Sachlicher Anwendungsbereich
– Gesetzliches Schuldverhältnis im Sinn deutschen Rechts, aber in Art. 1 Abs. 1 Rom II-VO autonom zu verstehen, Erwägungsgrund Nr. 11 Rom II-VO
– Schuldvertraglich begründete Miteigentümergemeinschaft nicht außervertraglich zu verstehen, vgl Art. 1 Abs. 2 Rom II-VO mit Ausnahmen für Ehegüterrecht und Erbrecht, nicht aber für das Sachenrecht, was daran liegen dürfte, dass man solche Schuldverhältnisse bereits nicht als außervertraglich iSd Art. 1 Abs. 1 Rom II-VO ansah
– Für sachenrechtliche Schuldverhältnisse also Art. 1 Abs. 1 Rom II-VO (–)

c) Also Anknüpfung an *lex rei sitae*, vorbehaltlich Rechtswahl, Art. 3 Abs. 1 Rom I-VO

4. Ansprüche aus GoA, Rom II-VO zeitlicher Anwendungsbereich (+)

a) Sachlicher Anwendungsbereich (+) GoA ausdrücklich in Art. 11 Rom II-VO geregelt, Bezug zu mehreren Staaten Art. 1 Abs. 1 Rom II-VO, keine Bereichsausnahme Art. 1 Abs. 2 Rom II-VO

b) Räumlicher Anwendungsbereich (+) *loi uniforme* Art. 3 Rom II-VO

c) Anknüpfung der GoA
– Art. 11 Abs. 1 Rom II-VO Statut eines zwischen den Parteien bestehenden Rechtsverhältnisses (+) hier Miteigentümergemeinschaft
– Rechtswahl Art. 14 Abs. 1 S. 1 lit. a Rom II-VO (–) nur nachträglich möglich, keine kommerzielle Tätigkeit iSd Art. 14 Abs. 1 S. 1 lit. b Rom II-VO

Ergebnis: Bei Vertragsschluss am 15.1.2010 ist die Rom I-VO anwendbar. Im Ergebnis bleibt es jedoch bei deutschem Recht als Geschäfts- und Ortsformstatut. Für das aus dem Miteigentum entstehende Schuldverhältnis ergeben sich keine Änderungen, da die Rom II-VO hierauf sachlich nicht anwendbar ist. Ansprüche aus GoA unterliegen hingegen der Rom II-VO, doch führt dies im Ergebnis nicht zu Abweichungen vom Ausgangsfall.

Frage 6: Vollstreckung in Spanien

1. Brüssel I-VO

a) Sachlicher Anwendungsbereich, Art. 1 Abs. 1 Brüssel I-VO (+), keine Bereichsaunahme, Art. 1 Abs. 2 Brüssel I-VO (+). Räumlich Art. 31 ff, 38 ff Brüssel I-VO für Entscheidungen aus einem Mitgliedstaat in einem anderen

b) Art. 38 Brüssel I-VO erfordert jedoch Exequaturverfahren in Spanien (Art. 38 Abs. 1 Brüssel I-VO), wenn auch nicht kontradiktorisch Art. 41, 42 Abs. 1 Brüssel I-VO
– Also Antrag Art. 38 Abs. 1 Brüssel I-VO bei *Juzgado de Primera Instancia* Art. 39 Abs. 1 iVm Anhang II Brüssel I-VO in Spanien erforderlich
– Art. 53 Brüssel I-VO genannte Urkunden beizufügen, Art. 40 Abs. 3 Brüssel I-VO

2. EG-VollstreckungstitelVO

a) Anwendungsbereich
– Art. 5 EG-VollstrTitelVO: Bestätigung Art. 6, 9 EG-VollstrTitelVO führt zu Anerkennung und Vollstreckbarkeit in allen Mitgliedstaaten ohne Exequaturverfahren (+)
– Sachlicher Anwendungsbereich, Art. 2 Abs. 1 EG-VollstrTitelVO (+) keine Bereichsausnahmen, Art. 2 Abs. 2 EG-VollstrTitelVO (+) wie Brüssel I-VO
– Räumlicher Anwendungsbereich: Vollstreckung von Titel aus einem Mitgliedstaat in anderen Mitgliedstaaten, Art. 1, 2 Abs. 3 EG-VollstrTitelVO (+)

b) Zuständigkeit
– Antrag Art. 6 Abs. 1 EG-VollstrTitelVO
– Zuständig für Entgegennahme des Antrags ist Ursprungsgericht Art. 6 Abs. 1 Hs. 1 EG-VollstrTitelVO
– Sachliche und örtliche Zuständigkeit zur Erteilung der Bestätigung § 1079 ZPO; ebenfalls das Ursprungsgericht
– Funktionell zuständig nicht der Urkundsbeamte der Geschäftsstelle, § 724 Abs. 2 ZPO, sondern Rechtspfleger, § 20 Nr. 11 RPflG

c) Bestätigungsvoraussetzungen
– Bestätigungsvoraussetzungen nach Art. 6 EG-VollstrTitelVO
– Prüfung ohne Anhörung des Schuldners, § 1080 Abs. 1 S. 1 ZPO

– Art. 3 Abs. 1 EG-VollstrTitelVO unbe-
strittene Forderung
  – Aktiv unbestrittene Forderung,
  Art. 3 Abs. 1 lit. a oder d EG-VollstrTitelVO (–) kein Anerkenntnis,
  kein Vergleich, keine öffentliche Urkunde
  – Passiv unbestrittene Forderung,
  Art. 3 Abs. 1 lit. b, c EG-VollstrTitelVO (+) hier Art. 3 Abs. 1 lit. b
  EG-VollstrTitelVO, keine Anzeige
  der Verteidigungsbereitschaft
– Art. 6 Abs. 1 lit. a EG-VollstrTitelVO
Vollstreckbarkeit im Ursprungsmit-
gliedstaat Deutschland, Art. 4 Nr. 4
EG-VollstrTitelVO (+) vorläufige Voll-
streckbarkeit § 708 Nr. 2 ZPO
  – Formelle Rechtskraft nicht erforderlich, also § 338 ZPO nicht hinder-
  lich für Bestätigung
– Art. 6 Abs. 1 lit. b EG-VollstrTitelVO:
Kein Widerspruch zu Zuständigkeitsre-
geln in Kapitel II, Abschnitte 3 und 6
Brüssel I-VO (+) keine Versicherungs-
sache, Art. 22 Brüssel I-VO gewahrt
– Art. 6 Abs. 1 lit. c EG-VollstrTitelVO,
da es sich um eine passiv unbestrittene
Forderung iSd Art. 3 Abs. 1 lit. b (oder
c) EG-VollstrTitelVO handelt, also
„Mindestvorschriften" Kapitel III zu
prüfen (unten)
– Art. 6 Abs. 1 lit. d EG-VollstrTitelVO
  – Richard Rübenbauer Verbraucher
  iSd Art. 6 Abs. 1 lit. d Str. 2 EG-
  VollstrTitelVO
  – Nach Zweck keine Beschränkung
  auf Rechtsstreit mit Unternehmer
  – Forderung iSd Art. 3 Abs. 1 lit. b
  oder c EG-VollstrTitelVO (+)
  – Also Bestätigung nur, wenn Entscheidung aus Wohnsitzmitglied-
  staat des Verbrauchers (+) Wohnsitz
  nach Art. 59 Brüssel I-VO in
  Deutschland

d) Insbesondere: Mindestvoraussetzungen
an Zustellung und Unterrichtung
  – Zustellung des verfahrenseinleitenden
  Schriftstücks, hier Klage, § 253 ZPO
  – Maßstab Art. 13, 14 EG-VollstrTitel-
  VO
  – Art. 13 EG-VollstrTitelVO (–) Ersatz-
  zustellung § 178 Abs. 1 Nr. 1 ZPO
  ohne Bescheinigung des Adressaten
  selbst
  – Art. 14 Abs. 1 lit. a EG-VollstrTitelVO
    – Zustellung persönlich unter der
    Privatanschrift des Schuldners
    – In derselben Wohnung lebende Ehe-
    frau
  – Art. 14 Abs. 3 lit. a EG-VollstrTitel-
  VO (–) keine Zustellungsurkunde
  – Art. 14 Abs. 3 lit. b EG-VollstrTitel-
  VO (+) Rückschein von Ehefrau un-
  terzeichnet
  – Art. 19 Abs. 1 lit. a EG-VollstrTitelVO
  Überprüfung muss möglich sein (ggf
  §§ 233, 338, 339 ZPO), aber kein
  Bestätigungshindernis, sondern ggf
  Art. 6 Abs. 2 EG-VollstrTitelVO
  – Art. 16 EG-VollstrTitel VO materielle
  Unterrichtungsvoraussetzungen (+)
  wie § 253 Abs. 2 ZPO
  – Art. 17 lit. a EG-VollstrTitelVO for-
  melle Unterrichtungsvoraussetzungen
  (+) wie §§ 276 Abs. 1, 2 S. 1 ZPO
  – Art. 17 lit. b EG-VollstrTitelVO Belehr-
  rung über Konsequenzen des Nichtbe-
  streitens (+), wie § 276 Abs. 2 S. 2
  ZPO

e) Ausstellung der Bestätigung
  – Art. 9 Abs. 1 EG-VollstrTitelVO Formblatt im Anhang EG-VollstrTitelVO
  – Art. 9 Abs. 2 EG-VollstrTitelVO deutsche Sprache

Ergebnis: Kees van Marten kann mit Erfolg die
Bestätigung des Versäumnisurteils als Eu-Voll-
strTitel beantragen; die Vollstreckung aus dem
Eu-VollstrTitel bedarf in Spanien als Mitglied-
staat iSd EG-VollstrTitelVO keiner gerichtlichen
Exequaturentscheidung.

Lösung

Frage 1: Internationale Zuständigkeit des AG Wilhelmshaven (Zutreffen der Entscheidung)

1. Brüssel I-VO: Anwendbarkeit

939 Die Entscheidung des AG Wilhelmshaven war zutreffend, wenn es die Klage zu Recht wegen internationaler Unzuständigkeit abgewiesen hat. Dies beurteilt sich nach der **Brüssel I-VO**, deren sachlicher Anwendungsbereich eröffnet ist: Ausnahmen nach Art. 1 Abs. 2 Brüssel I-VO liegen nicht vor. Der Beklagte hat seinen Wohnsitz in Deutschland, einem Mitgliedstaat (Art. 3 Abs. 1 Brüssel I-VO, räumlich-persönlicher Anwendungsbereich).

2. Ausschließliche Zuständigkeit

940 **a)** Die Klage war mangels internationaler Zuständigkeit abzuweisen, wenn ein Gericht eines anderen Mitgliedstaates **ausschließlich zuständig** war (Art. 25 Brüssel I-VO) und das angerufene Gericht nicht ebenfalls ausschließlich zuständig war (Art. 29 Brüssel I-VO).

941 **b)** In Frage kommt hier nur eine ausschließliche Zuständigkeit der spanischen Gerichte nach **Art. 22 Nr. 1 Brüssel I-VO**.

942 **c)** Ein Anspruch aus **Miete oder Pacht** ist nicht betroffen, da Ansprüche wegen Nutzung nach unwirksamer Übereignung gerade kein vertragliches Verhältnis zum Gegenstand haben, kraft dessen der Beklagte die unbewegliche Sache nutzt. Das gilt auch, wenn in der maßgeblichen Rechtsordnung die Nutzungsentschädigung der Höhe nach an mietrechtlichen Maßstäben orientiert sein sollte.[4]

943 **d)** Ob ein **dingliches Recht an einer unbeweglichen Sache** Gegenstand der Klage ist, ist autonom zu bestimmen, also nicht dem Recht des jeweiligen Belegenheitsstaates überlassen.[5] Dingliche Rechte sind als Rechte, die gegen jedermann wirken, abzugrenzen gegen persönliche Rechte, die nur gegen den Schuldner geltend gemacht werden können. Sie sind nur dann Gegenstand der Klage, wenn ihr Bestand und ihre Reichweite als solche im Streit sind. In diesem Sinn hätte eine Klage, die lediglich auf Nutzungsentschädigung wegen unberechtigtem Besitz gerichtet ist, kein dingliches Recht zum Gegenstand,[6] selbst wenn der Anspruch voraussetzt, dass der Kläger der Eigentümer ist (zB EBV-Ansprüche).

944 **e)** Fraglich ist jedoch, ob es auch dann nicht um ein dingliches Recht geht, wenn zwischen den Parteien inzident auch die **Wirksamkeit der Übereignung** und damit das Eigentum des Beklagten streitig ist. In dem vom EuGH[7] entschiedenen Fall *Lieber/Göbel* war die Nichtigkeit der Übereignung bereits festgestellt und nicht Gegenstand

---

4 EuGH Rs. C-292/93 (*Lieber/Göbel*) IPRax 1995, 99.
5 EuGH Rs. 115/88 (*Reichert/Dresdner Bank*) IPRax 1991, 45; OLG Schleswig OLGR 2003, 471.
6 EuGH Rs. C-292/93 (*Lieber/Göbel*) IPRax 1995, 99.
7 EuGH, vorige Fn.

des Verfahrens um die Nutzungsentschädigung. Berücksichtigt man den vom deutschen Begriff verschiedenen Streitgegenstandsbegriff der Brüssel I-VO (vgl Art. 27 Brüssel I-VO), so ist hingegen das Eigentum bereits Gegenstand der Klage, wenn darüber *vorgreiflich* zu entscheiden ist. Zwar hat der EuGH[8] in einer späteren Entscheidung Fälle aus dem Anwendungsbereich des Art. 22 Nr. 1 Brüssel I-VO ausgenommen, bei denen nur „inzident" das Eigentum betroffen ist. Es handelte sich hier jedoch jeweils um Abwehr- bzw Schadensersatzansprüche wegen Eigentumsverletzung, bei denen das Eigentum an den geschädigten Grundstück unstreitig war. Beruht hingegen der Anspruch im Sinn eines Eigentümer-Besitzer-Verhältnisses gerade auf der Frage, wem das Eigentum zusteht, so ist das Eigentum nicht nur inzident betroffen, sondern Gegenstand des Rechtsstreits.

Ergebnis: Das AG Wilhelmshaven war international unzuständig und hat die Klage zu Recht abgewiesen.   945

Frage 2: Eigentumserwerb durch Richard Rübenbauer

1. Sachenrechtsstatut

Für Rechte an einer Sache verweist Art. 43 Abs. 1 EGBGB auf das Belegenheitsrecht, also auf spanisches Recht. Es liegt eine Gesamtverweisung vor (Art. 4 Abs. 1 EGBGB), die das spanische IPR in Art. 10 Abs. 1 cc (MAT a) für unbewegliche Sachen annimmt.   946

2. Materielles spanisches Recht

a) Als Eigentumserwerbstatbestand kommt hier Art. 609 Abs. 2 cc (MAT e) in Betracht, wonach das Eigentum als Folge bestimmter Verträge durch Übergabe übergeht. Das spanische Recht folgt also ersichtlich nicht dem Trennungsprinzip (und damit zwangsläufig nicht dem Abstraktionsprinzip). Es lässt aber auch nicht durch den schuldrechtlichen Vertrag als solchen das Eigentum übergehen, sondern verlangt neben dem Vertrag als **Titel** des Eigentumserwerbs die Übergabe als dessen **Modus**.   947

b) Vertrag iSd Art. 609 Abs. 2 cc kann insbesondere ein wirksamer Kaufvertrag sein. Ob der Kaufvertrag vom 15. 1. 2007 wirksam ist, ist eine **Vorfrage** im Tatbestand der spanischen Sachenrechtsnorm, die gesondert abzuhandeln ist und nicht ohne weiteres dem spanischen Recht untersteht (Rn 951 ff).   948

c) Erforderlich wäre außerdem eine **Übergabe** (*tradición*, „Traditionsprinzip"). Diese Übergabe könnte nach Art. 1462 Abs. 2 cc (MAT g) durch die Errichtung der *escritura pública* ersetzt worden sein. Dies ist geschehen, denn die Kaufvertragsparteien haben die *escritura* errichtet.   949

d) Hingegen ist eine Eintragung im *Registro de la Propiedad* für den Erwerbsvorgang ohne konstitutive Bedeutung. Das Register entspricht funktionell nicht dem   950

---

8 EuGH Rs. C-343/04 (*Land Oberösterreich/CEZ*) IPRax 2006, 591; ebenso BGH 18. 7. 2008 (V ZR 11/08).

deutschen Grundbuch, sondern hat vor allem die Aufgabe, den Erwerber gegen einen Dritterwerb bei Doppelveräußerung zu schützen.

Damit hängt ein wirksamer Miteigentumserwerb des Richard Rübenbauer nur von der Wirksamkeit des Kaufvertrages ab.

3. Vorfrage: Wirksamer Kaufvertrag

951 **a)** Vorfragen sind grundsätzlich **selbstständig**, also nach deutschem IPR anzuknüpfen. Das ist in Fällen, in denen die Wirksamkeit eines schuldrechtlichen Geschäfts zu prüfen ist, das nach dem maßgeblichen Sachenrechtsstatut kausal den Eigentumserwerb vermittelt, nicht unzweifelhaft. Ähnlich wie für Vorfragen im Namens- und Staatsangehörigkeitsrecht ließe sich durchaus vertreten, die schuldrechtliche Vorfrage wegen der engen Verbindung zum Immobiliarsachenrecht bei Grundstücken unselbstständig anzuknüpfen. Es entstehen durchaus Spannungen, wenn aus deutscher Sicht das Eigentum an einem spanischen Grundstück letztlich anders beurteilt würde als nach dem spanischen Belegenheitsrecht. Bedeutung hat dies angesichts der Vereinheitlichung des schuldvertraglichen IPR in der EG (vgl MAT c) nur noch für das Formstatut.[9] Die hM[10] geht insgesamt vom Grundsatz der selbstständigen Anknüpfung aus.

952 **b)** Da lediglich die Formwirksamkeit fraglich ist, ist also das **Formstatut** zu bestimmen.

953 **aa)** Nach hM ist **Art. 11 Abs. 5 EGBGB** nur auf Rechtsgeschäfte anzuwenden, die rein sachenrechtlicher Natur sind, also unmittelbar ein Recht an einem Grundstück begründen oder eine Verfügung über ein Grundstücksrecht bewirken. Hingegen gelten für schuldrechtliche Verträge die beiden Alternativen des Art. 11 Abs. 1 EGBGB, auch wenn der Vertrag kausal für eine Verfügung ist, selbst wenn er diese unmittelbar bewirkt (wie zB im italienischen Recht).

954 **bb) Ortsformstatut** (Art. 11 Abs. 1 Alt. 2 EGBGB) ist deutsches Recht.

955 **cc)** Das **Geschäftsstatut** (Art. 11 Abs. 1 Alt. 1 EGBGB) bestimmt sich nach Art. 27 ff EGBGB. Der zeitliche Geltungsbereich der Rom I-VO ist für den vor dem 17. 12. 2009 geschlossenen Vertrag (Art. 28, 29 Rom I-VO) nicht eröffnet.

An der Wirksamkeit der Rechtswahl (Art. 27 Abs. 1 S. 1 EGBGB) zu deutschem Recht im Vertrag vom 15. 1. 2007 besteht kein Zweifel. Insbesondere greift Art. 28 Abs. 3 EGBGB lediglich bei Fehlen einer Rechtswahl in die Bestimmung des Statuts für Immobiliarkaufverträge ein und ist im Gegensatz zu Art. 43 Abs. 1, 11 Abs. 2 EGBGB nicht etwa unabdingbar.

956 **dd)** Die nachfolgende Errichtung einer *escritura pública* könnte dazu Anlass geben, eine einverständliche **Änderung des Vertragsstatuts** anzunehmen; hierzu bedarf es der Feststellung von Umständen, aus denen sich mit hinreichender Sicherheit ein ent-

---

9 Insoweit für Anknüpfung an das Belegenheitsrecht *Soergel/Kegel*[12] Art. 11 EGBGB Rn 16 (über Art. 11 Abs. 5 EGBGB).

10 *Palandt/Heldrich*[67] Art. 43 EGBGB Rn 4; *Staudinger/Stoll* (1996) Internationales Sachenrecht Rn 222.

sprechender Parteiwille ergibt.[11] Die Errichtung eines Kaufvertrages in der Sprache des Belegenheitsstaates ist im allgemeinen ein starkes Indiz für die stillschweigende Wahl des dortigen Rechts.[12] Hier ist jedoch die *escritura* ersichtlich nicht als der originäre Kaufvertrag gewollt; ihre Errichtung erfolgt vielmehr aufgrund der „Üblichkeit" im spanischen Grundstücksverkehr, die darauf beruht, dass die *escritura* Übergabesurrogat und Eintragungsgrundlage ist und die Eintragung wiederum zum Schutz des Eigentums gegen Dritte anzustreben ist. Im zutreffenden Verständnis der Parteien hat die *escritura* also keine zusätzliche schuldrechtliche Bedeutung, sondern ist der *lex rei sitae* geschuldet.

ee) Zu erwägen ist allenfalls eine **partielle Rechtswahl** (Art. 27 Abs. 1 S. 3 EGBGB)   **957** zu spanischem Recht hinsichtlich der Form des Kaufvertrages.[13] Eine solche Rechtswahl müsste sich jedoch wiederum mit hinreichender Sicherheit aus dem Vertrag ergeben (Art. 27 Abs. 1 S. 2 EGBGB). Angesichts der uneingeschränkten und ausdrücklichen Rechtswahl zu deutschem Recht kann eine Teilrechtswahl nicht schon daraus hergeleitet werden, dass die Parteien sich der privatschriftlichen Form bedient haben, die nach spanischem Recht genügen würde (beachte Art. 1278, 1279 cc, MAT f): Der privatschriftliche Vertrag begründet einen Anspruch auf Errichtung der *escritura pública*).

Es bedarf also jedenfalls der Wahrung der deutschen Form.

[Hier käme man zu einem anderen Ergebnis, wenn man spanisches Recht direkt über Art. 11 Abs. 5 EGBGB anwendet oder unselbstständig anknüpft, denn Art. 11 Abs. 1 Alt. 3 cc (MAT b) lässt die Belegenheitsform bei Immobiliengeschäften immer genügen.]

4. Wahrung der Form nach deutschem Recht

a) Intertemporal ist auf den nach dem 1.1.2002 geschlossenen Vertrag § 311b   **958** Abs. 1 BGB nF anzuwenden.

b) § 311b Abs. 1 BGB ist auch auf Grundstückskaufverträge anzuwenden, die ein im   **959** **Ausland belegenes Grundstück** betreffen, soweit deutsches Recht Formstatut ist. Mangels notarieller Beurkundung wäre der Vertrag also nichtig.

c) Eine **Substitution** für die erforderliche notarielle Beurkundung anlässlich der Errichtung der *escritura pública* ist nicht zu erwägen: Sofern der am 15.1.2007 geschlossene Vertrag sich als endgültig nichtig erwiese, wäre zwar ein wirksamer Neuabschluss am 3.8.2007 zu prüfen. Da dieser jedoch in Spanien erfolgte, wäre nicht mehr ausschließlich deutsches Recht Formstatut, so dass ein Abschluss in spanischer Ortsform möglich wäre, es also keiner Substitution des spanischen Notars zur Wahrung der deutschen Geschäftsform bedürfte.   **960**

Eine Substitution würde im Übrigen unabhängig von der Qualität des spanischen Notars und des spanischen Beurkundungsverfahrens daran scheitern, dass der gewollte

---

11 BGH RIW 2004, 857.
12 BGH NJW 1998, 1321.
13 Zur Zulässigkeit OLG Hamm NJW-RR 1996, 1145.

Vertrag ausweislich der privatschriftlichen Urkunde vom 15. 1. 2007 weitere Nebenbestimmungen enthält, die in Spanien nicht mitbeurkundet wurden, so dass inhaltlich
der von § 311b Abs. 1 S. 1 BGB geforderten Beurkundung nicht genügt wäre (§ 139
BGB).

961   **d)** Wegen des unterschiedlichen Inhalts kann auch nicht offen bleiben, ob Titel des Eigentumsübergangs der Vertrag vom 15. 1. 2007 ist oder ein eventuell am 3. 8. 2007
neu geschlossener Vertrag. Es ist daher zu prüfen, ob eine **Heilung** nach § 311b
Abs. 1 S. 2 BGB eingetreten ist.

962   **aa)** Würde man hierzu auf den **Wortlaut des Art. 311b Abs. 1 S. 2 BGB** abstellen, so
wäre eine Heilung ausgeschlossen, wenn der Kaufvertrag ein ausländisches Grundstück betrifft und im Belegenheitsstaat keine Auflassung erforderlich ist und/oder ein
dem deutschen Grundbuch vergleichbares Grundstücksregister nicht existiert. Dies
ist abzulehnen, denn der Zweck des § 311b Abs. 1 S. 2 BGB darf nicht nur unter den
sachenrechtlichen Formalien des deutschen Rechts durchzusetzen sein, sondern muss
auch eingreifen, wenn § 311b Abs. 1 S. 1 BGB auf einen Kaufvertrag über ein ausländisches Grundstück anzuwenden ist. Maßgeblich ist nicht *wie*, sondern *dass* der ursprünglich formnichtige Kaufvertrag vollzogen wurde.[14]

963   **bb)** Es ließe sich erwägen, bei Fehlen des Erfordernisses eines dinglichen Verfü-
gungsgeschäfts lediglich auf die **Registereintragung** abzustellen, sofern diese im
Belegenheitsstaat vorgesehen ist. Auch dies würde dem Zweck der Heilungsbestim-
mung jedoch nicht gerecht. Das würde nämlich ein Verständnis der Registereintragung als „Grundbucheintragung (nach spanischem Recht)" implizieren, das als solches verfehlt ist, weil die Registereintragung gerade nicht funktionell einer Grundbucheintragung entspricht, denn sie ist für den Eigentumserwerb nicht konstitutiv
(MAT d). Die Drittwirkung der Eintragung ist aber für Zwecke der Heilung ohne
Bedeutung, weil sie den Vollzug des Kaufvertrages *inter partes* nicht berührt.[15]

964   **cc)** Maßgeblich kann daher nach dem Zweck des § 311b Abs. 1 S. 2 BGB nur sein, ob
der formnichtige Kaufvertrag **nach dem maßgeblichen Sachenrecht vollzogen** ist.
Das ist im spanischen Recht bereits der Fall, wenn die Übergabe oder ein Übergabe-
surrogat stattgefunden hat. Entscheidend für die Wahrung des Zwecks des § 311b
Abs. 1 S. 2 BGB ist es, dass das Interesse an der Formwahrung, insbesondere die
Warnfunktion, hinter dem Bestandsinteresse zurücktritt, sobald der Vertrag seitens
des Verkäufers erfüllt ist. Das liegt hier vor, weil die *escritura pública* errichtet wurde
(Rn 956 f).[16]

965   **Ergebnis:** Richard Rübenbauer ist durch Übergabe aufgrund wirksamem, hinsichtlich der Form geheiltem Kaufvertrag Miteigentümer geworden.

---

14 BGHZ 73, 391, 396.
15 BGHZ 73, 391, 396.
16 BGHZ 73, 391, 396.

Frage 3: Internationale Zuständigkeit des AG Wilhelmshaven für die neue Klage

Fraglich ist wieder (vgl Rn 940), ob die Klage wegen ausschließlich internationaler Zuständigkeit der spanischen Gerichte abzuweisen ist. Ob **Art. 22 Nr. 1 Brüssel I-VO** eingreift, hängt von der Natur des geltend gemachten Anspruchs ab. Die Klage könnte auf Ansprüche aus dem **Miteigentümerverhältnis** oder auf **GoA** gestützt werden. 966

1. GoA

Bei **GoA wegen Rettung einer Sache** handelt es sich zwar um einen Anspruch, der sich gegen den Eigentümer richtet. Im Streit ist jedoch nicht der Umfang oder Bestand eines Rechts an der Immobilie, das sich gegen jedermann richtet, sondern die aus Anlass der Rettung der Sache entstandene schuldrechtliche Beziehung zwischen dem Eigentümer und einem Dritten. Art. 22 Nr. 1 Brüssel I-VO ist daher nicht anzuwenden. 967

2. Miteigentum

Klagen aus dem Miteigentümerverhältnis können den Bestand eines dinglichen Rechts zum Gegenstand haben, insbesondere dann, wenn das Recht zum Besitz oder der Bestand des Miteigentums in Frage steht. Die Miteigentumsgemeinschaft, selbst eine Wohnungseigentumsgemeinschaft, ist jedoch nicht als solche der ausschließlichen Zuständigkeit des Art. 22 Nr. 1 Brüssel I-VO unterworfen.[17] Hier zu erwägende Ansprüche wegen Tragung der Kosten und Lasten der gemeinsamen Sache beruhen auf der Miteigentümerstellung, berühren diese aber nicht in ihrem Bestand; insbesondere streiten die Parteien nicht darum, ob Miteigentum besteht, sondern nur um sich daraus ergebende Ansprüche. Art. 22 Nr. 1 Brüssel I-VO greift auch insoweit nicht ein.[18] 968

3. Allgemeiner Gerichtsstand

Die Internationale Zuständigkeit des AG Wilhelmshaven ist deshalb nach den allgemeinen Bestimmungen der Brüssel I-VO zu beurteilen und ergibt sich hier aus Art. 2 Brüssel I-VO, da der Beklagte Wohnsitz (Art. 59 Abs. 1 Brüssel I-VO, § 7 BGB) in Deutschland hat. 969

Ergebnis: Das AG Wilhelmshaven ist international zuständig; insbesondere besteht keine ausschließliche Zuständigkeit spanischer Gerichte. 970

---

17 Aus praktischer Sicht fordern deshalb *Geimer/Schütze*[2] EuZVR Art. 16 Rn 96 für die WEG eine erweiternde Auslegung.
18 Ebenso BGH NJW 2008, 3502 zu Ansprüchen wegen Verletzung von Miteigentum.

Frage 4: Anknüpfung

1. Ansprüche aus der Miteigentümergemeinschaft

971 **a)** Das Verhältnis zwischen den Miteigentümern eines Grundstücks ist nur insoweit sachenrechtlich zu **qualifizieren**, als es das sachenrechtliche Gemeinschaftsverhältnis, insbesondere die Art der dinglichen Mitberechtigung (Gesamthand, Bruchteilseigentum, Wohnungseigentum), betrifft.

972 **b)** Daneben besteht zwischen Miteigentümern, vor allem zwischen Miteigentümern nach Bruchteilen, ein **gesetzliches Schuldverhältnis** (vgl §§ 741 ff BGB), für das ein Schuldstatut zu bestimmen ist. Da dieses gesetzliche Schuldverhältnis aus dem sachenrechtlichen Gemeinschaftsverhältnis resultiert und zunächst der Konkretisierung des dinglichen Verhältnisses dient, wird es nach allgemeiner Ansicht an das Recht des Lageortes angeknüpft.[19] Danach wäre hier spanisches Recht maßgeblich.

973 **c)** Da andererseits das gesetzliche Schuldverhältnis nur Auffangfunktion hat und regelmäßig jenseits der dinglich zwingenden Bestimmungen eine privatautonome Gestaltung zwischen den Miteigentümern über Nutzungen, Lasten und Kosten zulässig und üblich ist, liegt es nahe, für das auf sachenrechtlicher Grundlage bestehende gesetzliche Schuldverhältnis eine **Rechtswahl** entsprechend Art. 27 EGBGB zuzulassen, obgleich Art. 27 EGBGB unmittelbar nur für vertragliche Schuldverhältnisse gilt. Art. 42 EGBGB spricht nicht gegen die Zulassung einer Rechtswahl für ein *bereits konkretisiertes* gesetzliches Schuldverhältnis, wobei ohnehin die Bestimmung auf die in Art. 38 ff EGBGB geregelten außervertraglichen Schuldverhältnisse bezogen ist und auf sachenrechtlicher Grundlage entstehende Schuldverhältnisse nicht unmittelbar betrifft. Der BGH folgt zutreffend der Ansicht, die eine Rechtswahl analog Art. 27 ff EGBGB zulässt, wenn das Recht des Lageortes Parteiautonomie und damit Rechtswahl gestattet.[20]

974 Für das spanische Belegenheitsrecht kann von der Zulässigkeit einer solchen Rechtswahl ausgegangen werden, wenn man diese aus einer analogen Anwendung des Art. 27 EGBGB, der dem in Spanien unmittelbar geltenden (MAT c) Art. 3 EVÜ entspricht, herleitet.

975 In dem Vertrag vom 15. 1. 2007 haben die Parteien ausdrücklich die aufgrund des Vertrages entstehenden Rechtsbeziehungen deutschem Recht unterstellt. Das ist dahingehend auszulegen, dass auch, soweit zulässig, die wechselseitigen schuldrechtlichen Beziehungen als Miteigentümer der Finca deutschem Recht unterliegen sollen.

2. Ansprüche aus GoA

976 **a)** Der zeitliche Anwendungsbereich der Rom II-VO ist nicht eröffnet, da die fragliche Maßnahme zur Stützung des Grundstücks im September 2008, also vor dem Stichtag 11. 1. 2009 (Art. 31, 32 Rom II-VO) erfolgt.

---

19 BGH NJW 1998, 1321, 1322; *Staudinger/Stoll* (1996) Internationales Sachenrecht Rn 163.
20 BGH NJW 1998, 1321, 1322.

b) Anzuküpfen ist also nach dem EGBGB. Ansprüche aus GoA unterliegen nach **Art. 39 Abs. 1 EGBGB** dem Recht des Staates, in dem das Geschäft vorgenommen wurde.   977

Jedoch gilt auch für die Anknüpfung der GoA die **Ausweichklausel** des Art. 41 EGBGB. Eine Fremdgeschäftsführung, die durch ein zwischen den Parteien bestehendes Rechtsverhältnis veranlasst oder ausgelöst wurde, hängt in ihren Voraussetzungen (Fremdheit des Geschäfts, Bestehen von Rechten und Pflichten, Fehlen vorrangiger vertraglicher Ausgleichsansprüche) eng mit diesem Rechtsverhältnis zusammen, so dass auf sie das dieses Rechtsverhältnis beherrschende Recht anzuwenden ist (Art. 41 Abs. 2 Nr. 1 EGBGB).[21] Die GoA innerhalb einer Miteigentümergemeinschaft ist daher grundsätzlich nach deren Statut anzuknüpfen, unterliegt hier also ebenfalls deutschem Recht.[22]   978

c) Eine **Rechtswahl** wäre insoweit gemäß Art. 42 EGBGB nur nach Entstehung des GoA-Verhältnisses, also *nach* Vornahme der Geschäftsführung möglich. Die Rechtswahl im Vertrag vom 15. 1. 2007 griffe hier nicht ein. Hier zeigt sich, dass nur die Zulassung der Rechtswahl für die Miteigentümergemeinschaft (Rn 971) dem berechtigten Interesse der Beteiligten Geltung verschafft, ihre künftigen Rechtsbeziehungen auch in Ansehung gesetzlicher Ansprüche einer einheitlichen Rechtsordnung zu unterstellen und zugleich Spannungen zwischen dem Statut der Miteigentümergemeinschaft und dem der GoA vermeidet: Zwar ließe sich ggf die GoA über Art. 41 Abs. 2 Nr. 1 EGBGB schon an den zugrundeliegenden schuldrechtlichen Vertrag anknüpfen. Dies würde aber ohne Zulassung der Rechtswahl für die Miteigentümergemeinschaft zu Spannungen mit diesem führen.   979

Ergebnis: Ansprüche aus Miteigentum unterstehen kraft Rechtswahl deutschem Recht. Die GoA innerhalb der Miteigentümergemeinschaft folgt dieser Anknüpfung.   980

Frage 5: Änderungen bei Vertragsschluss am 15.1.2010

1. Rom I-VO: Anwendbarkeit

Bei Vertragsschluss am 15.1.2010 könnte die **Rom I-VO** auf die schuldvertraglichen Fragen anwendbar sein.   981

a) Der **zeitliche Anwendungsbereich** der Rom I-VO ist eröffnet. Die Rom I-VO ist anzuwenden auf nach dem 17. 12. 2009 geschlossene Verträge (Art. 28 Rom I-VO).   982

b) **Sachlich** fällt ein Grundstückskaufvertrag als vertragliches Schuldverhältnis (Art. 1 Abs. 1 Rom I-VO) in den Anwendungsbereich, sofern er Bezug zu verschiedenen Staaten hat, was angesichts des Vertragsschlusses zwischen Parteien mit Wohnsitz bzw gewöhnlichem Aufenthalt in verschiedenen Staaten über ein Grundstück in   983

---

21 BGH NJW 1998, 1321, 1322.
22 Art. 10 Abs. 9 cc wäre selbst dann ohne Bedeutung, wenn man die Rechtswahl beim Statut der Miteigentümergemeinschaft nicht zuließe, denn eine Anknüpfung nach Art. 41 Abs. 2 Nr. 1 EGBGB ist als akzessorische Anknüpfung keine Gesamtverweisung.

einem dritten Staat zu bejahen ist. Eine Bereichsausnahme nach Art. 1 Abs. 2 Rom I-VO ist nicht einschlägig.

984   **c)** Als *loi uniforme* findet die Rom I-VO vor den Gerichten aller Mitgliedstaaten unbeschadet des berufenen Rechts Anwendung (Art. 2 Rom I-VO). Insbesondere gilt die Rom I-VO auch aus spanischer Sicht und ersetzt dort das vorher unmittelbar anwendbare EVÜ.

2. Rom I-VO: Formstatut

985   Das **Formstatut** des Kaufvertrages (Rn 952) bestimmt sich (wie zu Art. 11 Abs. 5 EGBGB, Rn 953) nicht nach Art. 11 Abs. 5 Rom I-VO; es genügt nach Art. 11 Abs. 1 Rom I-VO wahlweise die Orts- oder Geschäftsform. Das Geschäftsstatut für Grundstückskaufverträge ist auch nach Art. 4 Abs. 1 lit. c Rom I-VO nicht unabdingbar auf die *lex situs* festgelegt. Die damit zulässige Wahl des Geschäftsstatuts bedarf zwar auch nach Art. 3 Abs. 1 Rom I-VO nicht der Ausdrücklichkeit, muss sich jedoch eindeutig aus dem Vertrag ergeben, so dass erst recht (vgl Rn 956) eine Änderung der zunächst ausdrücklich getroffenen Rechtswahl zu deutschem Recht (Rn 955) nicht gegeben ist. Eine partielle Rechtswahl, auch des Formstatuts (Rn 957), bleibt nach Art. 3 Abs. 1 S. 2 Rom I-VO möglich, ist aber weiterhin nicht gegeben. Es bleibt somit bei deutschem Recht als Geschäfts- und Ortsformstatut.

3. Rom I-VO und Miteigentümer-Schuldverhältnis

986   Für das aus dem Miteigentum entstehende Schuldverhältnis (Rn 966) ist fraglich, ob insoweit die Rom II-VO eingreift.

987   **a)** Der **zeitliche** Anwendungsbereich ist eröffnet, da das Miteigentum nach dem 11. 1. 2009 (Art. 31, 32 Rom II-VO) begründet wurde.

988   **b)** Fraglich ist der **sachliche Anwendungsbereich**. Bei dem aus dem Miteigentum entstehenden Schuldverhältnis handelt es sich zwar um ein gesetzliches Schuldverhältnis im Sinn deutschen Rechts. Jedoch ist der Begriff der außervertraglichen Schuldverhältnisse in Art. 1 Abs. 1 Rom II-VO autonom zu verstehen (Erwägungsgrund Nr. 11 Rom II-VO). Die gesetzliche Ausgestaltung einer schuldvertraglich begründeten Miteigentümergemeinschaft dürfte danach nicht als außervertraglich zu verstehen sein. Hierfür spricht insbesondere, dass in Art. 1 Abs. 2 Rom II-VO außervertragliche Schuldverhältnisse ausgenommen wurden, die sich aus Materien ergeben, die engen Bezug zu nicht von der Verordnung erfassten Rechtsgebieten haben, wie das Ehegüterrecht und das Erbrecht. Dass die Verordnung auch das Sachenrecht nicht erfasst, sachenrechtliche Schuldverhältnisse aber nicht in Art. 1 Abs. 2 Rom II-VO genannt sind, dürfte sich damit erklären, dass man solche Schuldverhältnisse bereits nicht als außervertraglich iSd Art.1 Abs. 1 Rom I-VO ansah.

989   **c)** Damit ist grundsätzlich die *lex rei sitae* berufen, jedoch, wie zu Art. 27 EGBGB (Rn 972 ff) auch unter Art. 3 Abs. 1 Rom I-VO eine Rechtswahl zuzulassen.

4. Rom II-VO: GoA

Ansprüche aus GoA könnten nach der Rom II-VO anzuknüpfen sein, die zeitlich An- **990**
wendung findet (Rn 987).

a) Auch der **sachliche Anwendungsbereich** ist eröffnet, da GoA ausdrücklich in **991**
Art. 11 Rom II-VO geregelt ist, vorliegend ein Bezug zu mehreren Staaten vorliegt
(Art. 1 Abs. 1 Rom II-VO) und eine Bereichsausnahme (Art. 1 Abs. 2 Rom II-VO)
nicht gegeben ist.

b) Räumlich ist die Rom II-VO als *loi uniforme* anzuwenden (Art. 3 Rom II-VO). **992**

c) Die **Anknüpfung** der GoA bestimmt sich in Art. 11 Abs. 1 Rom II-VO vorrangig **993**
nach dem Statut eines zwischen den Parteien bestehenden Rechtsverhältnisses. Damit
ist aus denselben Erwägungen, aus denen im Ausgangsfall die Ausweichklausel des
Art. 41 EGBGB angewendet wurde (Rn 978) hier eine enge Verbindung mit der Miteigentümergemeinschaft gegeben und an deren gewähltes Statut anzuknüpfen. Eine
Rechtswahl ist hingegen auch nach Art. 14 Abs. 1 S. 1 lit. a Rom II-VO nur nachträglich möglich. Eine kommerzielle Tätigkeit iSd Art. 14 Abs. 1 S. 1 lit. b Rom II-VO
liegt nicht vor, wenn alle Beteiligten außerhalb ihrer beruflichen oder gewerblichen
Tätigkeit handeln.

Ergebnis: Bei Vertragsschluss am 15.1.2010 ist die Rom I-VO anwendbar. Im Ergeb- **994**
nis bleibt es jedoch bei deutschem Recht als Geschäfts- und Ortsformstatut. Für das
aus dem Miteigentum entstehende Schuldverhältnis ergeben sich keine Änderungen,
da die Rom II-VO hierauf sachlich nicht anwendbar ist. Ansprüche aus GoA unterliegen hingegen der Rom II-VO, doch führt dies im Ergebnis nicht zu Abweichungen
vom Ausgangsfall.

Frage 6: Vollstreckung in Spanien

1. Brüssel I-VO

a) In Betracht kommt für die Vollstreckung eines deutschen Titels das Verfahren nach **995**
Art. 38 ff Brüssel I-VO. Deren **sachlicher Anwendungsbereich** ist bei dem Urteil in
einer Zivilsache gegeben (Art. 1 Abs. 1 Brüssel I-VO), auch eine Bereichsausnahme
liegt nicht vor (Art. 1 Abs. 2 Brüssel I-VO). **Räumlich** gelten die Art. 31 ff, 38 ff
Brüssel I-VO für die Anerkennung und Vollstreckung von Entscheidungen aus einem
Mitgliedstaat in einem anderen; der Wohnsitz des Beklagten (vgl Art. 3 Abs.1 Brüssel
I-VO) spielt keine Rolle.

b) Das Verfahren nach Art. 38 Brüssel I-VO ist jedoch ein klassisches **Exequaturver-** **996**
fahren, bei dem der deutsche Titel in Spanien erst durch eine Vollstreckbarerklärung,
die auf Antrag erfolgt (Art. 38 Abs. 1 Brüssel I-VO), vollstreckbar wird; auch wenn
das Verfahren seit Inkrafttreten der Brüssel I-VO in erster Instanz nicht mehr kontradiktorisch stattfindet (Art. 41 Brüssel I-VO) und der Schuldner erst nach Vollstreckbarerklärung hiervon erfährt (Art. 42 Abs. 1 Brüssel I-VO).

997 Kees van Marten müsste also einen **Antrag** nach Art. 38 Abs. 1 Brüssel I-VO bei dem *Juzgado de Primera Instancia* (Art. 39 Abs. 1 iVm Anhang II Brüssel I-VO) am Wohnsitz des Schuldners in Spanien oder am Vollstreckungsort (Art. 39 Abs. 2 Brüssel I-VO) stellen und die in Art. 53 Brüssel I-VO genannten **Urkunden** beifügen (Art. 40 Abs. 3 Brüssel I-VO). Damit kommt dieses Verfahren für den Wunsch, einen Titel ohne Befassung spanischer Gerichte zu erlangen, nicht in Betracht.

2. EG-VollstrTitelVO

a) Anwendungsbereich

998 **aa)** In Betracht kommt jedoch ein Antrag auf **Bestätigung als Europäischer Vollstreckungstitel** (Eu-VollstrTitel) gemäß Art. 6 Abs. 1 Hs. 1 EG-VollstrTitelVO (VO [EG] Nr. 805/2004). Eine solche Bestätigung würde zu Anerkennung und Vollstreckbarkeit in allen anderen Mitgliedstaaten ohne weiteres Exequaturverfahren und ohne Anfechtbarkeit im Vollstreckungsmitgliedstaat führen (Art. 5 EG-VollstrTitelVO).

999 **bb)** Der **sachliche Anwendungsbereich** (Art. 2 Abs. 1 EG-VollstrTitelVO) einschließlich des Katalogs der Bereichsausnahmen (Art. 2 Abs. 2 EG-VollstrTitelVO) entspricht dem der Brüssel I-VO, ist also eröffnet.

1000 **cc) Räumlich** gilt die EG-VollstrTitelVO für die Vollstreckung von Titeln aus einem Mitgliedstaat in anderen Mitgliedstaaten (Art. 1, 2 Abs. 3 EG-VollstrTitelVO), wobei es für Dänemark insoweit keine Anwendungsregelung gibt.

b) Zuständigkeit

1001 Die Bestätigung erfolgt auf **Antrag** (Art. 6 Abs. 1 EG-VollstrTitelVO). Zuständig für die Entgegennahme des Antrags ist das Gericht, das das Urteil erlassen hat (Art. 6 Abs. 1 Hs. 1 EG-VollstrTitelVO). Sachliche und örtliche Zuständigkeit zur Erteilung der Bestätigung ergeben sich aus § 1079 ZPO; zuständig ist danach ebenfalls das Ursprungsgericht; funktionell zuständig ist jedoch nicht der Urkundsbeamte der Geschäftsstelle (§ 724 Abs. 2 ZPO), sondern der Rechtspfleger (§ 20 Nr. 11 RPflG).

c) Bestätigungsvoraussetzungen

1002 **aa)** Die Bestätigung wird dem Antragsteller erteilt werden, wenn die Bestätigungsvoraussetzungen nach Art. 6 EG-VollstrTitelVO vorliegen. Das zuständige Gericht prüft diese Voraussetzungen ohne Anhörung des Schuldners (§ 1080 Abs. 1 S. 1 ZPO).

1003 **bb)** Zunächst müsste es sich um eine Entscheidung über eine **unbestrittene Forderung** iSd Art. 3 Abs. 1 EG-VollstrTitelVO handeln. Andere Titel können nicht im Verfahren nach Art. 6 ff EG-VollstrTitelVO bestätigt werden; Art. 6 Abs. 1 lit. c EG-VollstrTitelVO stellt lediglich für besondere Kategorien der unbestrittenen Forderung zusätzliche Bedingungen auf.

1004 Eine **aktiv unbestrittene** Forderung iSd Art. 3 Abs. 1 lit. a oder d EG-VollstrTitelVO liegt nicht vor. Dazu müsste Richard Rübenbauer die Forderung ausdrücklich im gerichtlichen Verfahren anerkannt, an einem Vergleich mitgewirkt oder die Forderung in öffentlicher Urkunde anerkannt haben.

Es könnte jedoch eine **passiv unbestrittene Forderung** nach Art. 3 Abs. 1 lit. b, c **1005**
EG-VollstrTitelVO vorliegen. Art. 3 Abs. 1 lit. b EG-VollstrTitelVO setzt voraus,
dass der Schuldner im gerichtlichen Verfahren der Forderung zu keinem Zeitpunkt
nach den Verfahrensvorschriften deutschen Rechts als *lex fori* widersprochen hat; dies
ist der Fall, denn Richard Rübenbauer hat es bereits versäumt, seine Verteidigungsbereitschaft anzuzeigen. Art. 3 Abs. 1 lit. c EG-VollstrTitelVO greift hingegen nur bei
Säumnis nach streitiger Einlassung. Damit ist das Versäumnisurteil (typischer Weise)
eine Entscheidung über eine unbestrittene Forderung.

cc) Das Urteil müsste im Ursprungsmitgliedstaat Deutschland (Art. 4 Nr. 4 EG-Voll- **1006**
strTitelVO) **vollstreckbar** sein (Art. 6 Abs. 1 lit. a EG-VollstrTitelVO). Dabei genügt
eine vorläufige Vollstreckbarkeit, die bei Versäumnisurteilen gemäß § 708 Nr. 2 ZPO
besteht.

Der **formellen Rechtskraft** des Titels bedarf es hingegen nicht; dass gegen das Versäumnisurteil ggf noch Einspruch (§ 338 ZPO) statthaft ist, hindert nicht die Bestätigung als Eu-VollstrTitel.

dd) Die Entscheidung dürfte nicht in **Widerspruch zu Zuständigkeitsregeln** in **1007**
Kapitel II, Abschnitte 3 und 6 der Brüssel I-VO stehen (Art. 6 Abs. 1 lit. b). Da keine
Versicherungssache (Abschnitt 3 Brüssel I-VO) vorliegt, käme nur die Verletzung
einer ausschließlichen Zuständigkeit nach Art. 22 Brüssel I-VO (= 6. Abschnitt) in
Betracht. Dass insbesondere Art. 22 Nr. 1 Brüssel I-VO einer Entscheidung des AG
Wilhelmshaven nicht entgegensteht, wurde bereits geprüft (Rn 967 ff).

ee) Es müssten, da es sich um eine **passiv unbestrittene Forderung** iSd Art. 3 Abs. 1 **1008**
lit. b (oder c) EG-VollstrTitelVO handelt, gemäß Art. 6 Abs. 1 lit. c EG-Vollstr-
TitelVO die sog. „**Mindestvorschriften**" des Kapitels III EG-VollstrTitelVO gewahrt sein. Eine Entscheidung über eine unbestrittene Forderung iSd Art. 3 Abs. 1
lit. b oder c EG-VollstrTitelVO kann nur dann als Eu-VollstrTitel bestätigt werden,
wenn das gerichtliche Verfahren im Ursprungsmitgliedstaat hinsichtlich der Zustellung Art. 13–15 EG-VollstrTitelVO und hinsichtlich der Unterrichtung und Belehrung des Schuldners Art. 16–17 EG-VollstrTitelVO genügt hat oder Versäumnisse gemäß Art. 19 EG-VollstrTitelVO geheilt sind. Dazu unten Rn 1010 ff.

ff) Fraglich könnte sein, ob auch die einschränkenden Voraussetzungen des Art. 6 **1009**
Abs. 1 lit. d EG-VollstrTitelVO zu prüfen sind; nach dem Wortlaut ist dies der Fall,
den Richard Rübenbauer hat als **Verbraucher** iSd Art. 6 Abs. 1 lit. d Str. 2 EG-VollstrTitelVO kontrahiert. Bedenken könnten sich ergeben, weil die andere Vertragspartei nicht Unternehmer ist und man ähnlich wie zu Art. 15 Brüssel I-VO in einschrän-
kender Auslegung diese Bestimmung nur anwenden könnte, wenn ein Verbraucher
mit einem Unternehmer kontrahiert. Freilich besteht der Zweck der Regelung darin,
den Verbraucher gegen die besonderen Risiken der unmittelbaren Vollstreckbarkeit
zu schützen, wenn er vor anderen Gerichten als denen seines Wohnsitzstaates ein Versäumnisurteil gegen sich hat ergehen lassen. Dieser Zweck hat mit beruflichem oder
privatem Handeln des Klägers nichts zu tun.

Somit ist Art. 6 Abs. 1 lit. d EG-VollstrTitelVO zu prüfen; die syntaktisch schwer ver-
ständliche Norm ist dahin auszulegen, dass Entscheidungen gegen einen Verbraucher,

die unter den Voraussetzungen des ersten Strichs (Forderung iSd Art. 3 Abs. 1 lit. b oder c) ergehen, nur dann bestätigt werden können, wenn sie von einem Gericht des Wohnsitzmitgliedstaats des Schuldners erlassen wurden. Da es sich um eine solcher maßen unbestrittene Forderung handelt (also um ein Versäumnisurteil), müsste das Urteil also im Wohnsitzstaat des Richard Rübenbauer ergangen sein. Der Wohnsitzbegriff folgt auch insoweit Art. 59 Brüssel I-VO, Deutschland ist Wohnsitzstaat des Schuldners und Beklagten Richard Rübenbauer, die Voraussetzung des Art. 6 Abs. 1 lit. d EG-VollstrTitelVO ist also erfüllt.

d) Insbesondere: Mindestvoraussetzungen an Zustellung und Unterrichtung

1010   Zu prüfen bleiben noch die Mindestvoraussetzungen (Rn 1008 ff):

aa) Die **Zustellung** des verfahrenseinleitenden Schriftstücks, also hier der Klage, die nach deutscher *lex fori* zur Rechtshängigkeit führt (§§ 261, 253 ZPO), müsste einer der in Art. 13, 14 EG-VollstrTitelVO beschriebenen Voraussetzungen, die selbst keine Zustellungsvorschriften, sondern nur Maßstäbe erfolgter Zustellung sind, entsprechen. Vorliegend ist die Zustellung als Ersatzzustellung gemäß § 178 Abs. 1 Nr. 1 ZPO erfolgt; für Zwecke der EG-VollstrTitelVO kommt es aber nicht auf die Wirksamkeit der Zustellung nach dem anwendbaren Zustellungsrecht an, sondern auf die damit bewirkte Wahrung einer der Modalitäten in Art. 13, 14 EG-VollstrTitelVO. Da der Rückschein von der Ehefrau des Richard Rübenbauer unterschrieben wurde, ist keine der in **Art. 13 EG-VollstrTitelVO** genannten Zustellungsmodalitäten gewahrt, da diese alle eine vom Adressaten unterzeichnete Bestätigung erfordern.

1011   **bb)** Die Zustellung könnte jedoch Art. 14 Abs. 1 lit. a EG-VollstrTitelVO genügen. Zwar wurde hier die Zustellung persönlich unter der Privatanschrift des Schuldners an die in derselben Wohnung lebende Ehefrau bewirkt. Diese Zustellung müsste jedoch zusätzlich in einer der in Art. 14 Abs. 3 EG-VollstrTitelVO beschriebenen Weisen bewiesen werden. Hier fehlt es zwar an einem von der die Zustellung vornehmenden Person unterzeichneten Schriftstück iSd Art. 14 Abs. 3 lit. a EG-VollstrTitelVO, wie es im Fall der Zustellungsurkunde nach § 182 ZPO vorläge. Es genügt jedoch für die Zustellung ohne (unmittelbaren) Nachweis des Empfangs durch den Schuldner iSd Art. 14 Abs. 1 lit. a oder b EG-VollstrTitelVO auch eine Empfangsbestätigung der Person, an die zugestellt wurde (Art. 14 Abs. 3 lit. b EG-VollstrTitelVO), hier also der von der Ehefrau unterzeichnete Rückschein. Die Mindestanforderungen an die Zustellungsmodalitäten sind also gewahrt.

1012   **cc)** Allerdings verlangt Art. 19 Abs. 1 lit. a EG-VollstrTitelVO, dass jeder Mitgliedstaat bei Zustellungen, die einer der Formen des Art. 14 EG-VollstrTitelVO entsprechen, einen Rechtsbehelf zur **Überprüfung** der Entscheidung zugunsten des Schuldners bereitstellt, wenn ihn die Zustellung ohne sein Verschulden nicht so rechtzeitig erreicht hat, dass er Vorkehrungen für seine Verteidigung treffen konnte. Dem genügt jedoch beim Versäumnisurteil die Möglichkeit des Einspruchs (§ 338 ZPO); sollte auch die Zustellung des Versäumnisurteils durch Ersatzzustellung erfolgt sein, so käme ggf auch eine Wiedereinsetzung wegen Versäumung der Einspruchsfrist

(§§ 233, 339 ZPO) in Betracht. Das Bestehen dieser Rechtsbehelfe hindert aber nicht die Bestätigung, nur die Aufhebung oder Änderung auf Einspruch könnte ggf zu einer späteren Bestätigung der Nichtvollstreckbarkeit gemäß Art. 6 Abs. 2 EG-VollstrTitel-VO führen.

dd) Weiter müssten die **materiellen Unterrichtungsvoraussetzungen** des Art. 16   **1013** EG-VollstrTitelVO gewahrt sein. Diese Voraussetzungen betreffen die Identifizierung des Anspruchs und der Parteien und sind gemäß § 253 Abs. 2 ZPO Inhalt einer ordnungsgemäßen Klageschrift, so dass mangels anderer Angaben im Sachverhalt von der Wahrung auszugehen ist.

ee) Zudem müssten auch die **formellen Unterrichtungsvoraussetzungen** des   **1014** Art. 17 EG-VollstrTitelVO gewahrt sein. Die in Art. 17 lit. a EG-VollstrTitelVO geforderten Belehrungen (Frist, Vertretung durch Rechtsanwalt, Bezeichnung des Gerichts samt Anschrift) sind Gegenstand der Aufforderung nach § 276 Abs. 1 ZPO bzw der Belehrung nach § 276 Abs. 2 S. 1 ZPO, vorliegend also gegeben. Eine Ladung ist im schriftlichen Vorverfahren nicht erfolgt, so dass eine Terminsmitteilung nicht erforderlich war.

Die Belehrung über die Konsequenzen des Nichtbestreitens (Art. 17 lit. b EG-Voll-   **1015** strTitelVO) ist Gegenstand der Belehrung nach § 276 Abs. 2 S. 2 ZPO, somit also ebenfalls gegeben.

e) Ausstellung der Bestätigung

Da somit die Voraussetzungen der Bestätigung vorliegen, ist die Bestätigung des Ver-   **1016** säumnisurteils wie beantragt unter Verwendung des Formblatts im Anhang der EG-VollstrTitelVO (Art. 9 Abs. 1 EG-VollstrTitelVO) in deutscher Sprache (Art. 9 Abs. 2 EG-VollstrTitelVO) auszustellen.

Ergebnis: Kees van Marten kann mit Erfolg die Bestätigung des Versäumnisurteils   **1017** als Eu-VollstrTitel beantragen; die Vollstreckung aus dem Eu-VollstrTitel bedarf in Spanien als Mitgliedstaat iSd EG-VollstrTitelVO keiner gerichtlichen Exequaturentscheidung.

Literaturhinweise

Behandlung der fallrelevanten Themen in:
Rauscher **Internationales Privatrecht (3. Aufl.)**

Weitere Literatur

1. Ausschließliche Zuständigkeit nach Art. 22 Nr. 1 Brüssel I-VO

Rauscher/Mankowski (2006) Art. 22 Brüssel I-VO Rn 4. *Naujok* Rechtsprechung des Bundesgerichthofs zur Frage der internationalen Zuständigkeit nach Maßgabe des § 22 Nr. 1 EuGVVO, ZfIR 2008, 623. *Texeira de Sousa* Der Anwendungsbereich von Art. 22 Nr. 1 S. 2 EuGVVO, IPRax 2003, 320.

2. Entscheidung bei ausschließlicher Zuständigkeit in anderem Mitgliedstaat

Rauscher/Mankowski (2006) Art. 25 Brüssel I-VO Rn 1.

3. Rechtswahl und partielle Rechtswahl

Staudinger/Magnus (2002) Art. 27 EGBGB Rn 21; partielle Rechtswahl: Art. 27 EGBGB Rn 90. *Althammer* Grundsatzfragen des Internationalen Schuldvertragsrechts: Artt. 27 ff. EGBGB, der Kommissionsvorschlag für eine Rom I-Verordnung und der abschließende Verordnungstext im Überblick, JA 2008, 772. *Rugullis* Die Rechtswahl nach Art 27 Abs. 1 EGBGB – Sachnorm oder Gesamtverweisung?, ZVglRWiss 2007 (Band106) 217.

4. Formstatut

Staudinger/Winkler von Mohrenfels (2000) Art. 11 EGBGB Rn 1. *Döbereiner* Rechtsgeschäfte über inländische Grundstücke mit Auslandsberührung, ZNotP 2001, 465.

5. Sachenrechtsstatut

Staudinger/von Hoffmann (2001) Vorbem zu Art. 38 ff EGBGB Rn 2. *Kreuzer* Die Vollendung der Kodifikation des deutschen Internationalen Privatrechts durch das Gesetz zum Internationalen Privatrecht der außervertraglichen Schuldverhältnisse und Sachen vom 21. 5. 1999, RabelsZ 2001 (Band 65) 383.

6. Statut der GoA

Staudinger/von Hoffmann (2001) Art. 39 EGBGB Rn 1. *Fischer* Die Neuregelung des Kollisionsrechts der ungerechtfertigten Bereicherung und der Geschäftsführung ohne Auftrag im IPR-Reformgesetz von 1999, IPRax 2002, 1.

7. GoA in der Rom II-VO

Ofner Die Rom II-Verordnung – Neues Internationales Privatrecht für außervertragliche Schuldverhältnisse in der Europäischen Union, ZfRV 2008, 13. *Wagner* Die neue Rom II-Verordnung, IPRax 2008, 1. *Leible/Lehmann* Die neue EG-Verordnung über das auf außervertragliche Schuldverhältnisse anzuwendende Recht („Rom II"), RIW 2007, 721. *Sonnentag* Zur Europäisierung des Internationalen außervertraglichen Schuldrechts durch die geplante Rom II-Verordnung, ZVglRWiss 2006 (Band 105) 256.

8. EG-VollstreckungstitelVO

Rauscher/Rauscher/Pabst (2006) Art. 1 EG-VollstrTitelVo Rn 1. *Coester-Waltjen* Der neue europäische Vollstreckungstitel, Jura 2005, 394. *Wagner* Die neue EG-Verordnung zum Europäischen Vollstreckungstitel, IPRax 2005, 189. *Stein* Der Europäische Vollstreckungstitel für unbestrittene Forderungen – Einstieg in den Ausstieg aus dem Exequaturverfahren bei Auslandsvollstreckungen, EuZW 2004, 679.

Fall 18
Verschobene Sportwagen

30.06. (handschriftlich)

(Bearbeitungszeit: 5 Stunden)

Der italienische Staatsangehörige Giulio Giuliano, der in Garda (Italien) lebt, ist in Geldnöten. Er muss drei Sportwagen aus seiner Sammlung, einen Ferrari, einen Maserati und einen Porsche Turbo Carrera, zu Geld machen und plant den Verkauf an Interessenten, die er durch Annoncen in deutschen Automobilzeitschriften zu finden hofft.

Den Ferrari hat er 2005 von einem Händler in Mailand gekauft. Hierfür hat er ein Darlehen über 60 000 € bei der Cassa Rurale Verona genommen. Als Sicherheit hat er der Cassa Rurale Verona an dem Ferrari eine Hypothek nach Art. 2810 Abs. 2 codice civile iVm Regio decreto n. 1814/1927 bestellt, die in dem *foglio complementare* eingetragen ist, das integraler Bestandteil der Zulassungsbescheinigung (*carta di circolazione*) ist.

Hypothek am Ferrari (handschriftlich)

Den Porsche und den Maserati hat Giulio Giuliano im Frühjahr 2005 in Mailand gekauft und bar bezahlt.

Für den Porsche interessiert sich auf eine Annonce hin der in Stuttgart lebende Martin Müller. Schon bei Müllers erstem Anruf am 10. 8. 2006 wird man handelseinig. Müller kauft den Porsche zu 130 000 €. Hiervon sollen 65 000 € vor Absendung des PKW und 65 000 € nach Eintreffen des PKW bezahlt werden. Giuliano bedingt sich aus, dass das Eigentum an dem Fahrzeug erst nach vollständiger Bezahlung, also in Deutschland, übergehen solle. Müller erklärt sich damit einverstanden. Nach Eintreffen der vereinbarten ersten Rate versendet Giuliano den Porsche per Bahn (durch Österreich) nach Stuttgart. Dort trifft er am 25. 8. 2006 ein und wird noch am Frachtbahnhof im Auftrag von Peter Puch, einem Gläubiger von Martin Müller, gepfändet. Da Martin Müller daraufhin die zweite Rate nicht überweist, erhebt Giulio Giuliano Drittwiderspruchsklage nach § 771 Abs. 1 ZPO gegen Peter Puch.

Für den Ferrari und den Maserati findet Giulio Giuliano durch Annoncen keine Abnehmer und entschließt sich deshalb, die Fahrzeuge vor den Toren der IAA in Frankfurt/Main selbst anzubieten. Er will beide Fahrzeuge auf einem Tieflader von Italien nach Frankfurt bringen.

Dabei übernachtet er am 20. 9. 2006 in Zürich, wo in der Nacht der Maserati vom Tieflader gestohlen wird. Das Fahrzeug gelangt, inzwischen mit ordnungsgemäßer schweizerischer Zulassung und Papieren ausgestattet, zu dem Züricher Autohändler Alain Argli, der es am 3. 10. 2006 an den deutschen Studenten Siegfried Spät, der mit automobilen Gelegenheitsgeschäften sein Studium finanziert, zum Preis von 130 000 SFR verkauft. Siegfried Spät überführt das Fahrzeug nach München, wo er es am 20. 10. 2006 an Manfred Mann, der ebenfalls in München wohnt, gegen Barzahlung von 100 000 € veräußert. Bei einer Routinekontrolle der bayerischen Polizei wird das Fahrzeug Ende Oktober 2006 in Schwabing als gestohlen erkannt und sichergestellt.

Giulio Giuliano verlangt Herausgabe des Maserati und lehnt es ab, Manfred Mann die hierfür bezahlten 100 000 € zu erstatten. Sämtliche bekannten Beteiligten wissen nichts von dem Diebstahl.

Den Ferrari veräußert Giuliano am 24. 9. 2006 in Frankfurt/Main an den deutschen Staatsangehörigen Franz Franke. Um wenigstens mit diesem Fahrzeug Erfolg zu haben, übergibt Giuliano dem Franz Franke nur die *carta di circolazione*, die dieser für das vollständige Äquivalent des KFZ-Briefs hält und aus der sich kein Hinweis auf die Hypothek ergibt. Das die Hypothek ausweisende *foglio complementare* hält er geheim. Franz Franke zahlt bar und nimmt das Fahrzeug mit. Als die Cassa Rurale Verona wegen ausbleibender Raten und dadurch gegebener Fälligkeit der Hypothek Giulio Giuliano nach dem Verbleib des Ferrari fragt, gesteht dieser seinen unsauberen Deal ein und gibt den Namen des Käufers bekannt. Die Cassa Rurale verlangt von Franz Franke Herausgabe des Ferrari.

1. Ist die Drittwiderspruchsklage von Giulio Giuliano gegen Peter Puch (Porsche) begründet? Ändert sich etwas, wenn Martin Müller Italiener mit Wohnsitz in Bozen ist, den Porsche selbst gegen Zahlung von 65 000 € in Garda abgeholt hat und ihn dann, um ihn vor italienischen Gläubigern zu retten, nach Deutschland verbracht hat?

2. Besteht ein Herausgabeanspruch von Giulio Giuliano gegen Manfred Mann (Maserati)? Muss Giulio Giuliano hierfür den von Manfred Mann gezahlten Kaufpreis erstatten?

3. Welche Ansprüche hat die Cassa Rurale Verona gegen Franz Franke (Ferrari)?

Materialien:

I. Italienisches IPR

1019 **a) Italienisches IPRG (l. 31. 5. 1995, n. 218), in Kraft seit 1. 9. 1995:**

Art. 51 ital. IPRG

1. Der Besitz, das Eigentum und die anderen dinglichen Rechte an beweglichen und unbeweglichen Sachen bestimmen sich nach dem Recht des Staates, in dem die Sachen sich befinden.
2. Dasselbe Recht bestimmt auch über deren Erwerb und Verlust, vorbehaltlich erbrechtlicher Angelegenheiten und der Fälle, in denen die Zuordnung eines dinglichen Rechts von einer familienrechtlichen Beziehung oder einem Vertrag abhängt.

Art. 52 ital. IPRG

Die dinglichen Rechte an Sachen im Transit beurteilen sich nach dem Recht des Bestimmungslandes. [Hinweis: Art. 51 Abs. 2 ital. IPRG ist nicht als akzessorische Anknüpfung, sondern vor dem Hintergrund des in Art. 922 cc (unten b) normierten sachenrechtlichen Prinzips zu verstehen]

II. Italienisches materielles Recht

b) Codice civile (cc)

Art. 922 cc

Das Eigentum wird durch Aneignung, durch Fund, durch Schöpfung, durch Verarbeitung, durch Vereinigung oder Vermengung, durch Ersitzung, aufgrund der Wirkung von Verträgen, durch die Rechtsnachfolge von Todes wegen und auf andere gesetzlich bestimmte Arten erworben. [Hinweis: Das Eigentum geht mangels abweichender Vereinbarung im Zeitpunkt des Abschlusses des schuldrechtlichen Vertrages über. Ein dinglicher Vertrag oder ein Modus des Besitzerwerbs ist nicht erforderlich].

Art. 1524 cc

(1) Der Eigentumsvorbehalt kann Gläubigern des Käufers nur entgegengehalten werden, wenn er sich aus einer schriftlichen Urkunde ergibt, die ein bestimmtes Datum trägt, das der Pfändung vorangeht.

Art. 2808 cc

(1) Die Hypothek berechtigt den Gläubiger auch gegenüber einem Dritterwerber zur Zwangsverwertung der zur Sicherstellung seiner Forderung belasteten Sachen und zur bevorzugten Befriedigung aus dem durch die Zwangsverwertung erzielten Erlös.

(2) Die Hypothek kann Sachen des Schuldners oder eines Dritten zum Gegenstand haben; sie entsteht durch Eintragung in die Immobiliarregister.

(3) Die Hypothek entsteht gesetzlich, gerichtlich oder rechtsgeschäftlich.

[Hinweis: Die Zwangsverwertung erfolgt in einem gerichtlichen Vollstreckungsverfahren]

Art. 2810 cc

. . .

(2) Gegenstand einer Hypothek können . . . darüber hinaus die Schiffe, Luftfahrzeuge und Kraftfahrzeuge sein gemäß den auf diese anwendbaren Gesetzen.

c) Regio decreto n. 1814 v. 29. 7. 1927 bestimmt die Möglichkeit der Belastung von Kfz mit einer Hypothek sowie die Erforderlichkeit der Eintragung in ein Automobilregister und in das *foglio complementare* zur *carta di circolazione*.

III. Schweizerisches IPR

d) Schweizerisches IPRG

Art. 100 schweiz. IPRG

(1) Erwerb und Verlust dinglicher Rechte an beweglichen Sachen unterstehen dem Recht des Staates, in dem die Sache im Zeitpunkt des Vorgangs, aus dem Erwerb oder der Verlust hergeleitet wird, liegt.

[Randnotiz: Recht des Lageortes]

(2) Inhalt und Ausübung dinglicher Rechte an beweglichen Sachen unterstehen dem Recht am Ort der gelegenen Sache.

Art. 101 schweiz. IPRG

Rechtsgeschäftlicher Erwerb und Verlust dinglicher Rechte an Sachen im Transit unterstehen dem Recht des Bestimmungsstaates.

[Randnotiz: Transit: → Bestimmungsstaat]

IV. Schweizerisches materielles Recht

e) ZGB

Art. 714 ZGB

Zur Übertragung des Fahrniseigentums bedarf es des Überganges des Besitzes auf den Erwerber. Wer in gutem Glauben eine bewegliche Sache zu Eigentum übertragen erhält, wird, auch wenn der Veräußerer zur Eigentumsübertragung nicht befugt ist, deren Eigenümer, sobald er nach den Besitzesregeln im Besitze der Sache geschützt ist.

[Randnotiz: Publizitätserfordernis → Besitz]

Art. 922 ZGB

Der Besitz wird übertragen durch die Übergabe der Sache selbst, oder der Mittel, die dem Empfänger die Gewalt über die Sache verschaffen.

. . .

4. Verfügungs- und Rückforderungsrecht

Bei anvertrauten Sachen

Art. 933 ZGB

Wer eine bewegliche Sache in gutem Glauben zu Eigentum oder zu einem beschränkten dinglichen Recht übertragen erhält, ist in seinem Erwerbe auch dann zu schützen, wenn sie dem Veräusserer ohne jede Ermächtigung zur Übertragung anvertraut worden war.

Bei abhanden gekommenen Sachen

Art. 934 ZGB

(1) Der Besitzer, dem eine bewegliche Sache gestohlen wird, oder verloren geht oder sonst wider seinem Willen abhanden kommt, kann sie während fünf Jahren jedem Empfänger abfordern.

(2) Ist die Sache öffentlich versteigert oder auf dem Markt oder durch einen Kaufmann, der mit Waren der gleichen Art handelt, übertragen worden, so kann sie dem ersten und jedem späteren gutgläubigen Empfänger nur gegen Vergütung des von ihm bezahlten Preises abgefordert werden.

[Hinweis: Art. 934 Abs. 2 ZGB begründet kein Eigentum des gutgläubigen Erwerbers, sondern schützt lediglich dessen Besitz. Das durch Art. 934 Abs. 2 ZGB begründete Recht späterer Empfänger entsteht für jeden Empfänger neu, erfordert aber nicht, dass der spätere Erwerb unter den in Art. 934 Abs. 2 ZGB beschriebenen Umständen stattfindet.]

Bei Geld und Inhaberpapieren

Art. 935 ZGB

Geld und Inhaberpapiere können, auch wenn sie dem Besitzer gegen seinen Willen abhanden gekommen sind, dem gutgläubigen Empfänger nicht abgefordert werden.

Bei bösem Glauben

Art. 936 ZGB

(1) Wer den Besitz einer beweglichen Sache nicht in gutem Glauben erworben hat, kann von dem früheren Besitzer jederzeit auf Herausgabe belangt werden.

(2) Hatte jedoch auch der frühere Besitzer nicht in gutem Glauben erworben, so kann er einem späteren Besitzer die Sache nicht abfordern.

Strukturierung des Falles

1020

Wesentliche Themen: Mobiliarsachenrechtsstatut; Rechtsvollendung durch Statutenwechsel; Res in transitu; Erwerb vom Nichtberechtigten; Erstarken importierten Eigentumsvorbehalts; Import ausländischer dinglicher Rechte.

Ausgangsfälle: BGHZ 45, 95; BGHZ 100, 321; BGH NJW 1991, 1415.

Frage 1: Drittwiderspruchsklage gegen Peter Puch

1. **Vorbehaltseigentum in der Drittwiderspruchsklage**
   Drittwiderspruchsklage, § 771 ZPO (+)
   - Auch Eigentumsvorbehalts-Verkäufer kann nach § 771 ZPO widersprechen, nicht § 805 ZPO
   - Klage also begründet, wenn Giuliano Eigentümer geblieben
2. **Übereignung und Eigentumsvorbehalt vor Absendung aus Italien**
   a) Deutsches IPR
      - Art. 43 Abs. 1 EGBGB, Belegenheitsrecht, bei Mobilien wandelbar
      - Art. 45 EGBGB (–) bei Kfz
      - Verweisung in italienisches Recht, Gesamtverweisung Art. 4 Abs. 1 EGBGB
      - Art. 46 EGBGB, wesentlich engere Verbindung (–) Absendestaat bei internationalem Kauf nicht zufällig
      - Sonderanknüpfung für Sicherungsrechte an Exportware (–)
      - Dafür spricht Realisierung des Sicherungsrechts erst im Bestimmungsland
      - Dagegen aber Lücke bei Zugriff von Gläubigern des Käufers noch im Absendestaat
   b) Italienisches IPR
      - Art. 51 Abs. 1 ital. IPRG, *lex rei sitae*
      - Art. 51 Abs. 2 ital. IPRG, akzessorische Anknüpfung an Vertragsstatut (–) lediglich klarstellend, dass *lex rei sitae* nicht für Schuldvertrag
      - Art. 52 ital. IPRG (–) betrifft nur *res in transitu* wenn in einem Transitland
      - Also Annahme der Verweisung
   c) Eigentumsverlust durch Kaufvertrag vom 10. 8. 2006
      - Art. 922 cc Eigentumsübergang mit Abschluss des wirksamen Kaufvertrages
      - Aber Vorbehalt abweichender Abreden, Eigentumsvorbehalt möglich, Art. 1524 cc(+)
      - Unwirksam gegenüber Peter Puch, Art. 1524 Abs. 1 cc (+) mangels schriftlicher, datierter Urkunde

3. **Änderung der Sachenrechtslage durch Ankunft in Deutschland**
   a) Statutenwechsel zu neuer *lex rei sitae*
      - Maßgeblich Sachenrechtsstatut im Zeitpunkt des jeweiligen Verlust- oder Erwerbstatbestands
      - Transitstatut irrelevant, da keine sachenrechtlichen Tatbestände während Aufenthalt in Österreich
      - Ab Ankunft in Deutschland jedenfalls deutsches Sachenrechtsstatut
   b) Eigentumsvorbehalt unter deutschem Recht erstarkt, Art. 43 Abs. 3 EGBGB
      - Tatbestand einer Rechtsvollendung, an sich (–), aber Zweck: Vorbehaltseigentum wie beschränktes dingliches Recht
      - Nicht schon vorher erworbenes Recht (–) Vorbehaltseigentum schon in Italien entstanden, aber Art. 43 Abs. 3 EGBGB auch für Erstarkung schwächerer Rechte
      - Aber keine Transposition nach Art. 43 Abs. 3 EGBGB durch bloßes Eintreffen in Deutschland
   c) Erwerb eines absoluten Eigentumsvorbehalts unter deutschem Recht
      - Auslegung der Vereinbarung: Eigentumsvorbehalt jedenfalls für Deutschland
      - Sachenrechtliche Konstruktionen:
      - Abrede über Umwandlung in einen absolut wirksamen Eigentumsvorbehalt
      - Antizipierte Einigung über Rückübereignung nach Ankunft in Deutschland
      - § 929 BGB
        - Einigsein auch unter deutschem Sachenrechtsstatut noch gegeben
      - Besitzerlangung; hier Besitzkonstitut §§ 868, 930 BGB (–), da Pfändung vor Besitzerlangung durch Martin Müller
      - Verzicht auf Besitzerlangung (+)
      - Dagegen zwar Struktur der §§ 929 ff BGB und Suche nach Tatbestand im deutschen Recht
      - Dafür aber teleologische Auslegung von Art. 43 Abs. 3 EGBGB: Eigentumsvorbehalt soll erstarken, sobald die Sache deutschem Recht untersteht

Ergebnis: Giulio Giuliano ist durch Umwandlung seines Eigentumsvorbehalts in einen absolut wirkenden bei Eintreffen des PKW in Deutschland auch gegenüber Dritter wieder Eigentümer. Seine Drittwiderspruchsklage ist damit begründet.

4. Variante

Eigentumsvorbehalt abhängig von Reichweite des Art. 43 Abs. 3 EGBGB

a) Umwandlung jedes relativen Eigentumsvorbehalts bei Import in deutsches Sachenrecht

b) Art. 43 Abs. 3 EGBGB nur bei Bezug des Parteiwillens auf ein absehbares neues Statut

Ergebnis: Die Drittwiderspruchsklage wäre nicht begründet.

Frage 2: Anspruch gegen Manfred Mann

1. Herausgabeanspruch, Lösungsrecht (Qualifikation)

a) Art. 43 Abs. 1 EGBGB, deutsches Sachenrechtsstatut

b) Herausgabeanspruch § 985 BGB
   - Vorfrage, ob Giuliano Eigentümer, sachenrechtlich zu qualifizieren

c) Herausgabeanspruch gegen Erstattung, falls Lösungsrecht, sachenrechtlich zu qualifizieren
   - Maßgeblicher Zeitpunkt
   - Gegen Erwerbszeitpunkt: Entstehung des Lösungsrechts erst bei Herausgabeverlangen
   - Aber: Lösungsrecht als Minus zu gutgläubigem Erwerb ab Erwerbsvorgang latent angelegt

2. Veräußerung an Siegfried Spät

a) Eigentumserwerb Spät mit Veräußerung in Zürich am 3. 10. 2006
   - Art. 43 Abs. 1 EGBGB, Gesamtverweisung auf schweizerisches Belegenheitsrecht
   - Art. 46 EGBGB (–) Entwendung von Transitgut ist ortsbezogen
   - Wandelbare Anknüpfung von Eigentumserwerb an abhanden gekommenen oder gestohlenen Sachen (strittig)
   - Dafür: Grundsatz der jeweiligen Belegenheit, hM
   - Dagegen: Manipulation durch den Dieb, Verbringen in ein veräußerungsfreundliches Land
   - Schweizerisches IPR: Art. 100 Abs. 1 schweiz. IPRG, Belegenheitsrecht, Art. 101 schweiz. IPRG (–)

b) Eigentumserwerb durch Spät
   - Besitzübertragung bzw Tradition, Art. 714, 922 ZGB
   - Rechtsgeschäft mit dem Berechtigten, Art. 714 Abs. 1, Abs. 2 ZGB, Auslegung aufgrund Traditionsprinzip
   - Einigung mit dem Berechtigten, Umkehrschluss aus Art. 714 Abs. 2 ZGB
   - Erwerb des Argli (–) kein gutgläubiger Erwerb gestohlener Sachen, außer Geld und Inhaberpapiere, Art. 935 ZGB, Art. 933, 934 Abs. 1 ZGB
   - Erwerb des Spät (–) ebenso
   - gutgläubiger Erwerb eines Lösungsrechts durch Spät, Art. 934 Abs. 2 ZGB (+), Erwerb vom Händler, gutgläubig

3. Auswirkungen des Statutenwechsels durch Verbringen nach Deutschland

a) Statutenwechsel, kein unmittelbarer Einfluss auf Eigentumslage

b) Lösungsrecht untergegangen (–) Fortbestand nach Art. 43 Abs. 2 EGBGB, kein elementarer Widerspruch zu deutschem Recht, keine Transposition

4. Veräußerung an Manfred Mann

a) Sachenrechtsstatut deutsches Recht
   - gutgläubiger Erwerb vom Nichtberechtigten (–) § 935 BGB

b) Originär erworbenes Lösungsrecht des Manfred Mann Art. 934 Abs. 2 ZGB (–) schweizerisches Recht nicht mehr Sachenrechtsstatut

c) Derivativer Erwerb des Lösungsrechts (–) zwar Fortbestand unter deutschem Sachenrechtsstatut, aber nach Art. 934 Abs. 2 ZGB nicht übertragbar

Ergebnis: Giulio Giuliano hat sein Eigentum nicht an einen gutgläubigen Erwerber verloren. Damit steht Giulio Giuliano der Anspruch aus § 985 BGB zu. Ein Lösungsrecht, aufgrund dessen er Manfred Mann den Kaufpreis zu ersetzen hätte, besteht nicht.

Frage 3: Anspruch der Cassa Rurale gegen Franz Franke

1. Mögliche Anspruchsgrundlage

Herausgabeanspruch zur Verwertung als Sicherungseigentümer
   - Wenn als Sicherungseigentum wirkendes dingliches Recht der Cassa Rurale
   - Könnte aus Umwandlung einer Mobiliarhypothek, Art. 2810 Abs. 2 cc, entstanden sein

2. Auswirkung des Statutenwechsels

a) Begründung der Hypothek unter italienischem Sachenrechtsstatut: Art. 43 Abs. 1 EGBGB, Annahme der Verweisung wie oben (+)

b) Transitstatut ohne Bedeutung, keine Erwerbs-/Verlusttatbestände, Statutenwechsel bei Ankunft in Deutschland

c) Art. 43 Abs. 2 EGBGB auf ankommende Mobiliarhypothek.

– Eingangskontrolle (+), kein elementarer Widerspruch zum deutschen Recht, besitzloses Pfandrecht wie Sicherungsübereignung hinzunehmen

– Inhalt des ausländischen Rechts

– Aufrechterhaltung als solches, soweit mit deutschem Sachenrecht vereinbar, keine Inhaltsänderung (+)

– Transpositionslehre: Überführung in deutsches Funktionsäquivalent wegen *numerus clausus* der Sachenrechte; hM, aber eher (–)

– Folge:

– Bei Aufrechterhaltung Fortbestehen der Mobiliarhypothek, soweit vereinbar mit deutschem Recht

– Bei Transposition Funktionsäquivalent, Pfandrecht § 1204 BGB (–) mangels Faustpfand; Hypothek § 1113 BGB (–) mangels Grundstück; Sicherungseigentum (+) als besitzloses Mobiliarsicherungsrecht

3. Auswirkung der Veräußerung an Franz Franke

a) Gutgläubig lastenfreier Eigentumserwerb, sachenrechtlich zu qualifizieren, deutsches Sachenrechtsstatut

b) Maßstab § 936 BGB (+) zweifelsfrei bei Übernahme als fortbestehende Mobiliarhypothek, aber auch hM bei Transposition in Sicherungseigentum

– Guter Glaube, § 936 Abs. 2 BGB als grob fahrlässige Unkenntnis

– Objektiv (+) da *foglio complementare* nicht eingesehen

– Reduzierte Sorgfaltspflicht bei Unkenntnis der fremden Zulassungsbestimmungen (–)

4. Herausgabeanspruch

a) Hypothek besteht fort, Verwertung bei Fälligkeit

b) Bei Transpositionslehre: Verwertung wie Sicherungseigentum

c) Bei Aufrechterhaltung als solche: Anspruch nach Art. 2808 cc auf gerichtliches Verwertungsverfahren, durch § 1233 Abs. 2 BGB (Pfandverkauf) zu realisieren

Ergebnis: Die Cassa Rurale hat die Mobiliarhypothek nicht verloren. Ihr steht ein Anspruch auf Herausgabe zu, jedoch nur zum Zweck der Verwertung nach den Bestimmungen des deutschen Rechts über die Pfandverwertung im Rahmen des § 1233 Abs. 2 BGB.

Lösung

Frage 1: Drittwiderspruchsklage gegen Peter Puch

1. Vorbehaltseigentum in der Drittwiderspruchsklage

1021 Die Drittwiderspruchsklage (§ 771 ZPO) ist erfolgreich, wenn Giuliano Eigentümer ist; auch der Eigentumsvorbehalts-Verkäufer kann nach § 771 ZPO widersprechen und ist nicht auf die vorzugsweise Befriedigung (§ 805 ZPO) verwiesen.[1] Entscheidend ist also, ob Giuliano aufgrund der telefonischen Vereinbarung Eigentümer geblieben ist.

2. Übereignung und Eigentumsvorbehalt vor Absendung aus Italien

a) Auszugehen ist vom **deutschen IPR**.

1022 **aa)** Für den Eigentumsverlust und -erwerb gilt das jeweilige **Belegenheitsrecht** (Art. 43 Abs. 1 EGBGB), bei Mobilien also ein wandelbares Statut. Art. 45 EGBGB gilt nicht für Kfz, was jedenfalls für privat, nicht als Transportmittel eingesetzte PKW auch zwecksentsprechend ist. Für die Zeit bis zur Versendung des Porsche nach Deutschland wird damit in italienisches Recht verwiesen. Dabei handelt es sich um eine Gesamtverweisung (Art. 4 Abs. 1 EGBGB); entgegen anders lautenden Vorschlägen wurde auch bei der Reform des IPR von 1999 für das Sachenrechtsstatut keine Ausnahme vom Prinzip der Gesamtverweisung vorgesehen.

1023 **bb)** Zu erwägen ist eine Anknüpfung an eine **wesentlich engere Verbindung** (Art. 46 EGBGB). Die Bestimmung soll jedoch nur die Anwendung einer dem Sachverhalt extrem fernen Rechtsordnung vermeiden, zB beim *Transit* durch Drittländer. Die Rechtsordnung des Absendestaates ist dagegen beim internationalen Kauf nicht zufällig, solange sich die Sache dort befindet.

1024 **cc)** Vertreten wird jedoch, bei Exportware die Vereinbarung von **Sicherungsrechten**, die sich nach dem Willen der Parteien nur im Bestimmungsland realisieren sollen, unabhängig von der aktuellen Belegenheit dem Recht des Bestimmungslandes zu unterstellen.[2] Zwar hätte diese Lösung den Vorzug, die schwierigen Probleme des nachfolgenden Statutenwechsels zu vermeiden, weil sie ihn antizipiert. Sie schafft aber Probleme, wenn Gläubiger des Käufers noch im Absendestaat auf die Ware zugreifen, und widerspricht zudem der gesetzgeberischen Intention, solche Fälle über Art. 43 Abs. 3 EGBGB zu lösen (unten Rn 1036 ff).

1025 **b)** Damit bleibt es bei der Verweisung in **italienisches IPR**.

1026 **aa)** Art. 51 Abs. 1 ital. IPRG (MAT a) geht ebenfalls von der *lex rei sitae*-Regel aus.

1027 **bb)** Fraglich könnte sein, ob Art. 51 Abs. 2 ital. IPRG zu einer akzessorischen Anknüpfung an das Vertragsstatut führt. Art. 51 Abs. 2 ital. IPRG ist jedoch vor dem

---

1 *Zöller/Herget* ZPO[27] § 771 Rn 14.
2 Dies tut zB Art. 103 schweiz IPRG für den Eigentumsvorbehalt; vgl auch *Staudinger/Stoll* (1996) Int. Sachenrecht Rn 336.

Hintergrund zu verstehen, dass das italienische Sachenrecht das Trennungsprinzip nicht kennt und den Eigentumserwerb aufgrund schuldrechtlichem Vertrag vorsieht (vgl Art. 922 cc [MAT b]). Art. 51 Abs. 2 ital. IPRG stellt also nur klar, dass die *lex rei sitae* nicht zugleich über die schuldrechtliche Seite des Vertrages bestimmt, nur weil dieser Vertrag auch dingliche Wirkungen haben kann.[3]

cc) Art. 52 ital. IPRG spielt keine Rolle; geregelt ist nur die *res in transitu* **in einem Transitland**. Nicht erfasst sind Sachen, die sich noch im Ursprungsstaat befinden. 1028

Damit nimmt das italienische Recht die Verweisung durch Art. 51 Abs. 1 ital. IPRG an.

c) Giuliano könnte sein Eigentum durch den **Kaufvertrag** vom 10. 8. 2006 verloren haben. 1029

aa) Dies könnte aufgrund Art. 922 cc (MAT b) erfolgt sein, da nach italienischem Sachenrecht der **Abschluss des wirksamen Kaufvertrages** ohne weiteren Vertrag oder sachenrechtlichen Modus den Eigentumsübergang bewirkt. 1030

bb) Jedoch steht diese Wirkung des schuldrechtlichen Vertrages unter dem Vorbehalt abweichender Abreden (vgl den Hinweis zu Art. 922 cc [MAT b]). Den Parteien ist es unbenommen, dem Vertrag nur schuldrechtliche Wirkungen beizumessen. Insbesondere ist auch nach italienischem Recht ein **Eigentumsvorbehalt** möglich, wie sich aus Art. 1524 cc (MAT b) ausdrücklich ergibt. 1031

cc) Dieser Eigentumsvorbehalt könnte jedoch **gegenüber Peter Puch unwirksam** sein im Hinblick auf Art. 1524 Abs. 1 cc (MAT b). Da Peter Puch ein Gläubiger des Käufers Martin Müller ist, wirkt ihm gegenüber der Eigentumsvorbehalt nur, wenn er sich aus einer schriftlichen, datierten Urkunde ergibt, die hier fehlt. 1032

Damit bestand zwar, solange sich die Kaufsache in Italien befand, ein Eigentumsvorbehalt; dieser war jedoch nur relativ wirksam im Verhältnis von Giulio Giuliano zu Martin Müller.

[handschriftliche Notiz am Rand: solange in IT EVB (+) zw. G und M]

3. Änderung der Sachenrechtslage durch Ankunft in Deutschland

a) Beim internationalen Versendungskauf tritt durch die wandelbare Anknüpfung an die *lex rei sitae* ein **Statutenwechsel** ein. 1033

aa) Maßgeblich ist grundsätzlich das Sachenrechtsstatut im **Zeitpunkt** der Verwirklichung des jeweiligen Verlust- oder Erwerbstatbestands. 1034

bb) Man könnte fragen, welchem Statut die Sache im Transit durch ein Drittland (Österreich) unterliegt. Da sich während des Aufenthalts der Sache in Österreich aber keine sachenrechtlich relevanten Tatbestände (zB Vertragsschluss über *res in transitu*) ereignet haben und auch die Willenserklärungen der Parteien keinesfalls auf Besonderheiten der Rechtslage in Österreich bezogen werden können, kann das Transitsta- 1035

---

3 Vgl dazu *Maglio/Thorn* ZVglRWiss 96 (1997) 347, 369.

tut offen bleiben. Spätestens[4] bei Ankunft in Deutschland – also vor Ankunft in Stuttgart – greift deutsches Recht als Sachenrechtsstatut ein.

1036 **b)** Zu prüfen ist damit, ob der **Eigentumsvorbehalt unter deutschem Recht erstarkt** ist. Dies könnte sich aus **Art. 43 Abs. 3 EGBGB** ergeben,[5] wonach für den Erwerb eines nicht schon vorher erworbenen Rechts an einer in das Inland verbrachten Sache Vorgänge unter einem früheren Sachenrechtsstatut „anrechenbar" sind, soweit sie nicht durch einen unter vorherigem Sachenrechtsstatut im Ausland abgeschlossenen Vorgang (Rechtserwerb oder endgültige Rechtsversagung) verbraucht sind.[6]

1037 **aa)** Ob Art. 43 Abs. 3 EGBGB für diesen Fall passt, ist fraglich. Weder geht es um die Vollendung des Eigentumserwerbs durch Müller, noch um den **„Erwerb eines Eigentumsvorbehalts"**, der sachenrechtlich nur einen nicht eingetretenen Eigentumsverlust bedeutet. Dieses Bedenken lässt sich mit Rücksicht auf die faktisch eigenständige Natur des Eigentumsvorbehalts als Sicherungsrecht überwinden, indem man das Vorbehaltseigentum unter Art. 43 Abs. 3 EGBGB wie ein beschränktes dingliches Recht behandelt.

1038 **bb)** Zum zweiten geht es aber nicht um ein **„nicht schon vorher erworbenes Recht"**, denn Giuliano war auch unter italienischem Recht durchaus Vorbehaltseigentümer, nur war sein Recht nur relativ wirksam und deshalb dem Peter Puch nicht entgegenzuhalten. Dieses Problem lässt sich nur mit Rücksicht auf die Intention des Gesetzgebers lösen; Art. 43 Abs. 3 EGBGB ist ausdrücklich im Hinblick auf den vom BGH entschiedenen „Strickmaschinenfall" konzipiert,[7] der einen nur relativ wirksamen Eigentumsvorbehalt betraf. Folgt man dieser Zielsetzung, so ist Art. 43 Abs. 3 EGBGB nicht nur auf *gestreckte Erwerbstatbestände* anzuwenden, sondern auch auf eine Erstarkung minder starker, unter ausländischem Sachenrechtsstatut verwirklichter Rechtspositionen.[8]

1039 **cc)** Selbst wenn man dem folgt, führt jedoch Art. 43 Abs. 3 EGBGB nicht per se zu einem Erstarken eines schwachen ausländischen Eigentumsvorbehalts, denn die **Transposition** fremder dinglicher Rechte ist eine in Art. 43 Abs. 2 EGBGB geregelte Frage. Art. 43 Abs. 3 EGBGB erlaubt es nur, den Rechtserwerb, der vom Statutenwechsel an deutschem Recht unterliegt, unter Einbeziehung früher verwirklichter Tatbestandsmerkmale zu beurteilen. Dabei können sich auch zusätzliche Tatbestands-

---

4 Richtig dürfte es sein, über Art. 46 EGBGB die Sache mit dem Verlassen des Ursprungslandes schon im Transit dem Recht des Bestimmungslandes zu unterstellen, hier also schon bei Ankunft in Österreich deutschem Recht. Zum selben Ergebnis gelangt man im vorliegenden Fall, wenn man über Art. 46 EGBGB bis zur Ankunft im Bestimmungsland auf das Absendeland abstellt. Art. 52 ital. IPRG wäre nämlich zu beachten, obgleich Auflockerungen nach Art. 46 EGBGB grundsätzliche *keine* Gesamtverweisungen sind; Art. 52 ital. IPRG (MAT a) ist jedoch eine Kollisionsnorm, die sich gerade mit dem Problem befasst, das Grund für die Auflockerung ist, so dass der Entscheidungseinklang als die ratio der Gesamtverweisung wieder zum Tragen kommt.
5 Ob Art. 43 Abs. 3 EGBGB unvollständig einseitige Kollisionsnorm (Anwendung deutschen Rechts auf Altsachverhalte, so *Pfeiffer* IPRax 2000, 270, 273) oder Sachnorm (Berücksichtigung alter Tatbestandsmerkmale im Sachverhalt der deutschen Norm, so *Stoll* IPRax 2000, 259, 263) ist, ist hier unerheblich.
6 OLG Koblenz NJW-RR 2003, 1563; OLG Brandenburg 18. 1. 2007 (12 U 117/06).
7 Vgl BT-Drucks. 14/343, 16 mit Hinweis auf BGHZ 45, 95.
8 So auch *Stoll* IPRax 2000, 259, 263.

merkmale ergeben. Die nach dem gesetzgeberischen Willen unterstellte Anwendbarkeit des Art. 43 Abs. 3 EGBGB führt also nur dann zu einem Erstarken des Eigentumsvorbehalts, wenn hierfür ein Tatbestand im deutschen Sachenrecht erfüllt ist.

c) Zu ermitteln ist daher ein **sachenrechtlicher Tatbestand** für den Erwerb eines absolut wirkenden Eigentumsvorbehalts im deutschen Recht.[9]   **1040**

aa) Auszugehen ist für die sachenrechtliche Einordnung von der zwischen Giuliano   **1041** und Müller getroffenen **Vereinbarung**. Da der Porsche zum Export nach Deutschland kommen sollte, darf die nur mündliche Vereinbarung eines Eigentumsvorbehalts so verstanden werden, dass sie jedenfalls in Deutschland wirksam sein sollte. Die Wirksamkeit gegenüber Gläubigern in Italien war ersichtlich nicht von Bedeutung.[10]

bb) Sachenrechtlich gibt es für die Umsetzung dieser Vereinbarung zwei Alternati-   **1042** ven: Entweder ist sie als Abrede über die **Umwandlung** des nur relativ wirksamen Eigentumsvorbehalts in einen absolut wirksamen zu verstehen. Dass es nach deutschem Sachenrecht einen relativ wirksamen Eigentumsvorbehalt und deshalb eine solche Umwandlung nicht gibt, spricht nicht gegen die Zulässigkeit eines solchen Rechtsgeschäfts.[11]

Man kann aber auch die Parteien so verstehen, dass ihnen an einem nur relativen Eigentumsvorbehalt überhaupt nicht gelegen war, so dass sie sich antizipiert für den Zeitpunkt der Ankunft des Porsche in Deutschland über die Begründung eines Eigentumsvorbehalts unter deutschem Recht, also über eine **Rückübereignung** geeinigt hätten.

cc) Beide Interpretationsmöglichkeiten sollten als lediglich konstruktive Umsetzung   **1043** eines feststehenden Parteiwillens nicht zu unterschiedlichen Ergebnissen führen.[12] Das jeweils erforderliche **Einigsein** bei Eintritt in ein deutsches Sachenrechtsstatut steht außer Frage. Hierzu bedürfte es nicht einmal des Rückgriffs auf Art. 43 Abs. 3 EGBGB betreffend die früher erfolgte *Einigung*, denn maßgeblich ist das *Einigsein* im Zeitpunkt des Wirksamwerdens der Verfügung.[13]

dd) Problematisch ist vielmehr, ob für eine solche Vereinbarung das Einigsein der   **1044** Parteien genügt oder ob unter deutschem Sachenrechtsstatut ein **Tatbestand nach §§ 929 ff BGB**, also Besitz oder ein Besitzsurrogat, erfüllt sein muss. In Betracht käme nur ein Besitzkonstitut (§§ 868, 930 BGB). Dessen Vereinbarung kann zwar in der Abrede der Parteien gesehen werden. Es würde jedoch die Besitzerlangung durch Martin Müller erfordert haben, zu der es wegen der vorherigen Pfändung für Peter Puch nicht mehr kam.[14]

Für die Notwendigkeit der Voraussetzungen nach §§ 868, 930 BGB spricht die konstruktiv erforderliche Suche nach einem Erwerbstatbestand unter neuem Sachenrechtsstatut. Dagegen spricht allerdings neben dem Parteiwillen auch die mit Art. 43 Abs. 3

---

9 So schon BGHZ 45, 95, 100.
10 Ein solcher Wille steht für den BGH in BGHZ 45, 95, 99 außer Frage.
11 BGHZ 45, 95, 100.
12 BGHZ 45, 95, 100.
13 *Pfeiffer* IPRax 2000, 270, 273.
14 Anders als im „Strickmaschinenfall", BGHZ 45, 95, 100, wo diese Frage offen bleibt.

EGBGB trotz seiner misslungenen Fassung verbundene Intention: Der Eigentumsvorbehalt soll volle Geltung haben, *sobald* die Sache einem Sachenrechtsstatut unterliegt, das dem Parteiwillen Rechnung trägt, also schon mit Grenzübertritt, nicht erst mit Besitzerlangung. Der Umwandlung in einen absolut wirksamen Eigentumsvorbehalt bei Grenzübertritt durch Statutenwechsel[15] ist daher aus teleologischen Gründen der Vorzug zu geben.

Damit ist die Drittwiderspruchsklage von Giulio Giuliano begründet.

1045 **Ergebnis:** Giulio Giuliano ist durch Umwandlung seines Eigentumsvorbehalts in einen absolut wirkenden bei Eintreffen des PKW in Deutschland auch gegenüber Dritter wieder Eigentümer. Seine Drittwiderspruchsklage ist damit begründet.

4. Variante

1046 **a)** Die Lösung der Variante hängt davon ab, welche Reichweite Art. 43 Abs. 3 EGBGB hat. Man könnte Art. 43 Abs. 3 EGBGB den allgemeinen Rechtssatz entnehmen, dass jeder relative Eigentumsvorbehalt an einer Sache, die in das Inland gelangt, zu einem absoluten Eigentumsvorbehalt wird. Das entspräche sogar dem Wortlaut, denn Art. 43 Abs. 3 EGBGB ist nicht ausdrücklich auf Sachverhalte beschränkt, die unter einem Sachenrechtsstatut begonnen wurden, *um* sich unter einem anderen Sachenrechtsstatut zu vollenden.

1047 **b)** Eine solche Auslegung würde aber verkennen, dass Art. 43 Abs. 3 EGBGB, was seine Anwendung auf den Eigentumsvorbehalt angeht, vor dem Hintergrund des „Strickmaschinenfalls" zu sehen ist. Art. 43 Abs. 3 EGBGB bedarf insoweit einer teleologischen Reduktion, um ungewollte und zufällige Sachenrechtseingriffe zu vermeiden. Die Bestimmung soll nur dem Parteiwillen zur Geltung verhelfen. Entscheidend ist also, ob die Parteivereinbarung auf ein absehbares neues Statut bezogen war, unter dem das Geschäft seinen sachenrechtlichen Abschluss finden soll.[16] In der Variante handelt es sich dagegen um einen unter italienischem Recht abgeschlossenen sachenrechtlichen Tatbestand, der zu einem nur relativ wirkenden Eigentumsvorbehalt geführt hat und der auch durch Art. 43 Abs. 3 EGBGB nicht neu aufgerollt werden kann.

1048 **Ergebnis:** Die Drittwiderspruchsklage wäre nicht begründet.

Frage 2: Anspruch gegen Manfred Mann

1. Herausgabeanspruch, Lösungsrecht (Qualifikation)

1049 **a)** Da sich der Maserati gegenwärtig in Deutschland befindet, ist deutsches Recht Sachenrechtsstatut (Art. 43 Abs. 1 EGBGB). Es ist also ein Herausgabeanspruch nach § 985 BGB zu prüfen.

---

15 *Kegel/Schurig*[9] Rn 668; *Palandt/Heldrich*[67] Art. 43 EGBGB Rn 8; *Pfeiffer* IPRax 2000, 270, 273.
16 *Stoll* IPRax 2000, 259, 263.

b) Dies wirft die **Vorfrage** auf, ob Giuliano Eigentümer ist. Auch diese Frage ist sachenrechtlich zu qualifizieren. Die in Betracht kommenden historischen Erwerbsvorgänge sind dem im *jeweiligen Zeitpunkt* maßgeblichen Sachenrechtsstatut zu unterstellen. **1050**

c) Ein Herausgabeanspruch gegen **Erstattung** des von Manfred Mann an seinen Vormann Siegfried Spät gezahlten Kaufpreises käme in Betracht, wenn Giulio Giuliano zwar nicht das Eigentum verloren hat, Manfred Mann aber ein **Lösungsrecht** zusteht, das sich hier nur aus Art. 934 Abs. 2 ZGB (MAT e) ergeben könnte. Auch ein solches Lösungsrecht ist bei Qualifikation aus Sicht der deutschen *lex fori* sachenrechtlicher Natur, weil es, ohne diesem das Eigentum zu verschaffen, funktionell den gutgläubigen Erwerber durch eine Form des Besitzschutzes begünstigt.[17] **1051**

Fraglich könnte sein, auf welchen Zeitpunkt kollisionsrechtlich für die Entstehung des Lösungsrechts abzustellen ist. Gegen den Zeitpunkt des Erwerbsvorgangs könnte sprechen, dass nach materiellem schweizerischem Recht das Lösungsrecht erst entsteht, wenn der Eigentümer die Sache herausverlangt. Ausgehend von der funktionellen Einordnung des Lösungsrechts als schwächere Form des dem Erwerber versagten Gutglaubenserwerbs ist jedoch für die Bestimmung des Sachenrechtsstatuts maßgeblich, dass das Lösungsrecht in dem Erwerbsvorgang bereits angelegt ist.[18] Es ist daher gleichzeitig mit der Eigentumsentwicklung nach dem jeweiligen Sachenrechtsstatut zu prüfen. **1052**

2. Veräußerung an Siegfried Spät

a) Spät könnte das Eigentum im Zusammenhang mit der Veräußerung in Zürich am 3. 10. 2006 erworben haben. Hierzu ist zunächst dann anwendbare Recht zu bestimmen. **1053**

aa) Zu diesem Zeitpunkt befand sich der Maserati in der Schweiz, **deutsches IPR** (Art. 43 Abs. 1 EGBGB) verweist daher als Gesamtverweisung auf schweizerisches Recht. **1054**

bb) Etwas anderes könnte sich ergeben, wenn der Maserati in der Schweiz als *res in transitu* zu behandeln wäre. Eine Sonderanknüpfung von Transitgut nach Art. 46 EGBGB an das Recht des Bestimmungslandes steht jedoch nur für sachenrechtliche Vorgänge ohne Bezug zum Lageort zur Diskussion. Die Entwendung von Transitgut ist hingegen ortsbezogen, so dass es bei der *lex rei sitae* bleibt. Bei Veräußerung durch den Dieb handelt es sich ohnehin nicht mehr um Transitgut. **1055**

cc) Zweifelhaft ist jedoch, ob die Anknüpfung an die *jeweilige lex rei sitae* auch für den Eigentumserwerb an abhanden gekommenen oder **gestohlenen Sachen** gilt. Das erweist sich deshalb als problematisch, weil der Dieb es in der Hand hätte, die Sache in ein veräußerungsfreundliches Land zu verbringen, um einen gutgläubigen Erwerb Dritter zu ermöglichen, der am Tatort ggf ausscheidet. Es lässt sich mit gutem Grund vertreten, die Möglichkeit des gutgläubigen Erwerbs dem Sachenrechtsstatut im Zeit- **1056**

---

17 BGHZ 100, 321, 324 f.
18 *Staudinger/Stoll* (1996) Int. Sachenrecht Rn 307.

punt des Diebstahls zu unterstellen.[19] Ob dem entgegen der ganz hM[20] zu folgen ist, kann hier dahinstehen, da sich der Maserati auch im Zeitpunkt des Diebstahls in der Schweiz befand.[21]

1057 **dd)** Das **schweizerische IPR** folgt ebenfalls dem Lageortprinzip (Art. 100 Abs. 1 schweiz IPRG [MAT d]). Die Ausnahme für Transitgut nach Art. 101 schweiz IPRG (MAT d) greift jedenfalls nicht für den Veräußerungsvorgang ein, weil der Maserati in diesem Zeitpunkt nicht mehr Transitgut war.

1058 **b)** Ob Siegfried Spät an dem Maserati **Eigentum** erworben hat, bestimmt sich somit nach schweizerischem Recht.

Eigentumserwerb setzt neben der Besitzübertragung (Tradition, §§ 714, 922 ZGB, MAT e) ein Rechtsgeschäft mit dem **Berechtigten** voraus (vgl § 714 Abs. 1, Abs. 2 ZGB). § 714 Abs. 1 ZGB sagt dies nicht ausdrücklich, ist aber vor dem Hintergrund romanischer Rechte so zu verstehen, dass das Eigentum *nicht allein* durch den Vertrag, *sondern erst* durch die Tradition übergeht. Aus § 714 Abs. 2 ZGB folgt im Umkehrschluss, dass die Einigung mit dem Berechtigten erfolgen muss.

1059 Eine Berechtigung des Alain Argli könnte nur bestehen, wenn nach schweizerischem Recht der Erwerb einer *gestohlenen* Sache vom Nichtberechtigten überhaupt möglich ist, denn Argli leitet sein Eigentum jedenfalls nicht aus einer Veräußerungskette Berechtigter her. Auch nach schweizerischem Recht ist jedoch der Erwerb abhanden gekommener beweglicher Sachen vom Nichtberechtigten nur bei Geld und Inhaberpapieren möglich (Art. 935 ZGB [MAT e]). Im Übrigen beschränkt Art. 933 ZGB (MAT e) den Erwerb vom Nichtberechtigten auf Fälle, in denen die Sache einem Nichtberechtigten *anvertraut* war, also unterschlagen wurde. An gestohlenen Sachen wird, wie sich aus Art. 934 Abs. 1 ZGB (MAT e) ergibt, nicht gutgläubig Eigentum erworben.

Aus demselben Grund kommt sodann auch ein Erwerb des Siegfried Spät vom **Nichtberechtigten** (Alain Argli) nicht in Frage.

1060 **c)** Siegfried Spät könnte jedoch gutgläubig ein **Lösungsrecht** erworben haben, das seinen Besitz nach Art. 934 Abs. 2 ZGB schützt (MAT e). Die Voraussetzungen des Art. 934 Abs. 2 ZGB waren im Zeitpunkt des Verkaufs von Argli an Spät gegeben, da Argli Kaufmann ist, der mit Autos, also Waren der gleichen Art handelt und Siegfried Spät im Erwerbszeitpunkt gutgläubig war.

3. Auswirkungen des Statutenwechsels durch Verbringen nach Deutschland

1061 **a)** Mit dem Verbringen des Maserati durch Siegfried Spät nach Deutschland ist ein Statutenwechsel eingetreten. Auf die **Eigentumslage** hat dieser Statutenwechsel als solcher keinen Einfluss.

---

19 *Mansel* IPRax 1988, 268.
20 Vgl BGH RIW 2000, 705.
21 Vgl auch OLG Stuttgart 2. 2. 2006 (19 U 47/05).

b) Fraglich ist dagegen, ob das **Lösungsrecht** des Siegfried Spät durch den Statuten- 1062
wechsel untergegangen ist. Dies kann sich nicht schon daraus ergeben, dass das deutsche Sachenrecht vergleichbare Lösungsrechte nicht kennt. Art. 43 Abs. 2 EGBGB
geht davon aus, dass fremde sachenrechtliche Institute bei einem Statutenwechsel
grundsätzlich fortbestehen. Ein elementarer Widerspruch zu deutschem Recht, der
die Anerkennung hindern würde, liegt nicht vor.[22] In seiner Wirkung ist das Lösungsrecht einem Zurückbehaltungsrecht ähnlich, also schuld- und nicht sachenrechtlicher
Auswirkung – weshalb es auch nicht der Transposition (dazu Rn 1078 f) in ein deutsches sachenrechtliches Institut unterworfen wird. Dass das deutsche Recht im Fall
des § 935 BGB den Erwerber nicht schützen würde, betrifft nicht die funktionale Ver-
träglichkeit des Rechtsinstituts mit deutschem Recht.

Damit bestand das Lösungsrecht bis zum 19. 10. 2006 fort.

4. Veräußerung an Manfred Mann

a) Die Veräußerung an Manfred Mann am 20. 10. 2006 untersteht deutschem Recht 1063
als Sachenrechtsstatut. Damit scheidet ein gutgläubiger Erwerb des **Eigentums** vom
Nichtberechtigten Siegfried Spät aus (§ 935 BGB).

b) Fraglich ist, ob Manfred Mann ein **Lösungsrecht** erworben hat. Ein solcher Er- 1064
werb könnte sich aus Art. 934 Abs. 2 ZGB ergeben, auch wenn Siegfried Spät kein
Automobilkaufmann ist (vgl Hinweis zu MAT e). Art. 934 Abs. 2 ZGB ist jedoch auf
diesen Erwerbsvorgang nicht mehr anzuwenden, weil für diesen Erwerbsvorgang
deutsches Recht Sachenrechtsstatut war. Ein originäres *Lösungsrecht des Manfred
Mann* konnte also nicht mehr entstehen.

c) Zu erwägen bleibt lediglich ein **derivativer Erwerb** des Siegfried Spät zustehen- 1065
den Lösungsrechts. Hierfür könnte man argumentieren, der Maserati sei mit einem
Lösungsrecht *belastet* in das deutsche Sachenrechtsstatut eingetreten. Dagegen
spricht jedoch, dass das Lösungsrecht schon nach Art. 934 Abs. 2 ZGB einem deriva-
tiven Erwerb nicht zugänglich ist (vgl Hinweis zu MAT e), sondern in der Person jedes späteren Empfängers neu entsteht. Ein Statutenwechsel führt aber nicht dazu, ein
fremdes Rechtsinstitut aufrecht zu erhalten, das nach der abgebenden Rechtsordnung
erloschen wäre. Das Lösungsrecht des Siegfried Spät ging also mit der Veräußerung
an Manfred Mann *unter* und nicht auf diesen über.

Ergebnis: Giulio Giuliano hat sein Eigentum nicht an einen gutgläubigen Erwerber 1066
verloren. Damit steht Giulio Giuliano der Anspruch aus § 985 BGB zu. Ein Lösungsrecht, aufgrund dessen er Manfred Mann den Kaufpreis zu ersetzen hätte, besteht
nicht.

---

22 BGHZ 100, 321, 326.

Frage 3: Anspruch der Cassa Rurale gegen Franz Franke

1. Mögliche Anspruchsgrundlage

1067 Es könnte ein Anspruch auf Herausgabe zum Zweck der **Verwertung** gleich einem Sicherungseigentümer bestehen. Dazu müsste der Cassa Rurale an dem Ferrari ein dingliches Recht zustehen, das in Deutschland wie Sicherungseigentum zu behandeln ist.

Ein solches Recht könnte sich aus der zunächst wirksam bestellten **Mobiliarhypothek** nach Art. 2810 Abs. 2 cc (MAT b) ergeben. Diese Hypothek ist als beschränktes dingliches Recht zu qualifizieren und in ihrer Entstehung und ihrem Bestand daher dem jeweiligen Sachenrechtsstatut zu unterstellen. Dies erfolgt wiederum historisch, weil das Sachenrechtsstatut wandelbar ist.

2. Auswirkung des Statutenwechsels

1068 **a)** Die **Begründung** der Hypothek hat unter italienischem Recht als Sachenrechtsstatut stattgefunden, weil damals der Ferrari in Italien stand (Art. 43 Abs. 1 EGBGB; zur Annahme der Verweisung Rn 1026 ff). An der materiellen Wirksamkeit der Bestellung besteht nach dem Sachverhalt kein Zweifel.

1069 **b)** Dahinstehen kann, ob hier zu prüfende eventuelle *gesetzliche* Verlust- oder Erwerbstatbestände im Transit durch die Schweiz bereits deutschem Recht unterlegen hätten, was zweifelhaft ist, da Sonderanknüpfungen der *res in transitu* der Verwirklichung rechtsgeschäftlicher Tatbestände dienen (vgl ausdrücklich Art. 101 schweiz IPRG). Spätestens mit der Ankunft in Deutschland ist ein **Statutenwechsel** zu deutschem Recht eingetreten.

1070 **c)** Dessen **Auswirkungen** auf die dem deutschen Sachenrecht unbekannte Mobiliarhypothek unterliegen Art. 43 Abs. 2 EGBGB.

1071 **aa)** Art. 43 Abs. 2 EGBGB bewirkt zunächst eine **Eingangskontrolle**. Ein elementarer Widerspruch zum deutschen Recht, der bereits zur Versagung der Anerkennung an sich führen würde, besteht nicht; zwar handelt es sich im Ergebnis um ein besitzloses Pfandrecht, doch ist gerade dem deutschen Recht wegen seiner großzügigen Haltung zur Sicherungsübereignung durch Besitzkonstitut dieses Phänomen nicht fremd.[23] Auch gegen den deutschen *ordre public* verstößt die Mobiliarhypothek deshalb nicht. Die Mobiliarhypothek blieb also bestehen.

1072 **bb)** Fraglich bleibt aber auch unter Art. 43 Abs. 2 EGBGB, mit welchem **Inhalt** ein solches Recht unter deutschem Sachenrechtsstatut fortbesteht. Einerseits bietet sich an, das fremde dingliche Recht auch inhaltlich so weit aufrecht zu erhalten, wie dies mit deutschem Recht verträglich ist. Dies würde es erlauben, auch einzelne inhaltliche Elemente aus der fremden Rechtsordnung, etwa im Bereich der Verwertung (Pfandverkauf oder freihändige Verwertung), zu erhalten. Die herrschende **Transpo-**

---

23 BGHZ 39, 173 (besitzloses französisches Pfandrecht); BGH NJW 1991, 1415 (italienische Autohypothek).

sitionslehre überführt hingegen das importierte dingliche Recht in ein deutsches Funktionsäquivalent, wofür der *numerus clausus* der (deutschen) Sachenrechte zu sprechen scheint.[24] Dies erleichtert zwar die inländische Rechtsanwendung, führt jedoch zu einer unnötigen Veränderung, ggf sogar zu einer Aufwertung des fremden dinglichen Rechts. Die Transpositionslehre kann auch nicht erklären, warum bei einem weiteren Statutenwechsel nicht das transformierte Recht fortbesteht, sondern das originäre Recht wieder auflebt.[25]

Folgt man der ersten Ansicht, so bestand die Mobiliarhypothek fort und wäre in ihren inhaltlichen Auswirkungen jeweils nach Art. 43 Abs. 2 EGBGB auf Vereinbarkeit mit dem deutschen Recht zu prüfen. Folgt man dagegen der Transpositionslehre, so ist ein Funktionsäquivalent zu suchen, das nicht im Pfandrecht (§ 1204 BGB) bestehen kann, weil dem BGB-Pfandrecht das Faustpfandprinzip immanent ist, und auch nicht in der Hypothek (§ 1113 BGB), weil diese nur an Grundstücken bestehen kann. Funktionsäquivalent ist als besitzlose Mobiliarsicherheit vielmehr das Sicherungseigentum.[26]

3. Auswirkung der Veräußerung an Franz Franke

a) Durch die Veräußerung am 24. 9. 2006 könnte jedoch Franke gutgläubig lastenfreies Eigentum erlangt haben. **Gutglaubenserwerb** ist als mobiliarsachenrechtliche Frage dem Sachenrechtsstatut im Erwerbszeitpunkt zu unterstellen, hier also deutschem Recht. **1073**

b) Vom hier vertretenen Standpunkt ist **gutgläubig lastenfreier Erwerb** nach § 936 BGB zu prüfen, da die als solche fortbestehende Mobiliarhypothek ein beschränktes dingliches Recht ist. Vom Standpunkt der Transpositionslehre, die eine Umwandlung in Sicherungseigentum behauptet, müsste konsequent § 932 BGB geprüft werden. Diese Konsequenz der Transposition zieht jedoch der BGH nicht, sondern prüft ebenfalls nach § 936 BGB, was im Ergebnis jedenfalls keinen Unterschied macht. **1074**

Das Erlöschen des Rechts der Cassa Rurale hängt damit vom **guten Glauben** des Frank Franke (§ 936 Abs. 2 BGB) ab, wobei nur grob fahrlässige Unkenntnis (§ 932 Abs. 2 BGB) vorliegen kann. Entsprechend den zum Erwerb in Deutschland zugelassener Kfz entwickelten Grundsätzen muss ein Erwerber als bösgläubig betrachtet werden, der sich die dem Kfz-Brief entsprechenden Fahrzeugpapiere nicht zeigen lässt oder deren auf Belastungen hindeutenden Inhalt nicht beachtet. Das ist hier objektiv geschehen, denn das *foglio complementare* ist integraler Bestandteil der *carta di circolazione*. **1075**

Fraglich kann beim Erwerb im Ausland zugelassener Kfz nur sein, ob sich der Erwerber auf Irrtümer berufen kann, die sich aus seiner Unkenntnis der **fremden Zulassungsbestimmungen** ergeben. Dies ist abzulehnen, denn sonst würde dem Erwerber eines im Ausland zugelassenen Kfz eine geringere Vorsicht abverlangt als dem Erwer- **1076**

---

24 So auch unter Art. 43 Abs. 2 EGBGB: *Pfeiffer* IPRax 2000, 270, 272.
25 Zutreffend kritisch *Staudinger/Stoll* (1996) Int. Sachenrecht Rn 356.
26 BGH NJW 1991, 1415.

ber eines in Deutschland zugelassenen. Es besteht daher über die Pflicht zur Prüfung der vorgelegten Papiere hinaus eine Erkundigungspflicht, aus welchen Zulassungspapieren der Käufer nach dem jeweiligen Recht entnehmen darf, unbelastetes Eigentum an dem Kfz erwerben zu können.[27] Im Fall bestand besonderer Anlass zur Vorsicht, weil der Verkauf eines wertvollen Kfz unter Vorlage ausländischer Papiere Verdacht erregen musste. Hiergegen hat Franz Franke verstoßen, weshalb er nicht gutgläubig lastenfrei erwerben konnte.

4. Herausgabeanspruch

1077 **a)** Somit besteht das Recht der Cassa Rurale fort. Sie ist nach eingetretener Fälligkeit der **Hypothek** zur **Verwertung** berechtigt. Fraglich ist jedoch, in welcher Weise die Verwertung erfolgt.

1078 **b)** Folgt man der **Transpositionslehre**, so hat die Verwertung wie im Fall von Sicherungseigentum zu erfolgen. Die Cassa Rurale hat also den geltend gemachten Herausgabeanspruch, wobei die für Sicherungseigentum im deutschen Recht geltenden Verwertungsbeschränkungen (entsprechende Anwendung von Pfandrechtsvorschriften) in gleicher Weise zu beachten sind.[28]

1079 **c)** Hier zeigt sich jedoch ein Nachteil der Transpositionslehre, die dazu führt, dass die Cassa Rurale durch die Transposition ein besseres Recht erhält, als ihr nach italienischem Recht zukäme, denn nach italienischem Recht wäre sie auf den Anspruch nach Art. 2808 cc (MAT b) und ein gerichtliches Verwertungsverfahren zu verweisen. Nach hier vertretener Ansicht (Rn 1072) ist dagegen zu prüfen, ob die sich aus Art. 2808 cc ergebende Vorgehensweise in Widerspruch zum deutschen Sachenrecht (Art. 43 Abs. 2 EGBGB) stünde. Das ist zu verneinen: § 1233 Abs. 2 BGB sieht für den Pfandverkauf die Möglichkeit vor, dass der Gläubiger einen Titel erstreitet und sodann die Pfandsache nach den Vorschriften über den Verkauf gepfändeter Sachen, also gerichtlich, verwerten lässt. Es wäre also eine Übertragung der italienischen Verwertungsbestimmungen in deutsches Recht möglich, so dass die von der hM vorgenommene Transposition des Rechtsinstituts auch im praktischen Ergebnis zu weit geht.

1080 **Ergebnis:** Die Cassa Rurale hat die Mobiliarhypothek nicht verloren. Ihr steht ein Anspruch auf Herausgabe zu, jedoch nur zum Zweck der Verwertung nach den Bestimmungen des deutschen Rechts über die Pfandverwertung im Rahmen des § 1233 Abs. 2 BGB.

---

27 BGH NJW 1991, 1415, 1416; kritisch *Kreuzer* IPRax 1993, 157, 160.
28 BGH NJW 1991, 1415, 1416.

340

Literaturhinweise

Behandlung der fallrelevanten Themen in:
Rauscher **Internationales Privatrecht (3. Aufl.)**

Mobiliarsachenrechtsstatut:	Rn 1401 ff, 1403 ff
Rechtsvollendung durch Statutenwechsel:	Rn 1431 ff
Res in transitu:	Rn 1468 ff
Erwerb vom Nichtberechtigten:	Rn 1466 ff
Erstarken importierten Eigentumsvorbehalts:	Rn 1455 ff
Import ausländischer dinglicher Rechte:	Rn 1445 ff

Weitere Literatur:

1. Mobiliarsachenrechtsstatut
Staudinger/Stoll (1996) IntSachR Rn 122 und Rn 139. *Siehr* Internationales Sachenrecht, ZVglRWiss 2005 (Band 104) 145.

2. Rechtsvollendung durch Statutenwechsel
Staudinger/Stoll (1996) IntSachR Rn 352. *Schacherreiter* Publizitätsloses Sicherungseigentum im deutsch – österreichischen Grenzverkehr, ZfRV 2005, 173.

3. Res in transitu
Staudinger/Stoll (1996) IntSachR Rn 365. *Paul/Leopold* Res in transitu – quo vaditis? – Markenrechtlicher Schutz gegen Warentransit in Europa, EuZW 2005, 685.

4. Erwerb vom Nichtberechtigten
Staudinger/Stoll (1996) IntSachR Rn 300. *Benecke* Abhandenkommen und Eigentumserwerb im Internationalen Privatrecht, ZVglRWiss 2002 (Band 101) 362.

5. Erstarken importierten Eigentumsvorbehalts
Staudinger/Stoll (1996) IntSachR Rn 334.

6. Import ausländischer dinglicher Rechte
Staudinger/Stoll (1996) IntSachR Rn 277. *Gröschler* Zur Behandlung ausländischer Vindikationslegate über im Inland belegene Sachen, JZ 1996, 1030. *Thode* Innerstaatliche Anerkennung ausländischen Registerpfandrechts an Luftfahrzeug, WuB IV A § 439 BGB 1.92.

Sachverzeichnis

Die Angaben beziehen sich auf die Randnummern